Paramahansa Yogananda
(5. siječnja 1893. – 7. ožujka 1952.)
Premavatar, „Utjelovljenje Ljubavi" (vidi napomenu na str. 329)

Autobiografija jednog Jogija

Paramahansa Yogananda

Predgovor
W. Y. Evans-Wentz

―――――――

"Ako ne vidite čudesne znakove,
vi nipošto nećete vjerovati" – Iv 4:48

Self-Realization Fellowship
FOUNDED 1920

Naslov engleskog izvornika u izdanju
Self-Realization Fellowship, Los Angeles (California):
Autobiography of a Yogi

ISBN-13: 978-0-87612-083-5
ISBN-10: 0-87612-083-4

Hrvatski prijevod: Self-Realization Fellowship
Copyright © 2012 Self-Realization Fellowship

Sva prava pridržana. Osim kratkih navoda u recenzijama knjiga nijedan dio *Autobiografije jednog jogija (Autobiography of a Yogi)* ne smije se reproducirati, pohranjivati, prebacivati ili prikazivati u bilo kojem obliku (elektroničkom, mehaničkom ili nekom drugom) sada dostupnom ili kasnije izumljenom – uključivo: fotokopiranje, snimanje i bilo koji sustav za pohranu i pristup – bez prethodnoga pisanog dopuštenja Self-Realization Fellowshipa, 3880 San Rafael Avenue, Los Angeles, California 90065-3219, U.S.A.

Autobiografija jednog jogija dosad je objavljena na: bengalskom, danskom, engleskom, finskom, francuskom, grčkom, gudžaratskom, hindskom, japanskom, kandskom, malajskom, maratskom, nepalskom, nizozemskom, njemačkom, orijskom, poljskom, portugalskom, ruskom, španjolskom, talijanskom, tamilskom, teluškom i urdskom jeziku.

 Odobrilo Međunarodno izadavčko vijeće
Self-Realization Fellowship

Ime i zaštitni znak (gore prikazan) *Self-Realization Fellowship* pojavljuje se na svim knjigama, zvučnim i videozapisima te ostalim izdanjima SRF-a, što čitatelju jamči da je dano djelo izdano od strane društva koje je osnovao Paramahansa Yogananda i kao takvo vjerno prenosi njegova učenja.

Prvo hrvatsko izdanje *Self-Realization Fellowship*, 2012
First edition in Croatian from *Self-Realization Fellowship*, 2012

ISBN-13: 978-0-87612-134-4
ISBN-10: 0-87612-134-2

1066-J2206

DUHOVNO NASLIJEĐE PARAMAHANSE YOGANANDE

Sva njegova pisana djela, predavanja i neslužbeni govori

Paramahansa Yogananda osnovao je 1920. Self-Realization Fellowship* u svrhu širenja svojega učenja diljem svijeta i kako bi očuvao njihovu izvornost i cjelovitost za buduće naraštaje. Kao plodan pisac i neumorni predavač još od ranih dana u Americi stvorio je priznat i opsežan opus djela o jogi kao znanosti meditacije, umijeću uravnotežena življenja i bitnom jedinstvu sadržanom u učenju svih svjetskih religija. Danas je to jedinstveno i dalekosežno duhovno naslijeđe i dalje prisutno te nadahnjuje milijune tragalaca za istinom diljem svijeta.

U skladu s izričitom željom velikoga učitelja Self-Realization Fellowship nastavlja izdavati i redovito objavljivati nova izdanja *Sabranih djela Paramahanse Yogananda*. Ona ne uključuju samo posljednja izdanja knjiga objavljenih za njegova života već i mnoge nove naslove – djela koja nisu bila objavljena u trenutku njegove smrti 1952. ili koja su tijekom godina djelomično bila objavljivana u nastavcima u časopisu Self-Realization Fellowshipa, kao i stotine iznimno zanimljivih i nadahnjujućih predavanja i neslužbenih govora koji su bili zapisani, ali ne i objavljeni za njegova života.

Paramahansa Yogananda je osobno odabrao svoje bliske učenike na čelu Izdavačkog vijeća Self-Realization Fellowship dajući im posebne naputke u vezi s pripremom i objavljivanjem svojih učenja. Članovi Izdavačkog vijeća Self-Realization Fellowshipa (redovnici i redovnice koji su se doživotno zavjetovali da će slijediti put odricanja i nesebičnog

---

* U prijevodu, "Udruga Samo-Ostvarenja". Paramahansa Yogananda objasnio je kako naziv *Self-Realization Fellowship* označava " 'Udrugu', povezanost s Bogom, kroz Samo-Ostvarenje u prijateljstvu sa svim dušama koje su u potrazi za istinom." Vidjeti u *Kazalu pojmova* i pod "Ciljevi i ideali udruge Self-Realization Fellowship".

služenja) s dubokim poštovanjem i pažnjom slijede te naputke kako bi univerzalna poruka ovoga voljenog svjetskog učitelja nastavila živjeti u svojoj punoj snazi i izvornosti.

Zaštitni znak Self-Realization Fellowshipa (gore prikazan) oblikovao je Paramahansa Yogananda za potrebe neprofitnog društva koje je osnovao kao ovlašteni izvor svojega učenja. Naziv SRF i zaštitni znak koji se nalaze na svim tiskanim izdanjima, audio i video zapisima Self Realization Fellowshipa jamče čitatelju da je dano djelo objavila organizacija koju je osnovao Paramahansa Yogananda i koja prenosi njegova učenja onako kako ih je on sam zamislio i dao.

Self-Realization Fellowship

Posvećeno uspomeni na

LUTHERA BURBANKA

„Američkog sveca"

AUTOROVE ZAHVALE

Duboko sam zahvalan gđici L.V. Pratt (Tara Mata) na njezinu uredničkom radu tijekom pripreme rukopisa za ovu knjigu. Zahvalnost upućujem i g. Richardu Wrightu jer mi je dopustio da se poslužim izvacima iz njegova putnog dnevnika koji je vodio u Indiji. Dr. W.Y. Evans-Wentzu sam zahvalan ne samo na njegovu Predgovoru nego i na njegovim savjetima i ohrabrenju.

PARAMAHANSA YOGANANDA

28. listopada 1945.

SADRŽAJ

Popis slika xi
Predgovor W.Y. Evansa-Wentza xv
Uvod xvii

Poglavlje
1. Moji roditelji i rani život 3
2. Majčina smrt i tajanstvena ogrlica 15
3. Svetac s dva tijela 22
4. Moj prekinuti bijeg u Himalaju 29
5. Miomirisni svetac pokazuje svoja čuda 42
6. Tigar Swami 50
7. Lebdeći svetac 58
8. Veliki indijski znanstvenik, J. C. Bose 64
9. Radosni poklonik i njegova kozmička romanca
   (Učitelj Mahasaya) 73
10. Susrećem svog učitelja Sri Yukteswara 82
11. Dva dječaka bez novca u Vrindavanu 95
12. Godine provedene u duhovnoj školi mog Učitelja 104
13. Svetac koji ne spava 133
14. Iskustvo kozmičke svijesti 141
15. Krađa cvjetače 150
16. Nadmudrivanje zvijezda 160
17. Sasi i tri safira 171
18. Muslimanski čudotvorac 178
19. Moj Učitelj je u Kalkuti, a pojavljuje se u Seramporeu ... 184
20. Ne idemo u Kašmir 188
21. Idemo u Kašmir 194
22. Srce lika u kamenu 205

23. Dobivam fakultetsku diplomu 211
24. Primanje u Red swamija 219
25. Brat Ananta i sestra Nalini 228
26. Znanost Kriya joge 235
27. Osnivanje Škole yoge u Ranchiju 246
28. Kashi, ponovno rođen i pronađen 255
29. Rabindranath Tagore i ja uspoređujemo škole 260
30. Zakon čuda 265
31. Razgovor sa Svetom Majkom (Kashi Moni Lahiri) 277
32. Ramino uskrsnuće 287
33. Babaji, kristoliki jogi moderne Indije 296
34. Materijaliziranje palače u Himalaji 305
35. Kristoliki život Lahirija Mahasaye 318
36. Babajijevo zanimanje za Zapad 331
37. Idem u Ameriku 341
38. Luther Burbank – svetac među ružama 356
39. Katolička stigmatičarka Therese Neumann 362
40. Ponovno u Indiji 371
41. Idila u južnoj Indiji 385
42. Posljednji dani s mojim Guruom 399
43. Sri Yukteswarovo uskrsnuće 417
44. S Mahatmom Gandhijem u Wardhi 435
45. Bengalska „Majka prožeta radošću" 454
46. Jogini koja nikada ne jede 461
47. Povratak na Zapad 473
48. U Encinitasu, Kalifornija 478
49. Godine: 1940. - 1951. 484

Paramahansa Yogananda: jogi u životu i smrti 504
Počasna poštanska marka izdana u čast Paramahanse Yoganande
    u Indiji 505
Slijed Gurua SRF-a 512
Ciljevi i ideali udruge Self-Realization Fellowship 513

POPIS SLIKA

Pisac (*naslovna strana knjige*)

Sri Yoganandina Majka, Gurru (Gyana Prabbha) Ghosh 8
Sri Yoganandin Otac Bhagabati Charan Ghosh 9
Yoganandaji u dobi od šest godina 13
Ananta, stariji Yoganandajijev brat 19
Sri Yoganandine sestre: Uma, Roma i Nalini 19
Swami Pranabananda, „Svetac s dva tijela" iz Benaresa 27
Obiteljski dom Sri Yoganande u Kalkuti 41
Swami Kebalananda, Yoganandin učitelj sanskrta 41
Nagendra Nath Bhaduri, „Lebdeći svetac" 61
Jagadis Chandra Bose, veliki indijski znanstvenik 70
Učitelj Mahasaya (Mahendra Nath Gupta) 77
Božanska Majka 79
Swami Gyanananda i Sri Yogananda 89
Sri Yukteswar, Yoganandin Guru 92
Sri Yukteswarov hram za meditaciju u Seramporeu 93
Sri Yogananda 1915. 93
Gospod Krišna, najveći indijski prorok 101
Jitendra Mazumdar, suputnik u Vrindavanu 102
Ram Gopal Muzumdar, „Svetac koji ne spava" 134
Sri Yukteswarov ašram na moru u Puriju, Orissa 147
Sri Yukteswar sjedi u lotosovu položaju 148
Yoganandaji u dobi od šesnaest godina 176
Gospod Šiva, „Kralj jogija" 193
Međunarodno središte Self-Realization Fellowshipa/Yogoda
  Satsanga Society of India 197
Sri Rajarsi Janakananda, bivši predsjednik (1952.-55.), Self-Realization
  Fellowshipa/Yogoda Satsanga Society of India 199

Sri Daya Mata, bivša predsjednica (1955.-2010.), Self-Realization Fellowshipa/Yogoda Satsanga Society of India 199
Sri Mrinalini Mata, predsjednica Self-Realization Fellowshipa/ Yogoda Satsanga Society of India 199
Yoganandaji i njegov bratić Prabhas Chandra Ghosh 214
Sri Jagadguru Shankaracharya u Središtu SRF/YSS-a, 1958. 223
Sri Daya Mata u božanskoj meditaciji 234
Zapadnjak u *samadhiju* – Sri Rajarsi Janakananda (g. J.J. Lynn) 245
Yogoda Branch Math i ašram u Ranchiju 253
Kashi, učenik škole u Ranchiju 258
Rabindranath Tagore 262
Shankari Mai Jiew, učenica Swamija Trailange 285
Lahiri Mahasaya 292
Mahavatar Babaji, guru Lahirija Mahasaye 304
Špilja u kojoj povremeno boravi Mahavatar Babaji 309
Lahiri Mahasaya, guru Sri Yukteswara 322
Panchanon Bhattacharya, učenik Lahirija Mahasaye 328
Sri Yoganandina slika iz putovnice 1920. 345
Izaslanici Kongresa religija u Bostonu 1920. 346
Sri Yogananda na putu za Aljasku u ljeto 1924. 347
Polaznici tečaja joge u Denveru 348
Polaznici tečaja joge u Los Angelesu 349
Jutarnja služba na Uskrs u Međunarodnoj središnjici SRF/YSS-a 1925. 350
Sri Yogananda kod kripte Georgea Washingtona 1927. 351
Sri Yogananda u Bijeloj kući 352
Yoganandaji na jezeru Xochimilco u Meksiku 1929. 354
Meksički predsjednik Emilio Portes Gil sa Sri Yoganandom 354
Luther Burbank i Yoganandaji u Santa Rosi 1924. 361
Therese Neumann, C.R. Wright i Yoganandaji 368
Sri Yukteswar i Sri Yogananda u Kalkuti 1935. 372
Skupina na balkonu za objedovanje u ašramu u Seramporeu 1935. ... 375
Sri Yogananda u Damodaru, Indija, 1935. 376

Popis slika

Povorka učitelja i učenika škole u Ranchiju, 1938. 377
Učenici Yogoda Satsanga Society Škole za dječake
  u Ranchiju, 1970. 377
Sri Yogananda u Školi za djevojčice, 1936. 378
Yogoda Satsanga Škola za dječake u Ranchiju, 1936. 378
Yogodha Math u Dakshineshwaru, Indija 381
Sri Yogananda sa suputnicima na rijeci Yamuni
  kod Mathure 1935. 382
Ramana Maharshi i Yoganandaji 396
Sri Yukteswar i Yoganandaji u vjerskoj povorci 1935. 398
Skupina u dvorištu ašrama u Seramporeu 1935. 400
Polaznici tečaja joge u Kalkuti 1935. 401
Krishnananda s pitomom lavicom na *Kumbha Meli* 406
Sri Yogananda i njegov tajnik C. Richard Wright sa Swamijem
  Keshabanandom u Vrindavanu 1936. 411
Sri Yukteswarov memorijalni hram u Puriju 415
Mahatma Gandhi i Sri Yogananda u ašramu u Wardhi 1935. 437
Ananda Moyi Ma, „Majka prožeta radošću", i Paramahansa
  Yogananda 456
Sri Yogananda u Taj Mahalu, Agra, 1936. 459
Giri Bala, sveta žena iz Bengala koja ne jede 469
Paramahansa Yogananda i Sri Rajarsi Janakananda 1933. 479
Paramahansa Yogananda i Sri Daya Mata 1939. 479
Self-Realization Fellowship Duhovna škola u Encinitasu,
  Kalifornija 481
Sri Yogananda na području Duhovne škole SRF-a u
  Encinitasu, 1940. 482
Paramahansa Yogananda na posvećenju
SRF Lake Shrinea 1950. 485
Self-Realization Fellowship Lake Shrine i Gandhi World
  Peace Memorial 486
Gosp. Goodwin J. Knight, zamjenik guvernera Kalifornije,
  s Yoganandajijem na otvorenju Indijskog centra 1951. 488
Self-Realization Fellowship hram u Hollywoodu, Kalifornija 488

Sri Yogananda u Encinitasu, Kalifornija, 1950. 493
Veleposlanik Indije, g. B.R. Sen, u Međunarodnoj
    središnjici SRF-a 498
Sri Yogananda, jedan sat prije svojega *mahasamadhija*
    7. ožujka 1952. 502

PREDGOVOR

Dr. sc. W.Y. Evans-Wentz, Jesus College, Oxford
Pisac i prevoditelj mnogih klasičnih djela o jogi i mudrosti iz tradicije Istoka, uključujući: *Tibetanska joga i tajne doktrine, Tibetanski veliki jogi Milarepa* i *Tibetanska knjiga mrtvih.*

Iznimna vrijednost Yoganandine *Autobiografije* leži u činjenici da je to jedna od rijetkih knjiga na engleskom jeziku o mudracima Indije koju nije napisao novinar ni stranac, već netko tko je potekao iz te tradicije i učenja – ukratko, to je knjiga *o jogijima koju je napisao* jogi. Knjiga predstavlja živo i neposredno svjedočenje o izvanrednim životima i moćima suvremenih svetaca Indije i kao takva ima vrijednost i za ovaj trenutak i za sve naraštaje. Sjajnom piscu ove knjige, kojeg sam imao zadovoljstvo upoznati u Indiji i Americi, svaki bi čitatelj trebao izraziti poštovanje i zahvalnost. Svjedočenje o svojemu neobičnom životu dano s takvom dubinom i osjećajem, otkrivajući nam tako um i srce Indije te njezino duhovno bogatstvo, čini ovu knjigu jedinstvenom na Zapadu.

    Imao sam čast upoznati i jednog mudraca čiji se život opisuje u ovoj knjizi - Sri Yukteswara Girija. Portret toga časnog svetog čovjeka pojavljuje se na naslovnoj strani moje knjige *Tibetanska joga i tajne doktrine* *. Sri Yukteswara sam upoznao u Puriju, Orissa, na obali Bengalskog zaljeva. Tamo je vodio mirni *ašram* (*ashrama*) na obali mora u kojem se brinuo o duhovnom obrazovanju skupine mladih učenika. Pokazao je veliko zanimanje za dobrobit ljudi u Sjedinjenim Državama i cijeloj Americi, kao i u Engleskoj. Raspitivao se i o radu svojega glavnog učenika Paramahanse Yogananda u Kaliforniji. Tog voljenog učenika je upravo on 1920. poslao na Zapad kao svojega izaslanika. Sri Yukteswar je bio plemenita izraza lica i glasa, u njegovu društvu se čovjek ugodno osjećao. Bio je doista vrijedan časti i poštovanja koje su mu

---

* *Tibetan Yoga and Secret Doctrines*, Oxford University Press, 1958.

spontano iskazivali njegovi sljedbenici. Svatko tko ga je poznavao, bilo iz njegove bliže ili dalje zajednice, iznimno ga je cijenio. Živo se sjećam njegova visokog i uspravnog tijela očvrsnula isposništvom, odjevena u redovničku odoru boje šafrana koja označava odricanje od svjetovnih stvari, kako stoji na ulazu njegove Duhovne škole i izražava mi dobrodošlicu. Imao je dugu, pomalo kovrčavu kosu i bradu. Tijelo mu je bilo mišićavo i čvrsto te dobro građeno, a korak žustar. Za svoje zemaljsko utočište izabrao je sveti grad Puri u koji mnogi pobožni hindusi iz svih pokrajina Indije svakodnevno hodočaste kako bi posjetili poznati hram Jagannath, „Gospodara Svijeta". U Puriju je 1936. Sri Yukteswar i zatvorio svoje smrtne oči pred prizorima ovoga prolaznog stanja postojanja, znajući da je svoje utjelovljenje doveo do pobjedonosnog kraja.

Doista sam sretan što sam bio svjedok iznimna Sri Yukteswarova značaja i svetosti. Odlučan držati se podalje od mnoštva svijeta posvetio se potpuno i smireno onom idealu života kakav je njegov učenik Paramahansa Yogananda opisao na stranicama ove knjige za sva vremena.

UVOD

"Iskustvo susreta s Paramahansom Yoganandom urezano mi je u sjećanje kao jedan od nezaboravnih događaja u mom životu... Dok sam mu promatrao lice, oči su mi bile gotovo zaslijepljene duhovnim sjajem koji je iz njega zračio. Njegova neizmjerna nježnost, blagost i dražesna ljubaznost okruživali su me poput sunčeve topline... Mogao sam se uvjeriti kako njegovo razumijevanje stvari i njegov uvid sežu do sasvim običnih svjetovnih problema, bez obzira na to što je on bio čovjek Duha. U njemu sam otkrio istinskoga veleposlanika Indije, onoga koji promiče bit drevne mudrosti Indije diljem svijeta."

Dr. Binay R. Sen, bivši indijski veleposlanik
u Sjedinjenjim Državama

Za one koji su osobno poznavali Paramahansu Yoganandu, njegov život i njegova osobnost bili su uvjerljivo svjedočanstvo o snazi i vjerodostojnosti drevne mudrosti koju je predstavio svijetu. Mnogobrojni čitatelji njegove *Autobiografije* svjedoče da stranice te knjige odišu istim svjetlom duhovne snage kakva je zračila i iz njegove osobe. Dočekana kao remek-djelo već u vrijeme prvog objavljivanja prije više od šezdeset godina, ova knjiga ne pruža samo uvid u život nesumnjivo velikog čovjeka već je i očaravajući uvod u duhovnu misao Istoka, posebno što se tiče jedinstvene znanosti izravnog osobnog kontakta s Bogom, dakle sadržava znanje o predmetu koji je širokoj javnosti na Zapadu do tada bio malo poznat.

Danas se *Autobiografija jednog jogija* u cijelom svijetu smatra klasikom duhovne književnosti. U ovom uvodu želimo podijeliti nešto od iznimno zanimljive povijesti ove knjige.

Pisanje ove knjige bilo je prorokovano davno prije. Jedan od presudnih likova za preporod joge u suvremeno doba, duboko poštovani učitelj iz devetnaestog stoljeća Lahiri Mahasaya svojedobno je navijestio: "Oko pedeset godina nakon moje smrti bit će objavljen

Autobiografija jednog jogija

zapis o mom životu zbog istinskog zanimanja za jogu koje će se javiti na Zapadu. Poruka joge obići će cijeli svijet. Ona će pomoći uspostavi bratstva među ljudima: jedinstva temeljenog na izravnom uvidu u postojanje Jednog Oca."

U vezi s tim predviđanjem, mnogo godina poslije poštovani učenik Lahirija Mahasaye, Swami Sri Yukteswar napomenuo je Sri Yoganandi: „Ti moraš dati svoj doprinos širenju te poruke tako što ćeš pisati o tom svetom životu.".

Godine 1945., točno pedeset godina nakon smrti Lahirija Mahasaye, Paramahansa Yogananda završio je svoju *Autobiografiju jednog jogija* u kojoj je itekako uspio ispuniti zadaću koju mu je dao njegov guru: prvi put potanko predstaviti na engleskom jeziku bitan i pozornosti vrijedan život Lahirija Mahasaye i upoznati svjetsku javnost s drevnom duhovnom znanosti Indije.

Pisanje *Autobiografije jednog jogija* bio je projekt na kojemu je Paramahansa Yogananda radio godinama. Sri Daya Mata*, jedna od njegovih prvih i najbližih učenica, prisjeća se u vezi toga:

„Kada sam 1931. stigla na Mount Washington, Paramahansaji je već bio započeo s radom na *Autobiografiji*. Pomažući mu u vezi s nekom službenom dokumentacijom, imala sam čast vidjeti jedno od prvih poglavlja koja je napisao, ono o 'Tigar Swamiju'. Zamolio me da ga spremim i objasnio mi kako će ono biti dio knjige koju piše. Većina knjige nastala je kasnije, između 1937. i 1945."

Od lipnja 1935. do listopada 1936. Sri Yogananda je boravio u Indiji (putujući do tamo preko Europe i Palestine) kako bi posljednji put posjetio svojega Gurua Swamija Sri Yukteswara. Tijekom boravka u Indiji prikupio je mnogobrojne činjenice za potrebe *Autobiografije*, a i priče o nekim od svetih ljudi i mudraca koje je bio poznavao i čije će živote tako dojmljivo opisati u knjizi. „Nikada nisam bio zaboravio Sri Yukteswarov zahtjev da pišem o životu Lahirija Mahasaye.", napisao je kasnije. „Za vrijeme boravka u Indiji koristio sam svaku priliku da posjetim izravne učenike i rodbinu Yogavatara. Opširno sam zapisivao razgovore s njima, provjeravao činjenice i datume, skupljao fotografije, stara pisma i spise."

---

* Sri Daya Mata se 1931. pridružila redovničkoj zajednici Paramahanse Yogananda osnovanoj na Mount Washingtonu iznad Los Angelesa. Bila je na dužnosti predsjednice Self-Realization Fellowshipa od 1955. sve do smrti 2010. godine.

Nakon povratka u Sjedinjene Države potkraj 1936. počeo je provoditi većinu vremena u Duhovnoj školi u Encinitasu na obali južne Kalifornije koja je bila sagrađena za njega dok je bio u Indiji. U tom se idealnom okružju mogao usredotočiti na dovršetak knjige koju je bio započeo prije mnogo godina.

„Još su mi živo u sjećanju dani provedeni u tom mirnom duhovnom utočištu pokraj mora.", prisjeća se Sri Daya Mata. „On je imao tolike obveze i odgovornosti tako da nije bio u mogućnosti svaki dan raditi na *Autobiografiji*, no općenito je posvećivao večernje sate radu na knjizi. Negdje 1939. ili 1940. mogao se u potpunosti posvetiti pisanju knjige. To je doista bio cjelodnevni rad – od ranog jutra do sljedećeg jutra! Mala skupina njegovih učenika – Tara Mata; moja sestra, Ananda Mata; Sraddha Mata; i ja– pomagale smo mu u tom poslu. Nakon što bi svaki dio bio otipkan, on bi ga davao Tari Mati koja je obavljala posao urednice.

Kakva me samo dragocjena sjećanja vežu uz to vrijeme! Dok je pisao knjigu, on je u sebi ponovno oživio sva sveta iskustva koja je opisivao. Njegova božanska namjera bila je podijeliti radost i otkrivenja koja je doživio u društvu tih svetaca i velikih učitelja te iz svojega vlastitog ostvarenja Božanskoga. Često bi prekidao rad pogleda usmjerenog uvis i nepomična tijela, obuzet stanjem *samadhija* u kojem je bio potpuno sjedinjen s Bogom. Cijela bi se soba tada ispunila izvanredno snažnom atmosferom božanske ljubavi. Za nas učenike već sama prisutnost u takvim trenucima značila je uzdizanje u više stanje svijesti.

Napokon je 1945. došao taj slavni dan završetka knjige kada je Paramahansaji napisao posljednji redak: 'Gospode, ovom si redovniku Ti podario doista veliku obitelj', da bi zatim odložio olovku i s radošću uskliknuo:

'Konačno je sve gotovo. Ova će knjiga promijeniti živote milijuna ljudi. Ona će biti moj glasnik i kada me ne bude.'"

Tada je Tara Mata preuzela odgovornost pronalaženja izdavača knjige. Paramahansa Yogananda upoznao je Taru Matu dok je 1924. držao niz predavanja i tečajeva u San Franciscu. Nadarena iznimnim duhovnim uvidom postala je članica uskoga kruga njegovih najnaprednijih učenika. On je njezine uredničke sposobnosti iznimno cijenio i znao je reći kako ona posjeduje jedan od najgenijalnijih umova od svih osoba koje je sreo. Cijenio je njezino golemo znanje i razumijevanje mudrosti sadržane u indijskim svetim spisima. Jednom je prigodom napomenuo: „Uz iznimku mojega velikog gurua Sri Yukteswarjija ne postoji nitko s kim sam više uživao razgovarati o indijskoj filozofiji.".

Tara Mata je rukopis knjige ponijela sa sobom u New York. Pronaći izdavača nije bilo nimalo lako. Kao što je to često slučaj, djelo tako velikog značenja u početku rijetko prepoznaju uskogrudni umovi. Tadašnji su urednici teško prihvaćali knjigu koja među svojim poglavljima ima i ona naslovljena: „Materijaliziranje palače u Himalaji" i „Svetac s dva tijela", bez obzira na to što je upravo tada započeto atomsko doba proširilo kolektivnu svijest otkrivanjem dotad skrivenog jedinstva materije i energije.

Godinu je dana Tara Mata živjela u skromno namještenom stanu bez grijanja i tople vode obijajući usput pragove izdavačkih kuća. Na posljetku je njezin napor ipak urodio plodom. Ugledna njujorška izdavačka kuća The Philosophical Library prihvatila je objaviti *Autobiografiju*. „Ne mogu opisati ono što je Tara Mata učinila za knjigu...", rekao je Sri Yogananda. „Bez nje se ova knjiga ne bi nikada mogla probiti do javnosti."

Nekoliko dana prije Božića 1946. dugoočekivane knjige stigle su do Mount Washingtona.

Knjiga je naišla na izvrstan prijam čitatelja i dobila čitav niz pohvala u svjetskom tisku. „Ništa što je dosad objavljeno na engleskom ili bilo kojem drugom jeziku ne može se mjeriti s onim što o jogi piše u ovoj knjizi.", pisao je Columbia University Press u svom časopisu *Review of Religions*. *The New York Times* je knjigu proglasio „iznimnim prikazom." *Newsweek* je izvještavao: „Yoganandina knjiga je prije svega autobiografija duše, a ne tijela... To je dojmljiva i jasno iznesena studija vjerskog načina života, vješto opisana u raskošnom stilu Orijenta.".

Slijede izvaci iz još nekih recenzija:

> *San Francisco Chronicle*: „Vrlo čitkim stilom ... Yogananda uvjerljivo zastupa jogu, a oni koji su 'došli s namjerom ismijavanja vjere', ostaju 'kako bi se molili'.
>
> *United Press*: „Yogananda izlaže takozvanu ezoteričnu doktrinu Istoka s najdubljom iskrenošću i dobrodošlom duhovitošću. Knjiga je hvalevrijedna jer donosi uvid u život ispunjen duhovnom pustolovinom."
>
> *The Times of India*: „Autobiografija ovog mudraca drži vas prikovanim uz knjigu."
>
> *Saturday Review*: „... ostavlja velik dojam i pobuđuje zanimanje kod čitatelja na Zapadu."

Uvod

Grandy's Syndicated Book Reviews : „ Privlačno napeta, a u književnom smislu poetski nadahnjuje."

West Coast Review of Books: „Bez obzira na to koje je vaše religijsko uvjerenje u *Autobiografiji jednog jogija* pronaći ćete radosne dokaze o snazi ljudske duše."

News-Sentinel, Fort Wayne, Indiana: „Čisto otkrivenje... izrazito topao ljudski prikaz... trebao bi pomoći čovječanstvu da bolje shvati samo sebe... autobiografija u najboljem izdanju... oduzima dah... ispričana sa zadivljujućom duhovitošću i izazovnom iskrenošću... očarava kao bilo koji roman."

Sheffield Telegraph, Engleska: „...iznimno važno djelo."

Nakon što je knjiga prevedena na druge jezike pojavilo se još ocjena u novinama i časopisima diljem svijeta:

Il Tempo del Lunedi, Rim: „Stranice ove knjige očarat će čitatelja jer pobuđuju težnju i čežnju koje leže uspavane u srcu svakoga čovjeka."

China Weekly Review, Šangaj: „Sadržaj ove knjige je neobičan posebice za današnjeg kršćanina koji je usvojio komotnu naviku da čuda smatra nečim što pripada davnoj prošlosti... Filozofski dijelovi knjige iznimno su zanimljivi. Yogananda je na duhovnoj razini koja nadilazi vjerske različitosti... Ova je knjiga itekako vrijedna čitanja."

Haagsche Post, Nizozemska: „ ... dijelovi mudrosti koja je tako duboka da se čovjek osjeća opčaran i dirnut zauvijek."

Welt und Wort, njemački književni mjesečnik: „Iznimno dojmljivo... Jedinstvena vrijednost *Autobiografije jednog jogija* je u tome što ovdje jogi prvi put prekida šutnju i govori o svojim duhovnim iskustvima. Donedavno bi ovakvo nešto bilo dočekano s nevjericom. No današnja situacija u svijetu je takva da je čovjek prisiljen priznati vrijednost takve knjige. ... Cilj čitave knjige nije suprotstaviti indijsku jogu kršćanstvu, već ih povezati kao putnike na putu prema istom velikom cilju."

Eleftheria, Grčka: „To je knjiga koja će čitatelju... beskonačno proširiti misaone vidike i pomoći mu da shvati kako njegovo srce može kucati za sva ljudska bića, bez obzira na rasu i boju kože. Ova se knjiga može nazvati nadahnutom."

Neue Telta Zeitung, Austrija: „Jedna od najdubljih i najvažnijih poruka ovog stoljeća."

La Paz, Bolivija: „Današnji će čitatelj rijetko naći tako divnu, duboku i istinski dosljednu knjigu kao što je to *Autobiografija jednog jogija*... Puna znanja i bogata osobnim iskustvom... Jedno od najdojmljivijih poglavlja je ono koje govori o tajnama života nakon tjelesne smrti."

Schleswig-Holsteinische Tagespost, Njemačka: „Ove stranice nam otkrivaju s neusporedivom snagom i jasnoćom jedan očaravajući život i

Autobiografija jednog jogija

jedinstveno veliku osobnost tako da čitatelj ostaje bez daha sve do kraja knjige... Mora se priznati kako ova važna biografija ima snagu potrebnu za pokretanje duhovne revolucije."

Ubrzo je priređeno drugo izdanje knjige, a 1951. i treće. Osim što je dio teksta bio dorađen te uklonjeni dijelovi vezani uz organizacijske poslove koji više nisu bili aktualni, Paramahansa Yogananda dodao je i posljednje poglavlje – jedno od najdužih u knjizi – koje pokriva razdoblje od 1940. do 1951. godine. U napomeni uz to novo poglavlje napisao je: „Puno novog materijala dodano je u 49. poglavlje u trećem izdanju knjige (1951.). U njemu sam odgovorio na brojna pitanja čitatelja prvih dvaju izdanja koja se tiču Indije, joge i vedske filozofije."*

U predgovoru izdanju iz 1951. Sri Yogananda je napisao: „Tisuće pisama koja sam primio od čitatelja jako su me dirnula. Njihovi komentari, kao i činjenica da je knjiga prevedena na mnoge jezike, ohrabruje me u uvjerenju kako je na stranicama ove knjige Zapad dobio potvrdan odgovor na pitanje: 'Ima li drevna znanost joge pozornosti vrijedno

---

* Dodatne izmjene Paramahanse Yoganande uključene su u sedmo izdanje (1956.) kako je opisano u bilješci izdavača iz tog izdanja:
„Ovo američko izdanje iz 1956. sadržava izmjene koje je napravio Paramahansa Yogananda 1949. za izdanje objavljeno u Londonu, Engleska, isto kao i dodatne autorove izmjene iz 1951. U 'bilješci londonskom izdanju' s nadnevkom 25. listopada 1949. Paramahansa Yogananda je napisao: 'Ovo londonsko izdanje knjige omogućilo mi je da izmijenim i malo povećam sadržaj teksta. Osim novog materijala u posljednjem poglavlju, dodao sam i niz napomena u kojima sam odgovorio na pitanja koja su mi uputili čitatelji američkog izdanja.'
„Kasnije autorove izmjene iz 1951. bile su namijenjene četvrtom američkom izdanju (1952.). U to vrijeme prava za knjigu pripadala su jednoj izdavačkoj kući iz New Yorka. Tamo je 1946. svaka stranica knjige bila pretvorena u metalnu ploču za tisak, na kojoj je bilo izuzetno tehnički zahtjevno izmijeniti ma i jedan zarez. Zbog skupoće takva postupka izdavač iz New Yorka nije u četvrto izdanje uključio autorove izmjene iz 1951.
„Potkraj 1953. Self-Realization Fellowship (SRF) otkupio je od njujorškog izdavača sva prava na *Autobiografiju jednog jogija*. SRF je ponovno tiskao knjigu 1954. i 1955. (peto i šesto izdanje), no tijekom tih dviju godina izdavački odjel SRF-a nije bio u mogućnosti poduzeti golemi posao umetanja autorovih izmjena u već gotove metalne tiskarske ploče. No to je bilo obavljeno na vrijeme za sedmo izdanje."
Nakon 1956. bilo je nekih uredničkih izmjena, u skladu s napucima koje je Tara Mata dobila od Paramahanse Yoganande prije njegove smrti.
U prvim izdanjima *Autobiografije jednog jogija* piščev redovnički naslov bilo je pisan „Paramhansa" jer se u bengalskom izgovoru uobičajeno izostavlja nečujan ili gotovo nečujan glas *a*. Kako bi se očuvalo sveto značenje ovog naslova koji potječe iz Veda, u kasnijim izdanjima rabljena je standardna sanskrtska transliteracija: „Paramahansa", od *parama*, „najviši ili vrhunski" i *hansa*, „labud" - tim naslovom želi se reći da je on 'postigao najvišu spoznaju svojeg božanskog Jastva i postigao jedinstvo tog Jastva s Duhom.'

mjesto u životu modernog čovjeka?"'

U godinama koje su slijedile ove „tisuće čitatelja" prerasle su u milijune, a trajna i univerzalna privlačnost *Autobiografije jednog jogija* postala je sve prepoznatljivija. Ova je knjiga šezdeset godina nakon svojega prvoga objavljivanja i dalje na listi najprodavanijih naslova iz područja metafizike i duhovnosti. Uistinu rijetka pojava! Knjiga je prevedena na mnoge jezike i danas se koristi na sveučilištima diljem svijeta u raznim kolegijima, od onih o istočnjačkoj filozofiji i religiji do engleske književnosti, psihologije, sociologije, antropologije, povijesti, pa čak i poslovnog upravljanja. Upravo kao što je to Lahiri Mahasaya predvidio prije više od jednog stoljeća, poruka joge i njezine davne tradicije meditacije doista je obišla svijet.

U časopisu o rubnim područjima znanosti *New Frontier* iz listopada 1986. piše: „Poznat ponajprije po svojoj *Autobiografiji jednog jogija* Paramahansa Yogananda je, poput Gandhija, doveo duhovnost u samo središte društvenih zbivanja. Može se s pravom kazati kako je Yogananda više od bilo koga drugog učinio da riječ joga uđe u naš svakodnevni rječnik."

Cijenjeni stručnjak dr. David Frawley, voditelj Američkog instituta za proučavanje Veda, u časopisu *Yoga International* (u broju za listopad/studeni 1996.) iznosi stajalište: „Yoganandu se može smatrati ocem joge na Zapadu, ne joge u vidu samih fizičkih vježbi koja je stekla popularnost, već duhovne joge, znanosti samoostvarenja koja je stvarno značenje joge."

Profesor dr. sc. Ashutosh Das sa Sveučilišta u Kalkuti vjeruje kako se: „*Autobiografija jednog jogija* može smatrati Upanišadom novog doba... Ta knjiga je utažila duhovnu žeđ mnogih koji su u potrazi za istinom širom svijeta. Mi u Indiji smo s čuđenjem i očaranošću pratili fantastičan rast popularnosti ove knjige o indijskim svecima i filozofiji. Ispunjava nas velikim zadovoljstvom i ponosom činjenica što je besmrtni nektar indijske *Sanatane Dharme*, vječnih zakona istine, pohranjen u zlatnom kaležu *Autobiografije jednog jogija*."

Čak je i u bivšem Sovjetskom Savezu knjiga očito ostavila dubok dojam na relativnu manjinu koja je uspjela doći s njom u doticaj za vrijeme komunističke vladavine. V.R. Krishna Iyer, bivši sudac Vrhovnog suda Indije, govori nam o svom posjetu gradu pokraj St. Peterburga (tadašnjeg Lenjingrada). Tom prigodom upitao je tamošnju skupinu profesora razmišljaju li o tome što se događa nakon čovjekove smrti.

„Jedan od profesora tiho je otišao unutra i vratio se s knjigom – *Autobiografija jednog jogija*. Bijah iznenađen. Službenik državne institucije iz zemlje u kojoj vlada materijalistička filozofija Marxa i Lenjina pokazuje mi knjigu Paramahanse Yoganande! 'Imajte na umu, molim Vas, kako nama duh Indije nije nepoznat', rekao je. 'Mi prihvaćamo vjerodostojnost svega što je napisano u toj knjizi.'"

U zaključku članka u *Indian Journalu* od 21. travnja 1995. piše: "Među tisućama knjiga koje se objave svake godine, postoje one namijenjene zabavi, one namijenjene učenju, one koje nas moralno podučavaju. Čitatelj se stvarno može smatrati sretnim ukoliko naiđe na knjigu koja ispunjava sve tri navedene svrhe. Za *Autobiografiju jednog jogija* se može reći da je još rjeđe djelo- to je knjiga koja otvara vidike uma i duha."

Danas se svi, i prodavači knjiga, i kritičari i čitatelji, slažu kako je ova knjiga jedno od najutjecajnijih duhovnih djela modernog doba. U anketi koju je 1999. proveo HarperCollins među piscima i stručnjacima *Autobiografija jednog jogija* izabrana je među „100 najboljih duhovnih knjiga 20. stoljeća", a Tom Butler-Bowdon u svojoj knjizi *50 Spiritual Classics*, objavljenoj 2005., napisao je: „Ova se knjiga s pravom slavi kao jedna od najzabavnijih i prosvjetljujućih duhovnih knjiga dosad napisanih."

U završnom poglavlju knjige Paramahansa Yogananda piše o dubokom uvjerenju koje su od davnina potvrđivali sveci i mudri ljudi iz svih svjetskih religija:

Bog je Ljubav i Njegov plan stvaranja može imati uporište jedino u ljubavi. Ta jednostavna misao je prava utjeha svakom ljudskom srcu, a ne učena promišljanja. Svaki svetac koji je došao do srži Stvarnosti svjedočio je o postojanju univerzalnog božanskog plana i kako je taj plan divan i pun radosti.

Dok *Autobiografija jednog jogija* nastavlja svoj već više od pedeset godina dug put, naša je nada kako će svi čitatelji ovoga nadahnutog djela – oni koji se s njim sreću prvi put kao i oni kojima je ono postalo dragocjeni suputnik na životnom putovanju – otvoriti svoje duše dubokoj vjeri i transcendentnoj istini koja se nalazi u podlozi prividnih tajni života.

SELF-REALIZATION FELLOWSHIP

Los Angeles, Kalifornija, srpanj 2007.

VJEČNI ZAKON PRAVEDNOSTI

Na zastavi ponovno nezavisne Indije (1947.) nalaze se tri boje: narančasta, bijela i tamnozelena. U sredini je *dharma chakra* („Kotač Zakona") mornarsko plave boje i reprodukcija je oblika s kamenog stupa iz Sarnatha, koji je u trećem stoljeću pr. Kr. podigao kralj Ašoka.

Kotač je izabran kao simbol vječnog zakona pravednosti te prigodna počast uspomeni na jednog od najprosvjetljenijih svjetskih vladara. „Njegovoj četrdesetogodišnjoj vladavini nema premca u svjetskoj povijesti.", napisao je engleski povjesničar H.G. Rawlinson. „Ašoku se u razna vremena uspoređivalo s Markom Aurelijem, Sv. Pavlom i Konstantinom... 250 godina prije Krista Ašoka je imao hrabrosti izraziti svoje zgražanje i grižnju savjesti zbog rezultata uspješnoga vojnog pohoda te se izričito odrekao rata kao sredstva vođenja politike."

Ašokini naslijeđeni posjedi uključivali su Indiju, Nepal, Afganistan i Balučistan. Kao prvi internacionalist upućivao je svoje vjerske i kulturne poslanike s mnogim darovima i blagoslovima u Burmu, Šri Lanku, Siriju i Makedoniju.

„Ašoka, treći iz niza kraljeva dinastije Maurya, bio je jedan ... od najvećih kraljeva-filozofa u povijesti.", primijetio je stručnjak P. Masson-Oursel. „Nitko nije poput njega posjedovao i istodobno pokazivao odrješitost i dobronamjernost, pravednost i dobrotvorstvo. On je bio živo utjelovljenje svojega vlastitog doba, a istodobno nam se čini kao sasvim moderan čovjek. Tijekom svoje duge vladavine uspio je postići ono što nam se na prvi pogled može činiti samo kao pusta želja sanjara: u uvjetima velikoga materijalnog bogatstva i moći on se posvetio organizaciji mirnodopskog života. Njegovi široki pogledi na svijet i društvo nadmašivali su čak i njegovo golemo carstvo čineći se kao ostvarenje sna mnogih vjera – univerzalnoga reda, reda koji obuhvaća cijelo čovječanstvo."

„Svrha Dharme (kozmičkog zakona) je postizanje sreće svih stvorenja." U svojima u kamen urezanim uredbama, od kojih su neke sačuvane do danas, Ašoka s puno ljubavi i pažnje savjetuje podanike svojega velikog carstva da se sreća nalazi u moralnosti i slijeđenju božanskih ideala.

Suvremena Indija u nastojanju da ponovno vrati svoju važnost i razvijenost, koje su je tisućljećima pratile, na svojoj novoj zastavi odaje priznanje i sjećanje na Ašoku, vladara „dragog bogovima".

(Stanje prije 1947. godine. Dijelovi na sjeverozapadu sada su u sastavu Pakistana; dijelovi na sjeveroistoku su u sastavu Bangladeša.)

AUTOBIOGRAFIJA JEDNOG JOGIJA

1. POGLAVLJE

Moji roditelji i rani život

Potraga za konačnim istinama i s tim povezan odnos između učenika i gurua* od davnine su bitno obilježje indijske kulture.

Moj me osobni put odveo do kristolikog mudraca čije je divno lice za vjekove isklesano. On bijaše jedan od velikih učitelja koji predstavljaju istinsko bogatstvo Indije. Javljajući se u svakom naraštaju, oni poput bedema štite svoju zemlju od usuda drevnog Egipta i Babilona.

Moja najranija sjećanja vezana su uz stara obilježja iz prethodnog utjelovljenja. U sjećanje su mi dolazile jasne slike jednog dalekog života u kojem bijah jogi† usred snježne Himalaje. Ti su mi bljeskovi prošlosti putem nevidljivih niti dali i letimičan uvid u moju budućnost.

Još su mi u sjećanju bespomoćnost i poniženost iz ranog djetinjstva. Bio sam sav jadan zbog toga što nisam mogao hodati i slobodno se izražavati. Spoznaja vlastite tjelesne nemoći uzburkala je u meni valove pobožnosti. Moj se snažni emotivni život misaono izražavao kroz riječi mnogih jezika. Usred te zbrke raznih jezika postupno sam se počeo privikavati na slogove bengalskog, jezika moga naroda. Taj čarobni svijet uma maloga djeteta za koji su odrasli mislili kako je ograničen na igračke i poslušnost!

Psihološko previranje u meni i moje neusklađeno tijelo dovodili su me do mnogih svojeglavih izljeva plača. Sjećam se opće zbunjenosti obitelji nad mojom nevoljom. Postoje i sretnije uspomene: majčini poljupci, moji prvi pokušaji izgovaranja neke riječi, prvi nesigurni koraci. Te rane pobjede, koje se inače brzo zaborave, ipak su prirodni temelj samopouzdanja.

Moja najranija sjećanja nisu jednoznačna. Poznato je da mnogi jogiji mogu zadržati osobnu svijest neometeni dramatičnim prijelazom

---

* Duhovni učitelj. Djelo *Guru Gita* (17. stih) prikladno opisuje gurua kao „onog koji rastjeruje tamu" (od *gu*, „tama" i *ru*, „onaj koji rastjeruje").
† Onaj koji živi u skladu s jogom (*yoga*), u „jedinstvu" s drevnom znanosti meditacije o Bogu. (Vidi 26. poglavlje: „Znanost Kriya joge".)

iz „života" u „smrt". Kada bi čovjek bio samo tijelo, tada bi gubitak tijela zaista označavao čovjekov kraj. No ako je vjerovati prorocima koji su tisućljećima govorili istinu, tada je čovjek u biti duša, netjelesna i sveprisutna.

Jasna sjećanja na najranije djetinjstvo, premda neuobičajena, nisu rijetka. Tijekom svojih putovanja brojnim zemljama imao sam prilike čuti vrlo rana prisjećanja vjerodostojnih muškaraca i žena.

Rođen sam 5. siječnja 1893. u Gorakhpuru u sjeverozapadnoj Indiji, u blizini planina Himalaje. Ondje sam proveo prvih osam godina svojega života. Bilo nas je osmero djece: četiri dječaka i četiri djevojčice. Ja, Mukunda Lal Ghosh*, bijah drugi sin i četvrto dijete po redu.

Otac i Majka bijahu iz Bengala i pripadali su kasti kšatrija† (*kshatriya*). Oboje je krasila svetačka priroda. Njihova međusobna ljubav bila je nepomućena i dostojanstvena, bez primjesa taštine. Savršen roditeljski sklad bijaše mirno središte oko kojeg se vrtjela vreva osmero mladih života.

Otac, Bhagabati Charan Ghosh, bijaše dobrostiv, ozbiljan, ponekad strog. Mi djeca iskreno smo ga voljeli, ali iz strahopoštovanja ipak smo prema njemu na neki način bili suzdržani. Budući da je bio iziman matematičar i logičar, ponajprije se oslanjao na razum. Majka je pak bila kraljica srca i učila nas je jedino s pomoću ljubavi. Nakon njezine smrti Otac je počeo pokazivati više svoje unutarnje nježnosti. Primijetio bih tada kako se njegov pogled često pretapa u majčin.

Majka nas je od ranih dana upoznala sa svetim spisima. Znala se domišljato pozivati na prikladne priče iz *Mahabharate* i *Ramayane*‡ kako bi nas upozorila na potrebu za disciplinom; katkad su prijekor i poduka išli jedno s drugim, u lijepim ali i u manje lijepim trenucima.

U znak poštovanja prema Ocu Majka bi nas poslijepodne pristojno odjenula kako bismo ga dočekali pri njegovu povratku kući iz ureda. Obavljao je dužnost sličnu potpredsjedniku u jednoj velikoj indijskoj tvrtki: Željeznica Bengal-Nagpur. Zbog prirode njegova posla naša se obitelj često selila tako da smo tijekom mog djetinjstva živjeli u više gradova.

---

* Ime sam promijenio u Yogananda 1915. godine kada sam pristupio drevnom redovničkom redu Swamija. Moj guru mi je 1935. godine nadjenuo daljnji vjerski naslov *Paramahansa* (vidi na str. 220 i 402).

† Druga po redu kasta kojoj su prvotno pripadali vladari i ratnici.

‡ *Mahabharata* i *Ramayana* su drevni epovi koji predstavljaju riznicu indijske povijesti, mitologije i filozofije.

Moji roditelji i rani život

Majka je uvijek imala razumijevanja za potrebite ljude. I Otac je bio dobronamjeran, ali njegovo poštovanje reda i zakona protezalo se i na kućni proračun. Majka je jednom, hraneći siromašne, u dva tjedna potrošila više od cijele očeve mjesečne plaće.

„Sve što od tebe tražim", rekao je Otac, „jest da držiš te svoje donacije unutar razumnih granica". Čak i blagi suprugov prijekor bio je za Majku ozbiljan. Ne rekavši djeci ništa o prepirci, pozvala je kočiju.

„Zbogom, odlazim u dom moje majke!" Pradavni ultimatum!

Zaprepašteni, udarili smo u plač. Naš ujak naišao je u pravi čas. Šapnuo je Ocu neki mudar savjet koji bez sumnje potječe od davnina. Nakon što je Otac rekao nešto u znak pomirenja Majka je radosno otkazala kočiju. Tako je završio jedini sukob koji sam zamijetio između mojih roditelja. Ali sjećam se bitne rasprave.

„ Molim te, daj mi deset rupija za nesretnu ženu koja je upravo stigla u našu kuću." Majka je znala koliko uvjerljiv može biti njezin smiješak.

„Zašto deset rupija? Jedna je dovoljna." Da ovo potvrdi, Otac je dodao: "Kada su mi iznenada umrli otac i njegovi roditelji, prvi sam put iskusio siromaštvo. Moj jedini doručak, prije pješačenja do škole koja je bila miljama daleko, bila je mala banana. Kasnije, na fakultetu, bio sam toliko siromašan da sam se obratio bogatom sucu za pomoć u iznosu od jedne rupije mjesečno. On me je odbio, tvrdeći da je čak i jedna rupija važna".

„S koliko se gorčine sjećaš tog uskraćivanja samo jedne rupije!" Majčino srce imalo je svoju logiku. „Zar želiš da i ova žena ima bolno sjećanje na tvoje uskraćivanje deset rupija koje su joj hitno potrebne?"

„Pobijedila si!" Uz nezaboravnu kretnju nadjačanog supruga otvorio je svoj novčanik. "Ovdje je novčanica od deset rupija. Daj joj novac uz moje dobre želje."

Na svaki novi prijedlog Otac bi običavao najprije reći „Ne". Njegovo stajalište prema strancu koji je tako lako pobudio Majčino suosjećanje bijaše primjer njegovog uobičajenog opreza. Odbojnost prema prihvaćanju nečega „u isti čas", značilo je u stvari pridržavanje principa „dužne pozornosti". Otac je uvijek bio razuman i uravnotežen u svojim prosudbama. Ako bih uspio poduprijeti svoje brojne zahtjeve s nekoliko dobrih argumenata, on bi mi bez iznimke izlazio u susret, bilo da se radilo o izletu tijekom praznika ili novom motociklu.

Otac je bio izrazito strog i nametao nam je stegu, a sebi pritom i spartanski pristup. Primjerice, nikada nije išao u kazalište, već je tražio odmor u raznim duhovnim tehnikama i čitanju Bhagavad Gite*. Odričući se bilo kakva luksuza, on je nosio stari par cipela sve dok ih ne bi potpuno iznosio. Kada su automobili postali dostupni, njegovi sinovi su ih kupovali, ali Otac se i dalje svaki dan vozio na posao tramvajem.

Oca nije zanimalo zgrtanje novca u cilju stjecanja moći. Jednom prilikom nakon što je organizirao rad Gradske banke u Kalkuti odbio je kao nagradu primiti dionice. On je taj posao smatrao svojom normalnom građanskom dužnosti koju je obavljao u slobodno vrijeme.

Nekoliko godina nakon što je moj Otac otišao u mirovinu u Indiju je stigao računovođa iz Engleske da ispita poslovne knjige Željeznice Bengal-Nagpur. Zaprepašteni inspektor ustanovio je da Otac nikada nije zatražio isplatu svojega prekovremenog rada na što je imao pravo.

„Pa on je obavio posao za trojicu!" rekao je računovođa ljudima u poduzeću. „Pripada mu naknada od 125.000 rupija (oko 41.250 am. dolara)." Blagajnik je stoga poslao Ocu ček na navedeni iznos. Moj Otac je o tome tako malo vodio računa da je i zaboravio to spomenuti obitelji. Puno vremena kasnije o tome ga je pitao moj mlađi brat Bishnu koji je uočio velik polog na bankovnom računu.

„Zašto se uzbuđivati zbog materijalne zarade?" odgovorio je Otac. „Onaj tko se vodi načelom uravnoteženosti taj nije ushićen materijalnim dobitkom niti je nesretan kad nastupi gubitak. On zna da čovjek na ovaj svijet dolazi bez novčića i bez novčića ga napušta."

U početku svog braka moji roditelji su postali učenici velikog učitelja Lahirija Mahasaye iz Benaresa. Ovo povezivanje je ojačalo Očevo ionako jako nagnuće asketizmu. Majka se jednom povjerila mojoj najstarijoj sestri Romi: "Tvoj Otac i ja spavamo zajedno kao muškarac i žena samo jednom godišnje s namjerom dobivanja djece".

Otac je upoznao Lahirija Mahasayu preko Abinasha Babua†, djelatnika ogranka Željeznice Bengal-Nagpur. U Gorakhpuru mi je Abinash Babu znao pripovijedati priče o mnogim indijskim svecima koje su mi plijenile pažnju. Svaka takva priča bi bez iznimke završavala hvalospjevima njegovu vlastitom guruu.

---

* Uzvišena poema na sanskrtu dio je epa *Mahabharata* i smatra se svetom knjigom hinduizma. Mahatma Gandhi je napisao: „Oni koji će meditirati o Giti svakodnevno će iz nje crpsti uvijek novu radost i nova značenja. Ne postoji nijedno duhovno pitanje na koje Gita ne može odgovoriti."

† Babu (Gospodin) je naziv koji se dodaje iza bengalskih imena.

„Jesi li ikad čuo priču o posebnim okolnostima pod kojima je tvoj otac postao učenik Lahirija Mahasaye?" To mi je zanimljivo pitanje postavio Abinash jednog lijenog ljetnog popodneva, dok smo sjedili u mom domu. Zatresao sam glavom uz smiješak pun očekivanja.

„Prije mnogo godina, dok se ti još nisi rodio, zamolio sam svog nadređenog službenika, a to je bio tvoj otac, da mi odobri tjedan dana odmora kako bih posjetio svojega gurua u Benaresu. Tvoj otac je ismijao moj plan.

'Zar želiš postati vjerski fanatik?' pitao me. 'Usredotoči se na svoj rad u uredu ako želiš napredovati.'

Tako sam žalostan pošao kući šumskom stazom, kad naiđoh na tvog oca u nosiljci. Otpravio je sluge i nosiljku i pridružio mi se u šetnji. Pokušavajući me utješiti, isticao je prednosti truda za postizanje svjetovnog uspjeha. No ja sam ga slabo slušao. Moje je srce ponavljalo: 'Lahiri Mahasaya! Ne mogu živjeti ako te ne vidim!'

„Put nas je doveo do ruba mirnog polja gdje su zrake kasnoposlijepodnevnog sunca obasjavale visoku divlju travu koja se povijala. Zaustavili smo se zadivljeni prizorom. Tada smo u polju, samo nekoliko metara od nas, ugledali lik mojega velikog gurua koji se iznenada ukazao!*

'Bhagabati, previše si strog prema svom zaposleniku!' Njegov je glas odzvanjao u našim zaprepaštenim ušima. Nestao je jednako tajanstveno kao što se i pojavio. Ja sam na koljenima zavikao: 'Lahiri Mahasaya! Lahiri Mahasaya!' Nekoliko trenutaka tvoj je otac ostao nepomičan u potpunoj zbunjenosti.

'Abinash, ne samo da *tebi* dajem slobodne dane, već ih *i sam* uzimam od sutra kako bih otišao u Benares. Moram upoznati toga velikog Lahirija Mahasayu koji je sposoban materijalizirati se vlastitom voljom kako bi se zauzeo za tebe! Povest ću i svoju suprugu i zamoliti ga da nas uvede u svoj duhovni put. Hoćeš li nas odvesti k njemu?'

'Naravno.' Ispunila me radost što se na čudesan način ispunila moja molitva i što su se događaji tako brzo okrenuli u moju korist.

Iduće večeri tvoji roditelji i ja otputovali smo vlakom u Benares. Sutradan smo se prebacili na konjsku zapregu i tako prošli dio puta, a zatim smo morali nastaviti pješice uzanim stazama do doma na osami u kojem je živio moj guru. Ušavši u njegovu malu dnevnu sobu,

---

* Izuzetne moći koje posjeduju veliki učitelji objašnjene su u 30. poglavlju „Zakon čuda".

Autobiografija jednog jogija

GURRU (Gyana Prabbha) GHOSH
(1868.-1904.)
Yoganandajijeva Majka; učenica Lahirija Mahasaye

poklonili smo se učitelju koji je sjedio u svom uobičajenom položaju lotosa. Žmirkao je prodornim očima i zaustavio pogled na tvom ocu. 'Bhagabati, previše si strog prema svom zaposleniku!' Njegove su riječi bile identične onima koje je izrekao prije dva dana na polju trave. Dodao je: 'Drago mi je što si dopustio Abinashu da me posjeti, i što ste ti i tvoja žena došli s njim'.

Na njihovu radost on je inicirao tvoje roditelje u duhovnu tehniku *Kriya joge (Kriya Yoga)**. Tvoj otac i ja, kao zajednički učenici, od tog smo „dana za pamćenje" postali bliski prijatelji. Lahiri Mahasaya pokazao je izrazito zanimanje u vezi s tvojim rođenjem. Tvoj će život biti zasigurno vezan uz njegov jer učiteljev blagoslov nikad ne griješi."

Lahiri Mahasaya napustio je ovaj svijet ubrzo nakon što sam se ja rodio. Njegova slika u izrezbarenom okviru uvijek je krasila naš obiteljski oltar u raznim gradovima gdje je moj Otac službovao. Mnoga smo jutra i večeri Majka i ja proveli u meditaciji ispred improviziranog

---

* Jogijska tehnika, koju je naučavao Lahiri Mahasaya. Njome se smiruje aktivnost osjetila, što čovjeku omogućava postojani duhovni napredak i poistovjećivanje s kozmičkom svijesti, Bogom.

Moji roditelji i rani život

BHAGABATI CHARAN GHOSH
(1853.-1942.)
Yoganandajijev Otac; učenik Lahirija Mahasaye

hrama nudeći cvijeće umočeno u mirisnu pastu od sandalovine. Uz tamjan i smirnu te uz našu združenu predanost odavali smo počast Božanskom koje je našlo svoj puni izražaj u Lahiriju Mahasayi.

Njegova slika imala je veliki utjecaj na moj život. Kako sam rastao, tako je i misao o učitelju rasla unutar mene. U meditaciji sam često viđao njegov lik kako izlazi iz fotografije, poprima živi oblik i sjeda ispred mene. Kada bih pokušao dotaknuti stopala njegova svjetlećeg tijela, ono bi se promijenilo i ponovno postalo slika. Kako je moje djetinjstvo prelazilo u dječaštvo, uviđao sam da se Lahiri Mahasaya u mom umu pretvara iz male uokvirene slike u jasnu, živu prisutnost. Često sam mu se molio u trenucima kušnje ili zbunjenosti, a on mi je davao utjehu i pokazivao pravi put.

Isprva sam očajavao što on više nije fizički živ. No kako sam počeo otkrivati njegovu skrivenu sveprisutnost, više nisam žalio. On je često znao pisati svojim učenicima koji su izgarali od želje da ga vide: „Zašto dolazite vidjeti moje meso i kosti kada sam ja uvijek unutar dosega vašeg duhovnog vida (*kutastha*)"?

Kada mi je bilo otprilike osam godina blagoslovljen sam čudesnim izlječenjem s pomoću fotografije Lahirija Mahasaye. To je iskustvo snažno pojačalo moju ljubav. Dok sam boravio na obiteljskom imanju u Ichapuru u Bengalu, obolio sam od azijske kolere. Život mi je visio o niti, liječnici nisu mogli ništa učiniti. Majka koja je bdjela kraj mog kreveta očajnički me uputila da pogledam u sliku Lahirija Mahasaye na zidu iznad moje glave.

„Pokloni mu se u mislima!" Znala je da sam suviše slab da čak i podignem ruke u znak pozdrava. „Ako stvarno pokažeš svoju predanost i u sebi klekneš pred njim, tvoj će život biti pošteđen!"

Zagledao sam se u fotografiju i tamo ugledao zasljepljujuću svjetlost koja je omatala moje tijelo i čitavu sobu. Moja mučnina i ostali simptomi koje nisam mogao kontrolirati nestali su. Bilo mi je dobro. Istog časa osjetio sam se dovoljno jakim da se sagnem i dotaknem Majčina stopala u znak zahvale za njezinu neizmjernu vjeru u svoga gurua. Majka je neprestano pritiskala glavu uz malu sliku.

„O sveprisutni Učitelju, zahvaljujem ti na tvojoj svjetlosti koja je izliječila mog sina!"

Shvatio sam da je i ona bila svjedok jarkog bljeska svjetlosti koja mi je pomogla da se istog časa oporavim od inače kobne bolesti.

Ta fotografija jedna je od najvećih dragocjenosti koje posjedujem. Fotografiju je mom Ocu dao sam Lahiri Mahasaya, i kao takva posjeduje svete vibracije. Postoji čudesna priča povezana s njezinim nastankom. To mi je jednom ispričao učenik Lahirija Mahasaye, Kali Kumar Roy.

Čini se da je učitelj osjećao odbojnost prema fotografiranju. Suprotno njegovoj volji jednom su ga slikali s grupom poklonika u kojoj je bio i Kali Kumar Roy. Posve je razumljivo zaprepaštenje fotografa kada je pogledao na razvijenu fotografsku ploču i uočio da uz jasne slike svih učenika vidi i uočljivu prazninu na mjestu u sredini gdje je trebao biti lik Lahirija Mahasaye. O tom fenomenu naveliko se raspravljalo.

Student Ganga Dhar Babu, koji bijaše vrstan fotograf, hvalio se kako će on uspjeti svojim objektivom uhvatiti taj lik koji bježi. Idućeg jutra, dok je guru sjedio u lotosovom položaju na drvenoj klupi iza koje se nalazio zaslon, Ganga Dhar Babu je stigao s opremom. Pomno uzimajući u obzir svaku mjeru opreza, pohlepno je eksponirao dvanaest ploča. Čim ih je razvio, na svakoj je vidio istu sliku drvene klupe sa zaslonom, ali bez učitelja.

U suzama i slomljenog ponosa Ganga Dhar Babu potražio je

svojega gurua. Mnogi su sati prošli prije nego što je Lahiri Mahasaya prekinuo tišinu važnom napomenom:

„Ja sam Duh. Može li tvoja kamera odraziti sveprisutno Nevidljivo?"

„Sada vidim da ne može! Ali, Sveti Gospodine, ja iskreno želim sliku Vašega tjelesnog hrama. Moja je spoznaja do sada bila sužena. Sada shvaćam da u Vama u potpunosti boravi Duh."

„Dođi onda sutra ujutro. Ja ću ti pozirati."

Tada je fotograf ponovno usmjerio svoju kameru. Ovaj je puta sveti lik bio jasno vidljiv na ploči, neogrnut tajanstvenom neprodornošću. Učitelj nikad više nije pozirao nijednom fotografu, barem koliko je meni poznato.

Ta fotografija otisnuta je u ovoj knjizi*. Lahiri Mahasayin prijazni lik, univerzalnih obilježja, teško daje naslutiti kojoj je rasi pripadao. Radost duhovnog jedinstva s Bogom blago se očituje u njegovu zagonetnom osmijehu. Njegove napola otvorene oči kao da iskazuju tek neznatno zanimanje za vanjski svijet, no one su također napola zatvorene, naznačujući njegovu uronjenost u unutarnje blaženstvo. Potpuno nevezan za tričave žudnje svijeta, iskazivao je sve vrijeme punu budnost za duhovne probleme tragalaca koji bi mu pristupili da im udijeli od toga svojega obilja.

Ubrzo nakon mog ozdravljenja zahvaljujući snazi guruove slike, imao sam bitno duhovno viđenje. Jednog jutra, sjedeći na svom krevetu, ušao sam u duboki trans.

„Što se nalazi iza tame zatvorenih očiju?" Ovo mi se pitanje snažno javilo u mislima. Golem bljesak svjetlosti odjedno m se pojavio u mom unutarnjem vidu. Božanski obrisi svetaca koji sjede u položaju meditacije unutar planinskih špilja stvorili su se poput sićušnog filma na velikom platnu bljeπtavila unutar moga čela.

„Tko ste vi?" rekoh glasno.

„Mi smo himalajski jogiji." Nebeski odgovor teško je opisati, moje je srce bilo uzbuđeno.

„Oh, tako želim poći u Himalaju i biti poput vas!" Viđenje je

---

* Vidi na str. 292. Preslike fotografije dostupne su iz udruge Self-Realization Fellowship (SRF). Vidi također i umjetničku sliku Lahirija Mahasaye na str. 322. Za svog boravka u Indiji (1935.-36.) Sri Paramahansa Yogananda uputio je bengalskog umjetnika da naslika taj portret prema originalnoj fotografiji kako bi ta slika postala službeni portret Lahirija Mahasaye koji će se koristiti u izdanjima SRF-a. (Ova slika visi u dnevnoj sobi Paramahanse Yoganande u Mt. Washingtonu, *bilješka izdavača*)

nestalo, ali srebrnasti snopovi svjetla širili su se u sve većim krugovima u beskonačnost.

„Kakav je to čudesan sjaj?"

„Ja sam Išvara.* Ja sam Svjetlo." Taj Glas šumio je poput oblaka.

„Želim biti jedno s Tobom!"

Dok se polagano gasila moja božanska ekstaza, u trajno nasljedstvo ostalo mi je nadahnuće potrage za Bogom. „On je vječna, uvijek nova Radost!" Sjećanje na to ostalo mi je dugo nakon same vizije.

U sjećanje mi dolazi još jedan nezaboravni događaj iz ranog djetinjstva, koji je doslovno takav jer i danas nosim ožiljak kao uspomenu na njega. Moja starija sestra Uma i ja sjedili smo u rano ujutro pod drvetom *nima* u našem naselju u Gorakhpuru. Ona mi je pomagala u mojem učenju iz bengalske početnice, u onoj mjeri koliko sam se mogao na to koncentrirati, a da istodobno ne promatram obližnje papige kako jedu zrele plodove margosa voća.

Uma se žalila na čir na nozi i dohvatila je vrč s pomasti. Ja sam utrljao malčice kreme na svoju nadlakticu.

„Zašto stavljaš lijek na zdravu ruku?"

„Pa seko, osjećam da ću sutra i ja dobiti čir. Isprobavam tvoju kremu na mjestu gdje će se čir pojaviti."

„Ti mali lažljivče!"

„Seko, ne zovi me lažljivcem dok ne vidiš što će se dogoditi sutra ujutro." Ispunio me osjećaj uvrijeđenosti.

Uma uopće nije bila impresionirana i triput je ponovila svoje zadirkivanje. Glas mi je odzvanjao čvrstom odlučnošću dok sam joj polako govorio.

„Snagom volje u meni kažem ti da ću sutra imati popričan čir točno na ovome mjestu na ruci, a *tvoj* će čir narasti dvostruko!"

Jutro me zateklo s popričnim čirom na mjestu koje sam naznačio, a Umin čir se udvostručio. Moja sestra je uz krik otrčala Majci. „Mukunda je postao vrač!" Majka me ozbiljno ukorila da više nikada ne upotrebljavam snagu riječi kako bih izazvao štetu. Njezin savjet nisam nikad zaboravio i uvijek sam ga se držao.

Moj čir je morao biti kirurški uklonjen. Do danas mi je od tog

---

* Sanskrtski naziv za Gospodina u Njegovu obličju kao Kozmičkog Gospodara; od korijena *is*, vladati. Hinduistički spisi sadrže na tisuće imena za Boga, od kojih svako nosi drugačiju nijansu filozofskog značenja. Gospodin kao Išvara (Ishwara) je Onaj čijom se voljom svi svjetovi stvaraju i razgrađuju u pravilnim ciklusima.

Yogananda u dobi od šest godina.

zahvata ostao vidljiv ožiljak. Tako na desnoj nadlaktici nosim stalni podsjetnik na snagu čiste čovjekove riječi.

Te jednostavne i na prvi pogled bezazlene rečenice koje sam izrekao Umi, izrečene s dubokom usredotočenošću, posjedovale su dovoljno skrivene snage da eksplodiraju poput bombi i dovedu do sasvim očitih, štetnih učinaka. Kasnije sam shvatio da se eksplozivna vibrirajuća snaga sadržana u govoru može pametno usmjeriti u svrhu rješavanja poteškoća i na taj način proći bez ožiljka ili prijekora.*

Naša se obitelj preselila u Lahore u Punjabu. Tamo sam dobio

---

* Beskonačne mogućnosti zvuka proizlaze iz stvaralačke riječi, *Aum*, kozmičke vibratorne snage koja se krije iza svih atomskih energija. Svaka riječ izgovorena s jasnom namjerom i dubokom pozornosti ima mogućnost ostvarivanja. Glasno ili tiho ponavljanje nadahnjujućih riječi pokazalo se učinkovitim u Couéizmu i sličnim sustavima psihoterapije. Tajna leži u aktiviranju vibratorne snage uma.

sliku Božanske Majke u obliku Božice Kali.* Ona je od tada posvećivala maleni neslužbeni hram na balkonu našeg doma. Obuzelo me je neporecivo uvjerenje kako će mi se ispuniti bilo kakva molitva izrečena na tome svetom mjestu. Tako sam jednog dana tamo stajao s Umom i promatrao dvojicu dječaka koji su puštali zmajeve na krovovima dviju zgrada koje su od naše bile odvojene samo uzanim prolazom.

„Zašto si tako tih?" gurnula me Uma zadirkujući.

„Upravo razmišljam kako je divno što mi Božanska Majka daje sve što zaželim."

„Pretpostavljam da bi ti Ona dala i ona dva zmaja!" Moja sestra se podrugljivo nasmijala.

„Zašto ne?" Počeo sam se tiho moliti u sebi da ih dobijem.

U Indiji se održavaju natjecanja u puštanju zmajeva. Natjecatelji lijepe krhotine stakla na uzice zmajeva kako bi prerezali uzicu protivničkog zmaja. Kad se to dogodi, slobodni zmaj lebdi iznad krovova i pravi je užitak uloviti ga. Kako smo Uma i ja bili na natkrivenom i zaklonjenom balkonu, činilo se nemogućim da odlutali zmaj tek tako stigne u naše ruke. Po svoj prilici zapleo bi se negdje na krovu.

Igrači preko puta upravo su započeli svoju igru. Jedna se uzica prerezala i zmaj je istog trena poletio u mom smjeru. Zahvaljujući iznenadnom prestanku povjetarca zmaj se na tren zaustavio, a njegova uzica se čvrsto zakačila za kaktus na vrhu zgrade nama nasuprot. Tako se stvorila dugačka, savršena petlja koja je samo čekala da je zgrabim. Predao sam Umi svoj ulov.

„To je bila samo slučajnost, a ne odgovor na tvoju molitvu. Ako i drugi zmaj doleti k tebi, tada ću vjerovati." U tamnim očima moje sestre bilo je više čuđenja nego što je riječima htjela iskazati. Ja sam se svojski nastavio moliti. Drugi je igrač snažno potegnuo svog zmaja i time uzrokovao njegov nagli gubitak. Zmaj se uputio prema meni plešući na vjetru. Moj „korisni pomoćnik" kaktus ponovno je zaustavio uzicu zmaja na pravom mjestu, odakle sam ga mogao dohvatiti. Darovao sam Umi i drugi trofej.

„Doista te Božanska Majka uslišala! Sve ovo je odviše za mene!" Otrčala je s balkona poput prestrašenog laneta.

* Kali je simbol Boga u vidu vječne Majke Prirode.

2. POGLAVLJE

Majčina smrt i tajanstvena ogrlica

Najveća želja moje majke bila je doživjeti vjenčanje moga starijeg brata Anante. „Ah, kada ugledam lice Anantine žene, bit će to za mene raj na zemlji!" Često sam čuo te Majčine riječi kojima je izražavala jaku indijsku tradiciju za nastavljanjem obitelji.

Bilo mi je oko jedanaest godina kada se Ananta zaručio. Majka bijaše u Kalkuti gdje je radosno nadgledala pripreme za vjenčanje. Otac i ja ostali smo u našem domu u Bareillyju u sjevernoj Indiji, gdje je Otac dobio premještaj nakon dvije godine boravka u Lahoreu.

Već prije bijah svjedok raskoši svadbenih običaja kada su se udavale moje dvije starije sestre Roma i Uma, ali za Anantu, najstarijeg sina, planovi su bili zaista pomno smišljeni. Majka je dočekivala brojnu rodbinu koja je svakodnevno pristizala u Kalkutu iz raznih krajeva. Ona ih je sve srdačno ugostila u velikoj, nedavno kupljenoj kući u Ulici Amherst br. 50. Sve je bilo spremno, od delicija za svečanost, kićenog postolja na kojem će Anantu odvesti do mladenkine kuće, nizova raznobojnih svjetiljki, golemih slonova i deva izrađenih od ljepenke, engleskih, zatim škotskih i indijskih orkestara, profesionalnih zabavljača te svećenika koji obavljaju drevne obrede.

Otac i ja smo se, isto tako u svečanom raspoloženju, baš spremali pridružiti ostatku obitelji na svečanosti. No nedugo prije velikog dana, ja sam imao zloslutno viđenje.

Bijaše to u Bareillyju, u ponoć. Dok sam spavao pokraj Oca na verandi našega bungalova, probudilo me čudnovato lepršanje mreže protiv komaraca postavljene preko kreveta. Tanahni zastori su se razmaknuli i ja ugledah ljubljeni lik moje majke.

„Probudi oca!" Njezin je glas bio samo šapat. „Ukrcajte se na prvi vlak za Kalkutu, u četiri sata. Požurite se u Kalkutu ako me želite vidjeti!" Sablasne prilike nestade.

„Oče, Oče! Majka umire!" Užas u mom glasu odmah ga je probudio. Jecajući, rekoh mu kobnu vijest.

„Ne brini se zbog svojih priviđenja." Otac je na svoj uobičajeni način pokušao negirati ono što je čuo. „Tvoja majka je izvrsna zdravlja. Ako primimo još neku lošu vijest, otići ćemo sutra."

„Nikad si nećeš oprostiti ako ne kreneš ovog časa!" Gnjev me naveo da još dodam gorko, „Niti ću je tebi ikad oprostiti!"

Melankolično jutro stiglo je s jasnom porukom: "Majka teško bolesna; vjenčanje odgođeno; dođite odmah."

Otac i ja krenuli smo potpuno smeteni. Na putu nas je, dok smo presjedali na naredni vlak dočekao jedan od mojih ujaka. Vlak je gromoglasno jurio prema nama donoseći strepnju koja je rasla. Iz moje unutarnje noćne more odjednom je izronila odlučnost da se bacim pod vlak. Osjećao sam, kako sad već bez majke, ne mogu više podnijeti svijet ogoljen do kosti. Volio sam Majku kao najboljeg prijatelja na kugli zemaljskoj. Njezine crne oči pune utjehe bile su mi utočište u beznačajnim tragedijama djetinjstva.

„Je li ona još živa?", zaustavio sam se uz to posljednje pitanje mom ujaku.

On je u trenutku zamijetio očaj na mom licu. „Naravno da je živa!" Ali jedva da sam mu vjerovao.

Kada smo stigli u naš dom u Kalkuti, mogli smo se samo suočiti s neshvatljivom tajnom smrti. Pao sam u gotovo beživotno stanje. Godine su prošle, prije nego što sam se u srcu mogao s tim pomiriti. Moji vapaji odjekivali su sve do samih vrata nebesa, i na posljetku su prizvali Božansku Majku. Njezine riječi napokon su donijele izlječenje mojim gnojnim ranama:

„Ja sam ona koja je bdjela nad tobom iz života u život kroz nježnost mnogih majki. Vidi u Mojem pogledu ta dva divna crna oka za kojima tragaš!"

Otac i ja vratili smo se u Bareilly ubrzo nakon obreda spaljivanja naše Voljene. Iz dana u dan, ranom zorom, u znak sjećanja odlazio sam na tužno hodočašće, do velikog drveta *sheoli* koje se nadvilo nad gustu zlatno zelenu tratinu ispred našega bungalova. U lirskim trenucima zamišljao sam kako se bijeli cvjetovi dobrovoljno prosipaju u znak devocije preko travnatog oltara. I dok bi se moje suze miješale s rosom, često bih vidio neobično svjetlo, kao s nekog drugog svijeta, kako se probija u zoru. Obuzimali bi me snažni grčevi čežnje za Bogom. Osjećao sam kako me jako privlači Himalaja.

Jedan moj bratić koji se upravo vratio s putovanja u svetu planinu posjetio nas je u Bareillyju. Gorljivo sam slušao njegove priče o planinskim boravištima jogija i swamija.*

„Hajdemo pobjeći u Himalaju", predložio sam jednog dana Dwarka Prasadu, mladom sinu našega stanodavca u Bareillyju, no on baš time nije bio oduševljen. Otkrio je moj plan Ananti koji je upravo stigao u posjet Ocu. Umjesto da se blago našali na ovu neizvedivu zamisao malog dječaka, Ananta je to iskoristio da mi se izričito naruga:

„Gdje ti je tvoja narančasta odjeća? Bez toga ne možeš biti swami!".

Ali mene su te njegove riječi neobjašnjivo uzbuđivale. U svijest su mi dovodile moju jasnu sliku sebe kao redovnika koji luta Indijom. Možda su u meni probudile sjećanje iz prošlog života. U svakom slučaju, shvatio sam s koliko bih lakoće odjenuo ruho tog davno ustanovljenog samostanskog reda.

Brbljajući jednog jutra s Dwarkom, osjetio sam kako se ljubav prema Bogu obrušava na mene snagom lavine. Moj drug je samo djelomično obraćao pozornost na izražajnost koja je izlazila iz mene, ali ja sam u sebi svim srcem slušao taj glas.

Tog sam popodneva pobjegao prema Naini Talu u podnožju Himalaje. Ananta se odmah dao u odlučnu potjeru pa sam bio prisiljen neslavno se vratiti u Bareilly. Jedino hodočašće koje mi je bilo dopušteno bilo je ono uobičajeno jutarnje do drveta *sheoli*. Moje je srce plakalo za dvjema izgubljenim majkama: ljudskom i Božanskom.

Praznina koja je nastala u obitelji nakon Majčine smrti bila je nenadoknadiva. Otac se, tijekom gotovo četrdeset godina koliko je još poživio, nije ponovno oženio. Sada u ulozi i majke i oca našemu malom jatu, Otac je postao izrazito nježniji i pristupačniji. Smireno i susretljivo rješavao je brojne obiteljske probleme. Nakon posla bi se povlačio poput isposnika u svoju sobu i vježbao *Kriya jogu* u blaženom miru. Dugo nakon Majčine smrti pokušavao sam unajmiti englesku kućnu pomoćnicu koja bi mu olakšala svakodnevne obaveze i učinila život udobnijim. No Otac je to odbijao.

„Služenje meni završilo je s vašom majkom." Pogled mu je odlutao i u očima se očitovala doživotna posvećenost: „Neću dopustiti da me dvori nijedna druga žena".

Četrnaest mjeseci nakon Majčine smrti doznao sam da mi je ostavila vrlo važnu poruku. Ananta je bio uz njezinu samrtnu postelju i

---

* Sanskrtsko korijensko značenje riječi *swami* je „onaj koji je jedno sa Sobom (*Swa*)" (vidi 24. poglavlje).

zabilježio je njezine riječi. Iako ga je ona molila da mi otkrije poruku godinu dana nakon njezine smrti, brat je oklijevao. Uskoro je trebao otići iz Bareillyja u Kalkutu kako bi se vjenčao djevojkom koju mu je Majka izabrala.* Jedne večeri pozvao me k sebi.

„Mukunda, oklijevao sam da ti prenesem ove čudne vijesti." U Anantinu glasu osjećalo se kako je odlučio popustiti: „Bojao sam se da će to rasplamsati tvoju želju da napustiš dom. No ti si ionako sav ispunjen žudnjom za božanskim. Kada sam krenuo u potragu za tobom tijekom tvog nedavnog bijega u Himalaju donio sam odluku. Više ne smijem odlagati s ispunjenjem svojega svetog obećanja." Brat mi je predao malu kutiju i Majčinu poruku.

„Neka ti ove riječi budu moj konačni blagoslov, moj voljeni sine Mukunda!", bile su Majčine riječi. „Sada je čas da se osvrnem na niz nevjerojatnih događaja koji su slijedili nakon tvojega rođenja. Prvi put sam spoznala koja je tvoja sudbina kad si bio tek beba u mom naručju. Odnijela sam te u dom svojega gurua u Benares. Lahiri Mahasaya bio je gotovo skriven iza gomile svojih učenika, jedva sam ga mogla vidjeti dok je sjedio u dubokoj meditaciji.

Ljuljuškala sam te i molila se da nas veliki guru primijeti i udijeli svoj blagoslov. Dok je moj tihi zahtjev pun devocije postajao sve snažniji, on je otvorio oči i dao mi znak da priđem. Ostali su se razmaknuli da nam oslobode prolaz. Kleknula sam pred sveta stopala. Lahiri Mahasaya te je posjeo u krilo i stavio svoju ruku na tvoje čelo u znak duhovnog krštenja.

'Majčice, tvoj će sin postati jogi. Poput lokomotive on će odvesti mnoge duše u kraljevstvo Božje.'

Moje srce je bilo preplavljeno radošću kad sam vidjela da je sveznajući guru uslišio moju skrivenu molitvu. Nedugo prije tvog rođenja, on mi je rekao da ćeš slijediti njegov put.

Kasnije smo, sine moj, dok smo te promatrale iz susjedne sobe kako ležiš nepomičan na krevetu, tvoja sestra Roma i ja bile svjedoci tvojeg viđenja Velikog Svjetla. Lice ti je blistalo, a tvoj glas je odzvanjao čvrstom odlučnošću dok si govorio kako ćeš ići na Himalaju u potragu za Božanskim.

Na taj način sam, dragi sine, spoznala da tvoj put leži dalje od

---

* Indijski običaj da roditelji biraju bračnog partnera svom djetetu odolio je nasrtajima vremena. Postotak sretnih brakova u Indiji je visok.

(lijevo iznad) Yoganandaji *(stoji)* kao srednjoškolac sa svojim starijim bratom Anantom

(desno iznad) Najstarija sestra Roma *(slijeva)* i mlađa sestra Nalini s Paramahansom Yoganandom u njihovu obiteljskom domu u Kalkuti 1935. godine.

(desno) Yoganandajijeva starija sestra Uma kao djevojčica u Gorakhpuru.

svjetovnih stremljenja. No jedan još nevjerojatniji događaj u to me je još više uvjerio, to je događaj koji me sada navodi da ti pišem ovu poruku sa svoje samrtne postelje.

„Riječ je o razgovoru s jednim mudracem u Punjabu. Dok je naša obitelj živjela u Lahoreu, jednog jutra služavka je došla u moju sobu. 'Gazdarice, čudni sadhu* je ovdje. Ustraje na tome „da želi vidjeti Mukundinu majku."'

„Te jednostavne riječi dirnule su nešto u meni. Odmah sam otišla dočekati posjetitelja. Poklonivši mu se do stopala, osjetila sam da ispred mene stoji čovjek posvećen Bogu.

'Majko', reče, 'veliki učitelji ti žele reći kako tvoj boravak na Zemlji neće biti duga vijeka. Tvoja sljedeća bolest bit će i tvoja posljednja.'† Nastupila je tišina tijekom koje nisam osjećala strah već samo duboki mir. Napokon mi se ponovno obratio:

'Tebi će biti povjerena na čuvanje jedna srebrna ogrlica. Neću ti je danas dati. Da dokažem istinitost svojih riječi, talisman će se materijalizirati u tvojim rukama sutra dok budeš meditirala. Kad budeš na samrtnoj postelji trebaš ga predati tvom najstarijem sinu Ananti koji će ga čuvati godinu dana, a zatim predati tvom drugom sinu. Mukundi će veliki majstori objasniti značenje talismana. On će ga dobiti u vrijeme kada postane spreman odreći se svjetovnih ambicija i započeti svoju životnu potragu za Bogom. Nakon što bude u njegovu posjedu nekoliko godina, i kada bude ispunio svoju svrhu, talisman će nestati. Makar bio čuvan i na najskrovitijem mjestu, vratit će se tamo odakle je i došao.'

Dala sam svecu milodar‡ i poklonila se pred njim u znak velikog poštovanja. Odbivši ponuđeno, otišao je uz blagoslov. Iduće večeri, dok sam sjedila sklopljenih ruku u meditaciji, srebrni se amulet materijalizirao između mojih dlanova, baš kao što je sadhu obećao. Bio je hladan i gladak na dodir. Ljubomorno sam ga čuvala više od dvije godine, i sada ga ostavljam Ananti na čuvanje. Ne žali za mnom jer će me moj guru povesti u ruke Beskonačnog. Zbogom, dijete moje, štitit će te Kozmička Majka."

Čim sam dobio talisman preplavio me bljesak spoznaje koja je

---

* Pustinjak, onaj koji je posvećen isposništvu i duhovnoj stezi.

† Kada su mi ove riječi otkrile kako je Majka znala da joj ne preostaje još puno od života, tek sam tada stvarno shvatio zašto joj se toliko žurilo s pripremama za Anantin brak. Iako je umrla prije samog vjenčanja, njezina prirodna majčinska želja bila je vidjeti barem obred.

‡ Uobičajena gesta u znak poštovanja prema sadhuima.

Majčina smrt i tajanstvena ogrlica

probudila mnoga skrivena sjećanja. Talisman je bio okrugla oblika, odisao je starinom, a površina mu je bila prekrivena slovima sanskrta. Shvatio sam da su mi ga poslali moji učitelji iz prošlih života koji su me vodili na nevidljiv način. Postojalo je još nešto bitno u vezi s njim, ali čovjek ne može do kraja otkriti srce talismana.*

Kako je talisman napokon nestao u nesretnim okolnostima moga života, te kako je njegov gubitak navijestio kraj moje potrage za guruom, to ne pripada u ovo poglavlje.

Ali zato je maleni dječak, razočaran u svojim pokušajima da stigne do Himalaje svakodnevno putovao daleko na krilima svoje ogrlice.

---

* Talisman je bio predmet proizveden na astralnoj ravni. Po svojoj strukturi prolazni, takvi predmeti moraju u konačnici iščeznuti s lica Zemlje. (Vidi 43. poglavlje.)

Na talismanu je bila ispisana *mantra* ili svete molitvene riječi. Snaga zvuka i *vacha*, ljudskog glasa, nisu nigdje tako pomno istraživani kao u Indiji. Vibracija *Auma* koja odzvanja čitavim svemirom (Aum - „Riječ" ili „glas mnogih voda" iz Biblije) ima tri očitovanja ili *gune*: stvaranja, održavanja i uništenja (Taittiriya Upanišada I:8).

Svaki put kada čovjek izgovori neku riječ, on pobuđuje djelovanje jedne od triju kvalitete *Auma*. To je zakonita osnova na kojoj se temelji razlog zašto svi sveti spisi naučavaju da čovjek mora govoriti istinu.

Mantra napisana na sanskrtu koja se nalazila na ogrlici imala je duhovno korisnu vibrirajuću moć ako se izgovori na ispravan način. Sanskrtska abeceda, koja je idealno sastavljena, sastoji se od pedeset slova svako od kojih nosi točan i nepromjenljiv izgovor. George Bernard Shaw je napisao mudar, i naravno duhovit, esej o fonetskoj nedostatnosti engleske abecede zasnovanoj na latinskom jeziku, u kojoj se dvadeset i šest slova neuspješno muči podnijeti teret zvuka. Svojom poznatom bezobzirnošću („Ako bi uvođenje engleske abecede za engleski jezik značilo izbijanje građanskog rata... ja ne bih imao ništa protiv"), g. Shaw upućuje na potrebu usvajanja nove abecede koja bi imala četrdeset i dva znaka (vidi njegov predgovor Wilsonovoj knjizi *The Miraculous Birth of Language*, Philosophical Library, New York). Takva abeceda približila bi se u fonetskom savršenstvu sanskrtu u kojem se uz pomoć pedeset slova sprječavaju pogrešni izgovori.

Otkriće pečata u dolini Inda dovelo je do toga da niz stručnjaka napusti trenutno vrijedeću teoriju o tome da je Indija „posudila" svoju sanskrtsku abecedu iz semitskih izvora. Na lokaciji Mohenjo-Daro i Harappa nedavno je otkopano nekoliko velikih indijskih gradova, što je ponudilo dokaz o visokoj razini kulture „kojoj je morala prethoditi duga povijest na tlu Indije, što nas vodi u tako davnu prošlost čiji se početak tek nejasno nazire u vremenu" (Sir John Marshall, *Mohenjo-Daro and the Indus Civilization*, 1931.).

Ako je teorija Indijaca o iznimno velikoj starosti civiliziranog čovjeka na ovom planetu točna, onda postaje moguće objasniti zašto je *najdrevniji* svjetski jezik, sanskrt, ujedno i *najsavršeniji*. (Vidi napomenu na str. 83.) „Sanskrtski jezik", kaže Sir William Jones, utemeljitelj Azijskog društva, „bez obzira na to kolika bila njegova starost, ima zadivljujuću strukturu. Savršeniji je od grčkog, obilniji od latinskog te dorađeniji od oba spomenuta jezika."

Encyclopedia Americana navodi: „Od ponovnog oživljavanja zanimanja za klasične jezike nije bilo važnijeg događaja u kulturnoj povijesti od otkrića sanskrta (od strane zapadnih učenjaka) u kasnom 18. stoljeću. Jezična znanost, komparativna gramatika, komparativna mitologija, znanost o religiji... sve duguju svoje postojanje otkriću sanskrta ili su duboko povezane s njegovim proučavanjem."

3. POGLAVLJE

Svetac s dva tijela

„Oče, ako obećam da ću se vratiti kući na vrijeme, mogu li otići na izlet u Benares?"

Otac se rijetko suprotstavljao mojoj žarkoj ljubavi za putovanjem. Dopuštao mi je, čak i dok sam bio dječak, da posjetim mnoge gradove i mjesta hodočašća. Obično bi sa mnom išla i nekolicina mojih prijatelja, a uvijek smo udobno putovali vlakom s kartama prvog razreda koje nam je osigurao Otac. Njegovo mjesto službenika na željeznici bilo je više nego dobrodošlo za nomade u našoj obitelji.

Otac je obećao da će moju molbu razmotriti s dužnom pozornosti. Idućeg me dana pozvao k sebi i uručio mi povratnu kartu od Bareillyja do Benaresa, svežanj novčanica i dva pisma.

„Imam jedan poslovni prijedlog za mog prijatelja iz Benaresa, Kedara Nath Babua. Na žalost, izgubio sam njegovu adresu, ali vjerujem da ćeš mu uspjeti uručiti ovo pismo uz pomoć našega zajedničkog prijatelja, Swamija Pranabanande. Swami je, kao i ja, učenik Lahirija Mahasaye i postigao je prilično visok stupanj duhovnog napretka. Stoga će ti biti vrlo korisno upoznati se s njim. Ovo drugo pismo poslužit će ti u svrhu predstavljanja.

Otac mi je namignuo i dodao. „Upozoravam te, nema više bježanja od kuće!".

Dao sam se na put sa strašću dvanaestogodišnjaka (Iako vrijeme nije smanjilo moje oduševljenje kada je u pitanju upoznavanje novih krajolika i stranih lica!). Nakon što sam stigao u Benares odmah sam se uputio u swamijev dom. Ulazna vrata bijahu otvorena pa sam ušao i stigao do dugačke sobe nalik na hodnik koja se nalazila na drugom katu. Zatekao sam prilično krupnog muškarca, odjevenog samo u komad tkanine omotan oko bokova, kako sjedi u položaju lotosa na malo podignutoj podlozi. Njegova glava i lice bez bora bili su svježe obrijani, a na usnama mu je lebdio smiješak sveca. Da odagna moju bojazan kako sam upao nepozvan, dočekao me kao starog prijatelja.

„Baba anand (Blažen bio dragi moj)." Njegova dobrodošlica bila je izrečena od srca i dječačkim glasom. Kleknuo sam i dotaknuo njegova stopala.

„Jeste li Vi Swami Pranabananda?"

Kimnuo je glavom. „Jesi li ti Bhagabatijev sin?" Izgovorio je te riječi prije nego što sam mu stigao dati Očevo pismo. Zaprepašten, predao sam mu poruku koja je sada izgledala suvišna.

„Naravno da ću ti pomoći naći Kedara Nath Babua." Svetac me ponovno iznenadio svojom vidovitošću. Bacio je pogled na pismo i rekao nekoliko ljubaznih riječi o mom Ocu.

„Znaš li ti da ja uživam dvije mirovine? Jednu sam stekao na preporuku tvog oca, za kojeg sam nekoć radio na željeznici. Druga mirovina je na preporuku mog Nebeskog Oca, radi kojeg sam se svojevoljno odrekao zemaljskih životnih obaveza."

Ova napomena mi se učinila vrlo nejasnom. „Gospodine, kakvu to mirovinu dobivate od Nebeskog Oca? Baca li vam On novac u krilo?"

Nasmijao se. „Mislim na mirovinu u vidu nepomućenog mira, što je nagrada za duge godine provedene u meditaciji. Sada ne žudim za novcem. Imam i više nego dovoljno za ovo malo materijalnih potreba koje imam. Kasnije ćeš shvatiti važnost ove druge mirovine."

Iznenada je prekinuo naš razgovor i postao ozbiljan i nepomičan. Kao da ga je obavio veo zagonetnosti. Isprva su mu oči iskrile kao da promatra nešto zanimljivo, a zatim mu je pogled postao bezizražajan. Osjećao sam se neugodno zbog tog naglog prekida razgovora pogotovo što mi još nije stigao reći kako ću naći Očevog prijatelja. Pomalo nemiran ogledavao sam se po praznoj sobi u kojoj osim nas nije bilo ničeg. Moj lutajući pogled napokon se zaustavio na njegovim drvenim sandalama koje su ležale ispod sjedalice.

„Ne brini se, mali gospodine.* Čovjek kojeg želiš vidjeti stići će za pola sata." Jogi je čitao moje misli, što u tom trenutku i nije bilo teško!

Ponovno je utonuo u neprobojnu tišinu. Kada sam na satu vidio da je prošlo trideset minuta, swami je ustao.

„Mislim da je Kedar Nath Babu upravo pred vratima," rekao je.

Čuo sam kako se netko penje uza stube. Bio sam zaprepašten i nikako nisam mogao shvatiti što se to događa. U sebi sam se pitao: "Kako

---

* *Choto Mahasaya*, je naziv kojim mi se obraćalo više indijskih svetaca. Njegovo značenje je „mali gospodin".

je moguće da Očev prijatelj bude pozvan ovamo bez glasnika? Swami nije razgovarao ni s kim osim sa mnom otkako sam stigao!".

Bez ustezanja sam izašao iz sobe i spustio se niz stube. Na pola puta susretoh mršavog muškarca srednjeg rasta svijetle puti. Činilo se da je u žurbi.

„Jeste li vi Kedar Nath Babu?" U mom se glasu osjećalo uzbuđenje.

„Da. Zar ti nisi Bhagabatijev sin koji me ovdje očekuje?" Prijateljski se smiješio.

„Gospodine, kako ste stigli ovamo?" Sav zbunjen, nikako se nisam mogao pomiriti s njegovim neobjašnjivim pojavljivanjem.

„Danas je sve tajanstveno! Prije nepunih pola sata, dok sam se kupao u Gangesu, prišao mi je Swami Pranabananda. Nemam pojma kako je znao da sam tamo u to vrijeme.

„'U mom stanu te čeka Bhagabatijev sin'. rekao je. 'Hoćeš li poći sa mnom?' Ja sam sretan pristao. Dok smo hodali jedan uz drugog, swami je uspijevao ići korak naprijed u svojim drvenim sandalama, premda sam ja imao čvrste cipele za hodanje.

„Pranabanandaji se naglo zaustavio i upitao me: 'Koliko ti treba da stigneš do mene?'

'Oko pola sata.'

„'Još nešto moram obaviti.' Zagonetno me pogledao. 'Moram te ostaviti ovdje. Smiješ mi se pridružiti u mojoj kući gdje te Bhagabatijev sin iščekuje.'

„Prije nego što sam išta stigao reći, on je nestao u gomili. Došao sam ovamo što sam brže mogao."

Ovo objašnjenje samo je povećalo moju zbunjenost. Upitao sam ga koliko dugo već poznaje swamija.

„Sreli smo se nekoliko puta prošle godine, ali ne nedavno. Stoga sam danas bio vrlo sretan što ga ponovno vidim na gatu za kupanje."

„Ne mogu vjerovati u ovo što čujem! Jesam li poludio? To što ste vidjeli, je li to bila vizija ili ste ga stvarno vidjeli, dotaknuli mu ruku i čuli zvuk njegovih stopala?"

„Ne znam što želiš reći!, ljutito je odgovorio. „Ja ti ne lažem. Zar ne shvaćaš da mi nitko drugi osim swamija nije mogao reći da si ovdje?"

„Ali kako kada taj čovjek, Swami Pranabananda, nije napuštao sobu u kojoj sam i ja sve vrijeme bio otkako sam stigao prije sat vremena?" Ispripovijedao sam mu cijelu priču i ponovio razgovor koji sam bio vodio sa swamijem.

Svetac s dva tijela

On je širom otvorio oči. "Živimo li mi u materijalnom dobu ili pak sanjamo? Nisam očekivao da ću ikad u životu doživjeti ovakvo čudo! Mislio sam kako je ovaj swami samo običan čovjek, a sada vidim da može materijalizirati još jedno tijelo i djelovati kroz njega!" Zajedno smo ušli u svečevu sobu. Kedar Nath Babu pokazao je na obuću ispod povišene sjedalice.

„Pogledaj, ovo su upravo one sandale koje je nosio kada sam ga sreo na gatu.", šaputao je. „Nosio je samo platno omotano oko bokova, upravo kao sada."

Dok se posjetitelj klanjao pred njim, svetac se okrenuo prema meni uz zagonetni osmijeh.

„Zašto si toliko zaprepašten? Tanahno jedinstvo pojavnog svijeta nije tajna za prave jogije. Ja mogu istodobno vidjeti i razgovarati sa svojim učenicima u dalekoj Kalkuti. Isto tako su i oni sposobni vlastitom voljom nadrasti svaku prepreku grube materije."

Razlog zbog kojeg me swami počastio uvidom u svoje moći na području astralnog radija i televizije* bio je taj što je time htio pobuditi duhovnu strast u mojim mladim grudima. Ali ja sam umjesto entuzijazma pokazivao samo strahopoštovanje. Iako mi je sudbina namijenila potragu za božanskim preko jednog posebnog gurua - Sri Yukteswara, kojeg u to vrijeme još nisam upoznao, uopće nisam pokazivao nagnuće da prihvatim Pranabanandu za svog učitelja. Sumnjičavo sam ga pogledavao i pitao se je li to ispred mene on ili njegov dvojnik.

Učitelj je pokušao odagnati moj nemir uputivši mi pogled koji budi duhovni uvid, a zatim je rekao i nekoliko nadahnjujućih riječi o svom guruu.

„Lahiri Mahasaya bio je najveći jogi kojeg sam poznavao. On je bio utjelovljenje same Božanskosti."

U sebi sam mislio, ako je učenik sposoban materijalizirati još jedno

---

* Službena znanost na svoj način potvrđuje valjanost zakona koje su jogiji otkrili kroz misaonu znanost. Na primjer, 26. studenog 1934. na Kraljevskom sveučilištu u Rimu demonstrirana je mogućnost čovjekova gledanja na daljinu. „Dr. Giuseppe Calligaris, profesor neuropsihologije, pritiskom na određene dijelove tijela ispitanika uspio je u njemu pobuditi podrobne opise osoba i predmeta koji su se nalazili sa suprotne strane zida. Dr. Calligaris rekao je svojim kolegama profesorima da, ako se pobude određena mjesta na koži, osoba može dobiti nadosjetilne sposobnosti koje joj omogućuju poimanje stvari koje inače ne bi mogla uočiti. Kako bi omogućio ispitaniku da vidi stvari s druge strane zida, dr. Calligaris pritisnuo bi određenu točku na njegovu prsnom košu u trajanju od 15 minuta. Dr. Calligaris rekao je da pobuđivanjem određenih točaka na tijelu, osobe mogu vidjeti predmete na bilo kojoj udaljenosti, bez obzira na to jesu li te predmete ikada prije vidjeli.

tijelo vlastitom voljom, kakva li su se tek čuda mogla očekivati od njegova učitelja?

„Reći ću ti koliko je guruova pomoć neprocjenjiva. Običavao sam meditirati s još jednim učenikom po osam sati svake noći, a danju smo radili na željeznici. Kako sam sve više čeznuo da posvetim sve svoje vrijeme Bogu, daljnje obavljanje moje dužnosti na poslu počelo me je opterećivati. Izdržao sam na ovaj način osam godina, meditirajući po osam sati noću. Moj trud bio je nagrađen izvanrednim duhovnim viđenjima. No, kao da je i dalje, između mene i Beskonačnog, ostao neki mali veo. Čak i uz nadljudsku upornost, nisam uspijevao postići to konačno i neopozivo jedinstvo. Jedne večeri posjetio sam Lahirija Mahasayu i zamolio ga za božansku intervenciju. Čitavu noć nastavio sam ga salijetati s tim.

'Oh, anđeoski Guru, moja duhovna muka je tolika da više ne mogu podnositi život ako ne upoznam Velikog Voljenog licem u lice!'

'Što ja mogu učiniti? Moraš još više prionuti meditaciji.'

'Obraćam se Tebi, o Bože, Učitelju moj! Vidim Tebe materijaliziranog preda mnom u ovom fizičkom tijelu; blagoslovi me da Te mogu spoznati u Tvom beskonačnom obliku!'

„Lahiri Mahasaya je ispružio ruku u dobronamjernoj gesti. 'Sada idi i meditiraj. Zauzeo sam se za tebe kod Brahme.'*

„Vratio sam se kući nevjerojatno ushićen. Te noći u meditaciji postigao sam žarki Cilj svog života. Sada mogu bez prestanka uživati svoju mirovinu. Od toga dana više nikada nije Blaženi Stvoritelj ostao skriven od mog pogleda iza bilo kakvog zastora iluzije."

Pranabanandino lice bilo je obavijeno božanskim svjetlom. Nekakav mir koji nije s ovog svijeta ušao je u moje srce. Svetac mi je povjerio i ovo.

„Nekoliko mjeseci kasnije vratio sam se Lahiriju Mahasayi da mu zahvalim za taj neizmjerni dar. Tada sam mu spomenuo još nešto.

'Božanski Guru, ne mogu više raditi u uredu. Molim vas, oslobodite me toga. Cijelo vrijeme sam opijen Brahmom.'

'Predaj molbu za mirovinu u svojoj tvrtki.'

'Što da navedem kao razlog s obzirom na to da još nemam dovoljno staža?'

---

* Bog u svom očitovanju kao Stvoritelj. Od sanskrtskog korijena *brih*, širiti se. Kada se Emersonova poema „Brahma" pojavila u *Atlantskom mjesečniku* 1857., većina je čitatelja ostala zbunjena. Emerson se smijuljio. „Kažite im", rekao je, "da na mjesto 'Brahma' stave 'Jahve' i neće osjećati smetenost.".

SWAMI PRANABANANDA
„Svetac s dva tijela" iz Benaresa

'Navedi ono što osjećaš.'

Idući dan sam predao molbu. Bio sam kod liječnika koji je želio ispitati ima li osnove za moj prijevremeni zahtjev.

'Na poslu osjećam kako me obuzima energija koja se penje uz moju kralježnicu. Ona prožima cijelo moje tijelo tako da nisam sposoban obavljati svoje dužnosti!'*

---

* Prvo iskustvo duha u dubokoj meditaciji javlja se na oltaru kralježnice, a zatim u mozgu. Ta navala blaženstva je sveobuhvatna no jogi s vremenom uči kako držati pod nadzorom njezina vanjska očitovanja.

U vrijeme našeg susreta Pranabananda je doista bio prosvijetljeni učitelj. No uoči službene

Bez daljnjeg ispitivanja, liječnik mi je napisao preporuku za umirovljenje, što se uskoro i ostvarilo. Znam da je božanska volja Lahirija Mahasaye utjecala na liječnika i službenike na željeznici, uključujući i tvog oca. Oni su bez sustezanja ispunili naputak velikog gurua i dali mi slobodne ruke kako bih doživotno mogao nesmetano biti uvijek uz Voljenog."

Nakon ovog izvanrednog otkrića Swami Pranabananda je utonuo u jednu od svojih dugih šutnji. Dok sam mu pri odlasku u znak dubokog štovanja dotaknuo stopala, on mi je dao svoj blagoslov.

„Tvoj put će te voditi stazom odricanja i joge. Vidjet ću te ponovno zajedno s tvojim ocem." To se u narednim godinama i ostvarilo.*

Dok se spuštala tama Kedar Nath Babu hodao je uz mene. Predao sam mu pismo koje je on čitao pod svjetlom ulične svjetiljke.

„Tvoj mi otac predlaže da prihvatim mjesto u uredu njegove željezničke tvrtke u Kalkuti. Kako bi bilo lijepo nadati se barem jednoj od mirovina u kojima uživa Swami Pranabananda! Ali to je nemoguće. Ne mogu napustiti Benares. Doista, dva tijela još nisu za mene!"

---

mirovine, dakle prije mnogo godina, on još nije bio neopozivo utvrđen u *nirbikalpa samadhiju* (vidi na str. 237-38 i napomenu na str. 418). U tom savršenom i postojanom stanju svijesti jogi može bez problema obavljati svoje svjetovne dužnosti.

Pranabananda je nakon umirovljenja napisao *Pranab Gitu*, vrsni komentar Bhagavad Gite, koji je objavljen na hindskom i bengalskom jeziku.

Sposobnost pojavljivanja u više od jednog tijela je *siddhi* (jedna od jogijskih moći) koje spominje Patanjali u svojim *Yoga Sutrama* (vidi napomenu na str. 227). Bilokaciju su poznavali mnogi sveci tijekom stoljeća. U knjizi *The Story of Therese Neumann* (Bruce Pub. Co.), A.P. Schimberg opisuje više slučajeva u kojima se ta kršćanska sveta žena pojavljivala i razgovarala pred ljudima koji su bili daleko od nje i tražili njezinu pomoć.

* Vidi 27. poglavlje.

4. POGLAVLJE

Moj prekinuti bijeg u Himalaju

„Izađi s nastave uz neku neznatnu ispriku i unajmi zapregu. Zaustavi se na puteljku gdje te nitko iz moje kuće ne može vidjeti."

Bile su to moje konačne upute Amaru Mitteru, prijatelju iz srednje škole, s kojim sam se dogovorio da zajednički pobjegnemo u Himalaju. Planirali smo pobjeći sljedeći dan. Oprez je bio nužan, jer je moj brat Ananta pomno pazio na mene. Bio je odlučan spriječiti me u bijegu, za koji je sumnjao da mi je i dalje na pameti. Moj talisman je, naime, poput duhovnog kvasca potiho djelovao u meni. Nadao sam se da ću među himalajskim snjegovima pronaći učitelja čije mi se lice često javljalo u viđenjima.

Obitelj je sada živjela u Kalkuti kamo je moj otac bio za stalno premješten. Prema starom indijskom običaju Ananta je doveo svoju nevjestu da živi s nama. Ja sam imao malu sobicu na tavanu u kojoj sam svakodnevno meditirao i pripremao se za svoju potragu za božanskim.

Jutro tog dana za pamćenje započelo je s kišom, što baš i nije bio dobar znak. Čuvši kotače Amarove zaprege na cesti, na brzinu sam svezao u zavežljaj: deku, par sandala, dvije tkanine za omatanje oko bokova, brojanicu, sliku Lahirija Mahasaye i primjerak Bhagavad Gite. Bacio sam ga s prozora na trećem katu te žurno sišao niz stepenice i naletio na mog ujaka koji je upravo kupovao ribu na ulazu.

„Čemu tolika žurba?" Odmjerio me sumnjičavo od glave do pete.

Uputio sam mu neodređen osmijeh te krenuo duž staze. Pokupivši zavežljaj pridružio sam se Amaru uz zavjerenički oprez. Odvezli smo se do Chandni Chauka, trgovačkog središta. Mjesecima smo odvajali od svojega džeparca da kupimo sebi englesku odjeću. Pretpostavljao sam da bi nam moj pametni brat mogao uskoro biti za petama pa sam smatrao kako ćemo ga nadmudriti noseći englesku odjeću.

Na putu do postaje zaustavili smo se da pokupimo i trećeg člana naše družbe, mog bratića Jotina Ghosha, kojeg sam ja zvao Jatinda. Odnedavno je i on postao gorljivi tragač za guruom u Himalaji. Odmah je navukao novo odijelo koje smo mu pripremili. U nadi da smo se dobro prikrili, srca nam je ispunio snažan polet.

„Sada nam još samo trebaju platnene cipele." Odveo sam svoje drugove do trgovine u čijem je izlogu bila obuća s gumenim đonovima jer predmeti od kože koji se dobivaju isključivo ubijanjem životinja ne smiju biti prisutni na našem putovanju. Zaustavio sam se na ulici kako bih skinuo kožnati omot sa svoje Bhagavad Gite te kožne vezice sa svoga engleskog safari šešira.

Na stanici smo kupili karte za Burdwan gdje smo trebali presjesti na vlak za Hardwar u podnožju Himalaje. Čim je vlak krenuo, počastio sam društvo s nekoliko svojih sjajnih izjava.

„Zamislite samo!" izvalio sam. „Učitelji će nas inicirati, nakon čega ćemo pasti u trans kozmičke svijesti. Tijela će nam biti nabijena takvim magnetizmom da će nam himalajske divlje životinje krotko prilaziti. Tigrovi će biti poput umiljatih kućnih mačaka koje samo čekaju da ih pomilujemo!"

Moja najava naše buduće slave izmamila je osmijeh oduševljenja na Amarovu licu. No Jatinda je odvratio pogled i promatrao kroz prozor vlaka krajolik koji je brzo promicao. Na posljetku je prekinuo dugu šutnju prijedlogom:

"Podijelimo novac na tri dijela. Svatko od nas neka sam kupi kartu u Burdwanu. Na taj način nitko na stanici neće posumnjati da bježimo zajedno."

Pristao sam na to ništa ne sumnjajući. U sumrak se naš vlak zaustavio u Burdwanu. Jatinda je ušao u zgradu kupiti kartu na blagajni, a Amar i ja ostali smo na peronu. Čekali smo ga petnaest minuta, a zatim se počeli uzaludno raspitivati. Posvuda smo ga tražili, dozivali njegovo ime, u strahu da mu se nije što dogodilo. Ali izgledalo je kao da je nestao u tami koja je okruživala malu postaju.

Potpuno sam obamro od straha i nisam bio sposoban vladati sobom. Zar je moguće da Bog dopušta ovako nešto? Romantične okolnosti mojega prvog pomno smišljenog bijega u potrazi za Njim bile su okrutno prekinute.

„Amare, moramo se vratiti kući." Plakao sam poput djeteta. „Jatindin sebični bijeg je loš znak. Ovo putovanje je osuđeno na propast."

"Zar je to tvoja ljubav prema Gospodu? Zar ne možeš izdržati tu malu kušnju izdajničkog druga?"

Ta Amarova napomena, kako je sve ovo božanska provjera, vratila mi je raspoloženje. Okrijepili smo se poznatim burdwanskim slatkišima *sitabhog* (hrana za boginju) i *motichur* (slatke kuglice s bademima i pistacijama). Za nekoliko sati bili smo na putu za Hardwar preko Bareillyja. Idućeg dana, dok smo na peronu čekali drugi vlak u Moghul Seraiju, razgovarali smo o važnoj stvari.

„Amare, uskoro bi nas mogli detaljno ispitivati službenici sa željeznice. Dobro poznajem pronicavost svojega brata! Što god se dogodilo, ja neću govoriti neistinu."

„Mukunda, sve što od tebe tražim jest da ostaneš miran. Nemoj se smijati ni mrštiti dok ja govorim."

U tom času me zaustavio europski službenik postaje. Držao je u ruci telegram čiji sam sadržaj odmah mogao naslutiti.

„Bježiš li od kuće jer si ljut?"

„Ne!" Bio sam sretan što mi je njegov izbor riječi dopustio izražajan odgovor. Za moje neuobičajeno ponašanje nije bila kriva ljutnja već „božanska melankolija".

Službenik se zatim okrenuo Amaru. Nadmudrivanje koje je uslijedilo nisam mogao nikako podnijeti smirenošću koju su nalagale okolnosti.

„Gdje je treći dječak?" Čovjek se potrudio unijeti svu moguću strogost u svoj glas. „Hajde, želim čuti istinu!"

„Gospodine, koliko vidim vi ne nosite naočale. Zar ne vidite da smo samo nas dvojica?" Amar se odvažno smiješio. „Ja nisam čarobnjak i ne mogu stvoriti trećeg dječaka."

Službenik, vidno smeten ovom nepristojnošću, pokušao je napasti s druge strane. „Kako se zoveš?"

„Zovem se Thomas. Majka mi je Engleskinja, a otac Indijac koji je prešao na kršćanstvo."

„Kako ti se zove prijatelj?"

„Ja ga zovem Thompson."

Moja je unutarnja radost do tada dosegla vrhunac. Bez ustezanja sam krenuo prema vlaku koji je kao naručen počeo zviždati u znak polaska. Amar me je slijedio zajedno sa službenikom koji nam je očito povjerovao i bio čak toliko ljubazan da nas smjesti u europski odjeljak. Očito nije mogao dopustiti da dvojica dječaka koji su napola Englezi, putuju u dijelu vlaka namijenjenom domorocima. Nakon što je on ljubazno izašao, ja sam legao na sjedalo i počeo se smijati kao lud. Amarov izraz lica odražavao je čisto zadovoljstvo zbog činjenice što je nadmudrio iskusnoga europskog službenika.

Autobiografija jednog jogija

Još na peronu uspio sam pročitati sadržaj telegrama koji je poslao moj brat Ananta. Glasio je: "Trojica bengalskih dječaka u engleskoj odjeći su u bijegu od kuće prema Haridwaru, preko Moghul Seraija. Molim zadržite ih do mog dolaska. Bogata nagrada za ovu uslugu."

„Amare, rekao sam ti da ne ostavljaš označeni vozni red u svom domu." Prijekorno sam ga pogledao. „Mora da je brat našao jedan takav."

Moj drug je primio udarac krotko poput janjeta. Kratko smo se zaustavili u Bareillyju gdje nas je Dwarka Prasad* čekao s Anantinim telegramom. Dwarka nas je hrabro pokušao zadržati, ali ja sam ga uvjerio kako naš bijeg nije poduzet laka srca. Dwarka je i ovaj put odbio moj poziv da krene na Himalaju.

Te noći dok je vlak stajao na stanici, a ja bio u polusnu, Amara je probudio još jedan ispitujući službenik. I on je postao žrtva čudnovatih čari „Thomasa" i „Thompsona". U zoru nas je vlak slavodobitno dovezao u Hardwar. Velebne planine obećavajuće su se prostirale u daljini. Sjurili smo se kroz postaju i uronili u slobodu gradske vreve. Prvo smo naumili presvući se u običnu odjeću jer je Ananta nekako dokučio našu europsku krinku. Misli mi je pritiskao predosjećaj da će nas uhvatiti.

Smatrali smo da je najbolje odmah napustiti Hardwar pa smo kupili karte za nastavak puta na sjever do Rishikesha, kraja proslavljenog po mnogim duhovnim učiteljima. Ja sam se već ukrcao na vlak dok se Amar još vukao po peronu. Naglo ga je zaustavio policajčev uzvik. Taj neželjeni čuvar odveo nas je obojicu do zgrade policijske postaje i provjerio koliko novca imamo. Ljubazno nam je objasnio kako je njegova dužnost zadržati nas do dolaska mog brata.

Saznavši da smo se mi bjegunci uputili u Himalaju, policajac nam je ispričao čudnu priču povezanu s tim.

„Vidim da ste ludi za svecima! Kažem vam da nećete nikad sresti većeg Božjeg čovjeka od onog kojeg sam ja baš jučer vidio. Moj kolega i ja prvi smo put naišli na njega prije pet dana. Patrolirali smo krajem uz Ganges u potrazi za jednim ubojicom. Dobili smo upute da ga uhvatimo živog ili mrtvog. Znali smo kako se on običava preodjenuti u sadhua kako bi pljačkao hodočasnike. Tako smo naišli na lik koji je odgovarao opisu kriminalca. Budući da se oglušio na našu naredbu da stane, potrčali smo da ga svladamo. Prilazeći mu s leđa zamahnuo sam snažno

---

* Spomenut na str. 17.

sjekirom i teško mu ozlijedio desnu ruku koja je bila gotovo odsječena.

Stranac nije ispustio ni glasa pri pogledu na strašnu ozljedu i na naše zaprepaštenje nastavio je istim žustrim korakom. Kad smo stali ispred njega, on je tiho progovorio.

'Ja nisam ubojica za kojim tragate.'

Bio sam potpuno prestravljen činjenicom da sam ozlijedio sveca božanskog izgleda. Ispružio sam se pred njim i zamolio za oprost, istodobno mu nudeći svoj turban kako bi njime zaustavio teško krvarenje.

'To je sasvim shvatljiva pogreška, sine.' Svetac me ljubazno gledao. 'Idi svojim putem i ne predbacuj sebi. Voljena Majka brine se o meni.' Gurnuo je svoju viseću ruku natrag uz batrljak i gle! Bila je spojena natrag, a krv je neobjašnjivo prestala teći.

'Potraži me ispod onog drveta za tri dana i vidjet ćeš da sam potpuno izliječen. Tako više nećeš osjećati kajanje.'

Jučer smo moj kolega i ja otišli s iščekivanjem do spomenutog mjesta kako bi mu vidjeli ruku. Doista nije bilo ni ožiljka ni bilo kakvog drugog traga ozljedi!

Na odlasku nas je sadhu blagoslovio prije nego što je otišao te rekao: 'Odlazim u osamu Himalaje preko Rishikesha.' Ja, pak osjećam, kako mi je život uzvišen nakon ovakvog iskustva svetosti."

Otvarajući se božanskom, policajac je završio svoju priču uz izljev pobožnosti. Očito ga je njegovo iskustvo duboko dirnulo. Pružio mi je i novinski zapis ovog događaja teatralnim pokretom. Bio je to uobičajeno senzacionalistički opis događaja (Da, ni Indija nije pošteđena toga!) uz uobičajeno pretjerivanje. Čak se navodilo kako je sadhu umalo ostao bez glave!

Amar i ja žalili smo što nismo sreli tog velikog jogija koji je mogao oprostiti svom progonitelju na takav milosrdan način poput Krista. Iako je materijalno siromašna posljednja dva stoljeća, Indija ima neiscrpan izvor božanskog blaga. Ovo je bio primjer kako na duhovne „gorostase" na sporednom putu mogu naići i svjetovni ljudi poput ovog policajca.

Zahvalili smo policajcu što nas je ovom čudesnom pričom riješio snuždenosti. Vjerojatno je bio dobronamjeran jer je bio bolje sreće od nas. Susreo je prosvijetljenog sveca bez truda, dok smo mi uza sav napor završili ne ispred stopala učitelja, već u policijskoj postaji!

Tako blizu Himalaje, a opet u zatočeništvu i tako daleko. Rekoh Amaru da se sada osjećam dvostruko odlučnim u potrazi za slobodom.

„Pokušajmo se iskrasti čim se pruži prilika. Možemo i pješice do svetog Rishikesha." Smiješio sam se ohrabrujuće.

Ali moj je suputnik postao pesimist čim je uvidio da smo ostali bez novca.

„Ako krenemo na put po tako opasnom području punom džungli, završit ćemo ne u gradu svetaca, već u tigrovu želucu!"

Ananta i Amarov brat stigli su nakon tri dana. Amar je dočekao brata prisno i s olakšanjem. Ja sam bio nepomirljiv i jedino što sam priuštio bratu bio je ozbiljni prijekor.

„Shvaćam kako se osjećaš." Moj je brat govorio utješno. „Sve što tražim od tebe je da se vratiš sa mnom u Benares kako bismo se našli s jednim mudracem, a zatim ćemo na nekoliko dana otići u Kalkutu posjetiti žalosnog oca. Nakon toga možeš nastaviti svoju potragu za učiteljem."

Amar se uključio u razgovor kako bi dao do znanja da se ne namjerava vratiti u Hardwar sa mnom. Uživao je u obiteljskoj atmosferi. No ja sam znao da nikad neću odustati od potrage za guruom.

Naše društvo uputilo se prema Benaresu. Tamo sam doživio jedinstven i trenutan odgovor na molitvu.

Ananta je već imao unaprijed smišljen plan. Prije nego što je stigao u Hardwar, svratio je u Benares i zamolio jednog stručnjaka za svete spise da razgovara sa mnom. Taj pandit i njegov sin trebali su me odgovoriti od moje ideje da postanem *sannyasi*.*

Ananta me odveo do njihova doma. U dvorištu me dočekao sin, mladić veselog izgleda. Uvukao me u dugačku filozofsku raspravu. Praveći se da posjeduje vidovitost u vezi s mojom budućnosti, pokušao me obeshrabriti i odvratiti od ideje da postanem redovnik.

„Budeš li i dalje ustrajao na odbijanju svojih svakodnevnih obveza, stalno ćeš nailaziti na nevolje i nećeš moći naći Boga! Ne možeš odraditi karmu† iz prošlosti bez svjetovnih iskustava.

Tada sam se sjetio i izgovorio besmrtne riječi iz Bhagavad Gite‡: "Ako bez prestanka meditira, čak i onaj s najgorom karmom može se brzo riješiti učinaka svojih prošlih loših djela. Postavši biće uzvišene duše, on ubrzo stječe trajni mir. Odista znaj: onaj tko se povjeri Meni, taj nikad ne propada!".

* Doslovno „odricatelj", od sanskrtskih glagolskih korijena „odbaciti".
† Učinci prošlih djela u ovom ili prethodnom životu. Od sanskrtske riječi *kri*, „djelovati".
‡ Poglavlje IX, stihovi 30-31.

Moj prekinuti bijeg u Himalaju

No priznajem da su mladićeva predviđanja malo poljuljala moje pouzdanje. U sebi sam se tiho, ali snažno molio Bogu:

„Molim Te riješi me ove nedoumice i odgovori mi sada i ovdje, želiš li da vodim život onog koji se odrekao svijeta ili da budem svjetovan čovjek!".

Tada sam ugledao sadhua plemenitog izraza kako stoji baš ispred panditove kuće. Mora da je čuo taj duhovni razgovor između samozvanog vidovnjaka i mene jer me je stranac pozvao da mu priđem. Osjetio sam kako golema snaga dolazi iz njegovih mirnih očiju.

„Sinko, ne slušaj ovu neznalicu. Kao odgovor na tvoju molitvu Gospod me šalje da ti kažem kako je tvoj jedini životni put - put odricanja."

Istodobno zaprepašten i zahvalan smiješio sam se zbog ove odlučne poruke.

„Odlazi od tog čovjeka!", neznalica" me zvao natrag u dvorište. Moj je sveti vodič podigao ruku u znak blagoslova i polagano otišao.

„Taj sadhu je jednako lud kao i ti." Bijaše to sijedi pandit koji je izgovorio tu zgodnu napomenu. On i njegov sin promatrali su me neraspoloženo. „Čuo sam da je i on napustio dom u nejasnoj potrazi za Bogom."

Okrenuo sam se prema Ananti i rekao mu da ne želim više ostati kod naših domaćina. Moj se obeshrabreni brat složio da odmah odemo i tako smo uskoro bili na putu za Kalkutu.

Dok smo putovali kući, radoznalo sam upitao Anantu: „Gospodine Detektive, kako ste saznali da sam pobjegao s još dva druga?" On se vragolasto smiješio.

„U tvojoj školi su mi rekli da ste ti i Amar napustili razred i da se niste vratili. Idućeg jutra sam otišao u njegov dom i tamo iskopao podcrtani red vožnje. Amarov otac je baš tada odlazio kočijom i razgovarao s kočijašem.

'Moj sin danas neće s nama u školu. Nestao je!', gunđao je otac.

'Čuo sam od kolege kočijaša da se vaš sin s još dvojicom ukrcao na vlak na postaji Howrah te da su bili odjeveni u europsku odjeću', izjavio je čovjek. 'Vozaču kočije ostavili su kao poklon kožne cipele.'

Tako sam imao tri traga: vozni red, trojicu dječaka i englesku odjeću."

Slušao sam to Anantino izlaganje istodobno veseo i ljutit. Naša velikodušnost prema kočijašu baš i nije ispala pravi potez!

„Naravno da sam se odmah požurio poslati telegrame službenicima postaja koje je Amar podcrtao u voznom redu. Budući da je označio i Bareilly, poslao sam poruku i tvom prijatelju Dwarki. Nakon što sam se raspitao u našem susjedstvu u Kalkuti, saznao sam da je bratić Jatinda bio odsutan jednu noć te da se idućeg jutra vratio kući u engleskoj odjeći. Potražio sam ga i pozvao na ručak. Prihvatio je poziv očito razoružan mojim prijateljskim nastupom. Putem sam ga neočekivano odveo do policijske postaje. Okružilo ga je više policajaca koje sam prethodno odabrao da ga oštro ispitaju. Suočen s njihovim pogledima Jatinda je pristao objasniti svoje čudno ponašanje.

'Na Himalaju sam se uputio u sjajnom duhovnom raspoloženju', objasnio je. 'Osjećao sam nadahnuće u očekivanju kako ću susresti duhovne učitelje. No dočim je Mukunda rekao da dok budemo u ekstazi unutar himalajskih špilja, tigrovi će biti začarani i sjedit će pokraj nas poput krotkih mačića, e tada se moj duh smrznuo. Kapi znoja pojavile su mi se na čelu. „Čekaj malo?", mislio sam. „Što ako urođena zvjerska narav tigrova ne popusti pred našim duhovnim zanosom, hoće li nas i tada oni dočekati poput kućnih mačaka?" U mislima sam već vidio sebe kao neizbježan sastojak tigrova želuca, u koji ulazim ne čitav, već zalogaj po zalogaj!'

Moja ljutnja zbog Jatindina bijega pretvorila se u smijeh. Ovo, doista smiješno objašnjenje koje sam čuo u vlaku, vrijedilo je sve tjeskobe koju mi je Jatinda priredio. Moram priznati da mi je malčice bilo drago što ni Jatinda nije izbjegao susret s policijom!

Ananta[*], moram priznati da si poput pravog krvoslijednika." Moj zbunjeni pogled nije bio bez zajedljivosti. "Reći ću Jatindi da mi je drago što ga na uzmak nije navela prijevara već, kako se čini, iskreni nagon za samoodržanjem."

Kada sam stigao kući u Kalkutu, Otac me dirljivo zamolio da se držim doma barem dok ne završim srednju školu. Za vrijeme moje odsutnosti brižno se dogovorio s produhovljenim panditom, Swamijem Kebalanandom, da počne redovito dolazi k nama.

„Taj mudrac će biti tvoj učitelj sanskrta.", rekao mi je Otac povjerljivo.

Otac se nadao da će instrukcije učenog filozofa zadovoljiti moja vjerska stremljenja. Ali na neki način opet je sve ispalo drukčije. Moj

---

[*] U stvari uvijek sam mu se obraćao samo s 'Ananta-da'. *Da* je predmetak poštovanja koji iskazuju braća i sestre svojemu najstarijem bratu.

novi učitelj ne bijaše suhoparni intelektualac, već je uspio u meni raspiriti žar težnje za Bogom. Otac nije znao da je Swami Kebalananda napredni učenik Lahirija Mahasaye. Taj nenadmašni guru imao je na tisuće učenika koji su nečujno bili privučeni njegovim neodoljivim božanskim magnetizmom. Kasnije sam saznao da je Lahiri Mahasaya često govorio o Kebalanandi kao o rišiju (*rishi*) ili prosvijetljenom mudracu.*

Lijepo lice mog mentora uokvirivali su gusti uvojci. Njegove tamne oči bile su iskrene i imale su prozirnost poput one u djeteta. Svaki pokret njegova vitkog tijela bio je prožet promišljenošću. Uvijek blag i ljubazan bio je čvrsto usredotočen u beskonačnoj svijesti. Zajedno smo proveli mnoge sate u dubokoj *Kriya* meditaciji.

Kebalananda je bio cijenjeni autoritet na području *šastri* (*shastra*) ili svetih knjiga. Zbog svojega velikog znanja dobio je naziv Shastri Mahasaya i tako su ga obično zvali. Ali moj napredak u proučavanju sanskrta nije bio vrijedan spomena. Koristio sam svaku priliku da izbjegnem učenje dosadne gramatike i umjesto toga razgovaram o jogi i Lahiriju Mahasayi. Moj mentor mi je jednog dana izašao u susret ispričavši mi nešto iz svojega vlastitog života s učiteljem.

„Smatram rijetkom srećom što sam mogao biti uz Lahirija Mahasayu deset godina. Svake noći sam hodočastio u njegov dom u Benaresu. Guru je uvijek boravio u maloj primaćoj sobi na prvom katu. Sjedio bi u lotosovu položaju na drvenom sjedalu bez naslona, a mi učenici bi se smjestili oko njega u polukrug. Njegove su oči iskrile i plesale u radosti Božanskog. Oči su mu uvijek bila napola sklopljene dok bi usmjeravao svoju unutarnju kupolu teleskopa prema sferi vječnog blaženstva. Rijetko bi dulje govorio. Povremeno bi usmjerio pogled na učenika kojem je trebala pomoć. Tada bi ozdravljujuće riječi potekle poput rijeke svjetlosti.

Kada bi me učitelj pogledao, u meni bi procvao neopisivi mir. Bio sam prožet njegovim mirisom koji je bio poput lotosa beskonačnosti. Bilo je dovoljno samo to što sam uz njega, i bez izgovorene riječi, to je bilo iskustvo koje je izmijenilo moje cijelo biće. Ako bi se pojavila bilo kakva nevidljiva zapreka na putu moje pozornosti, bilo je dovoljno da

---

* U vrijeme našeg susreta, Kebalananda se još ne bijaše pridružio redu Swamija i općenito su ga zvali „Shastri Mahasaya". Da se izbjegne zabuna s imenom Lahirija Mahasaye, te onim Učitelja Mahasaye (vidi 9. poglavlje), ovdje imenujem svog učitelja sanskrta samo po njegovom kasnijem redovničkom imenu: Swami Kebalananda. Njegov je životopis nedavno objavljen na bengalskom. Rođen je u bengalskom okrugu Khulna 1863., a napustio je ovaj svijet u Benaresu u dobi od šezdeset i osam godina. Njegovo je prezime bilo Ashutosh Chatterji.

meditiram uz stopala svojega gurua. Tada sam mogao postići i najsuptilnija stanja. Takve percepcije bile su mi nedostupne uz manje ostvarene učitelje. Učitelj bijaše živi Božji hram čija su vrata bila otvorena svim predanim učenicima.

Lahiri Mahasaya nije bio suhoparni knjiški tumač svetih spisa. On je bez napora uranjao u 'božansku knjižnicu'. Iz neiscrpnoga izvora njegova znanja tekle su riječi i prštale misli. Imao je čudesan ključ za otvaranje dubokih tajni filozofske znanosti skrivene još od davnina u Vedama*. Kada bi ga zamolili da objasni različite nivoe svijesti koje spominju drevni tekstovi, on bi uz smiješak pristajao.

'Sam ću se podvrgnuti tim stanjima i iz prve ruke vam reći što doživljavam.' Bio je prava suprotnost onim učiteljima koji samo uče napamet svete spise da bi zatim izlagali neostvarene apstrakcije.

'Molim te objasni svete stihove onako kako ti njihovo značenje nadolazi.' Povučeni guru često bi takav savjet davao učeniku koji bi sjedio do njega. 'Ja ću voditi tvoje misli i usmjeravati te k ispravnom tumačenju.' Na taj način zabilježena su mnoga zapažanja Lahirija Mahasaye, popraćena opsežnim komentarima njegovih učenika.

„Učitelj nikad nije zagovarao slijepo vjerovanje. 'Riječi su samo ljušture', znao je reći. 'Uvjerite se u stvarnost Božje prisutnosti radosno dolazeći u dodir s Njim putem meditacije.'

Koji god bio učenikov problem, guru bi kao rješenje savjetovao *Kriya jogu*.

'Učinkovitost joge neće se izgubiti kad ja više ne budem u ovom tijelu da vas vodim. Ova tehnika ne može biti zapečaćena i stavljena u ladicu te zaboravljena na način kako je to slučaj s filozofskim nadahnućima. Bez prestanka ustrajte na svom putu oslobođenja kroz *Kriyu*, jer njezina moć leži u vježbanju.'

Ja osobno smatram *Kriyu* najučinkovitijim sredstvom spasenja vlastitim naporom koji je ikad pronađen tijekom čovjekove potrage za Beskonačnim." Kebalananda je zaključio to svoje iskreno svjedočanstvo.

---

* Četiri drevne Vede obuhvaćaju više od 100 kanonskih knjiga. U svom *Dnevniku* Emerson je odao poštovanje vedskoj misli: „Ona je profinjena poput topline noći i utihlog oceana. U njoj je sadržan svaki vjerski osjećaj, sav veliki moral koji se javlja u svakom plemenitom pjesničkom umu... Nema koristi od toga da se knjigu ostavi po strani. Nađem li se u šumi ili u čamcu na jezeru, sama priroda začas od mene stvara *brahmana*: Vječna nužnost, vječna nadoknada, nepojmljiva moć, neprekinuta tišina.... To je njezin kredo. Mir, ona mi reče i čistoća i apsolutno napuštanje - ti univerzalni lijekovi uklanjaju svaki grijeh i donose ti svetost Osmero Bogova."

Moj prekinuti bijeg u Himalaju

„Svemogući Bog koji je skriven u svim ljudima, kroz praksu *Kriye*, postao je vidljivo utjelovljen u Lahiriju Mahasayi i nizu njegovih učenika." Kebalananda je bio svjedok kristolikog čuda koje je izveo Lahiri Mahasaya. Ovu priču mi je moj sveti mentor ispričao jednog dana dok su mu oči bile daleko od sanskrtskih tekstova na stolu ispred nas.

„Slijepi učenik Ramu pobudio je moju iskrenu sućut. Zar treba biti uskraćeno svjetlo u očima njemu koji je tako vjerno služio učitelja, u čijim očima je Božansko svjetlo sjalo punim sjajem? Jednog jutra sam odlučio razgovarati s Ramuom, no on je satima strpljivo sjedio i hladio gurua ručno izrađenim palminim listom *punkha*. Kad je poklonik napokon izišao iz sobe, pošao sam za njim.

'Ramu, kako dugo si slijep?'

'Od rođenja gospodine! Moje oči nisu nikad bile blagoslovljene bar jednim pogledom na sunce.'

'Naš svemoćni guru ti može pomoći. Molim te obrati mu se za pomoć.'

„Ramu se sljedećeg dana oklijevajući obratio Lahiriju Mahasayi. Učenika je gotovo bilo sram tražiti fizičku dobrobit kad već dobiva takvo duhovno izobilje.

'Učitelju, u tebi boravi Onaj koji osvjetljava čitav svemir. Molim te, dovedi Njegovo svjetlo u moje oči kako bih mogao ugledati sunčevo svjetlo manjeg sjaja.'

'Ramu, netko je smislio kako da me stavi u nezahvalan položaj. Ja nemam moć ozdravljivanja.'

'Gospodine, Beskonačni u vama to zasigurno može.'

„'Doista Ramu, to je nešto drugo. Božja moć ne poznaje granica. Onaj koji pali zvijezde i udahnjuje vatru života stanicama tijela, taj zasigurno može dati vid tvojim očima.' Učitelj je dotaknuo Ramuovo čelo u točki između obrva.*

'Usmjeri svoju pozornost na ovo mjesto i neprekidno izgovaraj ime proroka Rame† idućih sedam dana. Svanut će ti posebno sjajna zora.'

I gle! Za tjedan dana upravo se tako dogodilo. Prvi puta Ramu je ugledao svijetlo lice prirode. Sveznajući je nepogrešivo uputio svog učenika da ponavlja Ramino ime, jer je Ramu njega obožavao više od bilo kojeg drugog sveca. Ramuova vjera predstavljala je njivu uzoranu

---

* Sjedište „jednog" ili duhovnog oka. U trenutku smrti čovjekova svijest se obično povlači na ovo mjesto, što objašnjava oči podignute prema gore u mrtvaca.

† Središnji sveti lik sanskrtskog epa *Ramayana*.

štovanjem u kojoj je proklijalo guruovo moćno sjeme." Kebalananda je načas utihnuo, a zatim je odao još jednu počast svom guruu.

„Bilo je očito iz svih čudesa koja je Lahiri Mahasaya činio kako ih on nije smatrao djelima proisteklim iz ego - principa*. Savršeno se predajući Prvotnoj Iscjeliteljskoj Moći, učitelj je omogućio da Ona slobodno teče kroz njega.

„Brojna tijela koja je na čudesan način ozdravio Lahiri Mahasaya na kraju svog puta morala su biti kremirana. Ali zato se tiha duhovna buđenja koja je ostvario u drugima te kristoliki učenici koje je podigao mogu smatrati njegovim neuništivim čudima."

Tako nikada nisam postao stručnjak za sanskrt. Kebalananda me umjesto toga podučio vrjednijoj božanskoj sintaksi.

---

* Ego - princip, *ahamkara* (doslovno „Ja činim") temeljni je uzrok dvojnosti ili prividne odvojenosti između čovjeka i njegova Stvoritelja. *Ahamkara* dovodi ljude pod utjecaj *maye* (*maya*, veo kozmičke iluzije), putem koje se subjekt (ego) lažno predstavlja kao objekt. Na isti način stvorenja sebi zamišljaju da su stvaratelji (vidi napomenu na str. 43, zatim na str. 266-67 te napomenu na str. 275-76).

„Ja ništa ne činim!"
Tako misli onaj koji zna istinu nad istinom…
Uvijek uvjeren: „Ovo je samo svijet osjetila
Koji se s osjetilima igra." (V:8-9)

Ispravnim uvidom postaje mu jasno
Kako djelovanje proizlazi iz Prirode same,
Kako bi Duša mogla vježbati
Djelovanje bez uplitanja u djela. (XIII:29)

Iako sam `nerođen, besmrtan, neuništiv
Gospodar sam sveg što postoji, ništa manje.
Putem Maye, Moje čarolije koja utisnuta je
U svim prolaznim pojavama Prirode, Prvotno prostranstvo –
Ja dolazim i odlazim, i opet dolazim. (IV:6)

Teško je proniknuti kroz božanski veo
Predstava raznovrsnih iza kojeg se skrivam.
Pa ipak, oni koji Me štuju
Paraju taj veo i prolaze dalje. (VII:14)

- Bhagavad Gita (*prevedeno s engleskog prijevoda E. Arnolda*)

Dom Paramahanse Yoganande u Kalkuti neposredno prije Yoganandina zaređenja u srpnju 1915. kada je postao sannyasi (redovnik) drevnog Reda swamija.

SWAMI KEBALANANDA
Yoganandajijev voljeni učitelj sanskrta

5. POGLAVLJE

Miomirisni svetac pokazuje svoja čuda

„Sve ima svoje doba i svaki posao pod nebom svoje vrijeme."*

Kako nisam posjedovao Solomonovu mudrost, vrebao sam svaku priliku da odem od kuće ne bih li ugledao lice mog suđenog gurua. Ipak, naši se putovi nisu ispreplali sve dok nisam završio srednju školu.

Od mog bijega s Amarom u Himalaju do velikog dana kada je Sri Yukteswar stigao u moj život, prošle su dvije godine. Tijekom tog razdoblja susreo sam mnoge svete ljude: Miomirisnog sveca, Tigar Swamija, Nagendru Nath Bhaduria, Učitelja Mahasayu i poznatog bengalskog znanstvenika Jagadisa Chandru Bosea.

Mom susretu s Miomirisnim svecem prethodile su dvije zgode, jedna ugodna, a druga smiješna.

„Bog je jednostavan. Sve ostalo je složeno. Ne traži apsolutne vrijednosti u relativnom svijetu prirode."

Ove riječi konačne filozofske istine nježno su ušle u moje uši dok sam bez riječi stajao ispred hramske slike božice Kali.† Okrenuvši se, ugledao sam visokog čovjeka čija je gotovo potpuna razgolićenost govorila da se radi o lutajućem sadhuu.

„Stvarno ste proniknuli u moje smetene misli!" Zahvalno sam se smiješio. „Zbunjenost u vezi s dobronamjernim i strašnim očitovanjima prirode koje simbolizira Kali opsjedala je i mudrije glave od moje!"

„Rijetki su oni koji mogu dokučiti njezinu tajnu! Dobro i zlo su izazovna zagonetka koju život, poput sfinge, postavlja svakom razumnom biću. Većina ljudi ne uspijeva naći rješenje i to plaća životom, što je kazna još od vremena grada Tebe. Tek ponekad se pojavi izdvojeni,

---

* Prop 3:1 (Svi biblijski citati iz: *Biblija - Stari i Novi zavjet,* Kršćanska sadašnjost, Zagreb, 1974., napomena prevoditelja).

† Kali predstavlja Vječni princip u prirodi. Obično se prikazuje kao žena s četiri ruke koja stoji na ležećem liku Boga Šive (*Shiva*) ili Beskonačnog. Time se ističe kako djelovanje prirode proizlazi iz nevidljivog Duha. Četiri ruke simboliziraju ključne osobine: dvije dobronamjerne i dvije razarajuće, što su bitna obilježja dvojnosti tvari ili stvaranja.

usamljeni lik koji se ne predaje. Iz dvojnosti *maye** on čupa neraskidivu istinu jedinstva."

„Gospodine, iz vas progovara uvjerenje."

„Već dugo, iskreno razmatram svoje najdublje jastvo, što je izuzetno bolan pristup mudrosti. Podvrgavanje samog sebe strogom ispitivanju, nemilosrdno opažanje vlastitih misli, sve je to potresno iskustvo koje te ogoli do kosti. Ono pretvara u prah i najčvršći ego. Ali istinska analiza samog sebe matematički točno vodi do stvaranja istinskih mudraca. Ustrajanje na 'vlastitu izražaju', povlađivanje samome sebi vodi do stvaranja sebičnih osoba uvjerenih u ispravnost svojih vlastitih tumačenja Boga i svemira."

„Istina se, nema sumnje, skrušeno povlači pred takvom arogantnom originalnošću." Uživao sam u ovoj raspravi.

„Čovjek ne može shvatiti vječne istine sve dok se ne oslobodi samouvjerenosti. Ljudski se um, blatan od stoljećima nakupljanog mulja, lako predaje odvratnostima bezbrojnih svjetovnih varki. Užasi bojišnice blijede jednom kada se čovjek suoči sa svojim unutarnjim neprijateljima! To nisu smrtni neprijatelji koje bi mogao poraziti nekom moćnom postrojbom! Sveprisutni, nikad mirujući, ti vojnici bezobzirnih žudnji napadaju čovjeka čak i u snu, opremljeni su gadnim oružjima kojima nas žele sve poubijati. Nepromišljen je čovjek koji žrtvuje svoje ideale predajući se uobičajenoj sudbini. Zar on nije sličan nemoćnom, drvenom lutku?"

„Poštovani gospodine, zar nemate nimalo razumijevanja za napaćene mase?"

Mudrac je utihnuo na nekoliko časaka, a zatim odgovorio neizravno:

„Voljeti istodobno nevidljivog Boga, u kojem su sve Vrline, i vidljivog čovjeka, koji očito ne posjeduje nijednu, često je neizvedivo! Ali pronicavost je poput labirinta. Unutarnjim uvidom ubrzo se dolazi do

---

* Kozmički veo iluzije. Doslovno „mjeritelj". *Maya* je magična moć prisutna u stvaranju koja čini da se Nemjerljivo i Nerazdvojno očituju kao ograničenja i podijeljenosti.
Emerson je napisao sljedeću poemu o *Mayi* (koju on piše *Maia*):
Djela varke neprobojne
Pletu mrežu neizmjernu;
Slike njene vesele, nikada ne prestaju
Slagati se jedna za drugom, veo preko vela;
Čarobnjak, kojem povjerovat će
Čovjek, koji žudi zaveden biti.

zaključka o jedinstvu svih ljudskih umova i njihovu čvrsto ukorijenjenom zajedništvu u vidu sebičnog motiva. Na taj način se otkriva bratstvo ljudi. Iznenađujuće otkriće vodi do strašne poniznosti. Napokon ono sazrijeva u suosjećanje za svoje bližnje koji su slijepi za ozdravljujuće moći poniranja u vlastitu dušu.".

„Na isti način kao i Vi, tako su i sveci iz svakog doba osjećali patnje svijeta."

„Samo će isprazan čovjek izgubiti osjetljivost za jade drugih, dok sam tone u svoju sebičnu patnju." Oštro sadhuovo lice sada se znatno smekšalo. „Onaj koji se koristi kirurškim nožem za vlastitu analizu, taj će osjetiti širenje suosjećanja prema svima. Takva osoba je oslobođena od zaglušujućih zahtjeva ega. Ljubav prema Bogu cvate na takvu tlu. Stvorenje se tada napokon okreće svom Stvoritelju, ako ništa drugo onda da ga napaćen upita: 'Zašto Gospode, zašto?' Pod sramotnim bičem patnje čovjek se konačno utječe Beskonačnoj Prisutnosti čija bi ga ljepota jedina trebala mamiti."

Mudrac i ja nalazili smo se u hramu Kalighat u Kalkuti kamo sam otišao kako bih vidio njegovu nadaleko poznatu veličanstvenost. Mahnuvši rukom, moj slučajni poznanik je dao otpust kićenoj uglađenosti.

„Cigle i žbuka ne pjevaju čujnu melodiju. Srce se otvara samo na pjev ljudskog bića."

Odšetali smo se do ulaza gdje nas je mamilo sunce i gdje su gomile poklonika prolazile u oba smjera.

„Ti si mlad." Mudrac me pomno promotrio. „Indija je također mlada. Drevni rišiji* ostavili su nam neizbrisive naputke za duhovno življenje. Njihovi napuci vrijede i danas. Pravila ispravnog življenja do kojih su oni došli nisu prevladana niti ih mogu dovesti u pitanje zamke materijalizma, a Indija se i danas po njima ravna. Već tisućljećima test Vremena dokazuje vrijednost vedske misli čiju starost učeni ljudi ne mogu dokučiti. Neka ti ona bude nasljedstvo."

Dok sam se uz poštovanje opraštao od izražajnog sadhua, on mi je prorekao sljedeće:

„Nakon što odeš odavde dogodit će ti se nešto neuobičajeno."

Izašao sam iz hrama i lutao naokolo bez cilja. Skrećući iza ugla naišao sam na starog poznanika, jednog od onih koji mogu govoriti i govoriti bez prestanka.

---

* Rišiji, doslovno „vidovnjaci, proroci" bili su autori Veda iz daleke prošlosti.

Miomirisni svetac pokazuje svoja čuda

„Neću te dugo zadržavati", obećao je, „ako mi ispričaš sve što se dogodilo otkad se nismo vidjeli."

„Baš šteta, ali meni se žuri."

No on me zgrabio za ruku zahtijevajući informacije. Uhvatio me je poput izgladnjelog vuka i što sam mu dulje pričao njegova glad za informacijama samo je rasla. U sebi sam se počeo moliti Božici Kali da me oslobodi ove napasti na mio način.

Moj me poznanik iznenada ostavio. Ispustio sam uzdah olakšanja i dvostruko ubrzao korak ježeći se i na samu pomisao da bi se on mogao vratiti. Čuvši korake iza sebe, još sam više ubrzao. Nisam se usudio okrenuti i pogledati. No mladac me sustigao u skoku i veselo me potapšao po ramenu.

„Zaboravio sam ti reći za Gandhu Babu ('Miomirisnog sveca') koji živi u onoj tamo kući." Pokazao je na nastambu udaljenu nekoliko metara. „Posjeti ga, on je zanimljiv. Možda doživiš neobično iskustvo. Zbogom!" i tada me konačno napustio.

Ovo me podsjetilo na predviđanje koje mi je dao sadhu u hramu Kalighat. Potaknut time ušao sam u kuću u kojoj su me odveli do prostrane primaće sobe. Tamo je sjedila gomila ljudi, svi okrenuti prema istoku, neki od njih na debelom narančastom tepihu. Do mene je stigao uzdah divljenja:

„Pogledajte Gandhu Babu na leopardovoj koži! On može dati cvijeću koje ne miriše miris bilo kojeg cvijeta. On može osvježiti i uveli cvijet ili učiniti da koža neke osobe odiše prekrasnim mirisom."

Pogledao sam izravno u sveca. Njegov se brzi pogled sreo s mojim. Bio je zdepast, nosio je bradu, koža mu je bila tamna, a oči velike i sjajne.

„Sretan sam što te vidim, sinko. Reci što želiš. Želiš li malo parfema?"

„Zbog čega?" Smatrao sam njegovu ponudu pomalo djetinjastom.

„Da iskusiš čudesan način uživanja u parfemima."

„Zar tražiti od Boga da stvara mirise?"

„Pa što? Bog ionako stvara parfeme."

„Da, ali njegove bočice su oblika krhkih svježih latica koje su od koristi svježe, a zatim uvenu. Možete li stvoriti i cvijeće?"

„Da. Ali obično proizvodim parfeme, mali prijatelju."

„Onda će tvornice miomirisa ostati bez posla."

„Pustit ću ih da rade svoj posao! Moja jedina namjera je pokazati snagu Boga."

„Gospodine, zar je nužno dokazivati postojanje Boga? Zar On ne izvodi čudesa posvuda i u svemu?"

„Da, ali i mi bismo trebali očitovati ponešto od Njegove beskonačne stvaralačke raznolikosti."

„Koliko vam je trebalo da ovladate tim sposobnostima?"

„Dvanaest godina."

„I to za proizvodnju mirisa uz pomoć astralne moći! Čini mi se, poštovani sveče, da ste protratili dvanaest godina na miomirise koje ste za nekoliko rupija mogli nabaviti u cvjećarnici."

„Parfemi gube miris zajedno s cvijećem."

„Parfemi gube miris sa smrću. Zašto bih žudio za nečim što zadovoljava samo moje tijelo?"

„Vi ste mi po volji, g. Filozofe. Ispružite mi sada svoju desnu ruku." Načinio je pokret u znak blagoslova.

Bio sam na pola metra od Gandhe Babe. Nitko drugi nije bio dovoljno blizu da mi dotakne tijelo. Pružio sam ruku koju jogi nije dodirnuo.

„Koji parfem želiš?"

„Ružu."

„Neka bude tako."

Na moje veliko iznenađenje, iz sredine mog dlana širio se čaroban miris ruže. Sa smiješkom sam uzeo veliki bijeli cvijet bez mirisa iz vaze koja se tamo nalazila.

„Može li ovaj cvijet bez mirisa prožeti miris jasmina?"

„Neka bude tako."

Istog trena miris jasmina počeo se širiti s latica. Zahvalio sam čudotvorcu i sjeo pokraj jednog njegovog studenta. On mi je rekao kako je Gandha Baba, pravim imenom Vishuddhananda, naučio mnoge zaprepašćujuće tajne joge od jednog učitelja na Tibetu. Uvjeravali su me da je tibetski jogi doživio starost veću od tisuću godina.

„Njegov učenik Gandha Baba ne izvodi uvijek svoje nastupe s parfemima na ovakav jednostavan način uz riječi kao što si ti sada doživio." U studentovu glasu osjećao se jasan ponos u vezi s njegovim učiteljem. "Njegov pristup uvelike se mijenja ovisno o prilici. On je doista čudesan! Među njegovim sljedbenicima ima puno pripadnika učenih krugova iz Kalkute."

U sebi sam riješio da im se neću pridružiti. Ovaj guru bio je doslovno malo suviše „čudesan" za moj ukus. Otišao sam ljubazno se zahvalivši Gandhi Babi. Na putu kući razmišljao sam o tri različita susreta toga dana.

Kod kuće me na ulazu dočekala sestra Uma.

„Baš si otmjen ovako namirisan!"

Bez riječi sam joj pokazao da pomiriše moju ruku.

„Kako ugodan miris ruže! Neobično je jak!"

Bez riječi sam stavio astralno namirisan cvijet pod njezine nosnice, misleći pritom kako je „jako neobičan".

„Oh, jako volim miris jasmina!" Uzela je cvijet. Na licu joj se pojavila velika zbunjenost dok je neprestano mirisala cvijet za koji je znala da nema mirisa. Ova njezina reakcija me napokon uvjerila kako ipak nisam bio žrtva autosugestije kod Gandhe Babe.

Kasnije sam čuo od prijatelja Alakanande da Miomirisni svetac posjeduje moć koja bi dobro došla milijunima gladnih u svijetu.

„Bio sam u Gandha Babinu domu u Burdwanu, zajedno sa stotinu drugih gostiju", pričao mi je Alakananda. Bio je to vrhunski društveni domjenak. Budući da sam znao za njegov ugled stvaranja predmeta ni iz čega, kroz smijeh sam ga upitao može li stvoriti nekoliko mandarina u vrijeme kada nije bila njihova sezona. Iznenada su se *luchiji** posluženi na tanjurima od listova banane napuhnuli. Na svakom od hljepčića sada je stajala oguljena mandarina. Sa strahom sam zagrizao u svoju mandarinu, no bila je zaista ukusna."

Puno godina nakon toga sam uz pomoć unutarnjeg uvida uspio shvatiti kako je Gandha Baba izveo te materijalizacije. Postupak je doista izvan dosega gladnog mnoštva.

Razni osjetilni poticaji na koje čovjek reagira - dodirni, vidni, okusni, slušni i mirisni - posljedica su različitih titraja elektrona i protona. Tim titrajima pak upravlja *prana*, odnosno tzv. „astraloni" koji predstavljaju tananhe životne sile, to jest energije koje nadilaze fizičko elektromagnetsko polje. Te čestice astralnog polja nabijene su inteligencijom u vidu pet različitih ideja o osjetilnim doživljajima.

Gandha Baba se putem određenih jogijskih postupaka uskladio s praničnom silom i na taj način je mogao utjecati na preraspodjelu strukture titranja astralona kako bi se preoblikovali u željeni oblik. Njegov parfem, voće i druga čudesa bili su stvarne materijalizacije izvedene na fizičkom nivou, a ne neka vrsta hipnoze.

---

* Plosnati, okrugli indijski kruh (*luchi*).

Liječnici koriste hipnozu kod manjih operacija u slučajevima kada bi pacijent mogao biti ugrožen anestetikom. No stanje hipnoze je štetno u slučaju da mu se osoba često izlaže. Negativni psihološki učinak koji se s vremenom javlja oštećuje moždane stanice. Hipnotizam predstavlja zadiranje u područje svijesti druge osobe.* Privremena vrijednost takvih pojava nema ništa zajedničkog s čudima koja izvode ljudi koji posjeduju božansku ostvarenost. Pravi sveci su probuđeni u Bogu i izvode promjene u ovom svijetu snova snagom volje koja je skladno usuglašena sa Stvaralačkim Kozmičkim Sanjačem.†

Čudesa kakva je izvodio Miomirisni svetac su dojmljiva, ali duhovno beskorisna. Njihov smisao ne nadilazi puku zabavu te su ona u stvari stranputica u ozbiljnoj potrazi za Bogom.

Učitelji ne odobravaju razmetljivo pokazivanje neobičnih moći. Ovako se perzijski mistik Abu Said jednom narugao nekim *fakirima* (muslimanskim isposnicima) koji su se ponosili svojim vladanjem nad vodom, zrakom i prostorom.

„I žaba je kod kuće u vodi!" Abu Said je isticao uz blagi podsmijeh, „Vrana i strvinar s lakoćom lete zrakom. Vrag je istodobno i na istočnoj i na zapadnoj strani! Istinski je čovjek onaj koji u pravednosti boravi među svojim bližnjima, koji i kupuje i prodaje, ali nikad ni na tren ne zaboravlja Boga!"‡ Na drugom mjestu taj veliki perzijski učitelj dao je

---

* Zapadna psihologija se u proučavanju svijesti uvelike ograničava na istraživanja podsvijesti i onih mentalnih bolesti kojima se bave psihijatrija i psihoanaliza. Malo se, s druge strane, istražuje porijeklo i temelji stvaranja normalnih mentalnih stanja te njihovih osjećajnih i voljnih izražaja, što je istinski temeljni predmet koji nije zanemaren u indijskoj filozofiji. U sustavima *Sankhye* i *Yoge* postoje točne klasifikacije raznih poveznica kod normalnih mentalnih promjena te opis bitnih funkcija *buddhi*ja (diskriminativnog razuma), *ahamkare* (ego-principa), i *manasa* (uma ili osjetilne svijesti).

† „Svemir je prikazan u svakoj svojoj čestici. Sve je napravljeno od jedne skrivene supstancije. Svijet se ogleda u kapi rose... Prava doktrina sveprisutnosti je ona u kojoj se Bog javlja u svakoj od Svojih čestica, u svakoj mahovini i paukovoj niti." *Emerson* u *Kompenzaciji*.

‡ „Kupovati i prodavati, ali nikad ne zaboraviti Boga!" Ovdje je riječ o idealu u kojem ruka i srce skladno rade zajedno. Neki pisci sa Zapada tvrde kako je ideal Indijaca „bijeg" od svijeta, nedjelovanje i povlačenje iz društva. Prema Vedama, čovjekov vijek ima četiri uravnotežena stadija, gdje se prva polovica života posvećuje učenju i obiteljskim dužnostima, a druga polovica kontemplaciji i meditaciji. (vidi napomenu na str. 247)

Samoća je nužna da se postane utvrđen u vlastitu Jastvu, no učitelji se zatim vraćaju u svijet kako bi mu služili. Čak i oni sveci koji ne djeluju u društvu udjeljuju svijetu putem svojih misli i svetih vibracija puno više blagoslova nego što su to u stanju učiniti i najaktivniji humanitarni djelatnici koji nisu prosvijetljeni. Takvi veliki ljudi nastoje, svaki na svom području i često uz žestoko opiranje okoline, nesebično nadahnuti i uzdignuti svoje bližnje. Nijedan indijski ideal, bilo društveni ili vjerski, nema negativni predznak. *Ahimsa* ili nenasilje naziva se u

svoje viđenje vjerskog života: "Valja odbaciti ono što je u glavi (sebične želje i ambicije), slobodno podijeliti ono što se ima i nikad se ne uklanjati pred udarcima nevolje!".

Ni besprijekorni svetac iz hrama Kalighat, ni jogi podučavan u Tibetu nisu zadovoljili moju težnju za guruom. Moje srce nije tražilo mentora od kojeg bi dobivalo odobravanje ili koji bi viknuo spontano i glasno „Bravo!" u rijetkim trenucima kada bi prekidao tišinu. Kada sam napokon sreo svog učitelja, on me je sam svojim vlastitim primjerom naučio što je mjera pravog čovjeka.

Mahabharati „potpuna vrlina" (*sakalo dharma*) i predstavlja pozitivno načelo u smislu stava da onaj koji ne pomaže drugima, u stvari njima šteti.

Bhagavad Gita (III:4-8) ističe da je aktivnost u samoj prirodi čovjeka. Tromost je jednostavno „pogrešno djelovanje".

> Nijedan čovjek ne izmiče djelovanju
> Kloneći se djelovanja; Ne, nitko neće
> Samo putem odricanja stići do savršenstva.
> Ne, ni za tren i ni u koje vrijeme
> Ne miruje onaj koji ne djeluje;
> Vlastita ga priroda sili i protiv volje na djelovanje
> (Jer misao je djelo u mašti).
> ... Onaj koji se naporom tijela i uma
> Odriče moći smrtnika u korist dostojnih djela
> Ne tražeći za sebe koristi, Arđuna! Takav je čovjek
> Vrijedan poštovanja. Stoga ispuni obavezu koja ti je dana!
>   (*prevedeno s engleskog prijevoda E. Arnolda*)

6. POGLAVLJE

Tigar Swami

„Otkrio sam adresu Tigar Swamija. Hajdemo ga sutra posjetiti!"

Taj dobrodošao prijedlog dao je Chandi, jedan od mojih prijatelja iz srednje škole. Jedva sam čekao upoznati sveca koji je, prije nego što je postao redovnik, golim rukama hvatao tigrove i borio se s njima. Dječački snažno bio sam oduševljen takvim stvarima.

Idući dan bio je prohladan, ali smo Chandi i ja veselo krenuli u posjet. Neko vrijeme uzalud smo tragali po Bhowanipuru izvan Kalkute da bi na posljetku ipak pronašli pravu kuću. Na vratima su bila dva željezna prstena kojima sam glasno pokucao. Pojavio se sluga nimalo uznemiren bukom. Njegov ironični osmijeh kao da je poručivao kako bučni posjetitelji ne mogu pomutiti mir doma ovog svetog čovjeka.

Moj pratilac i ja osjetili smo taj nečujni prijekor i bili zahvalni kad nas je uveo u primaću sobu. Dugo smo čekali i počela nas je obuzimati sumnja. Nepisani zakon u Indiji za onoga koji traži istinu je da se oboruža strpljivošću. Moguće je da učitelj namjerno oteže kako bi ispitao jesu li posjetitelji zaista jako zainteresirani da ga vide. Uvjerio sam se kako taj psihološki trik itekako upotrebljavaju liječnici i zubari na Zapadu!

Kad nas je sluga napokon pozvao, uveo nas je u spavaću sobu. Poznati Swami Sohong* sjedio je na svom krevetu. Pogled na njegovo golemo tijelo ostavio je na nas čudan dojam. Stajali smo bez riječi, izbuljenih očiju. Nikad prije nismo vidjeli takav grudni koš ni takve bicepse kao u ragbijaša. Na snažnom vratu počivalo je swamijevo oštro, no ipak blago lice ukrašeno uvojcima, bradom i brkovima. U njegovim tamnim očima mogle su se nazrijeti odlike i goluba i tigra. Jedina odjeća bila mu je tigrova koža omotana oko mišićavog struka.

Kada smo napokon bili sposobni progovoriti, moj prijatelj i ja pozdravili smo redovnika i izrazili svoje divljenje njegovim pothvatima u

---

* *Sohong* je bilo njegovo redovničko ime. No svima je bio poznat kao Tigar Swami.

borbi s divljim mačkama.

„Hoćete li nam, molim Vas, reći kako je moguće svladati golim rukama najopasniju zvijer džungle, bengalskog kraljevskog tigra?"

„Djeco moja, boriti se s tigrom, za mene nije ništa posebno. I dan danas bih to mogao ako bi bilo potrebno." Nasmijao se poput djeteta. „Vi na tigrove gledate kao na tigrove, ja u njima vidim umiljate mace."

„Swamiji, vjerujem da bih sebe još mogao uvjeriti kako su tigrovi mačkice, ali bih li mogao u to uvjeriti i same tigrove?"

„Naravno da je za to potrebna i snaga! Ne možete očekivati da tigra pobijedi malo dijete koje umišlja da je on domaća mačka! Snažne ruke su moje dostatno oružje."

Odveo nas je do verande gdje je udario šakom o rub zida. Izbijena cigla srušila se na pod, a komad neba pojavio se kroz pukotinu poput krnjeg zuba u zidu. Bio sam zadivljen. Onaj tko može izbiti ciglu iz zida, taj zasigurno može i tigru razbiti zube!

„Mnogi ljudi imaju fizičku snagu poput moje, no ono što im nedostaje jesu hladnokrvnost i vjera u sebe. Oni koji su samo tjelesno snažni, ali ne i mentalno, mogu se onesvijestiti čim ugledaju divlju zvijer kako slobodno šeće džunglom. Tigar koji se nalazi u svom prirodnom okružju sa svom svojom okrutnošću, nešto je sasvim drugo u odnosu na drogiranu cirkusku životinju!

„Većina ljudi nadljudske snage suočena s napadom bengalskoga kraljevskog tigra ipak postaje jadna bespomoćna lutka. Tigar tako pretvara čovjeka, u njegovu vlastitom umu, u strašljivca sličnog maloj maci. No ako čovjek uz veliku tjelesnu snagu posjeduje i izvanredno jaku odlučnost, tada se uloge mogu okrenuti i moguće je prisiliti tigra da on postane poslušan poput mačkice. Koliko sam samo puta učinio upravo to!"

Bio sam sasvim pripravan povjerovati kako je div ispred mene sposoban izvesti takvo što. Čini se da je i on bio raspoložen za poduku, a Chandi i ja slušali smo ga s poštovanjem.

„Um je onaj koji oblikuje mišiće. Snaga udarca čekića ovisi o uloženoj energiji. Tako i snaga čovjekova tijela ovisi o snazi njegove volje i hrabrosti. Um je onaj koji doslovno stvara tijelo i održava ga. Pod pritiskom nagona iz prošlih života u naš um i svijest uvlače se čvrstina ili slabost. To proizlazi iz navika koje se dalje očituju kao poželjno ili nepoželjno tijelo. Izvanjska krhkost odraz je samih misli i u tom zatvorenom krugu tijelo okovano navikama porobljava um. Ako gospodar dopusti da mu naređuje sluga, tada sluga grabi svu vlast. Na isti način i um postaje rob diktata tijela."

Dojmljivi swami na našu je zamolbu pristao ispričati ponešto o svom životu.

„Od najranijih dana želja mi je bila boriti se s tigrovima. Imao sam snažnu volju, ali krhko tijelo."

To me doista šokiralo. Nisam mogao vjerovati da je ovaj čovjek „čija su pleća poput onih u Atlasa i više pristaju medvjedu", ikada bio slab.

„Taj svoj fizički nedostatak uspio sam nadvladati neprestanim misaonim htijenjem i stremljenjem prema zdravlju i snazi. Ja sam živi dokaz izuzetne važnosti misaone snage kao odlučujućeg faktora u svladavanju bengalskih tigrova."

„Poštovani Swami, mislite li da bih se ja ikada mogao boriti s tigrovima?" Bilo je to prvi i zadnji put da mi je ta bizarna ideja pala na pamet!

„Da.", smiješio se. „No postoji puno vrsta tigrova, neki od njih vrebaju u džunglama ljudskih želja. Nema nikakve duhovne koristi od bacanja zvijeri na leđa. Bolje je pobijediti unutarnje uljeze."

„Gospodine, možemo li čuti kako ste od krotitelja divljih tigrova postali krotitelj divljih strasti?"

Tigar Swami utonuo je u šutnju. Pogled mu je odlutao, očito prelazeći po sjećanjima na prošle godine. Uočio sam njegovu dvojbu o tome hoće li udovoljiti mom zahtjevu ili neće. Napokon se ipak nasmiješio u znak pristajanja.

„Kada sam bio na vrhuncu slave, počeo me opijati otrov ponosa. Više mi nije bilo dovoljno svladati tigra u borbi, već sam smišljao kako da od toga napravim predstavu. Htio sam natjerati te zvijeri da se ponašaju poput domaćih životinja. Počeo sam zato javno nastupati i to mi je donosilo uspjeh kojim sam se naslađivao.

Jedne večeri u sobu je ušao moj otac. Imao je zabrinuti izraz lica.

'Sine, donosim ti riječi upozorenja. Želim te spasiti od nadolazećih nevolja koje su posljedica neumoljivih zakona uzroka i posljedice.'

'Oče, zar si počeo vjerovati u sudbinu? Zar da praznovjerje onečisti snažne vode mojega djelovanja?'

'Nije to fatalizam, sine. Ja vjerujem u Zakon pravedne kazne o kojem govore sveti spisi. Na sebe si navukao mržnju džungle i to bi ti se jednom moglo osvetiti.'

'Oče, zaprepašćuješ me! Dobro znaš kakvi su tigrovi - divni ali

Tigar Swami

nemilosrdni! Tko zna, možda moji udarci unesu malo zdravog razuma u njihove tupe glave. Ja sam ravnatelj škole u šumi u kojoj se podučava lijepom ponašanju!

'Molim te, Oče, ja sam krotitelj tigrova, a ne njihov ubojica. Kako bi mi ta dobra djela mogla štetiti? Molim te, ne traži od mene da mijenjam svoj način života.'

Chandi i ja smo napeto slušali, shvaćajući o kakvoj se dvojbi radi. U Indiji se, naime, dijete teško odlučuje na neposluh roditeljima. Tigar Swami je nastavio:

„Otac me je sve vrijeme mirno slušao. Zatim je vrlo ozbiljno izjavio: 'Sine, navodiš me na to da ti prenesem zloslutno predviđanje koje je izrekao jedan svetac. On mi je prišao jučer dok sam meditirao na verandi.

'"Dragi prijatelju, nosim ti poruku za tvoga ratobornog sina. Neka prestane sa svojim divljačkim djelima. U suprotnom, u idućoj borbi s tigrom zadobit će teške ozljede, a zatim će šest mjeseci biti ozbiljno bolestan. Nakon toga će napokon odbaciti svoj dotadašnji način života i postati redovnik.'

Ta me se priča nije uopće dojmila. Smatrao sam da je Otac u dobroj namjeri postao žrtva opsjednutog fanatika."

Tigar Swami je to popratio nemirnom gestom kao da upozorava na neku glupost. Dugo je tako namrgođen šutio, potpuno zaboravivši na našu prisutnost. Kada je naposljetku ipak nastavio, glas mu je bio tiši.

„Nedugo nakon Očeva upozorenja posjetio sam glavni grad Cooch Behara, pokrajine u Zapadnom Bengalu. Taj slikoviti kraj bio je za mene nov i očekivao sam da će mi donijeti opuštajuću promjenu. Kao i uvijek posvuda me pratila radoznala gomila. Do mene su dopirali djelići tihog došaptavanja:

'To je čovjek koji se bori s divljim tigrovima.'

'Jesu li mu to noge ili trupci?'

'Pogledaj mu lice! Mora da je utjelovljenje samog kralja tigrova!'

Poznato vam je kako ti ulični derani šire vijesti poput zadnjeg izdanja novina. Dodate li tome ženska ogovaranja od vrata do vrata, u nekoliko sati cijeli je grad brujao uzbuđen mojim dolaskom.

Dok sam se te večeri mirno odmarao, začuo sam topot kopita galopirajućih konja. Zaustavili su se ispred moga boravišta. Posjetila me grupa visokih policajaca s turbanima.

Bio sam stvarno zatečen. Pomislio sam kako s pripadnicima

zakona nikad nisi na čisto. 'Pitao sam se kojim su povodom došli.' Ali policajci su mi se naklonili neuobičajeno ljubazno.

'Poštovani gospodine, dolazimo vam izraziti dobrodošlicu u ime Princa od Cooch Behara. Bit će mu drago ako ga sutra ujutro posjetite u njegovoj palači.'

Na tren sam se zamislio. Iz nekog nepoznatog razloga jako sam zažalio što je moj mirni izlet prekinut. No nisam mogao odbiti ovakvu molbu i pristao sam.

Sutradan nisam mogao doći k sebi kada sam vidio da me uz najveću pažnju vode do raskošne kočije s četveropregom. Jedan sluga držao je otmjeni suncobran da me zaštiti od žarećeg sunca. Uživao sam u ugodnoj vožnji, najprije kroz grad, a zatim kroz šumovitu okolicu. Na ulazu u palaču dočekao me sam kraljevski potomak. Ustupio mi je svoj vlastiti zlatom izvezeni stolac, a on sam sjeo je na puno jednostavnije mjesto.

'Sva ova uljudnost sigurno će me koštati!', pomislio sam još uvijek ne vjerujući očima. Prinčeve namjere postale su jasne već nakon nekoliko rečenica.

'Mojim gradom šire se glasine da se protiv tigrova navodno boriš golim rukama. Je li to istina?'

'Upravo je tako.'

'Jedva da to mogu vjerovati! Ti si Bengalac iz Kalkute, othranjen na bijeloj riži gradskih ljudi. Reci pošteno, je li tako da si se do sada borio samo s mlitavim i opijumom drogiranim životinjama?' Glas mu je bio podrugljiv, a govor odavao provincijski naglasak.

Na ovako uvredljivo pitanje nisam uopće htio odgovoriti.

'Izazivam te na borbu s mojim upravo ulovljenim tigrom Rajom Begumom.* Ako mu se uspješno odupreš, vežeš ga lancima i napustiš njegov kavez pri svijesti, tada će kraljevski bengalski tigar biti tvoj! Za nagradu ćeš dobiti i više tisuća rupija te druge darove. Ako se pak odbiješ boriti s tigrom, izvrgnut ću tvoje ime ruglu kao varalicu po čitavoj državi!'

Njegove grube riječi pogodile su me poput kiše metaka. Sav ljutit, pristao sam. Princ koji je u uzbuđenju bio napola ustao, sada se vratio na stolac uz sadistički osmijeh. To me podsjetilo na rimske careve koji

---

* U prijevodu: Princ Princeza- nazvan tako da se naznači kako zvijer posjeduje kombinaciju okrutnosti tigra i tigrice.

su uživali slati kršćane u arenu među divlje zvijeri. Rekao je:
'Borba će se održati za tjedan dana. Žao mi je što ti ne mogu prije toga pokazati tigra.'

Ne znam zašto to nije učinio, je li se bojao da ne hipnotiziram zvijer ili ga je potajno hranio opijumom.

Napustivši palaču primijetio sam da me više ne čekaju kraljevski kišobran ni kočija pod punom opremom.

„Idući sam tjedan pomno pripremao i um i tijelo za nadolazeće iskušenje. Od sluge sam čuo nevjerojatne priče. Upozoravajuće proročanstvo koje je svetac rekao mom ocu doprlo je nekako i dovde, a usput se priča još i uveličavala. Među priprostim seljanima vladalo je uvjerenje da se zao duh, kojeg su prokleli bogovi, utjelovio u tigru te da je noću poprimao razne demonske oblike, a danju se pokazivao kao životinja s prugama. Taj demonski tigar je dakle bio poslan da me učini poniznim.

Još jedna maštovita inačica priče govorila je kako je Raja Begum odgovor na molitve tigrova upućenih Tigrovim Nebesima. On bi trebao kazniti mene - tog drskog dvonošca koji je toliko uvrijedio čitavu tigrovsku vrstu! Taj čovjek bez očnjaka i krzna usudio se izazvati tigra koji ima pandže i snažne, gipke udove! Združeni bijes svih tigrova slio se zajedno, vjerovali su seljani, i njegova je snaga pokrenula skrivene zakone koji će dovesti do propasti ponosnoga krotitelja tigrova.

„Od sluge sam doznao i to, kako se princ sav uživio u ulogu posrednika u sportskom spektaklu borbe između mene i tigra. Naredio je da se podigne krov otporan na oluju iznad borilišta u kojem je bilo mjesta za tisuće gledatelja. U središte je postavio golem kavez s Rajom Begumom. Kavez je okruživala vanjska sigurnosna soba. Zatočena zvijer neprestano je ispuštala krvožedne urlike. Hranili su ga vrlo slabo kako bi mu povećali apetit. Vjerojatno je princ očekivao kako ću mu ja biti nagradno jelo!

„Gomile ljudi iz grada i okolice nemilice su kupovali ulaznice potaknuti bubnjevima koji su najavljivali borbu. Na dan dvoboja na stotine ih je ostalo bez ulaznice jer nije bilo dovoljno sjedala. Mnogi su se provukli kroz otvore u šatoru ili su ispunili prostor ispod tribina."

Kako se priča Tigar Swamija približavala vrhuncu, Chandi i ja također smo nestrpljivo čekali nastavak.

„Ja sam se tiho pojavio dok su se oko mene izmjenjivali zaglušujući urlici Raja Beguma i huk uzavrele gomile. Oskudno odjeven tkaninom oko struka, nisam imao nikakve druge odjeće koja bi me štitila.

Autobiografija jednog jogija

Otključao sam sigurnosnu bravu na vratima sobe i mirno zaključao vrata za sobom. Tigar je nanjušio krv. Gromoglasno udarajući o šipke kaveza, uputio mi je paklensku dobrodošlicu. Publika se utišala u sažalnom strahu. Učinio sam im se poput krotkog janjeta pred divljom zvijeri.

U trenu sam se našao u kavezu, no čim sam zalupio vratima Raja Begum se odmah okomio na mene. Desna mi je ruka bila strahovito ozlijeđena. Ljudska krv, ta najslađa tigrova poslastica, liptala je u potocima. Izgledalo je da se sprema ispunjenje svečevog proročanstva.

Odmah sam se pribrao od šoka nastalog od prve ozbiljne ozljede koju sam ikad dobio. Da ne gledam krvave prste, obrisao sam ih o tkaninu odjeće te zamahnuo lijevom rukom zadajući tigru udarac koji lomi kosti. Zvijer se povukla, vrteći se u stražnjem dijelu kaveza, a zatim uvijajući se ponovno krenula naprijed. Udario sam tigra posred glave svojim poznatim udarcem.

„No okus krvi djelovao je na Raju Beguma poput prvog gutljaja vina alkoholičaru koji je dugo apstinirao. Uz zaglušujuću riku napadi zvijeri postali su još žešći. Moja neprikladna obrana samo jednom rukom činila me lakim plijenom za njegove očnjake i kandže. No uspio sam se nekako othrvati. Uhvatio sam se u koštac sa zvijeri i bila je to borba na život i smrt. U kavezu je bilo kao u paklu, krvi je bilo posvuda, dok su padali udarci, a smrtna požuda dopirala iz grla zvijeri.

'Upucajte ga!' 'Ubijte tigra!', čuli su se krici iz publike. No čovjek i zvijer su se tako brzo kretali da su hici stražara redom promašivali. Skupio sam svu snagu volje i uz strašan urlik zadao konačan udarac. Tigar se srušio i ostao nepomičan."

„Poput mačkice!", dometnuo sam.

Svami se smijao s iskrenim odobravanjem. Zatim je nastavio napetu priču.

„Raja Begum je napokon bio pokoren. Njegov kraljevski ponos bio je dodatno ponižen tako što sam svojim teško ozlijeđenim rukama drsko otvorio njegove ralje. Dramatično sam za tren spustio svoju glavu u razjapljenu smrtonosnu zamku. Potražio sam lanac i svezao tigra oko vrata za rešetke kaveza. Pobjedonosno sam krenuo prema izlazu.

„No to paklensko stvorenje imalo je izdržljivost dostojnu njegova navodnog demonskog podrijetla. Iznenada je skočio na noge, otrgnuo se s lanca i napao me s leđa. Zario mi je zube u ramena te sam gadno pao. No začas sam ga uspio prevrnuti te je pod nemilosrdnim udarcima izdajnička životinja naposljetku utonula u polusvijest. Ovaj put sam je svezao puno čvršće. Polagano sam izašao iz kaveza.

„Ponovno sam se našao usred meteža, ali ovaj put uzrok je bilo oduševljenje. Klicanje gomile prolomilo se kao da dolazi iz jednoga velikog grla. Iako strašno izmučen, ipak sam uspio ispuniti sva tri postavljena uvjeta borbe: svladati tigra, svezati ga lancem i napustiti kavez bez ičije pomoći. Osim toga bijesnoj sam zvijeri zadao takve ozljede i tako je prestrašio da je propustila odgristi mi glavu koja joj je bila u raljama!

Nakon što su mi povili rane, odali su mi počast i okitili vijencem te pred mene prosuli mnoštvo zlatnika. Čitav grad je slavio. Vodile su se beskrajne rasprave o svim pojedinostima moje pobjede nad jednim od najvećih i najopasnijih tigrova dotad viđenih. Raja Begum darovan mi je kao trofej, ali nisam osjećao ushit. U srcu mi se dogodila duhovna promjena. Činilo se da su mojim izlaskom iz kaveza ujedno bila zatvorena i vrata mojih svjetovnih ambicija.

Započelo je razdoblje puno nevolja. Šest mjeseci ležao sam na rubu smrti zbog trovanja krvi. Čim sam bio dovoljno snažan da napustim Cooch Behar, vratio sam se u svoj rodni grad.

'Sada znam da je moj učitelj onaj sveti čovjek koji me bijaše mudro upozorio.' To sam ponizno priznao svojem ocu. 'Oh, kad bih ga samo mogao naći!' Moja je čežnja bila iskrena jer je jednog dana svetac došao k meni nenajavljen.

'Dosta je bilo kroćenja tigrova.' Izgovorio je to smireno i s uvjerenjem. 'Pođi sa mnom. Naučit ću te kako ukrotiti zvijeri neznanja koje lutaju džunglama ljudskog uma. Ti si naviknuo na publiku. Neka ti publika od sada bude zbor anđela koji će uživati u tvom uzbudljivom ovladavanju naukom joge!'

Moj sveti guru inicirao me u duhovni put. Otvorio je vrata moje duše koja su bila puna hrđe i škripava jer dugo nisu bila u upotrebi. Uskoro smo se uputili, ruku pod ruku, na Himalaju kako bih se školovao."

Chandi i ja poklonili smo se pred swamijevim stopalima u znak zahvale za priču o njegovu burnom životu. Moj prijatelj i ja bili smo i više nego bogato nagrađeni za dugo početno čekanje u hladnoj primaćoj sobi.

7. POGLAVLJE

Lebdeći svetac

„Sinoć sam vidio jogija kako lebdi u zraku na metar od poda." Ovo mi je dojmljivo ispričao moj prijatelj Upendra Mohun Chowdhury. Oduševljeno sam mu se nasmiješio. „Čekaj, da se ne radi možda o Bhaduriju Mahasayi iz Gornje kružne ulice?"

Upendra je kimnuo, uz vidno razočaranje što me nije uspio iznenaditi. Moja znatiželja u vezi sa svecima bila je dobro poznata mojim prijateljima koji su se trudili javiti mi svaku novost o njima.

„Taj jogi živi blizu moje kuće i često ga posjećujem." Moje riječi su zainteresirale Upendru pa sam mu rekao još i ovo.

„Vidio sam ga kako izvodi izuzetna djela. On majstorski vlada raznim *pranayamama** koje spominje Patanjali† u svom osmerostrukom putu joge. Jednom je Bhaduri Mahasaya izveo *Bhastrika Pranayamu* preda mnom s takvom silinom da se činilo kako se u sobi podigla oluja! Zatim je prekinuo to snažno disanje i ostao nepomičan u uzvišenom stanju nadsvijesti.‡ Aureola mira nakon oluje bila je živo prisutna i predstavljala je nezaboravan doživljaj."

„Čuo sam da taj svetac nikada ne izlazi iz kuće." Upendrin glas odavao je nevjericu.

---

* *Pranayama*- način nadziranja životne sile (*prane*) putem posebnog načina disanja. *Bhastrika* (mijeh) *Pranayama* čini um staloženim.

† Najistaknutiji drevni autor djela o jogi.

‡ Profesor Jules-Bois s pariškog sveučilišta Sorbonne rekao je 1928. kako su francuski psiholozi istraživali te priznali postojanje stanja nadsvijesti. Prema njima to je uzvišeno stanje „prava suprotnost podsvjesnom umu kako ga shvaća Freud i posjeduje osobine koje čine čovjeka stvarno ljudskim bićem, a ne visoko svjesnom životinjom." Francuski učenjak objasnio je kako buđenje višeg stanja svijesti „ne treba miješati s Couéizmom ili hipnotizmom. Postojanje nadsvjesnog uma odavno je poznato među filozofima jer je to u stvari ono što Emerson naziva nad-duša.(Vidi napomenu na str. 123.)

U eseju „Nad-duša" (*The Over-Soul*), Emerson piše: „Čovjek je hram unutar kojeg se nalazi sva mudrost i dobrota. Ono što obično zovemo čovjekom, onog koji jede, pije, sadi i broji, to nije ono što čovjek u stvari jest. Nije takav čovjek onaj kojeg poštujemo, već je to duša, čiji je on organ i koja bi nam postala vidljiva kad bismo mi to dopustili i pred kojom bismo kleknuli... Mi se nalazimo na površini dubina duhovne prirode, tik do svih svojstava Boga."

„Naravno da je istina! On živi u kući već dvadeset godina. Jedino u vrijeme svetkovina izađe preko praga, i to čak do pločnika ispred kuće! Tamo se obično okupe prosjaci jer je Sveti Badhuri poznat po milostivom srcu."

„Kako mu uspijeva ostati u zraku ne mareći za silu težu?"

„Tijelo jogija gubi grube fizičke značajke nakon izvođenja određenih *pranayama*. Tada može lebdjeti ili poskakivati poput žabe. Poznato je da su i sveci koji nisu vježbali jogu posjedovali moć lebđenja u trenucima snažne devocije prema Bogu."

„Htio bih saznati nešto više o tom svetom čovjeku. Odlaziš li na njegova večernja okupljanja?", Upendrine oči su sjajile od radoznalosti.

„Da, često tamo odlazim. Jako me zabavlja njegova mudrost koja odiše duhovitošću. Ponekad moj smijeh naruši ozbiljnost atmosfere na tim okupljanjima. Svecu to ne smeta, no njegovi mi učenici upućuju oštre poglede!"

Na putu iz škole tog popodneva prolazio sam pokraj utočišta Bhadurija Mahasaye i odlučio ga posjetiti. Do jogija se nije moglo doći samo tako. Jedan je učenik u prizemlju štitio svog učitelja od neželjenih posjetitelja. Strogo me zapitao imam li najavljen „sastanak". No tada se pojavio njegov guru i oslobodio me objašnjavanja s učenikom.

„Mukunda može doći kada god želi." Oči mudraca su žmirkale. „Ne štitim se od ljudi zbog vlastite udobnosti, već upravo zbog obzira prema drugima. Ljudi ne vole kada im netko rasprši njihove zablude. Sveci nisu samo rijetki, već izazivaju i nelagodu. Čak ih i sveti spisi često opisuju kao čudnovate!"

Pošao sam za Bhadurijem Mahasayom do njegovih skromno namještenih odaja na prvom katu koje je tako rijetko napuštao. Učitelji često zanemaruju svakodnevicu i njezine uske obzore te umjesto toga usmjeravaju svoju pozornost na mudrost poznatu od davnina. Mudrac ne nalazi suvremenike samo u uskom prozoru sadašnjosti.

„Maharishi*, Vi ste prvi jogi kojeg znam i koji ne izlazi u svijet."

„Bog ponekad sadi Svoje svece na neočekivanim mjestima kako ne bismo pomislili da On slijedi puko pravilo!"

Mudrac je bez problema sjeo u lotosov položaj. Iako u sedamdesetima, njegovo vitalno tijelo nije odavalo degenerativne promjene koje obično donosi sjedeća neaktivnost. Čvrst i uspravan, predstavljao

---

* „Veliki mudrac"

je ideal u svakom pogledu. Imao je lice rišija kakvo opisuju drevni tekstovi. Elegantno oblikovane glave, guste brade, uvijek je sjedio uspravno, a njegove mirne oči bile su usredotočene na Sveprisutnost.

Svetac i ja ušli smo u stanje meditacije. Nakon jednog sata njegov me nježni glas prenuo.

„Često uranjaš u tišinu, no jesi li svladao sposobnost zvanu *anubhava**?" Htio me je podsjetiti na to da Boga treba voljeti više od meditacije. „Ne miješaj tehniku sa samim Ciljem."

Ponudio me plodovima manga. Oduševio me njegov dobronamjerni smisao za humor, tako u suprotnosti s njegovom inače ozbiljnom pojavom, kada je rekao, "Ljude općenito više zanima *Jala Yoga* (zajedništvo s hranom) nego *Dhyana Yoga* (jedinstvo s Bogom)".

Ova vrckava jogijska dosjetka izazvala je u meni provalu smijeha.

„Kakav smijeh imaš!" Njegov je pogled postao nježan. Lice mu je bilo uvijek ozbiljno no ipak se na njemu dao naslutiti smiješak ushita. Njegove velike oči nalik lotosu uvijek su odražavale skriveni božanski smijeh.

„Ono su pisma iz daleke Amerike." Mudrac je pokazao na nekoliko debelih omotnica na stolu. „Dopisujem se s nekoliko društava iz Amerike čije članove zanima joga. Oni ponovno otkrivaju Indiju, ovaj put s boljim smislom za orijentaciju nego što ju je imao Kolumbo! Drago mi je što im mogu pomoći. Znanje joge je poput dnevnog svjetla, dostupno svima koji su voljni primiti ga.

„Ono što su rišiji smatrali bitnim za ljudsko spasenje ne treba razvodnjavati za ljude sa Zapada. Iako su na planu izvanjskog iskustva različiti, a u duši isti, ni Istok ni Zapad neće procvasti sve dok ne budu vježbali neki oblik jogijskih vježbi."

Svetac me promatrao svojim umirujućim očima. Nisam shvaćao da njegov govor ima proročanski ton. Tek sada, dok ovo pišem, shvaćam u potpunosti značenje njegovih naznaka da ću jednom biti nositelj indijskog učenja na Zapadu, u Americi.

„Maharishi, bilo bi dobro da napišete knjigu o jogi za dobrobit čovječanstva."

„Ja naučavam i odgajam učenike. Oni i njihovi učenici bit će žive knjige koje neće biti podložne utjecaju vremena ni iskrivljavanju kritičara."

Ostao sam nasamo s jogijem sve do večeri kada su počeli pristizati

---

* Stvarno poimanje (percepcija) Boga.

Lebdeći svetac

NAGENDRA NATH BHADURI
„Lebdeći svetac"

njegovi učenici. Bhaduri Mahasaya započeo je s jednim od svojih besprijekornih izlaganja. Poput mirne rijeke otplavljivao je misaoni mulj svoje publike, noseći ih uzvodno prema Bogu. Govorio je dojmljivo i slikovito na tečnom bengalskom.

Te je večeri Bhaduri izlagao razne filozofske odrednice vezane uz život Mirabai, princeze koja je u srednjem vijeku živjela u indijskoj pokrajini Rajasthanu. Ona se odrekla života na dvoru i pošla u potragu za svecima. Veliki *sannyasi*, Sanatana Goswami, odbio ju je primiti zbog toga što je žena. Odgovor koji mu je dala naveo ga je da joj se ponizno pokloni.

Učitelju je poručila: „Nisam znala da u svemiru postoji ijedan drugi Muškarac osim Boga. Zar svi mi nismo žene pred Njim?" (U svetim spisima govori se o Gospodu kao jedinom Pozitivnom Stvaralačkom Principu, a Njegovo stvaranje nije ništa drugo nego pasivna *maya*.)

Mirabai je skladala mnoge ekstatične pjesme koje su u Indiji i danas vrlo cijenjene. Ovdje navodim prijevod jedne od njih:

> Kad bi se kupanjem svaki dan Bog mogao spoznati,
> Odmah bih se u kita iz dubina pretvorila;
> Kada bi Ga onaj tko jede korijenje i voće mogao upoznati,
> Ja bih radosno postala koza;
> Kada bih Ga mogla otkriti moleći krunicu,
> Molila bih krunicu s divovskim kuglicama;
> Kada bi mi se ukazao zbog klanjanja slikama u kamenu,
> Ponizno bih štovala stjenovitu planinu;
> Kada bi se, pijući mlijeko, Gospoda moglo upiti,
> Poznavali bi Ga telići i mnoga djeca;
> Kada bi se napuštanjem žene moglo prizvati Boga,
> Zar ne bi tisuće njih postali eunusi?
> Mirabai zna da je za nalaženje Božanskog Jedinog
> potrebna samo Ljubav.

Mnogi učenici stavljali su novac u Bhadurijeve papuče, koje su se nalazile pokraj njega dok je on sjedio u lotosovu položaju. Darivanje u znak štovanja uobičajeno je u Indiji. Tim činom učenik pokazuje kako stavlja svoja materijalna dobra pred guruova stopala. Zahvalni prijatelji nisu nitko drugi do prerušeni Gospod koji se brine za jednog od Njegovih.

„Divni ste, Učitelju!" Jedan je učenik na odlasku vidno dirnut gledao u mudraca želeći mu odati duboko poštovanje i zahvalnost. „Odrekli ste se bogatstva i udobnosti kako biste pošli u potragu za Bogom te kako biste nas učili mudrosti!" Bilo je dobro poznato kako se Bhaduri Mahasaya odrekao velikog obiteljskog bogatstva rano tijekom djetinjstva kako bi svojevoljno krenuo stazom joge.

„Ti izokrećeš činjenice!" Svečevo lice odavalo je blagi prijekor. Odrekao sam se nekoliko bezvrijednih rupija, nekoliko prolaznih užitaka, a zauzvrat dobio kozmičko carstvo beskrajnog blaženstva. Kako onda možeš reći da mi je išta uskraćeno? Uživam u dijeljenju blaga s drugima. Zar je to žrtvovanje? U stvari su kratkovidni svjetovni ljudi oni koji se odriču! Odriču se ni s čim usporedivih božanskih posjeda zbog nekoliko zemaljskih igračaka!"

U sebi sam se potiho smijuljio čuvši ovaj paradoksalni uvid u to što je odricanje i tko se u stvari odriče. Ispostavlja se da ulogu Kreza preuzima siromašni sveti čovjek, a ponosni milijunaši su pretvoreni u nesvjesne mučenike.

„Bog vodi brigu o našoj budućnosti na mudriji način od bilo kojeg osiguravajućeg društva." Učiteljeve završne riječi bile su njegova sažeta i proživljena mudrost. „Svijet je pun nesigurnih vjernika koji se utječu izvanjskoj sigurnosti. Njihove zabrinute misli su poput bora na njihovu čelu. Onaj tko nam je dao i dah i mlijeko od našega prvog dana, On je taj koji zna kako se iz dana u dan brinuti za Svoje poklonike."

I dalje sam nastavio pohoditi sveca nakon škole. Neprimjetnom gorljivošću pomagao mi je da postignem *anubhavu*. Jednog dana preselio se na drugu adresu dalje od mog naselja. Njegovi vjerni učenici izgradili su mu novo utočište poznato kao Nagendra Math.*

Iako je to bilo tek nakon niza godina, osvrnut ću se ovdje na zadnje riječi koje mi je uputio Bhaduri Mahasaya. Neposredno prije nego što ću se uputiti na Zapad, posjetio sam ga i ponizno kleknuo pred njegova stopala da mi udijeli blagoslov na rastanku.

„Sine, pođi u Ameriku. Neka ti ponos drevne Indije bude štit. Pobjeda je upisana na tvom čelu. Dočekat će te plemeniti ljudi iz daleke zemlje."

---

* Njegovo pravo ime je bilo Nagendra Nath Bhaduri. *Math* je u osnovnom značenju samostan, ali se često rabi i za ašram (*ashram*) ili duhovno utočište.

Među kršćanskim svecima koji su pokazivali sposobnost lebđenja bio je i sveti Josip iz Cupertina, koji je živio u 17. stoljeću. O toj njegovoj sposobnosti postoje svjedočenja očevidaca. Pokazivao je uobičajenu zaboravnost kada je bila riječ o svijetu oko sebe, što je u stvari bila usredotočenost na božansko. Njegova subraća redovnici nisu ga mogli pustiti da posluži za stolom u blagovaonici jer bi s posuđem odlebdio na strop. Svetac je zaista bio potpuno nesposoban obavljati svakodnevne poslove jer doslovno nije mogao dulje vrijeme ostati na zemlji! Često bi ga samo pogled na kip nekog sveca potaknuo na uzlet. Tada se moglo vidjeti kako dva sveca, jedan kameni a drugi od mesa, kruže zajedno u zraku.

Sv. Tereziju Avilsku, koja je inače bila vrlo uzvišena duša, fizička levitacija jako je ometala. Kako je imala brojne organizacijske dužnosti, uzalud je pokušavala spriječiti svoja „uzdižuća" iskustva. „No sve mjere opreza su uzaludne", pisala je, „kada Gospod želi drugačije." Tijelo Sv. Tereze leži u crkvi u mjestu Alba u Španjolskoj već četiri stoljeća i ne pokazuje znakove raspadanja, a oko njega se širi miris cvijeća. To je mjesto bilo svjedok nebrojenih čudesa.

8. POGLAVLJE

Veliki indijski znanstvenik, J. C. Bose

„Izumi Jagadisa Chandre Bosea na području bežičnog prijenosa radiovalova prethodili su Marconijevim izumima."

Čuvši ovu izazovnu izjavu, prišao sam bliže grupi sveučilišnih profesora koji su vodili znanstvenu raspravu. Moram priznati da me na to naveo i nacionalni ponos. Ne mogu zanijekati svoju radoznalost u skupljanju dokaza o tome kako Indija može imati vodeću ulogu ne samo u metafizici već i u fizici.

„Kako to mislite, gospodine?"

Profesor je drage volje dao objašnjenje. „Bose je bio prvi koji je izumio uređaj za bežično odašiljanje i primanje elektromagnetskih valova te eksperimentalno utvrdio pojavu loma elektromagnetskih valova pri prijelazu iz jednog sredstva u drugo. No indijski znanstvenik nije patentirao te svoje izume. Uskoro je usmjerio interes svoga istraživanja s nežive na živu prirodu. Njegova revolucionarna otkrića na području fiziologije biljaka nadilaze čak i njegova velika postignuća kao fizičara."

Ljubazno sam zahvalio svom predavaču. On je još dodao: „Taj veliki znanstvenik je moj kolega profesor na Presidency Collegeu.".

Budući da sam živio u blizini, sutradan sam posjetio toga mudrog čovjeka u njegovu domu. Već neko vrijeme potiho sam mu se divio. Ozbiljan i opušten botaničar me ljubazno primio. Bio je pristao, čvrsto građen muškarac u svojima pedesetima, guste kose, širokog čela i pogleda zanesenog sanjara. Točnost njegova izražavanja odavala je čovjeka s dugogodišnjim znanstvenim iskustvom.

„Nedavno sam se vratio s putovanja tijekom kojeg sam posjetio niz znanstvenih društava na Zapadu. Tamošnji znanstvenici pokazali su veliko zanimanje za instrumente velike osjetljivosti koje sam izumio, a koji dokazuju nedjeljivo jedinstvo sveg živog svijeta.* Uređaj koji sam

---

* „Sva je znanost transcendentalna ili se gubi. Botanika sada dobiva ispravnu teoriju - avatari Brahme tako će postati udžbenici biologije." (*Emerson*).

Veliki indijski znanstvenik, J. C. Bose

konstruirao, tzv. kreskograf (mjerač rasta) ima moć povećavanja i do deset milijuna puta, što je nedostižno za optičke mikroskope našeg vremena, koji su i s povećanjima od samo nekoliko desetaka tisuća puta, dali velik doprinos razvoju biologije. U tom smislu moj kreskograf otvara neslućene vidike."

„Vi ste, gospodine, učinili puno na zbližavanju Istoka i Zapada i to na području nepristrane znanosti."

„Studirao sam u Cambridgeu. Tamo sam naučio cijeniti metode zapadne znanosti koja svaku teoriju podvrgava strogoj eksperimentalnoj provjeri! Taj eksperimentalni pristup u mom se slučaju dobro nadopunjuje s darom introspekcije, što je nasljeđe nas istočnjaka. Sve mi je to zajedno omogućilo da proniknem u tajne prirode koje su nam do sada bile nepoznate. Grafikoni dobiveni mojim kreskografom[*] pružaju uvjerljive dokaze da i biljke imaju osjetljivi živčani sustav i raznolik osjećajni život. Ljubav, mržnja, veselje, strah, ugoda, bol, uzbuđenost, obamrlost i drugi bezbrojni odgovori na podražaje, sve to mogu iskazivati i biljke jednako kao i životinje."

„Jedinstvo živog svijeta prije vas, profesore, moglo se smatrati samo pjesničkim zanosom! Jedan svetac kojeg sam upoznao nije želio brati cvijeće. 'Zar da lišim grm ruže ljepote kojom se ponosi? Zar da povrijedim njezin ponos radi svog sebičnog užitka?' Njegove suosjećajne riječi sada su doslovno potvrđene vašim otkrićima."

„Pjesnik je u izravnom dodiru s istinom, a mi znanstvenici dolazimo do nje zaobilazno. Slobodno navrati do mog laboratorija i uvjeri se u nepobitne dokaze kreskografa."

Sa zahvalnošću sam prihvatio poziv i otišao. Kasnije sam čuo kako je botaničar napustio Presidency College te da se sprema otvoriti istraživački centar u Kalkuti.

Prisustvovao sam svečanom otvorenju Boseova Instituta. Na stotine ljudi je s oduševljenjem razgledavalo prostorije. Bio sam očaran umjetničkim oblikovanjem prostora i duhovnim simbolizmom te nove znanstvene ustanove. Na prednjem ulazu nalazi se dio stoljećima starog hrama donesenog izdaleka. Iza bazena s lopočima[†] stoji statua žene s bakljom, što je znak indijskog štovanja žene kao besmrtne nositeljice

---

[*] Od latinskog glagola *crescere*, rasti. Za kreskograf i druge izume Bose je 1917. odlikovan titulom viteza.

[†] Lotos (lopoč) pradavni je simbol božanskog u Indiji. Njegove otvarajuće latice predstavljaju širenje duše. Čistoća njegove ljepote izrasle iz mulja nosi obećavajuću duhovnu poruku.

svjetla. Mali vrtni hram je posvećen Noumenonu koji je iza svih pojavnosti. Misao o Božanskoj Bestjelesnosti ocrtava se izostavljanjem bilo kakve slike na oltaru.

Boseov govor prigodom otvorenja bio je dostojan izražaja nadahnutoga drevnog rišija.

„Posvećujem danas ovaj Institut ne samo kao laboratorij, već i kao hram." Njegova štovanja vrijedna uzvišenost lebdjela je nad publikom poput nevidljivog plašta. „Moja su me istraživanja nesvjesno dovela do graničnog područja fizike i fiziologije. Na svoje veliko iznenađenje, ustanovio sam kako se oštre granice gube, a pojavljuju se dodirne točke. Prema svemu sudeći, takozvana neživa tvar je sve prije nego mrtva. Ona sva titra pod djelovanjem bezbrojnih sila.

„Ispostavlja se da metali, biljke, i životinje pokazuju u biti jednak odziv na podražaje, što ih ujedinjuje u svojoj osnovi. U mojim pokusima svi ti oblici života pokazali su slične reakcije poput umora i depresije, uz mogućnosti oporavka i radosti, ili pak trajnog izostanka odgovora povezanog sa smrću. Ispunjen neizrecivim osjećajem zbog spoznaje ovako očitovanog jedinstva oblika u prirodi, ja sam pun očekivanja izložio rezultate svojih pokusa pred Kraljevskom akademijom znanosti. No tamo prisutni fiziolozi su mi predložili da se držim i dalje samo istraživanja u fizici, gdje sam već postigao priznati uspjeh. Time su mi htjeli reći da ne zalazim na njihovo područje rada, kao da sam kakav prijestupnik, odnosno kao da sam prekršio neko nepisano pravilo kastinskog sustava u znanosti.

Primijetio sam da je kod znanstvenika prisutna neka vrsta teološke pristranosti koja se očituje kao ustrajanje na pravovjernosti. Čini se da zaboravljaju da nas je Onaj koji nas je postavio usred ove uvijek promjenljive tajne stvaranja, u isti tren opremio i sa željom da propitujemo i shvaćamo svijet oko sebe. Sve ove godine neprihvaćanja i nerazumijevanja koje sam doživio od drugih dovele su me do spoznaje kako je život onoga tko je posvećen znanosti neizbježno ispunjen neprestanom borbom. On se mora odreći svega i na jednak način prihvaćati i dobitak i gubitak, i uspjeh i neuspjeh.

S vremenom su vodeća svjetska znanstvena društva prihvatila moje teorije i rezultate te priznala važnost indijskog doprinosa znanosti.*

---

* „Vjerujemo da... nijedno polje istraživanja, posebno u društvenim znanostima, na bilo kojem većem sveučilištu ne bi smjelo biti bez stručnjaka koji je upoznat s dosezima indijske znanosti na tom području. Također vjerujemo da bi svaki fakultet koji priprema svoje

Veliki indijski znanstvenik, J. C. Bose

Može li išta što je malo ili ograničeno zadovoljiti indijski um? Ova zemlja je uspješno prošla kroz mnoge promjene tijekom povijesti oslanjajući se na neprekidno živu tradiciju i životnu snagu pomlađivanja. Uvijek su postojali Indijci koji nisu marili za osobni interes i nagradu, već su nastojali ostvariti najviše životne ideale, ne pasivnim udaljavanjem od svijeta, već aktivnom borbom. Slabić koji odbija borbu ništa ne postiže pa tako nema što ni izgubiti. Samo onaj koji trudom i naporom izbori pobjedu može svijetu podariti rezultate svojega pobjedničkog iskustva.

Istraživanja koja se već provode u Boseovu institutu glede toga kako naoko neživa tvar reagira na podražaje te neočekivana otkrića o životu biljaka otvorila su mnoga nova područja ispitivanja u fizici, fiziologiji, medicini, poljoprivredi, pa čak i u psihologiji. Problemi koji su smatrani nerješivima sada se mogu podvrgnuti eksperimentalnom proučavanju.

No pravi uspjeh se ne može postići bez stroge egzaktnosti. Za to služe ovi uređaji velike osjetljivosti koji se još nalaze u sanducima na ulazu. Oni vam govore o dugotrajnim naporima da se prodre dublje u tajne prirode te o neprekidnom radu i upornosti koji su potrebni da se prevladaju ljudska ograničenja. Svi stvaralački znanstvenici znaju da se pravi laboratorij nalazi u ljudskom umu, gdje oni iza vela zamki pronalaze zakone istine.

Predavanja koja će se ovdje održavati neće sadržavati ponavljanja drugorazrednog znanja. Ona će najaviti nova otkrića koja će ovdje biti prvi put predstavljena. Redovitim objavljivanjem rezultata ovog Instituta ti indijski doprinosi znanosti bit će dostupni čitavom svijetu. Oni će postati javno dobro. Neće se zaštititi nikakvim patentnim pravima. Duh kulture našeg naroda traži od nas da se zauvijek oslobodimo nečasnog korištenja znanja samo za vlastite interese.

Moja daljnja želja je da vrata ovog Instituta budu otvorena znanstvenicima iz cijelog svijeta. Time nastojim slijediti tradiciju moje domovine. Još prije dvije tisuće i petsto godina Indija je na svojim drevnim sveučilištima u Nalandi i Taxili ugošćavala stručnjake iz čitavog svijeta.

„Iako znanost ne pripada ni Istoku ni Zapadu, već je po svom

---

diplomce za razumijevanje svijeta u kojem žive morao imati u svojim redovima stručnjaka za indijsku civilizaciju." Izvaci iz članka profesora W. Normana Browna sa Sveučilišta Pensilvanije koji je objavljen u svibnju 1939. u publikaciji *Bulletin of the American Council of Learned Societies*, Washington DC.

značaju međunarodna u svojoj univerzalnosti, ipak je Indija posebno pogodna za velike doprinose.* Indijska pronicavost i s njom povezana moć koncentracije omogućavaju nam da iznesemo na svjetlo dana pravilnost iza gomile naoko proturječnih činjenica. Ta moć usmjeravanja daje snagu umu da se usmjeri na potragu za istinom i to s beskrajnim strpljenjem."

Kada sam čuo ove zadnje znanstvenikove riječi, u očima su mi se pojavile suze. Zar „strpljenje" nije doista drugo ime za Indiju, ono što je zbunjivalo jednako i Vrijeme i povjesničare?

Ponovno sam posjetio istraživački centar nakon nekoliko dana. Veliki botaničar mi je, kako je i obećao, pokazao svoj laboratorij.

„Prikopčat ću kreskograf na ovu paprat. Uvećanje koje ovaj uređaj omogućava je golemo. Kada bi se puzanje puža uvećalo na isti način, doimalo bi se kao da juri brzi vlak!"

Pogled mi je bio prikovan za zaslon na kojem se mogla vidjeti sjena paprati. Sićušno gibanje života sada je bilo jasno uočljivo. Biljka je polagano rasla pred mojim opčinjenim očima. Znanstvenik je dotaknuo paprat vrhom metalnog štapića. Aktivnost biljke je naglo prestala, da bi se nastavila istim ritmom čim je štapić maknut.

„Vidio si kako i najmanje uplitanje izvana može biti pogubno za

---

* Atomska struktura tvari bila je dobro poznata starim Indijcima. Jedan od šest sustava indijske filozofije nosi naziv Vaisesika, od sanskrtskog korijena *visesas*, „atomska pojedinačnost". Jedan od najistaknutijih predstavnika Vaisesike, Aulukya, poznat i kao Kanada, („gutač atoma") rođen je prije 2800 godina.

U članku koji je napisala Tara Mata, objavljenom u časopisu East-West, u travnju 1934., dan je sažetak znanstvenog pogleda Vaisesike: "Iako se 'atomska teorija' općenito smatra novim znanstvenim postignućem, takvu teoriju još je davno prije izvanredno izložio Kanada, 'gutač atoma'. Sanskrtska riječ *anus* može se ispravno prevesti kao 'atom' u smislu kasnijega grčkog pojma koji znači 'nedjeljiv'. Ostala znanstvena izlaganja iz doba prije Krista, koja sadrži Vaisesika su i ona o: (1) okretanju igala prema magnetima, (2) kruženju vode u biljkama, (3) *akash*, pojmu etera kao nepokretnog, nematerijalnog prijenosnika tanahnih sila, (4) sunčevoj vatri kao uzroku svih ostalih oblika topline, (5) toplini kao uzročniku gibanja molekula, (6) zakonu gravitacije kao posljedici svojstava atoma zemlje koja im omogućavaju privlačnost ili povlačenje prema dolje, (7) kinetičkoj prirodi svih oblika energije te kretanju kao posljedici utroška nekog oblika energije ili preraspodjele gibanja, (8) univerzalnoj razgradnji kao posljedici raspadanja atoma, (9) toplinskom zračenju i emisiji svjetla u obliku beskrajno malih čestica koje jure u svim smjerovima nepojmljivom brzinom (što je u stvari moderna teorija elektromagnetskog zračenja), (10) relativnosti vremena i prostora.

„Vaisesika je smatrala atome osnovnom građevnom tvari svijeta i pridavala im je vječno trajanje. Ti atomi su imali svojstvo neprestanog vibrirajućeg gibanja... Nedavna znanstvena otkrića o tome kako je atom Sunčev sustav u malom ne bi bila nikakva novost za filozofe Vaisesike, koji su i vrijeme svodili na osnovnu matematičku zamisao, prema kojoj je najmanja jedinica vremena (*kala*) odsječak vremena potreban da atom prijeđe vlastitu jedinicu prostora."

osjetljivo tkivo.", napomenuo je Bose. „Gledaj, sada ću dodati kloroform, a zatim ću dati lijek."

Učinak kloroforma bio je potpuni prestanak rasta, a lijek je ponovno oživio biljku. To slikovito očitovanje života biljke prikovalo mi je pozornost više nego ikakav „film" u kinu. Moj je domaćin, sada u ulozi negativca, oštrim alatom prošao kroz jedan dio paprati čija se bol očitovala u grčevitim drhtajima. Kada je britvom zarezao stabljiku, sjena se snažno uznemirila da bi se zatim umirila konačnim nastupom smrti.

„Anestezirajući veliko drvo kloroformom, uspio sam ga presaditi. Inače, ti vladari šuma brzo umiru nakon presađivanja." Jagadis se zadovoljno smiješio pri spominjanju tog pothvata spašavanja života. „Grafikoni dobiveni mojim osjetljivim uređajem dokazuju postojanje sustava cirkulacije u drveću gdje kretanje biljnog soka odgovara krvnom tlaku kod životinja. Podizanje biljnog soka ne može se mehanički objasniti samo kapilarnim privlačenjem. Pomoću kreskografa otkriva se kako je ta pojava uzrokovana djelovanjem samih biljnih stanica. Peristaltički valovi šire se iz valjkaste cijevi koja se pruža duž drva i ima ulogu srca! Što dublje poniremo u tajne prirode, to nam se jasnije otkrivaju dokazi jedinstvenog ustrojstva koje je u osnovi svih oblika u prirodi."

Veliki je znanstvenik pokazao još jedan svoj uređaj.

„Pokazat ću ti pokuse na komadu kositra. Životna sila u metalima odgovara štetno ili dobronamjerno na podražaje izvana. Tragovi tinte pokazivat će različite odgovore."

Potpuno zadivljen promatrao sam zapis s uređaja koji je pokazivao titraje atomske strukture tvari. Kada je profesor primijenio kloroform na kositar, titrajući oblik se zaustavio. Valni se oblik ponovno javio kako se metal polagano vraćao u normalno stanje. Moj je domaćin zatim prosuo otrovnu tekućinu po metalu. Drhtaje koji su se pojavili na jednom kraju metalne pločice pratila je i igla uređaja koja je najavljivala smrt. Znanstvenik reče:

„Boseovi uređaji pokazuju da metali, na primjer čelik koji se koristi za izradu škara te u raznim strojevima, mogu doći u stanje zamora te da se mogu oporaviti redovitim odmorom. Životni impuls u metalima može biti ozbiljno oštećen ili čak izgubljen primjenom električne struje ili jakog naprezanja."

Posvuda po sobi vidio sam brojne izume, te jasne dokaze neumorne genijalnosti.

„Gospodine, šteta što se vaši fantastični uređaji ne koriste za

JAGADIS CHANDRA BOSE
Poznati indijski fizičar, botaničar i izumitelj kreskografa

poboljšanje uzgoja usjeva u poljoprivredi. Svakako bi bilo korisno upotrijebiti neke od njih za ispitivanje utjecaja raznih vrsta gnojiva na rast biljaka."

„Imaš pravo. Idući naraštaji upotrebljavat će Boseove uređaje na mnogobrojne načine. Znanstvenik rijetko dobije priznanje od suvremenika. Njemu je dovoljno zadovoljstvo što njegovo stvaralaštvo može služiti svijetu."

Izražavajući iskrenu zahvalnost, napustio sam neumornog mudraca. „Može li zadivljujuće bogatstvo njegova genija biti ikad iscrpljeno?" razmišljao sam.

U godinama koje su slijedile to se nije dogodilo. Izumio je tako sofisticirani uređaj, rezonantni kardiograf, a zatim se bacio na pomna istraživanja brojnih indijskih biljaka. Iz toga je neočekivano nastala opsežna farmakopeja korisnih lijekova. Kardiograf ima izuzetnu točnost, čija je moć razlučivanja stotinka sekunde. Uređaj bilježi rezonancije koje odražavaju sićušne otkucaje biljaka, životinja i ljudskog organizma. Veliki botaničar je predviđao kako će se njegov kardiograf koristiti za viviseksiju na biljkama umjesto na životinjama.

„Usporedba rezultata učinaka lijekova na životinje i biljke pokazuje jednoznačnost rezultata," istaknuo je. „Sve što postoji u čovjeku, ima svoje naznake u biljkama. Obavljanje pokusa na biljkama umanjit će potrebu za istovrsnim pokusima na životinjama i ljudima."

Godinama poslije Boseov pionirski rad na istraživanju biljaka dobio je potvrdu i drugih znanstvenika. *The New York Times* je 1938. izvještavao o sljedećem istraživanju na Sveučilištu Columbia:

> Istraživanja pokazuju da živci prenose poruke iz mozga u druge dijelove tijela stvaranjem malih električnih impulsa. Ti se impulsi mjere preciznim galvanometrima i pojačavaju se milijunima puta pomoću elektroničkih pojačala. Zbog velike brzine tih impulsa za sada nema uređaja koji bi omogućio proučavanje prolaza impulsa duž živčanih vlakana životinja ili čovjeka.
>
> Znanstvenici K.S. Hole i H.J. Curtis objavili su otkriće kako su dugačke stanice biljke nitelle, koja raste u vodama tekućicama, a često je nalazimo u kućnim akvarijima, gotovo istovjetne pojedinačnom živčanom vlaknu. Oni su dalje našli da se, kao odgovor na vanjsku pobudu, vlaknom nitelle šire električni valovi po svemu slični onima u živčanim vlaknima životinja, osim po brzini. Ti se električni živčani impulsi u biljkama šire znatno manjom brzinom nego u životinja. Ova spoznaja omogućila je znanstvenicima s Coulmbije da proučavaju prolaz struje kroz živce pomoću svojevrsnog usporenog filma.
>
> Tako bi biljka nitella mogla postati neka vrsta kamena iz Rozete koja će omogućiti otkriće do sada skrivenih tajni prirode koje se nalaze na graničnom području između uma i tvari.

Književnik Rabindranath Tagore bio je dobar prijatelj indijskog znanstvenika idealista. Njemu je taj dubokoumni pjesnik posvetio sljedeće stihove:

> O, Pustinjače, uputi svoj iskonski zov
> U kojem odzvanja himna zvana *Sama*: „Ustaj! Probudi se!"
> Uputi poziv onom koji se hvali svojim znanjem *Šastri*;
> Neka se makne od uzaludnog sitničavog prepiranja,
> Reci tom bučnom hvalisavcu da izađe
> Pred lice prirode, na ovu široku zemlju;
> Uputi poziv tvojim učenim kolegama.
> Neka se svi okupe oko tvoje
> Žrtvene vatre. Da se naša Indija,
> Naša drevna zemlja, sebi samoj vrati
> Da se jednom ponovno vrati upornom radu,
> Dužnosti i posvećenosti, svojemu zanosu
> Iskrene meditacije; Neka ponovno zauzme

Smireno, bez pohlepe, bez napora, čisto,
O ponovno to svoje uzvišeno prijestolje,
Taj podij s kojega će biti učiteljica svih zemalja.*

---

* Prevedeno prema engleskom prijevodu Manmohana Ghosha Tagoreova bengalskoga izvornika, objavljenom u *The Visvabharati Quarterly*, Santiniketan, Indija.

„Himna zvana *Sama*" koja se spominje u Tagoreovoj pjesmi jedna je od četiriju Veda. Ostale tri Vede su: Rig, Yajur, i Atharva. Ti sveti tekstovi izlažu prirodu Brahme, Boga Stvoritelja, koji se u čovjeku iskazuje kao *atma*, duša. Glagol u korijenu riječi Brahma je *brih*, „širiti se", što odražava koncept Veda prema kojem božanska moć spontano raste, odnosno eksplodira u stvaralačkom djelovanju. Vede govore kako je svemir poput paukove mreže istkan (*vikurute*) iz Njegovog bića. Glavna tema Veda je svjesno spajanje *atme* s Brahmom, duše i Duha.

Vedanta, koja predstavlja sažetke Veda, inspirirala je mnoge velike mislioce Zapada. Francuski povjesničar Victor Cousin je rekao: "Kada pažljivo čitamo velika filozofska djela Istoka, ponajprije ona iz Indije, u njima nalazimo mnoge duboke istine... i ne možemo ne pokloniti se istočnjačkoj filozofiji jer shvaćamo da je ta kolijevka ljudskog roda ujedno i rodna gruda najviše filozofije." Schlegel je opazio: „Čak se i najuzvišenija europska filozofija, koju predstavlja idealizam razuma grčkih filozofa antike, u usporedbi s istančanim istočnjačkim idealizmom, čini poput slabašne prometejske iskre nasuprot jarkoj sunčevoj svjetlosti."

Među zamašnom literaturom Indije, Vede (korijen *vid*, znati) su jedini tekstovi koji nemaju autora. Rig Veda (X:90,9) kaže kako su te himne božanskog podrijetla te da potječu iz „pradavnih vremena" (III:39,2), samo što su odjenute u nov jezik. U svakom dobu vedsko znanje je dano božanskom objavom rišijima, „mudracima", i za to znanje se kaže da posjeduje *nityatv*u, „bezvremensku konačnost".

Vede su otkrivenje dano zvukom koje su rišiji „izravno čuli" (*shruti*). U njima su zapisana obredna pjevanja i himne. Tisućljećima se sadržaj tih 100.000 kupleta nije zapisivao, već ga je usmeno prenosila kasta svećenika: *brahmana*. Papir i kamen su jednako podložni razornom djelovanju vremena. Vede su se sačuvale kroz tako dugo vrijeme jer su rišiji shvaćali nadmoć uma nad tvari kao najpogodnijeg sredstva za prijenos informacije. Što zaista može nadmašiti „pločice srca"?

Brahmani su jednoznačno uspjeli sačuvati tijekom vremena originalnu čistoću značenja vedskih riječi uočavajući poseban poredak (*anupurvi*) u kojem dolaze riječi u Vedama, zatim uz pomoć fonoloških pravila kombiniranja glasova (*sandhi*) i odnosa slova (*sanatana*), te osiguravajući određenim matematičkim pravilima točnost upamćenih tekstova. Svaki slog (*akshara*) riječi Veda nosi poseban značaj i učinkovitost. (Vidi na str. 327.)

9. POGLAVLJE

Radosni poklonik i njegova kozmička romanca

„Mali gospodine, molim vas sjednite. Upravo razgovaram sa svojom Božanskom Majkom."

Nečujno sam ušao u sobu s velikim poštovanjem. Anđeoska pojava Učitelja Mahasaye me sasvim opčinila. Bijele svilenkaste brade i velikih svjetlećih očiju, doimao se poput utjelovljene čistoće. Njegova podignuta brada i sklopljene ruke govorili su mi da sam ga pri svom prvom posjetu zatekao usred njegova štovanja.

Jednostavne riječi dobrodošlice koje mi je uputio jako su me uznemirile. Još sam osjećao patnju, jad i gorčinu zbog majčine smrti, no svijest o odvojenosti od moje Božanske Majke sada mi se činila neopisivom mukom moje duše. Plačući sam pao na pod.

„Mali gospodine, utišajte se!" Svetac me dobronamjerno prekorio.

Poput utopljenika u oceanu očaja uhvatio sam se za njegova stopala kao da su ona jedina splav mog spasenja.

„Sveti gospodine, zauzmite se za mene! Upitajte Božansku Majku jesam li Joj ikako mio?"

Sveto obećanje zauzimanja ne daje se lako pa je učitelj ostao nijem.

Bez imalo sumnje bio sam uvjeren da Učitelj Mahasaya upravo prisno razgovara s Univerzalnom Majkom. Bio sam duboko ponižen i jadan zbog spoznaje da svetac bez problema vidi Onu koja je u isto vrijeme meni potpuno nevidljiva. Bez ustručavanja uhvatio sam se za njegova stopala, ne obazirući se na njegovo blago prosvjedovanje i dalje neprestano tražeći milost njegova zauzimanja kod Božanske Majke.

„Prenijet ću Voljenoj tvoj vapaj." Učitelj je napokon pristao uz polagani suosjećajni osmijeh.

Kakva je snaga bila u tim riječima koje su obećavale da ću biti oslobođen teške unutarnje muke!

„Gospodine, računam na Vašu zamolbu! Vratit ću se uskoro da

saznam Njezinu poruku." Sada mi je glas odjekivao radosnim očekivanjem, dok se još prije nekoliko trenutaka gušio u jecajima.

Silazeći niz dugo stubište, obuzela su me sjećanja. Ova kuća u Kalkuti, u Ulici Amherst 50, u kojoj je sada stanovao Učitelj Mahasaya, nekoć je bila moj obiteljski dom i mjesto smrti moje majke. Ovdje je moje ljudsko srce bilo slomljeno gubitkom majke, a sada na istome mjestu osjećam kao da mi je duša razapeta jer mi nedostaje Božanska Majka. Sveti zidovi! Nijemi svjedoci mojih patnji i konačnog izlječenja.

Brzim koracima vratio sam se kući. Potražio sam utočište na svom malom tavanu i meditirao do deset sati. Tama tople indijske noći iznenada je bila osvijetljena čudesnim viđenjem.

Božanska Majka stajala je ispred mene okružena sjajnom aureolom. Njezino lice s nježnim osmijehom bilo je oličenje ljepote.

„Uvijek sam te voljela! Uvijek ću te voljeti!"

Dok su nebeski zvuci još odzvanjali mojim ušima, Ona je iščeznula.

Sutradan rano ujutro ponovno sam posjetio Učitelja Mahasayu. Penjući se stubama kuće uz koju su me vezala tužna sjećanja, stigao sam do sobe na četvrtom katu. Kvaka na zatvorenim vratima bila je obložena tkaninom. Očito svetac nije htio da ga itko uznemirava. Dok sam neodlučan stajao na hodniku, vrata su se otvorila i pojavio se učitelj s izrazom dobrodošlice. Kleknuo sam do njegovih svetih stopala. Iako razigran, imao sam ozbiljan izraz lica, koji je prikrivao božansko uzbuđenje.

„Priznajem, gospodine, da sam došao vrlo rano kako bih čuo Vašu poruku! Je li Voljena Majka rekla što za mene?"

„Nevaljali mali gospodine!"

Nije izgovorio ništa više. Očito moja hinjena ozbiljnost nije bila uvjerljiva.

„Zašto ste tako tajanstveni, tako neodređeni? Zar sveci nikada ne govore izravno?" Očito sam bio malo nervozan.

„Zar me moraš ispitivati?" Njegove mirne oči bile su pune razumijevanja. „Zar imam dodati i jednu riječ potvrdi koju si dobio sinoć u deset sati od same Krasne Majke?"

Učitelj Mahasaya upravljao je branom moje duše. Ponovno sam se ispružio do njegovih stopala. No ovaj su put moje suze tekle od velike radosti, a ne zbog boli prošlosti.

„Zar misliš da tvoja posvećenost nije dirnula Beskonačnu Milost? Božanska Majka, koju si štovao i u ljudskom i božanskom obliku, ne

Radosni poklonik i njegova kozmička romanca

može se oglušiti na tvoje bolne vapaje."

Tko je bio taj jednostavni svetac čija je usrdna molba Univerzalnom Duhu tako divno uslišena? Njegova životna uloga bila je skromnost, kako i dolikuje tako izuzetnom, a istodobno poniznom čovjeku. Ovdje je Učitelj Mahasaya* vodio malu srednju školu za dječake. Za održavanje discipline nisu mu bile potrebne riječi prijekora niti je bilo strogih pravila ili tjelesnog kažnjavanja. U ovim skromnim učionicama učila se odista viša matematika te kemijski procesi ljubavi kojih nema u udžbenicima.

Svoju je mudrost širio duhovnom zarazom, a ne sterilnim pravilima. Svetac je bio svim svojim bićem posvećen Božanskoj Majci pa mu cilj nije bilo nikakvo nametanje autoriteta već je, štoviše, bio skroman poput djeteta.

„Ja nisam tvoj guru, njega ćeš sresti kasnije," rekao mi je. „Pod njegovim vodstvom tvoja će iskustva Božanskog u vidu ljubavi i posvećenosti dobiti kvalitetu njegove velike mudrosti."

Svakog dana u kasno poslijepodne odlazio bih u Ulicu Amherst. Žedno sam pio iz prepunog božanskog kaleža Učitelja Mahasaye čije su kapi preplavljivale moje biće. Nikad prije ni pred kim nisam osjećao tako duboko poštovanje. Osjećao sam se izuzetno počašćen što sam u blizini toga svetog čovjeka.

Jedne sam večeri došao k njemu s cvjetnim vijencem. „Gospodine, molim Vas primite ovaj vijenac od cvjetova magnolije koji sam napravio posebno za Vas." No on je sramežljivo otklonio poklon. Vidjevši moje razočaranje, smiješeći se, ipak je pristao.

„Budući da smo obojica poklonici Majke, možeš staviti vijenac na ovaj tjelesni hram kao dar Njoj koja u njemu boravi." U njegovoj velikoj duši nije bilo ni najmanje mjesta za bilo kakvo sebično razmišljanje.

„Pođimo sutra do hrama božice Kali u Dakshineswaru koji je toliko mio mom guruu." Svetac je naime bio učenik kristolikog učitelja, Sri Ramakrishne Paramahanse.

Sljedećeg jutra uputili smo se čamcem po Gangesu do hrama koji je bio udaljen sedam kilometara. Ušli smo u hram božice Kali s devet kupola, u kojem se nalaze kipovi Božanske Majke i Šive na poliranom srebrnom lotosu čijih je tisuću latica pomno izrezbareno. Učitelj

---

* To je njegovo počasno ime kojim su ga oslovljavali dok mu je pravo ime bilo Mahendra Nath Gupta. Svoja je djela potpisivao jednostavno s „M".

Mahasaya je sjajio očaran. Bio je sav obuzet neiscrpnom ljubavi prema Voljenoj. Dok je izgovarao Njezino ime, moje ushićeno srce razletjelo se u tisuće komada poput lotosa.

Kasnije smo šetali kroz sveti hram i zaustavili se u gaju metlike. Slatki sok te biljke simbolizirao je nebesku hranu koju je Učitelj Mahasaya nesebično davao. Njegova božanska zazivanja su se nastavila. Ostao sam nepomično sjediti na travi među ružičastim cvjetovima metlike. Odsutan duhom odletio sam u nebeske visine.

Ovo je bilo prvo od mnogih hodočašća u Dakshineswar na koja sam išao sa svetim učiteljem. On me je naučio što znači slatki okus Boga u obliku Majke, ili Božanske Milosti. Ovog sveca s jednostavnošću djeteta nije toliko privlačio Otac ili Božanska Pravda. Strogo, odrješito, matematičko odlučivanje nije bilo u skladu s njegovom nježnom prirodom.

„On je baš zemaljski predložak anđela nebeskih!" To mi je palo na pamet dok sam ga jednom sa simpatijom promatrao u molitvi. Gledao je na svijet bez trunke prijekora ili prigovora jer je dobro poznavao Prvotnu Čistoću. Njegovo su tijelo, um, govor i djelovanje bili u potpunom suglasju s jednostavnošću njegove duše.

„Tako mi je rekao moj Učitelj." Ovim znakom poštovanja prema svom učitelju svetac bi obično završavao svoj mudri savjet, nikad ne stavljajući sebe u prvi plan. Tolika je bila njegova poistovjećenost sa Sri Ramakrishnom da Učitelj Mahasaya više nije smatrao ni vlastite misli svojima.

Jedne smo večeri svetac i ja šetali ruku pod ruku njegovom školom. Moje uživanje je pomutio dolazak poznanika koji je uvijek sebe stavljao ispred svih. Ne shvaćajući da nas gnjavi, počeo je svoje dugo izlaganje.

„Vidim da ti ovaj čovjek nije po volji." Sebičnjak obuzet svojim monologom uopće nije čuo ovaj svečev komentar izrečen šapatom. „Upravo sam o tome razgovarao s Božanskom Majkom. Ona shvaća nezgodu u kojoj smo se našli. Obećala je da će ga podsjetiti na to kako ima puno važnijeg posla čim stignemo do one crvene kuće."

Moje su oči bile prikovane za to mjesto spasa. Kada smo stigli do crvenih ulaznih vrata, čovjek se odjednom bez pozdrava okrenuo i otišao ne dovršivši rečenicu. Mir se spustio na teški zrak.

Jednog dana prolazio sam pokraj željezničkog kolodvora Howrah. Zaustavio sam se na tren ispred hrama koreći u sebi malu skupinu ljudi s bubnjem i cimbalima koja je glasno recitirala molitve.

Radosni poklonik i njegova kozmička romanca

UČITELJ MAHASAYA
„Radosni poklonik"

„Kako samo nedostojno izgovaraju ime Gospodnje mehaničkim ponavljanjem", mislio sam u sebi. Zaprepastio sam se kada sam vidio da mi se Učitelj Mahasaya brzo približava.

„Gospodine, kako to da ste ovdje?"

Ne obazirući se na moje pitanje, svetac je odgovorio na moje unutarnje razmišljanje. „Zar ne, mali gospodine, da ime Voljene zvuči jednako slatko sa svih usana, neukih i pametnih?" Prisno mi je stavio ruku preko ramena i odjednom sam se našao na njegovom čarobnom tepihu leteći prema Milostivoj Prisutnosti.

„Bi li volio pogledati *pokretne slike*?" Začudilo me ovo pitanje koje mi je jednog popodneva postavio povučeni Učitelj Mahasaya. U to vrijeme su naime u Indiji tako nazivali kino. Rado sam pristao jer sam koristio svaku priliku da budem s njim u društvu. Odšetali smo do vrta ispred Sveučilišta Kalkute. Moj pratilac je pokazao na klupu pokraj jezerca (*goldighi*).

„Sjednimo ovdje na nekoliko minuta. Moj Učitelj je tražio da uvijek meditiram kada sam u blizini vode. Mirnoća njezine površine podsjeća nas na veliki mir koji predstavlja Bog. Kao što se sve stvari odražavaju u vodi, tako se i čitav svemir zrcali u jezeru Kozmičkog Uma. Tako je moj gurudeva[*] često govorio."

Uskoro smo ušli u aulu fakulteta u kojoj se upravo održavalo predavanje. Bilo je to užasno dosadno izlaganje uz jednako dosadnu projekciju dijapozitiva.

„Zar su to te pokretne slike koje mi je učitelj želio pokazati?" Nisam se usudio naglas reći što mislim o zanimljivosti predavanja da ne uvrijedim sveca. No on se nagnuo k meni i povjerljivo rekao.

„Vidim, mali gospodine, da vam se ne sviđaju ove pokretne slike. Spomenuo sam to Božanskoj Majci i ona potpuno suosjeća s nama. Rekla mi je da će upravo nestati struje dovoljno dugo da uspijemo izaći iz sobe."

Čim je on to šaptom izgovorio, cijela je aula utonula u tamu. Profesorov kreštavi glas na čas se utišao da bi zaprepašteno rekao: „Čini se da je u ovoj predavaonici nestalo struje." Za to vrijeme smo Učitelj Mahasaya i ja već izašli. Osvrćući se niz hodnik, uočio sam da se svjetlo u auli ponovno uključilo.

„Mali gospodine, ove su vas pokretne slike razočarale, ali mislim da će vam se svidjeti jedne druge." Svetac i ja stajali smo na pločniku ispred zgrade sveučilišta. On me nježno udario po prsima iznad srca.

Nenadano je sve oko mene utihnulo. Kao da pratite prijenos uživo i odjednom nestane tona i vidite samo sliku. Na isti način je Božanska Ruka, nekim čudom, ušutkala dnevnu vrevu ulice. Preda mnom su se bešumno kretali pješaci i trolejbusi, automobili, zaprežna kola i kočije sa željeznim kotačima. Kao da sam imao oči posvuda, mogao sam promatrati što se zbiva iza mene, s obje strane, jednako kao i ono što se zbiva ispred mene. Cjelokupno događanje u tom malom kutku Kalkute prolazilo mi

---

[*] „Božanski učitelj", uobičajeni sanskrtski naziv za duhovnog učitelja. Riječ *Deva* („bog") zajedno s riječi *guru* („prosvijetljeni učitelj") naznačuju duboko poštovanje i uvažavanje.

BOŽANSKA MAJKA

Božanska Majka je onaj aspekt Boga koji je aktivan u stvaranju: ona predstavlja *shakti* ili snagu transcendentnog Gospoda. Ona je poznata pod mnogim imenima ovisno o kvalitetama koje izražava. Ovdje njezina podignuta ruka naznačuje univerzalni blagoslov; njezine ostale ruke drže simbolički: *japu* tj. krunicu (devocija), stranice svetih spisa (učenje i mudrost) i vrč svete vode (pročišćenje).

je ispred očiju i to bez zvuka. Čitav taj panoramski pogled bio je prožet blagim svjetlucanjem poput tinjanja žara ispod sloja pepela.

I moje se vlastito tijelo doimalo poput jedne od tih sjena, s tom razlikom što je moja bila nepokretna, a ostale su nijemo promicale mimo mene. Više dječaka, mojih prijatelja, prilazilo mi je i nastavljalo dalje te, iako su gledali izravno u mene, činilo se da me ne prepoznaju.

Ova jedinstvena pantomima pobudila je u meni osjećaj neopisivog ushićenja. Pio sam iz dubokog izvora blaženstva. Iznenada me je Učitelj

Mahasaya ponovno nježno udario po prsima. Neopisiva buka vanjskog svijeta obrušila se na moje bolne uši. Bio sam smeten kao da me netko naglo probudio iz drijemeža. Transcendentalno vino više mi nije bilo nadohvat.

„Mali gospodine, vidim da vam se ove pokretne slike* više sviđaju." Svetac se smiješio. Kleknuo sam na zemlju ispred njega u znak zahvalnosti. „Ne trebaš to činiti," rekao je. „Znaš da se Bog nalazi i u tvom hramu! Neću dopustiti da Božanska Majka dotakne moja stopala preko tvojih ruku!"

Da nas je netko promatrao, skromnog učitelja i mene, zasigurno bi pomislio da smo pijani. Osjećao sam kako su sjene večeri koja se spušta opijene Bogom.

Pitam se jesu li Učitelj Mahasaya i ostali sveci koje sam susreo na svom putu, znali da ću puno godina kasnije, u dalekoj zemlji na Zapadu, opisivati njihove živote božanskih poklonika. Ne bi me iznenadilo da su to znali još tada, kao što vjerujem da to ne bi iznenadilo ni moje čitatelje koji su došli do ovog dijela knjige sa mnom.

Sveci svih religija postigli su spoznaju Boga kroz jednostavan pojam Kozmičke Voljene. Budući da je Apsolut *nirguna*, „bez kvaliteta", i *acintya*, „nepojmljiv", ljudski um i čežnja za spoznajom uvijek su ga doživljavali kao Univerzalnu Majku. Kombinacija osobnog teizma (doživljaja Boga) i filozofija Apsolutnog, predstavljaju starodrevni doprinos hinduizma, kako je to izloženo u Vedama i u Bhagavad Giti. Takvo „pomirenje suprotnosti" zadovoljava i srce i glavu. *Bhakti* (devocija) i *jnana* (mudrost) su u stvari jedno te isto. *Prapatti*, „nalaženje utočišta" u Bogu, i *sharanagati*, „utjecanje k Božanskom Suosjećanju", vode u stvari do najvišeg znanja.

Poniznost Učitelja Mahasaye i svih drugih svetaca proizlazi iz njihova poštovanja činjenice da su oni u potpunosti ovisni (*seshatva*) o Gospodu kao jedinom izvoru Života i jedinom koji može biti Sudac. Budući da je sama priroda Boga Blaženstvo, čovjek koji je u suglasju s Njim, doživljava to prirodno stanje kao bezgraničnu sreću. "Prva strast duše i volje je radost."†

---

* Websterov Novi međunarodni rječnik (1934.) donosi ovu rijetku definiciju pojma pokretnih slika (engl. bioscope): „Pogled na život; ono što omogućava takav pogled.". U tom smislu izbor riječi Učitelja Mahasaye bio je na neobičan način opravdan.

† Sveti Ivan od Križa. Tijelo ovoga voljenog kršćanskog sveca koji je umro 1591., ekshumirano je 1859. i nije pokazivalo nikakve tragove raspadanja.

Radosni poklonik i njegova kozmička romanca

Poklonici iz svih razdoblja povijesti svjedoče kako su pristupali Majci poput djece i kako Ona nikad nije odbila igrati se s njima. U životu Učitelja Mahasaye su se očitovanja božanske igre događala i u važnim i u manje važnim situacijama. U Božjim očima nema malih i velikih događaja ili stvari. Njegovo savršenstvo u oblikovanju svijeta uključuje sićušne atome bez kojih se ne bismo mogli diviti zvjezdanom nebu sa sjajnim zvijezdama poput Vege ili Arktura. Gospod zasigurno ne pravi razliku između „važnog" i „nevažnog" jer bi u suprotnom zanemarivanje i najsićušnijeg detalja dovelo do propasti svemira!

Sir Francis Younghusband, u *Atlantskom mjesečniku* iz prosinca 1936. opisao je svoje iskustvo kozmičke radosti: "Obuzelo me je stanje koje je bilo više od ushita ili uzbuđenja. Bio sam posve izvan sebe od velike radosti, a s tim neopisivim i gotovo nepodnošljivim osjećajem sreće došla je otkrivajuća spoznaja o tome kako je sav svijet u osnovi dobar. Bio sam uvjeren bez trunke sumnje da su ljudi u dubini svog srca dobri te da je zlo u njima samo površinsko.".

10. POGLAVLJE

Susrećem svog učitelja Sri Yukteswara

„Vjera u Boga čini čuda, ali jedno ipak ne može: omogućiti polaganje ispita bez učenja." S gađenjem sam zaklopio „nadahnutu" knjigu koju sam odabrao u dokolici.

„Piščeva izuzetnost ogleda se u njegovu potpunom nedostatku vjere.", pomislio sam, „Jadnik, očito cijeni rad do kasno u noć!".

Ocu sam obećao da ću uredno završiti srednju školu. Ne mogu reći da sam baš bio marljiv učenik. Proteklih mjeseci bio sam manje u učionici, a više na skrivenim mjestima duž gatova za kupanje u Kalkuti. U blizini se nalaze mjesta za spaljivanje mrtvih koja su posebno jeziva noću, a koja jako privlače jogije. Onaj tko želi pronaći besmrtnu Bit ne smije se plašiti nekoliko običnih lubanja. Ljudska prolaznost postaje očita na skladištu ljudskih kostiju. Tako su se moja noćna bdijenja događala na mjestu potpuno neočekivanom za srednjoškolca.

Tjedan završnih ispita brzo se približavao. Ispitni rokovi, baš kao i noćne šetnje grobljem, izazivaju dobro poznati užas. Ja sam usprkos tomu bio miran. Izazivajući vukodlake, otkopavao sam znanje kakvo se ne može steći u učionicama. Ali nisam imao sposobnost Swamija Pranabanande da se pojavim istodobno na dva mjesta. Moj način razmišljanja (priznajem, za mnoge nelogičan) bio je da će Gospod uočiti moju dvojbu i već je riješiti na neki način. Poklonik svoju iracionalnost temelji na tisućama neobjašnjivih primjera Božjeg priskakanja u pomoć u trenucima nužde.

„Zdravo, Mukunda! Jedva da sam te vidio ovih dana!" Tim me je riječima moj prijatelj iz razreda dočekao jednog popodneva u Ulici Garpar.

„Zdravo, Nantu! Moji izostanci iz škole očito su me doveli u nezgodan položaj." Njegov prijateljski pogled donio mi je olakšanje.

Nantu, inače odličan učenik, smijao se od srca. Izgleda da je moj nezgodni položaj imao i smiješnu stranu.

„Ti si potpuno nespreman za završne ispite!" rekao je, „Čini mi se da nema druge nego da ti ja pomognem!".

Susrećem svog učitelja Sri Yukteswara

Njegove riječi bile su poput odgovora na moje molitve pa sam s veseljem posjetio prijatelja. Ljubazno mi je objasnio različite zadatke koji će vjerojatno biti postavljeni na ispitima.

„Ova pitanja su mamac na koji će se navući mnogi đaci i tako upasti u zamku na ispitu. Upamti moje odgovore i neće biti problema."

Noć je bila odavno prošla kada sam otišao. Pršteći od svježeg znanja, od srca sam se molio da mi ono ne ispari do ispita koji je bio za nekoliko dana. Nantu mi je dao instrukcije iz više predmeta ali je, zbog nedostatka vremena, zaboravio predmet iz poznavanja sanskrta. Iz sve snage sam podsjećao Boga na taj previd.

Idućeg jutra otišao sam u šetnju i u ritmu koraka upijao svoje novostečeno znanje. Pošao sam prečacem kroz travu i zapazio krajičkom oka nekoliko papira koji su ležali na tlu. Kakav plijen! U ruci sam držao stihove na sanskrtu! Potražio sam pandita da mi pomogne u odgonetavanju sanskrta. Njegov zvonki glas ispunio je zrak tečnom i slatkom ljepotom starog jezika.*

„Ovi izuzetni stihovi sigurno ti neće pomoći u tvom ispitu iz sanskrta." To je bilo učenjakovo sumnjičavo mišljenje.

No upravo mi je poznavanje te pjesme pomoglo sutradan da položim ispit iz sanskrta. Zahvaljujući oštroumnoj Nantuovoj pomoći, uspio sam osigurati prolaz i na svim ostalim ispitima.

Otac je bio zadovoljan što sam održao riječ i završio srednju školu. Ja sam uputio svoju zahvalnost Gospodu, jer bez Njegova vodstva ne bih sreo Nantua niti bih u šetnji slučajno otkrio stihove koji su mi pomogli. On mi je na tako nevjerojatan način dvaput pomogao da položim ispite.

Naišao sam na odloženu knjigu čiji je pisac nijekao prvenstvo Boga pri polaganju ispita. Nisam mogao ne nasmijati se dok sam u sebi izricao ovaj komentar:

„Kako bi se on tek zbunio kada bih mu rekao da je božanska meditacija među truplima prečica do srednjoškolske diplome!"

S ovim novostečenim pouzdanjem počeo sam otvoreno razmišljati o odlasku od kuće.

---

* *Sanskrita* - uglačan, potpun. Sanskrt je stariji brat svih indoeuropskih jezika. Slova njegove abecede (tj. pisma) zovu se *devanagari*, što doslovno znači „božansko utočište". „Tko poznaje moju gramatiku, taj poznaje Boga!", tako je govorio Panini, veliki, drevni indijski filolog, odajući počast matematičkom i psihološkom savršenstvu sanskrta. Onaj tko uđe u samu srž tog jezika, taj doista postaje sveznajući.

Odlučio sam zajedno s mladim prijateljem, Jitendrom Mazmudarom,* otići u duhovnu školu, Sri Bharat Dharma Mahamandal u Benaresu†.

No odjednom me obuzela tuga i jad pri pomisli na odvajanje od obitelji. Otkako mi je umrla Majka, posebno sam se emotivno vezao za svoja dva mlađa brata Sanandu i Bishnua te za Thamu, svoju najmlađu sestru. Odjurio sam u svoje utočište, na mali tavan koji je bio poprište mnogih burnih prizora iz moje *sadhane*.‡ Nakon što sam plakao puna dva sata osjetio sam da je u meni došlo do jedinstvene promjene. Sav osjećaj vezanosti za svijet§ je nestao, a istodobno sam osjetio čvrstu odlučnost da tragam za Bogom kao Prijateljem iznad svih prijatelja.

Kada sam došao Ocu po blagoslov, on mi je uznemiren rekao: „Posljednji put te molim, ne napuštaj mene i tvoju tugujuću braću i sestre.".

„Poštovani Oče, kako da ti pokažem koliko te volim? No više od tebe volim Nebeskog Oca koji mi je darovao savršena zemaljskog oca. Dopusti mi da odem kako bih se jednoga dana vratio s božanskim razumijevanjem."

Iako je oklijevao, Otac mi je dao dopuštenje i ja sam se uputio u Benares gdje me je Jitendra već čekao u duhovnoj školi. Mladi upravitelj, Swami Dayananda, srdačno me dočekao. Visok i mršav, odavao je brižnu osobu, što je ostavilo povoljan dojam na mene. Njegovo pristalo lice imalo je smirenost Buddhe.

Na moje zadovoljstvo i ovdje je postojao tavan na kojem sam provodio vrijeme u zoru te ujutro. Članovi ašrama, koji su malo znali o meditaciji, smatrali su da bih se po čitav dan trebao baviti organizacijskim poslovima. Hvalili su moj rad poslijepodne u uredu.

„Ne trudi se stići do Boga tako brzo!", dobacio mi je jedan od članova zajednice pri jednom od mojih prvih odlazaka na tavan. Otišao sam do Dayanande koji je bio usred posla u svojemu malom utočištu s pogledom na Ganges.

---

* On nije Jatinda (Jotin Ghosh) koji će ostati upamćen po svojoj odbojnosti prema tigrovima.

† Otkako je Indija stekla neovisnost, polako se vraćaju u uporabu izvorni indijski nazivi mjesta umjesto onih koja su koristili Englezi za vrijeme svoje vladavine. Tako se Benares sada zove Varanasi ili se koristi njegovo još starije ime, Kashi.

‡ Put ili pripremna staza prema Bogu.

§ Indijski sveti spisi uče kako vezanost uz obitelj predstavlja prepreku na putu samospoznaje ukoliko odvraća poklonika od traganja za Bogom, onim koji je Davatelj svih dobara pa tako i naših voljenih članova obitelji, a u konačnici i života samog. Isus je slično naučavao: "Tko više ljubi oca ili majku nego mene, nije me dostojan."- Mt 10:37.

„Swamiji,* ne shvaćam koja je moja uloga ovdje. Došao sam u namjeri da ostvarim izravan dodir s Bogom. Bez Njega me ne mogu zadovoljiti puko izvršavanje dužnosti, vjera ili obavljanje dobrih djela."

Svećenik u narančastoj odori prijateljski me potapšao po leđima. Praveći se da me kori, dobacio je nekolicini učenika koji su se našli u blizini: „Ne gnjavite Mukundu. On će se već naviknuti na naše običaje."

Pristojno sam prešutio svoje sumnje u njegove riječi. Učenici su izašli iz sobe ne baš pod jakim dojmom izrečenog prijekora. Dayananda mi je želio još nešto reći:

„Mukunda, vidim da ti otac redovito šalje novac. Molim te, vrati mu ga jer ti ovdje novac ne treba. Druga primjedba vezana uz tvoju stegu odnosi se na hranu. Makar bio gladan, nemoj to spominjati."

Ne znam jesam li izgledao kao netko tko umire od gladi, no da sam bio gladan, u to sam bio itekako siguran. Strogo pravilo u sjemeništu bilo je da se prvi obrok služi u podne. Kod kuće sam bio naviknut obilato doručkovati u devet ujutro.

Trosatno gladovanje iz dana u dan ovdje mi je postajalo neizdrživo. Prošli su dani kada sam kod kuće u Kalkuti mogao prigovoriti kuharu ako je obrok kasnio deset minuta. Ovdje sam pokušao obuzdati svoj apetit tako što sam upravo odradio 24-satni post. No to je dovelo samo do toga da još nestrpljivije iščekujem iduće podne.

„Dayanandajijev vlak kasni pa nećemo ručati dok se on ne vrati.", tu mi je užasnu vijest priopćio Jitendra. U znak dobrodošlice swamiju koji je bio odsutan dva tjedna bile su pripremljene mnoge poslastice. Miris te fine hrane ispunjavao je zrak. Pristup hrani bio je zabranjen i jedino što sam mogao progutati bio je moj ponos zbog jučerašnjeg posta.

„Gospode, požuri taj vlak!" Nebeski Davatelj, mislio sam, sigurno nema ništa sa zabranom koju mi je nametnuo Dayananda. No Božanska Pozornost bila je negdje drugdje, a vrijeme je sporo teklo. Kada se naš voditelj napokon pojavio na vratima, već se spuštala tama. Od veselja nisam znao gdje sam.

„Dayanandaji će se okupati i meditirati prije nego što poslužimo obrok." Te Jitendrine riječi zvučale su poput ptice zloslutnice.

Bio sam već na rubu malaksalosti. Moj mladi želudac, nenaviknut

---

* *Ji* je uobičajeni dodatak imenici u znak poštovanja. Posebno se rabi kod izravnog obraćanja osobi pa otuda: "swamiji", "guruji", "Sri Yukteswarji".

na odricanje, žestoko se bunio. Pred očima su mi poput duhova prolazile slike žrtava gladi.

„Sljedeća žrtva gladi u Benaresu bit će upravo iz ovog sjemeništa." mislio sam. Nadolazeća propast ipak je spriječena u devet sati navečer. Kakvi su to užici bili! Ta večera mi je ostala u živom sjećanju kao nešto savršeno.

Ipak nisam mogao ne primijetiti kako Dayananda jede odsutan mislima. Očito je bio nadišao zemaljske užitke.

Osjećajući sretnu prejedenost, bio sam s voditeljem u njegovoj radnoj sobi te ga upitah: „Swamiji, zar niste bili gladni?"

„O, jesam itekako!", rekao je, „Zadnja sam četiri dana proveo bez hrane i vode. Nikada ne jedem kada putujem vlakom jer tamo sve vrvi raznoraznim vibracijama svjetovnih ljudi. Strogo se držim pravila za redovnike mog reda koja propisuju *šastre**."

„Trenutno sam zauzet nekim organizacijskim poslovima pa sam večeras zanemario večeru. Ali što onda? Sutra ću se zato pobrinuti da dobijem pristojan obrok." Sve je to rekao veselo se smijući.

Duboko potresen, ali pod još jakim dojmom iskustva gladi koju sam doživio, rekao sam i ovo:

„Swamiji, zbunjuje me uputa koju ste mi dali. Pretpostavimo da nikada ne pitam za hranu i da mi je stoga nitko ne daje. Po tome bih onda umro od gladi."

„Onda umri!" Ovaj iznenađujući savjet bio je kao grom iz vedra neba. „Umri ako je potrebno, Mukunda! Nemoj nikada pomisliti da si živ zbog hrane koju unosiš, a ne zbog Božje snage! On koji je stvorio svaki oblik hranjenja, On koji nam je usadio apetit, sigurno će se pobrinuti da Njegovom pokloniku ništa ne nedostaje. Ne umišljaj si da te na životu drži riža ili da su ti za život nužni novac i potpora ljudi. Mogu li ti oni pomoći ako ti Gospod uskrati dah života? Oni su samo Njegova sredstva. Ovisi li o bilo kojoj tvojoj vještini probava hrane u tvom želucu? Mukunda, upotrijebi oštricu svog rasuđivanja! Razreži kroz tkivo

---

* *Šastre*, su doslovno „svete knjige" u kojima se nalaze četiri vrste spisa: *shruti, smriti, purana* i *tantra*. Ta opsežna i sveobuhvatna djela pokrivaju svaki oblik vjerskog i društvenog života te znanosti poput prava, medicine, arhitekture, umjetnosti itd. *Shruti* su spisi koji su dobiveni „izravnim slušanjem" ili „otkrivenjem" i u koje se ubrajaju već spomenute Vede. *Smriti* predstavljaju „upamćenu" baštinu koja je na posljetku zapisana u davnoj prošlosti u vidu najduljih svjetskih epova: *Mahabharate* i *Ramayane*. *Purana* ima ukupno osamnaest i predstavljaju zapise „drevnih" alegorija. *Tantre* doslovno označavaju „rituale" ili „obrede": u tim djelima nalazi se dubokoumno znanje skriveno pod velom potanko iznesenih simbola.

Susrećem svog učitelja Sri Yukteswara

'sredstava izvršavanja' da bi došao do Jedinog Uzroka!"

Njegove oštre riječi kao da su prodrle do srži duboko u meni. S njima je nestala dugogodišnja zabluda prema kojoj su zahtjevi tijela jači od duše. Ondje i tada osjetio sam što znači samodostatnost Duha. Ova pouka iz utočišta u Benaresu kasnije mi je dobro došla u životu tijekom mnogih putovanja i boravaka u različitim gradovima svijeta.

Jedina dragocjenost koju sam ponio iz Kalkute bio je sadhuov srebrni talisman koji mi je u nasljedstvo ostavila Majka. Godinama sam ga brižno čuvao i sada je bio pomno skriven u mojoj sobi u ašramu. Jednog sam jutra otvorio zaključanu kutiju kako bih se prisjetio radosnog svjedočanstva vezanog uz talisman. Pečat na omotnici bio je nedirnut, ali gle čuda, talisman je nestao! Sa žalošću sam poderao omotnicu i još jednom se uvjerio da ga nema. Nestao je u eter, tamo odakle je jednom i došao, baš kao što je to sadhu i predvidio.

Moji su se odnosi s Dayanandinim sljedbenicima stalno pogoršavali. Bio sam otuđen od cijele zajednice samo zato što sam se uporno držao po strani. Zbog svoje odlučnosti da se strogo držim meditacije na Ideal zbog kojeg sam napustio dom i sve svjetovne ambicije, trpio sam prigovore sa svih strana.

Jedne sam zore ušao u sobu na tavanu mučen duhovno tjeskobom s namjerom da se molim dok ne dobijem odgovor.

„Milostiva Majko Svemira, molim za Tvoju poduku kroz viđenja ili mi pak Ti pošalji gurua!"

Sati su prolazili i činilo se da moje jecave molbe ne nailaze na odgovor. Iznenada sam osjetio kako se gotovo tjelesno podižem u neku višu sferu.

„Tvoj Učitelj stiže danas!" Božanski ženski glas kao da je dolazio odasvuda i niotkuda.

Iz nadnaravnog iskustva prenula me vika sa sasvim određenog mjesta. Mladi svećenik s nadimkom Habu dozivao me iz kuhinje ispod:

„Mukunda, dosta je bilo meditacije! Trebaš obaviti jedan zadatak.".

U drugoj prilici vjerojatno bih odgovorio nestrpljivo, no sada sam samo obrisao suze sa svog od plača nateklog lica i poslušno se odazvao. Habu i ja uputili smo se na tržnicu koja je bila dosta udaljena i nalazila se u bengalskom dijelu Benaresa. Vrelo indijsko sunce još nije doseglo vrhunac dok smo kupovali na tržnici. Probijali smo se kroz slikovito društvo domaćica, vodiča, svećenika, jednostavno odjevenih udovica, poštovanih *brahmana* i sveprisutnih svetih bikova. Dok smo se Habu i ja kretali dalje, pogled mi je pao na usku i neupadljivu uličicu. Tamo je nepomično stajao kristoliki muškarac u narančastoj odjeći swamija. Iznenada me obuzeo osjećaj prepoznavanja za koji se činilo da dolazi iz davnine. Zastao sam na trenutak i željno ga gledao. Tada se u mene uvukla sumnja.

„Zamijenio si nekoga koga poznaješ s ovim lutajućim redovnikom." pomislio sam, „Probudi se i kreni dalje.".

Nakon deset minuta osjetio sam kako mi stopala postaju teška. Kao da su se pretvorila u kamen, nisam više mogao hodati. Teškom mukom okrenuo sam se natrag, a moja stopala opet su bila lagana. Ponovno sam se okrenuo u suprotnom smjeru i opet me obuzeo taj čudnovati osjećaj težine.

„Taj me svetac magnetski privlači!", pomislio sam i bacio svoje zavežljaje u Habuove ruke. On je u čudu promatrao moje hodanje amotamo i na posljetku prasnuo u smijeh.

„Što je tebi? Jesi li poludio?"

Moji uzburkani osjećaji nisu mi dopustili da mu išta odgovorim, samo sam odjurio bez riječi.

Ponovno normalno hodajući, kao na krilima stigao sam do uske uličice. Hitri pogled otkrio mi je miran lik koji gleda u mom smjeru. U nekoliko žustrih koraka došao sam do njega i bacio mu se pred stopala.

„Gurudeva!" To božansko lice bilo je ono koje mi se javljalo u tisućama viđenja. Te mirne oči, lavlja glava s istaknutom bradom i dugim uvojcima često su mi se javljale kroz san i davale mi obećanje koje ne bijah posve razumio.

„O dragi moj, napokon si mi došao!" Moj guru je stalno ponavljao te riječi na bengalskom, a glas mu je drhtao od sreće. „Kolike sam te godine čekao!"

U tišini smo se prepustili osjećaju jedinstva, gdje su riječi bile potpuno suvišne. Rječitost se iskazivala u bezvučnoj intonaciji koja je iz učiteljeva srca ulazila u učenikovo srce. Moj unutarnji osjećaj neprijeporno mi je govorio da moj guru poznaje Boga i da će me on odvesti k Njemu. Tama ovog života polako se povlačila pred prvim navještajima zore prenatalnih sjećanja. Što je to vrijeme? Prošlost, sadašnjost i budućnost samo su faze koje se izmjenjuju na pozornici vremena. Bilo mi je jasno da ovo nije prvi put kako dočekujem sunce kraj ovih svetih stopala!

Uzevši me za ruku, moj me je guru odveo do svojega privremenog

Susrećem svog učitelja Sri Yukteswara

Sri Yogananda i Swami Gyanananda, guru Swamija Dayanande, u Duhovnoj školi „Mahamandal" u Benaresu 7. veljače 1936. U skladu s običajem iskazivanja poštovanja Yoganandaji je sjeo do Gyananandajijevih nogu jer je Gyananandaji bio predstojnik te duhovne škole. Upravo je u toj duhovnoj školi Yoganandaji boravio kao dječak u potrazi za duhovnom stegom prije nego što je 1910. sreo svojega Učitelja Swamija Sri Yukteswara.

boravišta u dijelu grada zvanom Rana Mahal. Sportske građe, koračao je odlučno i čvrsto. U to vrijeme imao je oko pedeset i pet godina, bio je visok, uspravna držanja te djelovao vitalno i okretno poput mladića. U njegovim tamnim, krasnim očima odražavala se nedokučiva mudrost. Blago kovrčava kosa malo je ublažavala to odlučno i snažno lice. Snaga se na nježan način ispreplitala s blagosti.

Dok smo ulazili na kameni balkon kuće s kojeg se pružao pogled na Ganges, on mi je uzbuđen rekao:

„Dat ću ti sve svoje škole i sve što posjedujem."

„Gospodine, ja dolazim u potrazi za mudrosti i spoznajom Boga. To su vaša blaga koja me zanimaju!"

Brzo nadolazeći indijski sumrak već je napola spustio svoj zastor prije no što je moj učitelj ponovno progovorio. U njegovim očima blistala je nepojmljiva nježnost.

„Dajem ti svoju bezuvjetnu ljubav."

„Dragocjene riječi! Proći će četvrt stoljeća prije no što opet čujem glasni iskaz njegove ljubavi. Njegove usne nisu izgovarale riječi bez potrebe. Tišina je bila prikladniji odraz njegova srca poput oceana.

„Hoćeš li i ti meni dati istu bezuvjetnu ljubav?" Gledao je u mene s povjerenjem djeteta.

„Voljet ću vas vječno, Gurudeva!"

„Obična ljubav je sebična, duboko ukorijenjena u željama i žudnji za njihovim ispunjenjem. Božanska ljubav je bez uvjeta, bez granica, nepromjenljiva. Nemiri zauvijek nestaju iz ljudskog srca kada ga preobrazi dodir čiste ljubavi." Dodao je ponizno i ovo, „Ako me ikada napusti spoznaja Boga, obećaj mi da ćeš moju glavu položiti u svoje krilo i pomoći mi da se vratim Kozmičkom Voljenom kojeg obojica štujemo.".

Zatim je ustao i, dok se tama skupljala, odveo me natrag u sobu. Dok smo jeli mango i slatkiše s bademima, spontano mi je u razgovoru dao do znanja kako duboko poznaje moju pravu prirodu. Bio sam zadivljen veličinom njegove mudrosti koja se izvrsno nadopunjavala s istinskom poniznošću.

„Ne žali za talismanom. On je odigrao svoju ulogu." Moj guru je poput božanskog zrcala uhvatio odraz mog cijelog života.

„Živa stvarnost vaše prisutnosti, Učitelju, predstavlja radost neusporedivu s bilo kakvim simbolom." rekao sam.

„Vrijeme je za promjenu, jer u sjemeništu baš i nisi sretan."

Nisam spomenuo ništa vezano uz moj život jer je to sada ionako bilo suvišno! Na svoj prirodni, neusiljeni način dao mi je do znanja kako ne želi zaprepaštene izljeve divljenja zbog svoje vidovitosti.

„Trebao bi se vratiti u Kalkutu. Zašto bi isključio rodbinu iz svoje ljubavi prema čovječanstvu?"

Taj njegov prijedlog me razočarao. Moja obitelj je predviđala da ću se vratiti iako ja nisam odgovarao na njihove mnogobrojne molbe koje su mi slali u pismima. „Neka mlada ptica poleti u metafizičko nebo.", bio je Anantnin komentar. „Uskoro će umornih krila ponizno sletjeti natrag u naše obiteljsko gnijezdo." Taj njegov obeshrabrujući osmijeh još mi je bio u sjećanju i nisam imao namjeru „sletjeti" u smjeru Kalkute.

„Gospodine, ja se ne vraćam kući. Ali ću vas zato slijediti kamo god to bilo. Molim vas, dajte mi svoju adresu i svoje ime."

Susrećem svog učitelja Sri Yukteswara

„Swami Sri Yukteswar Giri. Moj glavna duhovna škola je u Seramporeu na adresi Rai Ghat Lane. Ovdje sam samo u posjetu majci na nekoliko dana."

Pitao sam se kakvu to zakučastu igru Bog igra sa svojim poklonicima. Serampore je udaljen ni dvadeset kilometara od Kalkute pa ipak u tom području nikad nisam naišao na svojega gurua. Trebao sam stići u drevni grad Kashi (Benares), uz koji su vezana sveta sjećanja na Lahirija Mahasayu, kako bih napokon sreo Sri Yukteswara. Po blagoslovljenoj zemlji toga grada hodala su i stopala Buddhe, Shankaracharye* i mnogih drugih kristolikih jogija.

---

* Shankaracharya (Šankara) je najveći filozof drevne Indije. Bio je učenik Govinde Jatija i njegova gurua Gaudapade. Šankara je napisao slavni komentar djela *Mandukya Karika*, čiji je autor Gaudapada. Koristeći neupitnu logiku i stil pun draži i profinjenosti, Šankara je tumačio filozofiju Vedante u strogom duhu *advaite* (nedvojstva ili jednote, monizma). Veliki monist bavio se i skladanjem pjesama predanosti i ljubavi. Njegova *Molitva Božanskoj Majci za oprost grijeha* ima ovaj pripjev: "Iako su loši sinovi brojni, nema nijedne loše majke.".

Šankarin učenik, Sanandana, napisao je komentar *Brahma Sutri* (djela filozofije *Vedante*). Taj rukopis je izgorio u požaru, ali je Šankara (koji ga je jedanput pregledao) uspio ponoviti čitav tekst riječ po riječ svom učeniku. Taj tekst, poznat pod nazivom *Panchapadika*, i danas je predmet proučavanja stručnjaka.

Chela (učenik) Sanandana dobio je novo ime nakon krasnog događaja. Dok je jednog dana sjedio na obali rijeke, čuo je kako ga Šankara doziva s druge obale. Sanandana je ne oklijevajući ušao u vodu. Vidjevši njegovu vjeru, Šankara je pod njegovim stopalima materijalizirao niz lotosovih cvjetova po kojima je Sanandana prešao rijeku. Učenik je od tada bio poznat kao Padmapada, „lotosovo stopalo".

U Panchapadiki na puno mjesta Padmapada iskazuje ljubav i poštovanje prema svom guruu. Sam Šankara je napisao sljedeće divne retke: „ Ne postoji ništa u trima svjetovima što bi se moglo usporediti s guruom. Kada bi ga se pokušalo usporediti s kamenom mudraca, uvidjelo bi se da kamen može samo pretvoriti željezo u zlato, ali ne i u drugi kamen mudraca. Poštovani učitelj pak stvara nekog sebi jednakog kada podučava učenika koji mu se u potpunosti preda i nađe utočište pred njegovim stopalima. Guru je prema tome bez premca, u stvari, transcendentalan (*Stoljeće Stihova*, 1).

Gospod Šankara predstavljao je rijetku kombinaciju sveca, učenjaka i čovjeka od akcije. Iako je živio samo trideset i dvije godine, većinu vremena proveo je naporno putujući u svaki kutak Indije, neumorno prenoseći nauk filozofije *advaita* i pripadnog pogleda na svijet. Privlačio je milijune ljudi koji su se okupljali da bi čuli utješne i mudre riječi s usana tog bosonogog mladog redovnika.

U svom reformatorskom zanosu, Šankara je obnovio drevni red Swamija (vidi napomenu na str. 221 te na str. 222). Također je utemeljio tako zvane *mathove* (redovničke obrazovne centre) na više mjesta u Indiji: Sringeri na jugu, Puri na istoku, Dwarka na zapadu i Badrinath na sjeveru, u Himalaji.

Ta četiri *matha* koja je utemeljio veliki monist i koje su potpomagali donacijama i prinčevi i običan puk, davala su besplatnu naobrazbu iz sanskrtske gramatike, logike, i filozofije *Vedante*. Šankarina namjera bila je da osnivanjem tih učilišta na četiri kraja Indije promiče vjersko i nacionalno jedinstvo diljem te velike zemlje. I dan danas pobožni Indijac može naći slobodnu sobu i konačište u takozvanim *choultrieima* i *sattramima* (odmorištima duž hodočasničkih cesta), koje održavaju javni dobrotvori.

SRI YUKTESWAR (1855.-1936.)
Jnanavatar, „Utjelovljenje mudrosti"
Učenik Lahirija Mahasaye, Sri Yoganandin guru
Paramguru svih SRF-YSS *Kriya jogija*

Meditacijski hram Swamija Sri Yukteswara (posvećen 1977.) sagrađen je na mjestu njegova ašrama u Seramporeu. U gradnji hrama korišteno je nekoliko cigli iz prvobitnog ašrama. Hram je arhitektonski oblikovan prema napucima Paramahanse Yoganande.

Yoganandaji snimljen 1915. na stražnjem sjedalu motorkotača koji mu je darovao Otac. „Vozio sam ga svakodnevno", rekao je, „posebice kako bih posjećivao svojega učitelja Sri Yukteswarjija u njegovoj Duhovnoj školi u Seramporeu."

„Doći ćeš k meni za četiri tjedna." Prvi sam put čuo strogost u Sri Yukteswarovom glasu. „Nakon što sam ti rekao kako imaš moju vječnu ljubav i pokazao koliko sam sretan što sam te pronašao na tebi je hoćeš li me poslušati ili ne. Kada se idući put sretnemo, morat ćeš se potruditi da ponovno pobudiš moje zanimanje. Neću te lako uzeti za svojega učenika: moraš mi se potpuno predati tako što ćeš poslušno slijediti moju strogu poduku."

I dalje sam uporno šutio. Moj guru je brzo dokučio moje kolebanje.

„Misliš da će ti se tvoja rodbina rugati?"

„Neću se vratiti."

„Vratit ćeš se za trideset dana."

„Nikada."

U toj atmosferi nerazriješenog spora s poštovanjem sam se poklonio njegovim stopalima i otišao. Hodajući kroz ponoćnu tamu, razmišljao sam zašto je taj čudesni susret završio na ovako neugodan način. Ti kraci na vagi *maye* koji uravnotežuju svaku radost s odgovarajućom žalosti! Moje mladenačko srce očito još nije bilo dovoljno podatno za promjenu pod prstima mojega gurua.

Iduće jutro primijetio sam uočljiv neprijateljski stav svih redovnika. Zagorčavali su mi život odnoseći se prema meni na grub način. Prošla su tri tjedna. Dayananda je otišao iz ašrama na jedan skup u Bombay. Kaos se obrušio na mene sa svih strana.

„Mukunda je nametnik koji iskorištava gostoprimstvo utočišta bez prave zahvalnosti." Čuvši u prolazu taj komentar zažalio sam što sam vratio Ocu novac koji mi je poslao. Teška srca potražio sam Jitendru, svojega jedinog prijatelja.

„Ja odlazim. Molim te prenesi moje štovanje i pozdrave Dayanandi kada se vrati."

„I ja odlazim! Moji pokušaji meditacije ovdje nisu ništa uspješniji od tvojih." Jitendrin glas bio je odlučan.

„Sreo sam kristolikog sveca. Hajdemo ga posjetiti u Seramporeu."

I tako se „ptičica" spremala „sletjeti" opasno blizu Kalkute.

11. POGLAVLJE

Dva dječaka bez novca u Vrindavanu

„Mukunda, zaslužio si da te Otac razbaštini! Kako se samo neodgovorno odnosiš prema životu!" Nije mi bilo ugodno slušati prigovore svojega starijeg brata.

Jitendra i ja upravo smo stigli vlakom, još prašnjavi od puta, u posjet Ananti koji je nedavno dobio premještaj iz Kalkute u drevni grad Agru. Brat je bio glavni knjigovođa u vladinom Odjelu za javne radove.

„Ananta, dobro znaš da ja tražim nasljedstvo od svojega Božanskog Oca."

„Mislim da se najprije trebaš pobrinuti za novac, Bog može pričekati! Tko zna, život može potrajati."

„Mislim da Bog ipak dolazi na prvo mjesto, a novac je Njegov sluga! Nikad se ne zna, život može biti i kratak."

Ovaj moj ljutiti odgovor bio je izrečen u trenutku, bez primisli i nije imao prizvuk navještaja. (Na žalost, Anantin život doista nije bio dugog vijeka.).*

„Pretpostavljam da je to mudrost koju si ponio iz duhovne škole! Ali koliko vidim otišao si iz Benaresa." Anantine oči sjajile su od zadovoljstva. On se i dalje nadao da ću ostati u krugu obitelji.

„Moj boravak u Benaresu nije bio uzaludan! Tamo sam pronašao sve za čime je moje srce čeznulo. Budi siguran da to nisu ni pandit ni njegov sin!"

Ananta se i sam sa smiješkom prisjetio kako se „vidovnjak" kojeg je odabrao za mene pokazao prilično kratkovidnim.

„Kakvi su ti planovi, moj brate lutalico?"

„Jitendra me nagovorio da dođemo u Agru. Otići ćemo vidjeti ljepotu Taj Mahala.†" objasnio sam. „Zatim odlazimo u Serampore mom guruu kojeg sam upravo upoznao."

---

* Vidi 25. poglavlje.
† Svjetski poznati mauzolej.

Ananta se gostoljubivo pobrinuo za naš ugodan boravak. Tijekom večeri primijetio sam kako me zamišljeno promatra.

„Poznat mi je taj pogled,", mislio sam, „on nešto sprema!".

O kakvoj vrsti izazova je riječ doznao sam sutradan ujutro za vrijeme doručka.

„Znači, ti smatraš da uopće ne ovisiš o Očevu bogatstvu." Anantin pogled bio je naoko nevin, a u stvari je nastavljao temu jučerašnjega prigovaranja.

„Ja sam svjestan svoje ovisnosti o Bogu."

„Jeftine riječi! Život te je dosad štedio. No što bi bilo kada bi bio prisiljen tražiti od Nevidljive Ruke da ti osigura hranu i krov nad glavom? Ubrzo bi završio kao prosjak na ulici."

„Svoju vjeru s Boga nikada ne bih preusmjerio na slučajne prolaznike! On ima tisuće drugih načina kojima može pomoći Svojemu pokloniku umjesto prosjačke zdjelice."

„I dalje samo prosipaš riječi! Što kažeš na to da tvoju napuhanu filozofiju stavimo na kušnju u stvarnome svijetu?"

„Može! Zar misliš da je Bog ograničen samo na vidljivi svijet?"

„E, pa vidjet ćemo. Danas ćeš imati priliku proširiti moje vidike ili potvrditi moje nazore." Ananta je napravio kratku dramatičnu stanku, a zatim nastavio polagano i ozbiljno.

„Predlažem da ti i tvoj prijatelj Jitendra krenete još ovog jutra u obližnji grad Vrindavan. Ne smijete sa sobom ponijeti ni jednu rupiju. Ne smijete pritom prositi ni novac ni hranu. Nikomu ne smijete govoriti o našem dogovoru, morate krenuti na put ne noseći ništa za jelo i ne smijete zapeti u Vrindavanu. Ako se vratite k meni noćas prije ponoći, a da pritom ne prekršite nijedan postavljeni uvjet, ja ću biti najzaprepašteniji čovjek u Agri!"

„Prihvaćam izazov!" Nisam uopće oklijevao to prihvatiti. U sjećanje su mi dolazili događaji u kojima mi je pomogao Hitri Dobrotvor: moje izlječenje od smrtonosne kolere kao posljedica magične moći slike Lahirija Mahasaye, dva zmaja dobivena na dar na krovu u Lahoreu, pomoć talismana u trenucima obeshrabrenja u Bareillyju; poruka primljena u pravi čas od sadhua pokraj dvorišta panditove kuće u Benaresu; viđenje Božanske Majke i Njezine veličanstvene riječi ljubavi, Njezina trenutna pomoć na zagovor Učitelja Mahasaye koja me izbavila iz nekih trivijalnih situacija, instrukcije koje sam dobio u zadnji čas i koje su mi omogućile da maturiram te najveći od svih darova - moj živi

Dva dječaka bez novca u Vrindavanu

Učitelj kojega sam toliko čekao i koji je izronio iz magle mojih snova. Nikada ne bih priznao da je moja „filozofija" nedorasla hvatanju u koštac s grubim životnim situacijama!

„Tvoja odlučnost ti zbilja služi na čast.", rekao je Ananta. Odmah ću te otpratiti na vlak".

Zatim se okrenuo prema zabezeknutom Jitendri. „I ti moraš poći s njim, kao svjedok, i vjerojatno, kao buduća žrtva!"

Pola sata poslije Jitendra i ja imali smo u rukama karte za vlak u jednom smjeru. U zabačenom kutu postaje morali smo na pretres. Ananta se sa zadovoljstvom uvjerio da ne nosimo nikakve skrivene zalihe bilo čega. Na sebi smo imali samo svoje jednostavne *dhotije**.

Ne baš uvjeren da vjera može nadoknaditi novac, moj prijatelj je prosvjedovao kod mog brata: „Ananta, daj mi rupiju ili dvije kao osiguranje, da ti mogu poslati brzojav ako nam se nešto dogodi.".

„Jitendra!" Oštro sam viknuo u znak prigovora. „Neću prihvatiti bratov izazov ako uzmeš bilo kakav novac kao izlaz u nuždi."

„Ipak, ima nešto umirujuće u zveckanju kovanica." Bilo je to sve što je Jitendra rekao dok sam ga strogo promatrao.

„Mukunda, ja nisam bezosjećajan." Anantin glas bio je nešto blaži. Možda ga je počela peći savjest zbog činjenice da šalje dvojicu dječaka bez novca u Vrindavan ili možda zbog vlastite sumnje u vjeru. „Ako nekim slučajem ili nekom milošću uspješno prođete kroz kušnje u Vrindavanu, ja ću te zamoliti da me iniciraš kao svojega učenika."

Ovo obećanje bilo je malo izvan okvira, kao i čitava trenutna situacija. Najstariji brat u obitelji rijetko sluša svoju mlađu braću i sestre. Od njega se više poštuje i sluša samo otac. No više nije bilo vremena da nešto kažem. Naš vlak je upravo kretao.

Jitendra je bio neraspoložen i sve je vrijeme šutio. Na posljetku se ipak pribrao, nagnuo nad mene i bolno me uštipnuo.

„Ne vidim baš da će nam Bog osigurati sljedeći obrok!"

„Smiri se, nevjerni Tomo, Bog nas neće ostaviti na cjedilu."

„Možeš li srediti da se malo požuri, jer ja već umirem od gladi pri samoj pomisli na to što nas čeka. Iz Benaresa sam otišao s namjerom da posjetim mauzolej Taj Mahal, a ne da uđem u vlastitu grobnicu!"

„Razvedri se Jitendra! Pomisli na to kako ćemo prvi put vidjeti

---

* *Dhoti* - vrsta muške odjeće, tkanina koja se veže oko pojasa i prekriva noge.

svete znamenitosti Vrindavana.* Jako se radujem pri pomisli da ću hodati zemljom koja je nekoć bila posvećena stopalima Gospoda Krišne."

Vrata našeg odjeljka otvorila su se i unutra su sjela dvojica muškaraca. Na sljedećoj postaji trebali smo sići.

„Mladići, imate li prijatelje u Vrindavanu?" Stranac koji je sjedio nasuprot mene pokazivao je začudno zanimanje.

„Ne tiče vas se!" Nepristojno sam odvratio svoj pogled.

„Sigurno ste pobjegli od kuće očarani Kradljivcem Srca.† Ja sam od onih koji imaju puno razumijevanja za poklonike. Stoga svakako smatram svojom dužnošću pobrinuti se da dobijete hranu, smještaj i zaklon od ove užasne vrućine."

„Ne, gospodine, ostavite nas na miru. Vrlo ste ljubazni, ali pogrešno ste zaključili kako smo mi bjegunci od kuće."

Ovdje je razgovor prestao, a vlak je uskoro stao. Kad smo Jitendra i ja izašli na peron, naši su nas slučajni suputnici uzeli za ruke i pozvali kočiju.

Iskrcali smo se ispred veličanstvene duhovne škole okružene zimzelenim drvećem i s lijepo uređenom okućnicom. Naše dobrotvore ovdje su očito dobro poznavali. Jedan nasmiješeni dječak bez riječi nas je odveo u sobu za goste. Uskoro nam se pridružila starija gospođa otmjenoga držanja.

„Gauri Ma, prinčevi nisu mogli doći." Tim se riječima jedan od dvojice muškaraca obratio domaćici ašrama. "U zadnji čas njihovi su se planovi izjalovili te šalju svoje duboko žaljenje zbog toga. No zato smo doveli druga dva gosta. Čim smo ih sreli u vlaku, svidjeli su mi se jer sam osjetio da su poklonici Gospoda Krišne."

„Doviđenja, mladi prijatelji!" Naša dva poznanika otišla su. „Srest ćemo se ponovno, ako Bog da."

„Ovdje ste dobrodošli." Gauri Ma majčinski se smiješila. „Niste mogli izabrati bolju priliku da dođete. Očekivala sam dvojicu kraljevskih pokrovitelja ove duhovne škole. Bila bi šteta da moji kuharski uraci ostanu netaknuti!"

Ove ljubazne riječi imale su iznenađujući učinak na Jitendru: briznuo je u plač. „Ishod" kojeg se plašio ovdje u Vrindavanu sada se pretvorio u kraljevsku gozbu. Takav nagli obrat bio je previše za njega. Naša domaćica gledala ga je u čudu, ali nije ništa rekla. Vjerojatno je

---

* Vrindavan, grad koji se nalazi na obali rijeke Yamune, hinduistički je Jeruzalem. Ovdje je avatar Gospod Krišna (*Krishna*) pokazivao svoju slavu za dobrobit čovječanstva.

† Hari - ime od milja kojim Sri Krišnu nazivaju njegovi poklonici.

Dva dječaka bez novca u Vrindavanu

bila naviknuta na hirovito ponašanje maloljetnika.

Najavljen je ručak. Gauri Ma nas je odvela do blagovaonice na otvorenom otkuda su se širili zanosni mirisi hrane. Ona je nestala u susjednoj kuhinji.

Ovaj sam trenutak čekao. Sada sam ja Jitendru uštipnuo jednako bolno kao i on mene ranije na vlaku.

„Nevjerni Tomo, čini se da Bog djeluje i u žurbi!"

Domaćica se vratila noseći u rukama *punkhu*. Počela nas je hladiti bez prestanka prema istočnjačkom običaju dok smo mi sjeli na posebne bogato ukrašene pokrivače za sjedenje. Učenici iz ašrama dolazili su do nas, donoseći nam nekih tridesetak jela. To nije bio obrok, već veličanstvena gozba. Otkada smo stigli na ovaj planet Jitendra i ja još nikad nismo okusili ovakve poslastice.

„Poštovana Majko, ova su jela zaista dostojna prinčeva! Ne znam što je moglo biti važnije dvojici kraljevskih pokrovitelja od ovog banketa. Priuštili ste nam nešto čega ćemo se sjećati čitav život!"

Budući da smo se Ananti zavjetovali na šutnju, nismo joj mogli reći kako naše zahvale imaju dvostruku težinu. No naša zahvalnost zbog toga nije bila ništa manja. Otišli smo uz blagoslov domaćice i privlačan poziv da ponovno dođemo u posjet.

Vrućina je vani bila nemilosrdna. Moj prijatelj i ja sklonili smo se pod veličanstveno zimzeleno drvo kadam koje se nalazilo na ulazu u ašram. Jitendra je ponovno počeo sipati grube riječi.

„Baš si nas fino usosio! Naš ručak bila je samo slučajna sreća! Kako ćemo razgledati grad bez ijednog novčića? I kako ćeš me, molim te, dovesti natrag do Anante u Agru?"

„Brzo si zaboravio Boga, sada kada ti je želudac pun." Moje riječi nisu bile gorke već optužujuće. Kako je kratko ljudsko pamćenje kada su u pitanju božji darovi! Ne postoji nijedan čovjek koji nije bar jednom vidio ostvarenje svojih molitvi.

„Ne mogu si nikako oprostiti što sam se dao uvući u ovakvu pustolovinu s luđakom poput tebe!"

„Smiri se, Jitendra! Bog nas je nahranio, On će nam i pokazati Vrindavan te nas na kraju vratiti u Agru."

Vitki mladić ugodne vanjštine približavao nam se brzim korakom. Zaustavio se ispod našeg drveta i poklonio mi se.

„Dragi prijatelju, ti i tvoj prijatelj sigurno ste ovdje stranci. Dopustite mi da vam budem domaćin i vodič."

Gotovo je nemoguće da Indijac problijedi, ali nešto slično upravo se dogodilo Jitendri, koji je izgledao kao da mu je pozlilo. Ljubazno sam odbio ponudu.

„Zar ćeš me doista odbiti?" Strančeva uzrujanost bila bi smiješna u nekoj drugoj okolnosti.

„Zašto ne?"

„Ti si moj guru." Njegove su oči pune povjerenja tražile moje. „Za vrijeme podnevne molitve u viđenju mi se pojavio blagoslovljeni Gospod Krišna. Pokazao mi je dva napuštena lika baš ispod ovog drveta. Jedno lice bilo je tvoje, učitelju moj. Često sam te viđao u meditaciji. Kako bih bio sretan kada bi prihvatio moje usluge!"

„I ja sam sretan što si me našao. Ni Bog ni čovjek nisu nas napustili!" Iako sam nepomično stajao pred tim licem punim očekivanja, unutar sebe sam se duboko naklonio Božjim Stopalima.

„Dragi prijatelji, hoćete li mi učiniti čast i doći mi u posjet?"

„Ljubazno od tebe, ali mi smo već gosti mog brata u Agri."

„Onda mi barem dopustite da vam budem vodič po Vrindavanu."

Radosno sam pristao. Mladić imena Pratap Chatterji pozvao je kočiju s konjima. Posjetili smo hram Madanamohana i ostale Krišnine hramove. Već je pala noć kada smo napokon završili svoje hodočašće hramovima u znak štovanja.

„Oprostite, ali idem samo kupiti *sandesh*."* Pratap je ušao u trgovinu pokraj željezničke postaje. Jitendra i ja šetali smo duž široke ulice koja se sada ispunila ljudima nakon što je vrućina malo popustila. Našeg prijatelja nije bilo neko vrijeme, a zatim se vratio noseći nam na dar hrpu slatkiša.

„Molim vas, dopustite mi da pokažem kako sam dobar vjernik." Pratap se molećivo smiješio i držao u rukama svežanj novčanica i dvije karte za Agru koje je upravo kupio.

Poštovanje koje sam pokazao svojim pristankom bilo je posvećeno Nevidljivoj Ruci. Onoj kojoj se Ananta rugao, a koja je ovako obilato pokazala svoju širokogrudnost.

Potražili smo mirno mjesto blizu postaje.

„Pratap, inicirat ću te u tehniku *Kriye* Lahirija Mahasaye, najvećeg jogija modernog doba. Njegova će tehnika biti tvoj guru."

Inicijacija je bila gotova za pola sata. „Kriya je tvoj *chintamani*,"†

---

* Vrsta indijskog slatkiša.

† Mitski dragi kamen koji ima moć ispunjavanja želja; također ime za Boga.

Dva dječaka bez novca u Vrindavanu

BHAGAVAN (GOSPOD) KRIŠNA
Voljeni indijski avatar

rekao sam novom studentu. „Tehnika je, kao što vidiš jednostavna, ali omogućava ubrzavanje čovjekova duhovnog napretka. Hinduistički spisi uče da je potrebno milijun godina kako bi se utjelovljeni ego oslobodio utjecaja *maye*. Taj prirodni tijek može se znatno ubrzati vježbanjem *Kriya joge*. Kao što se rast biljaka može ubrzati u odnosu na prirodni ritam, kako je pokazao Jagadis Chandra Bose, tako se i čovjekov psihološki razvoj može ubrzati znanstvenim metodama. Budi redovit u vježbanju i stići ćeš do Gurua svih gurua."

„Doveden sam ovamo kako bih našao jogijski ključ za kojim dugo tragam!", Pratap je govorio zamišljeno. „Njegov oslobađajući učinak od moje vezanosti za osjetilni svijet omogućit će mi odlazak u više sfere.

Današnje viđenje Gospoda Krišne bilo je znak koji mi je navijestio nešto zaista dobro."

Ostali smo sjediti neko vrijeme u razumijevanju bez riječi, a zatim smo se polagano uputili prema postaji. Dok sam se ukrcavao na vlak, osjećao sam u sebi radost, a za Jitendru je ovo očito bio dan za plakanje. Moj dirljivi oproštaj s Pratapom izmamio je suze na lice i njemu i Jitendri. Tijekom puta Jitendra je ponovno bio pun jada, no ovaj put to nije bilo zbog brige o sebi, već zbog sebe samog.

„Kako je krhka bila moja vjera, a srce tvrdo poput kamena! Nikada više neću sumnjati u Božju zaštitu."

Bližila se ponoć. Dvije „pepeljuge", koje su poslane na put bez novca, sada su ušle u Anantinu spavaću sobu. Kao što je i sam olako predvidio, njegovo je lice bilo doista zaprepašteno. Bez riječi sam stavio na stol novčanice.

Jitendra Mazumdar, Yoganandajijev suputnik u „avanturi bez novčića" u Vrindavanu (11. pogl.)

Dva dječaka bez novca u Vrindavanu

„Jitendra, reci mi istinu!" Anantin glas imao je šaljiv ton. „Da nije ovaj mladac koga opljačkao?"

No kako je priča tekla, moj se brat više nije smijao, a zatim se i uozbiljio.

„Zakon koji upravlja zadovoljenjem potreba očito je profinjeniji nego što sam do sada mislio." Ananta je ovo govorio s duhovnim zanosom koji se do sada kod njega nije mogao uočiti. „Prvi put shvaćam tvoje neobaziranje na stjecanje dobara u materijalnom svijetu."

Iako je bilo kasno, moj brat je bio odlučan primiti *dikshu** u *Kriya jogu*. „Guru" Mukunda morao je preuzeti brigu, u samo jednoj noći, o dva neočekivana „učenika".

Sutradan ujutro doručak je protekao u skladnoj atmosferi kakve nije bilo jutro prije toga.

Nasmiješio sam se Jitendri. „Nećeš ostati bez posjeta Taj Mahalu. Hajdemo ga posjetiti prije nego što odemo u Serampore."

Oprostivši se od Anante, moj prijatelj i ja uskoro smo se našli pred ponosom Agre, Taj Mahalom. Bijeli mramor koji blješti na suncu otkriva savršenu simetriju građevine koja je idealno okružena tamnim čempresima, mekanom travom i mirnim jezercem. Izuzetna unutrašnjost otkriva fine rezbarije ukrašene poludragim kamenjem. Majstorski izvedene kamene vitice i svici tvore zamršenu mrežu koja izlazi iz mramora smeđe i ljubičaste boje. Svjetlo kupole pada na grobnicu cara Šaha Jehana i Mumtaz-i-Mahal, kraljice njegova kraljevstva i njegova srca.

Ali, dosta je bilo razgledavanja! Jedva sam čekao vratiti se svojem guruu. Jitendra i ja putovali smo na jug vlakom prema Bengalu.

„Mukunda, predomislio sam se. Mjesecima nisam vidio svoju obitelj. No možda ću kasnije posjetiti tvog učitelja u Serampoeru."

Tako me moj prevrtljivi prijatelj napustio u Kalkuti. Ja sam lokalnim vlakom uskoro stigao u Serampore, koji se nalazi osamnaest kilometara sjeverno.

Odjednom me preplavilo čuđenje kada sam shvatio da je prošlo točno dvadeset i osam dana od susreta s mojim guruom u Benaresu. „Doći ćeš k meni za četiri tjedna!" I evo me zaista, lupajućeg srca, stojim unutar njegova dvorišta u mirnoj uličici Rai Ghat. Prvi sam put ušao u duhovnu školu u kojoj ću provesti većinu vremena idućih deset godina u društvu *Jnanavatara* („utjelovljenja mudrosti") Indije.

---

* Duhovna inicijacija. Od sanskrtskog korijena glagola *diksh* „posvetiti se".

12. POGLAVLJE

Godine provedene u duhovnoj školi mog Učitelja

„Došao si." Sri Yukteswar me dočekao sjedeći na tigrovoj koži u svojoj dnevnoj sobi. Glas mu je bio hladan, a ponašanje posve lišeno emocija.

„Da, dragi Učitelju, ovdje sam da bih Vas slijedio." Kleknuo sam i dotaknuo njegova stopala.

„Zar doista? Ti se oglušuješ o moje želje."

„Ne više, Guruji. Vaša želja bit će za mene zakon."

„To je već bolje! Onda mogu preuzeti na sebe odgovornost za tvoj život."

„S voljom Vam predajem taj teret, Učitelju."

„Moj je prvi zahtjev da se vratiš kući svojoj obitelji. Želim da upišeš fakultet u Kalkuti. Tvoje obrazovanje mora se nastaviti."

„U redu, gospodine." Skrivao sam svoju zaprepaštenost. Zar će me te nesretne knjige i dalje pratiti? Najprije moj Otac, a sada i Sri Yukteswar!

„Jednog ćeš dana krenuti na Zapad. Tamošnji ljudi lakše će prihvaćati drevnu mudrost Indije ako je budu čuli od čudnog Indijca s fakultetskom diplomom."

„Guruji, Vi znate što je najbolje." Moje smrknutosti je nestalo. Spominjanje odlaska na Zapad zbunjivalo me i činilo se nekako dalekim, ali prilika da zadovoljim svog Učitelja poslušnošću bilo je nešto odmah dostupno.

„Kalkuta nije daleko odavde. Možeš mi doći u posjet kad god budeš imao vremena."

„Dolazit ću svaki dan ako je moguće, Učitelju! Sa zahvalnošću prihvaćam Vaše vodstvo u svakom segmentu mog života, ali pod jednim uvjetom."

„Da?"

„Obećajte mi da ćete mi otkriti Boga!"
Uslijedio je jednosatni sukob riječima. Učiteljeva riječ ne može se krivotvoriti, stoga se i ne daje olako. Takvo obećanje nosi sa sobom dalekosežne metafizičke obaveze. Guru mora biti doista blizak Bogu prije nego što preuzme na sebe obavezu da Ga prizove! Ja sam slutio da Sri Yukteswar posjeduje to jedinstvo s Bogom i stoga sam iskoristio priliku da kao učenik to zatražim od njega.

„Nema što, ti si zahtjevna osoba." Učitelj je napokon dao pristanak osjećajnim glasom:

„Neka tvoja želja bude i moja želja."

„Uteg koji sam nosio cijeli život skinut mi je sa srca. Nejasna potraga koja me vodila posvuda napokon je završila. Pronašao sam vječno utočište u pravom guruu.

„Dođi, pokazat ću ti školu." Učitelj je ustao sa svoje prostirke od tigrove kože. Na zidu sam tada primijetio sliku ukrašenu mirisnim vijencem jasmina.

„Lahiri Mahasaya!", rekoh iznenađen.

„Da, moj božanski guru.", Sri Yukteswarov glas bio je pun poštovanja, „Nikada nisam sreo učitelja koji bi bio veći čovjek i jogi od njega."

Bez riječi sam se poklonio pred dobro poznatom slikom. Odavao sam duhovnu počast tom učitelju bez premca čijim blagoslovom sam spašen od teške bolesti u ranom djetinjstvu i zahvaljujući kojem sam sada stigao do svojega gurua.

U pratnji gurua obišao sam kuću i okućnicu. Duhovna škola postavljena na masivnim stupovima bila je velika i dobro građena zgrada. Unutar nje nalazilo se dvorište. Vanjski zidovi bili su prekriveni mahovinom, a golubovi su lepetali krilima iznad sivoga ravnog krova i bez ustručavanja dijelili prostor ašrama. Straga se prostirao ugodan vrt sa stablima hljebovca, manga i banane. Gornje sobe dvokatnice imale su ograđene balkone koji su gledali na dvorište s triju strana. U prizemlju se nalazilo prostrano predsoblje s visokim stropom, poduprto stupovima. Učitelj mi je rekao kako se taj prostor uglavnom koristi samo jednom godišnje, tijekom proslave blagdana *Durgapuja.* * Usko stubište vodilo je do dnevne sobe Sri Yukteswara koja je imala maleni balkon

---

* „Štovanje Durge". To je glavni praznik u bengalskom godišnjaku i obično traje devet dana u mjesecu Asvina (rujan-listopad). Durga, doslovno, „Nedostupna" predstavlja vid Božanske Majke, Shakti, personifikaciju ženske stvaralačke snage. Tradicionalno se smatra uništavateljicom svega zla.

okrenut prema ulici. Ašram je bio opremljen jednostavnim namještajem, sve je bilo uredno i služilo svojoj svrsi. Dokaz tome bilo je i nekoliko stolaca, klupa i stolova u zapadnjačkom stilu.

Učitelj me je pozvao da prenoćim u ašramu. Za večeru je poslužen vegetarijanski curry koji su nam donijela dvojica mladih učenika.

„Guruji, molim Vas, recite mi nešto o svom životu." Sjedio sam na slamnatoj prostirci pokraj njegove tigrove kože. Zvijezde koje su se vidjele kroz balkon činile su se prijateljske i na dohvat ruke.

„Moje obiteljsko ime je Priya Nath Karar. Rođen sam* ovdje u Seramporeu. Moj otac, bogat poslovni čovjek, ostavio mi je u nasljedstvo ovu zgradu koju sam ja pretvorio u duhovnu školu. Moje službeno obrazovanje je skromno jer sam oduvijek školovanje smatrao sporim i previše površnim. U mladosti sam osnovao obitelj i otac sam jedne kćeri koja je sada već udana. U srednjoj dobi imao sam iznimnu sreću što sam upoznao Lahirija Mahasayu i postao njegov učenik. Nakon što mi je umrla supruga pridružio sam se Redu swamija i primio novo ime Sri Yukteswar Giri.† Eto, to je moj jednostavni životopis."

Učitelj se smiješio dok je gledao moje lice na kojem se vidjelo da želim još informacija. Kao i svako iznošenje kratkog životopisa i njegovo je sadržavalo samo izvanjske činjenice, a nije otkrivalo ništa od čovjekove intime.

„Guruji, volio bih čuti nešto iz Vašeg djetinjstva!"

„Ispričat ću ti nekoliko zgoda, a svaka od njih nosi pouku!" Sri Yukteswarove oči svjetlucale su dok je govorio. „Majka me je jednom pokušala uplašiti pričom o strašnom duhu koji vreba u jednoj tamnoj odaji. Smjesta sam otišao tamo i ostao razočaran kada sam uvidio da duha nema. Majka mi poslije toga više nikada nije ispričala takvu priču. Pouka: gledaj strah ravno u oči i on te više neće plašiti.

Još jedno moje rano sjećanje vezano je uz ružnog psa iz susjedstva. Gnjavio sam cijelu obitelj uporno zahtijevajući upravo tog psa. Uzalud su mi moji nudili drugog, puno ljepšeg kućnog ljubimca. Pouka: vezanje uz nekog ili nešto zasljepljuje i stavlja nepostojeću aureolu privlačnosti na predmet želje.

Treća priča govori o podatnosti dječjeg uma. Često sam, naime,

---

* Sri Yukteswar je rođen 10. svibnja 1855.

† *Yukteswar* znači „ujedinjen s Išvarom" (Ishwara je jedno od Božjih imena). *Giri* je razlikovno ime za jednu od deset drevnih grana Reda swamija. *Sri* znači „sveti", dakle nije ime, već titula u znak poštovanja.

čuo majku kako govori: 'Čovjek koji se zaposli kod nekog drugog nije ništa drugo do njegov rob.' Mene su se te riječi toliko dojmile da čak ni nakon što sam se oženio nisam htio prihvatiti nikakvo zaposlenje. Obitelj sam prehranjivao tako što sam trgovao zemljištem koje mi je darovano. Pouka: treba paziti da djeci u toj osjetljivoj ranoj dobi dajemo samo dobre i korisne savjete jer ono što tada čuju ostaje duboko utisnuto u njihovoj svijesti i ima velik utjecaj na njihov kasniji život."

Učitelj je zatim utonuo u tišinu. Negdje oko ponoći odveo me do maloga kreveta na rasklapanje. Te prve noći pod krovom moga gurua izvrsno sam spavao.

Sri Yukteswar je odabrao sljedeće jutro da me inicira u tehniku *Kriya joge*. Tu sam tehniku već bio primio od dvojice učenika Lahirija Mahasaye: svojega Oca i mog instruktora Swamija Kebalanande. Ali moj Učitelj je posjedovao snagu koja me doista izmijenila iznutra. Pod njegovim dodirom veličanstveno svjetlo nalik na tisuće blještavih sunaca obasjalo je cijelo moje biće. Bujica neopisiva blaženstva preplavila mi je srce do same njegove srži.

Tek sam se sutradan kasno poslijepodne uspio prisiliti da odem iz duhovne škole.

„Vratit ćeš se za trideset dana." Sjetio sam se tih Učiteljevih riječi dok sam otvarao vrata svojega doma u Kalkuti. Nitko od rodbine nije posebno komentirao povratak „odlutale ptičice", čega sam se ja pribojavao.

Popeo sam se na svoj mali tavan i gledao uokolo kao da je netko sa mnom u sobi. „Vi ste bili svjedoci mojih meditacija, suza i emocionalnih oluja tijekom moje *sadhane*. Sada sam napokon stigao u luku svojega božanskog učitelja."

„Sine, sretan sam zbog nas obojice." Otac i ja sjedili smo zajedno u tišini večeri. „Ti si pronašao svojega gurua na čudesan način, baš kao i ja nekoć. Sveta ruka Lahirija Mahasaye bdije nad našim životima. Tvoj učitelj ipak nije neki nedostupni himalajski svetac, već netko tko živi u blizini. To je upravo ono za što sam se molio: da te tvoja potraga za Bogom ne odvede zauvijek od mene."

Ocu je također bilo drago što ću nastaviti svoje školovanje pa je u vezi s tim poduzeo neke korake. Sutradan sam se upisao na obližnji fakultet Škotske crkve u Kalkuti.

Za mene su nastupili sretni mjeseci. Čitatelji su dosad već mogli pretpostaviti da i nisam baš previše boravio u fakultetskim predavaonicama. Privlačnost duhovne škole u Seramporeu bila je neodoljiva.

Učitelj je bez prigovora prihvatio moju stalnu prisutnost. Na sreću, on je rijetko spominjao učionice. Svima je bilo jasno da nisam rođen za učenjaka, ipak, uspijevao sam se provlačiti s prolaznim ocjenama.

Dnevni život u ašramu tekao je po uhodanom redu, uz poneke iznimke s vremena na vrijeme. Moj se guru budio prije svitanja. Ležeći ili katkad sjedeći na krevetu, ušao bi u stanje *samadhija*.* Bilo je vrlo jednostavno zaključiti kada nastupa Učiteljevo buđenje: nevjerojatno hrkanje iznenada bi prestalo.† Zatim bi se čuo poneki uzdah i meškoljenje, a onda bi napokon ušao u stanje bez disanja, a time i u stanje duboke jogijske radosti.

Nije bilo doručka, već bi uslijedila duga šetnja uz Ganges. Kako se samo živo sjećam tih jutarnjih šetnji sa svojim guruom! U misli mi dolazi rano jutarnje sunce koje grije rijeku i njegov glas koji odzvanja pun istinske mudrosti.

Nakon toga slijedilo je kupanje, a zatim podnevni obrok. Za pripremanje obroka prema Učiteljevim naputcima pomno su se brinuli mladi učenici. Moj je guru bio vegetarijanac. Međutim, prije nego što se zaredio, jeo je jaja i ribu. Učenicima je savjetovao da se drže bilo kojeg jednostavnog načina prehrane koji je prikladan za njihov tjelesni ustroj.

Učitelj je malo jeo. Najčešće rižu posutu *kurkumom* (vrsta đumbira) ili polivenu sokom cikle ili špinata te blago poprskanu *gheejem* (rastopljeni maslac). Znao bi jesti i *dal* od leće ili curry od *channe*‡ s povrćem. Za desert bi pojeo mango ili naranču s rižinim pudingom ili popio sok od hljebovca.

Posjetitelje bi primao tijekom poslijepodneva. Bila je to rijeka ljudi koja se iz vanjskog svijeta slijevala u mirnu duhovnu školu. Moj se guru odnosio prema svim gostima s jednakom pažnjom i gostoljubivošću. Pravi učitelj – onaj koji je spoznao sebe kao sveprisutnu dušu, a ne kao tijelo ili ego – uočava tu bitnu istovjetnost i u svim drugim ljudima.

Nepristranost svetaca odraz je njihove mudrosti. Oni više nisu pod utjecajem raznoraznih očitovanja *maye* niti su podložni simpatijama i antipatijama koje neprosvijetljenim ljudima onemogućavaju ispravnu prosudbu. Sri Yukteswar nije posvećivao posebnu pozornost moćnim,

---

* Doslovno, „zajednički usmjeravati". *Samadhi* je blaženo stanje nadsvijesti u kojem jogi spoznaje jedinstvo pojedinačne duše i kozmičkog Duha.

† Fiziolozi smatraju da je hrkanje naznaka savršenog opuštanja.

‡ *Dal* je gusta juha od raspolovljenog suhog graška ili drugih mahunarki. *Channa* je sir napravljen od kiselog mlijeka, često narezan na kockice i pripremljen s krumpirima.

bogatim ili obrazovanim ljudima. Isto tako nije korio ni prezirao one druge zbog njihova siromaštva ili nepismenosti. Znao je pažljivo slušati riječi istine koje izgovara dijete, a istodobno je, katkad otvoreno, ignorirao uglednog pandita.

Ponekad bi se netko od gostiju znao zadržati sve do večere koja se posluživala u osam sati. Moj bi guru svakoga takvog gosta zadržao na večeri kako nitko ne bi napustio njegov ašram gladan ili nezadovoljan. U takvoj situaciji Sri Yukteswar nikad nije bio zatečen zbog neočekivanih gostiju za stolom. Uvijek bi umješno uputio svoje učenike kako da od malo jednostavne hrane pripreme pravu gozbu. No to ne znači da nije bio ekonomičan i sa skromnim je sredstvima znao postići dosta toga. „Novac kojim raspolažeš mora ti biti dovoljan.", često je znao reći. „Rastrošnost rađa nezadovoljstvo." Učitelj je jednako pokazivao originalnost i stvaralački duh kada je u pitanju bila organizacija života u duhovnoj školi kao i kod popravaka i građevinskih radova.

U mirnim večernjim satima moj bi guru obično držao predavanja koja su predstavljala dragocjenost za sva vremena. Svaka je njegova riječ bila ispunjena mudrošću. Njegov način izražavanja odisao je samopouzdanjem i bio odista jedinstven. Nikada nisam čuo nikoga drugoga da tako govori. Vidjelo se da najprije pomno razmišlja o onome što će reći. Esencija istine izlazila je iz njega šireći se gotovo poput mirisa iz dubine njegove duše. U tim trenucima uvijek sam bio svjestan kako svjedočim živom očitovanju Boga. Moja bi se glava automatski pognula pod težinom njegove božanskosti.

Ako bi gosti primijetili kako Sri Yukteswar uranja u Beskonačno, on bi ih odmah uključivao u razgovor. Jednostavno, nije bio od onih koji će od svojega povlačenja u unutarnji svijet duha napraviti predstavu. U svakom je trenu bio jedno s Gospodom pa mu nije trebalo posebno vrijeme za jedinstvo s Njim. Kao potpuno ostvareni učitelj više nije trebao instrument meditacije. Kaže se: „Kada se pojavi plod, cvijet otpada.". No sveci se znaju i dalje držati duhovne prakse kako bi bili primjer svojim učenicima.

S približavanjem ponoći moj bi guru utonuo u san jednostavno poput djeteta. Nije mu bilo potrebno posebno pripremiti postelju. Često bi i bez jastuka samo legao na uski ležaj iza svojega uobičajenog mjesta za sjedenje od tigrove kože.

No katkad bi se filozofska rasprava odužila cijelu noć ako bi je neki učenik potaknuo snažnim zanimanjem. U takvim trenucima nisam osjećao pospanost. Učiteljeve žive riječi bile su mi dovoljne. „O, već je zora! Hajdemo u šetnju pokraj Gangesa!" Tim bi riječima često završavala moja noćna poduka.

Već u prvih nekoliko mjeseci mog boravka kod Sri Yukteswara naučio sam važnu lekciju koja bi se mogla nazvati: „Kako nadmudriti komarca?". Kod kuće je moja obitelj noću obično postavljala zaštitnu mrežu protiv komaraca. Na moju žalost ustanovio sam da u duhovnoj školi mog učitelja nemaju tu naviku iako je komaraca bilo koliko hoćeš. Zbog toga sam bio izgrižen po cijelom tijelu. Moj se učitelj sažalio nada mnom.

„Kupi po jednu zaštitnu mrežu za mene i za sebe." Kroz smijeh je dodao: "Ako kupiš jednu samo za sebe, tada će svi komarci navaliti na mene!".

Sa zadovoljstvom sam dočekao te njegove riječi. Svake noći provedene u Seramporeu moj je zadatak bio postaviti mreže protiv komaraca oko kreveta.

Na žalost, jedne noći dok nas je okruživao roj komaraca, učitelj je zaboravio dati svoju uobičajenu napomenu o postavljanju mreža. Ja sam nervozno slušao zujanje kukaca spremnih na ubod. Ležeći u krevetu, uputio sam im molitvu s pozivom na mir. Nakon pola sata počeo sam naglašeno kašljati ne bih li tako pobudio Učiteljevu pozornost. Mislio sam da ću poludjeti od silnih uboda, a posebno je nepodnošljivo bilo slušati njihovo zujanje kojim su slavili svoj krvožedni pohod.

Učitelj se i dalje nije micao pa sam mu se pažljivo približio. Nije disao. To je bilo prvi put da sam ga vidio u stanju jogijskog transa, što me ispunilo strahom.

„Sigurno ga je izdalo srce!" Stavio sam mu zrcalo pod nos, ali nije se uočavala para od daha. Da bih se dodatno uvjerio, više sam mu puta prstima zatvorio usta i nosnice. Tijelo mu je bilo hladno i nepomično. Unezvjeren, pojurio sam prema vratima da pozovem u pomoć.

„Tako dakle! Preda mnom je nadareni eksperimentalac! O moj jadni nos!" Učitelj se tresao od smijeha. „Zašto ne legneš u krevet? Treba li se čitav svijet promijeniti zbog tebe? Promijeni radije sebe. Jednostavno se riješi svijesti o komarcima."

Poslušno sam se vratio u krevet. Nijedan kukac nije mi se više približio. Tada sam shvatio kako je moj učitelj pristao na nabavu zaštitnih mreža samo da meni ugodi jer se on uopće nije bojao komaraca. Svojim jogijskim moćima mogao je spriječiti njihove ubode ili se pak pred njima povući u unutarnju neranjivost.

"Ovo je sve služilo meni za pouku.", mislio sam. "Htio mi je pokazati jogijsko stanje za kojim moram težiti." Pravi jogi sposoban je ući i održati se u stanju nadsvijesti bez obzira na nebrojene zemaljske smetnje u obliku zujanja kukaca! U prvoj fazi *samadhija* (*sabikalpa samadhi*) poklonik uspijeva zatvoriti sva osjetilna vrata prema vanjskom svijetu. Za nagradu ukazuju mu se zvuci i prizori unutarnjih svjetova ljepši i od samog raja.*

Komarci su poslužili za još jednu pouku koju sam zarana dobio u ašramu. Padao je sumrak, a moj je Učitelj upravo besprijekorno tumačio stare tekstove. Sjedeći kraj njegovih nogu, bio sam u stanju savršena mira. Tada se pojavio nepristojni komarac i narušio moju idilu. Dok je zabadao strjelicu u moje bedro, automatski sam zamahnuo osvetničkom rukom. Ipak, pogubljenje je zaustavljeno! U sjećanje mi je došla Patanjalijeva izreka o *ahimsi* (nenasilju).†

"Zašto nisi dovršio posao?"

"Učitelju! Zar ste zagovornik ubijanja?"

"Nisam, ali ti si u svom umu već zadao smrtni udarac."

"Ne shvaćam."

"Pod pojmom *ahimse* Patanjali je mislio na uklanjanje *želje* za ubijanjem." Očito me je Sri Yukteswar čitao poput otvorene knjige. "Ovaj svijet nije baš idealno mjesto za doslovno primjenjivanje načela *ahimse*. Čovjek je u kušnji da istrijebi štetočine. Ali nije pod istim pritiskom kada je u pitanju osjećaj ljutnje ili neprijateljstva. Svi oblici života imaju jednako pravo na život pod nebeskom kapom *maye*. Svetac koji otkrije tajnu stvaranja bit će usklađen s bezbrojnim nasilnim pojavama Prirode. Svi ljudi mogu shvatiti ovu istinu ako nadrastu strast za uništavanjem."

"Guruji, znači li to da čovjek treba žrtvovati sebe kako bi izbjegao ubijanje divlje zvijeri?"

"Ne, ljudsko je tijelo dragocjeno. Ono ima najvišu evolucijsku vrijednost jer posjeduje jedinstvena središta u mozgu i kralježnici. Putem tih središta napredni poklonik može u potpunosti shvatiti i izraziti

---

* Sveprisutne jogijske moći putem kojih jogi vidi, kuša, miriše, dodiruje i čuje bez uporabe vanjskih osjetilnih organa opisane su u djelu *Taittiriya Aranyaka* na ovaj način: "Slijepac je probušio biser, onaj bez prstiju ga je stavio na ogrlicu, onaj bez vrata ju je stavio na sebe, a onaj bez jezika ju je hvalio."

† U prisutnosti čovjeka usavršenog u *ahimsi* (*ahimsa*, nenasilje) ni u jednom biću ne pojavljuje se osjećaj neprijateljstva. – *Yoga Sutre* II:35.

najuzvišenije vidove božanstvenosti. Nijedna druga živa vrsta nije za to opremljena. Istina je da čovjek čini manji grijeh ako je prisiljen ubiti životinju ili bilo koji drugi živi organizam. Ali svete *šastre* uče kako je bezrazložan gubitak ljudskog tijela ozbiljno kršenje zakona karme."

Ispustio sam uzdah olakšanja shvativši da nije uvijek sigurno hoće li sveti spisi potvrditi vlastita djela vođena instinktima.

Koliko mi je bilo poznato, Učitelj nije imao bliskih susreta s leopardom ili tigrom. No jednom mu je na put stala smrtonosna kobra. Na kraju je bila svladana snagom njegove ljubavi. To se zbilo u Puriju gdje je Učitelj imao duhovnu školu na moru. Sri Yukteswarov mladi učenik Prafulla bio je s njim kada se to dogodilo.

„Sjedili smo vani u blizini ašrama", pričao mi je Prafulla, „kada se pokraj nas pojavila kobra. Duža od jednog metra bila je oličenje* užasa i straha. Bijesno je raširila svoju kukuljicu dok je hitala prema nama. Učitelj ju je dočekao veselim uzvikom: 'Hi-hi!!' kao da se obraća malom djetetu. Ja sam bio smeten dok sam promatrao kako Sri Yukteswar počinje ritmički pljeskati rukama. On je zabavljao strašnog posjetitelja! Ostao sam potpuno miran i u sebi sam se zdušno molio. Zmija, koja je sada bila sasvim blizu Učitelja, zaustavila se očito magnetizirana njegovim prijateljskim ponašanjem. Zastrašujuća kukuljica polako se počela skupljati, a kobra je odgmizala između Sri Yukteswarijijevih nogu i nestala u grmlju.

„Tada mi nije bilo jasno zašto je Učitelj pljeskao rukama i zašto ga kobra nije napala.", završio je Prafulla, „No sada mi je jasno da je naš božanski guru nadrastao strah od napada bilo kojeg stvorenja."

Jednog poslijepodneva tijekom prvih mjeseci boravka u ašramu vidio sam kako me Sri Yukteswarove oči pomno promatraju.

„Premršav si, Mukunda."

Njegov komentar pogodio me u bolnu točku. Moje upale oči i iscrpljen izgled nisu mi se sviđali. Kronične želučane tegobe pratile su me od djetinjstva. Kod kuće sam iskušavao mnoge ljekovite napitke, ali mi nisu pomagali. Stoga sam se povremeno pitao vrijedi li išta život u tako nezdravu tijelu.

„Lijekovi imaju ograničeno djelovanje, a stvaralačka životna sila

---

* Poznato je da kobra munjevito napada ako uoči bilo kakav pokret u svojoj blizini. Stoga je obično potpuna nepomičnost jedini način spasa.

Kobre pobuđuju velik strah u Indiji jer se godišnje zabilježi oko pet tisuća napada sa smrtnim ishodom.

nema granica. Ako budeš u to čvrsto vjerovao, vidjet ćeš da će ti biti bolje i da ćeš ojačati."

Učiteljeve riječi odmah su me uvjerile da bih njihovu istinitost mogao primijeniti u vlastitom životu. Nijedan drugi iscjelitelj, a bio sam kod mnogih, nije bio sposoban u meni pobuditi tako duboko vjerovanje.

Dan za danom dobivao sam na težini i snazi. Zahvaljujući skrivenom blagoslovu Sri Yukteswara, u samo dva tjedna postigao sam zadovoljavajuću težinu, što mi prije nije nikako uspijevalo. Zauvijek su nestale i moje probavne smetnje.

Kasnije sam imao čast prisustvovati prilikama u kojima je guruova božanska moć ozdravljenja izliječila osobe od šećerne bolesti, padavice, tuberkuloze ili paralize.

„Nekada davno i ja sam nastojao dobiti na težini.", rekao mi je Učitelj ubrzo nakon mog izlječenja. „Tijekom oporavka od teške bolesti posjetio sam Lahirija Mahasayu u Benaresu.

'Gospodine,' rekao sam mu,' bio sam jako bolestan i dosta sam izgubio na težini.'

„'Vidim, Yuktesware,* da si dosta loše i da sada misliš kako si mršav.'

Ovo nije bio odgovor kojem sam se nadao, no moj me guru zatim ohrabrio:

'Da vidimo, siguran sam da ćeš se sutra bolje osjećati.'

Moj je um smjesta prihvatio njegove riječi kao napomenu kako me on potajno liječi. Iduće jutro došao sam k njemu i pun radosti izjavio: 'Gospodine, danas se osjećam puno bolje.'.

'Zaista! Danas izgledaš kao da si se preporodio.'

'Ne, Učitelju!', prosvjedovao sam. 'Vi ste taj koji mi je pomogao. Ovo je prvi put nakon više tjedana da se osjećam nešto snažnijim.'

'O, da! Tvoja je bolest bila prilično ozbiljna. Tijelo ti je još slabo. Tko zna što će biti sutra?'

'Sama pomisao na to da mi se bolest može vratiti ispunila me strahom. Iduće jutro jedva sam se dovukao do Lahiri Mahasayina doma.

'Gospodine, ponovno se osjećam loše.'

Učitelj je imao zagonetan pogled. 'Dakle, vidim da si se ponovno razbolio.'

---

* Lahiri Mahasaya je u stvari rekao "Priya" (što je Učiteljevo pravo ime), a ne Yukteswar (što je njegovo redovničko ime koje nije primio u vrijeme dok je Lahiri Mahasaya bio živ). (Vidi na str. 106.) Ovdje i na još nekoliko mjesta u knjizi koristi se ime "Yukteswar" da se izbjegne zabuna oko ta dva imena.

Moje strpljenje bilo je na rubu. 'Gurudeva', rekoh, 'sada shvaćam da ste me iz dana u dan ismijavali. Ne razumijem zašto ne vjerujete mojim istinitim izjavama.'

'Trebaš znati da su zapravo tvoje misli one koje su uzrokovale da se jednom osjećaš bolje a drugi put loše.' Guru me je promatrao s ljubavlju. 'Sada si vidio kako tvoje zdravlje točno slijedi tvoja podsvjesna očekivanja. Misao je sila, baš kao elektricitet ili gravitacija. Ljudski um predstavlja iskru svemoćne Božje svijesti. Mogao bih ti pokazati kako se odmah može ostvariti sve u što tvoj moćni um vjeruje.'

Znao sam da Lahiri Mahasaya nikad ne govori površno, pa sam mu se obratio s velikim poštovanjem i zahvalnošću: 'Učitelju, znači li to da ako mislim kako sam dobro i kako ću vratiti svoju težinu, da će se to doista i dogoditi?'

'Tako je, i to se upravo sada događa.' Moj guru je govorio ozbiljnim tonom, a pogled mu se usredotočio na moje oči.

Odmah sam osjetio kako mi se vraćaju i snaga i težina. Lahiri Mahasaya je utonuo u tišinu. Nakon što sam proveo nekoliko sati do njegovih stopala otišao sam u kuću svoje majke kod koje sam odsjedao dok sam boravio u Benaresu.

'Sine moj! Što se dogodilo? Sav si natečen, zar ti se voda nakuplja u tijelu?' Majka nije mogla vjerovati svojim očima. Tijelo mi je ponovno bilo čvrsto i popunjeno baš kao i prije bolesti.

Izvagao sam se i ustanovio da sam u jednom danu dobio dvadeset i pet kilograma, i ta težina mi je ostala za stalno. Prijatelji i znanci koji su me vidjeli onako mršavog sada nisu mogli doći k sebi od zaprepaštenja. Zbog tog čuda neki od njih promijenili su način života i postali učenici Lahirija Mahasaye.

Moj guru koji je spoznao Boga znao je da ovaj svijet nije ništa drugo nego opredmećeni san Stvoritelja. Lahiri Mahasaya bio je potpuno svjestan svojega jedinstva s Božanskim Sanjačem te je stoga mogao stvoriti ili uništiti, odnosno na bilo koji način prerasporediti snolike atome pojavnog svijeta."*

„Isti zakon upravlja cjelokupnim stvaranjem," zaključio je Sri Yukteswar. „Načela koja su na djelu u vanjskom svemiru, a koja otkrivaju znanstvenici, nazivaju se prirodnim zakonima. No postoje i suptilniji

---

* „Zato vam kažem: Što god moleći pitate, vjerujte da ste to već primili, i bit će vam."- Mk 11:24. Učitelji koji su jedno s Bogom sposobni su prenijeti svoje božansko ostvarenje svojim naprednim učenicima kao što je u ovom slučaju Lahiri Mahasaya učinio sa Sri Yukteswarom.

Godine provedene u duhovnoj školi mog Učitelja

zakoni koji upravljaju skrivenim duhovnim razinama te unutarnjim svijetom svijesti. Ta načela mogu se spoznati putem joge. Nije fizičar onaj tko shvaća istinsku prirodu tvari, već je to samo-ostvareni učitelj. Takvo znanje omogućilo je Kristu da vrati natrag uho slugi koje mu je odsjekao jedan od učenika."*

Moj je guru bio nenadmašni tumač svetih spisa. Mnoge od mojih najljepših uspomena vezane su uz njegova izlaganja. Ali njegove dragocjene misli nisu bile namijenjene nepažljivima ili glupima. Bio je dovoljan jedan nemiran pokret mog tijela ili da tek neznatno odlutam u mislima i moj bi Učitelj naglo prekinuo svoje predavanje.

„Nisi prisutan." Tim je riječima Sri Yukteswar prekinuo svoje izlaganje jednog poslijepodneva. Tako mi je dao do znanja da, kao i obično, pomno prati jesam li u potpunosti usmjeren na ono što mi govori.

„Guruji!", pokušao sam prosvjedovati. „Nisam se ni pomaknuo, nisam ni okom trepnuo, a mogu i ponoviti svaku riječ koju ste rekli!"

„Unatoč tomu, nisi bio sasvim usredotočen na ono što govorim. Kad se već žališ, reći ću ti da si u pozadini svojih misli razmišljao o tri građevine. Maštao si o udobnim kućama okruženima šumom, i to redom: o jednoj na čistini, jednoj na planini te jednoj na obali oceana."

Te neodređene misli doista su mi prolazile glavom i to gotovo nesvjesno. Gledao sam prema njemu žaleći se usput:

„Što da radim s takvim učiteljem koji može prodrijeti i do mojih slučajnih misli?"

„Ti si mi dao pristanak za to. Skrivene i duboke istine koje ti otkrivam ne mogu se shvatiti ako nisi u potpunosti usredotočen. Ja narušavam privatnost tuđih misli samo ako je to nužno. Prirodno je pravo svakog čovjeka da svoje misli zadrži za sebe. Ni sam Gospod ne ulazi tamo nepozvan pa tako ni ja ne upadam bez povoda."

„Kod mene ste uvijek dobrodošli, Učitelju!"

„Tvoji snovi o graditeljskim pothvatima ostvarit će se kad za to dođe vrijeme. Sada je vrijeme za učenje!"

Tako mi je moj Učitelj, na svoj jednostavni način, usput otkrio kako zna za tri buduća važna događaja u mom životu. Još od rane mladosti javljale su mi se zagonetne slike triju građevina od kojih se svaka nalazila na drugome mjestu. U točnom vremenskom slijedu, kako je

---

* "I jedan od njih udari slugu velikoga svećenika te mu odsiječe desno uho. A Isus reče: 'Pustite! Dosta!' I dotače se uha te ga iliječi." Lk 22:50-51.

naznačio Sri Yukteswar, ta su se viđenja i ostvarila. Najprije sam utemeljio Školu joge za dječake na ravnici u gradu Ranchiju, zatim se radilo o američkom središtu moje udruge na planini pokraj Los Angelesa te na posljetku o Duhovnoj školi u Encinitasu u Kaliforniji, koja je imala pogled na prostrani Tihi ocean.

Učitelj ne bi nikad samouvjereno rekao: "Proričem da će se dogoditi taj i takav događaj!" Umjesto toga samo bi naznačio: „Ne misliš li da se to može dogoditi?" Ali njegove jednostavne riječ imale su proročansku moć. On nije nikada ništa porekao niti se ijedno njegovo diskretno uobličeno predviđanje pokazalo lažnim.

Sri Yukteswar je bio suzdržan i konkretan u ponašanju. Kod njega nije bilo zanesenosti ili lutanja oblacima. Moglo bi se reći da je nogama bio čvrsto na zemlji, dok mu je glava bila u najvišim nebesima. Jako je cijenio praktične ljude. „Svetost ne znači blesavost!" „Primanje božanskih poruka ne uzrokuje nesposobnost za normalan život!", znao je reći. „Izražavanje vrlina kroz rad znak je izrazite pameti."

Učitelj nije imao običaj razgovarati o nadnaravnim stvarima. Jedina „čudesna" aureola koju je on nosio bila je ona savršene jednostavnosti. U razgovoru je izbjegavao zbunjujuće komentare, a u djelovanju je pokazivao svu slobodu svoje izražajnosti. Mnogi su učitelji govorili o čudima, a sami nisu mogli izvesti nijedno od njih. Sri Yukteswar je rijetko spominjao skrivene zakone, ali je zato potajno upravljao njima snagom volje.

„Ostvaren čovjek ne čini čuda osim ako za to nema unutarnju potvrdu.", objašnjavao je Učitelj. „Bog ne želi da se tajne Njegova stvaranja otkrivaju svakomu.* Osim toga, svaki pojedinac na svijetu ima neotuđivo pravo na vlastitu slobodnu volju. Svetac neće nikomu uskratiti to pravo."

Uzrok šutnje koja je bila bitna Sri Yukteswaru nalazio se u njegovu dubokom poimanju Beskonačnog. On nije imao vremena za neprestana „otkrivenja" kojima se bave učitelji koji nisu samoostvareni. Povezano s tim postoji jedna izreka iz hinduističkih svetih spisa: „U plitkog čovjeka riba malih misli uzrokuje veliko komešanje. U oceanskim umovima pak kitovi nadahnuća jedva da se i primijete."

Upravo zbog takvoga neupadljivog držanja mojega gurua, samo je malen broj njegovih suvremenika mogao prepoznati o kakvom se

---

* „Ne dajte svetinje psima! Na bacajte svoga biserja pred svinje da se, pošto ga pogaze, ne okrenu te vas rastrgaju!"- Mt 7:6.

Godine provedene u duhovnoj školi mog Učitelja

velikom čovjeku radi. Izreka: „Budala je onaj koji ne zna sakriti svoju mudrost." sigurno se nije mogla primijeniti na mojega dubokoumnog i tihog Učitelja.

Iako smrtnik po rođenju poput svih ostalih, Sri Yukteswar se uspio poistovjetiti s Gospodarom vremena i prostora. Za Učitelja nije bilo nesavladive prepreke po pitanju spajanja ljudskih i Božanskih osobina. I ja sam shvatio da ne postoje zapreke tomu, osim čovjekova oklijevanja da se otisne u duhovnu pustolovinu.

Uvijek bi me prošli trnci kada bih dotaknuo Sri Yukteswarova sveta stopala. Kada učenik pun poštovanja dotakne učitelja, prožima ga duhovna magnetska struja jer dolazi do stvaranja suptilne struje. Tom radnjom su svi neželjeni mehanizmi učenikovih loših navika u mozgu spržen. Isto tako se i obrasci njegovih svjetovnih naklonosti mijenjaju na bolje. Učenik može, barem za trenutak, osjetiti kako se skriveni velovi *maye* podižu, a iza njih se počinje nazirati stvarnost blaženstva. Moje tijelo bi uvijek doživjelo takav osjećaj oslobađanja kada bih po indijskom običaju kleknuo pred svojega Učitelja.

„I Lahiri Mahasaya bio je šutljiv", pripovijedao mi je Učitelj, „ osim kada je bila riječ o vjerskim pitanjima. No ipak sam od njega primio neizrecivo znanje."

Sri Yukteswar je slično utjecao na mene. Kada bih došao u duhovnu školu zabrinut ili bezvoljan, odjednom bi se moje raspoloženje promijenilo. Bilo je dovoljno da ugledam svojega Učitelja i već bi me obuzeo osjećaj mira. Svaki dan proveden s njim bio je nov doživljaj radosti, mira i mudrosti. Nikada nisam vidio da je potpao pod lažni utjecaj gramzivosti, ljutnje ili vezanosti za ljude.

„Tama *maye* približava se nečujno. Pobjegnimo joj tako što ćemo se vratiti domu u svojoj nutrini." Učitelj je neprestance upućivao te riječi upozorenja učenicima kako bi ih podsjetio da trebaju vježbati *Kriya jogu*. Novi bi učenik katkad znao izraziti sumnju u vlastitu vrijednost glede vježbanja joge.

„Zaboravi prošlost!", tješio bi ga Sri Yukteswar. „Prošli životi svih ljudi skrivaju u tami mnoge sramote. Ljudsko ponašanje je nepouzdano sve dok se čovjek ne usidri u Božanskome. Ako se potrudiš upravo sada i učvrstiš na svojemu duhovnom putu, sve će se u budućnosti popraviti."

Učitelj je u ašramu uvijek imao mlade *chele* (učenike). Na njihovu školovanju i duhovnom obrazovanju on je radio cijeli život. Čak je i nedugo prije smrti primio u duhovnu školu dvojicu šestogodišnjaka i jednog šesnaestogodišnjeg mladića. Svi su u njegovoj školi primali pomno odabranu poduku. „Učenik" i „učenje" su i jezično i praktično povezani pojmovi.

Stanovnici ašrama voljeli su i duboko poštovali svojega Učitelja. Bilo je dovoljno da on pljesne rukama i svi bi odmah dolazili k njemu. Kada bi Učitelj bio tih i povučen, nitko se nije usudio reći ni riječ. S druge strane, kada bi njegov smijeh srdačno odzvanjao, djeca bi ga gledala kao da je i sam dijete poput njih.

Sri Yukteswar je rijetko od bilo koga tražio neku osobnu uslugu. Isto tako nije prihvaćao pomoć *chele* ako je učenik nije nudio s veseljem. Učitelj bi sâm prao svoju odjeću ako bi netko od učenika zaboravio na tu svoju povlaštenu dužnost.

Njegova uobičajena odjeća bila je tradicionalna odora swamija narančaste boje. Po kući je nosio cipele bez vezica koje su, prema jogijskom običaju, bile izrađene od tigrove ili jelenje kože.

Sri Yukteswar je tečno govorio engleski, francuski, bengalski i hindski jezik, a dobro je znao i sanskrt. Strpljivo je podučavao mlade učenike nekim vlastitim metodama ubrzanog učenja engleskog i sanskrta.

Učitelj nije bio jako vezan za tijelo, ali je pazio na sebe. Isticao je kako se Božansko ispravno očituje i kroz tjelesno i mentalno zdravlje. Odbacivao je bilo kakva pretjerivanja. Učeniku koji je htio vrlo dugo postiti šaljivo bi rekao: „Zašto ne baciš kost psu?"*

Sri Yukteswar je bio odlična zdravlja i nikad ga nisam vidio bolesna.† U znak poštovanja prema svjetovnim navikama dopuštao je učenicima da ako žele posjećuju doktora. „Liječnici bi", govorio je, „trebali liječiti koristeći se Božjim zakonima primijenjenima na tvar." No on je isticao nadmoć misaone terapije i često je ponavljao: „Mudrost je najbolji lijek." Svojim je *chelama* govorio:

„Tijelo je nevjerni prijatelj. Dajte mu ono što je nužno i ništa više. Bol i ugoda su prolazni. Podnosite sve dvojnosti smireno, a istodobno se potrudite izmaknuti njihovu utjecaju. Mašta i naše misli predstavljaju vrata kroz koja ulazi bolest, ali i izlječenje. Odbijte povjerovati u prisutnost bolesti čak i kada ste bolesni pa će neshvaćeni posjetitelj pobjeći!"

Među Sri Yukteswarovim učenicima bilo je mnogo liječnika. „Oni

---

* Učitelj je odobravao post kao idealno sredstvo pročišćavanja organizma, ali je taj učenik bio pretjerano obuzet svojim tijelom.

† Jednom je bio bolestan, tijekom boravka u Kašmiru, ali ja tada nisam bio s njim. (Vidi na str. 201.)

koji proučavaju fiziologiju trebali bi ići dalje i istraživati znanost o duši." govorio je. „Ispod tjelesnog stroja skriva se finija duhovna struktura."*

Sri Yukteswar je isticao svojim učenicima kako moraju biti primjer vrlina i Zapada i Istoka. On je po svom vanjskom ponašanju i dobroj organiziranosti u poslu bio zapadnjak, a iznutra je bio duhovni istočnjak. Jako je cijenio težnju napretku, snalažljivost i higijenske navike Zapada, a istodobno i vjerske ideale, istinsko povijesno naslijeđe, kojim se ponosi Istok.

Ne mogu reći da mi stega nije bila poznata. Kod kuće je Otac bio strog, a brat Ananta često i okrutan. Ali školovanje kod Sri Yukteswara najbolje bi se moglo opisati kao drastično. On je bio perfekcionist pa je prema tome bio izrazito kritičan prema svojim učenicima, bilo da je riječ o nečemu trenutnom ili o finim nijansama uobičajenoga ponašanja.

„Lijepo ponašanje bez iskrenosti je poput mrtve ljepotice.", znao bi napomenuti u prikladnoj situaciji. „Izravnost bez uljudnosti je poput liječničkog skalpela, učinkovita ali neugodna. Otvorenost i ljubaznost su korisni i vrijedni divljenja."

Učitelj je očito bio zadovoljan mojim duhovnim napretkom jer je to rijetko spominjao. No zato sam po pitanju drugih stvari bio itekako izložen njegovoj kritici. Najviše mi je prigovarao zbog nepažnje, čestog zapadanja u tužno raspoloženje, nepridržavanja nekih pravila ponašanja u društvu i povremene neorganiziranosti.

„Pogledaj kako su poslovi tvojega oca Bhagabatija dobro organizirani i usklađeni.", isticao je moj guru. Ta dvojica učenika Lahirija Mahasaye sreli su se ubrzo nakon mojega prvog posjeta duhovnoj školi u Serempuru. Otac i Učitelj duboko su poštovali jedan drugog. Obojica su izgradila svoj bogati unutarnji život na duhovnoj granitnoj stijeni otpornoj na vrijeme.

Od svojega prijašnjeg kratkotrajnog učitelja dobio sam nekoliko pogrešnih poduka. Tamo su mi, naime, bili rekli kako se *chela* ne treba

---

* Odvažni liječnik Charles Robert Richet, dobitnik Nobelove nagrade za fiziologiju, napisao je: „Metafizika kao takva još nije prihvaćena od službene znanosti. Ali doći će i to vrijeme... U Edinburgu sam pred 100 fiziologa govorio o tome kako naših pet osjetila nisu jedino sredstvo stjecanja znanja, već da katkad dio stvarnosti otkrivamo i na druge načine... To što je neka činjenica rijetka ne znači da ona i ne postoji. Ako je predmet proučavanja težak, to nije razlog da odustanemo od njegova proučavanja... Oni koji su se okomili na metafiziku kao na okultnu znanost bit će jednako posramljeni kao i oni koji su nekoć napadali kemiju tvrdeći da je potraga za kamenom mudraca obična tlapnja... Kada govori o načelima, onda su to ona kojima su se vodili Lavoisier, Claude Bernard i Pasteur - dakle načela *eksperimentalne* provjere uvijek i svuda. Pozdravljam stoga novu znanost koja će promijeniti smjer ljudske misli."

puno zamarati svjetovnim dužnostima. Ako bih zanemario ili neoprezno izvršio neku dužnost, nisam bio prekoren. Takvo stajalište i odnos ljudska priroda je sklona vrlo brzo usvojiti i uzeti kao nešto normalno. Pod nemilosrdnim štapom svojega Učitelja brzo sam se osvijestio iz tog sna neodgovornosti.

„Oni koji misle da ovaj svijet nije dovoljno dobar za njih znači da obožavaju neki drugi.", napomenuo je jednog dana Sri Yukteswar. „Dok god besplatno dišeš zrak na ovoj Zemlji, obvezan si služiti sa zahvalnosti. Samo onaj tko može u potpunosti ostati bez daha* oslobođen je kozmičkih imperativa." Ironično je dodao: „Budi bez brige, ja ću te obavijestiti čim postigneš to konačno savršenstvo.".

Učitelja nije bilo moguće ničim podmititi, čak ni ljubavlju. On nije iskazivao blagost ni prema kome tko je, poput mene, svojevoljno pristao biti njegov učenik. Bez obzira na to jesmo li bili okruženi učenicima, strancima ili smo pak bili sami, on bi uvijek govorio otvoreno i nemilosrdno oštro. Njegovu prijekoru nije mogla izbjeći ni najmanja površnost ili nedosljednost. Nisam baš lako podnosio te njegove lekcije upućene mom egu, ali bio sam posve odlučan dopustiti Sri Yukteswaru da izravna sve moje psihološke nabore. Dok se on trudio ostvariti ovu veliku promjenu u meni, ja sam se ne jednom tresao pod udarcima njegova čekića discipline.

„Ako ti se ne sviđaju moje riječi, možeš otići kad god želiš!", uvjeravao me Učitelj. „Ja ne želim ništa drugo od tebe osim tvojega napretka. Ostani ovdje samo ako smatraš da je to za tvoje dobro!"

Neizmjerno sam mu zahvalan na udarcima poniznosti koje je nanio mojoj taštini. Katkad sam imao osjećaj, slikovito govoreći, da je našao i iščupao svaki pokvareni zub u mojoj čeljusti. Tvrdokorni egoizam teško je iskorijeniti osim grubom silom. Tek kad ego nestane, otvoren je put za ulazak Božanskog. Uzalud se Ono trudi probiti kroz kameno srce sebičnosti.

Sri Yukteswar je imao duboku intuiciju i često je odgovarao na čovjekove neizražene misli, ne obazirući se pritom na izrečene napomene. Riječi kojima se osoba koristi i stvarne misli koje se iza njih kriju nerijetko su posve oprečne. „Upotrijebi smirenost", rekao bi moj guru, „kako bi došao do misli koje se nalaze iza zbrke čovjekovih riječi."

Otkrića koja dolaze božanskim uvidom često su bolna za svjetovne

---

* *Samadhi*: stanje nadsvijesti.

Godine provedene u duhovnoj školi mog Učitelja

uši pa Učitelj nije bio omiljen među površnim učenicima. Oni mudri, uvijek malobrojni, duboko su ga poštovali.

Usuđujem se reći kako bi Sri Yukteswar bio najtraženiji guru u Indiji da nije govorio tako otvoreno i kritički.

„Prema onima koji su odlučili postati moji učenici ja sam strog.", priznao mi je. „To je moj način: uzmi ili ostavi. Nikad ne pravim kompromis. Ali ti ćeš biti mnogo obazriviji prema svojim učenicima jer je to tvoj način. Ja nastojim pročistiti isključivo vatrom strogosti, što izaziva opekline koje malo tko može podnijeti. Nježan pristup ljubavi također može dovesti do potrebne promjene. I krute i blage metode jednako su učinkovite ako se mudro primjenjuju." Dodao je: „Ti ćeš poći u strane zemlje gdje se izravni napadi na ego ne cijene puno. Učitelj koji želi prenijeti poruku Indije Zapadu mora se prilagoditi načinu strpljivosti i umjerenosti." (Ne moram vam reći koliko često sam se u Americi sjetio ovih Učiteljevih riječi!).

Iako je izravan, neuvijen govor mojega Učitelja bio prepreka u stjecanju većeg broja sljedbenika za njegova života, njegov je duh i dalje prisutan u današnjem svijetu kroz stalni rast broja iskrenih sljedbenika njegova učenja. Ratnici poput Aleksandra Velikog teže osvajanju zemalja, a učitelji poput Sri Yukteswara pobjeđuju na znatno vrjednijem polju – u dušama ljudi.

Učitelj je običavao isticati obične i zanemarive nedostatke svojih učenika kao da je riječ o nečemu velikom i ozbiljnom. Jednog je dana moj Otac došao u Serampore posjetiti Sri Yukteswara i odati mu poštovanje. Sasvim prirodno Otac je očekivao kako će čuti i kakvu dobru riječ o meni. Bio je zaprepašten kada je dobio samo dugi popis mojih nedostataka. Odmah je odjurio do mene.

„Prema onome što sam čuo od tvojega Učitelja ti si potpuni promašaj!" Otac nije znao bi li plakao ili se smijao.

U to vrijeme jedini razlog Sri Yukteswarova nezadovoljstva mnome bila je činjenica što sam pokušavao, unatoč njegovu diskretnom savjetu da to ne činim, obratiti jednog čovjeka na duhovni put.

Ljutito sam odjurio do svojega Učitelja. Dočekao me oborena pogleda, kao da je i sam osjećao krivnju. To je bio jedini put da sam vidio božanskog lava kako krotko stoji preda mnom. Iskoristio sam tu jedinstvenu priliku u potpunosti.

„Gospodine, zašto ste me tako nemilosrdno osudili pred mojim zaprepaštenim ocem? Zar je to bilo pravedno?"

„Neću to više učiniti.", Sri Yukteswarov glas odavao je ispriku.
U tom času ja sam ostao razoružan. Kako je samo spremno taj veliki čovjek priznao svoju pogrešku! Iako više nikad nije uznemirio mojega Oca na ovakav način, Učitelj me je ipak nastavio bez ustručavanja kritizirati kada i gdje je htio.

Novi su učenici često slijedili Sri Yukteswara u iscrpnom kritiziranju drugih. Mudri poput gurua! Moć razlikovanja bez premca! Ali onaj tko se odluči za napad trebao bi i sâm imati pripremljenu obranu. Takvi studenti, uvijek spremni kritizirati, iznenada bi pobjegli čim bi Učitelj prema njima javno odapeo nekoliko strelica iz svojega analitičkog tobolca.

„Osjetljive unutarnje slabosti, koje se bune i na nježne dodire zabrane, slične su bolnim dijelovima tijela koji naglo reagiraju i na nježno postupanje." Tim bi riječima Sri Yukteswar uz osmijeh ispratio iznenadne bjegunce.

Mnogi učenici došli su s već unaprijed stvorenom slikom o Učitelju i na temelju nje su prosuđivali njegove riječi i djela. Takve osobe često su se žalile kako ga ne shvaćaju.

„Isto tako vi ne shvaćate Boga!", jednom sam im ljutito odgovorio. „Kad biste razumjeli sveca, i sami biste bili sveci!" Okružen bilijunima tajni ovoga svijeta može li čovjek očekivati da shvati odjednom divljenja vrijednu narav Učitelja?

Studenti bi dolazili i većina njih – odlazila. Onima koji su tražili jednostavan put u obliku trenutačne naklonosti i ugodnoga priznavanja vlastitih zasluga nije bilo mjesto u duhovnoj školi. Učitelj je nudio učenicima utočište i vodstvo za vječnost, no mnogi studenti na žalost tražili su i tetošenje ega. Odlazili bi, dajući prednost bezbrojnim poniženjima života, umjesto poniznosti. Blještave i prodorne sunčeve zrake Sri Yukteswarove mudrosti bile su prejake za njihovu duhovnu bolest. Takvi su tražili nekoga slabijeg učitelja koji će im navući zastore laskanja i omogućiti im da nemirno snivaju u neznanju.

Ja sam zbog toga u početku svojega boravka kod Sri Yukteswara bio vrlo osjetljiv i bojao se njegovih prijekora. Uskoro sam uvidio kako on otvoreno kori samo one koji su, poput mene, izričito tražili od njega da ih dovede u red. Ako bi neki povrijeđeni student protestirao, Sri Yukteswar se ne bi uvrijedio, već bi zašutio. Njegove riječi nisu nikada bile gnjevne niti imale osobni karakter, ali su zato posjedovale mudrost.

Učitelj nije nikada grdio slučajne posjetitelje i rijetko je spominjao njihove nedostatke makar bili i očiti. No prema studentima koji su tražili njegov savjet on je osjećao veliku odgovornost. Doista je hrabar onaj guru koji se hvata u koštac sa zadaćom da promijeni ljude duboko uronjene u ego! Svečeva hrabrost ima svoje uporište u njegovu suosjećanju za ljude smetene *mayom*, za sve te slijepce koji posrću svijetom.

Nakon što sam odbacio svoje staro, izrazito opiranje ovakvom Sri Yukteswarovom pristupu vidno su se smanjili njegovi prijekori. Učitelj je vrlo nenametljivo postao relativno manje strog. Za neko vrijeme bio sam srušio sve zidove oslanjanja na razum i podsvjesno* ograđivanje iza kojih se ljudska osobnost obično skriva. Nagrada za to bio je sklad između mene i Učitelja koji je uslijedio bez napora. Tada sam otkrio da je on osoba koja ima povjerenja u druge, obazriva i puna tihe ljubavi. Ipak, nesklon izražavanju emocija, nije riječima iskazivao ono što je osjećao iznutra.

Po svom temperamentu ja sam prije svega onaj tko posjeduje devociju, predanost i osjeća jaku ljubav prema Bogu. Stoga mi u početku nije bilo svejedno kada bih vidio kako se moj guru, koji je sav uronjen u *jnanu* i naoko nema nimalo bliskosti s *bhakti*† principom, izražava isključivo pomoću hladne duhovne matematike. No, kada sam se priviknuo na njegovu prirodu, otkrio sam da se moj devocijski pristup Bogu nije smanjio, naprotiv čak se i povećao. Samoostvareni učitelj u potpunosti je sposoban voditi svoje učenike u skladu s njihovim prirodnim težnjama.

Moj odnos sa Sri Yukteswarom bio je ponešto neodređen, a opet je imao skrivenu izražajnost. Često sam se nalazio u prilici u kojoj sam osjećao njegov nečujni potpis na svojim mislima bez potrebe za korištenjem riječi. Bilo je dovoljno tiho sjediti pokraj njega i već bih osjećao njegovo obilje kako mirno preplavljuje moje biće.

Učiteljeva nepristranost u dijeljenju pravde pokazala se na znakovit način za vrijeme ljetnih praznika tijekom prve godine moga studija. Radovao sam se što ću te mjesece nesmetano provesti u Seramporeu sa svojim guruom.

---

* „Naša svijest i podsvijest okrunjene su nadsviješću.", istaknuo je rabin Israel H. Levinthal u svom predavanju u New Yorku. „Prije mnogo godina engleski psiholog F.W.H. Myers naznačio je da se 'duboko u našem biću pokraj kuće s blagom nalazi i hrpa smeća.' Suprotno uvriježenu stajalištu psihologije koja sva svoja istraživanja usmjerava na podsvjesno u ljudskoj prirodi, nova psihologija nadsvjesnog usredotočuje pozornost na kuću s blagom - područje koje jedino nudi objašnjenje za velika, nesebična, junačka djela ljudi."

† *Jnana*, mudrost, i *bhakti*, predanost, devocija, dva su glavna puta koja vode do Boga.

„Možeš voditi brigu o duhovnoj školi.", rekao mi je Sri Yukteswar zadovoljan što me vidi tako poletnog. „Tvoje dužnosti bit će primanje gostiju i nadgledanje rada ostalih učenika."

Četrnaest dana kasnije u ašram je na školovanje stigao Kumar, mladi seljak iz Istočnog Bengala. Bio je izrazito inteligentan te je brzo stekao Učiteljevu naklonost. Iz nekog nepojmljivog razloga Sri Yukteswar je zauzeo nekritičan stav prema novom članu.

„Mukunda, neka Kumar preuzme tvoje dužnosti. Ti se možeš posvetiti čišćenju i kuhanju." Učitelj je to rekao mjesec dana nakon što je Kumar stigao k nama.

Nakon svog promaknuća Kumar je uspostavio pravu malu tiraniju u našem domaćinstvu. U znak tihe pobune ostali učenici nastavili su tražiti savjete od mene. Takvo je stanje potrajalo tri tjedna, a onda sam u prolazu čuo razgovor između Kumara i Učitelja.

„Mukunda je nemoguć!", rekao je dječak. „Vi ste me postavili za nadglednika, no drugi se i dalje obraćaju njemu i samo njega slušaju."

„Zato sam njega postavio u kuhinju, a tebe u salon da shvatiš kako pravi vođa želi služiti, a ne vladati." Ovakav hladan tuš Sri Yukteswara bio je za Kumara nešto novo. „Htio si Mukundin položaj, ali ga nisi uspio zadržati zaslugom. Sada se vrati na svoje staro mjesto pomoćnika kuhara."

Nakon te lekcije iz poniznosti Učitelj je i dalje zadržao prema Kumaru stav nepotrebna ugađanja. Tko može dokučiti tajnu privlačnosti? U Kumaru je naš guru otkrio dražesnu fontanu koja, međutim, nije bila privlačna nama ostalim učenicima. Iako je novi dječak očito bio Sri Yukteswarov miljenik, ja zbog toga nisam osjećao žalost. Očito takve specifičnosti u ponašanju nisu lišeni ni učitelji, što samo pridonosi bogatstvu života kao takvog. Moja narav nije bila podložna utjecaju sitnica jer sam kod Sri Yukteswara tragao za većom dobrobiti od izvanjske hvale.

Jednog dana Kumar mi se obratio otrovnim riječima, što me duboko povrijedilo:

„Pazi da se ne rasprsneš koliko si se napuhao!". Na te riječi izrekao sam upozorenje koje sam intuitivno osjećao: „ Ako se ne pribereš, jednog ćeš dana morati otići iz ašrama.".

Ironično se smijući, Kumar je ponovio moju napomenu našem Učitelju koji je upravo ušao u sobu. Misleći kako ću sigurno biti prekoren, povukao sam se poslušno u kut.

„Možda Mukunda ima pravo." Učitelj je odgovorio dječaku neuobičajenom hladnoćom.

Godine provedene u duhovnoj školi mog Učitelja

Kumar se godinu dana kasnije uputio u posjet svojoj kući na selu. To je učinio mimo volje Sri Yukteswara koji mu je to pokušao diskretno dati do znanja jer Učitelj nije nikad strogo nadzirao kretanje svojih učenika. Kada se dječak nakon nekoliko mjeseci vratio, na njemu se uočavala neugodna promjena. Nestao je onaj stari Kumar s mirnim sjajem u očima. Pred nama je sada stajao samo neugledni seljak koji je u međuvremenu stekao niz loših navika.

Učitelj me pozvao k sebi te tužan i razočaran zaključio kako je dječak sada nepodoban za redovnički život u duhovnoj školi.

„Mukunda, tebi ostavljam da sutra zatražiš od Kumara da napusti ašram. Ja to ne mogu učiniti!" U Sri Yukteswarovim očima pojavile su se suze, ali se brzo pribrao. „Dječak ne bi nikada pao ovako nisko da me je poslušao i da nije otišao u svijet gdje je potpao pod loš utjecaj neprimjerena društva. Odbio je moju zaštitu pa će odsad okrutni svijet biti njegov guru."

Kumarov odlazak u meni nije pobudio nikakav osjećaj zadovoljštine. Umjesto toga tužno sam pomislio na to kako netko tko ima moć osvojiti Učiteljevu ljubav može tako lako popustiti pred izazovima svijeta. Užici vina i seksa ukorijenjeni su u čovjeku i nije potrebna velika mudrost da bi im se prepustio. Zavodljivost osjetila usporediva je s oleandrom, biljkom mirisnih ružičastih cvjetova čiji su svi dijelovi otrovni.* Zemlja izlječenja leži unutar nas, ona zrači srećom koju slijepo tražimo u tisućama vanjskih smjerova.

„Izrazita inteligencija je mač s dvije oštrice.", napomenuo je Učitelj u jednoj prilici kada se spomenuo Kumarov briljantni um. „Ona se može koristiti konstruktivno ili destruktivno; poput noža može ukloniti čir neznanja ili pak samoj osobi otkinuti glavu. Inteligencija je ispravno usmjerena tek nakon što um prizna da nema bijega pred duhovnim zakonom."

Moj se guru slobodno kretao i među učenicima i među učenicama i prema svima se odnosio kao prema svojoj djeci. On je uviđao njihovu jednakost na nivou duše pa zato nije bio pristran niti je isticao razliku u spolovima.

---

* „Čovjek u budnom stanju ulaže golem napor kako bi iskusio osjetilne užitke, no kad se svi osjetilni organi zasite, čovjek zaboravlja čak i ugodu koju ima na raspolaganju te tone u san kako bi uživao u odmoru duše koja je njegova vlastita priroda." napisao je poznati veliki vedantist Šankara. „Blaženstvo koje nadilazi osjetila, dakle, izuzetno je lako postići i ono je daleko nadmoćnije u odnosu na osjetilne užitke koji uvijek završavaju gađenjem."

„Dok spavaš, ne znaš jesi li muškarac ili žena." rekao je. „Kao što muškarac koji se pretvara da je žena ne može to i postati, tako i duša koja glumi i muškarca i ženu ostaje nepromijenjena. Duša je nepromjenljiva i potpuna slika Boga."

„Sri Yukteswar nije nikada izbjegavao ili okrivljavao žene kao one koje su uzrok „čovjekova pada". Isticao je kako su i žene izložene kušnjama koje dolaze od suprotnog spola. Jednom sam upitao Učitelja zašto je jednom davno jedan svetac nazvao žene „vratima pakla".

„Mora da mu je neka djevojka nekoć zavrtjela glavom.", rekao je zajedljivo. „U suprotnom ne bi svalio krivnju na ženu, već na vlastiti nedostatak samokontrole."

Ako bi se neki posjetitelj usudio spomenuti kakvu nepristojnu priču u duhovnoj školi, Učitelj ne bi na to reagirao. „Ne dopustite da vas ošine izazovni bič lijepog lica," govorio je učenicima. „Kako mogu robovi osjetila uživati u svijetu? Profinjeni okusi za takve su nedostupni jer se valjaju u prvobitnom blatu. Oni koji uživaju u niskim strastima ne mogu pojmiti pravu ljepotu svijeta."

Studenti koji su se pokušavali othrvati seksualnim nagonima pod utjecajem *maye* uvijek bi od Sri Yukteswara dobili strpljiv savjet pun razumijevanja.

„Kao što je glad, a ne pohlepa, opravdana potreba, tako nam je i spolni nagon Priroda usadila isključivo u svrhu produljenja vrste, a ne za potpaljivanje nezasitne požude.", rekao je. „Uništite pogrešne želje sada jer će u suprotnom one ostati s vama nakon što se astralno tijelo odvoji od fizičkog oklopa. Čak i kada je tijelo slabo, um bi trebao ostati stalno otporan. Ako vas kušnja napadne svom silom, oduprite joj se neosobnom analizom i nesavladivom voljom. Svaka prirodna strast može se nadvladati.

„Čuvajte svoju snagu. Budite poput velikog oceana koji mirno prima u sebe rijeke osjetila koje se u njega ulijevaju. Osjetilne žudnje iz dana u dan cijede iz vas vaš unutarnji mir. One su kao šupljine u spremniku kroz koje uzalud istječe životno važna voda i prosipa se na pustinjsko tlo materijalizma. Silovita pokretačka snaga impulsa pogrešnih želja najveći je neprijatelj čovjekove sreće. Prolazite kroz svijet poput lava samokontrole i ne dopustite da vas žabe osjetilnih slabosti bacaju amo tamo!"

Istinski poklonik napokon se oslobađa svih nagonskih kušnji. U njemu se potreba za ljudskom ljubavlju pretvara u težnju za uzdizanje k

Bogu i nikomu drugom. To je onda istinska ljubav zato jer je sveprisutna.

Sri Yukteswarova majka živjela je u četvrti Benaresa zvanoj Rana Mahal gdje sam prvi put posjetio svojega gurua. Ona je bila mila i ljubazna, ali isto tako i žena vrlo čvrstih stavova. Jednog sam dana stajao na njezinu balkonu i promatrao majku i sina u razgovoru. Na svoj mirni i osjećajni način Učitelj ju je pokušavao u nešto uvjeriti. No bilo je očito da mu to ne uspijeva, jer je ona vrlo žustro odmahnula glavom.

„Ne i ne, sine moj, idi sada! Tvoje mudre riječi nisu za mene! Ja nisam tvoj učenik!"

Sri Yukteswar se povukao bez daljnje rasprave poput prekorena djeteta. Bio sam dirnut velikim poštovanjem koje je pokazivao prema majci čak i kada je bila nerazumna. Ona je na njega gledala kao na malog dječaka, a ne kao na mudraca. Bilo je neke draženosti u tom nevažnom incidentu koji je bacao dodatno svjetlo na neuobičajenu prirodu moga gurua koji je bio iznutra ponizan, a prema vani nesavitljiv.

Redovnička pravila ne dopuštaju swamiju održavanje veza s vanjskim svijetom nakon službenog zaređenja. Nije mu dopušteno izvoditi obiteljske obrede koje obično obavlja glava kuće. Pa ipak se Šankara, poznat po tome što je preustrojio drevni Red swamija, nije obazirao na te zabrane. Nakon smrti svoje voljene majke on je kremirao njezino tijelo nebeskom vatrom koju je ispalio iz svoje podignute ruke.

Sri Yukteswar se također nije držao zabrana, doduše na manje spektakularan način. Kada mu je preminula majka, on se pobrinuo za obred kremiranja pokraj svete rijeke Ganges u Benaresu i pritom nahranio mnoge *brahmane* kako domaćinu kuće nalažu običaji.

Zabrane koje propisuju *šastre* imaju za cilj pomoći swamijima da se oslobode uskog poistovjećivanja. Šankara i Sri Yukteswar potpuno su povezali svoje biće s Neosobnim Duhom pa im nije trebala pomoć pravila. Učitelj se ponekad namjerno ne pridržava nekog zakona kako bi bolje istaknuo princip koji se nalazi u podlozi, kao ono što je bitno i neovisno o formi. Isus je tako trgao klasje na dan odmora. Neizbježnim kritičarima je rekao: „Subota je stvorena radi čovjeka, a ne čovjek radi subote."*

Izuzimajući svete spise, Sri Yukteswar je malo čitao. Unatoč tomu uvijek je bio upoznat s najnovijim znanstvenim otkrićima i drugim

---

* Mk 2:27.

napretkom na području ljudskog znanja.* Budući da je bio vješt u vođenju razgovora, uživao bi razmjenjivati mišljenje o brojnim temama sa svojim gostima. U svakoj takvoj raspravi Učitelj je uvijek bio spreman na odgovor i na spontani smijeh. Često je znao biti ozbiljan, ali nikad nije bio neraspoložen. „Ljudi ne trebaju mrštiti lice da bi pronašli Gospoda.", znao bi reći pozivajući se na navod iz Biblije.† „Upamtite da će trenutak kad nađete Boga biti pogreb svih vaših žalosti."

Neki od filozofa, profesora, odvjetnika i znanstvenika koji su dolazili u duhovnu školu pri svom prvom posjetu očekivali su kako posjećuju pravovjernoga religijskog čovjeka. Uobraženi osmijeh na licu ili lakomisleni pogled odavao je kako ne očekuju ništa više od nekoliko uobičajenih pobožnih fraza. Nakon što bi razgovarali sa Sri Yukteswarom i otkrili kako on posjeduje točan uvid u njihovo usko područje rada takvi bi posjetitelji nerado odlazili.

Moj se guru obično ljubazno i prijateljski odnosio prema gostima, dočekujući ih s očaravajućom srdačnošću. No nepopravljivi egoisti katkad bi doživjeli neugodan šok. Shvatili bi da su se kod Učitelja namjerili na ledenu ravnodušnost ili snažno suprotstavljanje: na led ili željezo!

Tako je jednom jedan poznati kemičar „ukrstio mačeve" sa Sri Yukteswarom. Posjetitelj nije želio priznati postojanje Boga na temelju toga što znanost nije pronašla sredstvo kojim bi Ga otkrila.

„Znači na neki neobjašnjiv način nije vam uspjelo izdvojiti Vrhunsku Moć u vašim epruvetama!" Učiteljev pogled bio je nepopustljiv: „Predlažem vam novi pokus: ispitujte svoje misli bez prestanka dvadeset i četiri sata. Nakon toga se više nećete pitati postoji li Bog."

Jedan proslavljeni učenjak dobio je sličan udarac. Bilo je to za njegova prvog posjeta ašramu. Stropne grede su se tresle dok je gost recitirao stihove iz *Mahabharate*, *Upanišada*‡ i *bhasya* (Šankarinih komentara).

„I dalje čekam da Vas čujem." Sri Yukteswarov ton bio je ispitivački,

---

* Učitelj se po želji mogao odmah uskladiti s mislima bilo kojeg čovjeka (jogijska moć koju spominju Patanjalijeve *Yoga Sutre* III:19). Njegove moći ljudskog radioprijamnika i priroda misli objašnjene su na str. 152.

† Mt 6:16.

‡ *Upanišade* ili *Vedanta* (dosl. „završeci Veda"), javljaju se u određenim dijelovima četiriju Veda i predstavljaju bitne sažetke koji čine doktrinarni temelj hinduističke vjere. Schopenhauer je hvalio njihove „ duboke, originalne i veličanstvene misli" rekavši: "Za mene je mogućnost proučavanja Veda (putem prijevoda *Upanišada* dostupnih na Zapadu) najveća povlastica kojom se ovo stoljeće može pohvaliti u odnosu na prošla."

kao da čovjek dotad nije ništa rekao. Pandit je bio zbunjen.

„Do sada smo čuli samo pregršt citata." Počeo sam se grčiti od smijeha čuvši te učiteljeve riječi dok sam čučao u svom kutu na pristojnoj udaljenosti od gosta. "Još uvijek čekamo neki originalni komentar koji se temelji na jedinstvenom iskustvu iz Vašeg vlastitog života. Postoji li neki sveti tekst koji ste upili i koji je postao dio Vašeg bića? Na koji način su te bezvremenske istine promijenile Vaš život? Zar se zadovoljavate time da budete poput ljudskog gramofona koji mehanički ponavlja tuđe riječi?"

„Odustajem!", učenjakov jad bio je smiješan. „Ne posjedujem unutarnje ostvarenje."

Prvi je put možda shvatio kako vještina postavljanja zareza u rečenici nema nikakve veze sa stvarnim duhovnim znanjem.

„Ti beskrvni čistunci pretjerano vonjaju po ulju svijeće.", bio je komentar mojega gurua nakon što je otišao onaj kojeg je naučio pameti. „Oni smatraju filozofiju samo vrstom duhovne tjelovježbe. Njihove uzvišene misli nemaju nikakvo uporište u odlučnom djelovanju ili u očitovanju samodiscipline!"

Učitelj je i inače isticao bezvrijednost isključivo knjiškog znanja.

„Ne miješajte razumijevanje s velikim izborom riječi.", isticao je. „Dobrobit svetih tekstova krije se u tome što u nama potiču želju za unutarnjim ostvarenjem i to ako se pomno shvati jedna po jedna kitica. U suprotnom, puko intelektualno proučavanje može voditi do taštine, lažnog osjećaja zadovoljstva i neprobavljenog znanja."

Sri Yukteswar je naveo primjer duhovnog uzdizanja učenjem iz svetih spisa koje je sâm doživio. Mjesto radnje bilo je šumsko duhovno utočište u Istočnom Bengalu gdje je imao prigodu vidjeti na djelu poznatoga učitelja Dabrua Ballava. Njegov je način rada istodobno bio i jednostavan i težak, što je bilo uobičajeno u drevnoj Indiji.

Dabru Ballav okupio je svoje učenike u osami šume. Otvorili bi pred sobom sveti tekst Bhagavad-Gite, pažljivo bi promatrali jedan odjeljak pola sata, a zatim bi zatvorili oči na pola sata. Učitelj bi zatim dao kratak komentar. Učenici bi bez micanja ponovno meditirali sat vremena. Na kraju bi guru upitao:

„Razumijete li sada ovaj odjeljak?"

„Da, gospodine.", odgovorio je netko iz grupe.

„Ne, ne u potpunosti. Tragajte za duhovnom snagom koja je tim riječima dala moć da pomlađuju Indiju kroz stoljeća." Još je jedan sat prošao u tišini. Učitelj je zatim dao studentima slobodno i okrenuo se prema Sri Yukteswaru.

„Poznaješ li ti Bhagavad-Gitu?"

„Ne, gospodine, ne uistinu, iako su moje oči i um prošli njezinim stranicama mnogo puta."

„Koliki su mi na ovo pitanje odgovorili drukčije!" Veliki mudrac smiješio se Učitelju u znak blagoslova. „Ako se čovjek posveti samo vanjskom izlaganju bogatstva duhovnog teksta, tada nema vremena za unutarnje ronjenje do tih neprocjenjivih bisera bez korištenja riječi."

Sri Yukteswar je također kod svojih učenika primjenjivao metodu intenzivne jednousmjerenosti. „Mudrost se ne upija očima, već atomima.", govorio bi. „Kad se vaše uvjerenje ne nalazi samo u mozgu već uistinu i u cijelom vašem biću, tek tada možete skromno jamčiti da ste shvatili njegovo pravo značenje." Studente je odvraćao od stajališta da je knjiško znanje nužan preduvjet za duhovno ostvarenje.

„Rišiji su napisali u jednoj rečenici takve duboke istine koje su kasniji učenjaci proučavali stoljećima. Beskrajne rasprave su za dokone umove. Ima li išta što može brže voditi do oslobođenja od misli 'Bog jest', ma zapravo još kraće, 'Bog'?"

Ali čovjek se rijetko okreće jednostavnosti. Za osobu sklonu umovanju riječ „Bog" ne znači ono bitno, već je samo sredstvo za hvalisanje učenošću. Ego takve osobe je zadovoljan što je uspio dohvatiti takvu naobraženost.

Ljudi koji su se držali ponosno zbog svojega bogatstva ili svjetovnog položaja često bi u društvu Učitelja u svoje vlasništvo upisivali i poniznost. Jednom je neki lokalni sudac zatražio da bude primljen u duhovnu školu koja se nalazila na moru u mjestu Puri. Za tog čovjeka znalo se da je nemilosrdan i da ima sve ovlasti potrebne da nam oduzme ašram. To sam napomenuo svojemu Učitelju. No on se nije dao smesti i nije iz poštovanja ustao da dočeka posjetitelja.

Pomalo nervozan, čučao sam pokraj vrata. Sri Yukteswar mi nije rekao da sucu donesem stolac pa je on morao sjesti na običnu drvenu kutiju. Bilo je očito da je ovo daleko od dobrodošlice za uglednoga gosta kakvim se on smatrao.

Započela je metafizička rasprava. Gost se spoticao o svoja potpuno pogrešna tumačenja svetih spisa. Dok se njegova sigurnost topila, njegov bijes je rastao.

„Znate li da sam ja bio u ispitnim komisijama za obranu magistarskih radova?" Razum ga je očito napustio, ali je i dalje znao vikati.

„Gospodine magistre, zaboravljate da niste u svojoj sudnici!" uzvratio mu je Učitelj istom mjerom. „Iz Vaših djetinjastih komentara čovjek bi zaključio da Vaša sveučilišna karijera baš i nije blistava. Fakultetska diploma u svakom slučaju nema nikakve veze sa shvaćanjem onog što piše u Vedama. Svetac se ne postaje školovanjem pa da svake školske godine imamo novu generaciju kao što je to slučaj s računovođama."

Nakon šutnje i zbunjenosti posjetitelj se srdačno nasmijao.

„Ovo je moj prvi susret s nebeskim sucem.", rekao je. Kasnije je uputio službeni zahtjev pun pravnih termina, koji su očito bili nerazdvojni dio njegova bića, za prijam u duhovnu školu kao „vježbenika".

Sri Yukteswar je, poput Lahirija Mahasaye, više puta znao odgovarati nezrele studente od namjere da pristupe Redu swamija. „Nositi narančastu odoru, a istodobno ne biti ostvaren u Bogu pogrešna je poruka društvu.", govorila su obojica učitelja. „Zaboravite izvanjske simbole odricanja koji mogu u vama pobuditi osjećaj lažnog ponosa. Ništa nije važno osim vašeg stalnog duhovnog napretka iz dana u dan, a to znači vježbanje *Kriya joge*."

Kada ocjenjuje vrijednost čovjeka, svetac se koristi nepromjenljivim kriterijem koji se jako razlikuje od relativnih ljudskih mjerila. Čovječanstvo samo sebe vidi u najrazličitijim podjelama, a za učitelja ono je podijeljeno na samo dvije grupe: na neznalice koji ne traže Boga i na mudre duše koje Ga traže.

Moj se Učitelj osobno brinuo o svakoj pojedinosti vezanoj uz upravljanje njegovim vlasništvom. U više navrata beskrupulozni pojedinci pokušavali su doći u posjed zemlje koju je Učitelj naslijedio. No svojom odlučnošću, ako je bilo potrebno i pokretanjem sudske tužbe, Sri Yukteswar je izašao na kraj sa svim protivnicima. Motiv za te naporne sporove bila je njegova želja da nikad ne bude siromašni guru koji mora prositi ili da financijski bude na teret svojim učenicima.

Njegova financijska neovisnost bila je jedan od razloga zašto moj uvijek otvoreni učitelj nije pokazivao nikakva smisla za diplomaciju. Za razliku od drugih učitelja koji su morali laskati više ili manje otvoreno svojim dobrotvorima, moj guru to nije morao jer nije ovisio o ničijem bogatstvu. Nikad ga nisam čuo da traži novac ni od koga i ni za što, čak ni u naznakama. Školovanje je kod njega bilo besplatno za sve učenike.

Jednog dana u ašram u Seramporeu stigao je izaslanik suda da Učitelju dostavi sudski poziv. Učenik Kanai i ja doveli smo službenika do

Učitelja. Dostavljač je izazivački rekao: "Ne bi Vam škodilo da izađete iz zidova svoje duhovne škole i udahnete svjež zrak sudnice.".

Ja se nisam mogao suzdržati: „Još samo jedna uvredljiva riječ i naći ćete se na podu!" Pošao sam prijeteći prema njemu.

I Kanai mu je prijetio vičući: „Ništarijo! Kako se usuđuješ huliti u ovom svetom ašramu?".

No Učitelj je zaštitnički stao ispred neotesanca. „Ne uzbuđujte se ni zbog čega. Čovjek samo radi svoj posao."

Službenik se, zbunjen Učiteljevom reakcijom koja je bila suprotna od one koju je očekivao, uz poštovanje ispričao i odjurio.

Bilo je pravo iznenađenje vidjeti Učitelja koji je imao tako vatrenu volju da se ponaša toliko smireno iznutra. On je odgovarao definiciji Božjeg čovjeka iz Veda: "Nježniji od ruže kada je ljubaznost u pitanju; snažniji od groma kada su u pitanju načela.".

Uvijek postoje oni koji, prema Browningovim riječima, „ne podnose svjetlo jer su sami u tami". Povremeno bi se netko, sav izvan sebe zbog neke nepostojeće nepravde, okomio na Sri Yukteswara. Moj nepokolebljivi guru takvoga bi uljudno saslušao, propitujući usput sebe postoji li možda kakav tračak istine u toj optužbi. Takve situacije podsjećale bi me na Učiteljeve nenadmašne riječi: „Neki ljudi pokušavaju biti visoki tako što drugima otkidaju glave!".

Nepogrešiva čvrstina karaktera koju nalazimo u sveca dojmljivija je od bilo koje propovijedi. „Tko se teško srdi, bolji je od junaka, i tko nad sobom vlada, bolji je od osvojitelja grada."*

Često sam razmišljao kako je moj veličanstveni Učitelj lako mogao postati car ili svjetski poznati ratnik da mu je um bio usmjeren na svjetovna postignuća. Umjesto toga on je odlučio napadati unutarnje gradove gnjeva i egoizma koji kad jednom padnu, označavaju čovjekov uspon.

* Izr 16:32.

13. POGLAVLJE

Svetac koji ne spava

„Molim Vas, dopustite mi da odem na Himalaju. Nadam se da ću tamo u potpunoj osami postići neprekidno duhovno jedinstvo s božanskim."

Ovim sam se nezahvalnim riječima doista jednom obratio svojemu učitelju. Kao posljedicu nepredvidivih zabluda koje katkad spopadnu poklonika počeo sam osjećati sve veću nestrpljivost i nezadovoljstvo u obavljanju svojih obaveza i u duhovnoj školi i na fakultetu. Slabašno opravdanje za ovakvo ponašanje nalazim u činjenici da sam u tom trenutku poznavao Sri Yukteswara samo šest mjeseci. Očito još nisam bio u potpunosti shvaćao pred kakvom veličinom stojim.

„Na Himalaji žive mnogi ljudi pa ipak nisu spoznali Boga." Odgovor mojega gurua bio je odmjeren i jednostavan. „Mudrost je bolje tražiti u čovjeka koji posjeduje ostvarenje umjesto u čovjeka s planine."

Zanemarujući Učiteljevu jasnu natuknicu kako je on, a ne planinski vrhunac, moj učitelj, ponovio sam svoju molbu. Sri Yukteswar mi ovaj put nije ništa odgovorio. Ja sam shvatio njegovu šutnju kao pristanak, što je bilo vrlo upitno ali meni pogodno tumačenje.

Kod kuće u Kalkuti te sam se večeri počeo pripremati za putovanje. Zamatajući nekoliko potrepština u pokrivač prisjetio sam se sličnog zamotuljka koji sam prije nekoliko godina potajice bacio s tavanskog prozora. Pitao sam se neće li ovo biti još jedan zlosretni bijeg put Himalaje. Tada sam bio uzbuđen i pun očekivanja, no večeras me mučila grižnja savjesti pri pomisli da napuštam svojega gurua.

Sljedeće jutro potražio sam Beharija Pandita, svojega profesora sanskrta na Sveučilištu Škotske crkve.

„Gospodine, govorili ste mi o svojem prijateljstvu s velikim učenikom Lahirija Mahasaye. Molim Vas dajte mi njegovu adresu."

„Misliš na Rama Gopala Muzumdara. Ja ga zovem Svetac koji ne spava. On je uvijek budan u ekstatičkoj svijesti. Dom mu je u Ranbajpuru, pokraj Tarakeswara."

Ram Gopal Muzumdar, „Svetac koji ne spava"

Zahvalio sam panditu i odmah se uputio u Tarakeswar. Nadao sam se da ću ukloniti svoje sumnje tako što ću dobiti dopuštenje od Sveca koji ne spava za planiranu usamljenu meditaciju na Himalaji. Behari Pandit mi je rekao da je Ram Gopal doživio prosvjetljenje nakon višegodišnje prakse *Kriya joge* u zabačenim špiljama Bengala.

U Tarakeswaru sam otišao u poznati hram koji je za hinduse veliko svetište, nešto poput Lourdesa u Francuskoj za katolike. Nebrojena čudesna izlječenja dogodila su se u Tarakeswaru, uključujući i jedno vezano uz člana moje obitelji.

„Sjedila sam u hramu tjedan dana", pričala mi je jednom moja najstarija teta. „Pridržavajući se potpunog posta, molila sam se za oporavak tvog ujaka Sarade koji je bolovao od jedne kronične bolesti. Sedmoga dana mi se u ruci materijalizirala biljka! Napravila sam uvarak od njezina lišća i dala ga tvom ujaku. Njegove je bolesti nestalo u trenutku i nikad se više nije pojavila."

Ušao sam u sveti hram Tarakeswar. Na oltaru se nalazio samo okrugli kamen. Njegov obod bez početka i bez kraja prikladno simbolizira Beskonačno. To je dokaz kako u Indiji kozmičke apstrakcije razumiju i nepismeni seljaci. Treba li se onda čuditi što ih Zapadnjaci ponekad optužuju da žive od apstrakcija!

Moje raspoloženje je u tom trenutku bilo tako radikalno da sam odbio pokloniti se kamenom simbolu. „Boga treba tražiti", razmišljao sam, „samo unutar duše."̇.

Otišao sam iz hrama bez klanjanja i užurbano krenuo prema obližnjem selu Ranbajpuru. Nisam bio siguran kojim putem krenuti. Prolaznika kojem sam se obratio za pomoć moje pitanje je navelo na dugotrajno razmišljanje.

„Na raskrižju skreni desno i nastavi ravno", napokon je proročanski progovorio.

Slijedeći upute, nastavio sam put duž ruba kanala. Uskoro je pala noć. Rubovi sela pokraj džungle oživjeli su od svjetlucanja krijesnica i zavijanja šakala u blizini. Mjesečina je bila preslaba da bi mi osvijetlila put. Tako sam tumarao dva sata.

Napokon sam začuo dobrodošlo zvonce krave. Na moje ponovljene uzvike napokon se pojavio seljak.

„Tražim Rama Gopala Babua."

„Nitko pod tim imenom ne živi u našem selu." Glas tog čovjeka bio je neljubazan. „Ti si vjerojatno lažni detektiv."

U nadi da ću odagnati njegovu bojazan dirljivo sam mu ispričao razlog moje potrage. Na to me on odveo svojoj kući i ponudio ljubaznu dobrodošlicu.

„Ranbajpur je daleko odavde", rekao je. „Na raskrižju si trebao skrenuti lijevo, a ne desno.

Tužno sam pomislio kako sam imao lošu sreću kada sam naišao na onako lošega savjetnika. Nakon ukusna obroka od neljuštene riže, dala od leće i curryja od krumpira i sirovih banana, povukao sam se u malu kolibu u dvorištu. U daljini su se čuli seljaci kako pjevaju uz glasnu pratnju bubnjeva *mridangi** i cimbala. Nije bilo govora o spavanju pa

---

* *Mridange*: bubnjevi koji se udaraju rukom i koji se obično koriste kao pratnja predanom pjevanju (*kirtan*) za vrijeme vjerskih svečanosti ili procesija.

sam se predano molio skrivenom jogiju Ramu Gopalu.

Krenuo sam put Ranbajpura čim su se prvi zraci zore probili kroz pukotine kolibe. Prolazeći grubim rižinim poljima teško sam se probijao preko odrezanih stabljika i zaobilazio hrpe osušene ilovače. Ako bih i sreo kojeg seljaka, uvijek bih čuo da je cilj mog puta „udaljen samo jednu *kroshu*" (tri kilometra). Nakon šest sati hodanja sunce se pobjedonosno popelo od obzora do zenita, a meni se činilo da ću zauvijek ostati na jednu *kroshu* od Ranbajpura.

Sredinom poslijepodneva bio sam i dalje usred beskrajnog rižinog polja. Nisam se imao kamo skloniti od nesnosne vrućine tako da sam već bio na izmaku snaga. Tada sam ugledao čovjeka kako mi se približava bez žurbe. Nisam se više usudio postaviti svoje uobičajeno pitanje jer sam već unaprijed znao odgovor: "Samo još jednu *kroshu*."

Neznanac se zaustavio kraj mene. Nizak i vitak, nije plijenio fizičkom pojavom. Iznimka su bile njegove prodorne tamne oči.

„Namjeravao sam napustiti Ranbajpur, ali ti dolaziš s dobrom namjerom pa sam te pričekao." Uperio je prst u moje šokirano lice. „Nije ti palo na pamet da bi me ovako nenajavljen mogao napasti iz zasjede? Profesor Behari ti nije imao prava dati moju adresu."

Shvatio sam da bi moje predstavljanje bilo posve suvišno pred ovakvim učiteljem pa sam samo stajao bez riječi, osjećajući se pomalo povrijeđen ovim dočekom. No ovdje nije bio kraj njegovim prijekorima.

„Reci mi, što misliš gdje je Bog?"

„Pa, On je u meni i posvuda."Morao sam izgledati jednako zbunjen kao što sam se i osjećao.

„Sveprisutan, kažeš?" Svetac se smijuljio. „Zašto se onda mladi gospodine niste jučer poklonili pred Beskonačnim u obliku kamenog simbola u hramu u Tarakeswaru?* Kažnjen si zbog svog ponosa tako što si na raskrižju sreo čovjeka koji ne razlikuje desno od lijevog. I danas se, vidim, nisi baš lijepo proveo!"

U potpunosti sam se slagao s njim, a istodobno se nisam prestajao čuditi što se sveprisutno oko skrilo u tako neuglednom tijelu ispred mene. Neka ozdravljujuća snaga izlazila je iz tog jogija. Odjednom sam se osjećao oporavljen usred tog pustog polja.

„Poklonik je sklon misliti kako je njegov put do Boga jedini

---

* Čovjek koji se ničemu ne klanja ne može nikada podnijeti vlastiti teret."- Dostojevski, *Bjesovi*.

mogući", rekao je. „Joga pomoću koje se božansko pronalazi iznutra svakako je najuzvišeniji put, kako nam je govorio Lahiri Mahasaya. Ali nakon što smo otkrili Gospoda iznutra, uskoro Ga počinjemo vidjeti i izvana. Sveta mjesta kao ono u Tarakeswaru i drugdje s pravom se štuju kao velika središta duhovne moći."

Svečev kritični stav je nestao, a njegove su oči postale suosjećajne i meke. Potapšao me po ramenu.

„Mladi jogi, vidim da si pobjegao od svojega učitelja. On ima sve što ti treba i moraš mu se vratiti." Dodao je: „Planine ne mogu biti tvoj guru." Bila je to ista misao koju je izrekao i Sri Yukteswar prije dva dana.

„Pravi učitelji nisu obavezni živjeti samo u planinama." Moj me je pratilac zagonetno gledao. „Himalaja u Indiji i Tibetu nema monopol na svece. Ono što se pojedinac ne potrudi naći u sebi, to neće naći ni putujući uzduž i poprijeko. Onoga časa kada je poklonik voljan ići i na kraj svijeta kako bi dosegnuo duhovno prosvjetljenje, u tom trenutku on sreće svojega gurua."

Bez riječi sam se složio s njim, prisjećajući se svoje molitve u duhovnoj školi u Benaresu i kasnijeg susreta sa Sri Yukteswarom u uskoj uličici.

„Imaš li na raspolaganju malu sobu gdje možeš zatvoriti vrata i biti sam?"

„Da." Razmišljao sam kako se ovaj svetac velikom brzinom prebacuje s općenitog na pojedinačno.

„To je tvoja špilja." Jogi mi je uputio pogled prosvjetljenja koji neću nikada zaboraviti. „To je tvoja sveta planina. To je mjesto na kojem ćeš naći Kraljevstvo Božje."

Čuvši te njegove jednostavne riječi, istog je trena nestala moja dotadašnja stalna opsjednutost Himalajom. Usred vrelog rižinog polja probudio sam se iz sna o planinama i vječnom snijegu.

„Mladi gospodine, tvoja žudnja za božanskim je hvale vrijedna. Osjećam prema tebi veliku ljubav." Ram Gopal me uzeo za ruku i odveo do slikovitog seoca smještenog na proplanku unutar džungle. Kuće su bile načinjene od nepečene cigle sušene na suncu i pokrivene kokosovim lišćem, a ulazi su bili ukrašeni svježim tropskim voćem.

Svetac me odveo do svoje male kolibe i posjeo na sjenovitu verandu od bambusa. Dao mi je zaslađeni sok od limete i slatkiš, a zatim smo ušli u ljetnu kuhinju i sjeli u položaj lotosa. U meditaciji smo proveli četiri sata. Otvorio sam oči i ugledao i dalje nepomičan lik jogija obasjan mjesečinom. Dok sam ja uvjeravao svoj želudac kako čovjek ne živi samo o kruhu, Ram Gopal je ustao.

„Vidim da si izgladnio", rekao je. „Večera će uskoro biti gotova."

Zapalio je vatru ispod pećnice od gline u ljetnoj kuhinji. Uskoro smo jeli rižu i *dal* poslužene na velikim listovima banane. Moj domaćin je ljubazno odbio pomoć pri kuhanju. Hinduistička izreka: "Gost je Bog." pobožno se poštuje u Indiji od pamtivijeka. Tijekom kasnijih putovanja po svijetu imao sam priliku uvjeriti se kako slično poštovanje prema posjetiteljima iskazuju i ljudi iz seoskih sredina u mnogim zemljama. U gradskih je stanovnika gostoljubivost otupljena zbog okruženosti mnoštvom nepoznatih lica.

Ljudska vreva činila se gotovo nezamislivom dok sam čučao pokraj jogija u osami malog sela u džungli. Soba u kolibi bila je čudesno osvijetljena blagim sjajem. Ram Gopal mi je priredio ležaj od nekoliko starih pokrivača, a on je sjeo na slamnatu prostirku. Obuzet njegovim duhovnim magnetizmom odvažio sam se na molbu.

„Gospodine, biste li pristali počastiti me iskustvom *samadhija*?"

„Dragi moj, rado bih ti prenio iskustvo kontakta s božanskim, ali nije na meni da to učinim." Svetac me gledao poluotvorenim očima. „Tvoj učitelj će ti uskoro omogućiti to iskustvo. Tvoje tijelo još nije pripremljeno za to. Kao što bi mala električna žarulja pregorjela pod prevelikim električnim naponom, tako i tvoji živci još nisu spremni za kozmičku struju. Kada bih ti sada omogućio beskonačnu ekstazu, ti bi gorio kao da ti je svaka stanica tijela u plamenu.

„Ti od mene tražiš prosvjetljenje", nastavio je jogi glasom koji je odavao da je zadubljen u meditaciju, „a ja se pitam jesam li ja ovakav neznatan i s ne baš velikim iskustvom u meditaciji uspio zadovoljiti Boga i hoću li u Njegovim očima biti vrijedan kad se konačno sretnemo.".

„Gospodine, zar nije istina da Vi svim srcem tražite Boga već dugo vremena?"

„Nisam baš puno napravio. Behari ti je vjerojatno rekao poneštо o mom životu. Dvadeset sam godina boravio u jednoj skrivenoj špilji, meditirajući osamnaest sati na dan. Zatim sam se preselio u jednu još udaljeniju špilju i ostao ondje dvadeset i pet godina tijekom kojih sam bio u jogijskom transu dvadeset sati na dan. San mi nije bio potreban jer sam uvijek bio s Bogom. Tijelo mi je bilo puno odmornije od potpunog mira u stanju nadsvijesti nego što bi to bilo od nesavršenog mira kod uobičajenog podsvjesnog stanja sna.

Svetac koji ne spava

„Mišići se tijekom sna opuštaju, ali srce, pluća i krvožilni sustav neprestano rade, bez odmora. U jogijskom stanju nadsvijesti rad svih unutarnjih organa privremeno se zaustavlja, a energiju primaju iz kozmičkog izvora. Zbog toga meni san nije potreban već godinama." Dodao je: „Doći će vrijeme kada ni ti više nećeš osjećati potrebu za snom."

„Bože moj, Vi meditirate tolike godine pa ipak još niste sigurni u Božju naklonost!", ovime sam izrazio svoje čuđenje. „Što je tek onda s nama običnim smrtnicima?"

„Dragi moj dječače, zar ne uviđaš da je Bog sama Vječnost? Pretpostaviti kako Ga se može u potpunosti spoznati nakon četrdeset i pet godina meditacije je nadobudno očekivanje. Babaji nas, međutim, uvjerava kako i malo meditacije oslobađa čovjeka od velikog straha pred smrću i stanjima nakon smrti. Ne usmjeravaj svoje duhovne težnje prema malim planinama, već se vodi zvijezdom vrhunskog ostvarenja božanskog. Ako budeš naporno radio, stići ćeš tamo."

Očaran tom mogućnošću, zamolio sam ga za još nekoliko riječi prosvjetljenja. S tim u vezi mi je ispričao čudesnu priču o svom prvom susretu s Babajiem*, guruom Lahirija Mahasaye. Oko ponoći je Ram Gopal utonuo u tišinu, a ja sam legao na pokrivače. Zatvorio sam oči i ugledao sijevanje munja u golemom prostoru unutar mene koji se sav topio od svjetlosti. Otvorio sam oči i vidio to isto svjetlucavo zračenje. Soba je postala dio goleme prostorije koju sam opažao svojim unutarnjim vidom.

Jogi je rekao:" Zašto ne pođeš spavati?".

„Gospodine, kako mogu spavati kada svuda oko mene blješte munje i to bez obzira na to imam li oči otvorene ili zatvorene?"

„To što vidiš predstavlja blagoslov. Duhovna zračenja ne mogu se lako vidjeti." Svetac je dodao te riječi pune ljubavi.

U zoru mi je Ram Gopal dao slatkiše i rekao kako je vrijeme da pođem. Toliko mi je bilo teško rastati se od njega da su mi suze potekle niz lice.

„Neću te pustiti da odeš praznih ruku.", jogi je govorio nježno. „Učinit ću nešto za tebe.".

Nasmiješio se i gledao me bez prestanka. Postao sam nepomičan, kao da sam prikovan za zemlju dok su vibracije mira koje je odašiljao svetac preplavljivale moje biće. To je u trenu izliječilo moje bolove u leđima koji su me mučili godinama.

---

* Vidi na str. 301-03.

Prestao sam plakati jer sam se osjećao preporođen usred mora sjajne radosti. Dotaknuo sam stopala Rama Gopala i ušao u džunglu. Put me vodio kroz tropsku džunglu i preko mnogih rižinih polja dok napokon nisam stigao u Tarakeswar.

Tamo sam po drugi put posjetio poznati hram, ali ovaj put sam se čitav prostro pred oltarom. U mom unutarnjem viđenju okrugli kamen se povećavao sve dok nije prerastao u kozmičke sfere koje su sve bile ispunjenje božanskim.

Sat vremena poslije sav sam se sretan zaputio u Kalkutu. Mojim putovanjima je došao kraj i to ne u visokim planinama već u himalajskoj prisutnosti mojeg učitelja.

14. POGLAVLJE

Iskustvo kozmičke svijesti

„Evo me, Guruji." Moje lice puno srama govorilo je samo za sebe. „Hajdemo u kuhinju naći nešto za jelo." Sri Yukteswar se ponašao sasvim uobičajeno kao da se nismo vidjeli nekoliko sati, a ne nekoliko dana.

„Učitelju, mora da sam Vas razočarao naglim odlaskom i napuštanjem svojih dužnosti. Očekivao sam da ćete biti ljuti na mene."

„Bez brige, nisam ljut! Gnjev je posljedica neostvarenih želja. Ja ne očekujem ništa od drugih pa njihovi postupci ne mogu biti suprotni mojim željama. Ne bih te nikad iskoristio kao sredstvo za ostvarenje vlastitih ciljeva. Sretan sam samo ako vidim da si ti istinski sretan."

„Gospodine, čovjek obično sluša o božanskoj ljubavi samo općenito, no danas od Vas i Vaše anđeoske prirode dobivam njezin konkretan primjer! Čak ni otac sinu ne oprašta lako ako on napusti obiteljski posao bez upozorenja. Ali Vi se ne osjećate ni najmanje pogođeni činjenicom da sam Vas svojim odlaskom stavio u neugodan položaj zbog tolikih nedovršenih dužnosti koje sam ostavio za sobom."

Gledali smo jedan drugog u oči koje su obojici bile pune suza. Preplavio me val blaženstva. Bio sam svjestan kako Bog, u obličju mog gurua, proširuje uskogrudnu ljubav moga srca u golema prostranstva kozmičke ljubavi.

Jednog jutra, nekoliko dana poslije, otišao sam u učiteljevu praznu dnevnu sobu. Imao sam namjeru meditirati, ali moj hvale vrijedan cilj nije se dojmio mojih neposlušnih misli. One su se razbježale naokolo poput ptica pred lovcem.

„Mukunda!" Sri Yukteswarov glas odzvanjao je s udaljenog balkona. Osjećao sam se buntovno poput svojih misli. „Učitelj mi uvijek govori da trebam meditirati.", mrmljao sam sebi u bradu. „Ne bi me trebao prekidati kada zna zbog čega sam došao u njegovu sobu."

Ponovno me pozvao, no ja sam tvrdoglavo šutio. Kada me pozvao treći put, u glasu mu se osjećao prijekor.

„Gospodine, meditiram!" Povikao sam protestirajući.

„Znam ja dobro kako meditiraš," uzvratio je moj guru, „dok su ti misli uskovitlane poput lišća u oluji! Dolazi ovamo!".

Što sam mogao, onako razočaran i uhvaćen u laži, nego tužan otići do njega.

„Jadni dječače, planine ti ne mogu dati ono što želiš." Učitelj me milovao i tješio riječima. Gledao me dubokim pogledom. „Želja tvoga srca bit će ispunjena."

Sri Yukteswar je rijetko pribjegavao zagonetkama pa sam bio posve zbunjen. Nježno me udario po prsima iznad srca.

Tijelo mi je ostalo nepomično, kao ukopano, a zrak kao nekim velikim magnetom ispumpan iz pluća. Duša i um su se odjednom oslobodili fizičkih okova i tekli van poput tekućine oslobađajući svjetlo iz svake moje pore. Tijelo mi je bilo kao mrtvo, no ipak sam u tom novom stanju pojačane svjesnosti znao da se nikad prije nisam osjećao tako potpuno živ. Moje poistovjećivanje više nije bilo usko vezano uz moje tijelo, već se proširilo na sve atome oko mene. Ljudi u udaljenim ulicama kao da su hodali nježno rubom moga tijela. Vidio sam, kao kroz izmaglicu, kako ispod površine zemlje u korijenju biljaka i drveća teku biljni sokovi.

Sve što me okruživalo bilo mi je vidljivo kao na dlanu. Uobičajeni frontalni vid sada se promijenio u sveobuhvatni sferni vid kojim sam mogao istodobno gledati sve. Kroz stražnji dio glave promatrao sam ljude kako šeću niz Rai Ghat Lane kao i bijelu kravu koja se lijeno približavala. Kada se približila otvorenim vratima ašrama, promatrao sam je kao da je gledam vlastitim očima. I kad je zamaknula za dvorišni zid od opeke, i dalje sam je jasno vidio.

Svi predmeti unutar mog panoramskog pogleda treperili su i titrali kao na ubrzanom filmu. Moje tijelo, Učiteljevo tijelo, dvorište sa stupovima, namještaj i pod, drveće i sunce, sve bi se to povremeno uskovitlalo te nakon nekog vremena rastopilo u svjetlucajućem moru, slično kristalima šećera bačenima u čašu vode koji se otapaju nakon miješanja. Ujedinjujuća svjetlost izmjenjivala se s materijaliziranim oblicima i te promjene otkrivale su zakon uzroka i posljedice koji je prisutan u stvaranju.

Radost se poput oceana razlila beskrajnom obalom moje duše. Shvatio sam kako je Duh Boga u stvari neiscrpno Blaženstvo, a Njegovo tijelo je sastavljeno od bezbrojnih čestica svjetlosti. Sva ta veličanstvenost koja je rasla u meni počela je obuhvaćati gradove, kontinente,

Iskustvo kozmičke svijesti

Zemlju, Sunčev sustav i sve ostale zvjezdane sustave, prozračne svemirske maglice i ploveće svemire. Čitav je svemir u nježnom svjetlu, poput udaljenog grada promatranog noću, iskrio unutar beskonačnosti moga bića. Zasljepljujuće svjetlo koje se nalazilo iza oštrih obrisa svih stvari postalo je neznatno bljeđe na najudaljenijim rubovima. Tamo sam vidio blago zračenje koje se nikada ne gasi. Bilo je neopisivo nježno dok su slike planeta bile načinjene od grubljeg svjetla.*

Božanske zrake svjetlosti iz vječnog Izvora raspršivale su se i u bljeskovima pretvarale u galaksije čiji se oblik mijenjao u neopisivim aurama. Stalno sam iznova promatrao kako se stvaralački snopovi zgušnjavaju u zviježđa, a zatim ponovno rastapaju u slojeve prozirnog plamena. U pravilnom ritmu izmjene, milijarde i milijarde svjetova prelazile bi u blještavo svjetlo da bi se zatim iz vatre pojavio nebeski svod.

Spoznao sam kako je središte tog raja u stvari točka intuitivne spoznaje u mom srcu. Taj zračeći sjaj izlazio je iz tog mog središta do svakog dijela svemira. Predivna *amrita*, nektar besmrtnosti, pulsirala je kroz mene i tekla brzo poput žive. Čuo sam Božji stvaralački glas riječju *Aum*†, te vibracije Kozmičkog Stroja.

Iznenada mi se dah vratio u pluća. Nastupilo je gotovo nepodnošljivo razočaranje kada sam shvatio da je nestalo moje beskrajne protežnosti. Ponovno sam bio ograničen na ponižavajući kavez tijela koji nije lako prilagodljiv Duhu. Osjećao sam se poput razmetnoga sina koji je napustio svoj makrokozmički dom i utamničio se u skučenom mikrokozmosu.

Moj guru je stajao nepomičan ispred mene. Prostro sam se pred njegovim svetim stopalima u znak zahvalnosti što mi je podario iskustvo kozmičke svijesti za kojim sam dugo i strastveno tragao. On me uspravio i tiho rekao:

„Ne smiješ se previše opiti ekstazom. Još te puno posla čeka u svijetu. Hajde, idemo pomesti balkon, a zatim ćemo u šetnju kraj Gangesa.".

Primio sam se metle. Znao sam da me Učitelj želi naučiti tajni uravnotežena života. Dok se duša prostire preko svemirskih prostranstava, tijelo mora obavljati svoje dnevne obaveze.

Kada smo Sri Yukteswar i ja krenuli u šetnju, još uvijek sam bio na sedmom nebu pod dojmom nedavnog iskustva ekstaze. Vidio sam

---

* Svjetlo kao bit stvaranja objašnjeno je u 30. poglavlju.

† „U početku bijaše Riječ, i Riječ bijaše kod Boga - i Riječ bijaše Bog.", Iv 1:1.

naša tijela kao dvije astralne slike koje se kreću cestom pokraj rijeke i čija je bit čisto svjetlo.

„Duh Božji je ono što djelatno održava svaki oblik i silu u svemiru. No on je istodobno transcendentalan i nedokučiv unutar blaženog područja izvan materijalnog stvaranja i svjetova vibracijskih pojava."*, objasnio je Učitelj. „Oni koji postignu samoostvarenje na Zemlji žive sličan dvostruki život. Marljivo obavljaju svoje svjetovne poslove, a istodobno su uronjeni u vrhunsku unutarnju radost.

„Gospod je stvorio sve ljude iz beskrajne radosti Svog bića. Iako su oni bolno skučeni u tijelu, Bog ipak očekuje da će se ljudi načinjeni na Njegovu sliku napokon uzdignuti iznad osjetilnih poistovjećivanja i ponovno se ujediniti s Njim."

Kozmičko viđenje ostavilo mi je mnoge trajne pouke. Svakodnevnim smirivanjem misli bio sam u mogućnosti osloboditi se lažnog uvjerenja kako je moje tijelo hrpa mesa i kostiju koja prolazi tvrdom zemljom tvari. Uvidio sam kako su disanje i nemirni um poput oluja koje bjesne oceanom svjetla stvarajući u njemu valove materijalnih oblika - zemlju, nebo, ljudska bića, životinje, ptice, drveće. Spoznaja Beskonačnog kao Jednog Svjetla nije moguća ako se ne umire te oluje.

Čim bih umirio te dvije prirodne uzburkanosti, ugledao bih kako se svekoliki valovi stvaranja stapaju u jedno svjetlucavo more, poput valova oceana koji, kada se oluja smiri, mirno nestaju u jednom sveobuhvatnom moru.

Učitelj udjeljuje učeniku to božansko iskustvo kozmičke svijesti kada učenik meditacijom ojača svoj um do stupnja na kojem ga to izvanredno iskustvo neće svladati. Puko htijenje i otvorenost uma nisu dovoljni. Samo prikladno proširenje svijesti vježbanjem joge i

---

* „Jer Otac ne sudi nikomu, već je sav sud dao Sinu"- Iv 5:22. „Boga nitko nikada nije vidio: Jednorođenac – Bog, koji je u krilu Očevu, on ga je objavio."- Iv 1:18. „ I da svima iznesem na svjetlo provedbu Tajne koja je od vječnosti bila sakrivena u Bogu, stvoritelju svega" - Ef 3:9. „Tko vjeruje u me, i on će činiti djela koja ja činim. Činit će i veća od ovih, jer ja idem k Ocu."- Iv 14:12. „A Branitelj, Duh Sveti, kojega će Otac poslati zbog mene, naučit će vas sve i sjetiti vas svega što rekoh." – Iv 14:26.

Ovi stihovi iz Biblije odnose se na trostruku prirodu Boga kao Oca, Sina, i Duha Svetoga (*Sat, Tat, Aum* u hinduizmu). Bog Otac je Apsolut, Neočitovani, Onaj koji postoji *izvan* vibrirajućeg stvaranja. Bog Sin je Kristova Svijest (Brahma ili *Kutastha Chaitanya*) koja postoji *unutar* vibrirajućeg stvaranja. Kristova Svijest je „jedini začeti", ili jedini odraz Nestvorenog Beskonačnog. Izvanjsko očitovanje sveprisutne Kristove Svijesti, njezin „Svjedok" (Otk 3:14) je *Aum*, Riječ ili Duh Sveti: nevidljiva božanska moć, jedini činitelj, jedina uzročna i djelatna sila koja održava čitavo stvaranje putem vibracije. Aum, blaženi Branitelj, može se čuti u meditaciji i tada pokloniku otkriva konačnu Istinu i „naučit će vas sve i sjetiti vas svega".

Iskustvo kozmičke svijesti

posvećenog djelovanja (*bhakti*) mogu pripremiti pojedinca da primi oslobađajući udar sveprisutnosti.

Iskrenom pokloniku iskustvo božanskog dolazi prirodnom neizbježnošću. Njegova snažna nastojanja prema tom cilju počinju pobuđivati pozornost Boga. Ta jednousmjerena posvećenost privlači Gospodina da se u obliku Kozmičkog Viđenja pojavi u dosegu svijesti tragaoca.

Kasnije sam napisao pjesmu pod nazivom „Samadhi" u namjeri da prenesem barem odsjaj toga veličanstvenog duhovnog iskustva:

> Nestali su velovi svjetla i sjene,
> Podigla se magla tuge,
> Otplovile su zore prolaznih radosti,
> Prohujale maglovite opsjene osjetila.
> Ljubav, mržnja, zdravlje, bolest, život, smrt:
> Gotovo je s tim lažnim sjenama dvojnosti.
> Utihla je oluja *maye*
> Pod čarobnim štapićem duboke intuicije.
> Za mene više ne postoji sadašnjost, prošlost, budućnost,
> Već samo sveprisutni, sveprožimajući Ja.
> Planeti, zvijezde, maglice, Zemlja,
> Vulkanske kataklizme sudnjeg dana,
> Te talionice stvaranja,
> Ledenjaci usnulih X-zraka, plazma užarenih elektrona,
> Misli svih ljudi, prošlih, sadašnjih, budućih,
> Svaka vlat trave, ja sâm, čovječanstvo,
> Svaka čestica svemirske prašine,
> Ljutnja, pohlepa, dobrota, zlo, spasenje, požuda,
> Sve sam to progutao i preobrazio
> U golemi ocean krvi svojega jednog Bića.
> Tinjajuća radost ražarena čestom meditacijom
> Puni mi oči suzama koje magle vid
> I razgara se u plamenove besmrtnog blaženstva,
> Koji gutaju moje suze, tijelo, mene cijelog.
> Ti si ja, ja sam Ti,
> Znanje, Onaj koji zna, Ono što se zna,
> Sve je Jedno!
> Nestala je stalna uznemirenost, stigao vječno živi, novi mir.
> Nezamislivi užitak izvan svih očekivanja, blaženstvo *samadhija*!
> Nije to nikakva nesvijest,
> Nije omama iz koje se um ne želi vratiti,
> *Samadhi* upravo širi moju svijest
> Dalje od svake smrtne granice

> Do najdaljih granica vječnosti
> Gdje ja, Kozmičko more,
> Promatram mali ego koji u Meni pluta.
> Čuje se huka jurećih atoma,
> Crna zemlja, planine, doline, gle! Rastopljena lava!
> Tekuća mora pretvaraju se u svemirske maglice!
> Dok zvuk *Auma* udara o paru i čudesno rastjeruje njen veo,
> Vide se oceani i svjetleći elektroni,
> I naposljetku se, uz zadnji udarac svemirskog bubnja,*
> Sve grubo svjetlo pretvara u vječne zrake
> Sveprožimajućeg blaženstva.
> Iz radosti sam došao, za radost živim, u svetoj radosti se rastapam.
> Ocean mog uma upija sve valove stvaranja.
> Četiri vela: kruti, tekući, plinoviti, svjetlosni
> U čas se podižu.
> Ja, koji sam u svemu, ulazim u Velikog Sebe.
> Zauvijek su nestale mušičave, titrave sjene smrtnih uspomena;
> Besprijekorno je nebo mojih misli - ispod, naprijed i visoko iznad;
> Vječnost i ja smo ujedinjeni u jednoj zraci.
> Sitni mjehurić smijeha, ja,
> Postao sam More sreće same.

Sri Yukteswar me naučio kako po volji dozvati to blagoslovljeno iskustvo i kako ga prenijeti drugima† u trenutku kada se razviju njihovi intuitivni kanali.

Idućih sam mjeseci, nakon toga prvog iskustva, ulazio u stanje ekstatičnog jedinstva, shvaćajući tako iz dana u dan istinu iz *Upanišada* koje govore o tome da je Bog *rasa* („vrhunski užitak"). Ipak, jednog sam jutra Učitelju izložio problem.

„Gospodine, želio bih znati - kada ću ja naći Boga?"

„Ti si Ga našao."

„O ne, gospodine, mislim da nisam!"

Moj guru se smiješio. „Siguran sam da ne očekuješ kako ćeš ugledati poštovanu Osobu koja sjedi na sjajnom prijestolju u nekom nedirnutom dijelu svemira! No uviđam kako ti zamišljaš da je posjedovanje čudesnih moći dokaz da si našao Boga. Nije. I kada bi čovjek imao moć da upravlja cijelim svemirom, Gospodin bi mu i dalje izmicao. Duhovni napredak ne mjeri se čovjekovim pokazivanjem vanjskih moći, već

---

* *Aum*, stvaralačka vibracija iz koje proizlazi sve stvoreno.

† Ja sam prenio Kozmičko Viđenje brojnim *Kriya jogijima* i na Istoku i na Zapadu. Jedan od njih, g. James J. Lynn, prikazan je u stanju *samadhija* na slici na str. 245.

Iskustvo kozmičke svijesti

jedino dubinom čovjekova blaženstva u meditaciji.

„*Bog je uvijek nova radost.* On je neiscrpan. Kako ćeš s godinama nastavljati sa svojom meditacijom, tako ćeš uviđati kako te On iznova zadivljuje svojom originalnošću. Poklonici koji su poput tebe našli put do Boga nikad ne pomišljaju o tome da Ga zamijene bilo kojom drugom srećom. Božja zavodljivost nema premca.

„Kako se samo brzo zasitimo zemaljskih užitaka! Željama za materijalnim stvarima nema kraja. Čovjek nikad nije do kraja zadovoljan i stalno ide od jednog do drugog ostvarenja želje. Ono „nešto drugo" za čim on traga je u stvari Gospodin jer jedino On može pružiti trajnu sreću.

„Čežnje za onim što se nalazi izvan odvode nas iz unutarnjeg raja jer nude lažna zadovoljstva koja samo imitiraju duhovnu sreću. Izgubljeni raj brzo se vraća dubokom meditacijom. Kako je Bog nešto nepredvidljivo i Vječno-Novo, mi se Njega nikada ne možemo zasititi. Zasićenje blaženstvom nije moguće jer je blaženstvo tako beskrajno divno, raznoliko i vječno."

„Sada shvaćam, gospodine, zašto sveci za Boga kažu da je nepojmljiv. Čak i vječni život ne bi bio dostatan da Ga se dovoljno nahvali."

„To je istina. No On je i dovoljno blizak i drag. Nakon što se um

Sri Yukteswarov ašram u Puriju (država Orissa) na obali Bengalskog zaljeva, (vidi također fotografiju na str. 415)

praksom *Kriya joge* očisti od osjetilnih prepreka, meditacija nam osigurava dvostruki dokaz postojanja Boga. Uvijek nova radost dokaz je Njegova postojanja, čega postajemo svjesni svim svojim bićem. Osim toga, u meditaciji nalazimo Njegovo trenutačno vodstvo, Njegov prikladni odgovor na svaku našu teškoću."

„Sada shvaćam, Guruji, da ste riješili moju nedoumicu." Zahvalno sam se smiješio. „Doista sada shvaćam da sam pronašao Boga jer uvijek kada mi se radost meditacije podsvjesno vrati dok nešto radim, dobivam skriveno vodstvo koje me usmjerava prema ispravnom postupku u svakoj prilici i to do najsitnijih pojedinosti."

„Ljudski život je ispunjen tugom sve dok ne spoznamo kako se

Swami Sri Yukteswar sjedi u položaju lotosa

usuglasiti s Božanskom Voljom, čiji je 'pravi smjer' često nepojmljiv pameti kojom upravlja egoizam." rekao je Učitelj.

„Bog jedini može dati nepogrešiv savjet jer tko osim Njega nosi teret upravljanja svemirom?"

15. POGLAVLJE

Krađa cvjetače

„Učitelju, imam dar za vas! Ovih šest velikih cvjetača posadio sam vlastitim rukama i brižno ih uzgajao kao što se majka brine o svom djetetu." Pokazao sam mu košaru s povrćem uz teatralni pokret.

„Hvala ti!" Sri Yukteswarov osmijeh govorio je koliko cijeni dar. „Molim te ostavi ih u svojoj sobi. Trebat će mi sutra za jednu posebnu večeru."

Upravo sam bio stigao u Puri* kako bih proveo ljetne praznike sa svojim guruom u njegovoj duhovnoj školi na moru. Učitelj je tu dražesnu dvokatnicu s pogledom na Bengalski zaljev izgradio sâm zajedno sa svojim učenicima.

Iduće jutro probudio sam se rano osvježen morskim povjetarcem i mirnom atmosferom u ašramu. Čuo sam ugodni glas svojega gurua kako me doziva. Pogledao sam svoje dragocjene cvjetače i lijepo ih posložio ispod kreveta.

„Hajde, idemo do plaže." Učitelj je bio na čelu, a ja i još nekoliko učenika koračali smo raštrkani iza njega. Naš guru nas je promatrao uz blagi prigovor.

„Kada naša braća na Zapadu hodaju, obično se skladno postroje. Zato, molim vas, stupajte u dva reda i lijepo koračajte svi u istom ritmu." Sri Yukteswar je promatrao kako smo izvršili zadaću. Zatim je počeo pjevati: "Dječaci stupaju jedan-dva, raduje ih nastava." Nisam mogao ne diviti se lakoći kojom je Učitelj slijedio žustar korak svojih mladih učenika.

„Stoj!" Oči mog gurua zaustavile su se na meni. „Jesi li zaboravio zaključati stražnja vrata duhovne škole?"

„Mislim da nisam, gospodine."

Sri Yukteswar je šutio nekoliko minuta jedva suspržući osmijeh na usnama. „Ne, ipak si zaboravio." rekao je naposljetku. „Božanska

---

* Puri koji se nalazi oko 500 km južno od Kalkute poznat je kao mjesto hodočašća Krišninih poklonika. Proslave njemu u čast održavaju se dvaput godišnje, a te velike svečanosti zovu se: *Snanayatra* i *Rathayatra*.

Krađa cvjetače

kontemplacija ne može biti izgovor za nemar kada su u pitanju materijalne stvari. Zanemario si svoju dužnost glede sigurnosti ašrama i stoga moraš biti kažnjen."

Razmišljao sam o kakvoj je to čudnoj šali riječ kada je dodao: „Od tvojih šest cvjetača uskoro će ostati samo pet.".

Na Učiteljevu naredbu okrenuli smo se i počeli stupati natrag prema duhovnoj školi. Zaustavili smo se blizu nje.

„Odmorite se malo. Mukunda, vidiš li preko onu ogradu s lijeve strane i onu cestu tamo iza? Jedan će čovjek uskoro stići od tamo i pomoći u izvršenju tvoje kazne."

Skrivao sam ljutnju povezanu s tim meni nerazumljivim komentarima. Uskoro se na cesti pojavio neki seljak. Izgledao je kao da izvodi čudan ples, mlatarajući rukama bez imalo smisla. Bio sam gotovo oduzet od znatiželje, a oči su mi se prilijepile za tu smiješnu spodobu. Upravo kada je čovjek stigao do mjesta gdje ćemo ga izgubiti iz vida, Sri Yukteswar je rekao: „Pazite, sada će se okrenuti."

Seljak je odjednom promijenio smjer i uputio se prema stražnjoj strani ašrama. Nakon što je prešao preko pijeska, ušao je u zgradu kroz stražnja vrata. Očito sam ih ostavio otključana, baš kao što je moj Učitelj rekao. Čovjek se uskoro vratio i u ruci držao jednu od mojih dragih cvjetača. Sada je produžio dalje dostojanstveno, ponosan na svoju imovinu.

Cijela ova predstava u kojoj je meni bila dodijeljena uloga zbunjene žrtve, nije me smela u tolikoj mjeri da ipak ljutito ne potrčim za lopovom. Već sam bio na pola puta do ceste kad me je Učitelj pozvao da se vratim. Sav se tresao od smijeha.

„Taj jadni luđak je čeznuo za cvjetačom." objasnio mi je između dva naleta smijeha. „Mislio sam kako bi bilo dobro dati mu jednu od tvojih kad ih već nisi znao dobro čuvati!"

Odjurio sam do sobe i shvatio da je lopova očito zanimalo samo povrće jer je sve ostalo bilo netaknuto, uključujući i moje zlatno prstenje, sat i novac koji su se nalazili na pokrivaču. On se očito zavukao ispod kreveta i iz košare s cvjetačama uzeo željeni plijen.

Te sam večeri zamolio Sri Yukteswara da mi objasni cijeli taj meni nerazumljiv događaj.

Moj Učitelj je polako odmahnuo glavom. „Shvatit ćeš jednog dana. Znanost će uskoro otkriti neke od tih skrivenih zakona."

Kada se za nekoliko godina pojavio, tada čudesni, radioaparat, sjetio sam se Učiteljeva predviđanja. Radioprijamnik je poništio davno ustaljene pojmove vremena i prostora. Ničiji dom više nije bio pretijesan da u njega ne bi mogli ući London ili Kalkuta! To je bio očiti dokaz jednog vida čovjekove sveprisutnosti.

„Zaplet" komedije s cvjetačom najbolje se može shvatiti pomoću analogije s radijem.* Moj guru je bio savršen ljudski radiouređaj. Misli nisu ništa drugo do vrlo fini titraji u eteru. Kao što točno ugođeni radioprijamnik pronalazi program željene postaje između tisuća drugih postaja čiji valovi dolaze iz svih smjerova, tako je i Sri Yukteswar imao suptilan prijamnik koji je u onom trenutku bio ugođen na specifičnu misao (onog bedaka koji je žudio za cvjetačom), između nebrojenih misli koje emitiraju ljudi širom svijeta. Za vrijeme šetnje do plaže onoga dana, čim je Učitelj postao svjestan seljakove jednostavne želje, on mu je odlučio tu želju i ispuniti. Sri Yukteswarovo božansko oko otkrilo je čovjeka kako pleše niz cestu, prije nego što je on postao vidljiv nama učenicima. Moja zaboravnost u vezi sa zaključavanjem ašrama dala je Učitelju pogodno opravdanje da mi oduzme to dragocjeno povrće.

Nakon što je do tada djelovao kao prijamnik, Sri Yukteswar je zatim, koristeći svoju snažnu volju, postao odašiljač misaonih valova.† U toj ulozi on je uspješno naveo seljaka da se predomisli i uđe u sobu ašrama odakle će uzeti samo jednu cvjetaču.

Intuicija predstavlja vodstvo duše i prirodno se javlja u trenucima kada je čovjekov um smiren. Gotovo svatko je imao iskustvo

---

* Radijski mikroskop izumljen 1939. otkrio je novi svijet do tada nepoznatog zračenja. „Čovjek, kao i razne vrste takozvane nepokretne tvari stalno emitiraju zrake koje ovaj uređaj može 'vidjeti'," javio je *Associated Press*. „Oni koji vjeruju u telepatiju, gledanje na daljinu i vidovitost, dobivaju ovakvim otkrićima prve znanstvene dokaze o postojanju nevidljivih zraka koje doista putuju od jedne do druge osobe. Radiouređaj je u stvari spektroskop radijskih frekvencija. On analizira frekvencije elektromagnetskih valova koje emitira hladna tvar koja ne svijetli na isti način na koji optički spektroskop analizira svjetlost zračenja atoma zvijezda u svemiru... Znanstvenici su već godinama pretpostavljali postojanje takvog zračenja koje dolazi iz čovjeka i svih živih bića. Sada su za to dobili i prvu eksperimentalnu potvrdu. Otkriće pokazuje kako su svaki atom i molekula u prirodi u stvari sićušna radiopostaja koja neprestano emitira... Tako čak i nakon smrti tvar koja je činila čovjekovo tijelo nastavlja slati te tanahne zrake. Valne duljine tih zraka kreću se u rasponu od onih puno manjih od onih koje se rabe u radijskim postajama pa sve do onih najduljih radiovalova. Količina tih valova gotovo je nepojmljiva, ima ih na milijune. Jedna vrlo velika molekula može istodobno odašiljati milijun različitih valnih duljina. Od tog zračenja ono većih valnih duljina širi se slično radiovalovima... Postoji jedna zapanjujuća razlika između tih novih radiovalova i poznatih nam valova svjetlosti. Ona leži u činjenici da se ti novi radiovalovi nastavljaju emitirati i tisućama godina poslije iz nepobuđene tvari."

† Vidi napomenu na str. 257.

neobjašnjivo točnog „predosjećaja" ili je uspio točno prenijeti svoje misli drugoj osobi.

Kada se ljudski um oslobodi „statičkih smetnji" nemira, on je u mogućnosti djelovati kao složeni radiouređaj: slati i primati misli te odbacivati one nepoželjne. Kao što snaga radiopostaje ovisi o jakosti električne struje koju koristi, tako i učinkovitost ljudskog radija ovisi o tome koliko je snažna volja pojedinca.

Sve misli vječno titraju u svemiru. Ostvareni učitelj može dubokom koncentracijom otkriti misli bilo kojeg čovjeka, živog ili mrtvog. Misli su univerzalnog, a ne pojedinačnog značaja u smislu da se istina ne može stvoriti već samo otkriti. Svaka pogrešna čovjekova misao posljedica je veće ili manje nesavršenosti u njegovu poimanju. Cilj joge je umiriti um kako bi bez pogreške mogao čuti nepogrešivi savjet unutarnjeg Glasa.

Radio i televizija dovode u trenu zvuk i sliku udaljenih osoba u domove milijuna ljudi. Ovo je prva, blijeda naznaka koju znanost ima o tome kako je čovjek u stvari sveprožimajući duh. Iako ga ego na sve moguće grube načine pokušava učiniti svojim robom, čovjek u stvari nije tijelo ograničeno na jednu točku prostora, već je u biti sveprisutna duša.

„Pred nama su otkrića još mnogih čudesnih, čudnih i naoko nevjerojatnih pojava koje, kada jednom budu objašnjene, više nećemo smatrati zaprepašćujućim, kao što nas više ne iznenađuje toliko toga što je znanost naučila tijekom posljednjeg stoljeća," rekao je Charles Robert Richet*, dobitnik Nobelove nagrade za fiziologiju. „Pretpostavlja se da nam pojave koje sada prihvaćamo bez iznenađenja nisu uzbudljive jer su shvaćene. Ali to nije tako. To što nas ne iznenađuju nije zato što su shvaćene, već zato što smo se na njih naviknuli. Jer kada bi nas iznenađivalo samo ono što shvaćamo, bili bismo iznenađeni svime - padom kamena bačenog u zrak, žirom koji postaje hrast, živom koja se širi kada je grijemo, željezom koje privlači magnet.

„Znanost današnjice je lagana tematika... Zaprepašćujuće istine koje će naši potomci otkriti i sada su svuda oko nas, gledaju nas u oči, tako reći, pa ipak ih mi ne vidimo. No nije dovoljno reći da ih ne vidimo; mi ih ne želimo vidjeti jer dočim se pojavi neočekivana i nepoznata činjenica, mi je pokušavamo uklopiti u okvir već shvaćenog i prihvaćenog znanja i ne sviđa nam se ako se netko usudi to dalje proučavati."

Nekoliko dana nakon što mi je na tako nevjerojatan način ukradena cvjetača, dogodila se smiješna zgoda. Nestala je jedna petrolejska

---

* Autor knjige: *Our Sixth Sense*. (London: Rider & Co.).

svjetiljka. Kako sam upravo bio svjedokom sveznajućeg uvida mojega gurua, mislio sam kako će za njega biti dječja igra pronaći svjetiljku.

Učitelj je prozreo moje očekivanje. Uz prenaglašenu ozbiljnost ispitao je sve stanovnike ašrama. Jedan je mladi učenik priznao da se koristio svjetiljkom dok je išao do bunara u stražnjem dvorištu.

Sri Yukteswar je hladno rekao: "Tražite svjetiljku pokraj bunara.".

Odjurio sam tamo, ali svjetiljci nije bilo ni traga! Vratio sam se sav pokunjen do gurua. On se srdačno smijao, bez sažaljenja nad mojim razočaranjem.

„Šteta što te nisam mogao uputiti do nestale svjetiljke; ja ipak nisam vračara!" Namignuvši mi, dodao je: "Ja čak nisam ni zadovoljavajući Sherlock Holmes!"

Ovo iskustvo pomoglo mi je shvatiti kako Učitelj nije namjeravao pokazivati svoje moći ako bi ga tko izazvao ili samo zbog neke sitnice.

Uslijedili su čarobni tjedni. Sri Yukteswar je pripremao vjersku procesiju. Zamolio me da predvodim učenike na našem putu kroz grad i plažu u Puriju. Na sam dan svečanosti (ljetni suncostaj) već od ranog jutra bilo je jako vruće.

„Guruji, kako ću voditi bosonoge učenike preko užarenog pijeska?" upitao sam sav očajan.

„Otkrit ću ti tajnu.", rekao je Učitelj. „Gospod će poslati suncobran u obliku oblaka, pa ćete svi udobno hodati."

Sav sretan organizirao sam procesiju. Naša je grupa krenula iz ašrama noseći zastavu Satsange*. Oblikovao ju je Sri Yukteswar i na njoj je bio simbol jednog oka†, teleskopskog oka intuicije.

Tek što smo krenuli iz duhovne škole, kao nekom čarolijom nebo su prekrili oblaci. Žamor prisutnih koji su to promatrali u čudu popratio je i lagani pljusak koji je ohladio gradske ulice i vrelu obalu.

Osvježavajuće kapi kiše padale su cijela dva sata, točno koliko je trajala parada. Istog trena kada se naša skupina vratila u ašram, kiša i oblaci su nestali.

„Vidiš kako se Bog brine za nas.", odgovorio je Učitelj nakon što

---

* *Sat* je doslovno „biće", dakle „bit, istina, stvarnost"; *sanga* je „udruga". Sri Yukteswar je nazivao svoju duhovnu školu ili organizaciju: *Satsanga*, „udruga istine."

† „Bude li ti oko zdravo, čitavo će ti tijelo biti u svjetlu." – Mt 6:22. Za vrijeme duge meditacije jedno oko, tj. duhovno oko postaje vidljivo u središnjem dijelu čela. Ovo sveznajuće oko se u svetim spisima različito spominje kao: treće oko, zvijezda Istoka, unutarnje oko, golub koji se spušta s neba, Šivino oko, oko intuicije i tako dalje.

sam mu izrazio zahvalnost. „Gospod odgovara svima i radi za sve. Na isti način na koji je uslišio moju molbu, On ispunjava i bilo koju iskrenu želju poklonika. Ljudi rijetko uočavaju koliko često Bog odgovara na njihove molitve. On nije naklonjen samo nekolicini, već sluša svakoga tko mu se obrati s povjerenjem. Njegova bi djeca uvijek morala imati u sebi vjeru u ljubav i dobrotu svojega Sveprisutnog Oca."*

Sri Yukteswar je bio pokrovitelj četiriju godišnjih proslava u vrijeme ravnodnevica i suncostaja, kada bi se njegovi učenici okupljali sa svih strana. Proslava zimskog suncostaja održavala se u Serampoureu. Za vrijeme prve od njih kojoj sam prisustvovao dobio sam trajni blagoslov.

Svečanosti su počinjale ujutro bosonogom procesijom duž ulica. Glasovi stotine studenata odzvanjali su dok su pjevali dražesne vjerske pjesme. Nekoliko glazbenika je sviralo flautu i *khol kartal* (bubnjeve i cimbale). Oduševljeni građani zasipali su put cvijećem sretni što se mogu na trenutak odvojiti od svojih svakodnevnih dužnosti i biti poneseni našim glasnim hvaljenjem blagoslovljenoga imena Gospodnjeg. Dugački mimohod završio bi u dvorištu naše duhovne škole. Tamo bismo okružili svojega gurua dok su nas studenti s gornjih balkona zasipali cvjetovima nevena.

Mnogobrojni gosti dolazili su na gornji kat kako bi dobili puding od *channe* i naranče. Ja sam se probio do svojih drugova učenika koji su danas služili kao kuhari. Za tako velik broj ljudi hrana se mora pripremati na otvorenom u velikim kotlovima. Improvizirane ciglene peći na drva dimile su se i tjerale suze na oči, ali mi smo se svejedno veselo smijali i zadovoljno radili. Vjerske svečanosti u Indiji nikad se ne smatraju teretom; svaki poklonik radosno daje svoj doprinos u novcu, riži i povrću ili svojim osobnim uslugama.

Uskoro se i Učitelj našao među nama, nadgledajući svaku pojedinost proslave. U svakom trenu zaposlen, održavao je korak s najmlađim i najživahnijim studentom.

Na drugom katu održavao se *sankirtan* (skupno pjevanje) uz pratnju harmonija i indijskih bubnjeva koji se udaraju rukom. Sri Yukteswar je pomno slušao, njegov je sluh bio savršen.

„Pa oni imaju krivu intonaciju!" Učitelj je napustio kuhare i pridružio se glazbenicima. Ponovno se začula melodija, ovaj put ispravne intonacije.

---

* Onaj što uho zasadi da ne čuje? Koji stvori oko da ne vidi? Onaj što odgaja narode da ne kazni- Onaj što ljude uči mudrosti? -Ps 94:9-10.

Sama Veda sadržava najstarije poznate zapise o glazbenoj znanosti. U Indiji se glazba, slikarstvo i drama smatraju božanskim umjetnostima. Brahma, Višnu (*Vishnu*) i Šiva, Vječno Trojstvo, bili su prvi glazbenici. Šivu, u Njegovom vidu Kozmičkog Plesača, spisi opisuju kao onog koji je pronašao bezbroj ritmičnih oblika tijekom postupaka univerzalnog stvaranja, održavanja i uništenja. Brahma i Višnu pri tom su naglasili vremenski ritam: Brahma udarajući u cimbale te Višnu lupajući u *mridangu* ili sveti bubanj.

Saraswati, boginja mudrosti, obično se prikazuje kako svira na instrumentu zvanom *vina*, koji je majka svih žičanih instrumenata. Krišna, koji je inkarnacija Višnua, prikazuje se u hinduističkoj umjetnosti kako svira flautu. On svira očaravajuću melodiju koja podsjeća duše ljudi na njihov pravi dom dok lutaju pod prijevarnim utjecajem *maye*.

Glazba se u hinduizmu temelji na čvrstim melodijskim ljestvicama ili *ragama*. Šest temeljnih *raga* granaju se u 126 izvedenica, *ragina* (žena) i *putra* (sinova). Svaka raga ima najmanje pet nota: vodeću notu (*vadi* ili kralj), sekundarnu notu (*samavadi* ili premijer), pomoćne note (*anuvadi*, pomoćnici) i disonantnu notu (*vivadi*, neprijatelj).

Svaka od šest osnovnih *raga* u prirodnom je suglasju s određenim dobom dana, godišnjim dobom i vladajućim božanstvom sa kojim surađuje i koje joj daje posebnu moć. Tako se prva, *Hindole Raga* čuje samo zorom u proljeće, kako bi pobudila raspoloženje univerzalne ljubavi. Druga, *Déepaka Raga* svira se u ljetnim večerima kako bi pobudila suosjećanje. Treća, *Megha Raga* je melodija sredine dana za kišna razdoblja kako bi se prizvala hrabrost. Četvrta, *Bhairava Raga* svira se u jutrima kolovoza, rujna i listopada kako bi se postigla smirenost. Peta je *Sri Raga*. Ona je rezervirana za jesenke sumrake kako bi se postigla čista ljubav. Šesta, *Malkounsa Raga* čuje se zimi u ponoć, za odvažnost.

Drevni mudraci, rišiji, otkrili su te zakone zvučnog saveza između prirode i čovjeka. Budući da je priroda proizašla iz *Auma*, Prvotnog zvuka ili Vibrirajuće riječi, čovjek može kontrolirati sva očitovanja u prirodi koristeći određene *mantre* ili obredna pjevanja*. Povijesni spisi

---

* Baština svih naroda spominje obrede pjevanja u svrhu zadobivanja moći nad Prirodom. Američki Indijanci razvili su učinkovite obrede za prizivanje kiše i vjetra. Veliki indijski glazbenik Tan Sen imao je sposobnost zaustaviti vatru snagom svoje pjesme.

Charles Kellogg, naturalist iz Kalifornije, demonstrirao je 1926. pred njujorškim vatrogascima učinak zvučnih vibracija na vatru (požar). Brzo prolazeći gudalom, poput velikog violinskog gudala, preko aluminijske glazbene vilice proizveo je škripanje nalik na jak šum radijskih smetnji. Odjednom se žuti plinski plamen visok 60 cm, unutar staklene cijevi smanjio na

govore o neopisivim moćima Miyan Tan Sena, dvorskog glazbenika iz šesnaestog stoljeća na dvoru Akbara Velikog. Kada mu je car zapovjedio da zapjeva noćnu ragu usred dana, Tan Sen je otpjevao *mantru* koja je u čas čitavu palaču obavila tamom.

Indijska glazba dijeli oktave u dvadeset i dva *srutija* ili polu-polutona. Takvi mikrotonalni intervali dopuštaju izražavanje muzičkih finesa koje nije moguće postići zapadnom kromatskom ljestvicom s dvanaest polutonova. Svaka je od sedam temeljnih nota oktave u hinduističkoj mitologiji povezana s bojom i prirodnim zvukom neke ptice ili zvijeri - *Do* sa zelenom i paunom; *Re* s crvenom i ševom; *Mi* sa zlatnom i kozom; *Fa* sa žućkasto-bijelom i čapljom; *So* s crnom i slavujem; *La* sa žutom i konjem; *Ti* s kombinacijom svih boja i sa slonom.

U indijskoj glazbi postoje sedamdeset i dvije *thate* ili ljestvice. Glazbenik ima stvaralačku slobodu za beskrajnu improvizaciju oko zadane tradicionalne melodije ili *rage*. On se usredotočuje na osjećaj ili na određeno raspoloženje u zadanoj temi i razrađuje ju do granica svoje originalnosti. Indijski glazbenik ne čita zapisane note, on svakom izvedbom iznova oblači ogoljeni kostur melodije *rage*, često se ograničavajući na pojedini melodijski odsječak, ponavljanjem naglašavajući sve njegove fine mikrotonalne i ritmičke otklone.

J.S Bach je, među zapadnjačkim glazbenicima, razumio dražest i snagu ponavljajućeg tona, tek neznatno izmijenjenog na stotinu složenih načina.

Sanskrtska literatura opisuje 120 *tala* ili mjera. Prema tradiciji je, Bharata, utemeljitelj indijske glazbe, izdvojio trideset i dvije vrste *tala* iz pjeva ševe. Podrijetlo *tale* ili ritma je u ljudskim pokretima - dvodobno hodanje i trodobno disanje u snu, kada je udisanje dvostruko dulje od izdisanja.

Indija je odavna prepoznala ljudski glas kao najsavršeniji muzički instrument. Indijska se muzika stoga u velikoj mjeri ograničava na glasovno područje od tri oktave. Iz istog se razloga naglasak stavlja na melodiju (odnos uzastopnih nota), a ne na harmoniju (odnos istodobnih nota).

Indijska glazba je subjektivna, duhovna i individualistička umjetnost kojoj cilj nije simfonijska briljantnost, već osobni sklad s Nad-Dušom. Sve slavne pjesme Indije skladali su poklonici Božanskog.

---

visinu od samo 15 cm i postao tinjajući plavi plamičak. Još jedan potez gudalom i još jedan škripaj i plamen je bio ugašen."

Sanskrtska riječ za „glazbenika" je *bhagavathar*, „onaj koji pjesmom slavi Boga."

Glazbena okupljanja, *sankirtani*, predstavljaju učinkovit oblik joge ili duhovne vježbe jer traže jaku koncentraciju, ulazeći u srž misli i zvuka. Budući da je i čovjek sâm izraz stvaralačke Riječi, zvuk ima na njega snažan i trenutan učinak. Velika religijska glazba Istoka i Zapada budi u čovjeku radost jer uzrokuje privremeno vibracijsko buđenje jednog od njegovih skrivenih središta u kralježnici.* U tim blaženim trenucima u čovjeku se budi davno sjećanje na njegovo božansko podrijetlo.

Sankirtan koji se održavao u sobi Sri Yukteswara na drugom katu na dan festivala nadahnuo je i kuhare kraj zadimljenih lonaca. Moji kolege učenici i ja radosno smo pjevali pripjeve udarajući ritam rukama.

Do sumraka smo svojih stotinu posjetitelja poslužili rižom s lećom (*khichuri*), curryjem od povrća i pudingom od riže. Zatim smo prostrli pokrivače preko dvorišta pa je uskoro cijelo društvo posjedalo ispod zvjezdanog neba te pomno u tišini pratilo izlaganje mudrosti s usana Sri Yukteswara. Njegovi javni govori isticali su vrijednost *Kriya joge* te život samopoštovanja, smirenosti, odlučnosti, jednostavne prehrane i redovita vježbanja.

Skupina mladih učenika tada je zapjevala nekoliko svetih himni, a susret je završio ushićenim *sankirtanom*. Od deset navečer do ponoći stanovnici ašrama prali su posuđe i čistili dvorište. Moj guru me tada pozvao k sebi.

---

* Buđenje skrivenih cerebrospinalnih središta (*čakri* (chakra), astralnih lotosa) sveti je cilj svakog jogija. Biblijski stručnjaci za tekstove Novog zavjeta nisu shvatili kako knjiga Otkrivenja sadrži simbolički prikaz znanosti joge, koju je Ivanu i drugim bliskim učenicima prenio Gospod Isus. U Otk 1:20 Ivan spominje „tajnu sedam zvijezda" i „sedam crkava". Ti simboli odnose se na sedam lotosa svjetla, koji su opisani u spisima joge kao sedam skrivenih vrata na cerebrospinalnoj osi. Te je „izlaze" isplanirao Bog kako bi poslužili jogiju da putem znanstvene meditacije kroz njih pobjegne iz tjelesnog zatvora i ponovno se poistovjeti sa svojom pravom prirodom, Duhom. (Vidi 26.poglavlje.)

Sedmo središte „lotos s tisuću latica" koje se nalazi u mozgu predstavlja prijestolje Beskonačne Svijesti. U stanju božanskog prosvjetljenja za jogija se kaže da spoznaje Brahmu ili Boga Stvoritelja kao Padmaju „Onog koji je rođen iz lotosa."

„Položaj lotosa" je nazvan tako jer u tom tradicionalnom položaju jogi promatra lotose različitih boja (*padme*) u cerebrospinalnim središtima. Svaki lotos ima određeni broj latica ili zraka koje se sastoje od *prane* (životne sile). *Padme* su također poznate kao *čakre* ili kotači.

Položaj lotosa (*padmasana*) omogućava uspravno držanje kralježnice i drži tijelo u položaju sigurnom od pada prema naprijed ili natrag za tijekom stanja transa (*sabikalpa samadhi*). To je zato omiljeni stav jogija kod meditacije. Međutim, početniku *padmasana* može biti teška pa ju treba pokušati izvesti samo pod vodstvom stručnjaka za *Hatha jogu*.

Krađa cvjetače

„Zadovoljan sam tvojim veselim radom tijekom dana i svim pripremama tijekom tjedna. Želim da noćas dođeš k meni. Možeš spavati u mom krevetu."

Bila je to počast za koju sam mislio da mi nikad neće pripasti. Sjedili smo neko vrijeme u stanju božanskog mira. Nekih deset minuta nakon što smo legli Učitelj se ustao i počeo oblačiti.

„Što se dogodilo, gospodine?" radost spavanja pokraj učitelja iznenada je narušena u nevjerici.

„Mislim da će ovamo uskoro stići nekoliko studenata koji su zakasnili na vlak. Pripremimo im nešto hrane."

„Guruji, nitko ne bi dolazio u jedan sat noću!"

„Ostani u krevetu, radio si naporno čitav dan. A ja idem kuhati."

Vidjevši odlučnost Sri Yukteswara i ja sam ustao i pošao za njim u malu dnevnu kuhinju koja se nalazila do unutarnjeg balkona na drugom katu. Uskoro su se kuhali riža i *dal*.

Moj se guru prisno smiješio. „Večeras si pobijedio umor i strah od naporna rada. Oni te nikada više neće smetati u budućnosti."

Dok je on izgovarao te riječi blagoslova za cijeli život, u dvorištu su se začuli koraci. Potrčao sam niz stube i susreo grupu studenata.

„Dragi brate," rekao je jedan od njih, „jako nam je neugodno što smetamo Učitelja u ovo doba! Pobrkali smo vozni red pa nismo mogli stići na vrijeme, a nismo se mogli vratiti kući, a da ipak barem na tren ne vidimo svojega gurua."

„On vas je očekivao i upravo priprema hranu za vas."

Iz kuhinje se začuo Sri Yukteswarov glas dobrodošlice pa sam zaprepaštene posjetitelje odveo onamo. Učitelj se okrenuo prema meni i namignuo mi.

„Sad kada ste završili s pozdravljanjem, nema sumnje da si zadovoljan što su naši gosti doista zakasnili na vlak!"

Nakon pola sata slijedio sam ga natrag do njegove spavaće sobe, sav sretan zbog časti što mogu spavati kraj božanskoga gurua.

16. POGLAVLJE

Nadmudrivanje zvijezda

„Mukunda, zašto ne nabaviš astrološku narukvicu?"
„Zar bih trebao, Učitelju? Ja ne vjerujem u astrologiju."
„Ovdje se ne radi o *vjerovanju*; znanstveni pristup bilo kojoj temi znači pitati se je li nešto *istinito*. Zakon gravitacije vrijedio je jednako učinkovito i prije i poslije Newtona. Svemir bi bio prilično neuređen ako bi njegovi zakoni trebali odobrenje ljudskog vjerovanja.

„Upravo su šarlatani doveli drevnu znanost o zvijezdama na njezine sadašnje niske grane. Astrologija je preširoko područje i matematički* i filozofski da bi je mogao shvatiti itko osim ljudi koji posjeduju veliko znanje i razumijevanje. Ne treba se čuditi da u ovom nesavršenom svijetu nepismenjaci pri tumačenju nebesa vide samo črčkarije umjesto čitljiva teksta. Mudrost ne bi trebalo miješati s 'upućenošću'.

Svi dijelovi stvaranja međusobno su povezani i izmjenjuju utjecaje. Uravnoteženi ritam svemira ukorijenjen je u načelu reciprociteta.", nastavio je moj guru. „Čovjek se u svom ljudskom očitovanju mora boriti

---

* Na temelju astronomskih referenci u drevnoj hinduističkoj literaturi učenjaci su uspjeli sa sigurnošću utvrditi vremensko razdoblje kojemu pripadaju pojedini autori. Rišiji su bili vrlo upućeni u znanost; u djelu *Kaushitaki Brahmana* nalazimo točne astronomske zapise koji daju do znanja da su 3100. godine pr. Kr. Indijci posjedovali napredno astronomsko znanje koje im je u praksi omogućilo da odrede povoljno vrijeme za astrološke obrede (ceremonije). Članak koji je objavila Tara Mata u časopisu *East-West* iz veljače 1934. govori o *Jyotishu* ili astronomiji vedske tradicije. „U njemu je sadržano znanstveno učenje koje je osiguralo Indiji vodeće mjesto među drevnim narodima i učinilo je Mekom onih željnih stjecanja znanja. Jedno od djela *Jyotisha*, *Brahmagupta*, sadržava astronomska razmatranja o temama kao što su: heliocentrično gibanje planeta u našem Sunčevom sustavu, nakrivljenost ravnine ekliptike, kuglasti oblik Zemlje, reflektirajuće svjetlo Mjeseca, Zemljino dnevno okretanje oko osi, postojanje čvrstih zvijezda u Mliječnoj stazi, zakon gravitacije i druge znanstvene činjenice koje su na Zapadu postale poznate tek u doba Kopernika i Newtona."

Takozvani „arapski brojevi", bez kojih je nemoguće zamisliti razvoj matematike na Zapadu, donijeli su u Europu u devetom stoljeću Arapi i to iz Indije, gdje je taj sustav zapisivanja brojeva bio osmišljen u davnoj prošlosti. Sljedeća djela daju daljnji uvid u znanstveno naslijeđe Indije: Sir P.C. Roy, *History of Hindu Chemistry*; B. N. Seal, *The Positive Sciences of the Ancient Hindus*; B.K Sarkar, *Hindu Achievements in Exact Science, The Positive Background of Hindu Sociology*; U.C Dutt, *Materia Medica of the Hindus*.

Nadmudrivanje zvijezda

s dvije vrste sila: prvo, s nemirima unutar vlastita bića koje uzrokuje mješavina elemenata: zemlje, vode, vatre, zraka i etera; drugo, s vanjskim prirodnim elementima čijim je štetnim utjecajima izložen. Tako dugo dok se bori sa svojom smrtnošću, čovjek je izložen nebrojenim utjecajima izvanjskog svijeta, bilo na nebesima ili na zemlji.

„Astrologija se bavi proučavanjem čovjekova odgovora na podražaje planeta. Zvijezde same ne posjeduju svjesnu dobronamjernost ili neprijateljstvo. One samo odašilju pozitivna i negativna zračenja koja, sama po sebi, niti pomažu niti štete čovječanstvu, već na zakonit način omogućavaju stavljanje u pogon učinaka uzroka i posljedice koje je svaki čovjek potaknuo u prošlosti.

„Dijete se rađa točno određenog dana i sata kada su nebeske zrake u matematičkom suglasju s njegovom osobnom karmom. Njegov je horoskop izazovan portret koji otkriva nepromjenljivu prošlost i moguće buduće rezultate. Ali natalnu kartu mogu ispravno tumačiti samo ljudi koji posjeduju intuitivnu mudrost, a takvi su rijetki.

„Poruka koja je otisnuta na nebu u trenutku rođenja nema namjeru isticati sudbinu (rezultat prošlih dobrih i loših djela), već potaknuti čovjekovu volju u nastojanju da se riješi univerzalnog ropstva. Što je pojedinac učinio, učinio je. Nitko drugi nije potaknuo uzroke učinaka koji sada prevladavaju u njegovu životu. No pojedinac može prevladati bilo koje ograničenje, jer ih je u prvom redu on sâm i stvorio svojim djelovanjima, među ostalim i zato što posjeduje duhovne mogućnosti koje nisu podložne utjecaju planeta.

„Praznovjerni strah pred astrologijom čini pojedinca robotom koji je ovisan o mehaničkom vodstvu. Mudar čovjek pobjeđuje svoje planete, to jest svoju prošlost, tako što za svog saveznika umjesto stvaranja uzima Stvoritelja. Što više shvaća svoje jedinstvo s Duhom, to je manje podložan utjecaju tvari. Duša je vječno slobodna, ona je besmrtna zato što nikad nije ni rođena, stoga joj ne mogu naređivati zvijezde.

„Čovjek *jest* duša, ali *ima* i tijelo. Kada se ispravno poistovjeti sa svojom vječnom prirodom, čovjek ostavlja za sobom svoje dotadašnje nerazumno ponašanje. Sve dok ostaje u uobičajenom stanju zbunjenosti uzrokovane duhovnom amnezijom, čovjek je i dalje izložen skrivenim utjecajima zakona svoje okoline.

„Bog je Sklad i poklonik koji se uskladi s Njim neće nikada djelovati u pogrešnom smjeru. Njegove aktivnosti će na prirodan i ispravan način biti vremenski prilagođene kako bi bile u skladu s astrološkim zakonima. Nakon duboke molitve i meditacije čovjek je u dodiru sa svojom božanskom sviješću i ne postoji veća moć od te zaštite iznutra."

„Pa zbog čega onda, Učitelju, od mene tražite da nosim astrološku narukvicu?" To sam pitanje postavio nakon duge tišine tijekom koje sam pokušao upiti mudro i dubokoumno Sri Yukteswarovo izlaganje koje je sadržavalo za mene nove misli.

„Tek kada je putnik stigao na cilj, on može odbaciti svoje zemljovide. Dok putuje, on se koristi bilo kojim pogodnim prečacem. Drevni rišiji otkrili su mnoge načine na koje se čovjekov boravak u iluziji može skratiti. Postoje neka mehanička obilježja zakona karme koja prsti mudrosti mogu vješto ugoditi.

„Sve ljudske nevolje potječu od kršenja nekog univerzalnog zakona. Sveti spisi ističu da čovjek mora živjeti u skladu s prirodnim zakonima te istodobno poštovati božansku svemoćnost. On bi trebao reći: 'Gospode, uzdam se u Te i znam da mi Ti možeš pomoći, ali i sâm ću dati sve od sebe da ispravim ono što sam pogrešno učinio.' Čovjek može na više načina ublažiti ili poništiti loše učinke prošlih djela: molitvom, snagom volje, joga meditacijom, savjetovanjem sa svecima, nošenjem astrološke narukvice.

„Baš kao što se na kuću može staviti bakreni štap kao gromobran koji je štiti od udara munje, tako se na određene načine može zaštititi i tjelesni hram.

„Električna i magnetska zračenja koja mogu imati povoljan ili štetan učinak na ljudsko tijelo bez prestanka kruže svemirom. U davnoj prošlosti naši rišiji su se posvetili problemu hvatanja u koštac s lošim učincima nevidljivih kozmičkih utjecaja. Mudraci su otkrili kako čisti metali emitiraju astralno svjetlo koje snažno sprječava negativne utjecaje planeta. Također je poznato da su korisne određene kombinacije biljaka. Najučinkovitiji su pravi dragulji vrijednosti ne manje od dva karata.

„Praktična preventivna uporaba astrologije rijetko se proučavala igdje izvan Indije. Slabo je poznata činjenica da su prikladni metali, dragulji i biljni pripravci beskorisni ako nisu tražene težine i ako se ne nose uza samu kožu."

„Gospodine, svakako ću poslušati Vaš savjet i nabaviti narukvicu. Privlači me pomisao na to da ću nadmudriti planet!"

„Za opću namjenu preporučujem narukvice od zlata, srebra i bakra. Ali u posebnom slučaju želim da nabaviš narukvicu od srebra i olova." Bile su to Sri Yukteswarove pomne upute.

„Guruji, na što mislite pod 'posebnim slučajem'?"

„Zvijezde se spremaju pokazati 'neprijateljsko' zanimanje za tebe, Mukunda. Ne boj se, bit ćeš zaštićen. Za otprilike mjesec dana imat ćeš dosta problema s jetrima. Bolest bi trebala trajati šest mjeseci, ali uz korištenje astrološke narukvice to će se vrijeme skratiti na dvadeset i četiri dana."

Sljedeći sam dan otišao draguljaru i uskoro nosio narukvicu. Zdravlje mi je bilo izvrsno pa sam smetnuo s uma Učiteljevo predviđanje. On je otišao iz Seramporea u Benares. Trideset dana nakon našeg razgovora osjetio sam iznenadnu bol u predjelu jetara. Slijedili su tjedni ispunjeni užasnim bolovima. Mislio sam da ću uspjeti sâm izdržati ovu nevolju pa sam oklijevao uznemiravati svojega gurua.

Ali dvadeset i tri dana muke oslabilo je moju odlučnost te sam se uputio u Benares. Tamo me je Sri Yukteswar posebno toplo primio, ali mi nije pružio priliku da mu se izjadam nasamo. Mnogi su poklonici taj dan došli u posjet Učitelju samo radi *darshana**. Sjedio sam tako u kutu bolestan i zanemaren. Tek nakon večere svi su gosti otišli. Moj guru me tada pozvao na osmerokutni balkon kuće.

„Sigurno si došao zbog svojih problema s jetrima." Sri Yukteswar je izbjegavao pogled i hodao naprijed-natrag povremeno prolazeći kroz mjesečinu. „Da vidim, bolestan si dvadeset i četiri dana, zar ne?"

„Tako je , Gospodine."

„Molim te napravi vježbu za trbuh koju sam te naučio."

„Kada biste znali koliko mi je teško, Učitelju, ne biste od mene tražili da vježbam." Usprkos tome, pokušao sam slabašno učiniti ono što je tražio.

„Kažeš da trpiš bolove, a ja kažem da ih uopće nemaš. Kako je moguća takva proturječnost?" Moj me guru ispitivački promatrao.

Isprva sam bio zaprepašten, a zatim me preplavilo radosno olakšanje. Više nisam osjećao neprekidno mučenje koje mi tjednima nije dalo spavati. Sri Yukteswarove riječi prekinule su moju agoniju kao da je nikada nije ni bilo.

Kleknuo sam pred njega u znak zahvalnosti, ali me on odmah spriječio.

„Ne budi djetinjast. Ustani i uživaj u ljepoti mjesečine na Gangesu."

---

* Blagoslov koji se dobiva od samog pogleda svete osobe.

Ipak sam vidio kako Učiteljeve oči sretno svjetlucaju dok sam u tišini stajao pokraj njega. Shvatio sam iz njegova držanja kako želi da shvatim da me nije izliječio on, već Bog.

I sada nosim tešku narukvicu od srebra i olova kao uspomenu na taj dan koji, iako je davno prošao, i danas slavim kao uspomenu na trenutak kada sam još jednom uvidio da živim uz osobu doista nadljudskih osobina. Kasnije sam znao radi liječenja dovoditi svoje prijatelje Sri Yukteswaru i on bi im bez iznimke preporučivao dragulje ili narukvicu*, zagovarajući njihovo korištenje kao čin astrološke mudrosti.

Moje su predrasude prema astrologiji potjecale još iz djetinjstva jer sam, s jedne strane, uviđao da su mnogi ljudi vezani za nju slijepim vjerovanjem, a dijelom i zbog predviđanja našega obiteljskog astrologa: "Ženit ćeš se triput i dvaput biti udovac." Grozio sam se i same pomisli na tri braka i pritom se osjećao kao žrtveni jarac.

"Bolje ti je da se pomiriš sa sudbinom.", rekao mi je brat Ananta. "Tvoj pisani horoskop ispravno je naveo kako ćeš u djetinjstvu bježati od kuće u Himalaju te da ćeš silom biti vraćan natrag. Stoga će se i najava tvojih vjenčanja ostvariti."

Jedne noći jasno sam intuitivno uvidio kako je to proročanstvo posve lažno. Spalio sam svitak s horoskopom, a pepeo sasuo u papirnatu vrećicu na kojoj sam napisao: "Sjeme prošle karme ne može proklijati ako se sprži na vatri božanske mudrosti." Stavio sam vrećicu na vidno mjesto tako da je moj brat Ananta odmah pročitao poruku.

"Istina se ne da tako lako uništiti kao što si zapalio taj papirnati svitak.", moj mi se brat podrugljivo smijao.

Činjenica je da je, prije nego što sam odrastao, moja obitelj u tri navrata pokušala ugovoriti moje zaruke. Svaki put odbio sam suglasiti se s planovima† znajući da je moja ljubav prema Bogu puno jača od bilo kakva astrološkog uvjeravanja iz prošlosti.

"Što je dublje čovjekovo samoostvarenje, to više on utječe na cijeli svemir svojim tanahnim duhovnim vibracijama, a time i sâm sve manje biva pod utjecajem pojavnoga svijeta." Često sam se prisjećao tih nadahnutih riječi svojega Učitelja.

---

* Vidi napomenu na str. 232.

† Jedna od djevojčica koju je moja obitelj izabrala kao moju moguću nevjestu kasnije se udala za mojega rođaka Prabhasa Chandru Ghosha. (Vidi sliku na str. 214.) [Sri Ghosh bio je potpredsjednik Yogoda Satsanga Society of India (vidi na str. 379-84) od 1936. do svoje smrti 1975. godine.]

Nadmudrivanje zvijezda

Katkad bih rekao astrolozima neka izaberu moja najnepovoljnija razdoblja na temelju položaja planeta, a ja bih tada ipak uspijevao postići bilo koju zadaću koju sam si zadao. Istina, do uspjeha bih u takvim slučajevima dolazio uz goleme teškoće, ali moja je uvjerenost uvijek imala pokriće u vjeri u božansku zaštitu i u ispravno korištenje od Boga dane čovjekove slobodne volje, a to su snage znatno jače od utjecaja zvijezda.

Shvatio sam da ono što nam je rođenjem zapisano u zvijezdama nije poruka o tome da je čovjek lutka u vlasti svoje prošlosti. Upravo suprotno, to je poruka koja bi nas trebala učiniti ponosnima: čitavo nebo želi pobuditi čovjekovu odlučnost da se oslobodi bilo kakva ograničenja. Bog je stvorio svakog čovjeka kao dušu kojoj je darovana individualnost. Na taj način svatko je bitan u sveukupnoj strukturi stvaranja, bez obzira na to ima li ovog trena vodeću ili sporednu ulogu. Njegova je sloboda konačna i trenutna, samo ako on to hoće. To ne ovisi o vanjskim, već o unutarnjim pobjedama.

Sri Yukteswar je otkrio matematičku strukturu trajanja pojedinih doba unutar perioda precesije Zemljine osi koji iznosi 24000 godina.* Taj je ciklus podijeljen na Uzlazni luk i Silazni luk, svaki u trajanju od 12000 godina. Unutar svakog Luka postoje četiri *juge* (*yuge*) ili doba koja se nazivaju: *Kali*, *Dwapara*, *Treta*, i *Satya*, što odgovara pojmovima željeznog, brončanog, srebrnog i zlatnog doba u Grka.

Prema proračunima mog gurua, posljednja *Kali juga* ili željezno doba unutar Uzlaznog luka započela je oko 500. godine. To željezno doba u kojem je prevladavao materijalizam trajalo je 1200 godina i završilo je oko 1700. godine. Tom godinom nastupila je *Dwapara juga*, razdoblje od 2400 godina tijekom kojeg se razvija znanost o elektricitetu i strukturi atoma te primjena atomske energije: to je doba telegrafije, radija, zrakoplova i drugih sredstava za svladavanje prostornih udaljenosti.

Nakon toga će 4100. godine uslijediti *Treta juga*, razdoblje koje traje 3600 godina. To doba obilježit će svima dostupno znanje telepatskog komuniciranja na daljinu. Na posljetku nastupit će razdoblje *Satya juge* u trajanju od 4800 godina. To je završni dio Uzlaznog luka, tada će čovjekov um biti na najvišem stupnju razvoja i djelovat će u skladu s božanskim planom.

Silazni luk od 12000 godina počinje (12500. godine) sa silaznim zlatnim dobom u trajanju od 4800 godina tijekom kojeg čovjek

---

* Ti su ciklusi objašnjeni u prvom dijelu knjige Sri Yukteswara, *Holy Science* (izdavač: Self-Realization Fellowship).

postupno tone u neznanje. Ovi ciklusi su vječne smjene unutar domene *maye* s kontrastima i relativnostima pojavnog svemira.* Ljudi, jedan po jedan, bježe iz ovog zatvora stvaranja i dvojnosti u trenutku kada razviju svijest o svojemu neodvojivom jedinstvu sa Stvoriteljem.

Od Učitelja sam naučio mnogo toga ne samo o astrologiji već i o svetim spisima svjetskih religija. Stavljajući svete tekstove na besprijekorni stol svojega uma, on je bio u stanju prodrijeti u njihovu bit pomoću intuitivnog razmišljanja, jasno razlikujući pogrešna tumačenja učenjaka od istina koje su u njima iznijeli proroci.

„Usmjerite svoju pozornost na vrh nosa." Ovo netočno tumačenje stiha iz Bhagavad-Gite†, koje je bilo široko prihvaćeno među panditima na Istoku i prevoditeljima na Zapadu, izazivalo je kod Učitelja podrugljivu kritiku:

„Jogijev put je već sam po sebi jedinstven.", primijetio je. „Zašto bi ga još k tome trebalo navoditi da postane razrok? Točno značenje izraza *nasikagram* je 'početak nosa', a ne 'završetak nosa'. Nos započinje u točki između obrva koja je sjedište duhovnog vida."‡

Jedna izreka iz *Sankhye*§ glasi: *Ishwar asiddhe*¶ („Gospod Stvaranja se ne može spoznati." ili „Boga se ne može dokazati."). Na temelju te rečenice većina učenjaka naziva cijelu filozofiju ateističkom.

---

* Hinduistički spisi smještaju sadašnje doba unutar *Kali juge* koja se odnosi na puno dulji univerzalni ciklus u usporedbi s jednostavnijim 24.000-godišnjim precesijskim ciklusom koji je razmatrao Sri Yukteswar. U tim spisima spominje se univerzalni ciklus u trajanju od 4 300 560 000 godina, što je mjera poznata kao jedan Dan Stvaranja. Ovaj golemi broj temelji se na odnosu između trajanja jedne sunčeve godine i višekratnika broja Pi (iracionalni broj koji iznosi zaokružen na četiri decimale: 3.1416, a označava omjer opsega i promjera kruga).

Životni vijek čitavog svemira, prema starim prorocima, iznosi 314 159 000 000 000 sunčevih godina, što je „Jedno doba Brahme". Hinduistički spisi govore kako se Zemlja poput naše može uništiti iz jednog od ova dva razloga: kada stanovnici u cijelosti postanu ili potpuno dobri ili potpuno loši. Svjetski um na taj način stvara moć koja oslobađa atome do tada vezane unutar Zemlje.

S vremena na vrijeme mogu se pročitati strašna proročanstva o skorom „kraju svijeta". No planetarni ciklusi se smjenjuju prema pravilnom božanskom planu. Nikakvo uništenje Zemlje nije na vidiku. Ona će proći još mnoge uzlazne i silazne precesijske ciklu se u svom sadašnjem obliku.

† Poglavlje VI:13.

‡ „Tvoje je oko svjetiljka tvome tijelu. Kada ti je oko zdravo, cijelo je tvoje tijelo u svjetlu. Ali, ako ti je oko bolesno, tvoje je tijelo u tami. Zato pazi da svjetlo u tebi nije tama!"- Lk 11:34-35.

§ Jedan od šest sustava indijske filozofije. *Sankhya* naučava konačno oslobođenje putem poznavanja dvadeset i pet principa, započevši s *prakriti* ili prirodom i završavajući s *purushom* ili dušom.

¶ Sankhya Aforizmi, 1:92.

„Taj stih nije ateistički.", objasnio je Sri Yukteswar. „On samo naznačuje kako za neprosvijetljena čovjeka, koji je ovisan o svojim osjetilima pri svakom konačnom rasuđivanju, dokaz o postojanju Boga ostaje nepoznat pa time i nepostojeći. Sljedbenici *Sankhye* svojim nepomućenim uvidom proizašlim iz meditacije itekako shvaćaju da Gospod postoji i da se On može spoznati."

Učitelj je objašnjavao kršćansku Bibliju divnom jasnoćom. Upravo sam od svojega indijskog gurua, koji nije bio opterećen kršćanskom dogmom, naučio pojmiti besmrtnu bit Biblije i shvatiti istinu u Kristovim riječima: „Nebo će i zemlja proći, ali riječi moje neće proći."*

Veliki učitelji Indije vode se u životu istim božjim idealima koji su pokretali i Isusa. Ti ljudi su stoga njegova braća po nauku: „Tko god, naime, vrši volju moga nebeskog Oca, on je moj brat, moja sestra i majka."† „Ako ustrajete u mojoj nauci," isticao je Krist, „uistinu ste moji učenici; upoznat ćete istinu, a istina će vas osloboditi."‡ Kao slobodni ljudi, koji vladaju sobom, ti kristoliki jogiji Indije dio su besmrtnog bratstva koje je postiglo oslobađajuće znanje o Jednom Ocu.

„Priča o Adamu i Evi mi je posve nerazumljiva!" Ovaj sam komentar dao prilično uzbuđen u ranim danima svoje borbe sa shvaćanjem te alegorije. „Zašto je Bog kaznio ne samo krivi par, već i sve nedužne nerođene naraštaje?"

Učitelja je više zabavljala moja uzbuđenost negoli moje neznanje. „Knjiga Postanka obiluje dubokom simbolikom i ne može se shvatiti doslovnim tumačenjem.", objasnio mi je. „*Drvo života* koje se tamo spominje predstavlja ljudsko tijelo. Kralježnična moždina je poput preokrenutog drveta, gdje čovjekova kosa predstavlja korijenje, a aferentni i eferentni živci grane. Na drvu živčanog sustava nalazi se mnoštvo slasnog voća ili osjeta vida, zvuka, mirisa, okusa i dodira. To voće je čovjeku dopušteno kušati, ali mu je zabranjeno iskustvo seksa ili *jabuke* u središtu tijela ('nasred vrta').§

Zmija predstavlja energiju sklupčanu u dnu kralježnice koja potiče

---

* Mt 24:35.

† Mt 12:50.

‡ Iv 8:31-32. Sv. Ivan je svjedočio: „A svima koji ga primiše dade vlast da postanu djeca Božja: onima koji vjeruju u njegovo ime (onima koji su učvršćeni u sveprisutnoj Kristovoj Svijesti)."-Iv 1:12.

§ „Plodove sa stabala u vrtu smijemo jesti. Samo za plod stabla što je nasred vrta rekao je Bog: Da ga niste jeli! I ne dirajte u nj, da ne umrete!" Post 3:2-3.

spolne živce. *Adam* je razum, a *Eva* su osjećaji. Kada emocije ili svijest Eve budu u bilo kojem ljudskom biću nadvladani spolnim nagonom, njegov razum ili Adam mu se također prepušta.*

Bog je stvorio ljudsku vrstu materijalizirajući tijela muškarca i žene koristeći snagu Svoje volje. Toj novoj vrsti On je podario moć stvaranja djece na isti takav „bezgrešan" ili božanski način.† Iz razloga što je do tada Njegovo očitovanje u pojedinačnoj duši bilo ograničeno na životinje, koje su vezane instinktom i nemaju mogućnosti punog razuma, Bog je stvorio prva ljudska tijela koja je simbolički nazvao Adam i Eva. Kako bi im omogućio poželjnu uzlaznu evoluciju, On je u njih prenio duše ili božanske biti iz dviju životinja.‡ Kod Adama ili muškarca, prevladavao je razum, a kod Eve ili žene na prvom je mjestu bilo osjećanje. Na taj je način bila izražena dvojnost ili polaritet koji su u osnovi pojavnog svijeta. Razum i osjećaji ostaju u rajskom vrtu međusobne radosne suradnje sve dok ljudski um ne bude prevaren zavojitom energijom životinjskih sklonosti.

„Ljudsko tijelo stoga nije isključivo rezultat evolucijskog razvoja iz zvijeri, već je proizvedeno posebnim činom Božjeg stvaranja. Životinjski oblici bili su pregrubi da u potpunosti iskažu božanskost. To znači da je čovjeku dan jedinstven potencijal u obliku „lotosa s tisuću latica" u mozgu, isto kao i visokorazvijena skrivena središta u kralježnici.

„Bog ili Božanska Svijest, prisutna u tom prvom stvorenom paru, savjetovao ih je da uživaju u svim ljudskim osjetilima osim jednog: spolnih senzacija.§ One su bile zabranjene kako se čovječanstvo ne bi uplelo u niži životinjski način razmnožavanja. No upozorenje da se ne pobuđuju podsvjesno prisutni životinjski instinkti nije se poštovalo. Adam i Eva su tim pribjegavanjem grubom načinu razmnožavanja pali u nemilost iz tog stanja rajskog uživanja koji je priođen originalnom savršenom čovjeku. Kada su 'spoznali da su goli', oni su izgubili svijest o svojoj besmrtnosti, upravo kako ih je Bog upozoravao. Time su se

---

* „Žena koju si stavio uza me- ona mi je dala sa stabla, pa sam jeo... Zmija me prevarila, pa sam jela, odgovori žena."- Post 3:12-13.

† „Na svoju sliku stvori Bog čovjeka, na sliku Božju on ga stvori, muško i žensko stvori ih. I blagoslovi ih Bog i reče im: „Plodite se i množite i napunite zemlju, i sebi je podložite!"- Post 1:27-28.

‡ „Jahve, Bog, napravi čovjeka od praha zemaljskog i u nosnice mu udahne dah života. Tako postane čovjek živa duša." - Post 2:7.

§ „Zmija (spolna sila) bijaše lukavija od sve zvjeradi (bilo kojega drugog osjetila tijela), što je stvori Jahve, Bog."- Post 3:1.

stavili pod vlast fizičkih zakona prema kojima fizičkom rođenju slijedi i fizička smrt.

„Poznavanje 'dobra i zla' koje je Evi obećala 'zmija' odnosi se na iskustva dvojnosti i suprotnosti kojima su izloženi smrtnici pod utjecajem *maye*. Čovjek koji pada u zamku prijevare zbog pogrešnoga korištenja svojih osjećaja i razuma, ili svijesti Adama i Eve, odriče se na taj način svojega prava da uđe u rajski vrt božanske samodostatnosti.* Osobna je odgovornost svakog ljudskog bića da promijeni dvojnu prirodu svojih 'roditelja' i tako ponovno stigne do ujedinjenog sklada Edena."

Dok je Sri Yukteswar završavao svoje izlaganje, ja sam na nov način gledao na stranice Knjige Postanka.

„Dragi Učitelju," rekao sam, „prvi put stvarno osjećam kakvu to obavezu imam kao dijete Adama i Eve!"†

---

* „I Jahve, Bog, zasadi vrt na istoku, u Edenu, i u nj smjesti čovjeka koga je napravio."- Post 2:8. „Zato ga Jahve, Bog, istjera iz vrta edenskoga da obrađuje zemlju iz koje je i uzet."-Post 3:23. Božanski čovjek kakvim ga je Bog prvo stvorio imao je svijest usmjerenu u jedno svemoćno oko u čelu (na istoku). Svekolike stvaralačke moći njegove volje koja je usmjerena na tu točku bile su izgubljene kada je čovjek počeo „obrađivati zemlju" svoje fizičke prirode.

† Priča o „Adamu i Evi" u hinduističkoj tradiciji zapisana je u drevnoj *purani* pod nazivom *Srimad Bhagavata*. Prvi muškarac i žena (bića u fizičkom obliku) zvali su se Swayambhuva Manu („muškarac kojeg je rodio Stvoritelj") i njegova žena Shatarupa („ona koja ima stotinu obličja"). Njihovo petero djece stupilo je u brak s *Prajapatijima* (savršenim bićima koja mogu poprimiti tjelesni oblik), a iz tih prvih božanskih obitelji rodila se ljudska rasa.

Nikada nisam ni na Istoku ni na Zapadu čuo da je itko znao obrazlagati kršćanske svete spise s tako dubokim duhovnim uvidom kao što je to činio Sri Yukteswar. „Teolozi su pogrešno protumačili Kristove riječi", rekao je Učitelj, „kao što su ove: 'Ja sam put, istina i život. Nitko ne dolazi k Ocu osim po meni' (Iv 14:6). Isus time nije mislio kako je on jedini Sin Božji, već da nijedan čovjek ne može dosegnuti neopisivi Apsolut koji je transcendentni Otac *iza* svega stvaranja ako se ne poistovjeti sa 'Sinom' ili djelatnom Kristovom Svijesti *unutar* stvaranja. Isus, koji je postigao potpuno jedinstvo s tom Kristovom Svijesti, poistovjetio se s njom imajući na umu da je njegov vlastiti ego bio odavno nestao." (Vidi napomenu na str. 144.)

Kada Pavao piše kako je :" da se sada... saopći mnogolika Božja mudrost... prema vječnom naumu koji ostvari u Kristu Isusu" (Ef 3:10-11), i kada Isus kaže:" Prije nego je Abraham bio, Ja Jesam (Iv 8:58)", bitna odrednica tih riječi je neosobnost.

Svojevrsni oblik duhovnog kukavičluka navodi mnoge svjetovne ljude da komotno vjeruju kako je samo jedan čovjek bio Sin Božji. „Krist je bio samo jedan", razmišljaju oni, „pa kako onda ja, obični smrtnik, mogu slijediti njegov put?" No svi su ljudi božja stvorenja i moraju jednom poslušati Kristovu zapovijed: „Dakle: budite savršeni kao što je savršen Otac vaš nebeski! " (Mt 5:48). „Gledajte koliku nam je ljubav Otac iskazao, da se zovemo djeca Božja." (1 Iv 3:1).

Shvaćanje zakona karme odnosno reinkarnacije koja iz tog zakona prirodno slijedi (vidi napomenu na str. 258, zatim na str. 318-19 i u 43. poglavlju) može se iščitati iz brojnih odlomaka Biblije; npr., „Tko prolije krv čovjekovu, njegovu će krv čovjek proliti!" (Post 9:6). Da bi svaki ubojica i sam stradao od „ljudske" ruke, potrebno je u mnogim slučajevima više od jednog života. Današnja policija očito nije dovoljno brza!

U ranom kršćanstvu je doktrina reinkarnacije bila prihvaćena, a njezini zagovaratelji bili su gnostici i brojni crkveni oci: Klement Aleksandrijski, slavni Origen (oba iz 3. stoljeća), i

Sv. Jeronim (5. stoljeće). Ta je doktrina prvi put proglašena herezom ljeta gospodnjeg 533. na Drugom koncilu u Konstantinopolu. U to vrijeme mnogi su kršćani smatrali kako doktrina reinkarnacije ne potiče čovjeka na traženje spasenja odmah i sada. No takvo skrivanje prave istine o smislu reinkarnacije vodilo je na žalost do niza pogreški. Ispostavilo se naime kako milijuni ljudi nisu iskoristili taj njihov "jedan život" za traženje Boga, već za svjetovna uživanja, za koja misle da su dobili jedinstvenu priliku koju će ubrzo izgubiti zauvijek! Prava je istina kako se čovjek iznova rađa na Zemlji sve dok svjesno ne postigne ponovno svoj status sina Božjeg.

17. POGLAVLJE

Sasi i tri safira

„Posjetit ću Sri Yukteswara samo zato što ti i moj sin imate tako visoko mišljenje o njemu." Dr. Narayan Chunder Roy izrekao je ovo glasom koji je odavao kako udovoljava hiru dvojice glupana. Skrivao sam svoje nezadovoljstvo u najboljoj tradiciji onoga koji nastoji nekoga obratiti na novu vjeru.

Moj sugovornik, veterinar po struci, bio je uvjereni agnostik. Njegov me mladi sin Santosh zamolio da pokušam učiniti nešto za njegova oca. Do sada se moja neprocjenjiva pomoć baš i nije pokazala korisnom.

Sutradan je dr. Roy pošao sa mnom u posjet duhovnoj školi u Seramporeu. Posjetiteljev kratki susret s Učiteljem uglavnom je prošao u obostranoj šutnji nakon čega je dr. Roy naglo otišao.

„Zašto dovodiš mrtvog čovjeka u ašram?" Sri Yukteswar me ispitivački pogledao čim sam zatvorio vrata za tim skeptikom iz Kalkute.

„Gospodine! Pa doktor je živ i zdrav!"

„Uskoro će biti mrtav."

Bio sam u šoku. „Gospodine, za njegova sina bit će to težak udarac. Santosh se još nada promjenama očevih materijalističkih pogleda. Molim vas, Učitelju, pomozite tom čovjeku."

„No dobro. Tebi za volju." Guruovo lice bilo je bezizražajno. „Ponosni veterinar, ovaj „doktor za konje" ima uznapredovalu šećernu bolest, iako on to još ne zna. Za petnaest dana past će u krevet. Liječnici će odustati od njega; njegovo prirodno vrijeme za odlazak s lica Zemlje je šest tjedana od današnjeg dana. Međutim, zahvaljujući tome što si se zauzeo za njega, on će se u tom času oporaviti. No pod jednim uvjetom: moraš ga nagovoriti da nosi astrološku narukvicu. Nema sumnje da će se on tome usprotiviti, jednako snažno kao što se opiru i ritaju njegovi konji prije operacije." Učitelj se tiho smijuljio.

Nakon stanke tijekom koje sam razmišljao o tome kako ćemo Santosh i ja na najbolji način nagovoriti njegova oca, Sri Yukteswar je dodao i ovo:

„Čim se oporavi, savjetujte mu da ne jede meso. No on vas neće poslušati i za šest mjeseci, baš kad se bude najbolje osjećao, past će mrtav." Moj guru je rekao i ovo: „Ovo produljenje života od šest mjeseci on dobiva isključivo zbog tvoje molbe.".

Sutradan sam predložio Santoshu da naruči narukvicu kod draguljara. Bila je gotova za tjedan dana, ali dr. Roy ju nije htio nositi.

„Izvrsna sam zdravlja. Nećete me uspjeti zadiviti tim svojim astrološkim praznovjerjem." Doktor me gledao izazivački.

Sjetio sam se sa smijehom kako je Učitelj s pravom usporedio tog čovjeka s tvrdoglavim konjem. Prošlo je još sedam dana, a doktor koji se u međuvremenu naglo razbolio poslušno je pristao nositi narukvicu. Dva tjedna poslije, liječnik koji ga je obišao rekao mi je da je stanje njegova pacijenta beznadno. To je potkrijepio i groznim pojedinostima o šteti koju je tijelu nanio dijabetes.

Zatresao sam glavom. „Moj guru mi je rekao kako će se bolesni dr. Roy nakon mjesec dana oporaviti."

Liječnik me gledao u nevjerici. No za dva tjedna potražio me je i tonom koji je odavao ispriku izjavio:

„Dr. Roy se u potpunosti oporavio!" uzviknuo je. „Ovo je najneobičniji slučaj u mojoj praksi. Nikad do sada nisam vidio da se čovjek koji je na samrti tako nevjerojatno oporavi. Sigurno je tvoj guru pravi prorok i iscjelitelj!"

Nakon što sam razgovarao s dr. Royem i prenio mu savjet Sri Yukteswara da ne jede meso, nisam ga vidio šest mjeseci. Jedne večeri, dok sam sjedio na kolonadi svojega obiteljskog doma, on se zaustavio da poprića sa mnom.

„Poruči svom učitelju da sam čestim jedenjem mesa u potpunosti vratio snagu. Njegove neznanstvene ideje o prehrani bez mesa uopće me se nisu dojmile." Dr. Roy je stvarno izgledao kao oličenje zdrava čovjeka.

Ali sutradan je Santosh dojurio k meni iz svog doma nekoliko kuća dalje: „Otac se jutros srušio mrtav!"

Ovaj slučaj je jedno od najčudnijih iskustava koje sam doživio s Učiteljem. Izliječio je nadobudnog veterinara unatoč njegovu nevjerovanju i produljio mu život na Zemlji za šest mjeseci isključivo zbog mog iskrenog zauzimanja. Sri Yukteswarova dobrota nije imala granica kada se radilo o ispunjavanju hitne molitve poklonika.

Najviše sam se ponosio povlasticom dovođenja mojih prijatelja s fakulteta u posjet guruu. Mnogi od njih su, barem u ašramu, odbacili pomodni akademski ogrtač religijskih nevjerica.

Jedan od mojih prijatelja, Sasi, znao je provoditi mnoge sretne vikende u Seramporeu. Učitelju je momak postao izrazito drag pa je sa žaljenjem utvrdio kako je njegov osobni život bio divlji i neuredan.

„Sasi, ako se ne popraviš, za godinu dana ćeš se ozbiljno razboljeti." Sri Yukteswar je gledao u mog prijatelja istodobno s prijekorom i nježnom brigom. „Mukunda je svjedok. Nemoj poslije reći da te nisam upozorio."

Sasi se smijao. „Učitelju, u Vaše ruke prepuštam brigu o mom tužnom slučaju! Moj duh pokazuje htijenje, ali moja je volja slaba. Vi ste moj jedini spasilac na Zemlji. Ne vjerujem ni u koga i ni u što drugo."

„Trebao bi onda barem nositi safir od dva karata. On će ti pomoći."

„Ne mogu si ga priuštiti. Osim toga, dragi Guruji, ako me snađe nevolja, ja u potpunosti vjerujem da ćete me Vi zaštititi."

„Za godinu dana donijet ćeš tri safira.", odgovorio je Sri Yukteswar. „No oni će tada biti beskorisni."

„Ne mogu se popraviti!" Sasi bi govorio s očajem koji je bio i smiješan. „A moja vjera u Vas, Učitelju, vrjednija mi je od bilo kakva kamena!" Takvi i slični razgovori redovito su se ponavljali.

Jednog dana, nakon godinu dana Sasijeve odsutnosti, posjetio sam Učitelja koji je boravio u Kalkuti kod svojega učenika Narena Babua. Oko deset ujutro, dok smo Sri Yukteswar i ja sjedili u sobi na drugom katu, čuo sam kako se otvaraju ulazna vrata. Učitelj se uspravio i ukočio.

„To je onaj Sasi.", rekao je ozbiljno. „Istekla je godina dana i oba su mu plućna krila otišla. Nije se obazirao na moj savjet. Reci mu da ga ne želim vidjeti."

Ošamućen ovom Učiteljevom strogošću sjurio sam se niz stube. Sasi se upravo penjao gore.

„O Mukunda! Nadam se da je Učitelj ovdje. Imam predosjećaj da bi on mogao biti tu."

„Jest, ovdje je, ali ne želi da mu itko smeta."

Sasi je briznuo u plač i provukao se pokraj mene. Bacio se pred Sri Yukteswarova stopala i tamo stavio tri plava safira.

„Sveznajući Guru, liječnici kažu da imam tuberkulozu. Daju mi samo tri mjeseca života! Ponizno Vas molim za pomoć. Znam da me možete izliječiti!"

„Nije li malo kasno za brigu o tvom životu? Odlazi s tim draguljima, prošlo je vrijeme kada su mogli biti od koristi." Učitelj je sjeo i poput sfinge utonuo u nepopustljivu tišinu koju su dodatno naglašavali dječakovi jecaji.

Intuitivno sam osjetio kako Sri Yukteswar u stvari samo provjerava dubinu Sasijeve vjere u božansku moć ozdravljenja. Nije me iznenadilo kada se nakon napetih sat vremena Učitelj prijateljski okrenuo prema mom ispruženom prijatelju.

„Ustani Sasi, vidi kakvu gužvu stvaraš u tuđoj kući! Vrati safire draguljaru. Oni su sada nepotreban trošak. Nabavi astrološku narukvicu i nosi je. Ne plaši se, za nekoliko tjedana bit ćeš dobro."

Smiješak je obasjao Sasijevo uplakano lice poput sunca koje je zasjalo nad poplavljenom zemljom. „Voljeni Učitelju, trebam li uzimati lijekove koje su mi prepisali liječnici?"

„Kako god hoćeš, uzimaj ih ili baci, to nije bitno. Jednako je nemoguće da ti umreš od tuberkuloze kao i da Sunce i Mjesec zamijene položaje." Sri Yukteswar je iznenada dodao: „Idi sad, prije nego što se predomislim!"

Moj prijatelj se na brzinu naklonio i hitro otišao. Posjetio sam ga više puta tijekom sljedećih nekoliko tjedana i bio užasnut kada sam vidio da se njegovo stanje znatno pogoršalo.

„Sasi neće preživjeti noć." Te riječi njegova liječnika i Sasi koji je izgledao poput živog kostura natjerale su me da žurno odem u Serampore. Učitelj je hladno primio moj izvještaj.

„Zašto me dolaziš ovamo gnjaviti? Već si čuo kako sam rekao Sasiju da će se oporaviti."

Kleknuo sam ispred njega u znak velikog divljenja i krenuo k vratima. Sri Yukteswar mi ništa nije rekao na rastanku, već je utonuo u tišinu dok su mu oči bile napola otvorene. Bez treptaja, gledale su u neki drugi svijet.

Odmah sam se vratio u Sasijev dom u Kalkuti. Bio sam zaprepašten kada sam vidio mog prijatelja kako sjedi i pije mlijeko.

„O Mukunda, kojeg li čuda! Prije četiri sata osjetio sam Učiteljevu prisutnost u sobi, a moji užasni simptomi odmah su nestali. Osjećam da sam se njegovom milošću sada potpuno oporavio."

Nekoliko tjedana kasnije Sasi je bio čvršći i boljeg zdravlja negoli ikada prije.* Ali njegov odgovor na ozdravljenje bio je zasjenjen nezahvalnošću: rijetko je kad posjećivao Sri Yukteswara! Jednog dana mi

---

* Godine 1936. čuo sam od prijatelja kako je Sasi i dalje izvrsna zdravlja.

je rekao kako tako duboko žali zbog svojega starog ponašanja i načina života da se srami izaći Učitelju pred oči.

Mogu samo reći kako je Sasijeva bolest dovela s jedne strane do očvršćivanja njegove volje, a s druge strane do pogoršanja njegova ponašanja.

Prve dvije godine mog školovanja, na fakultetu Škotske crkve, približavale su se kraju. Predavanja sam pohađao neredovito. Ono malo vremena što sam posvećivao učenju bilo je tek toliko da održim mir u obitelji. Učitelji koji su mi davali privatnu poduku dolazili su redovito u moju kuću, a ja bih redovito bio odsutan. To je valjda bila jedina pravilnost u mojoj studentskoj karijeri!

U Indiji uspješno završene dvije godine studija donose srednji akademski stupanj. Student tada može nastaviti studij u trajanju od još dvije godine i time stječe visoku stručnu spremu.

Završni ispiti za srednji akademski stupanj približavali su se opasnom brzinom. Odjurio sam u Puri gdje je moj guru boravio nekoliko tjedana. Umišljajući si kako će mi on reći da ne moram izaći na ispite, rekoh mu da sam nepripremljen.

Sri Yukteswar se utješno smiješio. „Predano si ustrajao na ispunjavanju svojih duhovnih obaveza, zbog čega je nužno patilo tvoje studiranje. Posveti se zdušno idući tjedan dana učenju i uspjet ćeš proći ispite koji te očekuju."

Čvrsto susprežući shvatljivu sumnju koja me je povremeno obuzimala, vratio sam se u Kalkutu. Kad bih bacio pogled na gomilu knjiga ispred sebe, osjetio bih se poput putnika izgubljenog u divljini.

U dugoj meditaciji javilo mi se nadahnuće o tome kako ću se spasiti od napornog rada. Otvorio bih svaku knjigu nasumice i učio samo iz tih stranica. Nakon što sam na ovaj način proveo u učenju po osamnaest sati na dan cijeli tjedan smatrao sam se stručnjakom na području bubanja napamet.

Idući dani, provedeni u ispitnim sobama, potvrdili su moju naoko zbrkanu metodu pripreme. Položio sam sve ispite, doduše jedva. Bilo je smiješno gledati moju obitelj i prijatelje čije čestitke nisu mogle sakriti nevjericu.

Kad se Sri Yukteswar vratio iz Purija, imao je za mene ugodno iznenađenje.

„Tvoje studiranje u Kalkuti je završeno.", rekao je. „Pobrinut ću se da zadnje dvije godine studija provedeš ovdje u Seramporeu."

Bio sam zbunjen. „Gospodine, u ovom gradu nema studija za visoku stručnu spremu." Jedini fakultet u Seramporeu nudio je samo program školovanja za srednji akademski stupanj.

Učitelj se nestašno nasmijao. „Prestar sam kako bih obilazio uokolo u potrazi za fakultetskim donacijama u svrhu uspostavljanja visokog učilišta za tebe. Čini mi se da ću to morati učiniti preko nekog drugog."

Dva mjeseca kasnije prof. Howells, dekan fakulteta u Seramporeu, javno je objavio kako je uspio skupiti dovoljno novca iz donacija za otvaranje četverogodišnjeg studija. To je postignuto tako što je fakultet

Sri Yogananda kao šesnaestogodišnjak

Sasi i tri safira

u Seramporeu postao područnica Sveučilišta u Kalkuti. Ja sam bio jedan od prvih studenata koji je u Seramporeu upisao studij za stjecanje visoke stručne spreme.

„Guruji, kako ste dobri prema meni! Čeznuo sam za tim da napustim Kalkutu i budem uz Vas svaki dan ovdje u Seramporeu. Prof. Howells i ne sanja koliko je zaslužan u ispunjavanju Vaše potajne pomoći."

Sri Yukteswar me gledao s hinjenom ozbiljnošću. „Sada bar nećeš morati provoditi toliko vremena u vožnji vlakom. Zamisli koliko će ti to vremena ostaviti za učenje! Možda napokon umjesto štrebera postaneš doličan student!"

No ton njegova glasa, čini se, nije odavao to uvjerenje.*

---

* Sri Yukteswar je, poput mnogih mudraca, bio razočaran materijalističkim stremljenima modernog obrazovanja. Rijetke su bile škole koje su podučavale duhovnim zakonima za sretan život ili učile da se mudrost sastoji u pridržavanju načela straha od Boga to jest, u strahopoštovanju prema čovjekovu Stvoritelju.

Mladi ljudi koji u današnjim gimnazijama slušaju kako je čovjek tek „viši oblik životinje", često postaju ateisti. Oni ne pokušavaju poći putem vlastita duhovog istraživanja niti se smatraju, u svojoj biti, „stvorenjima nastalima na sliku Božju". Emerson je uočio: "Samo ono što nosimo u sebi, to možemo vidjeti i izvana. Ako ne srećemo bogove, to znači da u nama ne postoji nijedan." Onaj tko misli kako je njegova životinjska priroda jedina realnost, taj i ne stremi prema duhovnom cilju.

Obrazovni sustav koji ne uči kako je Duh središnja činjenica čovjekova postojanja u stvari nudi *avidyu* ili lažno znanje. „Ti tvrdiš: 'Bogat sam, nagomilao sam bogatstvo; ništa mi ne treba', a ne znaš da si upravo ti nesretan i bijedan, i siromašan, i slijep, i go." (Otk 3:17).

Obrazovanje u drevnoj Indiji slijedilo je određeni ideal. U dobi od devet godina učenik je bio priman „kao sin" u *gurukulu* (guruov obiteljski dom kao sjedište učenja). „Moderni dječak provodi (godišnje) osminu svog vremena u školi; indijski dječak je provodio sve svoje vrijeme u njoj.", piše prof. S.V. Venkateswara u knjizi *Indian Culture Through the Ages* (Svezak I, Longmans, Green&Co.). „Postojali su zdrav osjećaj solidarnosti i odgovornosti te mnoge prilike za vježbanje samopouzdanja i individualnosti. Postojali su visoki standardi kulture, samonametnute discipline i jak osjećaj dužnosti, nesebičnog djelovanja i požrtvovnosti, upotpunjeni samopoštovanjem i dubokim poštovanjem drugih; visok standard akademskog poštovanja i osjećaj plemenitosti i više svrhe ljudskog života."

18. POGLAVLJE

Muslimanski čudotvorac

„Prije mnogo godina, baš u ovoj sobi koja je sada tvoja, jedan je muslimanski čudotvorac izveo preda mnom četiri čuda!"

Sri Yukteswar mi je to rekao kada me je prvi put posjetio u mojim novim odajama. Čim sam se upisao na fakultet u Seramporeu, unajmio sam sobu u obližnjem studentskom domu zvanom Panthi.* Bila je to staromodna zgrada sagrađena od cigle i smještena uz Ganges.

„Učitelju, koje li podudarnosti! Zar stvarno ovi nedavno oličeni zidovi skrivaju tajne prošlosti?" Osvrtao sam se po svojoj jednostavno namještenoj sobi s novim zanimanjem.

„Duga je to priča..." Moj se guru smiješio dok se prisjećao. „Ime tog *fakira*† bilo je Afzal Khan. Svoje izvanredne moći dugovao je slučajnom susretu s hinduističkim jogijem.

"'Sine, žedan sam, donesi mi vode!' Taj je zahtjev Afzalu, koji je tada bio još dječak, uputio prašnjavi *sannaysi* u jednome malom selu u Istočnom Bengalu.

'Učitelju, ja sam musliman. Kako bi ti, hindus, mogao prihvatiti vodu iz mojih ruku?'

'Tvoja mi se iskrenost sviđa, dijete moje. Ja se ne obazirem na vjersku isključivost jer je to samo bezbožno sektaštvo. Hajde, donesi mi brzo vode!'

Afzalova poslušnost puna poštovanja donijela mu je ljubazni pogled jogija.

'Ti posjeduješ dobru karmu iz prošlih života,' ozbiljno je primijetio. 'Naučit ću te jednu tehniku joge koja će ti omogućiti nadzor nad skrivenim svjetovima. Te velike moći koje će ti biti dane ne smiješ koristiti za sebične ciljeve, već samo za vrijedne svrhe! Evo, sada vidim da si iz prošlosti donio i nešto sjemenja razornih sklonosti. Ne dopusti im da

---

* Studentski dom; od *pantha*, lutalica, tragač za znanjem.
† Muslimanski jogi. Od arapskog *faqir*, siromašan. Pojam se prvobitno koristio za derviše koji su se zavjetovali na siromaštvo.

proklijaju tako što ćeš ih zalijevati novim lošim djelima. Složenost tvoje prošle karme je takva da u ovom životu moraš uskladiti svoja jogijska postignuća s najvišim dobrotvornim ciljevima.'

Nakon što je uputio začuđenog dječaka u složenu tehniku jogi je nestao.

„Afzal je postojano vježbao svoje umijeće joge dvadeset godina. Njegova su čudesa počela privlačiti pozornost šire okoline. Čini se kako je u njegovoj pratnji uvijek bio bestjelesni duh kojeg je on zvao 'Hazrat'. To nevidljivo biće moglo je ispuniti svaku *fakirovu* želju.

Zanemarivši upozorenje koje mu je dao njegov učitelj, Afzal je počeo zlorabiti svoje moći. Koji god predmet bi uzeo u ruke i zatim ga vratio na mjesto na kraju bi nestao bez traga. Ta neugodna osobina ubrzo ga je učinila nepoželjnim gostom!

Katkad bi posjećivao velike draguljarnice u Kalkuti predstavljajući se kao mogući kupac. Svaki dragulj koji bi držao u ruci nestao bi ubrzo nakon što bi on izašao iz trgovine.

Afzala je često pratila grupa od nekoliko stotina ljudi. Privlačila ih je mogućnost da i sami doznaju njegove tajne. Povremeno *fakir* bi ih pozvao da putuju s njim. Na postaji bi uzeo u ruke čitav snop karata a zatim bi ih vratio službeniku s riječima: 'Predomislio sam se, neću ih sada kupiti.'. No kad bi se ukrcao u vlak sa svojom pratnjom, Afzal bi u ruci imao te iste karte.*

Ti njegovi pothvati izazivali su ljutnju i negodovanje mnogih. Bengalski draguljari i prodavači karata bili su na rubu živaca! Policija koja je pokušala uhititi Afzala bila je nemoćna jer je fakir mogao ukloniti svaki optužujući dokaz jednostavno izgovorivši: 'Hazrate, odnesi ovo.'"

Sri Yukteswar je ustao sa svog sjedala i otišao do balkona moje sobe koji je gledao na Ganges. Slijedio sam ga, nestrpljiv da čujem što je bilo dalje s tim senzacionalnim muslimanskim lakoprstićem.

„Ovaj studentski dom Panthi nekoć je pripadao mom prijatelju. On je upoznao Afzala i pozvao ga ovamo. Moj prijatelj je pozvao i mene zajedno s još dvadesetak susjeda. Tada sam bio još mlađi i osjećao sam veliku radoznalost glede tog ozloglašenog *fakira*." Učitelj se nasmijao. „Pazio sam da sa sobom ne ponesem ništa vrijedno! Afzal me promatrao ispitivački, a zatim rekao:

---

* Moj otac mi je kasnije pripovijedao kako je njegova tvrtka Željeznica Bengal-Nagpur bila jedna od žrtava Afzala Khana.

'Ti imaš snažne ruke. Otiđe dolje do vrta i donesi glatki kamen na koji ćeš kredom napisati svoje ime. Zatim ga baci u Ganges najdalje što možeš.'

Učinio sam što je zatražio. Čim je kamen nestao u valovima Gangesa, musliman mi se ponovno obratio:

'Napuni posudu vodom iz Gangesa ispred kuće.'

Nakon što sam se vratio s posudom punom vode *fakir* je povikao: 'Hazrate, stavi kamen u posudu!'

Kamen se odmah pojavio. Uzeo sam ga iz lonca i vidio na njemu moj potpis onako kako sam ga maloprije napisao.

Babu*, jedan od mojih prijatelja u sobi, nosio je teški starinski zlatni sat s lancem. *Fakir* je pokazivao zloslutan interes za njega. Uskoro su i sat i lanac nestali!

'Afzale, molim te, vrati mi ga. To mi je dragocjena obiteljska zlatnina!', Babu je bio na rubu suza.

Musliman je stoički šutio neko vrijeme, a zatim rekao: 'U svom željeznom sefu imaš pet stotina rupija. Donesi mi taj novac i reći ću ti gdje se nalazi tvoj sat.'

Unezvjereni Babu odmah je otišao kući. Ubrzo se vratio i predao Afzalu traženi novac.

'Otiđi do malog mosta pokraj tvoje kuće.', uputio ga je *fakir*. 'Pozovi Hazrata da ti dâ sat i lanac.'

Babu je odjurio. Kada se vratio, na licu mu je bio osmijeh olakšanja, a uza sebe nije imao nikakav nakit.

Babu tada objavi: 'Kada sam izdao zapovijed Hazratu, kako mi je rečeno, moj sat se spustio meni u ruku ravno iz zraka!'. Zatim je rekao: 'Možete biti sigurni da sam zaključao obiteljsku dragocjenost u sef prije nego što sam se vratio ovamo!'.

Babuovi prijatelji, svjesni tragikomedije u kojoj je on ucijenjen kako bi dobio svoj sat natrag, uprli su u Azfala pogled pun nezadovoljstva. On ih je nastojao udobrovoljiti sljedećim riječima.

'Molim vas, naručite koje god piće želite i Hazrat će ga stvoriti.'

„Neki su zatražili mlijeko, drugi voćne sokove. Nisam se iznenadio kada je uznemireni Babu zatražio viski! Musliman je izdao naredbu, a poslušni Hazrat je niotkuda isporučio tražena pića u zatvorenim posudama ravno na pod. Svatko je našao svoj traženi napitak.

---

* Ne sjećam se imena tog prijatelja Sri Yukteswara pa ga ovdje jednostavno oslovljavam kao „Babu" (Gospodin).

Muslimanski čudotvorac

Obećanje sljedećeg fantastičnog čina, četvrtog toga dana, bez sumnje je bilo po volji našeg domaćina. Afzal je naime naredio da se trenutno dostavi ručak!

'Naručimo najskuplja jela!', predložio je smrknuti Babu. 'Želim najfinija jela za mojih pet stotina rupija i sve treba biti posluženo na zlatnim tanjurima!'

Čim je svatko od nas rekao svoju narudžbu, *fakir* se obratio neumornom Hazratu. Uslijedilo je silno zveckanje; bilo je tu zlatnih pladnjeva punih pomno spremljenih jela od curryja, vrućih *luchija* i mnogo izvansezonskog voća koje nam se niotkuda stvorilo pred nogama. Sva je hrana bila izvrsna. Nakon što smo se gostili sat vremena počeli smo napuštati sobu. Prenula nas je užasna buka, kao da netko skuplja sve to posuđe. Okrenuli smo se i gle! Više nije bilo ni traga blještavim tanjurima ni bilo kakvim ostacima hrane."

„Guruji," prekinuo sam ga, „ako je Afzal mogao lako dobiti takve stvari kao što je zlatno posuđe, zašto je onda žudio za tuđim vlasništvom?".

„Taj fakir nije bio napredan u duhovnom smislu.", objasnio je Sri Yukteswar. „Vladanje jednom tehnikom joge omogućavalo mu je pristup astralnoj razini na kojoj se svaka želja odmah materijalizira. Uz pomoć astralnog bića Hazrata musliman je mogao iz eterične energije stvoriti atome bilo kojeg predmeta činom snažne volje. No takvi astralno stvoreni predmeti kratkotrajni su, ne mogu se dugo održati.* Zato je Afzal i dalje čeznuo za svjetovnim blagom koje, iako se teže do njega dolazi, ima znatno dulju trajnost."

Nasmijao sam se: „I ono katkad zna netragom nestati!".

„Afzal nije bio čovjek ostvaren u Bogu.", nastavio je Učitelj. „Korisna i trajna čuda mogu činiti samo pravi sveci koji su se usuglasili sa svemoćnim Stvoriteljem. Afzal je bio samo običan čovjek s neobičnom moći ulaženja u nevidljivi svijet koji je smrtnicima najčešće nedostupan sve do smrti."

„Sad mi je jasno, Guruji. Čini se da onaj svijet ima neka privlačna obilježja."

Učitelj se složio. „Nakon toga dana nikad više nisam vidio Afzala, ali nekoliko godina kasnije Babu mi je donio novine koje su objavile javnu ispovijed toga muslimana. Iz tog izvještaja doznao sam i činjenice

---

* Isti je slučaj bio i s mojim srebrnim talismanom koji je bio astralno proizveden predmet i na kraju je nestao s lica Zemlje (Astralni svijet je objašnjen u 43. poglavlju).

koje sam ti ispričao o Afzalovoj inicijaciji koju je dobio od hinduističkog gurua."

Sažetak ostatka novinskog izvještaja bio je: "Ja, Afzal Khan, pišem ovo kao čin pokajanja i upozorenje onima koji traže posjedovanje čudesnih moći. Godinama sam zlorabio čudesne sposobnosti koje su mi dane milošću Boga i moga učitelja. Opio me egoizam i osjećaj kako sam izvan dosega uobičajenih moralnih pravila. Napokon je došlo vrijeme polaganja računa.

Nedavno sam sreo starca na cesti izvan Kalkute. Šepao je i nosio u ruci neki sjajni predmet sličan zlatu. Prišao sam mu s pohlepom u srcu.

'Ja sam Afzal Khan, veliki *fakir*. Što to imaš?'

'Ovaj grumen zlata moja je jedina materijalna imovina. To zasigurno ne može zanimati jednog *fakira*. Molim Vas, gospodine, izliječite moje hramanje.'

„Dotaknuo sam grumen i produžio dalje bez odgovora. Starac je šepao za mnom. Uskoro je povikao: 'Nestalo mi je zlato!'.

Budući da se nisam obazirao, on je iznenada zavikao jako, jako glasno, što je bilo stvarno čudno za tako krhkog starca:

'Zar me ne prepoznaješ?'

Stao sam kao ukopan, prestrašen činjenicom što sam tek sada otkrio kako je neugledni stari bogalj zapravo nitko drugi do veliki svetac koji me jednom davno inicirao u jogu. On se ispravio i tijelo mu je odjednom postalo snažno i mladoliko.

'Tako dakle!' Moj guru me prostrijelio pogledom. 'Sada sam se i vlastitim očima uvjerio da se služiš svojim moćima ne da bi pomagao napaćenom čovječanstvu već da bi ga pljačkao poput običnog lopova! Oduzimam ti tvoje skrivene moći! Hazrat je sada slobodan! Više nećeš biti napast za ljude u Bengalu!'

Pokušao sam očajnički zazvati Hazrata, ali prvi put on se nije pojavio u mom unutarnjem vidu. Iznenada se podigao tamni zastor i sada sam jasno vidio sramotnost svojega života.

'Učitelju moj, hvala Vam što ste došli i raspršili moju dugogodišnju iluziju.' Jecao sam pokraj njegovih stopala. 'Obećavam da ću se odreći svjetovnih ambicija. Povući ću se u planine i u osami meditirati u potrazi za Bogom, s nadom da ću tako okajati grijehe iz prošlosti.'

Moj me učitelj promatrao s nijemim suosjećanjem. 'Osjećam tvoju iskrenost', napokon je rekao. 'Zbog tvoje nekadašnje poslušnosti i sadašnjeg pokajanja, darujem ti jednu povlasticu. Tvoje dosadašnje moći su nestale, ali uvijek kad budeš trebao hranu i odjeću i dalje možeš uspješno pozvati Hazrata da ti ih pribavi. Posveti se svim srcem spoznaji Boga u planinskoj osami.'

Moj guru je zatim nestao, a ja sam ostao sâm sa svojim suzama i razmišljanjima. Zbogom, svijete! Odlazim tražiti oprost od Kozmičkog Voljenog."

19. POGLAVLJE

Moj Učitelj je u Kalkuti, a pojavljuje se u Seramporeu

„Često me obuzimaju ateističke sumnje. A s druge strane, proganja me pitanje: Ne postoje li neograničene mogućnosti duše? Ne izmiče li čovjeku njegova prava sudbina i svrha ako ne uspije istražiti te mogućnosti?"

Ta mi je svoja razmišljanja povjerio Dijen Babu, moj kolega iz studentske sobe u Panthiju kada sam ga pozvao da posjeti Učitelja.

„Sri Yukteswarji će te inicirati u tehniku *Kriya joge.*", odgovorio sam. „Ona smiruje nemir takvih dvojbi unutarnjom božanskom sigurnošću."

Te večeri Dijen je pošao sa mnom do duhovne škole. U prisutnosti Učitelja Dijen je primio takav duhovni mir da je uskoro postao redoviti posjetitelj.

Beznačajni poslovi svakodnevice ne mogu zadovoljiti naše najdublje potrebe jer čovjek prirodno osjeća i glad za mudrošću. Sri Yukteswarove riječi nadahnule su Dijena da pokuša u sebi otkriti jedno stvarnije sebstvo u odnosu na plitki ego prolaznog utjelovljenja.

Dijen i ja bili smo na istoj godini studija Sveučilišta u Seramporeu i znali smo zajedno odšetati do ašrama čim bi nam završila predavanja. Često bismo vidjeli Sri Yukteswara kako stoji na balkonu na drugom katu i dočekuje nas osmijehom dobrodošlice.

Jednog poslijepodneva na vratima nas je dočekao Kanai, mladi student duhovne škole, s razočaravajućim vijestima.

„Učitelj nije ovdje. Pozvan je da hitno ode u Kalkutu."

Sutradan sam dobio razglednicu od gurua. „Vraćam se iz Kalkute u srijedu ujutro.", pisao je. „Ti i Dijen dočekajte me u devet sati na postaji u Seramporeu."

U srijedu ujutro, oko osam i trideset, kroz glavu mi je prošla telepatska poruka Sri Yukteswara: "Zadržan sam; ne čekajte me u devet sati."

Moj Učitelj je u Kalkuti, a pojavljuje se u Seramporeu

Prenio sam te najnovije upute Dijenu koji se upravo bio spremio za polazak.

„Ti i tvoja intuicija!" U glasu mog prijatelja osjetio se podsmijeh. „Ja se više oslanjam na Učiteljevu pisanu riječ."

Slegnuo sam ramenima i sjeo kako bih mu dao znak da definitivno ostajem u sobi. Dijen se uputio prema vratima ljutito mrmljajući i glasno ih zalupio na izlasku.

Kako je u sobi bilo prilično tamno, približio sam se prozoru koji je gledao na ulicu. Škrta sunčeva svjetlost odjednom se pojačala do blještavila u kojem su prozorske rešetke posve nestale. Na toj sjajnoj pozadini pojavio se potpuno materijalni lik Sri Yukteswara!

Uplašen i pomalo šokiran ustao sam sa stolca i kleknuo pred njim. Po običaju sam, u znak poštovanja i dobrodošlice koja se iskazuje Učitelju, dotaknuo njegove cipele. Bile su mi poznate, izrađene od narančastog platna i s potplatom od konopa. Sve je bilo potpuno stvarno: tkanina njegove odjeće oker boje koja me je dodirivala, hrapava površina cipela i pritisak nožnih prstiju u njima. Od silnog iznenađenja nisam mogao prozboriti ni riječi zato sam ustao i samo ga ispitivački gledao.

„Drago mi je što si primio moju telepatsku poruku." Učiteljev glas bio je miran, u potpunosti normalan. „Upravo sam završio svoj posao u Kalkuti i vraćam se u Serampore vlakom u deset sati."

Kako sam ja i dalje nijemo stajao, Sri Yukteswar je nastavio: „Ovo nije duh, već moj oblik od krvi i mesa. Dobio sam božansku naredbu da ti priuštim ovo iskustvo koje poznaje malo ljudi na Zemlji. Dočekajte me na postaji ti i Dijen. Vidjet ćete kako dolazim k vama ovako odjeven. Ispred mene će ići moj suputnik - maleni dječak koji nosi srebrni vrč."

Moj guru je položio obje svoje ruke na moju glavu i promrmljao blagoslov. Dok je na kraju izgovarao riječi „*Tabe asi*"*, začuo sam čudan zveket.† Njegovo se tijelo počelo postupno rastapati unutar prodornog svjetla. Najprije su nestala njegova stopala i noge, zatim tijelo i glava, poput namatanja svitka. Na samom kraju još sam samo osjećao njegove prste lagano položene na mojoj kosi. Na posljetku je nestalo sjajnog zračenja, a ispred mene nije bilo ničeg, samo goli prozor i blijedi snop svjetlosti.

Još napola omamljen pitao sam se jesam li bio žrtva halucinacije. Pokisli Dijen uskoro je ušao u sobu.

---

* „Do viđenja" na bengalskom. Doslovno je to pomalo paradoksalno: „Evo dolazim".
† Karakterističan zvuk koji se javlja pri dematerijalizaciji tjelesnih atoma.

„Učitelj nije došao vlakom u devet sati pa čak ni s onim u pola deset." Moj prijatelj je to objavio s blagim ispričavanjem.

„Dođi, znam da će stići vlakom u deset sati." Uhvatio sam Dijena za ruku i povukao ga sa sobom ne obazirući se na njegove prosvjede. Za nekih deset minuta ušli smo na postaju gdje se zadimljeni vlak upravo zaustavljao.

„Cijeli je vlak ispunjen Učiteljevom aurom! On je tamo!", uzviknuo sam radosno.

„Samo ti sanjaj.", Dijen mi se podrugljivo smijao.

„Pričekajmo ovdje." Ispričao sam prijatelju pojedinosti o tome kako će nam naš guru prići. Kada sam dovršio svoj opis, Sri Yukteswar se pojavio, a na sebi je imao točno onu odjeću u kojoj sam ga vidio jutros. Hodao je polako u pratnji malog dječaka koji je nosio srebrni vrč.

Za trenutak me je preplavio hladan val straha pri pomisli na to kakvo sam čudno iskustvo doživio. Osjećao sam kako ispred mene nestaje materijalistički svijet dvadesetog stoljeća. Zar sam se vratio u davninu kada se Isus pojavio ispred Petra na moru?

Sri Yukteswar, taj suvremeni kristoliki jogi, približavao se mjestu na kojem smo Dijen i ja stajali bez riječi. Učitelj se nasmiješio mom prijatelju i rekao:

„I tebi sam poslao poruku, ali ti je nisi bio u stanju primiti."

Dijen nije ništa rekao, samo me je gledao sumnjičavo. Nakon što smo otpratili našega Učitelja do njegove duhovne škole moj prijatelj i ja uputili smo se prema sveučilištu. Dijen se zaustavio na ulici, ljutnja je izvirala iz svake njegove pore.

„Tako dakle! Učitelj mi je poslao poruku! A ti si je skrivao! Zahtijevam objašnjenje!"

„Zar sam ja kriv što tvoje misaono zrcalo titra takvim nemirom da nisi u stanju primiti upute našega Učitelja?", upitao sam ga.

Ljutnje je nestalo s Dijenova lica. „Shvaćam što misliš.", rekao je pomirljivim tonom. „Ali molim te, objasni mi kako si mogao znati za dječaka i srebrni vrč."

Kad sam dovršio priču o Učiteljevu ukazanju tog jutra u studentskom domu, moj prijatelj i ja bili smo stigli do sveučilišta.

„Primjer moći koje posjeduje naš guru, a koji si mi upravo ispričao,", rekao je Dijen, „navodi me na pomisao kako je bilo koje sveučilište u svijetu samo dječji vrtić."*

---

* „Otkrivene su mi takve stvari da mi se sada sve što vidim ne čini vrjednijim od slamke!",

Moj Učitelj je u Kalkuti, a pojavljuje se u Seramporeu

odgovorio je Sv. Toma Akvinski, „princ skolastike", svojemu tajniku koji ga je požurivao da dovrši djelo *Summa Theologiae*. Jednog dana 1273. za vrijeme mise u Napulju Sv. Toma je doživio duboko mistično iskustvo. Slava božanske spoznaje tako ga je preplavila da nakon toga više nije pokazivao interes za intelektualnost.

Usporedi npr. Sokratove riječi (iz Platonova djela *Fedar*): „Što se mene tiče, sve što znam je da ništa ne znam."

20. POGLAVLJE

Ne idemo u Kašmir

„Oče, htio bih pozvati Učitelja i četvoricu prijatelja da pođu sa mnom u podnožje Himalaje za vrijeme ljetnih praznika. Mogu li dobiti šest karata za vlak do Kašmira i dovoljno novca za naše putne troškove?"

Kako sam i očekivao, Otac se od srca nasmijao: „Ovo je treći put kako mi prodaješ tu priču o vašem putovanju. Sjećaš li se da si me isto pitao prošle i pretprošle godine? U oba slučaja Sri Yukteswarji odustao je od puta."

„Istina je Oče, ne znam zašto mi moj guru ne želi dati definitivan odgovor u vezi sa Kašmirom.* No ako mu kažem da si nam ti već pribavio karte za vlak, mislim da će ovaj put pristati krenuti s nama."

Otac baš i nije vjerovao u to, ali mi je ipak sutradan nakon nekoliko dobronamjernih šala uručio šest karata i svežanj novčanica od po deset rupija.

„Nisam baš siguran da su ove praktične stvari uopće potrebne za taj tvoj teoretski izlet,", komentirao je, „ali evo ih".

Tog sam popodneva pokazao svoj „plijen" Sri Yukteswaru. Iako mu je moj entuzijazam izmamio osmijeh na lice, i dalje je bio neodlučan: „Htio bih ići; vidjet ćemo." Nije ništa rekao kada sam zamolio Kanaija, njegova malog učenika iz duhovne škole, da pođe s nama. Pozvao sam još trojicu svojih prijatelja: Rajendru Natha Mitru, Jotina Auddyja i još jednog dječaka. Dogovoreno je da krenemo na put idući ponedjeljak.

Za vikend sam ostao u Kalkuti gdje se u našem domu održavalo vjenčanje jednog rođaka. U ponedjeljak rano ujutro stigao sam s prtljagom u Serampore. Na ulazu u duhovnu školu dočekao me Rajendra.

„Učitelj je izašao u šetnju. Odbio je ići."

U isto vrijeme bio sam i razočaran i nepopustljiv: „Neću dopustiti

---

* Iako mi Učitelj nije dao nikakvo objašnjenje, njegovo oklijevanje da posjeti Kašmir tijekom prošla dva ljeta vjerojatno je vezano uz njegovo predviđanje kako tamo još nije bilo pravo vrijeme za njegovu bolest (vidi na str. 201 i dalje).

Ne idemo u Kašmir

Ocu i treću priliku da ismijava moje 'nerealne' planove za put u Kašmir. Mi ostali idemo!"

Rajendra se složio. Otišao sam iz ašrama kako bih nam našao slugu. Znao sam naime da Kanai neće na put bez Učitelja, a trebali smo nekoga tko će nam čuvati prtljagu. Pao mi je na pamet Behari koji je nekoć služio u mom obiteljskom domu, a sada je radio za ravnatelja škole u Seramporeu. Dok sam tako brzo hodao, sreo sam Učitelja ispred kršćanske crkve u blizini seramporske gradske vijećnice.

„Kamo si krenuo?" Sri Yukteswarovo lice bilo je ozbiljno. „Gospodine, čuo sam da Vi i Kanai nećete na put koji smo planirali. Tražim Beharija. Sjećate se kako je prošle godine silno želio vidjeti Kašmir tako da je čak ponudio i da nam besplatno služi."

„Sjećam se. Ipak, ne mislim da će Behari htjeti ići."

Bio sam ljutit. „Pa on izgara od želje da iskoristi ovu priliku!"

Moj je guru bez riječi nastavio šetnju. Uskoro sam stigao do kuće ravnatelja škole. Behari me prijateljski pozdravio u dvorištu, ali čim sam mu spomenuo Kašmir, naglo je promijenio držanje. Promrmljao je nešto kao ispriku i otišao u kuću svojega poslodavca. Čekao sam ga pola sata nervozno se uvjeravajući kako Beharija nema jer se sprema za put. Napokon sam pokucao na ulazna vrata.

„Behari je otišao stražnjim stubama još prije pola sata.", obavijestio me čovjek. Na usnama mu je jedva lebdio smiješak.

Otišao sam tužan. Razmišljao sam o tome jesam li ja bio prenapadan ili je na djelu bio Učiteljev nevidljivi utjecaj. Prolazeći pokraj crkve, ponovno sam ga vidio. Guru je polagano koračao prema meni. Ne pričekavši da čuje moj izvještaj, rekao je:

„Dakle, Behari ne želi ići. Kakvi su sada tvoji planovi?"

Osjećao sam se poput neobuzdana djeteta odlučnog usprotiviti se očevu autoritetu. „Gospodine, zamolit ću strica da mi ustupi svojega slugu Lal Dharija."

„Posjeti ga, ako želiš.", odgovorio mi je Sri Yukteswar smijući se u sebi. „No nekako sumnjam da ćeš uživati u tom posjetu."

Osjećajući se nelagodno, ali i buntovnički, napustio sam gurua i ušao u gradsku vijećnicu. Moj stric Sarada Ghosh, odvjetnik u vladinoj službi, dočekao me toplom dobrodošlicom.

„Danas odlazim u Kašmir s nekolicinom prijatelja.", rekao sam mu. „Već godinama želim otići na to putovanje u Himalaju."

„Drago mi je zbog tebe, Mukunda. Mogu li učiniti bilo što da ti putovanje učinim ugodnijim?"

Njegove ljubazne riječi ohrabrile su me. „Dragi striče," rekoh, „bi li mi mogao privremeno ustupiti svojega slugu Lal Dharija?"

Moja jednostavna molba imala je razoran učinak. Stric je poskočio sa stolca kao oparen tako da se i stolac prevrnuo, papiri sa stola razletjeli su se posvuda, a njegova lula otkotrljala se na pod uz zveket.

„Ti, sebični mladiću!!", vikao je drhteći od gnjeva. „Kakva drska ideja! Tko će se brinuti o meni ako ti odvedeš mojega slugu kako bi ti bio pri ruci dok uživaš na putovanju?"

Prikrio sam svoje iznenađenje. Razmišljao sam o tome kako je iznenadna promjena u ponašanju mog inače ljubaznog strica samo još jedna u nizu nepoznanica ovoga dana u potpunosti ispunjenog neshvatljivim događajima. Moj odlazak iz vijećnice bio je prije brz negoli dostojanstven.

Vratio sam se u duhovnu školu gdje su me moji prijatelji željno iščekivali. U meni je raslo uvjerenje kako se iza Sri Yukteswarova ponašanja sigurno krije valjan iako zasad nedokučiv razlog. Obuzeo me osjećaj krivnje jer sam se pokušao usprotiviti volji svojega gurua.

„Mukunda, bi li ostao još malo sa mnom?", upitao me Sri Yukteswar. „Rajendra i ostali mogu odmah otići i pričekati te u Kalkuti. Bit će dovoljno vremena da stignete na zadnji večernji vlak za Kašmir."

„Gospodine, uopće mi nije stalo do puta ako odlazim bez Vas.", rekao sam tužno.

Moji prijatelji se ni najmanje nisu obazirali na to što sam rekao. Pozvali su kočiju i otišli sa svom prtljagom. Kanai i ja šutke smo sjedili do stopala našeg Učitelja. Nakon pola sata tišine Učitelj je ustao i otišao do balkona blagovaonice na drugom katu.

„Kanai, molim te, posluži Mukundi hranu. Njegov vlak uskoro kreće."

Dok sam ustajao s prostirača, iznenada sam zateturao od osjećaja mučnine i užasnih grčeva u želucu. Probadajuća bol bila je tako jaka da sam pomislio kako sam iznenada bačen u sâm pakao. Teturajući naslijepo prema svojemu guruu, srušio sam se pred njim sa svim simptomima ozloglašene azijske kolere. Sri Yukteswar i Kanai odnijeli su me do dnevne sobe.

U agoniji zavapio sam: „Učitelju, predajem Vam svoj život!" Doista sam bio uvjeren kako život ubrzano istječe iz mojega tijela.

Sri Yukteswar je položio moju glavu u svoje krilo i anđeoskom nježnošću protrljao mi čelo.

„Sada uviđaš što bi ti se dogodilo da si u ovom trenutku na postaji s prijateljima.", rekao je. „Morao sam se na ovako čudan način pobrinuti za tebe jer si posumnjao u moje stajalište glede polaska na put u ovome trenutku."

Napokon sam shvatio. Veliki učitelji rijetko otvoreno pokazuju svoje moći pa bi se slučajnom promatraču svi današnji događaji učinili sasvim normalnima. Način djelovanja mojega gurua bio je nevidljiv običnom oku. Učitelj je bez izazivanja sumnje proveo svoju volju služeći se Beharijem i mojim stricem, Rajendrom i ostalima. Vjerojatno su svi osim mene te situacije doživjeli normalnima i logičnima.

Kako Sri Yukteswar nije nikad propuštao držati se društvenih normi i obveza, naložio je Kanaiju da pozove liječnika i obavijesti mog strica.

„Učitelju,", prosvjedovao sam, „samo me Vi možete izliječiti! Bolest je kod mene suviše napredovala da bih trebao liječnika!"

„Dijete, tebe štiti božanska milost. Ne brini se za liječnika; on te neće zateći u ovom stanju. Ti si već izliječen."

Nakon tih Učiteljevih riječi nesnosna patnja me napustila. Teškom sam mukom sjeo. Uskoro je stigao liječnik i detaljno me pregledao.

„Čini se da si prošao najgore.", rekao je. „Uzet ću uzorke za laboratorijske pretrage."

Sljedeće jutro liječnik je stigao sav užurban. Sjedio sam dobro raspoložen.

„Vidi ga, sjedi ovdje i smije se kao da nije imao bliski susret sa smrću!" Potapšao mi je nježno ruku. „Nisam se usudio vjerovati da ću te zateći živa nakon što su testovi pokazali da imaš azijsku koleru. Izuzetno si sretan, mladiću, što imaš gurua s Božanskom moći ozdravljenja! Uvjeren sam u to!"

Svim srcem složio sam se s njim u potpunosti. Dok se liječnik spremao otići, na vratima su se pojavili Rajendra i Auddy. Početni prijezir na njihovu licu prerastao je u suosjećanje kada su vidjeli liječnika i moj još ponešto blijed izgled.

„Bili smo ljuti na tebe kada se nisi pojavio na željezničkoj postaji u Kalkuti kako smo se bili dogovorili. Jesi li bolestan?"

„Da". Nisam mogao suspregnuti smijeh kada sam vidio kako moji prijatelji stavljaju prtljagu na isto ono mjesto na kojem je stajala i jučer. Parafrazirao sam:

„Prije sam se vratio iz Kašmira nego što sam stigao u Kašmir!"

Učitelj je ušao u sobu. Kao bolesnik koji se još uvijek oporavlja dopustio sam si slobodu da ga nježno uhvatim za ruku.

„Guruji," rekao sam, „od svoje dvanaeste godine neuspješno pokušavam stići do Himalaje. Sada sam se napokon uvjerio kako me bez Vašeg blagoslova božica Parvati* neće primiti!"

---

* Doslovno, „planinska". Parvati je u mitovima kći kralja Himalaje (Himalaja doslovno znači „boravište snjegova") čiji je dom jedan planinski vrh na granici s Tibetom. Zaprepašteni putnici koji prolaze pokraj toga nedostupnog vrha izdaleka mogu vidjeti golemu nakupinu snijega sličnu palači s ledenim kupolama i tvrđavama.

Parvati, Kali, Durga, Uma i druge božice predstavljaju očitovanja Jaganmatri, „Božanske Majke svijeta" koja pod raznim imenima očituje posebne funkcije. Bog ili Šiva (vidi napomenu na str. 293.) u Svojemu *para* ili transcendentalnom aspektu je nedjelatan u stvaranju; Njegova *shakti* (energija, djelujuća sila) prenesena je na Njegove „družice", proizvodne „ženske" snage koje omogućavaju beskonačna umnažanja u svemiru.

Mitološke priče iz *Purana* kao Šivino boravište navode Himalaju. Božica Ganga spustila se s neba kako bi bila glavno božanstvo rijeke koja izvire u Himalaji. U poetskom smislu rijeka Ganges spušta se s nebesa na zemlju niz pramenove Šivine kose. Šiva je „Kralj jogija" i Uništavatelj-Obnovitelj unutar Trojstva. Pjesnik Kalidasa, „indijski Shakespeare", opisao je Himalaju kao „opredmećeni Šivin smijeh". U djelu „The Legacy Of India" *(Oxford)* F.W. Thomas piše: „ Čitatelj si može predočiti taj niz velikih bijelih zubi, ali mu čitava zamisao i dalje izmiče ako ne uzme u obzir lik Velikog Isposnika koji vječno stoluje u utvrđenome planinskom svijetu dok Ganges pri svom spuštanju s nebesa prolazi njegovim uvojcima, navrh kojih se nalazi mladi mjesec kao dragulj.". (Vidi sliku Šive na str. 193.)

U hinduističkoj umjetnosti Šiva je često prikazan odjeven u tamnu kožu antilope, što simbolizira crninu i tajnovitost noći - jedinu odjeću Njega koji je *digambara*, „odjeven u nebo". Određene sljedbe Šive ne nose nikakvu odjeću u čast Gospoda koji ne posjeduje ništa, a ipak posjeduje sve.

Jedna od svetica, zaštitnica Kašmira, Lalla Yogiswari („Vrhunska majstorica joge") iz 14. stoljeća bila je jedna takva, samo „u nebo odjevena" poklonica Šive. Jednom suvremeniku koji je bio šokiran njezinom golotinjom oštro je odgovorila: „Zašto ne? Pa ne vidim ovdje nijednog muškarca." Prema Lallinom prilično strogom mišljenju, onaj koji nije spoznao Boga ne zaslužuje se zvati „muškarcem". Ona je izvodila tehniku vrlo sličnu *Kriya jogi* i slavila njezinu učinkovitost u mnogim stihovima. Ovdje prevodim neke od njih:

Kakav sve gorki pelin nisam pila?
Bezbrojne smjene rođenja i smrti.
I gle! Odjednom u mojoj čaši ništa doli nektar
Koji sam usrkala umijećem daha.

Svetica nije umrla poput običnih smrtnika, već se dematerijalizirala u ognju da bi se kasnije pojavila pred svojim ožalošćenim sugrađanima kao živi lik umotan u plamenu halju - napokon prikladno odjevena!

Ne idemo u Kašmir

GOSPOD ŠIVA

Kao utjelovljenje duha isposništva Gospod Šiva predstavlja aspekt Razoritelja-Obnovitelja unutar trojedne prirode Boga (Stvoritelj, Održavatelj, Razoritelj). Kao simbol njegove transcendentne prirode, Šiva je prikazan u blaženstvu *samadhija* na Himalaji. Njegova ogrlica (*naga kundala*) i narukvice od zmija naznačuju njegovo ovladavanje iluzijom i njegovu stvaralačku snagu.

21. POGLAVLJE
Idemo u Kašmir

„Dovoljno si ojačao za putovanje. Ići ću s tobom u Kašmir.", rekao mi je Sri Yukteswar dva dana nakon mojega čudesnog oporavka od azijske kolere.

Te je večeri naša šesteročlana družba krenula na sjever. Prva postaja na našemu opuštenom putovanju bila je Shimla, iziman grad smješten na prijestolju himalajskih planina. Šetali smo strmim ulicama uživajući u veličanstvenom pogledu.

„Kupite engleske jagode!", vikala je starica čučeći usred slikovite otvorene tržnice.

Učitelja je zanimalo to čudno malo crveno voće. Donio je veliku košaru jagoda i ponudio ih meni i Kanaiju. Kušao sam jednu, ali sam je istog časa ispljunuo.

„Gospodine, kojeg li kiselog voća! Jagode mi se nikad neće svidjeti!"

Moj guru se nasmijao. „Oh, svidjet će ti se jednom kad budeš u Americi. Tamo će te na jednoj večeri domaćica ponuditi pošećerenim jagodama sa šlagom. Nakon što ih zgnječiš vilicom, kušat ćeš ih i reći: 'Kako su ukusne jagode!' Tada ćeš se sjetiti ovog dana u Shimli.".

(To sam Sri Yukteswarovo predviđanje zaboravio sve do dolaska u Ameriku, godinama kasnije. Jednom zgodom bio sam gost na večeri u domu gđe Alice T. Hasey /Sestra Yogmata/ u Zapadnom Somervilleu, država Massachusetts. Kada su kao desert poslužene jagode, moja je domaćica uzela vilicu, zgnječila ih, dodala šećer i šlag te rekla: „Ovo voće je prilično kiselo. Mislim da će Vam se ovakve više sviđati.". Uzeo sam zalogaj. „Kakve ukusne jagode!", uzviknuo sam. Tada mi je iz nedokučivih predjela sjećanja izronilo Učiteljevo predviđanje iz Shimle. Ostao sam zadivljen činjenicom da je davno prije njegov s Bogom usklađen um uočio buduće karmičke događaje u eteru.)

Naša je skupina uskoro napustila Shimlu i uputila se u Rawalpindi. Ondje smo unajmili natkrivenu kočiju upregnutu sa dva konja i krenuli na sedmodnevni put do Srinagara, glavnoga grada Kašmira. Drugog dana našeg putovanja na sjever počeli smo doživljavati punu veličinu Himalaje. Dok su željezni kotači naše kočije škripali po vrućim kamenim cestama, bili smo očarani veličanstvenim prizorima planina koji su promicali pred nama.

„Gospodine,", reče Auddy Učitelju, „veoma uživam gledajući ove divne prizore u Vašem svetom društvu."

Obuzeo me val zadovoljstva kad sam čuo to Auddyjevo divljenje jer sam bio domaćin našem putovanju. Sri Yukteswar je prozreo moju misao, okrenuo se prema meni i rekao:

„Ne laskaj si. Auddy nije ni izdaleka toliko očaran krajolikom koliko mogućnošću da se nakratko udalji od nas i zapali cigaretu."*

Bio sam šokiran. „Gospodine," rekoh ispod glasa, „molim Vas ne narušavajte naš sklad tim neugodnim riječima. Ne mogu vjerovati da je Auddyju na pameti pušenje." Gledao sam s nelagodom u svojega obično nepokolebljivog gurua.

„Kako hoćeš, neću ništa reći Auddyju.", Učitelj se smijao u sebi. „Ali vidjet ćeš i sâm, čim se kočija zaustavi, on će jedva čekati da ugrabi priliku."

Kočija je stigla do malog odmorišta. Konje je trebalo odvesti na pojilo, a Auddy je upitao: „Gospodine, smijem li protegnuti noge u društvu kočijaša? Dobro bi mi došao svjež zrak."

Sri Yukteswar se složio, ali je meni napomenuo: „Njemu je do svježeg dima, a ne do svježeg zraka.".

Kada je kočija nastavila svoje truckanje, Sri Yukteswar mi je namignuo i rekao: „Nagni se kroz prozor kočije i pogledaj što Auddy izvodi sa zrakom.".

Poslušao sam ga i iznenadio se kada sam ugledao Auddyja kako ispušta kolutove dima. Pogled koji sam uputio Sri Yukteswaru sadržavao je ispriku.

„Imali ste pravo, kao i uvijek. Auddy uživa u dimu jednako kao i u pogledu." Zaključio sam kako je Auddy vjerojatno dobio cigaretu od kočijaša jer sam znao da ih nije ponio iz Kalkute.

Nastavili smo očaravajućim putem kroz labirint rijeka, dolina, strmih litica i mnogobrojnih planinskih vrhova. Svake večeri zaustavljali smo se u jednostavnim seoskim gostionicama gdje bismo si sami

---

* U Indiji se pušenje u prisutnosti starijih ili nadređenih smatra uvredljivim i nepristojnim činom.

pripremali hranu. Sri Yukteswar je pomno pazio na moju prehranu, uporno zahtijevajući da pijem sok od limete pri svakom obroku. Premda se truckanje u kočiji ne može povezati s udobnošću, oporavljao sam se iz dana u dan, ali sam i dalje bio slab.

Radosno iščekivanje ispunilo nam je srca dok smo se približavali središnjem Kašmiru; rajskoj zemlji lotosovih jezera, plovećih vrtova, čamaca za stanovanje natkrivenih platnima živih boja, rijeke Jhelum s njezinim mnogobrojnim mostovima te pašnjacima punima cvijeća, a sve to okruženo Himalajom.

Naš prilaz Srinagaru vodio je kroz aveniju s visokim drvećem koje je izražavalo dobrodošlicu. Unajmili smo sobe u prenoćištu, dvokatnici s pogledom na dostojanstvene planine. Nije bilo tekuće vode tako da smo se opskrbljivali vodom iz obližnjeg bunara. Ljetno vrijeme ovdje je bilo idealno: topli dani i ugodno svježe noći.

Otišli smo na hodočašće do drevnog srinagarskog hrama posvećenog Swamiju Šankari. Dok sam promatrao duhovnu školu na planinskom vrhu kako smjelo stoji nasuprot nebu, uronio sam u ekstazu. U viđenju mi se pojavila palača smještena na vrhu brda u dalekoj zemlji; velebni Šankarin hram u Srinagaru pretvorio se u zdanje u kojem sam godinama kasnije ustanovio središte udruge Self-Realization Fellowship u Americi (Kada sam prvi put posjetio Los Angeles i ugledao veliku zgradu na vrhu Mount Washingtona, odmah sam je prepoznao iz svojega davnog viđenja u Kašmiru, kao i mnogih viđenja drugdje.).

U Srinagaru smo proveli nekoliko dana, a zatim krenuli u Gulmarg („cvjetne planinske staze") na visini od 2500 metara. Tamo sam prvi put jahao na velikom konju. Rajendra je uzjahao malog trkaćeg konja, čije je srce stremilo za brzinom. Uputili smo se vrlo strmim Khilanmargom, stazom koja prolazi kroz gustu šumu punu gljiva i puteljaka ovijenih maglom koji često znaju biti opasni. Rajendrina mala životinja nikako nije dala odmora mom povelikom atu, čak ni na najpogibeljnijim skretanjima. Rajendrin konj znao je samo ići ravno naprijed, ne mareći ni za što drugo osim za natjecanje.

Naša naporna trka za nagradu nam je donijela pogled od kojeg zastaje dah. Prvi put u životu vidio sam u svim smjerovima nenadmašnu, sniježegom pokrivenu Himalaju. Uzastopni redovi planina nalikovali su obrisima golemih polarnih medvjeda. Moje su oči ushićeno upijale to beskrajno prostranstvo ledenih planina na sunčanom plavom nebu.

Mladi suputnici i ja, odjeveni u kapute, veselo smo lutali po prštećim

Upravna zgrada Međunarodnog središta Self-Realization Fellowshipa (Yogoda Satsanga Society of India), koju je Sri Yogananda osnovao 1925. na Mt. Washingtonu u Los Angelesu, Kalifornija.

bijelim strminama. Spuštajući se natrag, vidjeli smo u daljini golemi sag žutih cvjetova koji su potpuno promijenili izgled surih planina.

Naše sljedeće izletničko odredište bili su slavni „vrtovi užitka" cara Jehangira u Shalimaru i Nishat Baghu. Drevna palača u Nishat Baghu sagrađena je izravno nad prirodnim vodopadom. Gorski potok koji se obrušava s planina obuzdan je na domišljat način tako da teče preko slikovitih terasa i slijeva se u fontane smještene usred očaravajućih cvjetnjaka. Voda teče i kroz nekoliko soba palače, a na kraju se na čaroban način ulijeva u jezero ispod palače. Ovi golemi vrtovi vrve bojama raznolikog cvijeća: ruža, jasmina, ljiljana, zijevalica, poljskih ljubičica, lavande, makova. Smaragdno okružje tvore simetrični redovi chinara*, čempresa, višnje, a iznad svega toga poput kule uzdiže se moćna, bijela Himalaja.

Takozvano kašmirsko grožđe u Kalkuti se smatra rijetkom poslasticom. Rajendra, koji je stalno govorio o gozbi grožđem što nas očekuje u Kašmiru, bio je razočaran kada je ustanovio da ovdje nema velikih vinograda. Povremeno sam ga zadirkivao na račun toga njegovog neutemeljenog očekivanja.

„Oh, tako sam se najeo grožđa da jedva hodam!", govorio bih, ili: „Nevidljivo grožđe vrije u meni.". Kasnije smo doznali da slatko grožđe uspijeva u izobilju u Kabulu, nešto zapadnije od Kašmira. Utjehu smo našli u sladoledu od *rabrija* (jako zgusnutog mlijeka) začinjenog cijelim pistacijama.

Bili smo na nekoliko izleta u *shikarama*, malim čamcima natkrivenima crveno izvezenom tkaninom koji se kreću po zamršenim kanalima jezera Dal. Ono u stvari predstavlja mrežu kanala nalik na paukovu mrežu na vodi. Brojni plutajući vrtovi grubo oblikovani deblima i zemljom zadive vas kada prvi put ugledate povrće i lubenice koji rastu usred vode. Povremeno naiđete na seljaka kojemu kao da je mrska pomisao biti „vezan za svoj komad zemlje" pa tegli svoju „parcelu" na nov položaj unutar razgranata jezera.

Ova slikovita dolina predstavlja ogledni primjer ljepota ove zemlje. Dama od Kašmira ima krunu od planina, ovjenčana je jezerima i odjevena u cvijeće. Mnogo godina kasnije, nakon što sam proputovao mnoge zemlje, shvatio sam zašto se Kašimir često naziva najslikovitijim mjestom na svijetu. On posjeduje nešto od draži švicarskih Alpa i jezera Loch Lomond u Škotskoj kao i od izvanrednih engleskih jezera. Putnik iz Amerike koji se

---

* Istočnjačka platana.

(slijeva na desno) Sri Rajarsi Janakananda, predstojnik i predsjednik Self-Realization Fellowship/Yogoda Satsanga Society of India od 1952. do 1955. Sri Daya Mata naslijedila je Rajarsija Janakanandu u veljači 1955. kao predsjednica Self-Realization Fellowship/Yogoda Satsanga Society of India i na toj dužnosti je bila 55 godina sve do smrti 2010. Sri Mrinalini Mata, još jedna iz najužega kruga učenika velikoga Učitelja koju je on izabrao i osposobio kao jednu od onih koja će nakon njegove smrti nastaviti voditi njegov rad, trenutačno je predsjednica i duhovna predstojnica SRF/YSS-a.

zatekne u Kašmiru ovdje će naći mnogo toga što će ga podsjetiti na oporu veličanstvenost Aljaske ili Pikes Peaka pokraj Denvera.

U najuži krug kandidata za naslov najljepših prirodnih ljepota svijeta svrstao bih: prekrasan pogled Xochimilcoa u Meksiku, gdje se odraz neba, planina i topola miješa sa zaigranim ribama u mnogobrojnim rukavcima, zatim jezera Kašmira, koja su poput prekrasnih djevica povjerenih na čuvanje strogim stražarima Himalaje. U mom sjećanju se ta dva mjesta ističu kao najljepša na cijeloj Zemlji.

Bio sam također zadivljen čudesnom ljepotom krajolika u Nacionalnom parku Yellowstone, zatim Velikim kanjonom u Coloradu i ljepotom Aljaske. Yellowstone je možda jedino mjesto na Zemlji gdje se mogu vidjeti brojni gejziri kako šikljaju uvis u pravilnom vremenskom razmaku. U tom vulkanskom području Priroda je ostavila primjerke stvaranja iz prošlosti: vruće sumporne izvore, lokve boje opala i safira, snažne gejzire te medvjede, vukove, bizone i druga divlja stvorenja koja slobodno lutaju parkom. Vozeći se cestama Wyominga do Devil's Paint Pota s blatom koje tamo ključa, promatrao sam klokotajuće izvore, pršteće gejzire, magličaste fontane i zaključio da Yellowstone zaslužuje posebnu nagradu za jedinstvenost.

U Yosemite parku u Kaliforniji drevne veličanstvene sekvoje sa svojim deblima koja se uzdižu prema nebu doimaju se poput prirodnih katedrala koje je oblikovala božanska ruka. Iako na Istoku ima čudesnih vodopada, nijedan se ne može mjeriti sa zaglušujućom ljepotom Niagarinih slapova u državi New York na granici s Kanadom. Špilja mamuta u Kentuckyju i Carlsbad špilje u Novom Meksiku su poput čudnih zemalja iz bajke. Dugački stalaktiti koji vise sa stropova i ogledaju se u podzemnim vodama predstavljaju pogled u jedan drugi svijet, svijet neslućene mašte.

Kašmirci su poznati u svijetu po svojoj ljepoti. Većinom su svjetlije puti poput Europljana, imaju slične crte lica, kao i građu kostiju. Mnogi od njih su plavooki i plavokosi. Odjeveni u zapadnjačku odjeću izgledaju poput Amerikanaca. Hladnoća Himalaje oslobađa Kašmirce od neugodne pripeke sunca i omogućava im njihovu svijetlu put. Kako čovjek putuje Indijom sve dalje na jug, uočava da su ljudi sve tamnije i tamnije puti.

Nakon nekoliko sretnih tjedana u Kašmiru morao sam se pripremati na povratak u Bengal radi jesenskih ispitnih rokova na Sveučilištu u Seramporeu. Sri Yukteswar, Kanai i Audy trebali su još neko vrijeme ostati u Srinagaru. Neposredno prije mog odlaska, Učitelj mi je natuknuo kako će u Kašmiru biti izložen tjelesnoj patnji.

„Gospodine, izgledate kao oličenje zdravlja!", usprotivio sam se.

A on mi reče: „Postoji mogućnost da čak odem s lica Zemlje."

„Guruji!" Pao sam pred Njegova stopala i zavapio: „Molim Vas, obećajte mi da nećete sada napustiti svoje tijelo. Potpuno sam nepripremljen da nastavim dalje bez Vas!".

Sri Yukteswar nije rekao ništa, ali mi se tako suosjećajno smiješio da sam ipak osjetio olakšanje. Nevoljko sam se rastao s njim.

„Učitelj teško bolestan." Ovaj telegram primio sam od Auddyja neposredno nakon što sam se vratio u Serampore.

„Gospodine,", glasio je moj očajni odgovor, „zamolio sam Vas da mi obećate kako me nećete napustiti. Molim Vas, ostanite u tijelu jer ću u suprotnom i ja umrijeti.".

„Neka bude kako želiš." Bio je to Učiteljev odgovor iz Kašmira.

U pismu koje mi je Auddy poslao nekoliko dana poslije doznao sam da se Učitelj oporavio. Kada se nakon dva tjedna vratio u Serampore, bio sam očajan kada sam vidio da je spao na pola svoje uobičajene težine.

Na sreću svojih učenika Sri Yukteswar je spalio mnoge njihove grijehe u vatri teške vrućice koju je imao u Kašmiru. Visoko napredeni jogiji poznaju metafizičku metodu fizičkog prijenosa bolesti. Jak čovjek može pomoći slabome u nošenju teškog tereta. Duhovni 'nadčovjek' u stanju je smanjiti fizičke i mentalne probleme svojih učenika preuzimajući na sebe dio tereta njihove karme. Kao što se bogataš odriče dijela novca kako bi otplatio dug svojega razmetnoga sina, koji je time spašen od ozbiljnih posljedica svoje nepromišljenosti, tako i učitelj svojevoljno žrtvuje dio svojega tjelesnog bogatstva da bi olakšao nevolju svojih učenika.*

Tajnom jogijskom metodom svetac ujedinjuje svoj um i astralno tijelo s onim pojedinca koji je bolestan. Bolest se na taj način u potpunosti ili djelomice prebacuje na jogijevo tijelo. Budući da je već ubrao žetvu na tjelesnom polju, učitelja više ne zabrinjava njegovo tijelo. To što dopušta da njegovo tijelo oboli kako bi pomogao drugim osobama ne utječe na njegov um koji ostaje nepomućen. On se smatra sretnim što može pomoći na taj način. Postizanje konačnog spasa u Gospodu

---

* Mnogi kršćanski sveci, među kojima i Therese Neumann (vidi na str. 365), također poznaju metafizički prijenos bolesti.

znači doista spoznati kako je ljudsko tijelo poslužilo svrsi. Tada ga ostvareni učitelj dalje koristi na bilo koji način koji smatra prikladnim.

Guruov posao u svijetu sastoji se od pomaganja čovječanstvu olakšavajući mu patnju, bilo duhovnim sredstvima, intelektualnim savjetom, snagom volje ili fizičkim preuzimanjem bolesti. Povlačenjem u stanje nadsvijesti kada god to želi, učitelj može zaboraviti fizičku bolest kojoj je izložen. Katkad može za primjer učenicima izabrati stoičko podnošenje tjelesne boli. Preuzimajući na sebe patnje drugih, jogi može podmiriti za druge njihov karmički zakon uzroka i posljedice. Taj zakon djeluje mehanički i matematički točno, a njegovim izvršavanjem mogu na znanstveni način upravljati ljudi božanske mudrosti.

Duhovni zakon ne traži da učitelj postane bolestan svaki put kada liječi drugu osobu. Ozdravljenja se obično zbivaju na temelju svečeva poznavanja raznih načina trenutnog izlječenja pri čemu ne dolazi ni do kakve štete za iscjelitelja. U rijetkim prilikama, međutim, učitelj koji želi znatno ubrzati evoluciju svojih učenika može dobrovoljno odraditi na svom tijelu velik dio njihove nepoželjne karme.

Isus je sebe prikazivao kao otkupitelja grijeha mnoštva. Uz božanske moći* koje je posjedovao, Krist ne bi nikad bio izložen smrti na križu da nije svojevoljno surađivao sa skrivenim kozmičkim zakonom uzroka i posljedice. On je preuzeo na sebe posljedice tuđe karme, posebno one svojih učenika. Na taj su način oni bili visoko pročišćeni te postali sposobni primiti sveprisutnu svijest Duha Svetog koji se kasnije na njih spustio.†

Jedino samoostvareni učitelj može prenijeti svoju životnu silu ili na svoje tijelo preuzeti bolesti drugih. Običan čovjek ne može upotrijebiti ovu jogijsku metodu liječenja niti je to poželjno jer nezdravo tijelo predstavlja prepreku za duboku meditaciju. Hinduistički sveti spisi uče da je čovjekova vrhunska dužnost održavati tijelo u dobrom stanju jer u suprotnom njegov um ne može ostati usmjeren na stanje posvećenosti Bogu.

Međutim, izrazito snažan um može nadrasti svaku tjelesnu teškoću i postići ostvarenje u Bogu. Mnogi sveci nisu se obazirali na bolest i uspjeli su u svom božanskom poslanju. Sv. Franjo Asiški, iako je i sâm patio od mnogih bolesti, liječio je druge ljude, čak i uskrsavao mrtve.

---

* Krist je neposredno prije raspeća rekao: „Ili misliš da ja ne mogu zamoliti Oca svog da mi u ovaj čas pošalje više od dvanaest legija anđela? Ali kako bi se onda ispunila Pisma prema kojima tako mora biti?"- Mt 26:53-54.

† Dj 1:8; 2:1-4.

Idemo u Kašmir

Jednom sam upoznao indijskog sveca kojemu je prijašnjih godina polovina tijela bila prekrivena otvorenim čirevima. Njegov je dijabetes bio tako izražen da mu je bilo teško mirno sjediti na jednome mjestu više od petnaest minuta. Ali njegovo je duhovno stremljenje bilo nepokolebljivo. „Gospode,", molio se, „hoćeš li doći u moj hram?". Neprestanim naporom volje svetac je postupno postao sposoban sjediti u lotosovom položaju osamnaest sati na dan, uronjen u ekstatični trans. „I nakon tri godine", rekao mi je, „u meni se pojavilo Beskonačno Svjetlo u punom blještavilu. Radujući se u Njegovu sjaju, zaboravih na tijelo. Kasnije vidjeh da je postalo čitavo kroz Božansku Milost."

Uz kralja Babera (1483.-1530.), osnivača Mogulskog carstva u Indiji, vezana je povijesna zgoda s izlječenjem. Njegov sin Humayun* ozbiljno se razbolio. Očajan, otac se molio s odlučnošću da na njega prijeđe sinova bolest. Humayun se oporavio, a Baber je pao u bolesničku postelju i umro od iste bolesti koja je pogodila njegova sina.

Mnogi ljudi vjeruju da bi veliki učitelj trebao imati zdravlje i snagu jednog Sandowa.† To je mišljenje neutemeljeno. Bolesno tijelo ne znači da guru nema božanske moći, kao što ni cjeloživotno zdravlje ne povlači nužno i unutarnje prosvjetljenje. Ono po čemu se učitelj izdvaja od drugih nisu fizičke već duhovne značajke.

Mnogi zbunjeni duhovni tragatelji na Zapadu pogrešno misle kako izražajni govornik ili pisac iz područja metafizike mora biti učitelj. Jedini dokaz da je netko stvarni učitelj je njegova sposobnost da svojom voljom uđe u stanje bez daha (*sabikalpa samadhi*) i ovladavanje nepomućenim blaženstvom (*nirbikalpa samadhi*).‡ Rišiji su isticali kako su isključivo ta postignuća dokaz da je ljudsko biće ovladalo *mayom*, dualističkom kozmičkom iluzijom. Samo takav čovjek može reći na temelju vlastite duboke spoznaje: „*Ekam sat*" („Postoji samo Jedno").

Kada postoji svijest o dvojnosti kao rezultat neznanja, tada čovjek vidi sve stvari kao različite od Jastva.", pisao je Šankara, veliki indijski monist.

---

* Humayun je postao otac Akbara Velikog. U svom muslimanskom zanosu Akbar je isprva proganjao hinduse. „Kako sam stjecao znanje, počeo me obuzimati sram.", rekao je kasnije. „Čuda se događaju u hramovima svake vjere." Pobrinuo se za prijevod na perzijski Bhagvad-Gite, a na svoj dvor pozvao je više isusovačkih otaca iz Rima. Akbar je netočno ali draženo pripisao Kristu ovu izreku (koja je upisana na Slavoluk pobjede u Akbarovu novom gradu Fatehpur Sikriju): „Isus, Sin Marijin (Mir neka je s njim!), reče: *Svijet je most; prijeđi preko njega, ne gradi na njemu kuće.*".

† Njemački atleta (umro: 1925.) poznat kao „najsnažniji čovjek na svijetu."

‡ Vidi na str. 238, i napomenu na str. 418.

„Kada postoji spoznaja kako je sve Jastvo, tada se čak ni najmanji atom ne poima kao izdvojen iz Jastva... Jednom kada se javi ispravna spoznaja Stvarnosti, tada se više ne iskušavaju plodovi prošlih djela, zahvaljujući nestvarnosti tijela, jednako kao što san nestaje nakon buđenja."

Samo veliki gurui sposobni su preuzeti na sebe karmu učenika. Sri Yukteswar ne bi na sebe primio patnju u Srinagaru* da nije prethodno primio dozvolu od Duha u njemu da pomogne svojim učenicima na tako čudan način. Rijetko je koji svetac bio tako istančano obdaren mudrošću u ispunjavanju božanskih zadataka kao moj s Bogom usklađeni Učitelj.

Kada sam mu uputio nekoliko riječi sažaljenja nad njegovim iscrpljenim tijelom, moju guru je veselo odgovorio:

„Ima to i dobrih strana. Sada ću moći ući u one stare *ganjije* (potkošulje) koje nisam nosio godinama!"

Slušajući Učiteljev veseli smijeh, sjetio sam se riječi Sv. Franje Saleškog: „Svetac koji je tužan, tužan je svetac!".

---

* Srinagar, glavni grad Kašmira, osnovao je u 3. stoljeću prije Krista car Ašoka. On je ondje sagradio 500 samostana od kojih je njih stotinu još postojalo kada je kineski hodočasnik Hiuen Tsiang posjetio Kašmir 1000 godina poslije. Jedan drugi kineski pisac, Fa-Hsien (5. stoljeće), razgledavajući ruševine Ašokine goleme palače u Pataliputri (danas Patna), govori kako je to zdanje bilo tako nevjerojatne ljepote u svojoj arhitektonici i ukrasnim kipovima da je „nemoguće da je izgrađeno rukama smrtnika.".

22. POGLAVLJE

Srce lika u kamenu

„Kao žena vjerna hinduističkoj tradiciji ne želim se žaliti na muža. Ali stalo mi je do toga da on napusti svoja materijalistička stajališta. On uživa u ismijavanju slika svetaca u mojoj sobi za meditaciju. Dragi brate, duboko vjerujem da mu ti možeš pomoći. Hoćeš li?"

Moja najstarija sestra Roma gledala je u mene puna iščekivanja, očekujući moju pomoć. Bio sam u kratkom posjetu njezinu domu u Kalkuti, u Ulici Girish Vidyaratna. Budući da je ona imala dubok duhovni utjecaj na mene u ranom djetinjstvu, njezina me molba dirnula. Također je s puno ljubavi nastojala ispuniti prazninu u našoj obitelji nastalu nakon Majčine smrti.

„Voljena sestro, naravno da ću učiniti sve što mogu." Smiješio sam se pokušavajući odagnati tugu jasno vidljivu na njezinu, inače mirnom i veselom, licu.

Roma i ja sjedili smo neko vrijeme u tišini moleći se za vodstvo. Prije godinu dana zamolila me da je iniciram u *Kriya jogu* i u toj je praksi pokazivala uočljiv napredak.

Odjednom mi je došlo nadahnuće. „Sutra,", rekao sam, „idem u hram božice Kali u Dakshineswar. Molim te, pođi sa mnom te uvjeri muža da nam se pridruži. Osjećam da će u vibracijama toga svetog mjesta Božanska Majka dirnuti njegovo srce. Ali nemoj mu otkriti namjeru kada ga budeš pozvala da pođe s nama."

Puna nade sestra se složila. Sutradan rano ujutro bio sam zadovoljan kada sam vidio da su Roma i njezin muž spremni za polazak. Dok je naša kočija kloparala duž Gornje kružne ceste prema Dakshineswaru, moj šogor Satish Chandra Bose zabavljao se govoreći posprdno o vrijednosti duhovnih učitelja. Primijetio sam kako Roma tiho plače.

„Sestro, razvedri se!", šapnuo sam. „Ne daj priliku svom mužu da uživa u vjerovanju kako njegovo ismijavanje uzimamo ozbiljno."

„Mukunda, kako se možeš diviti tim bezvrijednim varalicama?", govorio je Satish. „Sâm izgled sadhua je odbojan. On je ili mršav poput kostura ili neumjesno debeo poput slona!"

Tresao sam se od smijeha i ta je reakcija naljutila Satisha koji se uvrijeđen povukao u tišinu. Dok je naša kočija ulazila u područje hrama u Dakshineswaru, on se sarkastično nacerio.

„Ovaj izlet, pretpostavljam, ima namjeru preodgojiti me?"

Kada sam se okrenuo bez odgovora, uhvatio me za ruku. „Mladi g. Redovniče,", rekao je, „ne zaboravi se pobrinuti kod vodstva hrama da nam osiguraju podnevni obrok.". Satish se nije htio upuštati ni u kakav razgovor sa svećenicima.

„Odoh meditirati, a ti se ne brini za ručak.", odgovorio sam oštro. „Božanska Majka pobrinut će se za to."

„Ne vjerujem nimalo u to da će Božanska Majka išta učiniti za mene. Ali zato tebe smatram odgovornim za svoju hranu.", Satishev je ton bio prijeteći.

Otišao sam do predvorja velikog hrama s kolonadama koji je bio posvećen božici Kali (Bog u obličju Majke Prirode). Izabrao sam sjenovito mjesto pokraj jednog stupa i sjeo u položaj lotosa. Iako je bilo tek sedam ujutro, sunce će vrlo brzo postati teško podnošljivo.

Svijet se povlačio dok sam ulazio u meditaciju s jakim osjećajem predanosti. U svojemu umu koncentrirao sam se na Božicu Kali. Njezin kip ovdje, u hramu u Dakshineswaru, bio je poseban predmet štovanja velikoga učitelja Sri Ramakrishne Paramahanse. Kao odgovor na njegove grozničave zahtjeve lik u kamenu bi često znao oživjeti i razgovarati s njim.

„Nečujna Majko u kamenu,", molio sam se. „Ti si oživjela kao odgovor na molbu Svojega voljenog poklonika Ramakrishne. Zašto ne bi uslišila vapaje i ovoga Svojeg poklonika koji tako čezne za Tobom?"

Moje se gorljivo htijenje beskrajno povećavalo popraćeno božanskim mirom. Ipak, nakon što sam u takvu stanju proveo pet sati, a Božica koju sam u sebi vizualizirao nije odgovarala, postao sam malo obeshrabren. Ponekad Bog stavlja na kušnju tako što odlaže ispunjenje molitve. Ali On se na kraju javlja upornom pokloniku u obliku koji je pokloniku prirastao srcu. Predani kršćanin vidi Isusa, hindusu se ukazuje Krišna, Božica Kali ili pak vidi Veliko Svjetlo ako je njegova molitva neosobna.

Nevoljko sam otvorio oči i vidio kako svećenik zaključava vrata hrama u podne, kao što je i običaj. Ustao sam sa svojega skrivenog mjesta u predvorju i izašao na dvorište. Kameni pod bio je užaren od

Srce lika u kamenu

podnevnog sunca i moja bosa stopala jedva su to mogla izdržati.

„Božanska Majko,", nečujno sam se žalio, „Ti mi nisi došla u viđenju, a sada si skrivena iza zatvorenih vrata hrama. Htio sam Ti danas prinijeti posebnu molitvu vezanu uz mojega šogora."

Moj je unutarnji zahtjev odmah uzet na znanje. Najprije se niz moja leđa i stopala spustio osvježavajući val hladnoće, čime je nestalo sve fizičke neugode zbog vrućine. Tada se, na moje zaprepaštenje, hram jako povećao. Njegova su se velika vrata polagano otvorila i otkrila kameni lik Božice Kali. Postupno se pretvorio u živi oblik smiješeći mi se u znak dobrodošlice, što me ispunilo srsima neopisive radosti. Kao nekom tajanstvenom cjevčicom dah mi je bio isisan iz pluća, a moje tijelo je postalo vrlo mirno, iako ne i nepokretno.

U toj ekstazi svijest mi se jako proširila. Jasno sam mogao vidjeti sa svoje lijeve strane više kilometara uokolo duž rijeke Ganges, a isto tako, iza hrama pogled mi je sezao do područja čitavog Dakshineswara. Zidovi zgrada svjetlucali su u prozirnom svjetlu. Kroz njih sam mogao vidjeti ljude kako prolaze naprijed-natrag preko velikog područja.

Iako sam bio u stanju bez daha te iako je moje tijelo i dalje bilo vrlo mirno, mogao sam slobodno micati ruke i stopala. Nekoliko minuta provodio sam pokuse zatvarajući i otvarajući oči. U oba slučaja mogao sam jasno vidjeti cijelu panoramu Dakshineswara.

Duhovni vid je poput X-zraka, on prodire kroz svu tvar. Božansko oko svuda je u središtu, nigdje nema ruba. Stojeći tako na suncu u dvorištu hrama, ponovno sam spoznao da kada čovjek prestane biti razmetno dijete Božje, uronjeno u fizički svijet koji nije ništa doli san bez osnove, poput mjehura od sapunice, tada on iznova nasljeđuje svoje vječne posjede. Ako je bijeg od stvarnosti čovjekova potreba usađena u njegovoj uskoj osobnosti, zar se onda bilo koji bijeg može mjeriti s bijegom u Sveprisutnost?

U ovom mom svetom iskustvu u Dakshineswaru jedini uvećani objekti bili su hram i Božičin lik. Sve ostalo se javljalo u normalnoj veličini iako je bilo obuhvaćeno aureolom mekane svjetlosti: bijele, plave i pastelnih nijansi duginih boja. Moje se tijelo doimalo kao da je od eterične tvari, spremno da počne lebdjeti. Posve svjestan svojega materijalnog okružja, gledao sam oko sebe i napravio nekoliko koraka, a da pritom nisam narušio blaženu viziju.

Iza zidova hrama iznenada sam ugledao šogora kako sjedi pod trnovitim granama svetog drveta *bel*. Mogao sam bez napora čitati

Autobiografija jednog jogija

njegove misli. Iako su bile ponešto uzvišene pod svetim utjecajem Dakshineswara, ipak su sadržavale neljubazne primisli o meni. Okrenuo sam se izravno milostivom liku Božice.

„Božanska Majko,", molio sam se, „zar nećeš duhovno promijeniti muža moje sestre?"

Prekrasni lik, dotad šutljiv, napokon je progovorio. „Tvoja je želja uslišena!"

Gledao sam u Satisha pun sreće. Ustao je sa zemlje kao da je instinktivno bio svjestan duhovne snage na djelu. Vidio sam ga kako trči iza hrama i približava mi se mašući rukama.

Sveobuhvatna vizija je nestala. Nisam više mogao vidjeti veličanstvenu Božicu, hram je izgubio svoju prozirnost i poprimio uobičajene dimenzije. Moje se tijelo ponovno kuhalo pod žarkim suncem. Skočio sam pod natkriveno predvorje hrama kamo je Satish ljutito dojurio za mnom. Pogledao sam na sat. Bio je 13 sati, znači božanska vizija trajala je jedan sat.

„Ti, mala budalo!", navalio je na mene, „Sjedio si tamo prekriženih nogu satima gledajući ukriž. Povremeno sam te promatrao. Gdje je naša hrana? Hram je zatvoren, što znači da si propustio obavijestiti odgovorne kako bi nam osigurali ručak!"

Uzvišeni osjećaj zbog Božičine poruke nije me napuštao. Uzviknuo sam: „Božanska Majka će nas nahraniti!"

„Barem jedanput", vikao je Satish, „volio bih vidjeti tvoju Božansku Majku kako nam daje hranu bez prethodne najave!"

Jedva da je izgovorio te riječi kad nam se približio svećenik iz hrama.

„Sine,", obratio mi se, „promatrao sam tvoje lice kako odiše mirom u meditaciji. Vidio sam da si jutros stigao u društvu i osjetio potrebu da vam ostavim po strani obilje hrane za ručak. Pravila hrama nalažu da se za ručak treba prethodno najaviti, ali za vas sam napravio iznimku."

Zahvalio sam mu i pogledao Satisha ravno u oči. Preplavljen osjećajima, spustio je pogled u znak nijemog pokajanja. Kada su nam poslužili kraljevski obrok koji je uključivao i mango kao izvansezonsko voće, uočio sam da moj šogor baš i nije pri teku. Bio je zbunjen i očito duboko uronjen u ocean vlastitih misli.

Tijekom vožnje natrag u Kalkutu Satish me je povremeno molećivo pogledavao. No nije izgovorio ni riječ od trenutka kada se pojavio svećenik i pozvao nas na ručak te na taj način odgovorio na njegov izazov.

Sutradan sam posjetio sestru koja me je srdačno dočekala.

„Dragi brate,", uzviknula je, „kakva li čuda! Sinoć je moj muž otvoreno plakao preda mnom."

"Voljena Devi,"*, rekao je, „neopisivo sam sretan što je posredstvom tvog brata došlo do ove promjene u meni. Od večeras ćemo svoju veliku spavaću sobu koristiti samo kao mjesto za molitvu, a tvoja mala soba za meditaciju postat će naša spavaća soba. Iskreno mi je žao što sam ismijavao tvoga brata. Zbog svojega sramotnog ponašanja kaznit ću se tako što s njim neću progovoriti ni riječi sve dok ne budem napredovao na duhovnom putu. Od sada ću duboko tragati za Božanskom Majkom. Jednog ću je dana sigurno naći!"

Godinama kasnije (1936.) posjetio sam Satisha u Delhiju. Bio sam presretan kada sam vidio kako je daleko napredovao na putu samoostvarenja i da je bio blagoslovljen viđenjem Božanske Majke. Dok sam boravio kod njega, primijetio sam kako on u tajnosti većinu noći provodi u dubokoj meditaciji iako je bio teško bolestan i danju radio u uredu.

Pomislio sam kako šogorov životni vijek neće biti dug. Roma je nekako pročitala moje misli.

„Dragi brate,", rekla je, „ja sam dobro, a moj muž je bolestan. Ipak, želim da znaš da ću ja, kao odana indijska žena, biti prva koja će umrijeti.† Neće proći još dugo prije nego što umrem."

Bio sam zatečen njezinim riječima, no osjetio sam žalac istine u njima. Moja je sestra umrla nakon osamnaest mjeseci, a ja sam u to vrijeme bio u Americi. Kasnije mi je moj najmlađi brat Bishnu javio potankosti.

„Roma i Satish bili su u Kalkuti u vrijeme njezine smrti.", rekao mi je Bishnu. „Toga jutra ona je odjenula svoj vjenčani sari.

'Čemu ova posebna odjeća?', upitao ju je Satish.

'Ovo je posljednji dan mojega služenja tebi na Zemlji.', odgovorila mu je Roma. Ubrzo zatim doživjela je srčani udar. Dok je njezin sin pohitao potražiti pomoć, ona je rekla:

'Sine, ne napuštaj me. Nema koristi, bit ću mrtva dok stigne liječnik.' Deset minuta kasnije, dodirujući u znak poštovanja stopala svojega muža, Roma je svjesno napustila tijelo, sretna i bez patnje."

„Satish je postao vrlo povučen nakon ženine smrti.", nastavio je

---

* Boginja, doslovno, „sjajna"; od sanskrtskog korijena *div*, sjajiti.

† Žene u indijskoj tradiciji vjeruju kako je umrijeti prije muža znak duhovnog napretka, dokaz odanosti mužu ili „umiranja u jarmu".

Bishnu. „Jednog smo dana gledali neku fotografiju na kojoj je Roma bila nasmijana.

'Zašto se smiješiš?', Satish je iznenada povikao kao da je ona prisutna. 'Misliš da si lukavo sredila da odeš prije mene? Dokazat ću ti da ne možeš dugo ostati bez mene. Uskoro ću ti se pridružiti.'

Iako se Satish potpuno oporavio od bolesti i bio izvrsna zdravlja, umro je bez vidnog razloga ubrzo nakon svoje čudne napomene o fotografiji."

Tako su proročanski umrli i moja voljena sestra Roma i njezin muž Satish – on koji je u Dakshineswaru bio promijenjen iz običnoga svjetovnog čovjeka u tihog sveca.

23. POGLAVLJE

Dobivam fakultetsku diplomu

„Ti zanemaruješ obvezno gradivo iz udžbenika filozofije. Nema sumnje, oslanjaš se na lagodnu 'intuiciju' u nadi da ćeš se s pomoću nje provući na ispitima. No ako se ne prihvatiš pravog učenja, pobrinut ću se da ne položiš ovaj predmet."

Profesor D.C. Ghoshal sa Sveučilišta u Seramporeu obratio mi se ovako strogo. Ako ne uspijem proći završne pismene testove iz njegova predmeta, neću moći pristupiti završnim ispitima. Ispitna pravila određuje Sveučilište u Kalkuti, čiji je jedan od ogranaka Sveučilište u Seramporeu. Na indijskim fakultetima pravilo je da student koji ne uspije položiti jedan od završnih ispita sljedeće godine ponovno mora biti ispitan iz *svih* predmeta.

Moji učitelji na Sveučilištu u Seramporeu obično su se ljubazno odnosili prema meni, no ne bez šale na moj račun. „Mukunda je malo previše opijen religijom." Stavljajući me tako u određeni okvir taktično su me poštedivali neugodnosti odgovaranja na pitanja postavljena u učionici. Pouzdali su se, naime, u to da će me pismeni ispiti ionako eliminirati iz utrke za diplomu. Kako su na mene gledali moji kolege studenti, moglo se iščitati iz nadimka koji su mi dali: Ludi Redovnik.

Proniknuo sam kako na dovitljiv način izbjeći prijetnju prof. Ghoshala u vezi s mojim prolaskom na ispitu iz filozofije. Prije objavljivanja rezultata završnog testa, zamolio sam kolegu da pođe sa mnom do profesorova kabineta.

„Dođi sa mnom, trebam svjedoka.", rekao sam pratitelju. „Bit ću vrlo razočaran ako nisam uspio nadmudriti svojega profesora."

Prof. Ghoshal je odmahnuo glavom kada sam ga upitao kakvu je ocjenu dobio moj rad.

„Nisi među onima koji su prošli.", rekao je slavodobitno. Pretražio je veliku hrpu papira na svojemu stolu. „Tvojeg primjerka uopće nema ovdje, što znači da ovako i onako nisi prošao jer nisi pristupio ispitu."

Nasmijao sam se u sebi. „Gospodine, bio sam na ispitu. Mogu li sâm pogledati testove na Vašem stolu?"

Nemajući kamo, profesor je pristao. Brzo sam pronašao svoj test na koji namjerno nisam napisao ime, već samo svoj identifikacijski broj. Ocjenjivač testa, nemajući pred očima „crvenu krpu" moga imena, dao mi je visoku ocjenu iako moji odgovori nisu bili okićeni navodima iz udžbenika.*

Prozrevši moj trik, on je sada grmio: „Obična slijepa sreća!". Još je dodao s puno nade: „Zasigurno ćeš pasti na završnim ispitima!".

Za ispite iz drugih predmeta dobio sam nešto instrukcija, posebno od svojega dragog prijatelja i bratića Prabhasa Chandre Ghosha, sina moga strica Sarade. Nekako sam uspio položiti sve završne ispite s prolaznom ocjenom.

I tako sam nakon četiri godine studija stekao pravo da pristupim diplomskom ispitu za stjecanje fakultetske diplome. No nisam se usuđivao izaći na taj ispit. Završni ispiti na Sveučilištu u Seramporeu bili su dječja igra prema ispitima na Sveučilištu u Kalkuti koji su me čekali na putu do diplome. Moji gotovo svakodnevni posjeti Sri Yukteswaru ostavljali si mi vrlo malo vremena za predavanja. Kad bih se koji put i pojavio na predavanjima, to bi kod mojih kolega izazvalo uzdah iznenađenja.

Moja gotovo svakodnevna rutina započinjala bi u devet i trideset ujutro kada bih sjeo na bicikl. U jednoj ruci držao sam dar za svojega Učitelja: nekoliko cvjetova iz vrta mog studentskog doma u Panthiju. Uz srdačnu dobrodošlicu, Učitelj bi me pozvao da ostanem na ručku. Ja bih to jedva dočekao sretan što mogu zaboraviti pomisao o odlasku na fakultet toga dana. Nakon sati i sati provedenih sa Sri Yukteswarom, slušajući njegovu neusporedivu mudrost ili pomažući u obavljanju dužnosti u ašramu, oko ponoći bih se nevoljko vratio u Panthi. Katkad bih ostao i cijelu noć sa svojim guruom potpuno obuzet našim razgovorom, tako da bih jedva primijetio kako se tama pretvara u svjetlo novog dana.

Jedne večeri oko 23 sata, dok sam obuvao cipele† spremajući se vratiti u studentski dom, Učitelj me ozbiljno upitao:

„Kada započinju tvoji diplomski ispiti?"

---

* Moram biti pošten prema prof. Ghoshalu i priznati da naši tadašnji zategnuti odnosi idu isključivo na dušu mojih izbivanja s predavanja.

Prof. Ghoshal je izvanredan govornik velikog znanja iz područja filozofije. Kasnijih godina naši su odnosi postali srdačni.

† U indijskoj duhovnoj školi učenik uvijek izuva ciple.

„Za pet dana, Gospodine."

„Nadam se da si se pripremio."

Skamenjen od straha, ostao sam držati jednu cipelu u zraku. Prosvjedovao sam: „Gospodine, dobro znate da sam dane provodio s Vama, a ne s profesorima. Ne znam kako bih mogao sudjelovati u farsi zvanoj moje pojavljivanje na tim teškim ispitima?"

Sri Yukteswarove oči bile su uperene ravno u mene. „Moraš se pojaviti. Nećemo dati priliku tvom Ocu i rodbini da prigovaraju tvom izboru života u ašramu. Samo mi obećaj da ćeš se pojaviti na ispitima i odgovoriti na njih najbolje što znaš." Ton njegova glasa bio je hladan i bespogovoran.

Nisam mogao zadržati suze. Smatrao sam da je Učiteljeva naredba nerazumna, a njegovo zanimanje za moje studiranje u najmanju ruku zakašnjelo.

„Pojavit ću se, ako tako želite." rekao sam jecajući. „Ali nema više vremena da se propisno pripremim za ispite." Sebi u bradu još sam promrmljao: „Kao odgovore na pitanja napisat ću ono što sam od Vas naučio!".

Kada sam sutradan u uobičajeno vrijeme ušao u Duhovnu školu, predao sam mu svoj buket sav tužan, kao da su mi sve lađe potonule. On se nasmijao na moje takvo ponašanje.

„Mukunda, je li te Gospod ikada ostavio na cjedilu, na ispitu ili bilo gdje drugdje?"

Toplo sam odgovorio: „Nije, Gospodine.", a misli mi preplaviše zahvalna sjećanja.

Učitelj nastavi: „Nije te lijenost, već goruća želja za Bogom udaljila od nastojanja da budeš uzoran student. 'Zato najprije tražite kraljevstvo Božje i njegovu pravednost, a to će vam se nadodati!'"*

Po tisućiti put osjetio sam kako moje brige nestaju u prisutnosti Učitelja. Kada smo završili rani ručak, on mi je predložio da se vratim u Panthi.

„Tvoj prijatelj Romesh Chandra Dutt, živi li on još uvijek u tvom studentskom domu?"

„Živi, Gospodine."

„Otiđi do njega. Gospod će ga nadahnuti da ti pomogne u vezi s ispitima."

---

* Mt 6:33.

Prabhas Chandra Ghosh i Paramahansa Yogananda u Kalkuti u prosincu 1919. Sri Ghosh je bio Sri Yoganandin bratić, učenik i prijatelj do kraja života, a i potpredsjednik Yogoda Satsanga Society of India gotovo četrdeset godina, sve do svoje smrti 1975. godine.

„Kako Vi kažete, Gospodine, ali Romesh je vrlo zaposlen. On je najbolji student u našem razredu i radi po naprednijem i zahtjevnijem programu u odnosu na nas ostale."

Učitelj je odmahnuo glavom na ovaj moj komentar. „Romesh će naći vremena za tebe. Idi sada."

Odvezao sam se biciklom natrag u Panthi. Prva osoba koju sam sreo u studentskom domu bio je vrijedni student Romesh. Kao da nema nikakva drugog posla, on je spremno pristao udovoljiti mojoj sramežljivoj molbi za pomoć.

Dobivam fakultetsku diplomu

„Naravno da ću ti pomoći.", reče mi. Toga dana, i iduća četiri, on je proveo mnogo vremena sa mnom pomažući mi i dajući mi instrukcije iz mnogih predmeta.

Napomenuo mi je: „Vjerujem kako će mnoga pitanja na ispitu iz engleske književnosti biti povezana s putom koji je prošao Child Harold. Moramo odmah nabaviti atlas."

Požurio sam se do doma strica Sarade i posudio atlas. Romesh je na karti Europe označio mjesta koja je posjetio Byronov romantični putnik.

Nekoliko se mojih kolega iz razreda okupilo oko nas i slušalo poduku. „Romesh te krivo savjetuje, obično je samo pedeset posto pitanja u vezi s knjigama; druga polovica je o životima pisaca.", komentirao je jedan od njih na kraju našeg učenja.

Dok sam sjedio u sobi za ispit iz engleske književnosti, već prvi pogled na pitanja izazvao je suze zahvalnosti koje su s mog lica padale na papir. Nadzornik u ispitnoj sobi prišao mi je i dobronamjerno me upitao o čemu je riječ.

„Moj veliki Učitelj predvidio je da će mi Romesh pomoći.", objasnio sam. „Pogledajte, ova ispitna pitanja upravo su ona koja mi je predložio Romesh!" Dodao sam: „Na moju sreću, ove godine ima vrlo malo pitanja o britanskim piscima čiji su životi za mene obavijeni velom tajne.".

U mom studentskom domu vladala je ludnica kada sam se vratio. Mladići koji su me prethodno ismijavali zbog vjere u Romeshovu poduku sada su me gotovo zaglušili svojim klicanjem i čestitkama. Tijekom tjedna nastavio sam provoditi što više vremena s Romeshom koji je osmislio pitanja za koja je smatrao da će ih profesori postaviti. Dan za danom Romeshova su se pitanja gotovo doslovno pojavljivala na ispitnim papirima.

Fakultetom se ubrzo proširila vijest kako se događa nešto slično čudu i kako postaje izgledno da smeteni Ludi Redovnik ipak uspije. Ja se nisam trudio skrivati činjenice. Ovdašnji profesori bili su nemoćni promijeniti pitanja jer ih je sastavilo osoblje sa Sveučilišta u Kalkuti.

Dok sam jednoga jutra razmišljao o tome kako sam napisao svoj ispit iz engleske književnosti, uvidio sam kakva mi se ozbiljna pogreška potkrala. Određena su pitanja bila podijeljena u dva dijela: A ili B i C ili D. Umjesto da razmatram po jedno pitanje u svakom dijelu, ja sam odgovorio na oba pitanja u prvom odjeljku i neoprezno previdio drugi odjeljak. Shvatio sam kako je najveći mogući broj bodova koji ću dobiti 33, što je tri boda manje od praga za prolaz koji je iznosio 36.

Odjurio sam Učitelju da mu se izjadam.

„Gospodine, napravio sam neoprostivu, grubu pogrešku. Ne zaslužujem božanski blagoslov u vidu Romeshove pomoći. Doista nisam ničega vrijedan."

„Razvedri se, Mukunda!", Sri Yukteswarov glas bio je vedar i bezbrižan. Pokazao je na plavi nebeski svod. „Prije će Sunce i Mjesec zamijeniti svoje položaje u svemiru nego što ćeš ti pasti na diplomskom!"

Otišao sam iz Duhovne škole puno smireniji iako mi se prolaz činio matematički nemoguć. Povremeno bih pogledao prema nebu gdje je Sunce bilo na svojoj uobičajenoj putanji.

Kad sam stigao u Panthi, čuo sam usputnu napomenu jednog kolege iz razreda: "Upravo sam doznao da se ove godine prvi put prag prolaza na ispitu iz engleske književnosti snizio."

Ušao sam u njegovu sobu takvom brzinom da me on prestrašeno pogledao. Nakon što sam ga nestrpljivo ispitao rekao je smijući se:

„Dugokosi redovniče, otkud odjednom takvo zanimanje za školu? Podne je već davno prošlo. No istina je da se prag za prolaz spustio na 33 boda."

Doskakutao sam pun radosti do svoje sobe, pao na koljena te stao zahvaljivati na matematičkoj preciznosti svojega Božanskog Oca.

Svakoga sam dana bio uzbuđen zbog svijesti o Prisutnosti Duha i jasno osjećao kako me vodi uz pomoć Romesha. Znakovit događaj s tim u vezi zbio se na ispitu iz bengalskoga jezika. Jednog je jutra Romesh, koji mi nije davao instrukcije iz tog predmeta, navratio u moju sobu upravo u trenutku kada sam odlazio iz studentskog doma na polaganje ispita.

„Vidi, tamo je Romesh koji te doziva. Nemoj se vraćati jer ćemo zakasniti na ispit.", rekao mi je nestrpljivo kolega iz razreda.

Ne obazirući se na to upozorenje, otrčao sam do studentskog doma.

„Obično ispit iz benglaskog ne predstavlja problem za nas dečke iz Bengala.", rekao je Romesh, nadodavši: „Ali imam predosjećaj da ove godine profesori planiraju 'pokolj' studenata na ispitu tako što će postavljati pitanja iz obveznih udžbenika.". Zatim mi je iznio pojedinosti dviju priča iz života Vidyasagara, poznatoga bengalskog filantropa iz devetnaestog stoljeća.

Zahvalio sam Romeshu i biciklom brzo odjurio u dvoranu za ispite.

Dobivam fakultetsku diplomu

Tamo sam vidio kako je ispit iz benglaskog podijeljen na dva dijela. Uputa na prvom dijelu glasila je: „Navedite dva primjera dobročinstva Vidyasagara.".* Dok sam na papir prenosio znanje koje mi je maloprije dano, šaputao sam riječi zahvale što sam poslušao Romeshov savjet dobiven u zadnji čas. Da mi nisu bila poznata Vidyasagarova dobročinstva (popisu kojem je sada bilo pridodano i ovo prema meni), ne bih mogao proći ispit iz bengalskog.

Upute za drugi dio ispita glasile su: „Napišite esej na bengalskom o životu čovjeka koji vas najviše nadahnjuje". Mili čitatelju, trebam li ti uopće spominjati koga sam odabrao za temu svoga sastava! Dok sam ispunjavao stranu po stranu riječima hvale i divljenja prema svojemu Učitelju, sa smiješkom sam shvatio da se predviđanje koje sam sebi promrmljao u bradu ostvaruje: „Ispunit ću papir Vašim učenjem.".

Nisam smatrao potrebnim ispitivati Romesha u vezi s mojim ispitom iz filozofije. Imajući povjerenje u dugogodišnju poduku koju sam dobio od Sri Yukteswara, pouzdano sam zanemario objašnjenja iz udžbenika. Najveća ocjena koju sam dobio iz bilo kojeg predmeta bila je ona iz filozofije. Iz svih ostalih predmeta dobio sam jedva prolaznu ocjenu.

Zadovoljstvo mi je ustvrditi da je moj nesebični prijatelj Romesh primio poseban naziv *cum laude*.

Na mojoj promociji Otac je bio presretan. „Mukunda, jedva sam mogao vjerovati da ćeš diplomirati.", priznao je. „Toliko si vremena provodio sa svojim Učiteljem." Učitelj je doista točno primijetio neizgovorenu primjedbu mog Oca.

Godinama nisam bio siguran da će kraj mog imena stajati stupanj visoke stručne spreme. Rijetko kada spominjem svoju titulu, a da se ne sjetim kako je ona božji dar koji mi je dan iz donekle skrivenih razloga. Povremeno čujem od ljudi s fakultetskom naobrazbom kako govore da im je malo od njihova znanja ostalo trajno nakon diplome. To njihovo priznanje donekle me tješi pri pomisli na moje nesumnjive akademske nedostatke.

Toga lipanjskoga dana 1915. kada sam primio diplomu Sveučilišta u Kalkuti, kleknuo sam do stopala svojega Učitelja da mu zahvalim za

---

* Zaboravio sam točan sadržaj uputa, ali sjećam se da je bio u vezi s pričama koje mi je Romesh ispričao o Vidyasagaru.
 Zbog svoje široke naobrazbe pandit Ishwar Chandra postao je poznat diljem Bengala pod jednostavnim imenom *Vidyasagar* („Ocean Učenosti").

sve blagoslove koje mi je udijelio*.

„Ustani, Mukunda.", rekao je zadovoljno. „Gospod je jednostavno zaključio kako mu se više isplati da ti diplomiraš nego da premješta Sunce i Mjesec!"

---

* Moć utjecanja na misli drugih ili na slijed događaja je *vibhuti* (jogijska moć) koja se spominje u Patanjalijevim *Yoga Sutrama* III:24, gdje se objašnjava kako je to rezultat „univerzalne simpatije". [Dvije stručne knjige o Sutrama su: *Yoga-System of Patanjali* (Vol. 17, Oriental Series, Harvard Univ.) i Dasguptina *Yoga Philosophy* (Trubner's, London)].

Svi sveti spisi govore o tome kako je Gospod stvorio čovjeka na Svoju svemoćnu sliku. Nadzor nad svemirom se čini nečim natprirodnim, ali u stvari takva moć je usađena i prirođena svakom koji uspije postići „ispravno sjećanje" na svoje božansko porijeklo. Ljudi poput Sri Yukteswara, koji su postigli spoznaju Boga, oslobođeni su u potpunosti utjecaja ego - principa (*ahamkara*) i njegovih poriva za osobnim željama. Djelovanje istinskih učitelja je u potpuno neometanom skladu s *ritom*, prirodnom pravednosti. Riječima Emersona, svi velikani postaju „ne kreposni, već Krepost sama; tada dolazi do ispunjenja svrhe stvaranja i Bog je vrlo zadovoljan."

Svaki čovjek božanskog ostvarenja mogao bi izvoditi čudesa, jer, poput Krista, razumije tanahne zakone stvaranja. Ali svi sveci se ne odlučuju na pokazivanje moći u pojavnom svijetu. (Vidi napomenu na str. 227.) Svaki svetac odražava Boga na svoj način. Individualni izražaj je temelj u svijetu gdje ne postoje dva ista zrna pijeska.

Kruta pravila se ne mogu primijeniti na Bogom prosvijetljene svece. Neki izvode čudesa, a neki ne; neki nisu djelatni, dok se drugi (poput kralja Janake iz drevne Indije ili Sv. Terezije Avilske) bave značajnim poslovima; neki naučavaju, putuju i primaju učenike, dok drugi provode život u tišini i nezamjetni poput sjene. Nema tog smrtnog kritičara koji je u stanju pročitati tajni svitak karme (prošlih djela) koji sadrži za svakog sveca drugačiji scenarij.

24. POGLAVLJE

Primanje u Red swamija

„Učitelju, moj Otac me požuruje da prihvatim namještenje u Bengal-Nagpur željeznici. Ali ja sam to odlučno odbio." Još sam dodao s nadom: „Gospodine, zar me nećete primiti u Red swamija?" Gledao sam molećivo svojega Gurua. Svih ovih godina on je odbijao ovaj zahtjev kako bi ispitao moju odlučnost. Međutim, danas se ljubazno smiješio.

„Dobro, sutra ću te zarediti za swamija." Nastavio je tihim glasom: „Sretan sam što si ustrajao u svojoj želji da postaneš redovnik. Lahiri Mahasaya je često govorio: 'Ako ne pozoveš Boga na ljetne praznike, On ti neće doći u zimi tvojega života.'"

Smiješio sam mu se s neizmjernim osjećajem privrženosti. „Dragi Učitelju, nikad se ne bih odrekao želje da postanem član Reda swamija poput Vaše cijenjene osobe."

„Neoženjeni se brine za Gospodnje: kako će ugoditi Gospodinu. A oženjeni se brine za svjetsko: kako će ugoditi ženi."* Analizirao sam živote mnogih prijatelja koji su se, nakon što su prošli određeno duhovno školovanje, ipak oženili. Suočeni s odgovornostima svjetovnog života zaboravili su svoju odlučnost da duboko meditiraju.

Dodijeliti Gospodu drugo mjesto† u mom životu bilo mi je nezamislivo. On je jedini Vlasnik čitavog svemira koji u tišini obasipa čovjeka darovima iz života u život. Čovjek Mu može uzvratiti samo jednim darom - svojom ljubavi koju može uskratiti ili spremno davati.

Kada pomislimo na beskrajne muke koje je Bog prošao da bi ovio velom tajne Svoju prisutnost u atomima stvaranja, shvaćamo da je Stvoritelj bio vođen samo jednim motivom, jednom osjećajnom željom: da čovjek traga za Njim vođen isključivo vlastitom slobodnom voljom. Kakvom je mekanom rukavicom svake moguće poniznosti On prekrio željeznu ruku Svoje svemogućnosti!

---

* 1 Kor 7:32-33.
† "Onaj tko Bogu nudi drugo mjesto, ne nudi Mu nikakvo mjesto."- *Ruskin*.

Sljedeći dan ubraja se među najdojmljivije u mom životu. Sjećam se, bio je sunčani četvrtak u srpnju 1915., nekoliko tjedana nakon što sam diplomirao. Na unutarnjem balkonu svoje Duhovne škole u Seramporeu Učitelj je umočio komad nove bijele svilene tkanine u otopinu narančaste boje, što je tradicionalna boja Reda swamija. Nakon što se tkanina osušila Učitelj me omotao njome odjenuvši me tako u odjeću onoga koji se odriče svijeta.

„Jednog ćeš dana otići na Zapad, gdje je svila na cijeni.", rekao je. „Stoga sam za tebe simbolično izabrao svilenu odoru umjesto uobičajene pamučne."

U Indiji redovnici prihvaćaju ideal siromaštva i rijetko se može vidjeti swami odjeven u svilu. Ipak, mnogi jogiji nose svilenu odjeću jer taj materijal zadržava određene tjelesne struje bolje od pamuka.

„Ne volim ceremonije.", napomenuo je Sri Yukteswar. „Stoga ću te zarediti za swamija na *bidwat* (neslužbeni) način."

Bibidisa ili službeni postupak inicijacije u Red swamija uključuje i obred vatre, tijekom kojeg se simbolično izvodi pogrebni obred. Fizičko tijelo učenika se predstavlja kao mrtvo, spaljeno u vatri mudrosti. Novozaređenom swamiju tada se pjevaju stihovi poput: „Ova *atma* je Brahma"* ili „Ti si To" ili „Ja sam On." Sri Yukteswar je međutim, dajući prednost jednostavnosti, odbacio sve formalne obrede i jednostavno me upitao da izaberem novo ime.

„Iskazat ću ti čast time da sâm izabereš svoje ime.", rekao je smiješeći se.

Na trenutak sam razmislio i odgovorio: „Yogananda†. Ime znači blaženstvo (*ananda*) ostvareno kroz jedinstvo (*yoga*) s božanskim.".

„Neka tako bude. Odrekavši se na taj način svojega obiteljskog imena Mukunda Lal Ghosh od sada ćeš se zvati Yogananda iz Giri grane Reda swamija.

Dok sam klečao pred Sri Yukteswarom i prvi put čuo kako izgovara moje novo ime, srce mi je obuzela velika zahvalnost. S koliko je samo neumorna truda i ljubavi on radio na tome da dječak Mukunda jednog dana postane redovnik Yogananda! Radosno sam otpjevao nekoliko

---

* "Doslovno, "Ova duša je Duh". Vrhovni Duh, Nestvoreno, potpuno je neuvjetovan (*neti, neti*, ne ovo, ne ono), no često se u *Vedanti* opisuje kao *Sat-Chit-Ananda*, to jest, Bitak-Inteligencija-Blaženstvo.

† Yogananda je dosta često ime među swamijima.

Primanje u Red swamija

stihova iz dugačke himne na sanskrtu Gospoda Šankare:*

> Ni um, ni pamet, ni ego, ni osjećaji;
> Ni nebo, ni zemlja, ni metali nisam ja.
> Ja sam On, ja sam On, Blagoslovljeni Duh, ja sam On!
> Ni rođenja, ni smrti, ni kaste ja nemam;
> Oca, ni majke, nemam ja.
> Ja sam On, ja sam On, Blagoslovljeni Duh, Ja sam On!
> Dalje od najdalje mašte, bez oblika sam ja,
> Prožimam udove svega života;
> Ne bojim se vezanosti; ja slobodan sam zauvijek,
> Ja sam On, Ja sam On, Blagoslovljeni Duh, ja sam On!

Svaki swami u Indiji pripada redovničkoj zajednici koja se poštuje od davnina. Ponovnu organizaciju Reda swamija u sadašnjem obliku Shankaracharya je proveo prije mnogo stoljeća i otada se na čelu tog Reda izmjenjuje niz poštovanih učitelja (svaki od njih nosi naziv Jagadguru Sri Shankaracharya). Unutar Reda swamija ima možda i milijun redovnika. Da bi pristupili tom redu, moraju podnijeti zahtjev da ih u Red uvede netko tko već jest swami. Svi redovnici Reda swamija tako vuku duhovno podrijetlo od zajedničkog gurua koji je *Adi* („prvi") Shankaracharya. Oni se zavjetuju na siromaštvo (nevezanost za imovinu), krepost i poslušnost poglavaru ili duhovnom autoritetu. Redovi Katoličke crkve imaju mnogo sličnosti s puno starijim Redom swamija.

Uza svoje novo ime swami dodaje i riječ koja označava njegovu službenu vezu s jednim od deset ogranaka Reda swamija. Tih deset razlikovnih imena ili *dasanamija* uključuje *Giri* (planinski), kojemu pripada Swami Sri Yukteswar Giri, pa time i ja. Ostale grane uključuju: *Sagara* (more), *Bharati* (zemlja), *Puri* (područje), *Saraswati* (mudrost

---

* Šankara se često naziva Shankaracharya; *acharya* znači "vjerski učitelj". Povijesno razdoblje u kojem je Šankara živio predmet je uobičajenog spora znanstvenika. Neki zapisi govore da je besprijekorni monist živio u 6. stoljeću pr. Kr.; mudrac Anandagiri daje datum: 44.-12. godine pr. Kr.; povjesničari na Zapadu smještaju Šankaru u 8. stoljeće nakon Krista. Koje li raznolikosti stajališta!

Pokojni Jagadguru Sri Shankaracharya iz drevnog Gowardhan Matha u Puriju, Njegova Svetost Bharati Krishna Tirtha, bio je u tromjesečnom posjetu Americi 1958. Bilo je to prvi put da jedan Shankaracharya putuje na Zapad. Taj povijesni posjet realiziran je pod pokroviteljstvom Self-Realization Fellowshipa. Jagadguru je držao govore na vodećim američkim sveučilištima i sudjelovao u raspravi o miru u svijetu s uglednim povjesničarem dr. Arnoldom Toynbeejem.

Godine 1959. Shankaracharya je prihvatio poziv ondašnje predsjednice Sri Daya Mate da djeluje u svojstvu predstavnika Gurua Self-Realization Fellowship/Yogoda Satsanga Society u Indiji i obavi inicijaciju u Red swamija dvojice redovnika Yogoda Satsange. On je izveo taj obred u Sri Yukteswarovu hramu u Yogoda Satsanga ašramu u Puriju (*bilješka izdavača*).

Prirode), *Tirtha* (mjesto hodočašća), *Aranya* (šuma).

Swamijevo redovničko ime koje obično završava s *ananda* (vrhunsko blaženstvo), označava njegovo nastojanje da postigne oslobođenje kroz poseban put, stanje ili božansku kvalitetu: ljubav, mudrost, ispravno razlikovanje, predanost, služenje, jogu. Njegovo razlikovno ime označava sklad s Prirodom.

Ideal nesebičnog služenja cijelom čovječanstvu i odricanja od osobnih veza i ambicija vodi većinu swamija prema uključivanju u humanitarni i obrazovni rad u Indiji, a povremeno i u stranim zemljama. Swami odbacuje sve predrasude o pripadnosti kasti, vjeri, društvenom sloju, boji kože, spolu i rasi te se vodi jedino načelom bratstva među ljudima. Njegov cilj je potpuno jedinstvo s Duhom. Cijelo vrijeme, i dok je budan i dok spava, svijest usmjerava na samo jednu misao: „Ja sam On.". Swami smjerno kroči kroz svijet, svjestan da je u njemu, ali ne i od njega. Naziv swamija uistinu može opravdati samo onaj tko traga za postizanjem jedinstva sa *Swa* ili Jastvom.

Sri Yukteswar je bio i swami i jogi. Swami je službeni redovnik i pripadnik štovanog reda u čijem članstvu je zaslugom svojih vrlina. No swami ne mora nužno biti i jogi. Svatko tko vježba znanstvenu tehniku koja vodi božanskom ostvarenju je jogi. On može biti oženjen ili neoženjen, čovjek sa svjetovnim obvezama ili onaj tko je formalno vezan uz vjersku zajednicu.

Swami može jedino slijediti ideju puta hladnog razlučivanja i odricanja, ali jogi izabire dobro određeni postupak kojim, korak po korak, tijelo i um dovodi u red, a dušu postupno vodi do oslobođenja. Ne uzimajući ništa zdravo za gotovo, bilo na temelju osjećaja ili vjere, jogi izvodi niz dobro provjerenih vježbi koje su osmislili drevni rišiji. U svakom povijesnom razdoblju Indije joga je iznjedrila ljude koji su postali doista slobodni, pravi jogiji nalik na Krista, tj., kristoliki jogiji.

Poput svake druge znanosti, jogom se mogu baviti ljudi iz svih podneblja i u svakom povijesnom razdoblju. Mišljenje koje zastupaju neki neupućeni pisci o tome da je joga „opasna" ili „nepodobna" za zapadnjake, potpuno je netočno i na žalost je mnoge iskrene učenike odvratilo od potrage za njezinim mnogim blagoslovima.

Joga je metoda obuzdavanja prirodno uzburkanih misli koje sprječavaju ljude svih zemalja da pronikinu u svoju pravu duhovnu prirodu. Poput iscjeljujućega sunčevog svjetla joga je jednako blagotvorna za ljude i na Istoku i na Zapadu. Misli većine ljudi su nemirne i hirovite, što je očit

SRI SHANKARACHARYA U SREDIŠTU SRF-YSS-a

Sri Jagadguru Shankaracharya Bharati Krishna Tirtha iz Purija, Indija, u Međunarodnom središtu Self-Realization Fellowship u Los Angelesu (koje je 1925. osnovao Paramahansa Yogananda). Jagadguru je 1958. kao predstojnik Reda swamija bio u tromjesečnom posjetu Americi pod pokroviteljstvom Self-Realization Fellowshipa. To je bilo prvi put u povijesti toga drevnog Reda swamija da jedan Shankaracharya putuje na Zapad. (Vidi napomenu na str. 221.)

Autobiografija jednog jogija

razlog za potrebu postojanja joge: znanosti o obuzdavanju misli.

Drevni riši Patanjali* određuje jogu kao „neutraliziranje naizmjeničnih valova u svijesti".† Njegovo kratko ali majstorsko djelo *Yoga Sutre* tvori jedan od šest sustava‡ indijske filozofije. Za razliku od filozofskih škola na Zapadu, svih šest sustava indijske filozofije obuhvaća ne samo teorijska već i praktična učenja. Nakon što preispitaju do najsitnijih detalja svaki mogući ontološki problem, ti sustavi indijske filozofije iznose šest jasno određenih disciplina kojima je cilj trajno uklanjanje patnje i postizanje vječnog blaženstva.

Kasnije nastale *Upanišade* izdvajaju unutar tih šest sustava *Yoga Sutre* kao najučinkovitije metode za postizanje izravne spoznaje istine. Služeći se praktičnim tehnikama joge, čovjek ostavlja za sobom neplodnu spekulaciju te kroz vlastito iskustvo spoznaje jedinu pravu Bit.

Patanjalijev sustav joge poznat je i kao Osmerostruki put joge.§ Prva dva koraka su (1) *yama* (pridržavanje moralnih načela) i (2) *niyama* (pridržavanje vjerskih zapovijedi). *Yama* se ispunjava nepovrjeđivanjem drugih, istinoljubivošću, neposezanjem za tuđim, umjerenošću i životom bez zavisti. Pravila koja propisuje *niyama* su: čistoća tijela i uma, stanje zadovoljstva u svim prilikama, samodisciplina, kontemplacija, te posvećenost Bogu i Učitelju.

Sljedeći koraci su: (3) *asana* (ispravan položaj tijela), što znači da

---

* Vrijeme u kojem je živio Patanjali nije jasno utvrđeno. Mnogi stručnjaci smještaju ga u 2. stoljeće prije Krista. Rišiji su pisali djela o mnogim temama s takvim uvidom da su stoljećima poslije njihova znanja i dalje relevantna. Pa ipak, na zgražanje povjesničara, ti mudraci nisu smatrali vrijednim truda staviti ni datum ni svoje puno ime pokraj svojih pisanih djela. Znali su da je njihov kratki životni vijek tek privremen bljesak velikog beskonačnog Života i da je istina bezvremena, da ju je nemoguće licencirati i da ona ne predstavlja njihovo privatno vlasništvo.

† "*Chitta vritti nirodha*" (*Yoga Sutre* I:2), što se može prevesti kao "utrnuće mijena u misaonom sklopu". *Chitta* je skupni izraz za princip mišljenja koji uključuje pranične životne sile: *manas* (um ili osjetilnu svijest), *ahamkara* (ego - princip) i *buddhi* (intuitivnu inteligenciju). *Vritti* (doslovno "vir") odnosi se na valove misli i osjećaja koji se neprestano javljaju i nestaju u čovjekovoj svijesti. *Nirodha* znači neutralizaciju, utrnuće, kontrolu.

‡ Šest sustava temeljenih na Vedama su: *Sankhya, Yoga, Vedanta, Mimamsa, Nyaya* i *Vaisesika*. Čitatelji s nagnućem prema stručnom proučavanju uživat će u dubokoj razradi i širokom pogledu u iznošenju tematike tih drevnih sustava, što je sažeto na engleskom jeziku u djelu prof. Surendranatha Dasgupte: *A History of Indian Philosophy*, Vol. I, (Cambridge Univ. Press).

§ Ne smije se brkati s *Osmerostrukim plemenitim putom* u budizmu, koji predstavljaju vodič za čovjekovo ponašanje: 1. ispravni ideali, 2. ispravan motiv, 3. ispravan govor, 4. ispravno djelovanje, 5. ispravan način života, 6. ispravan napor, 7. ispravno sjećanje (na Jastvo) i 8. ispravna spoznaja (*samadhi*).

kralježnica mora biti uspravna, a tijelo stabilno u udobnom položaju za meditaciju; (4) *pranayama* (kontrola *prane*, skrivenih životnih struja); (5) *pratyahara* (povlačenje osjetila od usmjerenosti na vanjske predmete pozornosti).

Završni koraci predstavljaju jogu u užem smislu: (6) *dharana* (koncentracija), (7) *dhyana* (meditacija) i (8) *samadhi* (nadsvjesno iskustvo). Taj Osmerostruki put joge vodi do konačnog cilja, a to je *Kaivalya* (Apsolutnost), u kojem jogi spoznaje Istinu koja je izvan dosega bilo kakve intelektualne spoznaje.

„Tko je veći", netko se može zapitati, „swami ili jogi?" Ako ili kada se postigne jedinstvo s Bogom, tada nestaju i sve razlike između pojedinih putova. Bhagavad Gita, međutim, ističe kako su metode joge sveobuhvatne. Njezine tehnike nisu namijenjene samo posebnoj vrsti ljudi određenog temperamenta, kao što su oni malobrojni koji teže redovničkom životu. Joga ne zahtijeva pripadnost određenoj zajednici. Budući da znanost joge zadovoljava univerzalnu potrebu, ona ima i univerzalnu privlačnost.

Pravi jogi može ostati uključen u svijet i obavljati svoje dužnosti. U tom slučaju on je poput maslaca na vodi, za razliku od nepromućkanog mlijeka koje se lako razvodni, a koje je slično nediscipliniranom čovječanstvu. Ispunjavanje zemaljskih dužnosti ne mora čovjeka odvojiti od Boga, ako on uspijeva održati misaonu odvojenost od vlastitih sebičnih želja te igra svoju ulogu u životu u skladu s Božanskim scenarijem.

I danas postoje mnogi veliki ljudi koji žive u Americi, Europi ili u nekoj drugoj zemlji izvan Indije koji su, iako možda nikada nisu čuli riječi *jogi* ili *swami*, pravi primjeri tih pojmova. Oni su svojim nesebičnim služenjem čovječanstvu, ili svojim ovladavanjem strastima i mislima, ili svojom jednousmjerenom ljubavi prema Bogu, ili svojom sposobnosti velike koncentracije, u određenom smislu jogiji jer su sebi postavili isti cilj koji ima i joga: – samokontrola. Ti su se ljudi mogli uzdignuti i do još većih visina da su imali priliku naučiti egzaktnu znanost joge koja omogućava svjesnije usmjeravanje čovjekova uma i života.

Neki pisci na Zapadu površno su ili pogrešno shvatili što je joga, ali to je u neku ruku i razumljivo jer se oni nikada nisu praktično bavili jogom. Od mnogih promišljenih pohvala jogi vrijedi spomenuti onu dr. Carla Gustava Junga, slavnog švicarskog psihologa:

„Kada se određena religijska metoda predstavlja kao *znanstvena*, ona će time zasigurno steći svoju publiku na Zapadu. Joga ispunjava ta očekivanja.", piše dr. Jung.* „Ako se ostave po strani privlačnost novim i očaravanje nečim što se tek napola shvaća, joga ima sasvim dobre izglede da stekne mnogobrojne zagovornike. Ona nudi mogućnost kontroliranog iskustva pa time zadovoljava znanstveni uvjet predočavanja 'činjenica'. Zbog svoje sveobuhvatnosti kroz širinu i dubinu, zbog svoje starine vrijedne divljenja, svoje doktrine i metode koje uključuju svako razdoblje čovjekova života, ona obećava neslućene mogućnosti.

Svaka religijska ili filozofska praksa predstavlja psihološku disciplinu tj., metodu misaone higijene. Mnogostruke, čisto tjelesne vježbe joge† također predstavljaju fiziološku higijenu koja je nadmoćna u odnosu na uobičajenu tjelovježbu i vježbe disanja u smislu da one nisu samo mehaničke i znanstvene već imaju i filozofsku važnost. Vježbanjem dijelova tijela po ovim jogijskim tehnikama tjelesno se ujedinjuje s duhovnim, što je sasvim jasno npr. u tehnici *Pranayame*, gdje *Prana* označava i dah i univerzalnu dinamiku svemira.

Vježbanje joge ... bilo bi od male koristi kada se ne bi gradilo na postavkama koje su u temelju joge. Joga povezuje tjelesno i duhovno na izvanredno cjelovit način.

Na Istoku, gdje su te ideje i vježbe bile razvijene i gdje je tisućljetna neprekinuta tradicija stvorila nužne duhovne temelje, joga je, što je meni sasvim jasno, savršena i prikladna metoda stapanja tijela i uma u skladnu cjelinu. Takvo jedinstvo stvara osnovu za postizanje intuicije koja uzdiže svijest na višu razinu."

Na Zapadu se bliži dan kada će se unutarnja znanost samokontrole smatrati jednako nužnom kao i potraga za znanstvenim otkrićima tajni Prirode. Atomsko doba otvorit će ljudima oči i proširiti im vidike u obliku sada znanstveno neupitne istine kako je tvar zapravo zgusnuta energija. Ljudski um može i mora osloboditi unutar sebe energije koje su snažnije od onih zarobljenih unutar atoma tvari jer će se u suprotnom atomski div, upravo pušten iz boce, okrenuti protiv čovječanstva u obliku bezumnog uništenja. Posredna korist od zabrinutosti

---

* Dr. Jung je sudjelovao na Kongresu indijske znanosti održanom 1937. i tom prigodom primio počasnu titulu Sveučilišta u Kalkuti.

† Dr. Jung ovdje misli na *Hatha Yogu*, posebnu granu tjelesnih položaja i tehnika za postizanje zdravlja i dugovječnosti. *Hatha* je korisna i omogućava postizanje sjajnih rezultata, ali tu granu joge malo koriste jogiji usmjereni prema cilju duhovnog oslobođenja.

Primanje u Red swamija

koju čovječanstvo iskazuje glede atomskih bombi može biti povećano praktično zanimanje za znanost joge* koja predstavlja uistinu sigurno 'atomsko sklonište."

---

* Mnoge neupućene osobe govore o jogi kao o *Hatha Yogi* ili smatraju da joga predstavlja nekakve „magične", mračne i tajanstvene obrede za postizanje nadnaravnih moći. Kada se o jogi govori na stručan način, tada se pod jogom podrazumijeva sustav razrađen u *Yoga Sutrama* (poznatima i kao *Patanjalijevi Aforizmi*) što predstavlja tzv. *Raja* (kraljevsku) *Yogu*. To djelo sadržava filozofske zamisli takve veličine da je nadahnulo komentare koje su napisali neki od najvećih mislilaca Indije, uključujući i prosvijetljenog učitelja Sadasivendru (vidi napomenu na str. 394).

Kao i ostalih pet sustava vedske filozofije i u *Yoga Sutrama* je jedina „magija" koja se razmatra ona moralne čistoće („deset zapovijedi" koje iznose *yama* i *niyama*) i koja se smatra nužnom pripremom za utemeljeno filozofsko istraživanje. Taj moralni zahtjev koji se postavlja pojedincu, a koji ne postoji na Zapadu, udahnuo je trajnu životnost u tih šest indijskih sustava. Kozmički red (*rita*) koji održava svemir ne razlikuje se od moralnog zakona koji upravlja čovjekovom sudbinom. Onaj tko nema volje držati se univerzalnih moralnih principa smatra se nedovoljno odlučnim slijediti istinu.

U III. odjeljku *Yoga Sutri* spominju se različite jogijske čarobne moći (*vibhutiji* i *siddhiji*). Pravo znanje uvijek predstavlja moć. Put joge podijeljen je na četiri dijela, a svaki od njih povezan je s izražavanjem određenog *vibhutija*. Kada postigne određenu moć, jogiju je to znak da je uspješno prošao ispite jedne od četiriju dionica. Javljanje karakterističnih moći dokaz je znanstvene strukture sustava joge u kojem nema mjesta varljivim snatrenjima o „duhovnom napretku" pojedinca, već se očekuju jasni dokazi!

Patanjali upozorava poklonika da je jedinstvo s Duhom jedini cilj, a ne posjedovanje *vibhutija* - koji su samo usputni plodovi na svetom putu. Tragati treba za Vječnim Davateljem, a ne za Njegovim pojavnim darovima! Bog se ne otkriva tragaocu koji je zadovoljan s bilo kojim manjim postignućem. Jogi se tako upozorava da na svom putu ne pokazuje izvanredne moći kako one u njemu ne bi pobudile lažni ponos i omele ga prije ulaska u konačno stanje *Kaivalye*.

Kada je postigao svoj Beskonačni Cilj, tada jogi može pokazivati *vibhutije* ili se pak može uzdržavati od njih, kako mu je god volja. To je zato što su od tada sva njegova djela, i čudesna i ostala, oslobođena karmičke umiješanosti. Željezni prah karme privlači jedino magnet osobnog ega.

25. POGLAVLJE

Brat Ananta i sestra Nalini

„Ananta ne može živjeti, pijesak njegove karme u ovom životu je iscurio."

Te su mi se neumoljive riječi javile u unutarnjoj svijesti dok sam jednoga jutra sjedio u dubokoj meditaciji. Nedugo nakon što sam primljen u Red swamija posjetio sam svoje rodno mjesto Gorakhpur kao gost svojega starijeg brata Anante. Iznenadna bolest prikovala ga je uz krevet, ja sam ga brižno njegovao.

Tužan unutarnji predosjećaj ispunio me žalošću. Osjećao sam kako više ne mogu podnijeti boravak u Gorakhpuru gdje bih mogao samo nemoćno gledati kako mi brat nestaje pred očima. Unatoč nerazumijevanju i prijekoru svoje rodbine, napustio sam Indiju prvim slobodnim brodom. Put me odveo preko Burme i Kineskog mora sve do Japana. Iskrcao sam se u Kobeu u kojem sam proveo samo nekoliko dana. Nisam bio uopće raspoložen za razgledavanje.

Na povratku brod se zaustavio u Šangaju. Tamo sam u pratnji dr. Misre, brodskog liječnika, obišao nekoliko suvenirnica u kojima sam izabrao darove za Sri Yukteswara, obitelj i prijatelje. Ananti sam kupio veliki izrezbareni bambusov štap. Tek što mi ga je kineski trgovac predao u ruke, ispustio sam suvenir na pod i povikao: „Ovo sam kupio za svojega dragog mrtvog brata!"

Obuzela me jasna spoznaja kako se njegova duša upravo oslobađa na putu prema Beskonačnom. Suvenir je u padu znakovito puknuo. Jecajući, na površinu bambusa napisao sam: "Svojemu voljenom, upravo preminulom, Ananti."

Liječnik koji me je pratio promatrao me je s ironičnim osmijehom na licu.

„Ne troši suze.", rekao je. „Zašto ih prolijevati dok nisi siguran da je mrtav?"

Kada je naš brod stigao u Kalkutu, dr. Misra je ponovno bio u mojoj pratnji. Moj najmlađi brat Bishnu dočekao me je u luci.

Brat Ananta i sestra Nalini

„Znam da je Ananta umro.", rekao sam Bishnuu prije nego što mi se stigao obratiti. „Molim te, reci meni i ovom liječniku kada je Ananta umro."

Bishnu je rekao datum koji se točno poklapao s danom kada sam kupio suvenire u Šangaju.

„Vidi ti to!", izjavio je dr. Misra. „Nemojte ovo razglasiti! U suprotnom će profesori studiju medicine, koji je ionako dugačak, dodati još jednu godinu za proučavanje misaone telepatije!"

Otac me toplo zagrlio kada sam stigao u naš dom. „Došao si.", rekao je nježno. Dvije velike suze potekle su mu niz lice. Obično suzdržan, nikada prije preda mnom nije pokazivao te vanjske znakove unutarnjih osjećaja. Izvana je bio strog i formalan otac, a iznutra je posjedovao osjećajno srce majke. U svim obiteljskim događajima igrao je tu dvostruku roditeljsku ulogu.

Ubrzo nakon Anantine smrti moja mlađa sestra Nalini bila je na rubu smrti od koje je spašena božanskim izlječenjem. Prije nego što nastavim s tom pričom, osvrnut ću se na nekoliko događaja iz našeg života.

Odnosi između Nalini i mene u djetinjstvu nisu bili baš najsretniji. Ja sam bio jako mršav, ona još mršavija. Na nesvjestan način, koji će psiholozi bez sumnje prepoznati, znao sam zadirkivati sestru zbog njezina izgleda. Ni ona meni nije ostajala dužna, uzvraćala bi mi na jednako zajedljiv i iskren način, kako to samo mala djeca znaju. Katkad bi se Majka umiješala i prekinula naše dječje svađe tako što bi me (kao starijeg) povukla nježno za uho.

Nakon što je završila školovanje Nalini je zaručena za dr. Panchanona Bosea, ugodnoga mladog liječnika iz Kalkute. Uslijedile su pomno planirane svadbene ceremonije. Na samu večer vjenčanja pridružio sam se veselom društvu rodbine koje se okupilo u dnevnoj sobi našega doma u Kalkuti. Mladoženja je bio oslonjen na jastuk presvučen zlatnim brokatom, a Nalini je bila pokraj njega. Prekrasan svileni *sari** grimizne boje ipak nije mogao prikriti njezinu koščatost. Sakrio sam se iza jastuka svojega novog šogora i prijateljski mu se smiješio. On nikada prije nije vidio Nalini sve do ove svadbene večeri i sada je prvi put mogao saznati što dobiva na bračnoj lutriji.

Vidjevši da suosjećam s njim, dr. Bose je iskreno pokazao prema

---

* Dugi komad tkanine koji Indijke omataju oko tijela i nose kao dražesnu haljinu.

Nalini i šapnuo mi na uho: „Reci mi, što je ovo?".

„Pa doktore,", odgovorio sam, „to mora da je kostur za Vaše proučavanje!".

S godinama je dr. Bose postao omiljen u našoj obitelji koja bi ga pozivala uvijek kada bi se netko razbolio. On i ja postali smo dobri prijatelji, često se šaleći i zbijajući šale, obično na račun Nalini.

„Ona je medicinski fenomen.", spomenuo mi je šogor jednoga dana. „Pokušao sam sve s tvojom mršavom sestrom: ulje jetre od bakalara, maslac, slad, med, ribu, jaja, različite tonike... No ona se i dalje ne može popuniti ni za gram."

Nekoliko dana poslije posjetio sam njihov dom. Zadržao sam se samo nekoliko minuta. Dok sam odlazio, mislio sam da me Nalini nije ni primijetila. Kada sam stigao do ulaznih vrata, začuo sam njezin srdačni, ali zapovjedni glas.

„Dođi, brate! Ovaj se put nećeš iskrasti. Želim razgovarati s tobom."

Popeo sam se stubama do njezine sobe. Na moje iznenađenje Nalini je bila sva u suzama.

„Dragi brate,", rekla je, „zakopajmo ratnu sjekiru. Vidim da si ti sada već odlučno na duhovnom putu. Željela bih postati poput tebe u svakom pogledu.". Dodala je s nadom: „Ti si sada čvrste građe, hoćeš li mi pomoći? Moj muž mi ne prilazi, a ja ga tako iskreno volim! No moja prva želja je napredovati na putu spoznaje Boga, makar zbog toga morala ostati mršava* i neprivlačna.".

Njezina me molba iskreno dirnula. Naše novo prijateljstvo postojano je napredovalo. Jednog me dana zamolila da postane mojom učenicom.

„Podučavaj me na koji god način želiš. Uzdam se u Boga umjesto u napitke." Uzela je u ruke hrpu pripravaka i lijekova te ih kroz prozor izlila u slivnik.

Kao kušnju njezine vjere zatražio sam da iz prehrane izbaci ribu, meso i jaja.

Nakon više mjeseci, tijekom kojih se Nalini strogo držala svih mojih naputaka i također ustrajala u vegetarijanstvu unatoč mnogim teškoćama, došao sam je posjetiti.

„Seko, vidim da si se savjesno pridržavala pravila duhovnog života.

---

* U Indiji, gdje je većina ljudi mršava, umjerena popunjenost smatra se poželjnom.

Brat Ananta i sestra Nalini

Uskoro ćeš za to biti nagrađena." Smiješio sam se s nestašnim izrazom lica. „Koliko bucmasta želiš biti? Želiš li biti debeljuca poput naše tete koja već godinama ne može vidjeti svoja stopala?"

„Ne! Želim biti ugodno popunjena poput tebe.", odgovori mi Nalini.

Svečano sam rekao: „Božjom milošću s kojom sam uvijek govorio istinu i sada govorim istinu.* Uz pomoć božanskog blagoslova tvoje će se tijelo od danas početi znatnije mijenjati. Za mjesec dana imat ćeš jednaku težinu kao ja.".

Te moje riječi izgovorene iz srca ostvarile su se. Za trideset dana Nalini je težila koliko i ja. Zaobljenost njezina tijela pridonijela je njezinoj ljepoti i njezin se muž snažno zaljubio u nju. Njihov brak koji baš i nije počeo najbolje sada je postao vrlo sretan.

Nakon povratka iz Japana doznao sam da je Nalini oboljela od trbušnog tifusa. Odjurio sam njezinoj kući i bio prestravljen kada sam vidio da je užasno iscrpljena bolešću. Bila je u komi.

Moj šogor mi je rekao: „Dok je još bila pri svijesti, često je znala govoriti: 'Da je brat Mukunda ovdje, ovo me ne bi snašlo.'" U suzama je dodao: „Ni ja ni drugi liječnici ne vidimo ni tračka nade. Nakon dugotrajne borbe s tifusom dobila je krvavi proljev."

Pokušao sam pomaknuti i nebo i zemlju svojim molitvama. Uz pomoć medicinske sestre englesko-indijskog podrijetla koja mi je zdušno pomagala primijenio sam na Nalini različite metode liječenja iz joge. Dizenterija krvi je nestala.

Ali dr. Bose je žalosno odmahivao glavom: „Ona je jednostavno izgubila previše krvi.".

„Oporavit će se.", rekao sam čvrsto. „Za sedam dana njezina će vrućica proći."

Tjedan dana poslije bio sam uzbuđen kada sam vidio da Nalini otvara oči i upućuje mi pogled pun razumijevanja i ljubavi. Od toga dana njezin je oporavak išao brzo. Iako se vratila na svoju prijašnju

---

* Hinduistički sveti spisi navode da oni koji uvijek govore istinu razvijaju sposobnost materijaliziranja svojih riječi. Zapovijedi izrečene iz srca ostvaruju se. (*Yoga Sutre* II:36)

Budući da su svjetovi izgrađeni na istini, svi sveti spisi ističu istinu kao onu vrlinu kojom se čovjek može uskladiti s Beskonačnim. Mahatma Gandhi je često govorio: "Istina je Bog." Njegov cijeli život bio je ispunjen nastojanjem da očituje savršenu istinu u mislima, riječima i djelima. Kroz cijelu je povijest ideal *satye* (istine) prisutan u indijskom društvu. Marko Polo nam govori kako brahmani „ne bi izgovorili laž ni za što na svijetu".

Engleski sudac u Indiji William Sleeman kaže u svojem djelu *Journey Through Oudh in 1849.-50.*: „Imao sam stotine slučajeva u kojima su ljudima imovina, sloboda ili život ovisili o tome da slažu, no oni su to odbili."

težinu, ostala joj je trajna posljedica gotovo smrtne bolesti: noge su joj bile oduzete. Indijski i engleski specijalisti proglasili su je beznadnim slučajem invalida.

Neprekidna borba koju sam molitvom vodio za njezin život iscrpila me. Otišao sam u Serampore zamoliti za pomoć Sri Yukteswara. Njegove su oči odavale iskreno suosjećanje s Nalininom patnjom.

„Noge tvoje sestre bit će zdrave potkraj mjeseca." Dodao je: „Neka uz kožu nosi vrpcu s neprobušenim biserom od dva karata pričvršćenim pomoću kopče.

Ispružio sam se ispred Njegovih stopala pun radosne zahvalnosti i olakšanja.

„Gospodine, Vi ste Učitelj. Vaša riječ da će se oporaviti je dovoljna. Ali ako Vi tako kažete, odmah ću joj nabaviti biser."

Moj Učitelj je kimnuo glavom: „Svakako, učini to.". Zatim je nastavio izlažući točno tjelesne i mentalne osobine Nalini koju, inače, u životu nije vidio.

„Gospodine," zanimalo me, „je li ovo astrološka analiza? Nije Vam poznat ni datum ni vrijeme njezina rođenja.".

Sri Yukteswar se smiješio. „Postoji dublja astrologija, neovisna o kalendarima i satovima. Svaki je čovjek dio Stvoritelja ili Kozmičkog Čovjeka. Svaki čovjek ima i nebesko tijelo, uz ovo zemaljsko. Ljudske oči vide tjelesni oblik, ali unutarnje oko prodire do finijeg univerzalnog obrasca čiji je svaki čovjek neodvojiv dio."

Vratio sam se u Kalkutu i kupio Nalini biser*. Mjesec dana poslije njezine su oduzete noge bile potpuno izliječene.

Sestra me zamolila da svojemu Učitelju prenesem njezinu zahvalnost iz srca. On je slušao njezinu poruku u tišini. Ali kada sam se

---

* Biseri i drugi dragulji, kao i metali i biljke, kada se stave izravno na ljudsku kožu, imaju elektromagnetsko djelovanje na biološke stanice. Ljudsko tijelo sadržava ugljik i određene metale koji se nalaze i u biljkama, metalima te draguljima. Otkrića koja su rišiji ostvarili na tim područjima, bez sumnje, jednog će dana naći potvrdu kod fiziologa. Čovjekovo osjetljivo tijelo, s njegovim električnim životnim strujama, predstavlja središte mnogih neotkrivenih tajni.

Iako dragulji i metalne narukvice djeluju ljekovito na tijelo, Sri Yukteswar je imao dodatni razlog za njihovo preporučivanje. Učitelji nikad ne žele biti u ulozi velikih iscjelitelja jer je Bog jedini Iscjelitelj. Stoga sveci često na različite načine prikrivaju moći koje su ponizno primili od Gospoda. Čovjek obično želi imati materijalni predmet uz koji će vezati svoje liječenje. Kada bi ljudi dolazili mom Učitelju radi iscjeljenja, on bi im preporučivao da nose narukvicu ili dragulj kako bi u njima potaknuo vjeru, a istodobno i skrenuo pozornost sa sebe. Te narukvice i dragulji posjedovali su uz svoja prirodna elektromagnetska ljekovita svojstva i Učiteljev skriveni duhovni blagoslov.

spremao otići, dodao je važnu napomenu:

„Tvojoj su sestri mnogi liječnici rekli da ne može imati djece. Možeš joj reći kako će unutar nekoliko godina roditi dvije kćeri."

Za koju godinu, na Nalininu veliku radost, rodila je djevojčicu, a nekoliko godina poslije još jednu kćer.

SRI DAYA MATA U JEDINSTVU S BOŽANSKIM

Sri Daya Mata, treća predsjednica Self-Realization Fellowship/Yogoda Satsanga Society of India, u dubokoj meditaciji tijekom posjeta Indiji 1968. godine. „Paramahansa Yogananda nam je pokazao put", napisala je, „ne samo svojim riječima i božanskim primjerom već i time što nam je dao znanstvene SRF metode meditacije. Žeđ duše ne može utažiti puko čitanje o istini. Pojedinac se mora napiti s dubokog Izvora Istine – Boga. Samoostvarenje znači upravo to: izravno iskustvo Boga."

Istinska „Majka suosjećanja", što je značenje njezina imena Daya Mata, cijeli je svoj život posvetila ljubavi prema Bogu i dijeljenju te ljubavi sa svima.

26. POGLAVLJE

Znanost Kriya joge

Znanost *Kriya joge* koja je u više navrata spominjana na ovim stranicama postala je šire poznata u suvremenoj Indiji zahvaljujući Lahiriju Mahasayi, guruu moga gurua. Sanskrtski korijen riječi *kriya* je *kri*, činiti, djelovati i reagirati. Isti korijen nalazi se i u riječi *karma*, prirodnom principu uzroka i posljedice. *Kriya joga* je dakle postizanje „jedinstva (*yoga*) s Beskonačnim kroz određene radnje ili postupke (*kriya*)". Jogi koji vjerno izvodi ovu tehniku postupno se oslobađa karme ili zakona koji uravnotežuje lanac uzroka i posljedica ljudskih djela.

Zbog određenih drevnih jogijskih pravila, nije mi dopušteno iznijeti puno objašnjenje *Kriya joge* u knjizi namijenjenoj širokoj publici. Stvarna tehnika može se naučiti samo od ovlaštenog *Kriyabana* (*Kriya jogija*) iz Self-Realization Fellowship (Yogoda Satsanga Society of India).* Ovdje će biti dovoljan samo općeniti osvrt.

Kriya joga je jednostavna, psiho-fiziološka metoda kojom se ljudska krv oslobađa ugljika i obogaćuje kisikom. Ti dodatni atomi kisika pretvaraju se u životnu silu koja obnavlja i osvježava mozak te središta u kralježnici. Sprječavanjem nakupljanja venske krvi jogi može smanjiti ili spriječiti propadanje tjelesnih tkiva. Napredni jogi pretvara svoje stanice u energiju. Ilija, Isus, Kabir i drugi proroci iz prošlosti koristili su *Kriyu* ili sličnu tehniku kako bi svoja tijela po volji materijalizirali ili dematerijalizirali.

Kriya je drevna znanost. Lahiri Mahasaya dobio je znanje o *Kriyi* od svojega velikog učitelja Babajija koji ju je nanovo otkrio i razjasnio

---

* Paramahansa Yogananda je ovlastio svoje nasljednike na mjestu predsjednika i duhovnog vođe svojega društva (Self-Realization-Fellowship/Yogoda Satsanga Society of India) da mogu davati poduku iz *Kriya joge* i provoditi inicijaciju učenika koji su službeni članovi SRF-a i koji su prošli i u praksi primjunjuju određene preliminarne lekcije SRF-a. Predsjednik SRF-a može imenovati i svoje pomoćnike, zaređene članove SRF/YSS-a da obavljaju to isto. On je također osigurao stalno obrazovanje novih članova o znanosti *Kriya joge* izdavanjem *Self-Realization Fellowship (Yogoda) lekcija*, koje se mogu dobiti na zahtjev od Međunarodnog središta SRF-a u Los Angelesu (vid na str. 507) (*bilješka izdavača*).

nakon što je tehnika bila izgubljena u srednjem vijeku. Babaji joj je dao novo, jednostavno ime: *Kriya joga*.

„Ova *Kriya joga* koju preko tebe dajem svijetu u 19. stoljeću,", rekao je Babaji Lahiriju Mahasayi, „oživljavanje je istog znanja kojem je Krišna podučavao Arđunu (*Arjuna*) prije više tisuća godina i koje su kasnije poznavali Patanjali i Krist, a isto tako i Sv. Ivan i Sv. Pavao te drugi učenici.".

Gospod Krišna, najveći prorok Indije, dvaput spominje *Kriya jogu* u djelu Bhagavad Gita. Jedna od tih kitica glasi: "Predajući udahnuti dah izdahnutom dahu i predajući izdahnuti dah udišućem dahu, jogi neutralizira oba daha; na taj način on oslobađa *pranu* iz srca i dovodi pod svoj nadzor životnu silu."* Tumačenje je sljedeće: „Jogi zaustavlja raspadanje tjelesnih stanica osiguravajući dodatnu opskrbu *pranom* (životnom silom) smanjivanjem aktivnosti pluća i srca; jogi također može zaustaviti, odmoriti ili usporiti rad metabolizma u tijelu nadzirući *apanu* (eliminirajuću struju). Omogućavajući postojanu ravnotežu tih dviju struja, jogi se uči nadzirati životnu silu."

Još jedna kitica iz Gite kaže: „Vječno slobodan postaje onaj stručnjak u meditaciji (*muni*) koji je, tragajući za Vrhovnim ciljem, sposoban povući svoju pozornost s vanjskih objekata i usmjeriti svoj pogled na točku između obrva. Time onemogućuje ujednačene struje prane i apane (koje teku) unutar nosnica i pluća te stavlja pod nadzor svoj osjetilni um i razum. Na taj se način oslobađa želja, straha i ljutnje."†

Krišna također spominje‡ da je on, u prethodnom utjelovljenju, bio taj koji je neuništivu jogu prenio drevnom mudracu Vivasvatu, koji ju je pak predao Manuu, velikom zakonodavcu.§ On je, dalje, prenio to znanje Ikshwakuu, utemeljitelju indijske dinastije sunčanih ratnika. Prenoseći na taj način kraljevsku jogu, rišiji su je očuvali sve do nastupanja materijalističkog doba.¶ Tada je, iz razloga što su svećenici

---

* Bhagavad Gita IV:29.
† Ibid. V:27-28. Vidi na str. 495, 497 za daljnja objašnjenja o znanosti kontrole daha.
‡ Ibid. IV:1-2.
§ Pretpovijesni autor djela *Manava Dharma Shastra* ili *Manuov zakonik*. Ti kanoni općeg prava na snazi su u Indiji i danas.
¶ Početak materijalističkog doba prema hinduističkim spisima pada u godinu 3102. pr. Kr. Ta godina predstavlja početak zadnje silazne Dwapara yuge unutar ekvinocijskog ciklusa, a također i početak Kali juge unutar univerzalnog ciklusa (vidi na str. 165). Većina antropologa koja vjeruje da je čovječanstvo prije 10.000 godina živjelo u barbarskom kamenom dobu bez pogovora odbacuje kao „mitove" mnogobrojnu tradiciju pradavnih civilizacija Lemurije,

skrivali to znanje i općenite nezainteresiranosti ljudi, to sveto naslijeđe postupno postalo nedostupno.

Drevni mudrac Patanjali, najistaknutiji predstavnik joge, *Kriya jogu* spominje dvaput: prvi put kada piše: „*Kriya joga* se sastoji od discipliniranja tijela, kontrole misli i meditacije o *Aumu*."* Patanjali govori o Bogu kao stvarnom Kozmičkom zvuku *AUM* koji se čuje u meditaciji.† *AUM* je Stvaralačka Riječ, brujanje Vibrirajućeg Motora, svjedok‡ Božanske Prisutnosti. Čak i početnik u jogi može ubrzo čuti taj čudesni zvuk *Aum*. Ovo je za učenika blaženo duhovno ohrabrenje i uvjerenje kako je došao u doticaj s nebeskim sferama.

Drugi put Patanjali se dotiče tehnike *Kriye* ili nadzora životne sile ovim riječima: „Oslobođenje se može postići tehnikom *pranayame* kojom se razdvaja tijek udaha od izdaha."§

Sv. Pavao je poznavao *Kriya jogu* ili neku sličnu tehniku kojom je mogao životne struje uključiti ili isključiti iz osjetila. Stoga je mogao reći: „Iz dana u dan mrem, tako mi slave koja ste vi, braćo - što je imam u Kristu Isusu".¶ Primjenjujući metodu kojom se sve životne sile usmjeruju unutar sjedišta svijesti, a koje su obično usmjerene samo u područje vanjskog osjetilnog svijeta, dajući mu tako pravo postojanja, Sv. Pavao je svaki dan iskušavao pravo jogijsko jedinstvo sa „slave vrijednom" (blaženom) Kristovom Svijesti. U tom stanju punom sreće on je bio svjestan da je „mrtav" ili slobodan od osjetilnih prijevara u svijetu *maye*.

U početnim stanjima duhovnog jedinstva s Bogom (*sabikalpa samadhi*) svijest poklonika uranja u Kozmički Duh. Pritom je njegova životna sila povučena iz tijela koje se stoga doima „mrtvo", ili nepomično i ukočeno. Jogi je u potpunosti svjestan tog svog stanja tjelesne

---

Atlantide, Indije, Kine, Japana, Egipta, Meksika i mnogih drugih zemalja.

* *Yoga Sutre* II:1. Pod pojmom *Kriya joga* Patanjali misli na tehniku koju je kasnije naučavao Babaji ili na jednu drugu vrlo sličnu tehniku. Da Patanjali spominje konkretnu tehniku kontrole životne sile dokaz je i aforizam u *Yoga Sutrama* II:49 (citiran na ovoj stranici).

† Ibid. I:27.

‡ „Ovo govori *Amen*, 'Vjerni' i Istiniti 'Svjedok', 'Početak' Božjega 'stvorenja'." Otk 3:14. „U početku bijaše Riječ, i Riječ bijaše kod Boga, i Riječ bijaše Bog... Sve je po njoj postalo (Riječi ili Aumu), i ništa što je postalo nije bez nje postalo."- Iv 1:1-3. *Aum* iz Veda, postao je sveta riječ *Hum* kod Tibetanaca, *Amin* kod muslimana i *Amen* kod Egipćana, Grka, Rimljana, Židova i kršćana. Njegovo značenje na hebrejskom je *siguran, vjeran*.

§ *Yoga Sutre* II:49.

¶ 1 Kor. 15:31. Sv. Pavao je ovdje mislio na *univerzalnost* Kristove Svijesti.

obamrlosti. Međutim, kako on napreduje prema višim duhovnim stanjima (*nirbikalpa samadhi*), on dolazi u doticaj s Bogom u potpunosti bez osjećaja za svoje tijelo. Takvo stanje on održava i pri uobičajenoj budnoj svijesti, čak i usred obavljanja svakodnevnih svjetovnih dužnosti.*

„*Kriya joga* je postupak kojim se ljudska evolucija može ubrzati.", objašnjavao je Sri Yukteswar svojim studentima. „Drevni jogiji otkrili su da je tajna kozmičke svijesti čvrsto vezana uz ovladavanje dahom. To je jedinstveni i neprolazni doprinos Indije riznici svjetskog znanja. Životnu silu, koja je obično potpuno uključena u održavanje rada srca, treba osloboditi kako bi poslužila za višu svrhu metodom smirivanja i stišavanja neprestanih zahtjeva daha."

Kriya jogi misaono usmjerava svoju životnu energiju vrtnjom u krug, prema gore i prema dolje, duž šest središta u kralježnici (medularni, cervikalni, dorsalni, lumbalni, sakralni i trtični pleksusi) kojima odgovara dvanaest astralnih znakova zodijaka koji simboliziraju Kozmičkog Čovjeka. Pola minute kruženja energije duž osjetljive čovjekove kralježnične moždine ima samo malen učinak na njegov napredak. No, istodobno, pola minute *Kriye* vrijedi koliko i jedna godina prirodnog duhovnog napretka.

Astralni sustav ljudskog bića sa svojih šest zviježđa (dvanaest po načelu polarnosti) koja se okreću oko Sunca sveznajućeg duhovnog oka u vezi je sa Suncem fizičkog svemira i dvanaest znakova zodijaka. Na taj način svi su ljudi pod utjecajem i unutarnjeg i vanjskog svemira. Drevni rišiji otkrili su da zemaljsko i nebesko okružje pomiču čovjeka prema naprijed na stazi prirodnog napretka i to u nizu dvanaestogodišnjih ciklusa. Sveti spisi navode da su čovjeku potrebni milijuni godina normalnog života bez bolesti kako bi usavršio svoj mozak i omogućio postizanje kozmičke svijesti.

Izvođenje tisuću *Kriya* u 8 i pol sati tijekom jednog dana istovjetno je s tisuću godina prirodne evolucije. To znači da se 365.000 godina normalnog razvoja može postići za samo godinu dana izvođenja *Kriye*. Iz ovog pak slijedi da *Kriya Yogi* može vlastitim pametnim samoprijegorom u tri godine postići jednak rezultat koji Priroda postiže tek

---

* Sanskrtska riječ *bikalpa* znači "različitost, neistovjetnost". *Sabikalpa* je stanje *samadhija* "s razlikom", *nirbikalpa* je stanje "bez razlike". To znači da u *sabikalpa samadhiju* poklonik i dalje zadržava u maloj mjeri osjećaj odvojenosti od Boga, a u *nirbikalpa samadhiju* on shvaća svoju potpunu istovjetnost s Duhom.

nakon milijun godina. Naravno, ovom prečicom *Kriye* mogu ići samo vrlo napredni jogiji koji su pažljivo pripremili svoje tijelo i mozak, pod vodstvom gurua, kako bi bili sposobni podnijeti snagu naleta energije koja se stvara intenzivnim vježbanjem.

Početnik u *Kriyi* izvodi ovu tehniku samo četrnaest do dvadeset i četiri puta, dvaput dnevno. Određeni broj jogija postiže oslobođenje za: šest, dvanaest ili dvadeset i četiri godine. Jogi koji umre prije nego što je ostvario potpuno ostvarenje nosi sa sobom dobru karmu svojih prethodnih nastojanja u *Kriyi*. U novom životu on će biti prirodno usmjeren prema svom Beskonačnom cilju.

Tijelo prosječnog čovjeka je poput žarulje od 50 W koja ne može izdržati snagu milijarde vata koju donosi intenzivno izvođenje *Kriye*. Postupnim, redovitim, pravilnim povećanjem intenziteta izvođenja jednostavnih i provjerenih metoda *Kriye* čovjekovo tijelo se na astralnom nivou mijenja iz dana u dan i napokon postaje sposobno izraziti neograničene mogućnosti kozmičke energije koja je prvi djelatni izražaj Duha na materijalnom planu.

Kriya joga nema ništa zajedničko s neznanstvenim vježbama disanja koje naučavaju neki pogrešno usmjereni fanatici. Pokušavanje nasilnog zadržavanja daha u plućima je neprirodno i neosporno neugodno. Izvođenje *Kriye*, s druge strane, od početka je praćeno osjećanjem mira i ugodnih osjeta obnavljajućeg učinka u kralježnici.

Pradavna jogijska tehnika pretvara dah u vibraciju misli. Kako duhovno napreduje, čovjek postaje sposoban pojmiti dah kao misaonu supstanciju, nešto proizašlo iz fluida misli: san o dahu.

Mogli bi se navesti mnogi primjeri matematičkog odnosa između brzine čovjekova disanja i promjena u njegovu stanju svijesti. Primjećujemo kako osoba čija je pozornost u potpunosti posvećena nečemu, npr. razmatranju nekog misaonog problema, zatim pokušaju izvođenja nekog složenog ili teškog fizičkog pothvata, automatski diše vrlo polagano. Usmjeravanje pozornosti neizbježno je povezano sa sporim disanjem. Brzo ili nepravilno disanje je nezaobilazni pratilac štetnih emocionalnih stanja: straha, požude ili ljutnje. Nemirna životinja poput majmuna diše brzinom od 32 puta u minuti, za razliku od čovjeka koji udahne 18 puta u minuti. Slon, kornjača, zmija i druge životinje koje su poznate po svojoj dugovječnosti imaju sporiji ritam disanja od ljudi. Npr., divovska kornjača koja može doživjeti tristo godina udahne četiri puta u minuti.

Obnavljajući učinci sna povezani su s privremenim nestankom svijesti o tijelu i disanju. Za vrijeme spavanja čovjek postaje jogi; on svake noći nesvjesno izvodi jogijski postupak prestanka poistovjećivanja s tijelom i spajanja životne sile s ozdravljujućim strujama u mozgu i u šest manjih dinama u središtima unutar kralježnice. Spavač, a da to i ne zna, obnavlja svoje zalihe kozmičke energije koja održava na životu sva bića.

Jogi koji je to postao vlastitom voljom izvodi taj jednostavni i prirodni postupak svjesno za razliku od nesvjesnog i usporenog spavača. *Kriya jogi* se koristi ovom tehnikom kako bi u najvećoj mjeri opskrbio sve svoje biološke stanice neuništivom svjetlošću i tako ih duhovno magnetizirao. On na znanstven način postiže stanje u kojem mu disanje nije potrebno, a da pritom (za vrijeme izvođenja tehnike) ne uđe u negativno stanje sna, nesvijest ili smrt.

Čovjeku koji je pod utjecajem *maye*, ili prirodnog zakona, životna sila ističe prema van u materijalni svijet osjetila u kojem se te struje nekorisno troše i zloupotrebljavaju. Praksom *Kriye* postiže se promjena smjera toka; životna sila misaono se vodi prema unutarnjem svemiru i ponovno ujedinjuje s tanahnim energijama u kralježnici. Takvim osnaženjem životne sile jogijevo tijelo i moždane stanice obnavljaju se duhovnim eliksirom.

S pomoću ispravne prehrane, umjerenog izlaganja suncu i skladnih misli ljudi koji se usklađuju samo s Prirodom i njezinim božanskim planom postići će samoostvarenje za milijun godina. Potrebno je dvanaest godina normalnog, zdravog života da bi se postigao samo malen učinak na poboljšanju strukture mozga. Tek nakon milijun godina struktura i rad mozga postižu zadovoljavajuće djelovanje koje omogućava očitovanje kozmičke svijesti. *Kriya jogi*, međutim, s pomoću duhovne znanosti može izbjeći takav dugotrajan prirodni tijek razvoja.

Odvezujući čvor daha koji dušu veže uz tijelo, *Kriya* služi za produžavanje života i proširenje svijesti do beskonačnosti. Ova tehnika joge nadvladava sukob između uma i osjetila vezanih uz materijalni svijet, čime poklonik postaje slobodan u nasljeđivanju svojega vječnog kraljevstva. On tada spoznaje kako njegovo stvarno biće nije ograničeno ni fizičkim tijelom ni dahom, tim simbolima čovjeka-smrtnika koji je rob zraka i ostalih prirodnih potreba.

Kriya jogi postaje gospodar svojeg tijela i uma te napokon ostvaruje pobjedu nad „posljednjim neprijateljem"*, Smrću.

Hranit ćeš se smrću koja ljude siše,
A kad umre smrt, tad mrijenja nema više.†

Introspekcija ili „sjedenje u tišini" predstavlja neznanstveni pokušaj odvajanja uma od osjetila koje zajedno veže životna sila. Kontemplativni je um, u svojim pokušajima povratka božanskom, stalno ometan životnim strujama koje ga ometaju i vraćaju natrag osjetilima. *Kriya* koja izravno nadzire um, i to upravo putem životne sile, najlakši je, najučinkovitiji i najviši znanstveni put k Beskonačnom. Za razliku od polagane, nesigurne vožnje „volovskom zapregom" teološkog puta prema Bogu, *Kriya joga* se s pravom može nazvati „avionskom" vožnjom.

Bit znanosti joge leži u iskustvu spoznaje svih oblika tehnika koncentracije i meditacije. Joga omogućava pokloniku da po volji isključi ili uključi životnu struju u pet 'osjetilnih telefona': vid, sluh, miris, okus i dodir. Kada postane sposoban tako vladati osjetilima, jogi uviđa kako je lako voljno ujediniti svoj um s božanskim razinama ili pak s materijalnim svijetom. Više se ne može dogoditi da ga životna sila bez njegove volje baci natrag na razinu materijalnog, pod vlast osjetila i nemirnih misli.

Na život naprednog *Kriya jogija* ne utječu učinci prošlih djelovanja, već isključivo upute koje mu dolaze iz njegove duše. Poklonik na taj način izbjegava spore nadglednike evolucije koji prate uobičajeno egoistično ljudsko djelovanje, bilo dobro ili loše, a koje se onome koji teži orlovskim visinama čini beskrajno sporim.

Nadmoćna metoda duhovnog života oslobađa jogija koji izlazi iz zatvora svojega ega te postaje sposoban osjetiti svježi zrak sveprisutnosti. Suprotno tomu, sužanjstvo koje donosi život pod diktatom prirode teče ponižavajuće sporim ritmom. Ako pristane na život koji slijedi samo evolucijsku liniju, čovjek ne može od Prirode tražiti da ubrza razvoj. Ako i živi bez narušavanja zakona koji upravljaju njegovim tijelom i umom, čovjek i dalje mora provesti milijun godina u skrivanju pod raznoraznim maskama brojnih utjelovljenja kako bi postigao konačno oslobođenje.

---

* „Neprijatelj koji će posljednji biti uništen jest smrt." 1 Kor 15:26. Neraspadanje tijela Paramahanse Yogananade nakon smrti (vidi na str. 504) bilo je dokaz kako je on savršen *Kriya jogi*. Međutim, ne očituju svi veliki učitelji neraspadanje tijela nakon smrti. (Vidi napomenu na str. 303.) Hinduistički sveti spisi govore kako se takva čuda događaju samo kada je u pitanju posebna namjena. U Paramahansajijevu slučaju ta je "posebna namjena" nema sumnje bila uvjeriti Zapad u vrijednost joge. Yoganandajiju su Babaji i Sri Yukteswar bili naložili da služi Zapadu, što je Paramahansaji učinio i primjerom svoga života i smrti (*bilješka izdavača*).

† 146. sonet. W. Shakespeare: Soneti. Katarina Zrinski, Varaždin, 1996. Prijevod: Mate Maras.

Dalekovidne metode jogija koji se odvaja od fizičkih i mentalnih poistovjećenja u korist neovisnosti duše preporuka su onima koji ne žele čekati milijun godina za konačno oslobođenje. Što uopće reći o tome kako je i taj milijun nedostatan za običnog čovjeka koji ne živi ni u skladu s Prirodom, a još manje s vlastitom dušom. Čovjeku koji narušava prirodni razvoj i koji nepriličnim mislima i djelima vrijeđa zdrav razum Prirode, ni dva milijuna godina ne mogu biti dovoljna za oslobođenje.

Čovjek koji je svjestan samo svojega materijalnog tijela ne shvaća kako je njegovo tijelo kraljevstvo kojim vlada Car Duša čije se prijestolje nalazi u mozgu, a pomaže mu šest namjesnika smještenih u šest središta kralježnice ili sfera svijesti. Ova teokracija ima pod svojom vlašću velik broj poslušnih podanika: dvadeset i sedam tisuća milijardi stanica (s pouzdanom makar i naoko automatskom pameću koja im služi za obavljanje svih zadataka koji se tiču tjelesnog rasta, izmjene tvari i razgradnje) ispod kojih se nalazi pedeset milijuna misli, osjećaja i promjena stanja čovjekove svijesti koji se događaju unutar prosječnog životnog vijeka od šezdeset godina.

Bilo koja očita pobuna u ljudskom tijelu ili umu protiv Cara Duše, a koja se očituje kao bolest ili iracionalnost, ne potječe od poniznih podanika, već joj je uzrok u prošloj ili sadašnjoj čovjekovoj zloporabi vlastite individualnosti ili slobodne volje - koja mu je dana istodobno s dušom i koja se ne može nikada opozvati.

Poistovjećujući se s površnim egom, čovjek uzima zdravo za gotovo da je on taj koji misli, izražava volju, osjeća, probavlja obroke i održava se na životu, nikada u stvari ne promislivši (a tako bi malo promišljanja doista trebalo) kako je on u stvari samo lutka u rukama svojih prošlih djela (karme) i Prirode ili svog okoliša. Sve čovjekove intelektualne reakcije, osjećaji, raspoloženja i navike jednostavno su učinci uzroka nastalih u prošlosti, bilo u ovom ili u prijašnjem životu. Čovjekova kraljevska duša, međutim, stoji visoko uzdignuta iznad tih utjecaja. Prezirno odbacujući te prolazne istine i slobode *Kriya jogi* se uzdiže iznad svih tih razočaranja i utječe se svojem oslobođenom Biću. Sveti spisi svih svjetskih religija ističu da je čovjek živuća duša, a ne smrtno tijelo. Putem *Kriya joge* čovjeku je dostupna metoda kojom može potvrditi navode svetih spisa.

„Izvanjski rituali ne mogu uništiti neznanje jer oni nisu međusobno proturječni.", pisao je Šankara u svojem slavnom *Stoljeću stihova*. „Jedino ostvareno znanje može uništiti neznanje... Znanje se ne može

Znanost Kriya joge

postići ni na koji drugi način osim preispitivanjem: Tko sam ja? Kako je nastao svemir? Tko je njegov Stvoritelj? Koji je njegov materijalni uzrok? Na takvu vrstu ispitivanja se misli.". Razum je nedostatan da odgovori na ta pitanja pa su stoga rišiji razvili jogu kao tehniku duhovnog ispitivanja.

Pravi jogi koji obuzdava svoje misli, volju i osjećaje te ne dopušta poistovjećivanje s tjelesnim željama ujedinjuje svoj um s nadsvjesnim silama u središtima kralježnice. Na taj način on živi u skladu s Božjim planom. On se više ne utječe ni poticajima iz prošlosti, ni trenutačnim nagonima ljudske nerazboritosti. Nalazeći ispunjenje u Vrhunskoj Želji, on je na sigurnom u konačnom raju neiscrpnog blaženstva Duha.

Osvrćući se na sigurnu i metodološku efikasnost joge, Krišna hvali vještog jogija ovim riječima: „Jogi je veći od isposnika koji vrše pokoru nad svojim tijelom, veći čak i od sljedbenika staze mudrosti (*Jnana Yoga*) ili staze djelovanja (*Karma Yoga*), O Arđuno, budi ti stoga, jogi!"*

Kriya joga je u stvari istinski „obred vatre" koji se često hvali u Giti. U tom obredu jogi stavlja svoje ljudske čežnje na monoteističku lomaču posvećenu jednom i nenadmašnom Bogu. To je doista pravi jogijski obred vatre u kojem sve prošle i sadašnje želje izgaraju u božanskoj ljubavi. Konačni Plamen prima na sebe žrtvu sveukupnog ljudskog ludila i pročišćava čovjeka. U metaforičkom značenju njegove su kosti ogoljene od svega mesa želja, a njegov je karmički kostur izbijeljen

---

* Bhagavad Gita VI:46.
 Moderna znanost počinje otkrivati doista izvanredno ljekovite i pomlađujuće učinke stanja bez daha na tijelo i um. Dr. Alvan L. Barach s Medicinskog fakulteta u New Yorku počeo je terapiju odmaranja pluća koja vraća zdravlje mnogim tuberkuloznim bolesnicima. Pritom se koristi komorom za izjednačavanje tlaka pomoću koje pacijenti prestaju disati. *New York Times* u svom broju od 1. veljače 1947. navodi riječi dr. Baracha: „Učinak prestanka disanja na središnji živčani sustav je od velike važnosti. Poticaj za pokretanje voljnih mišića u udovima se izrazito smanjuje. Pacijent može ostati ležati u komori satima bez pomicanja ruku ili promjene položaja tijela. Želja za pušenjem nestaje kada se zaustavi voljno disanje čak i u pacijenata koji su pušili po dvije kutije cigareta dnevno. U mnogim slučajevima je opuštanje takve prirode da pacijent ne traži da ga se ni s čim zabavlja." Godine 1951. dr. Barach javno je potvrdio vrijednost ovog liječenja rekavši: „Ono odmara ne samo pluća već i čitavo tijelo, a čini se i um. Srce, na primjer, smanjuje svoj ritam rada za jednu trećinu. Naši ispitanici se prestaju brinuti i nitko ne osjeća dosadu."
 Ove činjenice mogu nam objasniti kako je moguće da jogiji ostaju satima nepokretni bez misaonih ili tjelesnih poriva za nemirnim djelovanjem. Jedino u takvom miru i tišini duša može naći svoj put natrag k Bogu. Kako vidimo, običan čovjek tek uz pomoć komore za izjednačavanje tlaka može osjetiti određene blagotvorne učinke nedisanja. Jedina tehnika koju jogi treba je *Kriya joga*, a nagrada koju mu ona daje je sklad tijela i uma te puna svijest duše.

antiseptičkim suncem mudrosti i tako umilan i čovjeku i Stvoritelju, on je napokon čist.

ZAPADNJAK U SAMADHIJU
Rajarsi Janakananda (James J. Lynn)

Na privatnoj plaži u Encinitasu, Kalifornija, u siječnju 1937. g. Lynnu se nakon pet godina svakodnevnog vježbanja *Kriya joge* u *samadhiju* (stanju nadsvijesti) ukazalo Božansko Viđenje: Beskonačni Gospod kao Sveprožimajuća Slava.

„Uravnoteženi život g. Lynna može služiti kao nadahnuće svim ljudima.", rekao je Yogananda. Gospodin Lynn savjesno je obavljao svoje svjetovne obveze, no ipak je pronalazio vremena i za svakodnevnu duboku meditaciju o Bogu. Tako je uspješan poslovni čovjek postao prosvijetljeni *Kriya jogi* (vidi na str. 362 te na str. 478, 480).

Paramahansaji ga je često s puno ljubavi nazivao „sveti Lynn", a 1951. dodijelio mu je redovničko ime Rajarsi Janakananda (po duhovno prosvijetljenom kralju Janaki iz drevne Indije). Naslov *rajarsi* doslovno znači „kraljevski riši" i izvedenica je od *raja* („kralj") + *rsi* (ili riši, „veliki svetac").

27. POGLAVLJE

Osnivanje Škole yoge u Ranchiju

„Zašto bježiš od organizacijskih poslova?"

Ovo me je Učiteljevo pitanje malo zbunilo. Istina je, u to vrijeme vjerovao sam kako su organizacije „gnijezda stršljena".

„To je nezahvalna dužnost, Gospodine.", odgovorio sam. „Bez obzira na to što vođa činio ili ne činio, on je uvijek izložen kritici."

„Želiš li ti svu božansku *channu* (vrhnje) samo za sebe?" Učiteljev odgovor pratio je oštar pogled. „Misliš li da bi ti ili bilo tko drugi mogao postići jedinstvo s Bogom putem joge da nije bilo tolikih učitelja velikodušna srca koji su bili voljni prenijeti svoje znanje drugima?" Dodao je: „Bog predstavlja med, organizacije predstavljaju košnice i oboje su dakle nužni. Svaka *forma* bez duha je, naravno, beskorisna, ali zašto se ti ne bi pozabavio uzgajanjem košnica u kojima će se proizvoditi duhovni nektar?"

Njegov me savjet duboko dirnuo. Nisam ništa glasno odgovorio, ali u meni se javila čvrsta odlučnost da ću s drugima dijeliti, koliko je u mojoj moći, nepobitne oslobađajuće istine koje sam naučio sjedeći do nogu svojega Učitelja. „Gospode," molio sam se, „neka Tvoja ljubav zauvijek sja u svetištu moje predanosti i neka sam sposoban probuditi Tvoju ljubav u srcima svih."

Jednom prigodom, prije nego što sam stupio u Red swamija, Sri Yukteswar je iznio vrlo čudan komentar:

„Kad ostariš, znaš li koliko će ti nedostajati društvo supruge?", rekao mi je tada. „Složit ćeš se da obiteljski čovjek koji obavlja koristan rad kako bi uzdržavao svoju ženu i djecu na taj način obavlja ulogu koja je mila u Božjim očima."

„Gospodine," oštro sam se suprotstavio, „dobro znate da je moje htijenje u ovom životu vezano samo uz Kozmičkog Voljenog."

Učitelj se tako veselo nasmijao da mi je odmah postalo jasno kako su njegove riječi služile samo da me stavi na kušnju.

„Zapamti," rekao je polako, "onaj tko odbaci uobičajene svjetovne dužnosti može to opravdati jedino tako da na sebe preuzme odgovornost za puno veću obitelj.".

Ideal pravilnog obrazovanja mladih oduvijek je bio blizak mom srcu. Jasno sam uviđao nedostatnost školovanja koje ima na umu samo razvoj tijela i intelekta. Službeni obrazovni programi i dalje su bili bez nadogradnje u obliku isticanja moralnih i duhovnih vrijednosti, a to je ono bez čega se nijedan čovjek ne može približiti sreći. Odlučio sam da ću osnovati školu u kojoj će se mladi dječaci moći razviti u odrasle ljude koji će biti potpune osobe. Moj prvi pokušaj u tom smjeru uključivao je sedmero djece u Dihiki, malom selu u Bengalu.

Godinu dana kasnije, 1918., velikodušnošću Sir Manindre Chandre Nundyja, maharadže od Kasimbazara, uspio sam preseliti svoj sve brojniji razred u Ranchi. Taj je grad u indijskoj saveznoj državi Bihar, udaljen oko tristo kilometara od Kalkute, blagoslovljen jednom od najzdravijih klima u Indiji. Palača Kasimbazar u Ranchiju postala je glavna zgrada nove škole koju sam nazvao „Yogoda Satsanga Brahmacharya Vidyalaya".*

U školi sam organizirao osnovnoškolski i srednjoškolski program. Predmeti su pružali obrazovanje iz područja poljoprivrede, zanata, ekonomije i standardnih akademskih predmeta. Vodeći se obrazovnim idealima rišija, čiji su šumski ašrami za mlade Indije bili drevna sjedišta učenja, i svjetovnog i božanskog, većinu nastave organizirao sam na otvorenom.

Učenici u Ranchiju uče joga meditaciju te jedinstven skup vježbi za tjelesni razvoj i poboljšanje zdravlja, tzv. *Yogode*, čija sam načela otkrio 1916. godine.

Shvativši da je ljudsko tijelo poput električne baterije, razmišljao sam kako bi se ono moglo ponovno napuniti energijom izravnim naporom volje. Budući da djelovanje bilo koje vrste nije moguće bez *htijenja*, čovjek može iskoristiti taj prvotni pokretač, volju, da obnovi snagu bez potrebe za korištenjem različitih sprava za vježbanje ili izvođenjem mehaničkih vježbi. Putem tih jednostavnih vježbi Yogoda, čovjek može svjesno i u trenu obnoviti zalihe životne sile (koja ima sjedište u

---

* *Vidyalaya* je škola. *Brahmacharya* se odnosi na jedno od četiriju razdoblja u čovjekovu životu prema vedskoj tradiciji. Prvo razdoblje uključuje studenta koji živi u celibatu (*brahmachari*); 2. razdoblje: obiteljskog čovjeka sa svjetovnim odgovornostima (*grihastha*); 3. pustinjaka (*vanaprastha*); 4. stanovnika šume ili lutalicu koji je slobodan od svih zemaljskih briga i posvećen Bogu (*sannyasi*). Ova idealna shema života, iako se malo primjenjuje u suvremenoj Indiji, i dalje ima mnogo zagovornika. Čovjek ide kroz ova četiri razdoblja imajući na umu sveukupni vjerski ideal koji uključuje i cjeloživotno vodstvo Učitelja.

Dodatne informacije o Yogoda Satsanga školi u Ranchiju dane su u 40. poglavlju.

medulla oblongati) iz neograničenog izvora kozmičke energije.

Dječaci u Ranchiju dobro su prihvatili vježbe Yogoda i razvili izvanrednu sposobnost pomicanja životne sile iz jednog u drugi dio tijela, kao i održavanje savršenog stava u teškim *asanama* (položajima).* Sve u svemu, postali su sposobni izvoditi tjelesne vježbe snagom i izdržljivošću koju ne bi mogli iskazati ni mnogi snažni odrasli ljudi.

Moj najmlađi brat Bishnu Charan Ghosh također je pohađao školu u Ranchiju i kasnije postao cijenjeni profesor tjelesne kulture. On i jedan njegov student boravili su 1938.-1939. godine na Zapadu i tom prigodom izvodili pokazne vježbe snage i kontrole mišića. Profesori na Sveučilištu Columbia u New Yorku bili su zadivljeni tom demonstracijom snage uma nad tijelom.†

Na kraju prve godine djelovanja škole u Ranchiju broj prijava se povećao na dvije tisuće. No kako je škola bila organizirana kao internat, mogla je udomiti samo stotinu učenika. Stoga je ubrzo dodan i obrazovni program za učenike koji su dolazili samo na dnevnu nastavu.

Ja sam dječacima u Vidyalayi bio i otac i majka, a uz to sam se morao hvatati u koštac i s mnogim organizacijskim teškoćama. Često bih se sjetio Kristovih riječi: „Nema nikoga tko ostavi radi mene i radi Radosne vijesti kuću ili braću, ili sestre ili majku, ili oca ili djecu, ili njive, koji ne bi primio stoput toliko – iako s progonima – kuća, braće, sestara, majki, djece i njiva, već sada u ovom svijetu, a u budućem svijetu život vječni."‡

Sri Yukteswar je na sljedeći način tumačio ove riječi: „Poklonik koji se odriče uobičajenog bračnog života i podizanja obitelji kako bi na sebe preuzeo veće odgovornosti – one koje se tiču društva u cjelini („stostruko u kućama i bratstvu") – može očekivati da će taj njegov rad pratiti osude i nerazumijevanje svijeta. No svijest o veličini i važnosti rada za opće dobro pomažu pokloniku da prebrodi sebičnost i da za svoj trud primi božansku nagradu."

Jednog me dana u Ranchiju posjetio otac kako bi mi udijelio blagoslov koji je dugo oklijevao dati jer sam ga razočarao ne prihvativši njegovu ponudu da se zaposlim na Bengal-Nagpur željeznici.

„Sine," rekao je, „pomirio sam se s tvojim izborom životnog

---

* Kao odraz sve većeg zanimanja za *asane* (jogijske položaje) na Zapadu, pojavio se niz knjiga na tu temu s ilustracijama.

† Bishnu Charan Ghosh umro je 9. srpnja 1970. u Kalkuti (*bilješka izdavača*).

‡ Mk 10:29-30.

Osnivanje Škole yoge u Ranchiju

poziva. Raduje me kada te vidim među ovom sretnom i živahnom djecom. Tvoje je mjesto ovdje, a ne među brojevima na željezničkim redovima vožnje.". Pokazao je prema grupi od dvanaest mališana koji su me hvatali oko peta. „Ja sam imao samo osmero djece", rekao je namigujući mi, „no kada vidim ovo, mogu suosjećati s tobom!".

Na raspolaganju smo imali dvadeset i pet jutara plodne zemlje pa smo učenici, učitelji i ja uživali u svakodnevnom radu u vrtu i drugim aktivnostima na otvorenome. Držali smo i mnoge životinje kao kućne ljubimce, uključujući i lane koje su djeca obožavala. I ja sam ga toliko zavolio da sam mu dopustio da spava u mojoj sobi. U osvit zore malo bi stvorenje došetalo do mog kreveta očekujući jutarnje maženje.

Jednog dana morao sam poslovno otići u Ranchi pa sam nahranio ljubimca ranije nego obično. Dječacima sam rekao neka ga ne hrane dok se ne vratim. No jedan me dječak nije poslušao i dao mu je veliku količinu mlijeka. Kada sam se navečer vratio, dočekale su me tužne vijesti: „Mladunče je gotovo uginulo jer se prejelo."

U suzama sam stavio u krilo gotovo beživotnog ljubimca. Pobožno sam se molio Bogu da mu poštedi život. Satima kasnije malo je stvorenje otvorilo oči, ustalo na slabašne noge i počelo hodati. Cijela je škola vikala od radosti.

No te sam noći u snu doživio važnu poduku koju neću nikada zaboraviti. Bdio sam uz mladunče do dva ujutro, a zatim zaspao. Lane mi se javilo u snu i reklo mi:

„Zadržavaš me. Molim te, pusti me, pusti me!"

„U redu.", odgovorio sam u snu.

U tom sam se času probudio i povikao: „Dječaci, lane ugiba!" Djeca su dojurila do mene.

Otrčao sam do kuta sobe gdje sam ostavio ljubimca. On je učinio posljednji pokušaj da se osovi na noge, zateturao je prema meni, a tada se srušio mrtav pred mojim stopalima.

Prema skupnoj karmi koja vodi i upravlja sudbinama životinja, lanetov život je istekao i ono je bilo spremno napredovati prema višem obliku. Ali moja duboka vezanost za njega, za koju sam kasnije uvidio da je sebična, i moje uporne molitve imale su za učinak njegovo zadržavanje u ograničenom životinjskom obliku iz kojeg se njegova duša pokušavala istrgnuti. Duša tog laneta uputila mi je molbu u snu jer bez mojeg dobrovoljnog pristanka nije htjela ni mogla otići. Čim je od mene dobila pristanak, otišla je.

Napustila me sva tuga koju sam osjećao. Tada sam iznova shvatio kako Bog želi da Njegova djeca vole sve kao dio Njega, a ne da pogrešno doživljavaju smrt kao završetak svega. Čovjek koji ne posjeduje dublje znanje vidi smrt samo kao nepremostivi zid, za koji mu se čini da zauvijek skriva njegove voljene prijatelje. No čovjek koji je slobodan od vezanosti i koji voli druge kao ostvarenja Gospoda, uviđa da se u trenutku smrti njegovi dragi samo vraćaju u okrilje Njegove radosti.

Škola u Ranchiju prešla je put od skromnih početaka do institucije koja je dobro poznata u Biharu i Bengalu. Mnogi razredi imali su dobrovoljne donatore koji su bili sretni što mogu održavati obrazovne ideale rišija. Kasnije su osnovane i podružnice škole u Midnaporeu i Lakhnapuru.

Središnjica u Ranchiju uključuje i Medicinski zavod koji pruža besplatne liječničke usluge i lijekove siromašnima iz tog kraja. Svake godine u prosjeku više od 18.000 ljudi primi liječničku skrb. Vidyalaya je poznata i po sudjelovanju u natjecateljskim sportovima, kao i na području znanosti, a mnogi maturanti iz Ranchija kasnije su ostvarili uspješne karijere na sveučilištima.

U protekla tri desetljeća djelovanja škole u Ranchiju posjetili su je mnogi ugledni muškarci i žene i s Istoka i sa Zapada. Swami Pranabananda (Svetac s dva tijela) iz Benaresa proveo je nekoliko dana u Ranchiju 1918. godine. Veliki učitelj bio je duboko dirnut vidjevši slikovite prizore razreda koji održavaju nastavu na otvorenom i kako navečer mladi dječaci satima nepomično sjede u joga meditaciji.

„Radost ispunjava moje srce", rekao je, „dok gledam kako se ideali Lahirija Mahasaye o pravilnom školovanju mladih ostvaruju u ovoj ustanovi. Neka blagoslov mojega gurua bude na ovoj školi.".

Jedan mladac koji je sjedio do mene usudio se postaviti pitanje velikom jogiju:

„Gospodine,", rekao je, „hoću li ja postati redovnik? Je li moj život namijenjen samo Bogu?".

Iako se swami Pranabananda nježno smiješio, njegov je pogled bio uprt u budućnost.

„Dijete,", odgovorio je, „kada odrasteš, tebe čeka prekrasna nevjesta.". (Dječak se doista kasnije oženio nakon što je godinama planirao kako će se pridružiti Redu swamija.)

Nešto kasnije nakon posjeta swamija Pranabanande Ranchiju Otac i ja posjetili smo ga u Kalkuti gdje je privremeno odsjeo. U misli mi se

Osnivanje Škole yoge u Ranchiju

vratilo Pranabanandino predviđanje otprije mnogo godina kada mi je rekao: "Vidjet ću te jednom zajedno s tvojim ocem.".

Dok je Otac ulazio u swamijevu sobu, velik je jogi ustao sa sjedala i zagrlio mog Oca s puno ljubavi i poštovanja.

„Bhagabati," rekao je, „što oklijevaš kad si ti u pitanju? Zar ne vidiš kako tvoj sin grabi velikim koracima prema Beskonačnom?". Zacrvenio sam se kada sam čuo tu pohvalu na moj račun u prisutnosti mojega Oca. Swami je nastavio: „Sjećaš li se kako je naš blagoslovljeni guru često znao govoriti: 'Banat, banat, ban jai'.* Stoga nastavi i dalje s *Kriya jogom* bez prestanka i ubrzo ćeš stići do božanskih vrata."

Pranabanandino tijelo koje me se tijekom mojega prvog posjeta dojmilo svojom snagom i uščuvanošću sada je pokazivalo očite znakove starenja iako je njegovo držanje i dalje bilo zadivljujuće uspravno.

„Swamiji," upitao sam gledajući ga ravno u oči, „molim Vas, recite mi zar ne osjećate teret godina? Kako Vam tijelo slabi, smanjuje li se time i Vaš doživljaj Boga?"

Nasmiješio se poput anđela. „Voljeni je sada uz mene više nego ikada prije." Njegova potpuna uvjerenost čitavog me je obuzela. Nastavio je: „I dalje uživam dvije mirovine – jednu od ovdje prisutnog Bhagabatija, a druga mi dolazi odozgo." Svetac je pokazujući prstom prema nebu nakratko utonuo u ekstazu, a lice mu se ozarilo nebeskim sjajem. Sasvim uvjerljiv odgovor na moje pitanje!

U Pranabanandinoj sobi uočio sam mnoštvo biljaka i vrećica sa sjemenjem pa sam ga upitao što će mu to.

„Otišao sam iz Benaresa zauvijek", rekao je, „i sada se spremam put Himalaje. Ondje ću otvoriti ašram za svoje učenike. Sjemenje će mi poslužiti za uzgoj špinata i drugog povrća. Moji dragi će tamo živjeti na jednostavan način, provodeći vrijeme u blaženom jedinstvu s Bogom. Ništa drugo nije potrebno."

Otac je upitao svoga kolegu učenika kada će se ponovno vratiti u Kalkutu.

„Nikada više.", odgovorio je svetac. „Ovo je godina za koju mi je Lahiri Mahasaya rekao da ću zauvijek napustiti Benares i otići u Himalaju da tamo odbacim svoj smrtni okvir."

Na te njegove riječi moje su se oči ispunile suzama, ali swami se

---

* Jedna od omiljenih uzrečica Lahirija Mahasaye kojom je ohrabrivao svoje učenike da ustraju u meditaciji. Doslovno značenje je: „Radi, radi, i jednog dana bit će urađeno.". U slobodnom prijevodu moglo bi se reći: „Ustraj, ustraj, i jednog dana ugledat ćeš Boga i Raj.".

umirujuće smiješio. Podsjetio me na malo božansko dijete koje sjedi u sigurnom krilu Božanske Majke. Teret godina nimalo ne ugrožava duhovne sposobnosti velikoga jogija. On može bez problema zaustaviti proces starenja, ali katkad to ne čini kako bi omogućio da se njegova preostala karma odmah potroši na fizičkoj razini i tako spriječi potreba za odrađivanjem karme u novom utjelovljenju.

Mjesecima kasnije sreo sam starog prijatelja Sanandana koji je bio bliski Pranabanandin učenik.

„Moj dragi guru je otišao.", rekao mi je kroz jecaje. „U Rishikeshu je osnovao duhovnu školu i tamo nas podučavao s puno ljubavi. Kada smo se lijepo udomaćili i uz njegovu pomoć postigli brz duhovni napredak, odlučio je jednog dana nahraniti veliku skupinu ljudi iz Rishikesha. Zanimalo me zašto želi da to bude tako veliki broj ljudi.

„'Ovo je moje zadnje javno pojavljivanje.', rekao je. Nisam shvaćao puno značenje tih riječi.

„Pranabanandaji je pomagao u pripremanju golemih količina hrane. Nahranili smo oko 2.000 gostiju. On je nakon gozbe sjeo na povišenu pozornicu i održao nadahnut govor o Beskonačnom. Na kraju se pred očima tisuća okupljenih okrenuo prema meni koji sam sjedio neposredno iza njega na podiju i rekao neuobičajenom silinom.

'Sanandan, budi spreman; razbit ću okvir.'*

Nakon što su svi zanijemili od iznenađenja ja sam glasno povikao: 'Učitelju, ne činite to! Molim Vas, molim Vas, ne činite to!' Gomila je ostala nijema čudeći se mojim riječima. Pranabanandaji mi se smiješio, ali njegove oči već su promatrale Vječnost.

'Ne budite sebični', rekao je, 'i ne žalite za mnom. Dugo sam vam s radošću svima služio, stoga se sada radujte i zaželite mi blagoslov prije odlaska. Odlazim ususret svojemu Kozmičkom Voljenom.'. Šaptom je Pranabanandaji još dodao: 'Uskoro ću se ponovno roditi. Nakon što provedem kratko vrijeme u Beskonačnom Blaženstvu vratit ću se na Zemlju i pridružiti se Babajiju.† Uskoro ćeš znati kada i gdje će moja duša ponovno obući nov tjelesni pokrov.'.

Ponovno je viknuo: 'Sanandan, upravo razbijam okvir pomoću druge *Kriya joge!*'‡

---

* To jest, napustiti tijelo.

† Guru Lahirija Mahasaye koji i dalje živi. (Vidi 33. poglavlje.)

‡ Tehnika koju je koristio Pranabananda poznata je onima koji su inicirani u više tehnike *Kriya Yoge* po programu SRF-a kao treća *Kriya joga* Inicijacija. Kada je primao tehniku od

Osnivanje Škole yoge u Ranchiju

YOGODA SATSANGA BRANCH MATH

"Yogoda Satsanga Society of India Branch Math" i ašram u Ranchiju osnovao je Paramahansa Yogananda kada je 1918. ovamo preselio svoju Školu za dječake. Danas Branch Math služi članovima YSS-a i kao mjesto odakle se učenja Paramahanse Yogananda o *Kriya jogi* šalju u sve dijelove Indije. Uz duhovne i dobrotvorne djelatnosti, centar upravlja i nad više obrazovnih ustanova.

Pogledao je prema mnoštvu lica ispred nas i udijelio blagoslov. Usmjerivši pogled unutra prema duhovnom oku, postao je nepomičan. Dok je zaprepaštena gomila mislila kako je meditirajući ušao u ekstazu, on je već napustio tjelesni kovčeg i uronio dušu u kozmičko prostranstvo. Učenici su dotaknuli njegovo tijelo koje je bilo u položaju lotosa, ali ono je već bilo hladno. Od njega je preostao samo ukrućeni okvir, dok je stanovnik već otplovio prema beskonačnoj obali."

Dok je Sanandan dovršavao svoju pripovijest, ja sam pomislio: „Blagoslovljeni Svetac s dva tijela imao je dramatičan nastup u smrti kao i u životu!"

Zanimalo me gdje će se Pranabananda ponovno roditi.

„Taj podatak je sveta tajna.", odgovorio je Sanandan. „Ne smijem je nikome reći. Možda ćeš naći načina da to doznaš od nekoga drugog."

Lahirija Mahasaye to je bila „druga" Kriya u nizu koju je primio od Yogavatara. Ova *Kriya* omogućava pokloniku koji je njome ovladao da svjesno napušta tijelo i ponovno se u njega vrati u svako doba. Napredni jogiji koriste ovu Kriya tehniku pri konačnom napuštanju tijela u času smrti - što je trenutak koji im je neizostavno poznat unaprijed.

Veliki jogiji idu „unutra i izvan" duhovnog oka, tih praničnih zvjezdanih „vrata" koja vode spasenju. Krist je rekao:"Ja sam vrata. Tko uđe kroza me, spasit će se; on će ulaziti i izlaziti i pašu nalaziti. Lopov (maya ili iluzija) ne dolazi ,osim da ukrade, zakolje i uništi. Ja (Kristova Svijest) sam došao da ovce imaju život i da ga imaju u izobilju" (Iv 10:9-10).

Godinama kasnije swami Keshabananda* mi je otkrio da je Pranabananda, nakon što se rodio u novom tijelu, otišao u Badrinarayan u Himalaji i tamo se pridružio grupi svetaca oko velikog Babajija.

---

* Moj susret s Keshabanandom opisan je na stranicama 408-11.

28. POGLAVLJE

Kashi, ponovno rođen i pronađen

„Molim vas, ne ulazite u vodu. Možemo se okupati tako da se polijevamo vodom iz kanti."

To sam govorio mladim učenicima iz Ranchija koje sam odveo na izlet do desetak kilometara udaljenog brda. Jezerce ispred kojega smo se našli činilo se privlačnim, ali nešto mi je govorilo da ga treba izbjegavati. Većina dječaka me poslušala i počela grabiti vodu kantama, a nekoliko dječaraca nije odoljelo kušnji uranjanja u hladnu vodu. Čim su ušli u vodu, odnekud su se pojavile velike vodene zmije i krenule prema njima. Kakva je samo vika i dreka nastala, kakav smiješan prizor dok su brže-bolje iskakali iz vode!

Kada smo stigli na cilj, uživali smo u ručku koji smo ponijeli sa sobom. Sjeo sam pod drvo, a dječaci su me okružili. Vidjevši me u nadahnutom raspoloženju, obasuli su me pitanjima:

„Molim Vas, Gospodine, recite mi", upitao je jedan od njih, „hoću li ja ostati stalno s Vama na putu odricanja?"

„A ne," odgovorio sam, „bit ćeš na silu odveden kući, a kasnije ćeš se i oženiti!"

Dječak nije mogao vjerovati u ono što čuje pa je žestoko prosvjedovao: „Samo me mrtva mogu odvesti kući!" (No za nekoliko mjeseci roditelji su ga stvarno odveli, unatoč njegovim suzama i opiranju. Nekoliko godina kasnije doista se i oženio.)

Nakon što sam odgovorio na mnoga pitanja obratio mi se dječak po imenu Kashi. Bilo mu je oko dvanaest godina i bio je izvrstan učenik kojega su svi voljeli.

„Gospodine," rekao je, „kakva će biti moja sudbina?"

„Uskoro ćeš biti mrtav." To sam izgovorio kao pod djelovanjem neke nadmoćne sile.

Moje proročanstvo šokiralo je i mene i sve prisutne. U sebi sam se korio zbog tog svog nepriličnog ponašanja pa sam odlučio da više neću odgovarati na pitanja.

Kada smo se vratili u školu, Kashi je došao u moju sobu.

„Ako umrem, hoćete li me naći kada se ponovno rodim i usmjeriti me opet na duhovni put?" To je pitanje izgovorio jecajući.

Nisam se usudio pristati na tako tešku odgovornost. No iz tjedna u tjedan Kashi me nastavljao proganjati. Vidjevši da je već na rubu živčanog sloma, napokon sam ga utješio.

„Dobro,", obećao sam. „Ako mi nebeski Otac pomogne, pokušat ću te naći."

Za vrijeme ljetnih praznika otišao sam na kratak izlet. Bilo mi je žao što nisam mogao povesti Kashija sa sobom pa sam ga prije polaska pažljivo zamolio da, unatoč svim uvjeravanjima, ostane u školi okružen njezinim duhovnim vibracijama. Imao sam predosjećaj da će, ako ne pođe kući, uspjeti izbjeći nadolazeću nesreću.

Tek što sam otišao, u Ranchiju se pojavio Kashijev otac. Dva ga je tjedna nagovarao, protiv njegove volje, da pođe s njim u Kalkutu vidjeti majku. Ostat će tamo samo četiri dana, govorio je otac, a onda se može vratiti natrag. No Kashi je i dalje uporno odbijao ići. Otac je na posljetku zaprijetio da će ga na silu odvesti uz pomoć policije. Prijetnja je uznemirila Kashija koji nije želio u javnosti prouzročiti mogući negativni publicitet škole. Nije imao drugog izbora nego poći.

Nekoliko dana kasnije vratio sam se u Ranchi. Kada sam čuo kako je Kashi odveden, odmah sam se uputio u Kalkutu. Tamo sam uzeo kočiju. Na moje iznenađenje, dok sam prelazio preko mosta Howrah na Gangesu, prvi ljudi koje sam ugledao bili su Kashijev otac i ostala rodbina, svi u koroti. Povikao sam vozaču da stane, sjurio se iz kočije i ljutito se unio u lice nesretnom ocu.

„Gospodine Ubojico,", zavikao sam pomalo nerazumno, „Vi ste ubili mog dječaka!".

Otac je već bio shvatio zlo koje je učinio time što je na silu doveo Kashija u Kalkutu. Za tih nekoliko dana kod kuće Kashi je pojeo zaraženu hranu, dobio koleru i umro.

Moja ljubav prema Kashiju, kao i obećanje koje sam mu dao da ću ga naći, proganjali su me danonoćno. Gdje god sam se nalazio, njegovo lice mi je izranjalo pred očima. Čekala me zahtjevna potraga, slična onoj kojom sam jednom davno pokušao naći svoju izgubljenu majku.

Osjećao sam da ću se, uza svu moć razuma koju mi je Bog podario, morati svojski potruditi kako bih otkrio skrivene zakone astralnog svijeta u kojemu se sada Kashi nalazio. Postalo mi je jasno da je on duša koja vibrira neispunjenim željama; nakupina svjetla koja pluta negdje među milijunima svjetlećih duša u astralnim područjima. Kako da se povežem s njim među mnoštvom treperećih svjetala drugih duša?

Koristeći se tajnom tehnikom joge, odašiljao sam svoju ljubav prema Kashijevoj duši pomoću „mikrofona" duhovnog oka, unutarnje točke između obrva.* Intuitivno sam osjećao da će se Kashi uskoro vratiti na Zemlju i da će mi, ako mu nastavim bez prestanka odašiljati svoj poziv, njegova duša odgovoriti. Znao sam da ću i najmanji impuls koji mi Kashi pošalje znati prepoznati kao podražaj živaca u svojim prstima, rukama i kralježnici.

Koristeći se podignutim rukama kao antenama, često sam se okretao oko sebe pokušavajući otkriti mjesto gdje se, vjerovao sam, Kashi kao zametak već sprema na ponovno rođenje. Nadao sam se da će do mog „radioprijamnika u srcu" stići njegov signal.

Nesmanjenom upornošću tu sam metodu joge neprestano izvodio oko šest mjeseci nakon Kashijeve smrti. Šećući jednog jutra s nekolicinom prijatelja kroz gužvu tržnice Bowbazar u Kalkuti, podigao sam kao i obično ruke u zrak. Tada sam prvi put primio odgovor. Sav uzbuđen, osjetio sam peckanje poput električne struje u prstima i dlanovima. To strujanje se pretvorilo u snažnu misao koja mi je dolazila iz dubine svijesti: „Ja sam Kashi, ja sam Kashi. Dođi k meni!"

Ta misao je postala gotovo čujna dok sam se koncentrirao na radioprijamnik u svom srcu. Iznova sam čuo zazivanje tihim, pomalo hrapavim glasom vrlo sličnom Kashijevu†. Uhvatio sam za ruku jednog od svojih pratilaca, Prokasha Dasa, i nasmiješio mu se radosno.

„Čini se da sam pronašao Kashija!"

Počeo sam se vrtjeti u krug, što je izazvalo neskriveno čuđenje mojih prijatelja i mnoštva koje je prolazilo pokraj nas. Električni podražaji u mojim prstima javljali su se samo kada bih se okrenuo prema obližnjoj ulici prikladna naziva *Zavojiti put*. Kada bih se okretao u drugim smjerovima, astralna struja bi nestala.

---

* Volja koja se odašilje iz točke između obrva predstavlja uređaj za *emitiranje* misli. Čovjekovi osjećaji ili emocionalna snaga koji su smireno pohranjeni u srcu omogućavaju mu da djeluje kao misaoni radiouređaj koji *prima* poruke drugih ljudi bez obzira na to jesu li u blizini ili daleko. Pomoću telepatije tanahne vibracije misli u čovjekovu umu prenose se posredstvom finih titraja astralnog etera, a zatim prelaze u grublji zemaljski eter u kojem proizvode električne valove. Oni se na posljetku pretvaraju u misaone valove osobe koje ih prima.

† Svaka je duša u svom čistom stanju sveznajuća. Kashijeva duša sjećala se svih posebnosti Kashija kao dječaka pa je stoga imitirala njegov hrapavi glas kako bi mi pomogla prisjetiti se.

KASHI
učenik škole u Ranchiju

„Aha,", uzviknuo sam, "Kashijeva duša sada sigurno živi u utrobi neke majke koja stanuje u ovoj ulici."

Prijatelji i ja približili smo se Zavojitom putu i vibracije u mojim podignutim rukama postale su jače i izraženije. Kao da me privlači neki nevidljivi magnet, prešao sam na desnu stranu ceste. Stigavši do ulaza u jednu zgradu, stao sam kao ukopan. Pokucao sam na vrata vidno uzbuđen, zadržavajući dah. Osjećao sam da je moja duga i neobična potraga pred uspješnim završetkom.

Od sluškinje koja mi je otvorila vrata doznao sam da je njezin gospodar kod kuće. On se spustio stubama s drugog kata smiješeći se radoznalo. Nisam znao kako bih smisleno postavio pitanje koje me je zanimalo.

„Gospodine, recite mi, molim Vas, očekujete li Vi i Vaša žena već šest mjeseci prinovu u obitelji?*"

---

* Iako mnogi ljudi nakon fizičke smrti ostaju u astralnom svijetu 500 ili 1000 godina, nema jednoznačnog pravila u vezi s duljinom razdoblja između dvaju utjelovljenja. (Vidi 43. poglavlje.) Vrijeme čovjekova boravka u fizičkom odnosno astralnom svijetu karmički je

„Da, tako je." Vidjevši da sam swami odjeven u tradicionalnu narančastu odoru, dodao je ljubazno: „Molim Vas, recite mi otkud Vam je to poznato?"

Kada je čuo priču o Kashiju i o obećanju koje sam mu dao, zaprepašteni čovjek mi je povjerovao.

„Dobit ćete sina svijetle puti.", rekao sam mu. „Imat će široko lice i razdjeljak navrh čela. Po prirodi će biti izrazito sklon duhovnosti." Bio sam siguran da će dijete koje se sprema roditi imati ove sličnosti s Kashijem.

Kasnije sam posjetio dijete kojem su roditelji nadjenuli njegove staro ime Kashi. Čak i kao beba, ono je po izgledu jako sličilo mom dragom učeniku iz Ranchija. Dijete mi je odmah pokazivalo naklonost. Bila je to privlačnost iz prošlosti, sada s udvostručenim intenzitetom.

Godinama kasnije, dok sam bio u Americi, stiglo mi je pismo dječaka tinejdžerske dobi. U pismu mi je objasnio kako duboko čezne krenuti putem onoga koji se odriče svijeta. Ja sam ga uputio jednom učitelju u Himalaji koji je primio kao učenika njega – ponovno rođenog Kashija.

---

predodređeno.

Smrt, a i spavanje kao "mala smrt", nužnosti su smrtnika jer omogućavaju neprosvijetljenom ljudskom biću privremeni odmor od okova osjetila. Budući da je čovjekova istinska priroda Duh, on u snu i u smrti dobiva određene nove podsjetnike na svoju bestjelesnost.

Uravnotežujući zakon karme, kako ga objašnjavaju indijski sveti spisi, predstavlja zakon akcije i reakcije, uzroka i posljedice, sijanja i žetve. U skladu s prirodnom pravednošću (*rita*), svaki čovjek svojim mislima i djelima određuje vlastitu sudbinu. Kakve god bile univerzalne energije koje je on sâm mudro ili nepromišljeno stavio u pokret, one mu se na posljetku vraćaju kao svom ishodištu, kao što se po kružnici uvijek na kraju vraćamo u točku iz koje smo krenuli. "Svijet se doima poput matematičke jednadžbe koja se, kako god okreneš, sama uravnotežuje. Svaka se tajna otkrije, svaki zločin kažnjava, svaka vrlina nagrađuje, a svaka nepravda ispravlja, u tišini i sa izvjesnošću.", *Emerson*, "*Kompenzacija*". Razumijevanje karme kao pravednog zakona koji stoji u podlozi životnih nepravdi služi kako bi čovjek shvatio da krivci za ovo nisu ni Bog ni čovjek. (Vidi napomenu na str. 169-70.)

29. POGLAVLJE

Rabindranath Tagore i ja uspoređujemo škole

„Rabindranath Tagore nas je naučio pjevati bez naprezanja, poput ptica i da je pjevanje prirodan oblik vlastita izražavanja."

To mi je objašnjenje dao Bhola Nath, bistri četrnaestogodišnji učenik moje škole u Ranchiju, nakon što sam jednog jutra pohvalio njegovo melodično pjevanje. Dječak bi i bez nekog povoda znao nadahnuto pjevati. Prije nego što je došao u Ranchi, pohađao je poznatu Tagoreovu školu Santiniketan (Nebeski mir), u Bolpuru.

„Rabindranathove pjesme prate me od rane mladosti.", rekao sam svom sugovorniku. „Svi Bengalci, čak i nepismeni seljaci, uživaju u njegovim uzvišenim stihovima."

Bhola i ja smo otpjevali nekoliko pripjeva iz Tagoreove pjesmarice. On je uglazbio na tisuće indijskih pjesama, dijelom vlastitih, a dijelom iz bogate indijske baštine.

„Rabindranatha sam upoznao ubrzo nakon što je dobio Nobelovu nagradu za književnost.", rekao sam nakon što smo završili s pjesmom. „Htio sam ga posjetiti jer sam se divio njegovoj beskompromisnosti kada su bile u pitanju književne kritike na njegov račun." Smijuljio sam se.

Bhola je radoznalo iščekivao priču.

„Stručnjaci su oštro napali Tagorea zbog uvođenja novog stila u bengalsko pjesništvo.", započeo sam. „On je slobodno upotrebljavao, uz klasične, i kolokvijalne izraze, ne obazirući se na strogo propisanu formu toliko dragu panditima. Njegove pjesme sadržavaju duboke filozofske istine ispjevane na osjećajan način, ne mareći puno za prihvaćene akademske norme.

Jedan vrlo utjecajni kritičar posprdno je nazvao Rabindranatha 'golubljim pjesnikom koji je prodao svoje gugutave stihove za jednu rupiju'. Ali Rabindranath je uskoro dobio priliku za osvetu. Nakon što je sâm preveo na engleski svoju zbirku pjesama *Gitanjali* („Pjesme darovnice") doživio je hvalospjeve kritičara na Zapadu. Odjednom su panditi gomilice, uključujući i onog prijašnjeg kritičara, nahrupili u Santiniketan da mu čestitaju.

Rabindranath je primio goste tek nakon namjerne stanke i zatim odslušao njihove hvale u potpunoj tišini. Kada su napokon završili, obratio im se istom mjerom kojom su oni njega nekad kritizirali.

'Gospodo', rekao je, 'miomirisne počasti koje mi sada pružate u neskladu su s neugodnim zadahom vašeg nekadašnjeg prijezira. Ima li možda činjenica da sam dobio Nobelovu nagradu imalo veze s vašim iznenadnim obraćenjem u moje štovatelje? Ja sam naime i dalje onaj isti pjesnik koji vam nije bio po volji kada je prvi put ponudio svoje ponizne, skromne stihove na oltar Bengala.'

Novine su objavile izvještaj o tom otvorenom Tagoreovom napadu na kritičare. Divio sam se tim izravnim riječima čovjeka kojeg nije moglo omamiti laskanje.", nastavio sam. „S Rabindranathom me u Kalkuti upoznao njegov tajnik, g. C. F. Andrews* odjeven u jednostavan bengalski *dhoti*. On je s puno ljubavi Tagorea zvao 'Gurudeva'.

„Rabindranath me je prijateljski primio. Odavao je čovjeka iz kojeg zrače šarm, kultura i uglađenost. Na moje pitanje o svojim književnim uzorima odgovorio mi je da su na njega najviše utjecali naši vjerski epovi i djela Vidyapatija, popularnog pjesnika iz četrnaestog stoljeća."

Nadahnut tim sjećanjima, počeo sam pjevati Tagoreovu inačicu stare bengalske pjesme „Upali svjetiljku Svoje ljubavi". Bhola i ja smo je pjevali puni radosti dok smo šetali dvorištem Vidyalaye.

Neke dvije godine nakon što sam osnovao školu u Ranchiju Tagore me pozvao da ga posjetim u Santiniketanu kako bismo izmijenili svoja iskustva u vezi obrazovanja mladih. Rado sam se odazvao pozivu. Pjesnika sam zatekao kako sjedi u radnoj sobi. Kao i tijekom prvog susreta, i sada sam pomislio kako je on izrazit primjer idealne muškosti, kakav bi svaki slikar poželio. Njegove lijepo oblikovane crte lica koje su odavale plemenito podrijetlo, uokvirivala je duga kosa i gusta brada. Velike, blistave oči, anđeoski osmijeh i melodiozni glas bili su doslovce očaravajući. Visok i čvrsto građen, ozbiljna držanja, u sebi je ujedinjavao gotovo ženstvenu nježnost s

---

* Engleski pisac i novinar, blizak prijatelj Mahatme Gandhija. G. Andrewsa u Indiji cijene zbog njegovih brojnih doprinosa svojoj drugoj domovini.

RABINDRANATH TAGORE
Nadahnuti 'Pjesnik Bengala' i dobitnik
Nobelove nagrade za književnost

dražesnom spontanošću djeteta. Zaista se može reći kako je ovaj nježni poet bio idealno oličenje pjesnika.

Uskoro smo se Tagore i ja upustili u duboku raspravu uspoređujući svoje škole koje su obje bile utemeljene na nestandardnim principima. Otkrili smo kako one imaju mnoga istovjetna obilježja: nastavu na otvorenom, jednostavnost, raznolikost predmeta koji zadovoljavaju dječji stvaralački duh. Tagore je, međutim, veliki naglasak davao proučavanju književnosti i pjesništva te vlastitu izražavanju kroz glazbu i pjevanje, što sam upravo uočio kod Bhole. Djeca u Santiniketanu prakticirala su i razdoblja tišine, ali nisu dobivala nikakvu posebnu poduku iz joge.

Bilo mi je drago vidjeti kako pjesnik s velikom pozornosti sluša moj opis energetskih Yogoda vježbi i joga tehnika koncentracije koje su učili svi učenici u Ranchiju.

Tagore mi je pričao o svojim vlastitim teškoćama tijekom školovanja. „Pobjegao sam iz škole nakon završenog petog razreda.", rekao je smijući se. Mogao sam dobro zamisliti kako se njegova urođena

Rabindranath Tagore i ja uspoređujemo škole

pjesnička istančanost nije nikako mogla uskladiti s uobičajenom krutošću i disciplinom školske učionice.

„Zbog toga sam osnovao Santiniketan, školu pod krošnjama drveća i zvjezdanim nebom." Pokretom ruke je izražajno pokazao prema maloj grupi koja je imala nastavu u lijepom vrtu. „Dijete se osjeća u svom prirodnom okružju kada je među cvijećem i pticama pjevicama. U takvim uvjetima ono može lakše izraziti svoju individualnost i skrivenu nadarenost. Istinsko obrazovanje ne sastoji se od ulijevanja znanja iz vanjskih izvora, već u pomaganju da na površinu izađe beskonačno vrelo mudrosti koje se nalazi unutra."*

Složio sam se i dodao: „U standardnim školama se sklonost djece prema idealizmu i obožavanju junaka nadomješta pukom statistikom i suhoparnim kronološkim navođenjem povijesnih razdoblja."

Pjesnik je s puno ljubavi govorio o svom ocu Devendranathu koji je potaknuo osnivanje škole Santiniketan.

„Otac mi je ustupio ovu plodnu zemlju na kojoj je on već bio izgradio kuću za goste i hram.", ispričao mi je Rabindranath. „Svoj obrazovni eksperiment započeo sam ovdje 1901. godine sa samo deset dječaka. Sav novac koji sam dobio od Nobelove nagrade, osam tisuća funti, utrošio sam na održavanje škole."

„Tagore stariji, Devendranath, nadaleko poznat kao Maharishi („veliki mudrac"), bio je iniman čovjek, što se može doznati čitajući njegovu *Autobiografiju*. Dvije je godine u odrasloj dobi proveo meditirajući u Himalaji. Njegova je pak oca, Dwarkanatha Tagorea, čitav Bengal slavio kao velikoga javnog dobrotvora. Iz takvoga uglednog obiteljskog stabla proizašla je obitelj genijalaca. Ne samo Rabindranath, već i svi njegovi rođaci, istaknuli su se na stvaralačkom području. Njegovi nećaci, Gogonendra i Abanindra, ubrajaju se među najistaknutije indijske umjetnike†. Rabindranathov brat Dwijendra bio je istaknuti filozof kojeg su voljele čak i ptice i šumska stvorenja.

Rabindranath me je pozvao da prenoćim u kući za goste. Navečer sam uživao u društvu pjesnika i grupe učenika na otvorenoj terasi.

---

* „Za dušu koja je doživjela tolika rođenja ili, kako Indijci kažu, 'putuje egzistencijalnom stazom kroz tisuće rođenja'... ne postoji znanje koje već nije stekla; stoga ne čudi da je sposobna prisjetiti se... onog što je nekad znala... Jer istraživanje i učenje su samo oblici prisjećanja."- *Emerson*, "*Reprezentativni ljudi*."

† I Rabindranath je u svojim šezdesetima započeo ozbiljan studij slikarstva. Njegova su djela kasnije izložena u europskim prijestolnicama i u New Yorku.

Vrijeme kao da se vratilo unatrag: prizor koji sam gledao kao da je izašao iz kakve drevne duhovne škole; radosni pjevač okružen poklonicima, a svi uronjeni u božansku ljubav. Tagore je vezivao čvor svakog prijateljstva vezicama sklada. Nenapadno je znao osvojiti srce neodoljivim magnetizmom. Predstavljao je rijedak pjesnički cvijet u vrtu Gospodnjem koji je privlačio ljude prirodnim miomirisom.

Rabindranath nam je melodičnim glasom pročitao nekoliko svojih izvanrednih novih pjesama. Većina njegovih pjesama i drama nastala je u Santiniketanu s namjerom da razonodi njegove studente. Po mom mišljenju, ljepota njegova djela je u tome što se obraća Bogu gotovo u svakom stihu, a ipak rijetko izravno spominje sâmo sveto Ime. „Opijen blaženstvom pjevanja", pisao je, "zaboravljam se i zovem Prijateljem tebe, Gospode."

Sutradan sam se, nakon ručka, nevoljko oprostio od pjesnika. Raduje me što je njegova mala škola sada prerasla u međunarodno sveučilište Visva- Bharati*, idealno mjesto za učenike iz mnogih zemalja.

„Tamo gdje je um bez straha, a glava uzdignuta visoko;
Gdje znanje je slobodno;
Gdje svijet nije razlomljen u komadiće uskogrudnim zidovima;
Gdje riječi odzvanjanju iz dubina istine;
Gdje neumorno nastojanje pruža svoje ruke prema savršenstvu;
Gdje bistri potok razuma nije zalutao u pustinju okorjele navike;
Tamo gdje um Ti vodiš naprijed prema sveobuhvatnom mišljenju i djelovanju;
Neka se u tom raju slobode, o Oče, probudi moja zemlja!"†

RABINDRANATH TAGORE

---

* Iako je voljeni pjesnik umro 1941., njegova ustanova Visva-Bharati i dalje uspješno djeluje. U siječnju 1950., šezdeset i pet učitelja i učenika iz Santiniketana posjetilo je na deset dana Yogoda Satsanga školu u Ranchiju. Skupinu je predvodio Sri S.N. Ghosal, rektor školskog odjela u Visva-Bharatiju. Gosti su na oduševljenje studenata iz Ranchija dojmljivo uprizorili Rabindranathovu prekrasnu pjesmu "Pujarini."

† Iz pjesničke zbirke *Gitanjali*. Dubokoumna studija pjesnikova stvaralaštva može se naći u djelu *Philosophy of Rabindranath Tagore*, poznatog stručnjaka, Sir S. Radhakrishnana (Macmillan, 1918).

30. POGLAVLJE

Zakon čuda

Veliki romanopisac Lav Tolstoj* napisao je prekrasnu narodnu priču *Trojica pustinjaka*. Njegov prijatelj Nicholas Roerich ovako ju je prepričao:

„Živjela na jednom otoku trojica pustinjaka. Bili su toliko priprosti da su znali samo jednu molitvu: 'Nas je troje, Ti si troje - smiluj nam se!' Dok bi se tako prostodušno molili, događala su se velika čudesa.

„Do mjesnog biskupa† stigle su vijesti o neprimjerenoj molitvi trojice pustinjaka. Odlučio ih je posjetiti i naučiti ih kako se ispravno moli. Kad je stigao na otok, rekao im je kako je njihovo zazivanje nebesa neprimjereno i podučio ih mnogim uobičajenim molitvama. Zatim se ukrcao na brod i krenuo kući. Tijekom plovidbe ugledao je u daljini sjajno svjetlo. Dok mu se približavalo, u njemu je prepoznao trojicu pustinjaka koji su se držali za ruke i trčali po vodi pokušavajući sustići brod.

Kad su stigli do biskupa, povikali su uglas: 'Zaboravili smo molitve koje ste nas naučili pa smo pohitali zamoliti Vas da nam ih ponovite.' Zaprepašteni biskup zavrtio je glavom.

'Dragi moji", odgovorio im je ponizno, 'nema potrebe. Nastavite živjeti sa svojom starom molitvom!'"

Kako su trojica svetaca mogla hodati po vodi?
Kako je Krist mogao uskrisiti svoje raspeto tijelo?
Kako su Lahiri Mahasaya i Sri Yukteswar izvodili svoja čuda?
Današnja znanost još nema odgovora na ta pitanja iako je atomsko doba znatno proširilo vidike čovječanstva o ustroju prirode i svijeta.

---

* Tolstoj i Mahatma Gandhi imali su mnoge zajedničke ideale. Ta dvojica velikana u svojem su dopisivanju raspravljali o temi nenasilja. Tolstoj je smatrao da je središnja misao Kristova nauka: „Ne opirite se zlotvoru! Naprotiv, udari li te tko po desnom obrazu, okreni mu i drugi!" (Mt 5:39). Zlu se možemo „oduprijeti" samo njegovom logičnom suprotnošću: dobrotom ili ljubavi.

† Ova priča očito ima povijesno uporište. Iz urednička bilješke doznajemo da se biskup sreo s trojicom pustinjaka tijekom plovidbe od Arhangelska do samostana Solovecki koji se nalazi na ušću rijeke Dvine.

Riječ 'nemoguće' sve se manje spominje u ljudskom govoru.

Vede govore kako je fizički svijet ustrojen na jednom temeljnom zakonu – Zakonu *maye*. On djeluje na načelu relativnosti i dvojnosti. Bog predstavlja jedini Život, apsolutno Jedinstvo. Kako bi se prikazao u obliku mnogobrojnih odijeljenih stvari i pojava, On na sebe navlači lažni veo iluzije koji je *maya*,* a čiji je bitan izražaj – dvojnost. Tu jednostavnu izjavu davnih rišija potvrdila su mnoga velika znanstvena otkrića modernoga doba.

Newtonov treći aksiom mehanike ili Zakon gibanja u stvari je zakon *maye* jer glasi: „Svakom djelovanju (akciji) suprotstavlja se jednako i suprotno usmjereno djelovanje (reakcija). Sila kojom jedno tijelo djeluje na drugo uravnotežena je silom istog iznosa, ali suprotnog smjera kojom drugo tijelo djeluje na ono prvo." Sile akcije i reakcije su dakle uvijek iste jakosti, ali suprotnog smjera. „Nemoguće je imati samo jednu silu, već se uvijek javlja par jednakih i suprotno usmjerenih sila.".

Sve prirodne pojave otkrivaju nam svoje ishodište u *mayi*. Npr., elektricitet je vezan uz postojanje dvije vrste naboja: pozitivnog i negativnog, iz čega proizlaze i dvije vrste sila: odbojna (među istoimenim nabojima) i privlačna (među suprotnim nabojima). Elektron i proton kao građevni elementi atoma iz kojih je sastavljena priroda imaju jednak iznos električnog naboja, ali suprotnih predznaka (elektron je negativno električki nabijen, a proton pozitivno). I sâm atom, kao osnovna jedinica svakog kemijskog elementa, primjer je polarnosti: on predstavlja sićušni magnet, a svaki magnet ima svoj pozitivni (sjeverni) i negativni (južni) magnetski pol. Čitav pojavni svijet je pod neizbježnim utjecajem polarnosti. U svakom zakonu fizike, kemije ili neke druge prirodne znanosti uvijek nailazimo na neizbježne suprotnosti ili suprotstavljajuća načela.

Fizika stoga ne može oblikovati zakone koji bi bili izvan utjecaja *maye* jer se ona nalazi u samoj osnovi i sastavu stvaranja. Priroda je u stvari *maya* pa su prema tome i prirodne znanosti neizbježno pod njezinim utjecajem. Ona sama je, u svom polju djelovanja, vječna i neiscrpna pa znanstvenici u budućnosti mogu samo i dalje ispitivati i istraživati, jedan za drugim, nove pojave iz njezine beskonačne riznice. Znanost je tako osuđena na stalnu potragu koja nikada ne dovodi do konačnog odgovora. Ona je doista sposobna otkriti zakonitosti već

---

* Vidi napomene na str.: 40 i 42.

stvorenog svemira, ali je nemoćna u nalaženju Zakonodavca, Jedinog Upravitelja. Čovjek je upoznao i proniknuo u zakone veličanstvenih pojava kao što su gravitacija i elektricitet, ali *što* su u stvari gravitacija i elektricitet, to nije poznato nijednom smrtniku.*

Proroci su od pamtivijeka kao glavni zadatak ljudskog roda isticali prevladavanje ograničenja *maye* kao uvjeta za trajnu sreću. Uvidjeli su da je najviši čovjekov cilj oslobađanje od okova dvojnosti prisutne u stvaranju i uviđanje jedinstvenosti Stvoritelja, kao onoga koji je prisutan u osnovi svega. Oni koji se i dalje vežu za kozmičku iluziju, *mayu*, nužno moraju prihvatiti uz nju vezan zakon suprotnosti: plime i oseke, uspona i pada, dana i noći, ugode i boli, dobra i zla, rođenja i smrti. Ta vrtnja u krug kroz koju čovjek prolazi u tisućama ponovnih rođenja stvara u njemu osjećaj tjeskobe i jednoličnosti pa on počinje s nadom gledati u mogućnost prevladavanja prisila koje nameće *maya*.

Da bi se uklonila *maya*, podigla koprena iluzije, potrebno je razotkriti tajnu stvaranja. Jedini istinski monoteist je onaj koji uspije na taj način razotkriti svemir. Svi drugi se u stvari klanjanju poganskim idolima. Dokle god čovjek ostaje pod utjecajem dualističkih iluzija Prirode, izmiče mu spoznaja jednoga pravog Boga i on u stvari štuje boginju *Mayu* koja poput rimskoga boga vremena Janusa ima dva lica.

Kozmička iluzija, *maya*, prikazuje se u ljudima kao *avidya*, odnosno neznanje, neukost, prijevara. *Maya* ili *avidya* nikada se ne mogu uništiti umnim naporom ili analizom, već jedino postizanjem unutarnje spoznaje u stanju zvanom *nirbikalpa samadhi*. Proroci Staroga zavjeta i mudraci iz svakog doba i iz svih zemalja govorili su dok su bili u tom stanju svijesti.

Ezekijel je govorio:† „Zatim me povede k vratima što gledaju na istok. I gle, Slava Boga Izraelova dolazi od istoka; šum joj kao šum velikih voda: i zemlja se sjala od slave njegove." Kroz božansko oko u čelu (istok) jogi svojom sviješću uplovljava u sveprisutnost slušajući pritom riječ ili Aum, božanski zvuk („šum velikih voda"): titraje svjetla od kojih je načinjena jedna jedina istinska stvarnost stvaranja.

Od milijardi tajni svemira najviše nas zadivljuje svjetlost. Za

---

* Poznati izumitelj Marconi potvrdio je nemoć znanosti kada su u pitanju konačne istine ovim riječima: „Nemoć znanosti da riješi tajnu života je potpuna. Ta činjenica bila bi doista zastrašujuća da ne postoji vjera. Zagonetka života zasigurno je problem koji se najdulje opire rješenju otkako je čovjek počeo razmišljati o svijetu koji ga okružuje."

† Ez 43:1-2.

razliku od zvučnih valova koji za svoje širenje trebaju materijalno sredstvo: zrak, vodu ili nešto treće, svjetlosni valovi bez problema putuju kroz zrakoprazni međuzvjezdani prostor. Svjetlosti nije potreban ni hipotetski eter koji su fizičari neuspješno pokušali dokazati kako bi svjetlost objasnili slično mehaničkim valovima. Prema Einsteinovoj teoriji relativnosti takav eter je nepotreban. U svakom slučaju, svjetlost je od svih prirodnih pojava ona koja se najviše udaljava od našega uobičajenog poimanja materijalnoga svijeta.

U zamašnoj Einsteinovoj specijalnoj teoriji relativnosti, brzina svjetlosti, koja u vakuumu iznosi 300.000 km/s, temeljna je fizikalna konstanta. Brzina svjetlosti se ne mijenja bez obzira na stanje gibanja motritelja, što je nespojivo s tzv. Newtonovom klasičnom mehanikom, koja je utemeljena na svakodnevnim opažanjima gibanja makroskopskih tijela. Taj temeljni Einsteinov postulat o „apsolutnosti" brzine svjetlosti doveo je do relativnosti pojmova prostora i vremena, što se očituje u fenomenima poznatima kao: dilatacija vremena i kontrakcija dužina. Prostor i vrijeme izgubili su dakle prethodnu nepromjenljivost i postali podložni promjeni ovisno o stanju gibanja motritelja. Svjetlost tako postaje jedina čvrsta stvarnost.

Einsteinova specijalna teorija relativnosti obuhvatila je fizikalne grane: mehaniku i elektrodinamiku. Einstein se ovdje nije zaustavio. Nastavio je u pokušaju ujedinjenja gravitacije i elektromagnetizma, što je nazvao Jedinstvena teorija polja. Pokušavajući znanstveno objasniti strukturu svemira kao varijaciju jednog jedinog zakona, Einstein se približio rišijima iz davne prošlosti koji su govorili kako je jedina potka stvaranja: raznolika *maya*.*

Kao posljedica bitne Einsteinove specijalne teorije relativnosti uskoro se razvila i mogućnost prodiranja u tajne strukture atoma. U Einsteinovoj teoriji javlja se ekvivalentnost materije i energije pa su znanstvenici počeli gledati na dotad strogo materijalne čestice kao na grude zgusnute energije ili entitete polja, matematičke tvorevine u podlozi očitovane prirode. Na taj način se atomska energija može smatrati u biti tvorevinom uma.

Sir Arthur Stanley Eddington piše u svojoj knjizi, *The Nature of the*

---

* Einstein je bio uvjeren da se veza između zakona elektromagnetizma i gravitacije može izraziti matematički u sklopu *Jedinstvene teorije polja* na kojoj je radio u vrijeme pisanja ove knjige. Iako za života nije dovršio svoju teoriju, mnogi fizičari i danas dijele Einsteinovo uvjerenje da se takva jedinstvena teorija može naći (*bilješka izdavača*).

Physical World*: „Iskreno prihvaćanje činjenice da se fizikalna znanost u stvari bavi svijetom sjena jedan je od najbitnijih iskoraka. U svijetu fizike promatramo igru sjena na poznatoj pozornici života. Sjena moga lakta leži na sjeni stola dok sjena tinte teče sjenovitim papirom. Sve je to simbolično i fizičar to ostavlja kao simbol. Onda na scenu stupa alkemičar Um koji preobražava te simbole... Kratko i jasno, i pomalo grubo, može se zaključiti kako je tvar od koje je načinjen svijet zapravo – tvorevina uma."

Nedavno otkriće elektronskog mikroskopa, uređaja koji koristi valna svojstva materijalne čestice kao što je elektron, dalo je definitivan dokaz valne prirode subatomskih čestica, dakle i samog atoma, što pak znači da je i osnova atoma u stvari svjetlost. Dakle još jedna dvojnost u mikrosvijetu: elektron se ponaša i kao materijalna čestica i kao val svjetlosti! *The New York Times* je 1937. izvijestio o predstavljanju mogućnosti elektronskog mikroskopa iznesenom na sastanku Američke udruge za napredak u znanosti:

Kristalna struktura volframa, koja je do sada bila poznata samo posredno putem ogiba rendgenskih zraka, sada je jasno vidljiva na fluorescentnom ekranu sa svojih devet atoma u pravilnom rasporedu kubične kristalne rešetke: po jedan atom u svakom kutu i jedan u sredini. Atomi u kristalnoj rešetki volframa vidljivi su na fluorescentnom ekranu kao svjetlucave točke u pravilnom prostornom rasporedu. U pozadini te kristalne kocke svjetlosti mogle su se vidjeti molekule zraka izložene snopu elektrona kao rasplesane točke svjetla nalik na titrajuću sunčevu svjetlost na namreškanoj površini vode...

Princip rada elektronskog mikroskopa prvi su 1927. otkrili znanstvenici Clinton J. Davisson i Lester H. Germer iz Bellovih laboratorija u New Yorku nakon što su ustanovili da elektroni posjeduju dvojnu prirodu tj., ponašaju se i kao val i kao materijalna čestica.† Valna priroda elektrona znači da se on ponaša poput svjetlosti pa je započeta potraga za načinom na koji elektrone "fokusirati" baš kao što se svjetlo fokusira lećama u optičkom mikroskopu.

Za ovo otkriće ponašanja elektrona, poput dr. Jekylla i g. Hydea, koje je ... pokazalo da sav fizički svijet ima dvostranu osobnost dr. Davisson je dobio Nobelovu nagradu za fiziku.

Sir James Jeans piše u knjizi *The Mysterious Universe*‡: „Niz znanstvenih činjenica do kojih je došla moderna fizika vodi prema

---

* Izdavač: Macmillan Company.
† To jest, javljaju se i kao tvar i kao energija.
‡ Izdavač: Cambridge University Press.

postojanju nemehaničke stvarnosti. Svemir se sada čini više poput velike misli nego poput velikoga mehaničkog stroja."

Na ovaj način znanost dvadesetog stoljeća počinje zvučati kao stranica iz pradavnih Veda.

Neka onda, ako tako treba biti, od znanosti čovjek nauči filozofsku istinu o tome da ne postoji materijalni svemir: u samoj njegovoj potki nalazi se *maya*, iluzija. Podvrgnemo li je proučavanju, nestaju sve njezine optičke varke stvarnosti. Kako se pred čovjekovim očima potporni stupovi fizičkog svemira ruše jedan po jedan, on počinje nazirati kroz maglu i prepoznavati svoje idolopoklonstvo i kršenje zapovjedi Božje: „Nemoj imati drugih bogova uz Mene."*

U svojoj slavnoj jednadžbi koja pokazuje ekvivalentnost mase i energije Einstein je dokazao da je energija bilo koje čestice jednaka umnošku njezine mase ili težine i kvadrata brzine svjetlosti. Atomska energija oslobođena u nuklearnim reakcijama dolazi na temelju pretvorbe mase čestica u energiju. Tako je na simboličan način "smrt" materije dovela do rađanja atomskog doba.

Brzina svjetlosti nije matematički standard ni temeljna fizikalna konstanta zbog svojega posebnog iznosa od 300.000 km/s već zbog toga što nijedno materijalno tijelo, čija se masa povećava s brzinom, ne može nikad postići brzinu svjetlosti. Izraženo na drugi način: samo tijelo beskonačne mase moglo bi se gibati brzinom svjetlosti.

Ova zamisao dovodi nas do zakona čuda.

Prosvijetljeni učitelji koji su sposobni materijalizirati i dematerijalizirati svoja tijela ili druge predmete, gibati se brzinom svjetlosti i koristiti stvaralačke zrake svjetla za materijaliziranje bilo koje fizičke pojave ispunili su u stvari danu zakonitost: njihova je masa beskonačna.

Svijest usavršenog jogija bez teškoća se usklađuje ne s ograničenim tijelom već sa svemirom u cjelini. Gravitacija, bilo da je smatramo "silom" kao kod Newtona ili pak "očitovanjem tromosti" kako je vidi Einstein, ne može prisiliti prosvijetljenog učitelja da se podvrgne djelovanju sile teže: onomu što je inače osnovna značajka svih materijalnih predmeta. Onaj tko je spoznao da je zapravo sveprisutni Duh taj više ne podliježe krutim zakonima koji vladaju tijelima u vremenu i prostoru. Okovi ograničenja uma razbijaju se pred spasonosnom spoznajom: *Ja sam On.*

* Izl 20:3.

„Neka bude svjetlost! I bi svjetlost."* U činu stvaranja svemira prva zapovijed koju je Bog dao dovela je u postojanje osnovnu građu svega ostalog: svjetlost. Božansko očitovanje uvijek prate zraci toga netvarnog sredstva. Poklonici iz svih razdoblja svjedoče da im se Bog javlja kao plamen i svjetlost. „Njegove su oči bile kao ognjeni plamen", govori nam Sv. Ivan, „ ... a Njegovo je lice bilo kao sunce kad sja u svoj svojoj sili."†

Jogi putem savršene meditacije spaja svoju svijest sa Stvoriteljem i uviđa da je osnova svemira svjetlost (titraji životne energije). Za njega ne postoji razlika između svjetlosti od koje je načinjena voda i svjetlosti od koje je načinjena zemlja. Prosvijetljeni učitelj posjeduje svijest koja nije vezana ni za materiju ni za tri dimenzije prostora i četvrtu dimenziju vremena, stoga se on može kretati jednakom lakoćom kroz svjetlosne zrake zemlje, vode, vatre i zraka.

„Bude li ti oko zdravo, čitavo će ti tijelo biti *u svjetlu*."‡ Dugotrajna koncentracija na oslobađajuće duhovno oko omogućava jogiju da se riješi svih iluzija u vezi s materijom i njezinom težinom uvjetovanom gravitacijom. On vidi svemir na način kakvim ga je Gospod stvorio: kao more istovrsna svjetla.

Dr. L.T. Troland sa Sveučilišta Harvard govori nam kako: „Naš vid djeluje na istom načelu na kojem su otisnute slike u novinama ili knjigama, tehnikom poznatom kao 'polutonski' raster. To znači da su te slike sastavljene od sićušnih, otisnutih točkica, tako malih da ih ljudsko oko ne može uočiti. Osjetljivost očne mrežnice tako je velika da je za nastanak slike dovoljan relativno malen broj kvanta odgovarajuće svjetlosti."

Zakon čuda može koristiti svaki čovjek koji je spoznao da je bitna osnova cjelokupnog stvaranja - svjetlost.

Učitelj stoga može iskoristiti svoje božansko znanje o prirodi svjetla kako bi trenutačno u fizičkom svijetu stvorio predmet ili pojavu od sveprisutnih atoma svjetlosti. Što se pritom stvara (npr.: drvo, lijek, ljudsko tijelo) određuje jogijeva želja te njegova moć volje i vizualizacije.

Noću dok spava, čovjek ulazi u stanje svijesti snova i na taj način bježi od lažnih egoističnih ograničenja koja ga okružuju tijekom dana. U snu on uvijek iznova dobiva dokaz svemogućnosti svog uma. Gle!

---

* Post 1:3.
† Otk 1:14-16.
‡ Mt 6:22.

U snu se pojavljuju njegovi davno umrli prijatelji, udaljeni kontinenti i prizori iz njegova djetinjstva.

Ovo stanje slobodne i neuvjetovane svijesti koje svi ljudi povremeno doživljavaju u snovima jest stanje uma u kojem neprekidno borave majstori ostvareni u Bogu. Jogi koristi ovu stvaralačku moć volje koju mu je darovao Stvoritelj kako bi, lišen bilo kakve sebične namjere, preraspodijelio atome svjetlosti svemira i tako uslišao bilo koju iskrenu molitvu poklonika.

„I reče Bog: 'Načinimo čovjeka na svoju sliku, sebi slična, da bude gospodar ribama morskim, pticama nebeskim i stoci – svoj zemlji – i svim gmizavcima što puze po zemlji!'"*

Ovo je dakle svrha zbog koje je nastao čovjek i sve stvaranje: da bi se uzdigao iznad ograničenja *maye* i postao njezin gospodar, spoznajući kako se njegova vlast prostire nad cijelim svemirom.

Godine 1915., ubrzo nakon što sam pristupio Redu swamija, doživio sam neobično viđenje. Ono mi je pomoglo da shvatim relativnost ljudske svijesti i jasno uvidim jedinstvo Vječnog Svjetla koje se nalazi u pozadini bolnih dvojnosti *maye*. Viđenje mi je došlo dok sam jednog jutra sjedio u maloj tavanskoj sobi svojega roditeljskog doma u Ulici Garpar. Tada je već mjesecima u Europi divljao Prvi svjetski rat, a ja sam sa žalošću razmišljao o velikom broju žrtava.

Dok sam držao oči zatvorene tijekom meditacije, moja je svijest iznenada prebačena u tijelo zapovjednika bojnog broda. Zrak je parala grmljavina topovske paljbe koja se izmjenjivala između brodskih topova i obalnih baterija. Velika granata pogodila je skladište streljiva i raspolovila moj brod. Skočio sam u valove zajedno s nekolicinom preživjelih mornara.

Uspio sam doplivati do obale, a srce mi je divlje udaralo. Ali! Zalutali metak pogodio me u prsa. Stenjući, pao sam na tlo. Cijelo mi je tijelo bilo paralizirano pa ipak sam ga i dalje bio svjestan kao što je čovjek svjestan noge koja mu je utrnula.

„Na posljetku me sustigla tajanstvena smrt.", mislio sam. Uz zadnji uzdah počeo sam tonuti u nesvijest kad odjednom – ponovno sam se našao kako sjedim u položaju lotosa u svojoj sobi.

Obuzeo me histeričan plač dok sam pun sreće pipao i štipao svoju ponovno stečenu imovinu: tijelo bez rupe od metka. Počeo sam se

---

* Post 1:26.

njihati naprijed-natrag udišući i izdišući pritom kako bih se uvjerio da sam živ. Usred tog čestitanja samome sebi ponovno mi je svijest prebačena u tijelo mrtvog zapovjednika na obali punoj krvi. Misli su mi bile u potpunoj pomutnji.

„Gospodine," molio sam se, „jesam li ja mrtav ili živ?"

Zasljepljujuća igra svjetlosti ispunila je cijeli obzor. Zvuk tihe vibracije postupno se pretvorio u razumljive riječi.

„Što imaju život i smrt sa svjetlosti? Ja sam te stvorio na sliku Svoje svjetlosti. Relativnosti života i smrti pripadaju kozmičkom snu. Pogledaj svoje biće izvan sna! Probudi se, dijete Moje, probudi!"

Kao korake prema čovjekovu buđenju Bog nadahnjuje znanstvenike da u prikladno vrijeme i na prikladnom mjestu otkrivaju tajne Njegova stvaranja. Mnoga nova otkrića pomažu čovjeku da shvati kako je svemir samo raznoliki izražaj jedne sile - svjetlosti koju vodi Božanska Inteligencija. Čudesa poput kinematografa, radija, televizije, radara, fotoelektrične ćelije, tog začudnog "električnog oka", atomske energije, sva se temelje na elektromagnetskim pojavama, dakle na svjetlosti.

Filmska umjetnost je sposobna prikazati bilo koje čudo. Tehnike filmskih trikova mogu vizualizirati sve što se zamisli. Na filmu čovjek može biti proziran poput astralnog tijela koje izlazi iz fizičkog tijela, može hodati po vodi, uskrsavati mrtve, prirodni vremenski tijek događaja može se preokretati, uglavnom, može se proizvoljno igrati i vremenom i prostorom. Stručnjak za filmske efekte može slagati slike na koji god način poželi postižući pritom optička čuda slična onima koja pravi Učitelj čini sa stvarnim zrakama svjetlosti.

Pokretne filmske slike koje gledamo u kinu mogu nam u mnogo čemu otkriti analogiju s tajnama stvaranja. Svemirski Redatelj napisao je Svoje vlastite scenarije i okupio golemu ekipu glumaca za nastup u predstavi koja traje stoljećima. Iz tamne projekcijske sobe vječnosti, On odašilje snop Svoga svjetla kroz filmsku vrpcu stoljeća koja se nižu i tako nastaju slike koje se projiciraju na platnu prostora.

Upravo kao što se filmske slike doimaju stvarnima dok ih gledamo, a u stvari su samo kombinacije svjetla i sjene, tako je i predstava svemira u stvari nestvarna u svojoj osnovi. Planeti i svjetovi na njima sa svojim bezbrojnim oblicima života nisu ništa drugo nego likovi u svemirskom filmu. Te prolazne prizore koji su za čovjekovih pet osjetila stvarni, beskonačni stvaralački snop prikazuje na platnu ljudske svijesti.

Publika u kinodvorani može podignuti pogled prema gore i vidjeti da sve raznolike slike prizora na filmskom platnu stvara jedan bijeli snop svjetlosti koji sâm ne sadržava nikakve slike. Na sličan način i slikovita drama svemira ima svoje ishodište u jedinstvenom bijelom svjetlu Kozmičkog Izvora. Koristeći se svojom nezamislivom domišljatosti, Bog uprizoruje divovsku predstavu za Svoju djecu, u kojoj su ona i glumci i publika toga Njegovog planetarnog kazališta.

Jednog sam dana otišao u kino pogledati filmske novosti o stanju na europskim bojišnicama. Prvi svjetski rat i dalje je trajao na Zapadu, a filmski izvještaj prikazivao je užase rata tako realistično da sam iz kina otišao sav utučen.

„Gospode,", molio sam se, „zašto dopuštaš takvu patnju?"

Na svoje veliko iznenađenje dobio sam trenutačan odgovor u obliku viđenja u kojem sam gledao stvarne europske bojišnice. Ti su prizori mrtvih i umirućih po okrutnosti uvelike nadmašivali bilo koji prizor iz filmskih novosti.

„Gledaj pažljivo!", čuo sam nježan Glas kako mi govori iz dubine svijesti. „Uvidjet ćeš da su ovi prizori iz Francuske u stvari samo svojevrsni *kjaroskuro*. Oni su dio kozmičkog filma i stvarni onoliko koliko je stvarna i kinopredstava filmskih novosti koju si upravo vidio – predstava unutar predstave."

Moje srce i dalje nije bilo utješeno. Božanski Glas je nastavio: „Stvaranje uključuje i svjetlo i sjenu, u suprotnom ne bi bilo slike. Dobro i zlo koje uprizoruje *maya* u vječnom su nadmetanju za prevlast. Kada bi radost trajala vječno na ovom svijetu, bi li čovjek poželio otići ikamo drugamo? Da nema patnje, čovjek jedva da bi se i sjetio toga da je napustio svoj vječni dom. Bol potiče na prisjećanje. Mudrost nam otkriva izlaz iz patnje. Tragedija smrti nije stvarna. Oni koji pred njom drhte su poput neupućenog glumca koji umire od straha na sceni ne znajući da je u njega ispaljen slijepi metak. Moji sinovi su djeca svjetlosti; oni neće zauvijek spavati u zabludi."

Iako sam u svetim spisima čitao o *mayi*, to mi nije dalo tako dubok uvid kakav mi se javio u osobnim viđenjima i pratećim riječima utjehe. Čovjekovo poimanje života duboko se mijenja kada se napokon uvjeri da je stvaranje samo jedna golema filmska predstava te da prava stvarnost ne leži u toj predstavi, već izvan nje.

Nakon što sam dovršio pisanje ovog poglavlja sjedio sam na

krevetu u položaju lotosa. Moja soba* bila je prigušeno osvijetljena dvjema svjetiljkama sa sjenilom. Podigavši pogled, primijetio sam posvuda po stropu svjetlucave i titrajuće točkice svjetla boje gorušice. Te nebrojene zrake svjetla skupile su se u prozirni oblak i slijevale u mene. Odjednom je moje fizičko tijelo izgubilo čvrstoću i poprimilo astralnu strukturu. Osjetio sam se kao da plutam u bestežinskom stanju, jedva dotičući krevet, a tijelo mi se naizmjence pomicalo lijevo-desno. Osvrnuo sam se po sobi, namještaj i zidovi izgledali su uobičajeno, ali mala nakupina svjetlosti toliko se umnožila da je strop postao nevidljiv. Bio sam sav opčinjen time.

„Na ovaj način djeluje mehanizam kozmičke kinopredstave." Taj mi je Glas govorio kao da dolazi iz te Svjetlosti. „Snop svjetlosti koji vidiš obasjava bijeli zastor tvojih plahti na krevetu i stvara sliku tvoga tijela. Pogledaj, tvoj oblik nije ništa doli svjetlo!"

Zurio sam u svoje ruke i pomicao ih naprijed-natrag, no i dalje nisam osjećao njihovu težinu. Preplavila me velika radost i bio sam kao u ekstazi. Izdanak kozmičkog svjetla koje je procvalo u vidu mojeg tijela činio se kao božanska reprodukcija snopova svjetlosti koji izlaze iz projekcijske sobe u kinodvorani i očituju se kao slike na ekranu.

To iskustvo filmske projekcije moga tijela u slabašno osvijetljenom kinu moje vlastite spavaće sobe trajalo je dugo. Iako sam imao mnoga viđenja, nijedno se nije moglo usporediti s ovim. Dok se iluzija o čvrstom tijelu u potpunosti raspršivala, a produbljivala moja spoznaja o tome kako je bitna osnova svih predmeta svjetlost, pogledao sam u bujicu astralne svjetlosti i molećivo rekao:

„Božanska Svjetlosti, uzmi natrag k Sebi ovu moju poniznu tjelesnu sliku, kao što je nekada Ilija bio odveden u nebo na ognjenim kolima."†

---

* U duhovnoj školi Self Realization Fellowshipa koja se nalazi u Encinitasu u Kaliforniji (*bilješka izdavača*).

† 2 Kr 2:11.

„Čudom" obično smatramo događaj ili učinak koji naoko ne podliježe nekoj zakonitosti ili je iznad nje. No svi događaji u našem točno podešenom svemiru u skladu su sa zakonom, odnosno postoji zakon koji ih može objasniti. Takozvane čudesne moći velikog učitelja u stvari su prirodna posljedica njegova razumijevanja skrivenih zakona unutarnjeg svemira svijesti.

Ništa se ne može smatrati "čudom", osim ako u dubljem smislu ne kažemo da je sve čudo. Postoji li, na primjer, išta čudesnije ili neuobičajenije od činjenica da svatko od nas posjeduje precizno organizirano tijelo i da se nalazi na Zemlji koja se vrti poput zvrka dok istodobno juri svemirom?

Veliki proroci poput Krista ili Lahirija Mahasaye obično izvode mnoga čuda. Takvi učitelji imaju veliko i teško duhovno poslanje za dobrobit čovječanstva, pri čemu je čudesno

Molitva je očito bila zbunjujuća jer je snop svjetlosti nestao. Moje tijelo je ponovno poprimilo svoju normalnu težinu i vratilo se na krevet. Roj zasljepljujućeg svjetla na stropu zasvjetlucao je i nestao. Očito, još nije došlo vrijeme da napustim Zemlju.

„Osim toga," sinulo mi je, „Ilija vjerojatno ne bi bio baš zadovoljan ovom mojom nadobudnošću!"

---

pomaganje ljudima u nevolji dio njihove misije. (Vidi napomenu na str. 218.) Neizlječive bolesti i nerješive ljudske probleme može odriješiti samo božanska naredba. Kada je Krista kraljev službenik zamolio da iliječi njegova umirućeg sina u Kafarnaumu, Isus je odgovorio s gorkim humorom: „Ako ne vidite čudesne znakove, vi nipošto nećete vjerovati." Ali je i dodao: „Idi, tvoj je sin živ!" (Iv 4:46-54).

U ovom poglavlju iznio sam vedsko objašnjenje pojma *maye*, čarobne moći prijevare koja se nalazi u podlozi svih pojavnih svjetova. Zapadna znanost već je otkrila da „čarolija" nestvarnog prožima svijet atoma koji grade „materijalni" svijet. Uz samu Prirodu i čovjek (u vidu smrtnika) podliježe *mayi*: principu relativnosti, suprotnosti, dvojnosti, obrnutosti, stanjima suprotnosti.

Treba imati na umu da nisu samo rišiji shvaćali pojam *maye*. Proroci Starog zavjeta rabili su za *mayu* ime Sotona (dosl., na hebrejskom „neprijatelj, suparnik"). Novi zavjet, koji je pisan na grčkom, kao ekvivalent riječi Sotona koristi riječ *diabolos* ili vrag, đavao. Sotona ili *Maya* je svemirski čarobnjak koji stvara mnoštvo oblika kako bi sakrio Jednu Neoblikovanu Istinu. Prema Božjem scenariju, u njegovoj predstavi (*lili*), jedina uloga Sotone ili *Maye* jest da pokušava odvratiti čovjeka od Duha prema materiji, od Stvarnosti prema nestvarnom.

Krist slikovito opisuje *mayu* kao vraga, ubojicu i lašca. „Vi imate đavla za oca... On bijaše ubojica ljudi od početka i nije stajao čvrsto u istini, jer u njemu nema istine. Kad god govori laž, govori svoje vlastito jer je lažac i otac laži." (Iv 8:44).

„... jer je đavao grešnik od početka. Sin se Božji pojavio zato da uništi đavolska djela." (1 Iv 3:8). Drugim riječima, očitovanje Kristove Svijesti unutar čovjekova bića bez napora uništava iluzije ili „đavolska djela".

Maya je prisutna „od početka" jer je sastavni dio pojavnih svjetova. Oni su pak u stalnoj mijeni kao potpuna suprotnost Božanskoj Nepromjenljivosti.

31. POGLAVLJE

Razgovor sa Svetom Majkom

„Poštovana Majko, mene je kao bebu krstio Vaš suprug-prorok. On bijaše guru mojih roditelja i mojega gurua Sri Yukteswarjija. Bila bi mi iznimna čast kada biste mi, molim Vas, ispričali nekoliko zgoda iz Vašega svetog života."

Tim riječima obratio sam se Srimati Kashi Moni, životnoj družici Lahirija Mahasaye. Iskoristio sam kratki boravak u Benaresu da ispunim svoju davnu želju i posjetim štovanja vrijednu gospođu.

Ona me susretljivo primila u domu obitelji Lahiri, u dijelu Benaresa zvanom Garudeswar Mohulla. Iako već u godinama, odisala je duhovnošću i cvala poput lotosa. Bila je srednjeg rasta, svijetle kože, tanka vrata i blistavih očiju.

„Ovdje si dobrodošao, sine. Popni se gore."

Kashi Moni me odvela do male sobe gdje je nekoć živjela sa svojim mužem. Bio sam počašćen prigodom da uđem u hram u kojem se taj učitelj bez premca udostojio igrati bračnu ulogu. Ljubazna gospođa pokazala mi je da sjednem na jastuk do nje.

„Trebale su mi godine da shvatim božansku veličinu svojega supruga.", započela je. „Jedne noći, upravo u ovoj sobi, sanjala sam slikovit san. Sjajni anđeli lebdjeli su iznad mene u neopisivoj slavi. Taj prizor bijaše toliko stvaran da sam se istog časa probudila. Na moje čuđenje, soba je bila ispunjena blještavom svjetlošću.

Moj suprug je lebdio nasred sobe u položaju lotosa okružen anđelima. Anđeli su se molili sklopljenih dlanova, iskazujući mu tako ponizno poštovanje.

Bila sam neopisivo zbunjena i mislila sam da još uvijek sanjam.

'Ženo', reče mi Lahiri Mahasaya, 'ne sanjaš. Ostavi se sna jednom zauvijek!'. Dok se on polako spuštao na pod, ja sam se prostrla pred njegova stopala.

'Gospodaru, Učitelju!', povikala sam, 'Klanjam ti se ponovno i ponovno! Hoćeš li mi oprostiti što sam te smatrala svojim mužem?

Umirem od stida pri pomisli da sam živjela nesvjesna pokraj onoga koji je božanski probuđen. Od ove noći Ti više nisi moj muž, već moj guru. Hoćeš li primiti moju neznatnu malenkost za svoju učenicu?'*

Učitelj me nježno dodirnuo. 'Sveta dušo, ustaj. Primam te.' Pokazao mi je prema anđelima. 'Molim te, pokloni se svakomu od ovih svetaca.'

Nakon što sam se ponizno poklonila svakomu od njih anđeoski glasovi javili su se uglas, zvučeći poput zbora iz drevnih spisa:

'Supruго Božanskoga, blagosiljamo te i pozdravljamo.' Kleknuli su pred moja stopala i gle! Njihove su sjajne pojave nestale. Soba je ostala u tami.

Moj guru me pitao želim li da me inicira u *Kriya jogu*.

'Naravno.', odgovorila sam. 'Žao mi je što još prije u životu nisam dobila taj blagoslov.'

'Tada još nije bilo vrijeme za to.' Lahiri Mahasaya se utješno smiješio. 'Za to vrijeme ja sam ti tiho pomogao odraditi velik dio tvoje karme. Zbog toga si sada voljna i spremna.'

Dotaknuo mi je čelo. Pojavili su se snopovi uskovitlane svjetlosti, a njezin sjaj postupno se uobličio u poput opala plavo duhovno oko koje je na rubovima bilo zlatno, a u njegovu središtu bila je bijela petokraka.

'Uđi svojom sviješću kroz tu zvijezdu u Kraljevstvo Beskonačnosti.', glas mojega gurua imao je nov ton, mekan poput udaljene glazbe.

Viđenja su se redala jedno za drugim poput oceanskih valova koji se obrušavaju na obale moje duše. Slikoviti prizori nebesa napokon su se stopili u more blaženstva. Izgubila sam se u tim uvijek novim naletima blaženih osjećaja. Kada sam se satima kasnije sviješću vratila u ovaj svijet, učitelj mi je pokazao tehniku *Kriya joge*.

Od te noći Lahiri Mahasaya više nikad nije spavao u mojoj sobi. U stvari, nije više uopće spavao. Boravio je u prizemlju u društvu svojih učenika, i danju i noću."

Uzvišena gospođa je zašutjela. Postavši svjestan njezina jedinstvenog odnosa s plemenitim jogijem, usudio sam se zamoliti je da nastavi s prisjećanjima.

„Nezasitan si, sine. Ipak čut ćeš još jednu priču." Sramežljivo se smiješila. „Priznat ću grijeh koji sam počinila prema svojemu mužu guruu. Bilo je to nekoliko mjeseci nakon moje inicijacije. Počela sam se osjećati napuštenom i zanemarenom. Jednog jutra Lahiri Mahasaya

---

* „On je za Boga jedino, ona za Boga u njemu." – Milton.

došao je u ovu malu sobu po neki predmet. Ja sam brzo krenula za njim i, obuzeta nerazumnošću, oštro ga napala:

'Sav novac trošite na svoje učenike, a što je s Vašim odgovornostima za ženu i djecu? Žalosno je što ne pokazujete dovoljno zanimanja za priskrbljivanje više novca obitelji.'

Učitelj me pogledao na trenutak, a zatim - gle čuda! - nestao je. Zaprepaštena i uplašena, čula sam glas koji je odzvanjao iz svih dijelova sobe:

'Sve je u stvari ništa, zar ne vidiš? Kako ti ništa može priskrbiti materijalna bogatstva?'

'Guruji!', zavapila sam, 'Milijun puta te preklinjem, oprosti mi! Moje te grešne oči više ne vide; molim te, pojavi se u svom svetom obliku!'

'Ovdje sam.' Glas je dolazio odozgo. Podigla sam glavu i ugledala učitelja kako se materijalizira u zraku dok mu je glava dodirivala strop. Oči su mu bile zasljepljujući plamenovi. Sva izvan sebe od straha, ležala sam jecajući kraj njegovih stopala nakon što se tiho spustio na pod.

'Ženo', rekao je, 'tragaj za božanskim bogatstvom, a ne za lažnim sjajem materijalnih dobara. Nakon što stekneš unutarnje blago, vidjet ćeš da materijalni dobici dolaze sami.' Dodao je: 'Jedan od mojih duhovnih sinova pobrinut će se da ne oskudijevaš.'

Naravno, riječi moga gurua su se ostvarile. Jedan je učenik zaista ostavio znatnu svotu novca našoj obitelji."

Zahvalio sam Kashi Moni što je podijelila u razgovoru sa mnom ta čudesna iskustva.* Sutradan sam ponovno došao u njezin dom i uživao u zanimljivoj filozofskoj raspravi s Tincourijem i Ducourijem Lahirijem. Ta dvojica svetačkih sinova velikoga jogija Indije slijedila su duhovne ideale svojega oca. Obojica su bila svijetle puti, visoki, čvrsto građeni i imali su gustu bradu. Glasovi su im bili nježni i posjedovali su neku staromodnu draž u ophođenju.

Supruga Lahirija Mahasaye nije bila njegova jedina učenica. Bilo ih je na stotine, uključujući i moju majku. Jedna učenica (*chela*) zamolila je jednom gurua za fotografiju. Dao joj je sliku i napomenuo: „Ako je tražiš za zaštitu, neka bude tako; inače je to samo slika."

Nekoliko dana kasnije ta je žena zajedno sa snahom Lahirija Mahasaye proučavala Bhagavad Gitu. Sjedile su za stolom iza kojeg je na zidu bila obješena guruova fotografija. Nastalo je jako grmljavinsko nevrijeme.

---

* Časna majka umrla je u Benaresu 25. ožujka 1930.

Žene su kleknule pred sliku. „Lahiri Mahasaya, zaštiti nas!" Grom je udario u knjigu na stolu, ali dvije su žene ostale neozlijeđene.

„Imala sam osjećaj kao da se oko mene stvorio ledeni plašt koji me zaštitio od vreline udara groma.", rekla je *chela*.

Lahiri Mahasaya izveo je dva čuda povezana sa svojom učenicom Abhoyom. Ona i njezin muž, odvjetnik iz Kalkute, jednog su se dana uputili u Benares u posjet guruu. Njihova rikša zapela je u gustom prometu pa im je vlak pobjegao pred nosom.

Abhoya je tiho stajala kraj blagajne za prodaju karata.

„Lahiri Mahasaya, preklinjem te, zaustavi vlak!" molila se u sebi. „Ne mogu podnijeti pomisao da ću još jedan cijeli dan morati čekati kako bih te vidjela."

Kotači zahuktalog vlaka nastavili su se okretati, ali u praznom hodu. Strojovođa i putnici izašli su na peron da vide o čemu se radi. Engleski službenik željeznice prišao je Abhoyi i njezinu mužu. Ponudio im je svoje usluge, što je bilo izvan svih uobičajenih normi. „Babu,", rekao je, „dajte mi novac. Ja ću vam kupiti karte dok se vi ukrcavate."

Kada se par ukrcao i dobio karte, vlak je polako krenuo. Strojovođa i putnici u panici su se popeli u vlak ne znajući kako je vlak ponovno krenuo, a još manje zašto se uopće zaustavio.

Kada je stigla u dom Lahirija Mahasaye u Benaresu, Abhoya se bez riječi prostrla ispred Učitelja u namjeri da mu dotakne stopala.

„Priberi se, Abhoya!", rekao joj je. „Baš me voliš gnjaviti! Kao da nisi mogla pričekati sljedeći vlak!"

Abhoya je još jednom posjetila Lahirija Mahasayu; ovaj put trebala je njegovo posredovanje, ne glede vlaka, već glede potomstva.

„Molim Vas za blagoslov kako bi moje deveto dijete ostalo živo.", rekla je. „Rodila sam osmero djece, ali sva su umrla ubrzo nakon rođenja."

Učitelj se smiješio pun razumijevanja. „Ovo dijete će živjeti. Molim te slijedi pažljivo moje upute. Djevojčicu koju nosiš rodit ćeš noću. Pobrini se da uljanica gori cijele noći sve do zore. Nemoj zaspati i time dopustiti da svjetiljka utrne."

Abhoya je doista noću rodila djevojčicu, baš kako je predvidio sveznajući guru. Majka je napomenula primalji neka pazi da svjetiljka gori cijele noći. Obje su žene budno pazile na svjetiljku gotovo do samog jutra, ali tada ih je ipak svladao san. Svjetiljka samo što nije utrnula; plamen joj je slabašno treperio. Odjednom su se vrata spavaće sobe

Razgovor sa Svetom Majkom

otvorila uz snažan zvuk. Žene su se prenule. Pred svojim zaprepaštenim očima ugledale su lik Lahirija Mahasaye.

„Pogledaj, Abhoya, svjetlo samo što se nije ugasilo!" Pokazao je na svjetiljku i primalja se odmah požurila ponovno je napuniti uljem. Kada se plamen opet pojačao, Učitelj je nestao. Vrata su se zatvorila i zasun vratio na svoje mjesto, a da ga nije dotaknula nikakva vidljiva ruka.

Abhoyino deveto dijete ostalo je živo. Kada sam se 1935. o njemu raspitivao, još je bilo živo.

Jedan od učenika Lahirija Mahasaye, poštovani gospodin Kali Kumar Roy, ispričao mi je mnoge nevjerojatne pojedinosti iz Učiteljeva života:

„Bio sam čest gost u njegovu domu u Benaresu, ostajao bih tamo tjednima.", pripovijedao mi je Roy. „Primijetio sam da mnogi sveci, zvani *dandi* swamiji,* dolaze u tišini noći kako bi sjeli do guruovih stopala. Ponekad bi sudjelovali u raspravi o meditaciji i filozofskim temama. U zoru bi uzvišeni gosti otišli. Tijekom mojih posjeta, ustanovio sam da Lahiri Mahasaya nijednom nije otišao na počinak."

„Kad sam upoznao Učitelja, morao sam se sukobljavati sa svojim poslodavcem.", nastavio je Roy. „On je bio sav uronjen u materijalizam."

„'Ne želim vjerske fanatike među svojim zaposlenicima.', podrugljivo je govorio. 'Ako ikada sretnem tvoga šarlatanskog gurua, čut će od mene riječi koje će zapamtiti!'

Usprkos tim prijetnjama nastavio sam redovito posjećivati svojega gurua. Provodio sam kod njega gotovo svaku večer. Jedne me večeri moj poslodavac slijedio i nepristojno upao u sobu za goste. Nema sumnje da je došao kako bi ostvario svoju namjeru. No dok on još nije propisno niti sjeo, Lahiri Mahasaya obratio se grupi od dvanaestero učenika:

'Želite li svi vidjeti sliku?'

Kada smo svi kimnuli glavom, zamolio nas je da zamračimo sobu. 'Sjednite u krug jedan iza drugoga,' rekao je, 'i rukama prekrijte oči onomu ispred vas.'

Nisam se iznenadio kada sam vidio kako je i moj poslodavac, iako nevoljko, prihvatio Učiteljeve upute. Za nekoliko minuta Lahiri Mahasaya upitao nas je što vidimo.

'Gospodine,' odgovorio sam, 'vidim lijepu ženu u *sariju* s crvenim

---

* Članovi reda koji ritualno nose bambusov štap (*danda*) kao simbol *Brahma-dande* (Brahmina štapa), kojeg u čovjeku predstavlja kralježnica. Buđenje sedam cerebrospinalnih središta predstavlja istinski put k Beskonačnom.

obrubom kako stoji pokraj biljke bergenije.' I svi ostali učenici dali su isti opis. Učitelj se okrenuo prema mojem poslodavcu. 'Prepoznaješ li ovu ženu?'

'Da.' Čovjek se očito borio s navalom osjećaja koji su dosad bili strani njegovoj prirodi. 'Bio sam nerazuman i trošio novac na nju, a kod kuće imam dobru ženu. Sramim se zbog namjere koja me je ovamo dovela. Hoćete li mi oprostiti i primiti me za svojega učenika?'

'Ako šest mjeseci budeš vodio ispravan, moralan život, prihvatit ću te.' Učitelj je dodao: 'U suprotnom, neću te inicirati.'

Tri mjeseca moj je poslodavac odolijevao kušnji, a zatim je nastavio posjećivati onu ženu. Dva mjeseca nakon toga je umro. Tada mi je postalo jasno guruovo skriveno predviđanje kako nije vjerojatno da će taj čovjek biti iniciran."

Lahiri Mahasaya imao je poznatog i slavnog prijatelja Trailangu Swamija, za kojeg se smatralo da je star tristo godina. Dvojica jogija često su zajedno meditirala. Trailangina slava među Indijcima je tolika da bi rijetko tko posumnjao u bilo koju priču o njegovim čudesima. Kada bi se Krist ponovno vratio na Zemlju i hodao ulicama New Yorka pokazujući svoje božanske moći, izazvao bi među ljudima jednako strahopoštovanje kakvo je Trailanga izazivao prije nekoliko desetljeća na napučenim ulicama Benaresa. On je bio jedan od *siddhasa*, savršenih bića, koji su štitili Indiju od erozije vremena.

U više slučajeva moglo se vidjeti Swamija kako pije najsmrtonosnije otrove bez ikakva štetnog učinka. Na tisuće ljudi, od kojih su neki i danas živi, vidjelo je Trailangu kako pluta Gangesom. Danima bi znao sjediti na vodi ili dugo vremena ostati skriven pod valovima. Uobičajen prizor na gatu Manikarnika bilo je Swamijevo nepokretno tijelo kako leži na grubim stijenama sasvim izloženo nemilosrdnom indijskom suncu.

Trailanga je tim svojim pothvatima htio pokazati kako ljudski život ne mora ovisiti o kisiku ili o određenim uvjetima i mjerama opreza. Taj veliki učitelj mogao je biti ispod vode ili nad njom, mogao je prkositi vrelim sunčevim zrakama, no bitno je ovo: on je time dokazivao da živi u božanskoj svijesti i da mu smrt ništa ne može.

Taj jogi nije bio samo duhovna veličina već je i tijelom bio golem. Težio je više od sto pedeset kilograma, dakle pola kilograma po godini života! To je bilo još čudnije jer je vrlo rijetko jeo. Takvom učitelju, međutim, nije bio problem ignorirati pravila zdravog života kada za to ima neki valjan razlog, često skriven i poznat samo njemu. Veliki sveci koji su se probudili iz kozmičkog sna *maye* i koji su shvatili da je ovaj svijet u stvari zamisao Božanskog Uma, mogu činiti sa svojim tijelom što god žele, znajući da je ono oblik zgusnute energije kojim se može upravljati. Iako su znanstvenici došli do spoznaje kako je materija u stvari zamrznuta energija, prosvijetljeni učitelji pobjedonosno su prešli s teorije na praksu kada je riječ o kontroli materije.

Trailanga je uvijek bio posve gol. To baš i nije bilo po volji policiji u Benaresu. Swami se sasvim prirodno osjećao bez odjeće i, poput Adama u Rajskom vrtu, bio je potpuno nesvjestan svoje golotinje. No policija je itekako bila svjesna njegove golotinje pa ga je bez puno poštovanja i ustezanja strpala u zatvor. Na javnu sramotu čuvara reda i zakona, uskoro se moglo vidjeti golemo Trailangino tijelo, i dalje posve golo, na krovu zatvora! Njegova zatvorska ćelija bila je i dalje zaključana, bez ikakve naznake o načinu bijega.

Pokolebani zatvorski službenici ponovno su ga zatvorili. Ovaj su put pred vrata njegove ćelije postavili stražara kako ne bi ponovno pobjegao ruci Pravde. Uskoro je veliki učitelj opet viđen kako bezbrižno šeće po krovu.

Božica Pravde nosi povez preko očiju. Nadmudrena policija se u Trailanginu slučaju povela za njezinim primjerom.

Veliki jogi držao se zavjeta šutnje.* Usprkos okruglom licu i golemom bačvastom trbuhu, Trailanga je jeo tek povremeno. Nakon što tjednima ne bi ništa okusio, prekidao bi post ispijajući lonce kiselog mlijeka koje su mu nudili poklonici. Jedan 'nevjerni Toma' umislio je da će pokazati kako je Trailanga šarlatan i varalica. Stavio je ispred Swamija golemu kantu punu živog vapna koje se inače rabi za bijeljenje zidova.

„Učitelju,", rekao je materijalist glumeći poštovanje, „donio sam ti kiselog mlijeka. Molim te, popij ga."

Trailanga je bez oklijevanja popio sve, do zadnje kapi gorućeg vapna. Nekoliko minuta kasnije zlobnik je u agoniji pao na zemlju.

„U pomoć, Swami, u pomoć!" vikao je. „Sav gorim! Oprosti mi što sam te iskušavao na tako podli način!"

Veliki jogi prekinuo je svoj zavjet šutnje. „Gnjusni varalico!", rekao je, „Nisi shvaćao kada si mi nudio otrov da su moj i tvoj život jedno.

---

* On je bio *muni* ili redovnik koji se pridržava *maune*, zavjeta duhovne šutnje. Sanskrtski izraz *muni* je sličan grčkoj riječi *monos*, „sâm, jedan", iz koje su izvedene engleske riječi kao: *monk* i *monism*.

Jedina razlika je ta što ja znam kako je Bog prisutan u mom želucu, kao i u svakom atomu stvaranja, pa me vapno ne može ubiti. Sada kada si shvatio što znači božanski bumerang, da ti više nikad nije palo na pamet igrati se tako ni s kim!"

Grešnik, izliječen Trailanginim riječima, posramljen je nestao.

Preusmjeravanje patnje nije bilo posljedica Učiteljeve volje već djelovanje Zakona pravednosti* koji se proteže do najviših nebeskih svjetova. U slučaju ljudi poput Trailange, koji su spoznali Boga, taj zakon djeluje trenutno jer su oni zauvijek odbacili svojeglava vrludanja ega.

Vjera u sukladnost samousklađenja (koje se često događa na nepredvidiv način, kao u slučaju Trailange i njegova 'ubojice') umiruje našu često prenaglu ljutnju kada je u pitanju ljudska nepravda. „Osveta je moja", veli Gospodin, „ja ću je vratiti."† Čemu pribjegavati primjeni skromnih čovjekovih mogućnosti kad svemir može prikladno odgovoriti na nepravdu?

Ljudi bez mudrosti odbacuju mogućnost božanske pravde, ljubavi, sveznanja, besmrtnosti. „To su puka religijska nagađanja!", govore oni. Tim nerazboritim stavom, bez strahopoštovanja prema kozmičkoj predstavi, prizivaju u svoj život niz neskladnih i neugodnih događaja koji ih u konačnici prisiljavaju da počnu tražiti mudrost.

Isus se osvrnuo na svemoć duhovnog zakona tijekom svojega pobjedničkog ulaska u Jeruzalem. Kada su njegovi učenici i mase ljudi radosno uzvikivali: "Mir na nebu! Slava na visini!", neki su farizeji prigovarali zbog nedostojna prizora: „Učitelju,", prosvjedovali su, „zabrani to svojim učenicima."

Ali Isus im je odgovorio da ako njegovi učenici ušute, „kamenje će vikati."‡

Tim svojim prijekorom farizeja Krist je istaknuo kako Božja pravda nije nikakva slikovita apstrakcija te da će čovjek mira, makar mu i iščupali jezik, naći načina da progovori i dobiti zaštitu u samom temelju stvaranja, u samom poretku svemira.

„Mislite li vi", govorio je Isus," da možete ušutkati ljude mira? To je isto kao nadati se da se može ugušiti Božji glas koji odzvanja iz svake stijene Njegove slave i Njegove sveprisutnosti. Zar ćete tražiti da se

---

* 2 Kr 2:19-24. Nakon što je Elizej izveo čudo „ozdravljanja vode" u Jerihonu grupa djece ga je ismijavala. „I odmah iziđoše dva medvjeda iz šume i rastrgaše četrdeset i dvoje djece."

† Rim 12:19.

‡ Lk 19:37-40.

Razgovor sa Svetom Majkom

Jogini (žena jogi) Shankari Mai Jiew, jedina živa učenica Swamija Trailange. Slikana je na *Kumbha Meli* u Hardwaru 1938. kada je *jogini* imala 112 godina. S njom su na slici i trojica predstavnika YSS škole u Ranchiju.

ljudima brani okupljanje kako bi slavili mir na nebesima? Zar ćete im savjetovati da se masovno okupljaju i izražavaju jedinstvo samo kada su u pitanju ratovi zemaljski? Ako je tako, znači da se smatrate iznad samih temelja svijeta, a onda budite spremni jer na vas će se ustremiti svi dobri ljudi kao i stijene i zemlja sama, i voda, i vatra, i zrak će se na vas ustremiti kako bi svjedočili božanskom skladu u stvaranju."

Trailanga, taj kristoliki jogi, jednom je udijelio milost mojem ujaku (*sejo mama*). Ujak je jednog jutra ugledao učitelja među mnoštvom poklonika na gatu u Benaresu. Uspio se probiti do Trailange i ponizno dotaknuti jogijeva stopala. Ujak je bio zaprepašten kada je osjetio da je odjednom nestala bol od kronične bolesti.*

---

* Životi Trailange i ostalih velikih učitelja podsjećaju nas na Isusove riječi: „Ova će čudesa pratiti one koji budu vjerovali: pomoću mog imena izgonit će zle duhove; govorit će novim jezicima; zmije će uzimati rukama; ako popiju što smrtonosno, neće im nauditi; na bolesnike stavljat će ruke i oni će ozdravljati!" – Mk 16:17-18.

Jedini poznati živi učenik velikog jogija je žena Shankari Mai Jiew.* Kao kći jednoga Trailangina učenika postala je njegova učenica još u ranom djetinjstvu. Živjela je četrdeset godina u nizu himalajskih špilja pokraj Badrinatha, Kedarnatha, Amarnatha i Pasupatinataha. Ta je *brahmacharini*, isposnica, rođena 1826., i sada joj je više od stotinu godina. No izgledom nimalo ne odaje svoje godine; kosa joj je i dalje crna, zubi bijeli i posjeduje zadivljujuću energiju. Iz mira svojega izoliranog utočišta izlazi svakih nekoliko godina u vrijeme periodičnih *mela* ili vjerskih svečanosti.

Ta sveta žena često je posjećivala Lahirija Mahasayu. Ispripovjedila je kako je jednom u Barrackporeu pokraj Kalkute, dok je sjedila do Lahirija Mahasaye, u sobu ušao njegov veliki guru Babaji i razgovarao s njih oboje. „Besmrtni učitelj na sebi je imao mokru odjeću", sjeća se, „kao da je upravo izašao iz rijeke. Pritom me je blagoslovio duhovnim savjetom."

Trailanga je katkad, tijekom posjeta Benaresu, prekidao zavjet šutnje kako bi odao javno poštovanje Lahiriju Mahasayi. Jedan Trailangin učenik zbog toga mu je prigovorio:

„Gospodine,", rekao je, „zašto Vi kao swami i onaj koji se odrekao svijeta iskazujete takvo poštovanje prema nekome tko je kućedomaćin?"

„Sine moj,", odgovorio je Trailanga. „Lahiri Mahasaya je poput božanskog mačića koji ostaje tamo gdje ga Svemirska Majka odloži. On je postigao savršeno samoostvarenje savjesno obavljajući pritom i dužnosti obiteljskog čovjeka, dok sam ja do toga visokog duhovnog cilja došao odrekavši se svega - doslovno i zadnjeg komada odjeće!"

---

* Bengalska inačica sufiksa *ji*, koji označava poštovanje.

32. POGLAVLJE

Ramino uskrsnuće

„Bijaše neki bolesnik, Lazar iz Betanije ..., 'Ova bolest nije smrtonosna.', odgovori Isus kad to ču', već je određena za slavu Božju: da proslavi Sin Božjega.'"*

Sri Yukteswar je objašnjavao kršćansko evanđelje jednog jutra na balkonu svoje duhovne škole u Seramporeu. Uz nekoliko njegovih učenika, tamo sam bio i ja s malom skupinom svojih studenata iz Ranchija.

„U ovom odlomku Isus sebe naziva Sinom Božjim. Iako je on uistinu bio u jedinstvu s Bogom, ovim nazivom on nas želi uputiti na nešto što ima duboko neosobno značenje.", objašnjavao je moj guru. „Sin Božji predstavlja Krista ili Božansku Svijest prisutnu u čovjeku. *Smrtnik* ne može slaviti Boga. Čovjek može iskazati čast svom Stvoritelju jedino tako da za Njim traga; čovjek jednostavno ne može slaviti Apstrakciju koju ne poznaje. Ta 'slava' u obliku sjajne aureole oko glave svetaca simbolički svjedoči o njihovoj *sposobnosti* da odaju dužno poštovanje Božanskom."

Sri Yukteswar je nastavio s čitanjem čudesne priče o Lazarovu uskrsnuću. Kada je završio s čitanjem, Učitelj je dugo ostao u tišini s otvorenom Biblijom na koljenima.

Moj guru napokon je nastavio priču svečanim tonom: „I ja sam imao povlasticu svjedočiti sličnom čudu.". Lahiri Mahasaya uskrisio je iz mrtvih jednoga mog prijatelja."

Mali dječaci pokraj mene smiješili su se pokazujući veliko zanimanje. I sâm sam osjećao dječačko oduševljenje i zadovoljstvo, ne samo zbog filozofskog značenja priče, već i zbog nove prigode da čujem još jednu priču o Sri Yukteswarovim iskustvima s njegovim čudesnim guruom.

„Moj prijatelj Rama i ja bili smo nerazdvojni...", započeo je Učitelj. „Rama je bio sramežljiv i povučen pa je posjećivao našega gurua samo između ponoći i zore jer bi se u to doba razišlo uobičajeno mnoštvo

---

* Iv 11:1-4.

učenika koji su dolazili tijekom dana. Rama mi je, kao svom najbližem prijatelju, povjeravao mnoga svoja duboka duhovna iskustva. Naše druženje uvelike me je nadahnjivalo." Lice moga gurua postalo je nježno zbog ovoga prisjećanja.

„No Rama se iznenada našao na ozbiljnoj kušnji.", nastavio je Sri Yukteswar. „Obolio je od azijske kolere. Kako se naš Učitelj nikad nije protivio dolasku liječnika kada je riječ o ozbiljnoj bolesti, pozvana su dvojica liječnika specijalista. Usred sve te strke oko pomaganja bolesniku, ja sam se predano molio Lahiriju Mahasayi za pomoć. Odjurio sam u njegov dom i kroz jecaje mu ispričao što se dogodilo.

'Liječnici se brinu za Ramu. Bit će dobro.', moj guru se dobrodušno smiješio.

Vedra raspoloženja vratio sam se do postelje svojega prijatelja i nemalo se iznenadio ugledavši ga na samrti.

'Neće izdržati dulje od dva sata.', rekao mi je jedan od liječnika, učinivši pritom pokret koji je odavao nemoć da se bilo što učini. Još jednom požurio sam se do Lahirija Mahasaye.

'Liječnici su savjesni ljudi. Siguran sam da će Rama biti dobro.' Učitelj mi je bez imalo uzrujanosti rekao neka odem.

Vratio sam se Rami i vidio da su obojica liječnika otišla. Jedan od njih ostavio mi je poruku: 'Učinili smo sve što smo mogli, ali njegov slučaj je beznadan.'

Moj prijatelj je doista izgledao kao čovjek koji umire. S jedne strane nisam mogao shvatiti kako bi se riječi Lahirija Mahasaye mogle pokazati netočnima, a s druge, pogled na umirućega Ramu kao da mi je govorio: 'Sve je gotovo.' Pod utjecajem ta dva suprotna osjećaja: vjere i sumnje pokušao sam pomoći prijatelju kako sam najbolje znao. Rama se pridigao i s mukom povikao:

'Yukteswar, otrči do Učitelja i reci mu da sam gotov. Zamoli ga da blagoslovi moje tijelo prije posljednje pomasti.' Izgovorivši te riječi, Rama je uz teški izdah napokon ispustio dušu.*

Jedan sat plakao sam kraj njegova kreveta. Uvijek je volio tišinu, i eto, sada je napokon u smrti stigao do potpuna mira. U međuvremenu je došao jedan drugi učenik. Zamolio sam ga da ostane u kući dok se ja ne vratim. Ošamućen i jedva pokrećući noge, krenuo sam natrag k svojemu Učitelju.

---

* Poznato je kako žrtve kolere sve do zadnjeg trenutka života zadržavaju punu svijest.

'Kako je Rama sada?' Lice Lahirija Mahasaye bilo je nasmijano.
'Gospodine, uskoro ćete i sami vidjeti kako je!', izletjelo mi je u afektu. 'Za nekoliko sati vidjet ćete kako njegovo tijelo odnose na spaljivanje.' Potpuno slomljen počeo sam jecati.
'Yukteswar, priberi se. Sjedni na miru i meditiraj.' Moj se guru povukao u *samadhi*. To poslijepodne i noć protekli su u potpunoj tišini. Ja sam neuspješno pokušavao vratiti unutarnji mir.
U zoru mi je Lahiri Mahasaya uputio utješan pogled. 'Vidim da si još uznemiren. Zašto mi jučer nisi rekao kako očekuješ od mene da Rami dam neki opipljivi lijek?' Učitelj je pokazao prema svjetiljci u obliku šalice u kojoj je bilo ricinusovo ulje. 'Napuni uljem iz ove svjetiljke malu bočicu i ulij sedam kapi ulja u Ramina usta.'
'Gospodine,' prigovorio sam, 'pa on je umro jučer u podne. Ne vidim od kakve je sada koristi ulje.'
'Nema veze, samo učini kako sam ti rekao. Veselo raspoloženje mojega gurua bilo mi je neshvatljivo. Ja sam i dalje bio neutješan i shrvan od boli. Ulio sam malo ulja u bočicu i krenuo prema Raminoj kući.
Tijelo moga prijatelja bilo je mrtvački ukočeno. Ne obazirući se na ovu groznu situaciju, desnim kažiprstom rastvorio sam mu usne i nekako uspio lijevom rukom s pomoću čepa, ukapati ulje preko njegovih stisnutih zubiju. Kad je sedma kap dotaknula njegove hladne usne, Ramino se tijelo snažno streslo. Svi njegovi mišići od glave do pete zatitrali su, a on se podigao u sjedeći položaj. Bio je sav u čudu.
'Vidio sam Lahirija Mahasayu u snopu jake svjetlosti!', povikao je. 'Svijetlio je poput sunca. 'Ustaj, ostavi se sna!', zapovjedio mi je. 'Dođi k meni zajedno s Yukteswarom.'
Nisam mogao vjerovati svojim očima kada sam vidio Ramu kako se oblači i kako poslije takve fatalne bolesti još ima snage hodati do kuće našega Učitelja. Kada smo stigli, Rama se ispružio pred Lahirijem Mahasayom, a niz lice su mu tekle suze zahvalnosti.
Učitelj je bio pun veselja. Nestašno me je pogledavao.
'Yukteswar,' rekao je, 'ubuduće sigurno nećeš zaboraviti nositi sa sobom bočicu ricinusova ulja. Uvijek kad ugledaš truplo, samo nakapaj ulje. Doista, sedam kapi ulja za svjetiljku moralo bi biti dovoljno da nadmudri moćnoga Yamu!'*
'Guruji, Vi me ismijavate. Ne shvaćam u čemu je bila moja pogreška.

---

* Yama - bog smrti

Molim Vas, objasnite mi.'

'Dvaput sam ti rekao da će Rama biti dobro, a ipak mi nisi vjerovao', objasnio mi je Lahiri Mahasaya. 'Pritom nisam mislio na to da će ga liječnici uspjeti izliječiti. Samo sam iznio napomenu da oni obavljaju svoju dužnost. Nisam se želio miješati u njihov posao jer i oni moraju od nečega živjeti.' Glasom punim radosti moj guru je dodao: 'Uvijek znaj kako svemoćni Paramatman* može izliječiti bilo koga, bez obzira na to ima li liječnika u blizini ili ne.'

'Uviđam svoju pogrešku.', priznao sam pokajnički. 'Sada znam da jedna Vaša riječ drži na okupu čitav svemir.'"

Kada je Sri Yukteswar završio svoju zadivljujuću priču, jedan od dječaka iz Ranchija postavio je pitanje sasvim u skladu s razmišljanjem djeteta.

"Gospodine,", rekao je, "zašto Vam je Vaš guru dao ricinusovo ulje?"

"Dijete, to ulje nije imalo neku posebnu važnost. Lahiri Mahasaya znao je kako očekujem neko opipljivo sredstvo za spas Rame pa mi je dao ulje koje mu je bilo na dohvat ruke. Zbog mojih sumnji, Učitelj je dopustio da Rama umre. No božanski guru znao je da će se, jednom kada je rekao da će učenik biti dobro, izlječenje dogoditi makar morao izvaditi Ramu iz ralja smrti, stanja koje je obično neopozivo!"

Sri Yukteswar je rekao maloj skupini djece da su slobodni, a meni je pokazao da sjednem na pokrivač kraj njegovih stopala.

"Yogananda,", započeo je s neuobičajenom ozbiljnošću, "od rođenja si okružen izravnim učenicima Lahirija Mahasaye. Veliki učitelj proveo je svoj veličanstveni život u djelomičnoj povučenosti uporno odbijajući da njegovi sljedbenici osnuju bilo kakvu organizaciju na temelju njegova učenja. Usprkos tome, on je dao važno predviđanje:

'Nekih pedeset godina nakon moje smrti', rekao je, 'događaji iz mojega života bit će zapisani zbog velika zanimanja za jogu koje će se javiti na Zapadu. Poruka joge obići će svijet. To će pomoći da se uspostavi bratstvo ljudi u vidu jedinstva temeljenoga na izravnoj spoznaji čovječanstva o postojanju Jednoga Oca.'

"Yogananda, sine moj,", nastavio je Sri Yukteswar, "na tebi je da pridoneseš širenju te poruke i napišeš zapis o tom svetom životu."

Lahiri Mahasaya umro je 1895., a pedeset godina poslije, 1945., dovršena je ova knjiga. Posebno me se dojmila činjenica kako ta godina

---

* doslovno: Vrhunska Duša

također predstavlja i početak novog doba - revolucije koju je sa sobom donijela uporaba atomske energije. Uvođenje atomske bombe u svjetsko naoružanje navodi sve brižne ljude svijeta da se još jače posvete borbi za mir i bratstvo ljudi. U suprotnom, to će moćno oružje dovesti do uništenja svih ljudi zajedno s njihovim problemima.

Ljudska djela blijede pod utjecajem vremena ili propadaju pod naletima bombi, ali Sunce zbog toga ne mijenja svoju putanju niti zvijezde prekidaju svoje bdijenje. Kozmički zakon ne može se promijeniti niti spriječiti njegovo provođenje. Ljudima bi stoga bilo bolje ne protiviti mu se, već se potruditi i uskladiti se s njim. Ako se svemir usprotivi silnicima, ako Sunce prestane voditi bitku na nebesima i povuče se u zasluženu mirovinu te prepusti kormilo slabašnim zvijezdama, što će nam onda vrijediti sve naše oružje? Može li to voditi miru? Dobrota, a ne okrutnost jest ona koja podupire svemir. Čovječanstvo samo u miru može uživati nebrojene plodove pobjede koji su slađi od onih uzgojenih na zemlji natopljenoj krvi.

Istinsku *Zajednicu naroda* predstavljat će prirodna, bezimena zajednica ljudskih srca. Do stvarnog iscjeljenja zemaljskih nedaća ne može se doći pukim umnim razmatranjem ljudskih raznolikosti, već spoznajom dubokog jedinstva koje povezuje sve ljude, a to je: njihovo srodstvo s Bogom. Joga može pomoći u postizanju najvišega svjetskog cilja: mira i zajedništva među svim ljudima na način da njezina poruka s vremenom dopre do svih ljudi u svim zemljama.

Indijska je civilizacija drevnija od bilo koje druge pa ipak malo je povjesničara primijetilo da njezin opstanak nije slučajan, već je logična posljedica neprekinute posvećenosti vječnim istinama o kojima su svjedočili najbolji sinovi Indije u svakom naraštaju. Svojim neprekinutim trajanjem, svojim odolijevanjem naletima vremena (Usput rečeno, mogu li vrli znanstvenici odrediti koliko je to razdoblje?), Indija je od svih naroda dala najvrjedniji odgovor na izazov vremena.

Biblijska priča o Abrahamovoj molbi Gospodu[*] da poštedi grad Sodomu ako se u njemu pronađe desetero pravednika i Božanski Odgovor: "Neću ga uništiti zbog njih deset!" dobiva novo značenje u svjetlu činjenice da je Indija izbjegla zaborav vremena. Davno su nestala moćna carstva sa svojim moćnim vojskama poput Egipta, Babilona, Grčke, Rima koja su nekoć bila suvremenicima Indije.

---

[*] Post 18:23-32.

LAHIRI MAHASAYA

„Ja sam Duh. Može li tvoja kamera odraziti sveprisutno Nevidljivo?" Nakon nekoliko neuspješnih pokušaja da se na fotografiji snimi lik Lahirija Mahasaye Yogavatar je na posljetku dopustio da njegov "tjelesni hram" bude fotografiran. „Učitelj nikad više nije pozirao nijednom fotografu, barem koliko je meni poznato.", napisao je Paramahansaji. (Vidi na str. 11.)

Gospodov odgovor iz Biblije jasno pokazuje da zemlju održavaju živom ne njezina materijalna postignuća već remek-djela njezinih ljudi.

Neka se te božanske riječi ponovno čuju u ovom dvadesetom stoljeću koje je već u svojoj prvoj polovici dvaput bilo okupano u krvi svjetskih ratova: Nijedan narod koji može dati desetero ljudi velikih u očima Nepodmitljivog Suca neće doživjeti uništenje.

Poslušavši ove riječi, Indija je dokazala da nije podložna varljivom utjecaju vremena. Samoostvareni učitelji u svakom su stoljeću posvetili njezino tlo. Moderni kristoliki mudraci poput Lahirija Mahasaye i Sri Yukteswara pojavljuju se kako bi nam dali do znanja da je znanje joge,

Ramino uskrsnuće

te znanosti o spoznaji Boga, od životne važnosti za čovjekovu sreću i dugovječnost naroda.

Postoji vrlo malo pisanih podataka o životu Lahirija Mahasaye i njegova univerzalnog učenja.* Tijekom tri desetljeća boravka u Indiji, Americi i Europi svuda sam nailazio na duboko i iskreno zanimanje za njegovu poruku o oslobađajućoj vrijednosti joge. Potrebno je stoga na Zapadu, gdje se o životima velikih modernih jogija malo zna, dati pisani dokument o Učiteljevu životu, kako je on i sâm predvidio.

Lahiri Mahasaya rođen je 30. rujna 1828. u bengalskom selu Ghurni, u pokrajini Nadia blizu Krishnanagara u pobožnoj *brahmanskoj* obitelji s drevnim rodoslovljem. Bio je jedini sin Muktakashi, druge žene poštovanoga Gaura Mohana Lahirija (čija je prva žena umrla tijekom jednog hodočašća, rodivši mu prije toga trojicu sinova). Muktakashi je umrla dok je Lahiri Mahasaya bio još dječak. O njoj malo znamo, osim da je bila odana poklonica Gospoda Šive†, kojeg u svetim spisima nazivaju Kraljem Jogija.

Dječak, punog imena Shyama Charan Lahiri, rano je djetinjstvo proveo u obiteljskom domu u Ghurniju. U dobi od tri ili četiri godine znali su ga često vidjeti kako stoji u nekom položaju joge, zakopan do vrata u pijesku.

Imanje Lahirijevih uništeno je 1833., kada je obližnja rijeka Jalangi

---

* Kratak životopis na bengalskom jeziku *Sri Sri Shyama Charan Lahiri Mahasaya*, autora Swamija Satyanande objavljen je 1941. Iz te sam knjige za ovo poglavlje preveo nekoliko odlomaka.

† Jedan iz trojstva Božjeg očitovanja: Brahma, Višnu, Šiva, koji na univerzalnom nivou imaju redom zadaće: stvaranja, održavanja i uništenja-preporađanja. Šiva (katkad se izgovara: Siva), koji u mitologiji nosi ime Gospodar Isposnika, svojim se poklonicima u viđenjima javlja u različitim likovima poput: Mahadeve, isposnika bujne kose ili Nataraje, Kozmičkog Plesača.

Gospod u obliku Šive ili Razoritelja mnogima je teško shvatljiva zamisao. Tako Šivin poklonik Puspadanta u svojoj himni *Mahimnastava* s tugom u glasu pita: "Zašto si Ti stvorio svjetove samo da bi ih onda uništio?" Ulomak iz *Mahimnastave* glasi (prema engl. prijevodu Arthura Avalona):

"Pod udarcima Tvojih stopala sigurnost Zemlje iznenada dolazi u pitanje,
Pokreti ruku Tvojih, snažnih poput željeznih šipki,
Razbacuju zvijezde po eteru.
Zamah Tvoje raspuštene kose plaši nebesa.
Uistinu je prelijep ples Tvoj!
Al' mučiti svijet kako bi ga spasio –
Kakva li je to tajna?"
No drevni pjesnik zaključuje:
"Golema je razlika između moga uma –
Sposobnog shvatiti tek malenkost i podložnog jadikovkama –
I Tvoje neprolazne slave koja nadilazi sve opise!"

promijenila svoj tok i nestala u dubinama Gangesa. U vodi su nestali jedan od Šivinih hramova koji su podigli Lahirijevi i njihov obiteljski dom. Jedan poklonik uspio je iz bujice izvući kameni kip Gospoda Šive i postaviti ga u novi hram, sada dobro znan kao Hram Ghurni Shiva.

Gaur Mohan Lahiri s obitelji je napustio Ghurni i nastanio se u Benaresu. Ondje je odmah podigao Šivin hram. Njegova obitelj živjela je u skladu s vedskom tradicijom, što je uključivalo redovite obredne molitve, dobrotvorni rad i proučavanje svetih spisa. Pravedan i širokih pogleda na svijet, bio je otvoren i prema suvremenim idejama.

Dječak Lahiri učio je hindski i jezik urdu u Benaresu gdje je pohađao školu pod vodstvom Joya Narayane Ghosala. Škola je uključivala predmete iz sanskrta, bengalskog, francuskog i engleskog jezika. Mladi jogi posebno se pomno posvetio proučavanju Veda i zdušno je slušao rasprave uglednih *brahmana*, uključujući i Mahratta pandita po imenu Nag-Bhatta.

Shyama Charan Lahiri bijaše pristojan, ljubazan i hrabar mladić kojega su voljeli svi u njegovu društvu. Bio je skladno građen, dobra zdravlja i snažna tijela pa se isticao u plivanju i mnogim drugim aktivnostima koje su tražile spretnost ruku.

Shyama Charan Lahiri vjenčao se 1846. sa Srimati Kashi Moni, kćeri Sri Debnarayana Sanyala. Kashi Moni je kao uzorna indijska žena i domaćica s radošću obavljala svoje dužnosti prema gostima i pomagala siromašnima. Njihov je brak bio blagoslovljen dvojicom svetačkih sinova: Tincourijem i Ducourijem te dvjema kćerima. Godine 1851., kada su mu bile dvadeset i tri godine, Lahiri Mahasaya zaposlio se kao knjigovođa u Odjelu vojnog inženjerstva Britanske uprave. Tijekom službe više je puta bio unaprijeđen. To znači da nije bio samo velik u Božjim očima već je bio uspješan i u maloj ljudskoj drami u kojoj je igrao poniznu svjetovnu ulogu službenika.

Tijekom službe bio je premještan u urede u Gazipuru, Mirjapuru, Naini Talu, Danapuru i Benaresu. Nakon očeve smrti mladić je preuzeo na sebe brigu i o svim članovima svoje obitelji. Za njih je kupio kuću u mirnom dijelu Benaresa zvanom Garudeswar Mohulla.

U trideset i trećoj godini Lahiri Mahasaya* shvatio je razlog svojega utjelovljenja na Zemlji. Tada je pokraj Ranikheta u Himalaji sreo svojega velikog Učitelja Babajija koji ga je inicirao u *Kriya jogu*.

---

* Vjerski naslov *Mahasaya* na sanskrtu znači: „širokih pogleda".

Ramino uskrsnuće

To nije bio važan i dalekosežan događaj samo za Lahirija Mahasayu već i sretan događaj za cijelo čovječanstvo. Naime, dotad na dugo vrijeme nestalo i izgubljeno znanje o najvišem obliku joge zahvaljujući tom je susretu ponovno ugledalo svjetlo dana.

Baš kao što je rijeka Ganges* sišla s nebesa na Zemlju, kako je opisano u priči iz Purana, da na božanski način utaži žeđ poklonika Bhagiratha, tako je 1861. nebeska rijeka *Kriya joge* potekla iz svojega tajnog himalajskog utočišta u suhe i prašnjave nastambe ljudi.

---

* Vode Majke Gange, svete rijeke hindusa, izviru iz ledene špilje usred vječnoga himalajskog snijega i nepomućene tišine. Tijekom mnogih stoljeća na tisuće svetaca boravilo je uz rijeku Ganges i ostavilo na njezinim obalama duhovni blagoslov. (Vidi napomenu na str. 192.)

Izvanredno, ako ne i jedinstveno, obilježje rijeke Ganges jest njezina nezagađenost. U nepromijenjenoj sterilnosti njezinih voda nema bakterija. Milijuni hindusa koriste njezinu vodu za kupanje i piju je bez ikakvih posljedica. Ta činjenica neobjašnjiva je suvremenim znanstvenicima. Jedan od njih, dr. John Howard Northrop, jedan od dobitnika Nobelove nagrade za kemiju 1946., rekao je: „Znamo da je Ganges jako onečišćena rijeka. Pa ipak, Indijci piju njezinu vodu, kupaju se u rijeci i sve to, očigledno, bez štetnih posljedica." Dodao je s nadom: „Možda u njoj postoji bakteriofag (virus koji uništava bakterije) koji rijeku čini sterilnom."

Vede nas uče poštovanju svih prirodnih pojava. Pobožni hindus itekako dobro shvaća ovu pohvalu Sv. Franje Asiškog: " Blagoslovljen neka je Gospodin moj i hvala Mu za Sestru Vodu, tako korisnu, poniznu, časnu i dragocjenu."

33. POGLAVLJE
Babaji, kristoliki jogi moderne Indije

Vrleti u sjevernoj Himalaji pokraj Badrinarayana i dalje su blagoslovljene živom prisutnošću Babajija, gurua Lahirija Mahasaye. Taj povučeni učitelj održava svoj fizički oblik stoljećima, možda i tisućljećima. Besmrtni Babaji je *avatara*. Ta sanskrtska riječ znači „silazak"; njezini korijeni su *ava*, „dolje" i *tri* „prolaziti". U svetim spisima hinduizma *avatara* označava silazak Božanskog u tjelesni oblik, tj., utjelovljenje Božanskog.

„Babajijev oblik egzistencije nepojmljiv je ljudskom razumu.", objasnio mi je Sri Yukteswar. „Ograničeni ljudski vid ne može prodrijeti do njegove transcendentalne zvijezde. Uzaludni su čovjekovi pokušaji da barem i zamisli dostignuće avatara. To je jednostavno – nepojmljivo."

Upanišade su pomno razvrstale razine duhovnog napretka. *Siddha* ("savršeno biće") je onaj tko je napredovao iz onoga koji je *jivanmukta* ("oslobođen još za života") u stanje onog koji je *paramukta* ("nadmoćno slobodan" tj., koji posjeduje potpunu moć nad smrću). *Paramukta* je, dakle, u potpunosti oslobođen od *maye* i kruga ponovnog rađanja. Takvo biće se, nakon što je postiglo to stanje, rijetko vraća u fizičko tijelo. Ako to ipak čini, onda je ono avatar, Božji poslanik, čija je zadaća udijeliti nebeski blagoslov svijetu. Avatar ne podliježe zakonima i obvezama koje stoje pred običnim bićima svemira. Njegovo čisto tijelo, vidljive prozračnosti, ne duguje ništa Prirodi.

Uobičajeni pogled na avatara ne otkriva ništa posebno u njegovoj pojavi. Povremeno se može uočiti da on ne baca sjenu niti ostavlja otiske stopala na zemlji. To su izvanjski, simbolični dokazi unutarnje slobode i nepodložnosti tami materijalnoga ropstva. Samo takav Bogočovjek poznaje Istinu koja se nalazi iza relativnosti života i smrti. Omar Hajjam, taj toliko često pogrešno shvaćeni perzijski pisac i mislilac, pjevao je u svojoj besmrtnoj zbirci *Rubaije* (74. pjesma), upravo o takvom oslobođenom čovjeku:

> O, Mjeseče Užitka koji ne prestaje,
> Mjesec na Nebu još jednom se diže,

> Koliko li će puta ponovno
> Dolaziti i tražiti mene
> U tom istom Vrtu, ali uzalud!

„Mjesec Užitka koji ne prestaje" jest Bog, vječna Sjevernjača, koja nikad ne stari. „Mjesec na Nebu što još jednom se diže", izvanjski je svemir, prisiljen prirodnim zakonima na uvijek novo pojavljivanje. Samoostvarenjem taj se perzijski mudrac zauvijek oslobodio obveze ponovnih vraćanja na Zemlju: u "Vrt" Prirode ili *maye*. „Koliko li će puta ponovno dolaziti i tražiti mene u tom istom Vrtu, ali uzalud!" Koje li frustracije lutajućeg svemira kada shvati da nema onoga koji mu je umaknuo!

Krist je svoju slobodu izrazio na drugi način: „Uto pristupi k njemu neki književnik i reče mu: 'Učitelju, ja ću te slijediti kamo god pođeš.' Isus mu reče: 'Lisice imaju jame i ptice nebeske gnijezda, a Sin Čovječji nema gdje da nasloni glavu.'"*

U njegovoj sveprisutnosti, zar se doista Krista može slijediti ikamo osim u okrilje sveobuhvatnog Duha?

Krišna, Rama, Buddha i Patanjali bili su neki od drevnih avatara Indije. O avataru južne Indije, Agastyaru, postoji veliki broj pjesničkih djela na tamilskom jeziku. On je izvodio mnoga čudesa u stoljećima prije i nakon Krista, a govori se kako je zadržao tjelesni oblik sve do danas.

Babajijeva misija je pomagati prorocima u njihovim posebnim zadaćama širenja božanskog zakona. Time on zaslužuje naziv poznat iz svetih spisa: *Mahavatar* (Veliki Avatar). On je naveo kako je inicirao u jogu Šankaru†, poznatoga preporoditelja Reda swamija, i Kabira, poznatog srednjovjekovnog učitelja. Babajijev glavni učenik iz devetnaestog stoljeća bio je, znamo, Lahiri Mahasaya, koji je ponovno oživio izgubljeno umijeće *Kriye*.

Babaji je vječno u duhovnom zajedništvu s Kristom. Oni zajedno šalju vibracije otkupljenja i osmislili su duhovnu tehniku spasenja prikladnu za ovo naše doba. Ta dvojica prosvijetljenih učitelja – jedan u tijelu, a drugi bez tijela – svojim djelom žele nadahnuti sve narode da se odreknu ratova, rasne mržnje, vjerske isključivosti i svih zala

---

* Mt 8:19-20.

† Šankara, čiji je povijesno poznati guru bio Govinda Jati, primio je inicijaciju u *Kriya jogu* od Babajija. Babaji je, pričajući o tome Lahiriju Mahasaji i Swamiju Kebalanandi, opisao mnoge zadivljujuće pojedinosti o svom susretu s tim velikim monistom.

materijalizma koja se vraćaju poput bumeranga. Babajiju je itekako poznato stanje u današnjem svijetu, posebno utjecaj i složenost koje obilježavaju zapadnu civilizaciju. Svjestan je potrebe širenja znanosti o jogi i samooslobođenju koje ona nosi podjednako i na Zapadu i na Istoku.

Neka nas ne iznenađuje činjenica što nema povijesnih zapisa o Babajiju. Veliki guru nikada se, ni u jednom stoljeću, nije javno pojavljivao. Izlaganje javnosti samo bi poremetilo njegove planove glede pomoći čovječanstvu da nađe put k novom Zlatnom dobu. Po uzoru na Stvoritelja, koji je jedina ali skrivena Sila, Babaji djeluje u poniznoj i skromnoj povučenosti.

Veliki proroci poput Krista ili Krišne dolaze na Zemlju radi nekog iznimnog cilja, a nakon što ga ostvare, odlaze. Drugi avatari poput Babajija djeluju na način koji je više vezan uz polagan evolucijski napredak čovjeka koji traje stoljećima umjesto da se vežu za neki posebni događaj iz povijesti. Takvi učitelji uvijek se drže podalje od očiju javnosti te imaju moć da po želji postanu nevidljivi. Iz tih razloga te stoga što oni većinom upućuju i svoje učenike da ne pripovijedaju o njima, niz duhovnih velikana ostaje nepoznat svijetu. Na ovim stranicama posvećenima Babajiju donosim samo naznake njegova života; samo nekoliko činjenica koje on smatra prikladnima da budu javno iznesene.

Ne postoje podaci o Babajijevu mjestu rođenja ni njegovoj obitelji, podaci kakve inače obožavaju analitičari. Obično se služi hindskim jezikom, no s jednakom lakoćom može govoriti bilo kojim drugim jezikom. Prihvatio je jednostavno ime Babaji (Cijenjeni Otac); ostali nazivi koje su mu u znak poštovanja nadjenuli učenici Lahirija Mahasaye su: Mahamuni Babaji Maharaj (Vrhunski Blaženi Učitelj), Maha Yogi (Veliki Jogi) i Trambak Baba ili Shiva Baba (naslovi Šivinih avatara). Zar je uopće bitno što ne znamo obiteljsko ime potpuno oslobođenog Učitelja?

„Poklonik koji izgovori s dubokim poštovanjem Babajijevo ime", govorio je Lahiri Mahasaya, „dobiva trenutni duhovni blagoslov."

Na tijelu besmrtnog gurua ne vide se tragovi godina; doima se poput mladića od najviše dvadeset i pet godina. Svijetle je puti, srednjeg rasta i tjelesne građe. Babajijevo lijepo, snažno tijelo zrači uočljivim sjajem. Oči su mu tamne, mirne i nježne; njegova duga sjajna kosa je boje bakra. Katkad Babajijevo lice vrlo nalikuje licu Lahirija Mahasaye. U nekim prilikama sličnost je tolika da bi Lahiri Mahasaya u svojim kasnijim godinama mogao proći kao otac mladolikog Babajija.

Swami Kebalananda, moj sveti učitelj sanskrta, proveo je neko vrijeme s Babajijem* u Himalaji.

„Taj učitelj bez premca putuje sa svojom skupinom od jednog do drugog mjesta u planinama.", ispričao mi je Kebalananda. "U njegovoj maloj družini nalaze se i dvojica učenika iz Amerike koji su duhovno vrlo napredni. Nakon što provede na jednom mjestu određeno vrijeme Babaji kaže : 'Dera danda uthao.' (Uzmimo stvari i štap u ruke.). Babaji nosi bambusov štap (*danda*). Njegove riječi znak su ostalima u skupini za trenutni pokret na drugo mjesto. Babaji se ne koristi uvijek ovim načinom astralnog putovanja već katkad pješači od jednog do drugog planinskog vrha.

Babajija drugi mogu vidjeti ili prepoznati samo ako on to želi. Pred svojim poklonicima znao se različito ukazivati – nekad s bradom i brkovima, a katkad bez njih. Njegovo tijelo koje nije podložno raspadu ne treba hranu stoga on rijetko kad jede. Kao naznaku društvene ljubaznosti prema učenicima koje posjećuje povremeno prihvaća voće, rižu kuhanu na mlijeku ili *ghee* (pročišćeni maslac)."

„Poznata su mi dva zaprepašćujuća događaja iz Babajijeva života.", nastavio je Kebalananda. „Jedne noći njegovi učenici sjedili su oko velike vatre koja je služila za obavljanje svetoga vedskog obreda. Guru je iznenada posegnuo za komadom žara i njime lagano po golom ramenu udario jednog *chelu* koji je sjedio tik do vatre.

'Gospodine, koje li okrutnosti!', uzviknuo je u znak prosvjeda Lahiri Mahasaya.

'Bi li radije htio da izgori ovdje pred tvojim očima kako nalaže njegova prošla karma?'

Uz te je riječi Babaji položio svoju iscjeljujuću ruku na *chelino* unakaženo rame: 'Večeras sam te izbavio od bolne smrti. Zakon karme zadovoljen je time što si doživio ovu neznatnu bol od opekline.'

Drugom zgodom u Babajijev sveti krug upao je jedan stranac. Nevjerojatnom spretnošću uspio se popeti na gotovo nedostupnu liticu pokraj guruova logora.

'Gospodine, Vi ste sigurno veliki Babaji!' Čovjekovo lice sjajilo je neopisivo dubokim poštovanjem. 'Mjesecima već bez prestanka tragam

---

* Babaji („Cijenjeni Otac") naziv je koji se često susreće; mnogo je istaknutih učitelja u Indiji kojima se ljudi obraćaju s "Babaji". Nijedan od njih, međutim, nije Babaji - guru Lahirija Mahasaye. Postojanje tog Mahavatara prvi je put otkriveno javnosti 1946. u *Autobiografiji jednog jogija*.

za Vama među ovim neprohodnim liticama. Na koljenima Vas molim, primite me za svojega učenika.'

Kada je vidio da veliki guru ne odgovara, čovjek je pokazao na provaliju ispod litice. 'Odbijete li me, skočit ću u ponor. Život mi ne znači ništa ako ne zaslužujem Vaše vodstvo prema Božanskom.'

'Onda skoči.' rekao je Babaji ne pokazujući pritom nikakve osjećaje. 'Ne mogu te primiti na tvom trenutnom stupnju razvoja.'

Čovjek se istog časa bacio s litice. Babaji je rekao šokiranim učenicima da donesu strančevo tijelo. Kada su se vratili s unakaženim truplom, učitelj je položio ruku na mrtvog čovjeka i – gle! – on je odjednom otvorio oči i bacio se ponizno pred noge svemoćnoga gurua.

'Sada si spreman postati moj učenik.' Babaji je to rekao s pogledom punim ljubavi prema uskrsnulom *cheli*. 'Upravo si vrlo hrabro prošao tešku provjeru.* Smrt te više neće dotaknuti; sada si dio našega besmrtnog jata.' Zatim je izgovorio svoje uobičajene riječi kojima označava pokret: '*Dera danda uthao*' i čitava je skupina na to nestala s planine."

Avatar živi u sveprisutnom Duhu; za njega ne vrijedi zakon sile koja opada s kvadratom udaljenosti. Stoga postoji samo jedan razlog zbog kojeg Babaji i dalje stoljećima održava svoj fizički lik: to je želja da čovječanstvu pruži čvrst dokaz o mogućnostima koje ljudi i sami posjeduju. Kada se čovjeku ne bi nikad pružila prilika da vidi utjelovljenje Božanskog, on bi i dalje stenjao pod teretom teške iluzije *(maye)* koja mu govori da nije sposoban nadrasti svoju smrtnost.

Isus je od početka znao slijed događaja u svom životu; on nije prošao kroz svaki događaj zbog samoga sebe ni zbog obaveza karme, već isključivo radi uzdizanja misaonih ljudskih bića. Četiri evanđelista: Matej, Marko, Luka i Ivan, zabilježili su tu običnim riječima neizrecivu dramu za dobrobit kasnijih naraštaja.

Za Babajija također ne postoje relativni pojmovi prošlosti, sadašnjosti i budućnosti; on je od početka znao sve faze svojega života. Prilagođavajući se ograničenom ljudskom poimanju, on je sudjelovao u mnogim dijelovima svojega božanskog života u prisutnosti jednog ili više svjedoka. Tako se dogodilo i to da je u trenutku kada je Babaji smatrao prikladnim objaviti kako je moguće postići besmrtnost tijela,

---

* Ta provjera ticala se poslušnosti. Kada je prosvijetljeni učitelj rekao: "Skoči!", čovjek ga je poslušao. Da je oklijevao, time bi poništio svoju izjavu kako smatra svoj život bezvrijednim bez Babajijeva vodstva. Njegovo bi oklijevanje otkrilo da ne posjeduje potpuno povjerenje u gurua. Stoga, iako drastična i neuobičajena, ova provjera bila je savršena u danim okolnostima.

tom događaju svjedočio i jedan učenik Lahirija Mahasaye. Babaji je to obećanje izgovorio pred Ramom Gopalom Muzumdarom kako bi to postalo poznato te nadahnulo srca drugih tragatelja za istinom. Takvi velikani izgovaraju svoje riječi i sudjeluju u naoko prirodnom tijeku događaja isključivo za dobrobit čovjeka, kao što Krist reče: „Oče, zahvaljujem ti što si me uslišao. Ja sam znao da me uvijek uslišavaš, ali *ovo rekoh radi ovdje prisutnog svijeta*, da vjeruju da si me ti poslao."*

Tijekom mog posjeta Ranbajpuru zajedno s Ramom Gopalom, "Svecem koji ne spava"†, on mi je ispričao čudesnu priču o svom prvom susretu s Babajijem:

„Ponekad sam napuštao svoju izoliranu špilju i odlazio do Lahirija Mahasaye u Benares kako bih sjedio do Njegovih stopala.", rekao mi je Ram Gopal. „Jedne noći, u ponoć, dok sam u tišini meditirao sa skupinom njegovih učenika učitelj je zatražio nešto čudno.

'Rame Gopale,' rekao je, 'smjesta otiđi do gata za kupanje Dasaswamedh.'

Uskoro sam se našao na tome pustom mjestu. Noć bijaše vedra, s mjesečinom i svjetlucavim zvijezdama. Nakon što sam tamo strpljivo u tišini proveo neko vrijeme pozornost mi je privukao golemi kamen pokraj mojih stopala. Počeo se polako dizati otkrivajući ulaz u podzemnu špilju. Kada se kamen zaustavio, održavan u tom položaju nekom meni nepoznatom silom, iz špilje se pojavila, lebdeći visoko u zraku, iznenađujuće lijepa mlada žena odjevena u široku haljinu. Okružena aurom nježne svjetlosti polako se spustila na tlo ispred mene. Ostala je tamo nepomična, utonuvši u duboku ekstazu. Na posljetku se trgnula i nježno progovorila:

'Ja sam Mataji,‡ Babajijeva sestra. Zamolila sam ga da zajedno s Lahirijem Mahasayom dođe večeras ovamo kako bismo raspravljali o jednoj vrlo važnoj stvari.'

Primijetio sam magličastu svjetlost kako se brzo pomiče preko Gangesa, a njezino neobično svjetlucanje odražavalo se u neprozirnoj vodi. Svjetlost je prilazila sve bliže sve dok se u zasljepljujućem blijesku

---

* Iv 11:41-42.

† To je sveprisutni jogi koji je uočio da se nisam poklonio u hramu Tarakeswaru (13. poglavlje).

‡ („Sveta Majka") Mataji također živi već stoljećima i gotovo je jednako duhovno napredna poput svojega brata. Ona boravi u ekstazi skrivena u podzemnoj špilji pokraj gata Dasaswamedha.

nije pojavila pokraj Mataji i trenutačno se zgusnula u ljudski oblik Lahirija Mahasaye. On se ponizno poklonio pred stopalima te svete žene.

Nisam se stigao oporaviti ni od ovog čuda, a već sam svjedočio novom: ugledao sam tajanstvenu kuglu svjetlosti kako putuje nebom. To svjetlo brzo se spuštalo prema nama kao sjajni vrtlog, a zatim se materijaliziralo u tijelo prekrasna mladića. Odmah mi je postalo jasno da je riječ o Babajiju. Izgledao je poput Lahirija Mahasaye iako se Babaji doimao znatno mlađim od svojega učenika i imao je dugu, blještavo sjajnu kosu.

Lahiri Mahasaya, Mataji i ja poklonili smo se pred stopalima toga velikog gurua. Svaki djelić mog bića ispunila je neopisiva božanska divota u trenutku kada sam dotaknuo njegovo božansko tijelo.

'Blagoslovljena sestro', rekao je Babaji, 'namjeravam odbaciti svoje tijelo i uroniti u Ocean Beskonačnosti.'

'Već sam pomalo slutila Tvoju namjeru, voljeni Učitelju. O tome sam htjela s Tobom večeras razgovarati. Zašto bi napustio Svoje tijelo?' Božanska žena gledala ga je puna molbe.

'U čemu je razlika – nosim li vidljivi ili nevidljivi val na oceanu svojega Duha?'

Matajiin je odgovor imao blagu naznaku humora. 'Besmrtni Učitelju, ako nema razlike, onda Vas molim da se nikada ne odreknete svojega tijela.'*

'Neka tako bude.', rekao je Babaji ozbiljno. 'Nikad neću napustiti svoje fizičko tijelo. Ono će uvijek biti vidljivo barem malom broju ljudi na Zemlji. Gospod je izrekao Svoju vlastitu želju kroz tvoja usta.'

Dok sam sa strahopoštovanjem slušao razgovor tih uzvišenih bića, veliki se guru okrenuo prema meni načinivši dobronamjerni pokret rukom.

'Ne boj se, Rame Gopale.', rekao je. 'Blagoslovljen si time što svjedočiš ovom prizoru vječnoga obećanja.'

Dok se slatka melodija Babajijeva glasa stišavala, njegov lik i lik Lahirija Mahasaye polagano su se podignuli i vratili preko Gangesa. Dok su nestajali na noćnom nebu, oko njihovih tijela bila je aureola sjajne svjetlosti. Matajiin lik otplovio je i spustio se natrag u špilju, a kamena

---

* Ova zgoda podsjeća na sličnu koju pripisuju Talesu. Veliki grčki filozof zastupao je mišljenje kako nema razlike između života i smrti.
"Zašto onda ne umrete?", bilo je pitanje jednoga kritičara.
"Zato", odgovorio je Tales, "jer nema razlike."

gromada zatvorila je ulaz unutra kao da je pokreće nevidljiva ruka.

Nadahnut preko svih granica uputio sam se natrag prema kući Lahirija Mahasaye. Kad sam se u ranu zoru poklonio pred njim, moj guru mi se nasmiješio u znak razumijevanja.

'Sretan sam zbog tebe, Rame Gopale,' rekao je. 'Tvoja želja koju si mi često isticao o tome da upoznaš Babajija i Mataji napokon se ispunila na čudesan način.'

Učenici koji su ostali s njim obavijestili su me da se Lahiri Mahasaya nije micao sa svog podija od mog odlaska u ponoć.

'Nakon što si otišao na gat Dasaswamedh on nam je održao krasno predavanje o besmrtnosti,' rekao mi je jedan od *chela*. Tada sam prvi put u potpunosti shvatio istinu iz svetih stihova koji kažu da se čovjek koji je postigao samoostvarenje može pojaviti na različitim mjestima u dva ili više tijela u isto vrijeme.

Lahiri Mahasaya mi je kasnije dao mnoga metafizička objašnjenja vezana uz skriveni božanski plan za naš planet.", završio je svoju priču Ram Gopal. „Bog je izabrao Babajija kao onog koji će ostati u fizičkom tijelu tijekom čitavog svjetskog ciklusa koji upravo traje. Mnoga će još doba doći i proći – no besmrtni će učitelj* i dalje biti prisutan na ovoj zemaljskoj pozornici promatrajući dramu koja se zbiva stoljećima."

---

* „Ako tko drži riječ moju (ostaje neprekidno u Kristovoj Svijesti), sigurno neće nigda vidjeti smrti." (Iv 8:51)
Isus ovim riječima ne misli na besmrtni život u fizičkom tijelu, što bi bio jednoličan zatvor koji jedva da bismo poželjeli i za grešnika, a kamoli za sveca! Krist ovdje govori o prosvijetljenom čovjeku koji se probudio iz transa smrti, ili neznanja o postojanju Vječnog Života. (Vidi 43. poglavlje.)
Čovjek je u svojoj prirodi sveprisutni Duh bez oblika. Utjelovljenje nametnuto karmom posljedica je neznanja, *avidye*. Hinduistički sveti spisi uče kako su rođenje i smrt očitovanja *maye*, kozmičke iluzije. Rođenje i smrt imaju značenje samo u svijetu relativnosti.
Babaji nije ograničen na fizičko tijelo ili vezan za ovaj planet, već on, prema Božjoj želji, ispunjava posebnu misiju vezanu za ovu našu Zemlju.
Razlozi zbog kojih se veliki učitelji poput Swamija Pranabanande (vidi na str. 253) ponovno utjelovljuju na Zemlji, poznati su samo njima. Njihova utjelovljenja na ovom planetu nisu podložna krutim ograničenjima karme. Ovakvi dobrovoljni povratci nazivaju se *vyutthana*, ili vraćanje u zemaljski život nakon što nas *maya* više ne zasljepljuje.
Bez obzira na to umre li na uobičajen ili senzacionalan način, učitelj koji je spoznao Boga može uskrisiti svoje tijelo i pojaviti se u njemu pred očima ljudi na Zemlji. Materijalizirati atome fizičkoga tijela zasigurno nije problem onomu tko je sjedinjen u Gospodinu - Onomu tko je stvorio sunčeve sustave koje se ne daju proračunati!
„Ja dajem život svoj, da ga opet uzmem.", govorio je Krist. „Nitko mi ga ne može oduzeti, nego ga ja sam od sebe dajem. Imam vlast dati ga, imam vlast opet ga uzeti." (Iv 10:17-18).

BABAJI
Mahavatar, „Božansko utjelovljenje"
Guru Lahirija Mahasaye

Yoganandaji je pomogao umjetniku da vjerno prikaže izgled ovoga velikog Jogija-Krista moderne Indije.

Mahavatar Babaji odbio je otkriti svojim učenicima bilo kakve podatke o svojem rodnom mjestu i datumu rođenja. On već mnoga stoljeća živi na snježnoj Himalaji.

„Uvijek kada netko s dubokim poštovanjem izusti Babajijevo ime", rekao je Lahiri Mahasaya, „taj poklonik time privlači trenutni duhovni blagoslov.".

34. POGLAVLJE
Materijaliziranje palače u Himalaji

„Babajijev prvi susret s Lahirijem Mahasayom doista je nevjerojatna priča, ujedno jedna od rijetkih iz koje možemo dobiti podrobniji uvid o tom besmrtnom guruu."
Tim je riječima Swami Kebalananda započeo svoju čudesnu priču. Kada sam je prvi put čuo, doslovno sam bio opčinjen. Kasnije sam u više navrata uspio nagovoriti svojega ljubaznog učitelja sanskrta da mi je ponovno ispriča, a tu mi je priču zatim u bitnom na isti način prenio i Sri Yukteswar. Obojica učenika Lahirija Mahasaye čula su tu izvanrednu priču izravno s usana svojega gurua.

„Moj prvi susret s Babajijem dogodio se u mojoj trideset i trećoj godini.", ispričao je Lahiri Mahasaya. "Ujesen 1861. bio sam raspoređen u Danapur na mjesto vladina službenika u računovodstvu Odjela vojnoga inženjerstva. Jednog me jutra upravitelj ureda pozvao na razgovor.
'Lahiri', rekao je, 'upravo je stigao brzojav iz našega glavnog ureda. Dobio si premještaj u Ranikhet u kojem se upravo osniva vojni garnizon*'.
Tako sam s jednim slugom krenuo na put dug 800 kilometara. Putujući konjskim jednopregom, trebalo nam je trideset dana da stignemo do himalajskog mjesta Ranikheta.†
Moj posao u uredu nije bio pretjerano zahtjevan pa sam imao dovoljno vremena za duge šetnje po veličanstvenim planinama. Čuo sam glasine o tome kako je ovo područje blagoslovljeno prisutnošću velikih svetaca i izgarao sam od želje da ih upoznam. Za vrijeme jedne takve šetnje, nemalo sam se iznenadio kada sam čuo da me iz daljine neki glas doziva imenom. Nastavio sam se hitro penjati uz planinu Drongiri. Hvatala me je blaga nelagoda pri pomisli da možda neću uspjeti naći put natrag ako me mrak zatekne u šumi.

---
* Kasnije je tamo osnovana vojna bolnica. Britanska uprava je 1861. već bila uspostavila telegrafsku službu u Indiji.
† Ranikhet se nalazi u indijskoj pokrajini Almora i smješten je u podnožju jednog od najviših himalajskih vrhova Nanda Devi (8000 m).

Napokon sam stigao do čistine na čijim su rubovima bile mnogobrojne špilje. Ugledao sam mladog čovjeka kako se smije i maše mi u znak dobrodošlice dok stoji na stijeni. Začudio sam se kada sam primijetio da mi je on veoma nalik, ako izuzmem njegovu kosu boje bakra.

„'Lahiri,* stigao si!' Svetac mi se srdačno obratio na hindskom jeziku. 'Odmori se u ovoj špilji. Ja sam te upravo zvao.'

Ušao sam u malu, ugodnu špilju u kojoj se nalazilo više vunenih pokrivača i nekoliko *kamandalua* (posuda za vodu).

'Lahiri, sjećaš li se ovog mjesta za sjedenje?' Jogi je pokazao na složeni pokrivač u jednom uglu.

'Ne, gospodine.' Pomalo zbunjen cijelim ovim čudnim doživljajem, dodao sam: 'Morao bih krenuti prije nego što padne noć. Ujutro moram biti na poslu u uredu.'

Tajanstveni svetac odgovorio mi je na engleskom: 'Ured postoji zbog tebe, a ne ti zbog ureda.'

Bio sam zatečen činjenicom da ovaj šumski isposnik ne samo što govori engleski već navodi i Kristove riječi.†

'Vidim da je moj brzojav imao učinka.' Ta mi je jogijeva napomena bila nerazumljiva pa sam ga zamolio za objašnjenje.

'Mislim na brzojav koji te je doveo u ove zabite i izolirane krajeve. Ja sam bio taj koji je skriveno djelovao na misli tvojega nadređenog službenika da te premjesti u Ranikhet. Kada osjećaš jedinstvo s čovječanstvom, svi umovi su ti dostupni kao radiostanice kojima se možeš po volji služiti.' Dodao je: 'Lahiri, siguran sam da ti je ova špilja poznata.'

Kako ja u svojoj zbunjenosti i dalje nisam progovarao, svetac mi se približio i udario me nježno po čelu. Na taj njegov magnetski dodir kroz moj mozak prostrujala je čudesna struja vraćajući mi slatko sjeme sjećanja na moj prošli život.

'Sjećam se!' Moj glas se napola gušio u radosnim jecajima. 'Vi ste moj guru Babaji koji mi je oduvijek pripadao! Ponovno mi jasno dolaze prizori iz prošlosti. Ovdje, u ovoj špilji, proveo sam mnoge godine

---

* Babaji je u stvari rekao "Gangadhar", što je ime pod kojim je Lahiri Mahasaya bio poznat u svom prijašnjem utjelovljenju. Gangadhar (doslovno, "Onaj koji drži Gangu", misli se na rijeku Ganges - nap. autora.) jedno je od imena Gospoda Šive. Prema legendi iz Purana, sveta se rijeka spustila na zemlju s nebesa. Kako bi zemlja uspjela podnijeti silinu udarca od obrušavanja Gange s neba, Gospod Šiva najprije je prihvatio vode Gange u zamršene pramenove svoje kose odakle je ona mirno potekla k zemlji. Metafizičko značenje imena Gangadhar je: "Onaj koji nadzire 'rijeku' životne struje u kralježnici."

† „Subota je stvorena radi čovjeka, a ne čovjek radi subote" (Mk 2:27).

svojega zadnjeg utjelovljenja!' Obuzet neizrecivim prisjećanjima u suzama sam obgrlio Učiteljeva stopala.

'Više od tri desetljeća čekao sam da mi se vratiš.' Babajijev glas odzvanjao je božanskom ljubavlju.

'Umaknuo si mi i nestao u neobuzdanim valovima života iza smrti. Dotaknuo te čarobni štapić tvoje karme i otišao si! Iako si me ti izgubio iz vida, ja tebe nisam nikad ispustio iz vida! Slijedio sam te preko svjetlucavog astralnog mora kojim plove blaženi anđeli. Slijedio sam te kroz tamu, oluju, komešanje i svjetlo kao što ptica čuva svoje ptiće. I kada si odradio svoje vrijeme u utrobi majke te ugledao svijet kao beba, i tada su cijelo vrijeme moje oči bdjele nad tobom. Ja sam nevidljiv bio pokraj tebe i kada si u djetinjstvu svoje krhko tijelo pokrivao pijeskom u Ghurniju i bio u položaju lotosa. Strpljivo sam, iz mjeseca u mjesec, iz godine u godinu, pazio na tebe, čekajući ovaj savršeni dan. Sada si napokon uz mene! Ovo je tvoja špilja koju voliš od davnina. Ja sam je neprestano održavao čistom i spremnom za tebe. Ovdje je tvoja sveta prostirka na kojoj si izvodio *asane*, na kojoj si danomice sjedio kako bi se tvoje rastuće srce ispunilo Bogom. Ovdje je tvoja posuda za vodu iz koje si često pio nektar koji sam ti pripremao. Vidiš li kako sam održavao ulaštenom mjedenu čašu kako bi jednog dana ti ponovno mogao iz nje piti? Oh, moje vlastito, shvaćaš li sada?'

'Učitelju moj, što mogu reći?', prolomilo se iz mene. 'Gdje je itko ikad čuo za ovakvu besmrtnu ljubav?' Gledao sam dugo i s ushitom u svoje vječno blago, u svojega gurua u životu i smrti.

'Lahiri, trebaš se pročistiti. Popij ulje iz onog vrča i lezi uz rijeku.' Babajijeva praktična mudrost, pomislio sam uz trenutni osmijeh prisjećanja, uvijek je bila nenadmašna.

Slijedio sam njegove upute. Iako se spuštala ledena himalajska noć, u meni je počelo pulsirati neko toplo, umirujuće zračenje. Obuzelo me divno čuđenje. Možda je nepoznato ulje bilo ispunjeno kozmičkom toplinom?

Oko mene su u tami divljali oštri vjetrovi, fijučući i prijeteći. Ispružio sam tijelo na kamenoj obali rijeke Gogash čiji su me hladni valovi povremeno zapljuskivali. Tigrovi su urlikali u blizini, ali moje srce nije osjećalo straha. Sila koja je od nedavno počela isijavati iz mene ulijevala mi je osjećaj savršene zaštićenosti. Nekoliko je sati proletjelo u trenu dok su se blijeda sjećanja na jedan prošli život isprepletala sa sjajnim iskustvom ponovnog susreta s mojim božanskim guruom.

Moja snivanja u samoći prekinuo je zvuk koraka što se približavaju. Jedan mi je čovjek prišao u tami i ljubazno pomogao da se podignem na noge, a zatim mi dao suhu odjeću.

'Dođi, brate!', rekao je pratilac. 'Učitelj te očekuje.' Odveo me putem kroz šumu. Na jednom zavoju primijetio sam kako se kroz mrklu noć odjednom počelo nazirati nepomično svjetlo u daljini.

'Je li to možda sviće?', pitao sam. 'Sigurno već nije prošla čitava noć!'

'Sada je ponoć.' Moj vodič se diskretno nasmijao. 'Ta svjetlost koju vidiš pred sobom je odsjaj zlatne palače koju je noćas materijalizirao nenadmašni Babaji. U davnoj prošlosti ti si jednom poželio uživati u ljepotama palače. Naš učitelj sada ispunjava tu tvoju želju kako bi te oslobodio zadnje vezanosti za tvoju karmu.'* Dodao je: 'Ta veličanstvena palača bit će noćas mjesto tvoje inicijacije u *Kriya jogu*. Pogledaj! Sva tvoja braća okupila su se da ti iskažu radosnu dobrodošlicu u čast konačnog završetka tvog izbivanja.'

Ispred nas je stajala velebna blještava palača od zlata. Bila je ukrašena bezbrojnim draguljima, smještena usred pomno oblikovanih vrtova i okružena bazenima u čijoj su se mirnoj vodi odražavali njezini zidovi. Bio je to prizor ni s čim usporedive ljepote! Na ulaznim arkadama nalazili su se veliki dijamanti, safiri i smaragdi ugrađeni u složenom rasporedu. Pokraj ulaznih vrata koja su sjala crvenom bojom rubina stajali su ljudi anđeoskih obilježja.

Ušao sam za svojim vodičem u prostrano predsoblje na ulazu. Miomirisi mirisnih štapića i ruža širili su se zrakom; prigušene svjetiljke bacale su svjetlo raznih boja. Posvuda su se nalazile male skupine poklonika, neki svijetle a neki tamne puti, koji su tiho pjevali ili bez riječi sjedili u položaju za meditaciju uronjeni u unutarnji mir. Sve je odisalo atmosferom posebne radosti.

'Uživaj u svakom prizoru, u umjetničkoj profinjenosti ove palače jer ona je stvorena isključivo u tvoju čast.', rekao mi je vodič smiješeći se u znak razumijevanja za moj uzvik čuđenja.

'Brate,' rekao sam, 'ljepota ovog zdanja nadmašuje svaku ljudsku maštu. Molim te, objasni mi kako je ovo nastalo.'

'Rado ću te prosvijetliti vezano uz to.' Tamne oči mojega pratioca iskrile su mudrošću. 'Nema ničega neobjašnjivog glede ove

---

* Zakon karme zahtijeva da se svaka ljudska želja u konačnici mora ispuniti. Želje koje nemaju veze s duhovnošću su one koje čovjeka vežu za kotač ponovnih utjelovljenja.

Materijaliziranje palače u Himalaji

BABAJIJEVA ŠPILJA U HIMALAJI
Špilja blizu Ranikheta u kojoj povremeno boravi Mahavatar Babaji. Na slici je unuk Lahirija Mahasaye Ananda Mohan Lahiri (*u bijelom*) zajedno s još trojicom poklonika tijekom posjeta tome svetom mjestu.

materijalizacije. Cijeli je svemir preslikana misao Stvoritelja. Čvrsta zemaljska kugla koja plovi svemirom samo je Božji san. On je proizveo sve stvari iz Svojih misli, isto kao što čovjek u svojoj svijesti snova stvara svjetove, bića i situacije te mu se u snu čine savršeno stvarnima.

Gospod je najprije stvorio Zemlju kao ideju. Zatim ju je oživio i u postojanje prvo doveo atomske energije, a zatim i tvar. On je uskladio atome Zemlje u čvrstu kuglu. Sve njezine molekule drži na okupu Božja volja. Kada On povuče Svoju volju, svi će atomi Zemlje prijeći u energiju, a energija atoma vratit će se u svoj izvor: u svijest. Zamisao Zemlje nestat će iz objektivnog postojanja.

Tvar od koje je sastavljen san održava u postojanju podsvjesna misao onoga koji sanja. Kada se u vrijeme buđenja povlači misao koja sve to povezuje u cjelinu, čitav san i svi njegovi elementi raspadaju se. Kada čovjek sklopi oči i utone u san, on tamo stvara vlastiti svijet snova koji svojim buđenjem bez problema dematerijalizira. Time on slijedi božanski arhetip stvaranja. Na sličan način, kada čovjek postigne kozmičku svijest, on bez problema dematerijalizira iluziju svemira stvorenog u kozmičkom snu.

Babaji je usklađen s beskonačnom svemogućom Voljom i stoga je u stanju narediti elementarnim atomima da se udruže i očituju u bilo kojem obliku. Ova je zlatna palača, iako trenutno stvorena, jednako stvarna kao što je stvarna i Zemlja. Babaji je stvorio ovaj prelijepi dvorac iz svojih misli i održava na okupu njegove atome snagom svoje volje, kao što je Božja misao stvorila Zemlju i Njegova je volja održava u postojanju.' Dodao je: 'Kada ovo zdanje posluži svojoj svrsi, Babaji će ga dematerijalizirati.'

Dok sam ja i dalje bio u stanju istodobnog divljenja i čuđenja, moj je vodič prešao pokretom ruke preko čitavog prizora. 'Ovu sjajnu palaču, izvanredno optočenu draguljima, nije izgradila ljudska ruka, niti su njezino zlato i dragulji mukotrpno iskopani u rudniku. Unatoč tome, ona čvrsto stoji, kao izazov čovjeku.* Svatko tko spozna da je i sâm sin Božji, moći će ono što je Babaji učinio, bit će u stanju postići bilo koji cilj pomoću neizmjernih snaga koje su u njemu skrivene. U običnom kamenu skrivena je golema količina atomske energije† pa je prema tome i najneukiji, najniži smrtnik golemi spremnik božanske energije.'

S obližnjeg stola mudrac je podignuo dražesnu vazu sa sjajnom dijamantnom drškom. 'Naš veliki guru stvorio je ovu palaču zgusnuvši u čvrst oblik nebrojene kozmičke zrake', nastavio je vodič. ' Dotakni ovu vazu i njezine dijamante, oni će proći na svakom ispitu čvrstoće i opipljivosti.'

Proučavao sam vazu; njezini dragulji bili su vrijedni kraljevske zbirke. Rukom sam prelazio po debelim zidovima sobe koji su se sjajili od zlata. U mislima mi se javio duboki osjećaj zadovoljstva. Osjećao sam da se moja želja duboko pohranjena u podsvijesti iz tko zna kojih prošlih života upravo sada istodobno i ispunjava i nestaje.

---

* "Što je to čudo? To je prijekor; to je u neku ruku ismijavanje čovječanstva."- *Edward Young*, "*Noćna razmišljanja*"

† Teorija o atomskoj strukturi tvari izložena je u drevnim indijskim djelima: *Vaisesika* i *Nyaya*. „Unutar praznine atoma nalaze se golemi svjetovi, brojni poput čestica prašine vidljivih u zraci svjetla." – *Yoga Vasishtha* .

Materijaliziranje palače u Himalaji

Moj me vrli domaćin vodio kroz arkade ukrašene ornamentima, duž hodnika prema nizu odaja bogato opremljenih namještajem u stilu dostojnom carske palače. Ušli smo u golemu dvoranu u čijem se središtu nalazilo zlatno prijestolje optočeno draguljima čija se svjetlost prelijevala u mnogim bojama. Na postolju je u lotosovu položaju sjedio veliki i nenadmašni Babaji. Kleknuo sam na sjajni pod do njegovih nogu.

'Lahiri, uživaš li još uvijek u ostvarenju svojega sna o zlatnoj palači?' Oči mojega gurua sjale su poput njegovih safira. 'Probudi se! Uskoro će sva tvoja zemaljska žeđ zauvijek biti utažena.' Tiho je šapnuo nekoliko tajanstvenih riječi blagoslova. 'Ustaj, sine moj. Primi inicijaciju u kraljevstvo Božje kroz *Kriya jogu*.'

Babaji je ispružio ruku i pojavila se žrtvena vatra (*homa*) oko koje se nalazilo voće i cvijeće. Primio sam ovu oslobađajuću jogijsku tehniku ispred plamtećeg oltara.

Obred je završio u ranu zoru. U stanju ekstaze nisam imao potrebe za snom. Šetao sam uokolo po sobama palače punima blaga i probranih umjetničkih predmeta, a zatim sam prošetao vrtovima. Uočio sam da se u blizini nalaze špilje i sure planinske litice koje sam bio vidio i jučer, ali tada im se u susjedstvu nije nalazila ova veličanstvena palača s terasama ispunjenima cvijećem.

Ulazeći ponovno u palaču koja je sada čudesno blistala na hladnom himalajskom suncu, potražio sam svojega Učitelja. On je i dalje sjedio na prijestolju okružen tihim učenicima.

'Lahiri, gladan si.', rekao je Babaji i zatim dodao: 'Zaklopi oči.'

Kada sam ih ponovno otvorio, očaravajuće palače i njezinih vrtova je nestalo. Ja sam s Babajijem i njegovim učenicima sada sjedio na goloj zemlji točno na mjestu gdje je do maloprije stajala palača, a sve to u blizini suncem obasjanih ulaza u špilje. Sjetio sam se kako je moj vodič bio napomenuo da će se palača dematerijalizirati te da će se u njoj zarobljeni atomi ponovno vratiti na slobodu, u misaonu bit iz koje bijahu došli. Premda ošamućen, s povjerenjem sam gledao u svojega Učitelja. Nisam znao što me još čeka u ovom danu punom čuda.

'Svrha zbog koje je palača bila stvorena, sada je ispunjena.', objasnio je Babaji. Podignuo je glinenu posudu sa zemlje. 'Stavi u nju ruku i zagrabi koju god hranu želiš.'

Dotaknuo sam široku, praznu zdjelu i odjednom su se u njoj pojavili hljepčići s vrućim maslacem (*luchiji*), curry i slatkiši. Dok sam jeo, uočio sam da se zdjela nikako ne prazni. Kada sam završio, pogledom sam potražio vodu. Moj guru mi je pokazao na zdjelu ispred mene. Hrane je nestalo, a umjesto nje bila je tu – voda.

'Malo smrtnika zna kako Kraljevstvo Božje uključuje i kraljevstvo svjetovnih ispunjenja.', zamijetio je Babaji. 'Božansko područje obuhvaća i zemaljsko, no ovo posljednje, u osnovi nestvarno, ne sadržava bit Stvarnosti.'

'Voljeni Učitelju, sinoć ste mi pokazali koja je veza između nebeske ljepote i one na Zemlji!' Sa smiješkom sam se prisjećao nestale palače; zasigurno nijedan običan jogi nikada dosad nije primio inicijaciju u preuzvišene tajne Duha okružen takvom raskoši! Mirno sam promatrao sadašnji prizor koji je bio posvemašnja suprotnost onomu sinoćnjem. Na goloj zemlji, bez krova nad glavom, sa špiljama kao jedinim zaklonom – sve je to imalo draženost i izgledalo je kao prirodno okružje za anđeoske svece oko mene.

To sam poslijepodne proveo sjedeći na svojemu pokrivaču posvećen uspomenama na spoznaje koje sam ostvario u prošlom životu. Moj božanski guru prišao mi je i rukom prešao preko moje glave. Ušao sam u stanje *nirbikalpa samadhija* i u tom blaženstvu neprekidno ostao sedam dana. Prolazeći kroz uzastopne slojeve samospoznaje, prodirao sam prema besmrtnim područjima Stvarnosti. Tamo sam odbacio sva lažna ograničenja i moja se duša potpuno utvrdila na oltaru Kozmičkog Duha.

Osmog dana pao sam pred Učiteljeva stopala i zamolio ga svim srcem da mi dopusti da zauvijek ostanem s njim u ovoj svetoj divljini.

'Sine moj,' rekao je Babaji, 'svoju ulogu u ovom utjelovljenju moraš odigrati pred očima mnoštva. Donijevši sa sobom blagoslove usamljenih meditacija iz mnogih prijašnjih života, sada se moraš uključiti u svijet ljudi.

Činjenica da si me u ovom životu sreo kao već oženjen čovjek, sa skromnom obitelji, znači da za to postoji dubok i valjan razlog. Moraš raščistiti s idejom da se pridružiš našoj tajnoj skupini ovdje u Himalaji. Tvoje je mjesto među gradskim mnoštvom gdje ćeš služiti kao primjer idealnog jogija koji je u isto vrijeme i obiteljski čovjek.'

'Vapaji mnogih ojađenih muškaraca i žena nisu prošli nezapaženi kod Velikih Učitelja.', nastavio je. 'Ti si odabran da kroz *Kriya jogu* doneseš duhovnu utjehu brojnim istinskim tragaocima. Milijuni onih koji su pod teretom obiteljskih obaveza i teških svjetovnih dužnosti naći će ohrabrenje i primjer u tebi, kućedomaćinu poput njih. Ti ih trebaš uputiti u to da shvate kako najviša postignuća joge nisu nedostupna obiteljskom čovjeku. Trebaju shvatiti da jogi, makar i bio u svijetu, ako svoje obveze obavlja smjerno, bez osobne vezanosti, može sigurno kročiti putem prosvjetljenja.

Tebi više nikakva hitnost ne nalaže udaljavanje iz svijeta jer ti si iznutra već prekinuo svaku karmičku vezanost za njega. Premda nisi od ovog svijeta, ti ipak moraš biti u njemu. Preostaju ti još mnoge godine tijekom kojih ćeš savjesno obavljati svoje obiteljske, poslovne, građanske i duhovne dužnosti. U pustim srcima svjetovnih ljudi zapuhat će svjež povjetarac božanske nade. Tvoj će im uravnoteženi život pomoći da shvate kako oslobođenje ne ovisi o izvanjskim već o unutarnjim odricanjima.'

Kako su mi se dalekim činili moja obitelj, posao, svijet dok sam slušao svojega Učitelja u osami himalajskih visova! Pa ipak u tim je riječima odzvanjala neoboriva istina i ja sam poslušno pristao napustiti to mjesto blagoslovljenoga nebeskog mira. Babaji me je uputio u stroga pravila koja se poštuju od davnina, a tiču se prenošenja jogijskog znanja s gurua na učenika.

'Znanje *Kriye* možeš prenositi samo *chelama* koji su to zaslužili svojom predanošću.', rekao je Babaji. 'Samo onaj tko se zavjetuje kako će žrtvovati sve u potrazi za Božanskim zaslužuje da mu se otkriju krajnje tajne života kroz znanost meditacije.'

'Anđeoski Učitelju, budući da ste već učinili uslugu čovječanstvu time što ste oživili izgubljeno umijeće *Kriye*, zar ne bi bilo od još veće koristi kada biste ublažili stroga pravila za učeništvo?' Gledao sam u Babajija s dubokom molbom. 'Molim Vas, dopustite mi da predam znanje *Kriye* svim iskrenim tragaocima, makar oni u početku i ne bili sposobni zavjetovati se na potpuno unutarnje odricanje. Izmučeni i napaćeni muškarci i žene svijeta, izloženi trostrukoj patnji*, dobili bi tako prijeko potrebno ohrabrenje. Ako bi im inicijacija u *Kriyu* bila uskraćena, oni možda nikada ne bi imali priliku stupiti na put koji vodi do oslobođenja.'

'Neka tako bude. Kroz tebe se izrazila božanska želja. Možeš dati *Kriyu* svima koji te ponizno zamole za pomoć.', odgovorio je milosrdni Guru.†

---

* Tjelesna, misaona i duhovna patnja koje se redom očituju kao: bolest, psihološki nedostaci ili "kompleksi" i duhovno neznanje.

† Isprva je Babaji jedino Lahiriju Mahasayi dao dopuštenje da druge poučava *Kriya jogu*. Yogavatar je zatim zamolio za dopuštenje da i nekoliko svojih učenika osposobi za učitelje

Neko vrijeme proveli smo u tišini, a zatim je Babaji dodao: 'Ponovi svakom od svojih učenika ovo izvanredno obećanje iz Bhagavad-Gite:* *Swalpamapyasya dharmasya trayate mahato bhayat. (Čak i malo izvođenja ovoga vjerskog obreda kroz ispravno djelovanje, dharmu, spasit će te od velikog straha (mahato bhayat) – goleme patnje koja je vezana uz krug ponovnih rođenja i smrti.)'*

Dok sam sljedeće jutro klečao do nogu svojega Učitelja čekajući blagoslov prije odlaska, on je naslutio moje duboko oklijevanje da ga napustim.

'Za nas nema rastanka, voljeno moje dijete.' Nježno mi je dotaknuo rame. 'Gdje god bio, kad god me zvao, ja ću istog trena biti s tobom.'

Utješen tim njegovim čudesnim obećanjem i obogaćen upravo otkrivenim zlatom Božje mudrosti, uputio sam se niz planinu. U uredu su me kolege radosno dočekali. U proteklih deset dana mislili su da sam nestao u bespućima Himalaje. Uskoro je stiglo i pismo iz središnjeg ureda.

'Lahiri se treba vratiti u ured u Danapuru.', stajalo je u pismu. 'Pogreškom je raspoređen u Ranikhet. Druga će osoba biti poslana na to mjesto.'

Smiješio sam se pri pomisli kakve su me skrivene struje odvele do ove najudaljenije točke Indije.

Kriye. Babaji se s time složio i odredio da naučavanje *Kriye* u buduće može biti povjereno samo naprednim učenicima na putu *Kriye* koji su za to dobili odobrenje od Lahirija Mahasaye ili od nekog od Yogavatarovih učenika koje je on odredio. Babaji je suosjećajno obećao preuzeti na sebe odgovornost koja se proteže iz života u život za duhovnu dobrobit svih vjernih i odanih *Kriya jogija* koje su inicirali ovlašteni učitelji *Kriye*.

Svi oni koji inicijaciju u *Kriya jogu* dobiju od udruga: Self-Realization Fellowship i Yogoda Satsanga Socitey of India bez iznimke se moraju pismeno obvezati da neće otkriti tehniku *Kriye* drugima. Na taj se način jednostavna ali jasno definirana tehnika *Kriye* štiti od preinaka neovlaštenih učitelja i ostaje u svom izvornom, neiskvarenom obliku.

Iako je Babaji ublažio originalno stroge propise o isposništvu i odricanju kako bi širi krug ljudi mogao imati dobrobiti od *Kriya joge*, ipak je zahtijevao od Lahirija Mahasaye i svih nasljednika njegova duhovnog smjera (SRF-YSS slijeda gurua) da nametnu svakom tko traži inicijaciju u *Kriyu* pripremno razdoblje duhovnog učenja. Izvođenje tako napredne duhovne tehnike kakva je *Kriya* nespojivo je s neurednim i neskladnim duhovnim životom. *Kriya joga* je više od tehnike meditacije, ona predstavlja i način života pa stoga zahtijeva pridržavanje duhovnih pravila i određenih zabrana. Udruge: Self-Realization Fellowship i Yogoda Satsanga Socitey of India vjerno se drže naputaka koje su dali Babaji, Lahiri Mahasaya, Sri Yukteswar i Paramahansa Yogananda. Tehnike: *Hong-Sau* i *Aum*, koje se uče iz *SRF-YSS Lekcija* i od ovlaštenih SRF-YSS predstavnika kao priprema za *Kriya jogu*, integralni su dio puta *Kriya joge*. Navedene tehnike vrlo su učinkovite u svrhu podizanja svijesti prema samoostvarenju i oslobađanja duše od vezanosti (*bilješka izdavača*).

* Poglavlje II:40.

Materijaliziranje palače u Himalaji

Prije povratka u Danapur* proveo sam nekoliko dana kod jedne bengalske obitelji u Moradabadu. Tamo me dočekalo društvo šestorice prijatelja. Kada sam skrenuo razgovor na duhovne teme, moj domaćin je rekao neraspoloženo:

'Oh, danas su sveci u Indiji prava rijetkost!'

'Babu', suprotstavio sam se blago, 'naravno da i danas postoje veliki učitelji u ovoj zemlji!'

Ponesen raspravom osjetio sam poticaj da im ispričam svoj nedavni čudesni doživljaj u Himalaji. Moje društvo izrazilo je pristojnu nevjericu.

'Lahiri', rekao je jedan od njih utješno, 'ti si bio izložen razrijeđenom planinskom zraku i stoga je to što pričaš posljedica tvojega priviđenja.'

Nastojeći ih pod svaku cijenu uvjeriti da govorim istinu, nepromišljeno sam rekao: 'Ako ga pozovem, moj će se Učitelj stvoriti upravo ovdje, u ovoj kući!'.

Odjednom se u očima svih prisutnih moglo pročitati veliko zanimanje, što nije čudno jer su svi željeli prisustvovati takvom neviđenom događaju. Pomalo oklijevajući, zamolio sam da se donesu dva nova vunena pokrivača.

'Učitelj će se materijalizirati iz etera.', rekao sam. 'Tiho izađite iz sobe i ostanite čekati kraj vrata. Uskoro ću vas pozvati.'

Utonuo sam u meditaciju, pritom ponizno prizivajući svojega Gurua. Zamračena soba ispunila se prigušenim, blagim sjajem iz kojeg se pojavio svijetli Babajijev lik.

'Lahiri, zašto me zoveš zbog sitnice?' Pogled mog Učitelja bio je strog. 'Istina je namijenjena iskrenim tragaocima, a ne onima koji su tek tako radoznali. Lako je vjerovati kada vidiš svojim očima, tada duhovna potraga nije nužna. Nadosjetilna istina nagrada je onima koji su nadvladali svoj prirodni materijalistički skepticizam.' Dodao je ozbiljno: 'Pusti me da odem!'.

Bacio sam se pred njegova stopala s usrdnom molbom: 'Sveti Guru, uviđam svoju ozbiljnu pogrešku i ponizno molim za oprost. Usudio sam se pozvati Te kako bih usadio vjeru u ove duhovno slijepe umove. Budući da si se ljubazno odazvao mom pozivu, molim Te ne odlazi prije nego što udijeliš blagoslov mojim prijateljima. Nevjernici kakvi jesu ipak su pristali barem ispitati istinitost mojih navoda.'.

---

* Grad u blizini Benaresa.

'Dobro, onda ću ipak ostati nakratko. Ne želim dovesti u pitanje tvoju riječ pred prijateljima.' Babajijevo se lice smekšalo, ali je i tiho dodao: 'Od sada, sine moj, doći ću kad god me trebaš, a ne uvijek kada me zoveš.'*

Kada sam otvorio vrata sobe, među grupicom na hodniku vladalo je napeto iščekivanje. Moj prijatelji nisu vjerovali svojim očima dok su zurili u blještavi lik koji je sjedio na pokrivaču.

'Ovo je masovna hipnoza!' Jedan se čovjek neprimjereno i glasno smijao. 'Nitko nije mogao ući u sobu, a da ga mi ne vidimo!'

Babaji im je prišao s osmijehom i pokazao im da slobodno dotaknu njegovo toplo i opipljivo tijelo. Ovo je mojim prijateljima odagnalo svaku sumnju pa su se zaprepašteni prostrli na pod u znak pokajanja.

'Neka se pripremi *halvat*.'† Znao sam da je Babaji ovo zatražio kako bi dodatno uvjerio okupljene u stvarnost svojega tijela. Dok se jelo kuhalo, božanski je Guru ugodno i ljubazno čavrljao s prisutnima. Doista, trebalo je vidjeti tu veliku promjenu kada se svaki 'nevjerni Toma' pretvorio u odanog 'sv. Pavla'. Nakon što smo se najeli Babaji ih je sve redom blagoslovio. Odjednom je nastupio bljesak. Vidjeli smo trenutačno rastvaranje kemijskih elemenata Babajijeva tijela koje se pretvorilo u raspršujuće svjetlo. S Bogom usklađena Učiteljeva moć volje oslobodila je atome etera koji su tvorili njegovo tijelo. Odmah zatim milijarde sićušnih astralnih iskrica vratile su se u beskonačni spremnik.

'Vlastitim očima vidio sam onog koji je pobijedio smrt.' To je s dubokim poštovanjem izrekao jedan od prisutnih po imenu Maitra.‡ Njegovo se lice sasvim izmijenilo i sada je bilo puno radosti zbog ovog buđenja. 'Nenadmašni Guru igra se vremenom i prostorom kao što se dijete igra mjehurićima. Upravo sam vidio onoga u čijim su rukama ključevi Neba i Zemlje.'"

„Uskoro sam se vratio u Danapur.", završavao je svoju priču Lahiri Mahasaya. „Čvrsto utemeljen u Duhu ponovno sam preuzeo sve

---

* Na putu do Beskonačnosti čak i prosvijetljeni učitelji poput Lahirija Mahasaye mogu prenagliti i stoga biti pozvani na red. Na mnogim mjestima u Bhagavad Giti čitamo kako božanski guru Krišna kori Arđunu, princa među poklonicima.

† Gusti puding od pšeničnog brašna prženog na maslacu i kuhanog u zaslađenome mlijeku.

‡ Taj čovjek, kasnije poznat kao Maitra Mahasaya, postao je vrlo napredni učenik na putu samoostvarenja. Maitru Mahasayu susreo sam ubrzo nakon što sam maturirao. On je bio u posjetu duhovnoj školi *Mahamandal* u Benaresu gdje sam ja tada boravio. Tom prigodom ispričao mi je o Babajijevoj materijalizaciji pred skupinom u Moradabadu. „Zbog toga sam čuda postao doživotni učenik Lahirija Mahasaye.", objasnio mi je Maitra Mahasaya.

obiteljske i poslovne obaveze kućedomaćina."

Lahiri Mahasaya ispričao je Swamiju Kebalanandi i Sri Yukteswaru o još jednom susretu s Babajijem. To je bila jedna od mnogih prigoda kada je nenadmašni guru ispunio svoje obećanje: „Doći ću kad me budeš trebao."

„Taj susret dogodio se za vrijeme *Kumbha Mele* u Allahabadu.", rekao je Lahiri Mahasaya svojim učenicima. „Otišao sam onamo za vrijeme kratkog odmora koji sam uzeo na poslu. Dok sam šetao kroz mnoštvo redovnika i sadhua koji su došli na taj sveti događaj iz velikih udaljenosti, pogled mi je pao na isposnika čije je cijelo tijelo bilo posuto pepelom. Držao je prosjačku zdjelicu ispred sebe. Kad sam ga ugledao, pomislio sam kako je taj čovjek prijetvoran: nosi izvanjska obilježja odricanja, a istodobno mu nedostaje unutarnje dostojanstvo.

Čim sam mimoišao isposnika, na svoje zaprepaštenje susreo sam Babajija. Klečao je ispred pustinjaka zamršene kose.

'Guruji!' Požurio sam se do njega. 'Gospodine, što radite ovdje?'

'Perem noge ovom odricatelju od svijeta, a zatim ću oprati njegov pribor za kuhanje.' Babaji mi se smiješio poput malog djeteta. Znao sam da mi jasno stavlja do znanja kako želi da nikoga ne kritiziram, već da u svakom vidim Gospoda koji jednako boravi u svim tjelesnim hramovima, bilo da je riječ o ljudima većih ili manjih kvaliteta.

Veliki je Guru dodao: 'Služeći jednako i mudrim i neukim sadhuima, ja se učim najvećoj od svih vrlina, onoj koja je od svih Bogu najdraža – poniznosti.'"*

---

* [Tko je kao Jahve, Bog naš] i gleda odozgo i nebo i zemlju?" (Ps 113:5-6). „Tko se uzvisi, bit će ponižen; a tko se ponizi, bit će uzvišen." (Mt 23:12)
    Poniziti ego ili lažno jastvo znači otkriti vlastiti vječni identitet.

35. POGLAVLJE

Kristoliki život Lahirija Mahasaye

„Tako nam dolikuje da sve ispunimo što je u skladu s voljom Božjom."* Tim riječima upućenima Ivanu Krstitelju i svojom molbom da ga Ivan krsti Isus je potvrdio božanska prava svoga gurua.

Na temelju pobožnog proučavanja Biblije s istočnjačkog gledišta† i putem intuitivnog uvida, uvjeren sam da je Ivan Krstitelj, u prošlim životima, bio Kristov guru. Brojni ulomci iz Biblije upućuju na to kako su u svojim zadnjim utjelovljenjima Ivan i Isus bili redom: Ilija i njegov učenik Elizej.

Sam završetak Starog zavjeta daje predviđanje u vezi s ponovnim utjelovljenjem Ilije i Elizeja: „Evo, poslat ću vam proroka Iliju prije nego dođe Dan Jahvin, dan velik i strašan."‡ Tako je Ivan (Ilija), poslan „prije nego dođe… Dan Jahvin," rođen nešto prije kako bi navijestio Krista. Ivanovu ocu Zahariji ukazao se anđeo kako bi mu najavio da će dobiti sina koji nije nitko drugi do Ilija.

„Ali mu anđeo reče: 'Ne boj se, Zaharija, jer je uslišana tvoja molitva! Tvoja će ti žena Elizabeta roditi sina komu ćeš nadjenuti ime Ivan…. Dakako, bit će velik pred Gospodinom… Mnoge će sinove Izraelove vratiti Gospodinu, Bogu njihovu. On će ići pred njim§ *s Ilijinim duhom i snagom*, da vrati srca otaca prema djeci, a nepokorne nazoru pravednika te pripremi Gospodinu sklon narod.'"¶

Isus je dvaput nedvojbeno poistovjetio Iliju s Ivanom: „Ali vam

---

* Mt 3:15

† Mnogi odlomci iz Biblije otkrivaju kako je zakon reinkarnacije bio poznat i prihvaćen. Teorija o cikličkim rađanjima znatno je razumnije objašnjenje za različita stanja evolucijskog napretka u kojem se čovječanstvo nalazi nego što je to uobičajeno mišljenje na Zapadu prema kojem to nešto (svijest o egu) dolazi iz ničega, živi više-manje intenzivno nekih trideset do devedeset godina da bi se zatim vratilo u prazninu. Nepojmljiva priroda te praznine problem je kao stvoren za nekoga srednjevjekovnog skolastika.

‡ Mal 3:23

§ „Pred njim", tj., „ pred Gospodinom"

¶ Lk 1:13-17.

kažem da je Ilija već došao, samo ga oni ne poznadoše ... Tada razumješe učenici da im govori o Ivanu Krstitelju."* Ponovno, drugdje Krist kaže: „Svi su proroci i Zakon proricali o Ivanu. On je, ako ćete pravo, Ilija koji ima doći." †

Kada je Ivan zanijekao da je on Ilija‡, time je htio reći da, pojavivši se sada kao skromno odjeveni Ivan, to znači da ovaj put on ne pokazuje izvana svoju uzvišenost kao veliki guru Ilija. U prethodnom utjelovljenu on bijaše dao „plašt" svoje slave i duhovnog bogatstva svojemu učeniku Elizeju. „A Elizej odgovori: 'Neka mi u dio padne obilje tvoga duha!' Ilija odgovori: 'Mnogo tražiš: ako me budeš vidio kad budem uznesen ispred tebe, bit će ti tako.' (...) I podiže Ilijin *plašt* koji bijaše pao s njega."§

Uloge su zamijenjene jer Ilija-Ivan više nije morao biti očigledni guru Elizeju-Isusu budući da je on sada bio božanski savršen.

Kada se Krist preobrazio na gori¶, on je tamo razgovarao sa svojim guruom Ilijom i s Mojsijem. U času svoje muke na križu Isus je glasno povikao: „*Eli, Eli! Lema sabakthani* - a to znači: Bože moj, Bože moj! Zašto si me ostavio? Kad to čuju neki od nazočnih, reknu: 'Ovaj zove Iliju.... Stani, da vidimo hoće li doći Ilija da ga spasi!'".**

Bezvremenska veza između gurua i njegova učenika koja je postojala između Ivana i Isusa, vezala je također Babajija i Lahirija Mahasayu. Besmrtni guru nježnom je brižnošću preplivao bezdan divljih voda koje su dijelile dva života njegova *chele* i vodio ga korak po korak dok je bio dijete, a zatim i kad je postao muškarac po imenu Lahiri Mahasaya. Tek kada je učenik navršio trideset i tri godine, Babaji je ocijenio da je sazrelo vrijeme da se otvoreno obnovi nikad prekinuta spona među njima.

Nakon kratka susreta pokraj Ranikheta nesebični guru nije zadržao svojega voljenog učenika kraj sebe, već je poslao Lahirija Mahasayu u svijet da obavlja svoju misiju. „*Sine moj, doći ću uvijek kada me budeš trebao.*" Postoji li smrtni ljubavnik koji bi bio u stanju ispuniti sve što ovakvo izvanredno obećanje podrazumijeva?

Daleko od očiju šire javnosti, u udaljenom kutku Benaresa počela

---

* Mt 17:12-13.
† Mt 11:13-14.
‡ Iv 1:21.
§ 2 Kr 2:9-14.
¶ Mt 17:3.
** Mt 27:46-49.

je 1861. velika duhovna renesansa. Kao što se miris cvijeća ne može sakriti, tako ni Lahiri Mahasaya živeći mirnim životom idealnog obiteljskog čovjeka nije mogao sakriti slavu koja je bila u njemu. Poklonike-pčelice iz svih krajeva Indije počeo je privlačiti božanski nektar oslobođenog učitelja.

Nadglednik Ureda engleske uprave u kojoj je Lahiri Mahasaya radio među prvima je uočio transcendentalnu promjenu kod svojega zaposlenika kojeg je od milja zvao Ekstatični Babu.

„Gospodine, izgledate tužni. Što se dogodilo?" Lahiri Mahasaya upitao je brižno svojega poslodavca jednoga jutra.

„Moja žena u Engleskoj teško je bolesna. Razdire me nespokoj."

„Donijet ću Vam vijest o tome kako je." Lahiri Mahasaya izašao je iz sobe i nakratko sjeo na usamljeno mjesto. Kada se vratio, utješno se smiješio.

„Vaša se žena oporavlja i upravo Vam piše pismo." Sveznajući guru naveo je nekoliko rečenica iz njezina pisma.

„Ekstatični Babu, ja znam da Vi niste običan čovjek, no ipak ne mogu vjerovati da možete po volji prelaziti granice prostora i vremena!"

Naviješteno pismo napokon je stiglo. Zaprepašteni nadglednik ustanovio je ne samo da je sadržavalo dobre vijesti o zdravlju njegove žene već su u njemu bili i oni dijelovi koje mu je tjednima prije naveo veliki učitelj.

Nekoliko mjeseci kasnije nadglednikova supruga stigla je u Indiju. Pri susretu s Lahirijem Mahasayom promatrala ga je s velikim poštovanjem.

„Gospodine,", rekla je, „Vaš sam lik obavijen sjajnim svjetlom ugledala kada sam ležala bolesna u svojoj postelji u Londonu. U tom sam času potpuno ozdravila! Ubrzo nakon toga osjećala sam se dovoljno snažnom da se otisnem na prekooceanski put do Indije.".

Iz dana u dan taj je iznimni guru inicirao jednog ili dvoje poklonika u *Kriya jogu*. Uz te svoje duhovne obveze te obiteljske i poslovne dužnosti, veliki je učitelj nalazio vremena i za vrlo poletan rad na području obrazovanja. Organizirao je mnoge tečajeve i odigrao djelatnu ulogu u razvoju i napretku velike srednje škole u dijelu Benaresa zvanom Bengalitola. Na tjednim okupljanjima koja su postala poznata kao „Gita skupovi" guru bi objašnjavao tekstove svetih spisa pred mnoštvom zainteresiranih tragalaca za istinom.

Obavljajući te mnogobrojne poslove, Lahiri Mahasaya htio je

odgovoriti na pitanje koje muči mnoge: *Uz tolike obveze na poslu i u društvu kako još pronaći vremena za meditaciju i Boga?* Skladan i uravnotežen život istodobno velikoga kućedomaćina i gurua postao je tako nadahnuće za tisuće muškaraca i žena. Skromnih primanja, poduzetan, nesklon isticanju, svima na raspolaganju, učitelj je živio discipliniran, prirodan i sretan život u svijetu.

Iako sigurno i udobno zavaljen u naslonjač Apsolutnog Jednog, Lahiri Mahasaya iskazivao je poštovanje prema svim ljudima bez obzira na njihova različita postignuća. Kada bi ga njegovi poklonici pozdravljali, on bi im uzvraćao naklonom. Učitelj je često poniznošću djeteta dodirivao stopala drugih, a pritom je sâm rijetko dopuštao drugima da ga počaste istim znakom poštovanja, iako je takvo iskazivanje poštovanja prema guruu prastari istočnjački običaj.

Posebna značajka života Lahirija Mahasaye bila je njegov dar davanja inicijacije u *Kriyu* svim ljudima bez obzira na njihovu vjeru. Među njegovim najistaknutijim učenicima nisu bili samo hindusi, već i muslimani i kršćani. Taj univerzalni guru je bez predrasuda primao za učenike i moniste i dualiste, pripadnike različitih vjera, kao i one koji nisu pripadali niti jednoj vjeroispovijesti. Jedan od njegovih najnaprednijih *chela* bio je musliman Abdul Gufoor Khan. Lahiri Mahasaya, koji je sâm pripadao najvišoj kasti *brahmana*, hrabro je činio iskorake u prevladavanju krutog i licemjernog kastinskog sustava svojega doba. Ljudi iz svih društvenih slojeva nalazili su utočište u okrilju toga sveprisutnog učitelja. Poput svih Bogom nadahnutih proroka Lahiri Mahasaya davao je novu nadu odbačenima i izopćenima iz društva.

„Sjetite se da nikomu ne pripadate i da vama ne pripada nitko! Imajte na umu da ćete jednog dana iznenada morati napustite sve na ovome svijetu, stoga se bolje upoznajte s Bogom sada.", govorio je veliki guru svojim učenicima. „Pripremite se za astralnu vožnju smrti koja vas čeka tako što ćete svakodnevno letjeti u balonu božanske percepcije. Zbog zablude vi sebe vidite kao gomilu mesa i kostiju koja je u najbolju ruku samo gnijezdo nevolja.* Neprestano meditirajte kako biste brzo spoznali sebe kao Beskonačnu bit, slobodnu od svake nevolje. Prestanite biti zatvorenici tijela, iskoristite skriveni ključ *Kriye* i pobjegnite na slobodu Duha!"

---

* „Koliko samo ima raznih vrsta smrti u našim tijelima! Nema tamo ničega do smrti.", Martin Luther, „Razgovori za stolom".

LAHIRI MAHASAYA
(1828.-1895.)
Yogavatar, „Utjelovljenje joge"
Babajijev učenik i guru Sri Yukteswara
Ponovno je u suvremenoj Indiji oživio drevnu znanost *Kriya joge*

Učitelj je poticao učenike drugih vjera da se drže dobrih načela religije iz koje potječu. Ističući sveobuhvatnu prirodu *Kriya joge* kao praktične tehnike oslobođenja, Lahiri Mahasaya dopuštao je svojim *chelama* da slobodno žive u skladu sa svojom vjerom i kulturom u kojoj su odrasli.

„Musliman treba obavljati svoju *namaj** molitvu pet puta na dan.", isticao je učitelj. „Hindus treba više puta dnevno sjesti i meditirati. Kršćanin treba više puta na dan kleknuti, pomoliti se Bogu i čitati Bibliju."

Guru je mudro i oštroumno upućivao sljedbenike na put *Bhakti Yoge* (put predane ljubavi prema Bogu), *Karma Yoge* (put djelovanja), *Jnana Yoge* (put mudrosti) ili *Raja Yoge* (kraljevske ili potpune joge) u skladu s prirodnim sklonostima pojedinca. Uvijek bi dobro promislio prije nego što bi dao dopuštenje poklonicima koji su se željeli zarediti. Najprije bi ih još jednom upozorio da dobro promisle jesu li spremni na odricanja koja ih čekaju u redovničkom životu.

Veliki je guru savjetovao učenicima da izbjegavaju teorijske rasprave u vezi sa svetim spisima. „Mudrim se može zvati samo onaj tko se posveti ostvarenju, a ne samo čitanju drevnih otkrivenja.", govorio je. „Rješavajte sve svoje probleme meditacijom.† Umjesto beskorisnih spekulacija, posvetite se zajedništvu s Bogom!

Očistite um od naslaga dogmatske teologije. Dopustite ulaz svježim, ozdravljujućim vodama izravne spoznaje. Usuglasite se s djelatnim unutarnjim Vodstvom, s Božanskim glasom koji ima odgovor na svaku dvojbu u vašem životu. Iako se čini kako je sposobnost ljudi da upadnu u nevolje neizmjerna, snaga Beskonačne Vojske jednako je neiscrpna."

Učitelj je pokazao svoju sveprisutnost jednog dana dok je objašnjavao skupini učenika odlomak iz Bhagavad-Gite. Usred objašnjavanja značenja *Kutastha Chaitanye* ili Kristove Svijesti u čitavom vibracijskom stvaranju, Lahiri Mahasaya je počeo soptati te je povikao:

„Utapam se u tijelima mnogih duša pokraj japanske obale!"

Iduće jutro *chele* su pročitali u novinama vijest o pogibiji većeg broja ljudi u brodolomu pokraj japanske obale.

Mnogi učenici Lahirija Mahasaye koji su živjeli daleko od njega bili su svjesni njegove sveprisutnosti. „Uvijek sam uz one koji vježbaju *Kriyu*.", znao bi tješiti *chele* koji nisu mogli ostati uz njega. „Ja ću vas

---

* Glavna molitva muslimana koja se ponavlja pet puta dnevno.

† „Tražite istinu u meditaciji, a ne u pljesnivim knjigama. Mjesec tražite na nebu, a ne u bari." *(perzijska izreka)*

voditi do Kozmičkog Doma kroz vašu sve veću duhovnu percepciju."

Sri Bhupendra Nath Sanyal,* istaknuti učenik velikoga gurua, ispričao je kako se kao dječak 1892., ne mogavši otići u Benares, molio učitelju za duhovno vodstvo. Lahiri Mahasaya pojavio se pred Bhupendrom u snu i dao mu inicijaciju (*diksha*). Kasnije mu je Lahiri Mahasaya odgovorio: „Već sam te inicirao u snu."

Ako bi učenik zanemario neku od svojih svjetovnih dužnosti, učitelj bi ga obzirno upozorio i pozvao na red.

Sri Yukteswar mi je jednom rekao: „Riječi Lahirija Mahasaye bile su blage i iscjeljujuće čak i kada je bio prisiljen otvoreno govoriti o pogreškama nekoga *chele*." Dodao je: „Ali nijedan učenik nije mogao izbjeći učiteljev prijekor.". Nisam mogao a ne nasmijati se na te riječi, ali sam i iznio iskreno uvjerenje svojemu guruu da je svaka njegova riječ, bila oštra ili ne, uvijek predstavljala glazbu za moje uši.

Lahiri Mahasaya pomno je razdijelio *Kriyu* na četiri stupnja s odgovarajućim inicijacijama.† Tri najviše tehnike davao je samo onim poklonicima koji su pokazivali očit duhovni napredak. Jednog dana jedan se *chela* javio za riječ, očito smatrajući kako njegova veličina nije dovoljno prepoznata.

„Učitelju,", rekao je, „sigurno sam već spreman za drugu inicijaciju.". U taj čas otvorila su se vrata i u sobu je ušao skromni učenik Brinda Bhagat. On je bio poštar u Benaresu.

„Brinda, sjedni do mene." Veliki guru smiješio se gledajući ga s ljubavlju i simpatijom. „Reci mi, jesi li ti spreman za drugu *Kriyu*?"

Mali poštar ponizno je sklopio ruke. „Gurudeva,", rekao je uznemireno, „nikakvih daljnjih inicijacija, molim Vas! Kako bih ja uopće mogao upiti bilo kakvo više učenje? Danas sam Vas došao moliti za blagoslov jer me prva *Kriya* ispunila takvom božanskom opijenošću da nisam u stanju raznositi poštu!"

„Brinda već pliva u moru Duha." Na te riječi Lahirija Mahasaye onaj prvi učenik pognuo je glavu.

„Učitelju,", rekao je, „vidim da sam bio loš radnik koji se žali da mu oruđe ne valja."

Neobrazovani poštar skromna podrijetla kasnije je s pomoću *Kriye* razvio takav uvid da su ga stručnjaci i učenjaci povremeno tražili da im

---

* Sri Sanyal umro je 1962. godine (*bilješka izdavača*).

† Kriya Yoga ima mnoge ogranke; Lahiri Mahasaya razlikovao je četiri osnovna i bitna koraka – ona koja su od najveće praktične vrijednosti.

protumači neke zahtjevne dijelove svetih spisa. Tako je Brinda, neopterećen ni grijehom ni sintaksom, postao cijenjen među učenim panditima.

Uz mnogobrojne učenike u Benaresu Lahiri Mahasaya imao je i na stotine učenika iz udaljenih krajeva Indije. Više je puta putovao u Bengal u posjet obiteljima svojih snaha. Tako je Bengal bio blagoslovljen njegovom prisutnošću i postao mjesto u kojem su nastale mnoge košnice s malim skupinama poklonika *Kriye*. Posebno su u pokrajinama Krishnanagar i Bishnupur mnogi samozatajni poklonici do danas održali tradiciju duhovne meditacije.

Među mnogim svecima koji su primili *Kriyu* od Lahirija Mahasaye bili su i presvijetli Swami Bhaskarananda Saraswati iz Benaresa te isposnik iz Deoghara iznimnih kvaliteta Balananda Brahmachari. Lahiri Mahasaya neko je vrijeme bio osobni učitelj sinu maharadže Iswarija Narayana Sinhe Bhadura od Benaresa. Uvidjevši koliko je učiteljevo duhovno dostignuće i maharadža i njegov sin zatražili su inicijaciju u *Kriyu*, a isto je učinio i maharadža Jotindra Mohan Thakur.

Neki od učenika Lahirija Mahasaye, koji su bili na utjecajnim položajima u društvu, izrazili su želju da se s *Kriyom* upozna šira javnost. Guru je to odbio. Jedan *chela*, kraljevski liječnik lorda od Benaresa, počeo je organiziranu akciju s namjerom da se učitelja nazove Kashi Baba (Uzvišeni od Benaresa)*. Guru je i to odbio.

„Neka se miris cvijeta *Kriye* širi na prirodan način.", govorio bi. „Sjeme *Kriye* sigurno će niknuti u zemlji duhovno plodnih srca."

Iako veliki učitelj nije osnovao nikakvu službenu organizaciju za širenje svojega učenja niti je pisao knjige, ipak je znao da će se snaga njegove poruke, poput bujice kojoj se je nemoguće suprotstaviti, proširiti i stići do obala svijesti svih ljudi. Istinski promijenjeni i pročišćeni životi poklonika bili su, jednostavno jamstvo neprolazne snage *Kriye*.

Godine 1886., dvadeset i pet godina nakon inicijacije u Ranikhetu, Lahiri Mahasaya je umirovljen.† Postavši na taj način dostupan i tijekom dana, njegovi su učenici dolazili u sve većem broju. Veliki je guru sada provodio gotovo cijelo vrijeme sjedeći u tišini u lotosovu položaju. Rijetko je izlazio iz sobe u kojoj je primao posjetitelje, čak ni zbog šetnje ili odlaska u drugi dio kuće. Tiha rijeka *chela* slijevala se gotovo

---

* Ostala imena koja su Lahiriju Mahasayi nadjenuli njegovi učenici bili su: *Yogibar* (Najveći među jogijima), *Yogiraj* (Kralj jogija) i *Munibar* (Najveći među svecima). Ja sam tom nizu dodao *Yogavatar* (Utjelovljenje joge).

† U državnoj službi on je proveo ukupno trideset i pet godina.

bez prestanka kako bi dobila guruov *darshan* (svečev pogled, tj. pogled svete osobe).

Prisutni su istodobno bili i zadivljeni i šokirani promatrajući, za Lahirija Mahasayu uobičajena, nadljudska stanja kao što su: stanje bez disanja, stanje bez sna, prestanak pulsa i kucanja srca, mirne oči koje ne trepću satima te izrazita aura mira koja je zračila iz njega i oko njega. Nijedan posjetitelj nije otišao bez duhovnog nadahnuća i svaki je od njih znao da je primio tihi blagoslov istinskoga Božjeg čovjeka.

Učitelj je nakon umirovljenja dopustio svojemu učeniku Panchanonu Bhattacharyi da u Kalkuti otvori centar za jogu pod imenom Institut indijske misije. Centar se bavio distribucijom određenih jogijskih ljekovitih biljaka* i objavljivanjem prvih jeftinih izdanja Bhagavad Gite na bengalskome. Izdanje Gite na hindskom i bengalskom jeziku u nakladi Indijske misije utrlo je put do tisuća domova.

U skladu s drevnim običajem učitelj je ljudima općenito prepisivao nimovo ulje (ulje drveta *nim*)† kao lijek za različite bolesti. Kada bi guru zatražio od nekog učenika da destilira ulje, on bi to uspio bez teškoća. Ako bi tkogod drugi pokušao isto, naišao bi na čudne teškoće, npr., nakon što bi završio postupak destiliranja ustanovio bi da je tekućina posve isparila. Očito je učiteljev blagoslov bio nužan sastojak lijeka!

Rukopis i potpis Lahirija Mahasaye na bengalskom pismu prikazani su na stranici 330. Ovi reci potječu iz njegova pisma jednom *cheli* u kojem veliki učitelj tumači jedan stih na sanskrtu: „Onaj tko je postigao mirnoću u kojoj ne trepće očima, taj je u stanju *Sambhabi Mudre*."‡ U donjem lijevom uglu je potpis: Sri Shyama Charan Deva Sharman.

Poput mnogih velikih proroka Lahiri Mahasaya nije pisao knjige, već

---

* Hinduistički spisi iz medicine zovu se *Ayurveda*. Vedski liječnici koristili su složene kirurške instrumente, izvodili zahvate plastične kirurgije, znali kako djelovati u slučaju trovanja plinovima, izvodili su carski rez i operacije na mozgu te bili vješti u homeopatiji. Hipokrat (4. st. pr. Kr.) mnogo je toga u svojoj *Materia medica* (znanosti o lijekovima) posudio iz indijskih izvora.

† Indijski jorgovan iz istočne Indije. Njegova ljekovita svojstva sada su prepoznata i na Zapadu gdje se gorka kora drveta koristi kao sredstvo za jačanje, a ulje njegovih sjemenki i voća primjenjuje se kod gube i drugih bolesti.

‡ *Sambhabi Mudra* znači usmjerenost pogleda u točku između obrva. Kada jogi postigne stanje misaonog mira, njegovi kapci ne trepću, a on je sav uronjen u unutarnji svijet.

Mudra („simbol") obično označava posebni znakoviti položaj prstiju i ruku. Mnoge *mudre* imaju umirujući učinak tako što utječu na određene živce. Stari indijski tekstovi detaljno razvrstavaju 72.000 *nadija* (živčanih prolaza u tijelu) i njihov utjecaj na um. *Mudre* koje se koriste u molitvi ili u jogi tako su znanstveno utemeljene. Razrađeni jezik *mudri* uočavamo i u ikonografiji te obrednim plesovima Indije.

je učenicima objašnjavao svoja tumačenja svetih spisa. Moj dragi prijatelj Sri Ananda Mohan Lahiri, pokojni učiteljev unuk, napisao je sljedeće:
„U Bhagavad-Giti i drugim dijelovima epa *Mahabharata* nalazi se više čvorova (*vyas-kuta*). Ako ih ne raspetljamo, tada u tekstu vidimo samo čudnovate mitske priče koje je teško shvatiti. Ako ti čvorovi ostanu nerazjašnjeni, tada gubimo znanje koje je Indija sačuvala nadljudskom strpljivošću kroz tisuće godina praktične potrage za istinom.*

Lahiri Mahasaya ponovno je iznio na svjetlo dana, bez alegorija, religijsku znanost koja je bila lukavo skrivena pod plaštem zagonetki vjerskog mita. Učitelj nam je dokazao kako formule vedskih molitvi nisu samo nerazgovijetna igra riječi već sadrže puno znanstveno značenje.

Poznato je kako je čovjek obično bespomoćan kada su u pitanju loše navike i niske strasti, no moć *Kriya joge* očituje se u tome da, jednom kada je čovjek iskreno prihvati, ona mijenja njegovu svijest na način da on više nema težnji za osjetilnim kušnjama jer mu *Kriya* pruža stanje istinske sreće i neprestana blaženstva. Ovdje se predaja, u vidu odbacivanja svoje niže prirode, poklapa s osvajanjem vrhunca, u vidu iskustva blaženstva. Bez ovakva slijeda događaja moralne zapovijedi koje samo govore „ne čini ovo ili ono" nisu nam od neke koristi.

Iza svih pojavnih očitovanja nalazi se Beskonačno, Ocean Snage. Naše uporno priklanjanje svjetovnim aktivnostima ubija u nama osjećaj duhovnog strahopoštovanja. Zbog toga što nam suvremena znanost govori kako iskoristiti snage Prirode, mi ne uspijevamo shvatiti Veliki Život koji je u pozadini svih imena i oblika. Takvo upoznavanje s Prirodom učinilo nas je nezainteresiranima za otkrivanje njezinih konačnih tajni. Mi s Prirodom održavamo strogo poslovni odnos. Na neki način mi je izazivamo da nam otkrije načine na koje je možemo iskoristiti za svoje potrebe. Pritom crpimo njezine energije, ali nam njihov Izvor ostaje nepoznat. Kad pogledamo znanost, naš odnos s Prirodom sliči onom između ohola čovjeka i njegova sluge. Ili, gledano više filozofski, Priroda je poput zarobljenika koji sjedi na mjestu svjedoka. Mi je

---

* „Pečati, nedavno otkriveni u arheološkim istraživanjima u dolini Inda, za koje se vjeruje da potječu iz trećeg tisućljeća pr. Kr., prikazuju likove koji sjede u položajima za meditaciju kakvi su nam poznati iz joge. To otkriće pokazuje kako su neke osnove joge bile već tada poznate. Neće biti pogrešno ako zaključimo kako se sustavne metode meditacije u Indiji prakticiraju već pet tisuća godina." – *profesor W. Norman Brown* u publikaciji: „*Bulletin of the American Council of Learned Societies*", *Washington, D.C.*

U svetim spisima hinduizma pak nalazimo dokaz kako je znanost joge u Indiji poznata već nebrojena tisućljeća.

PANCHANON BHATTACHARYA
učenik Lahirija Mahasaye

unakrsno ispitujemo i pomno važemo njezine dokaze na vagi svoje ljudske spoznaje koja ne može izmjeriti skrivene vrijednosti Prirode.

S druge strane, kada je jastvo usklađeno s Višom snagom, tada nas Priroda sama od sebe sluša bez napora i prisile. Takvo upravljanje Prirodom bez muke neupućeni materijalist onda naziva „čudesnim".

Svojim je životom Lahiri Mahasaya dao primjer koji je promijenio pogrešno mišljenje kako je joga neka tajanstvena djelatnost. Unatoč činjeničnoj utemeljenosti fizikalne znanosti, svaki čovjek može putem *Kriya joge* shvatiti svoj pravi odnos s Prirodom i osjetiti duboko duhovno poštovanje prema svim pojavama*, bile one tajanstvene ili svakodnevne. Trebamo imati na umu kako su mnoge stvari koje su bile neobjašnjive prije tisuću godina sada uobičajene. Isto tako, stvari koje nam se ovog trena doimaju nepojmljivima, mogu dobiti logično objašnjenje za nekoliko godina.

Znanost *Kriya joge* je vječna. Ona je točna poput matematike, zakoni *Kriye* ne mogu se promijeniti jednako kao što zakoni zbrajanja i oduzimanja uvijek vrijede. Sve knjige o matematici mogu se spaliti, ali oni s logičnim umom uvijek će ponovno otkriti njezine zakone. Knjige o jogi mogu se zabraniti, ali njezine osnove bit će ponovno otkrivene kada se pojavi mudrac čiste devocije, i stoga, potpunog znanja."

Kao što je Babaji, najveći među avatarima, *Mahavatar*, a Sri Yukteswar se s pravom može zvati *Jnanavatar* ili Utjelovljenje Mudrosti, tako je i Lahiri Mahasaya *Yogavatar* ili Utjelovljenje Yoge.†

Veliki učitelj uzdigao je duhovnu razinu društva i kvalitativno i kvantitativno. Imajući na umu njegovu sposobnost da svoje bliske učenike uzdigne do kristolike duhovne veličine i njegovo širenje istine među širokim slojevima, Lahiri Mahasaya ubraja se među spasitelje čovječanstva.

Njegova jedinstvenost kao proroka leži u tome što je naglašavao praktičan pristup i dao sasvim određenu metodu, *Kriyu*, koja je s pomoću joge prvi put otvorila vrata slobode svim ljudima. Više od čudesa koja je činio u svom životu, njegovo najveće dostignuće bilo je to što je složenost starog sustava joge pojednostavio kako bi joga i njezina blagodat bili dostupni svima.

Što se čudesa tiče, Lahiri Mahasaya često je znao reći: „O djelovanju skrivenih zakona nepoznatih javnosti ne bi se trebalo javno govoriti bez dužne pažnje." Ako se učini da sam se na ovim stranicama oglušio na to upozorenje, to je stoga što mi je on dao unutarnje uvjerenje da tako učinim. Međutim, kada su u pitanju životi Babajija, Lahirija Mahasaye i Sri Yukteswara, vodio sam računa o tome da izostavim neke čudesne priče vezane uz njih jer bih u suprotnom morao kao dodatak napisati svezak čiji bi sadržaj bila teško razumljiva filozofija.

---

* „Čovjek koji se ne zna čuditi, koji se povremeno ne čudi (i ne moli), bio on predsjednik mnogih kraljevskih društava ili nosio (…) u glavi znanja o postignućima svih laboratorija i zvjezdarnica nije ništa do li par naočala iza kojih nema očiju." – *Carlyle*, „*Sartor Resartus*".

† Sri Yukteswar je govorio o svom *cheli* Paramahansi Yoganandi kao o utjelovljenju božanske ljubavi. Nakon Paramahansajijeve smrti, njegov glavni učenik i duhovni nasljednik Rajarsi Janakananda (James J. Lynn) službeno mu je dodijelio ime *Premavatar* ili Utjelovljenje Ljubavi (*bilješka izdavača*).

Autobiografija jednog jogija

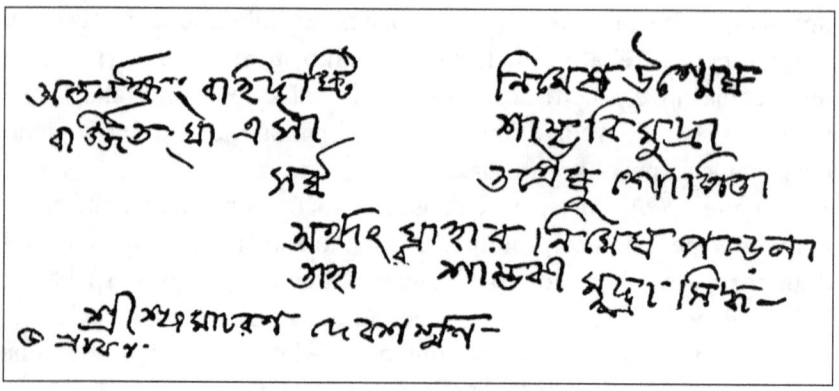

Svojim životom jogija koji je istodobno i obiteljski čovjek Lahiri Mahasaya poslao je praktičnu poruku prikladnu potrebama današnjeg svijeta. To je povezano s činjenicom da su nestali izvrsni ekonomski i vjerski uvjeti kakvi su postojali u drevnoj Indiji. Veliki učitelj stoga nije zagovarao stari ideal jogija kao lutajućeg isposnika koji prosi za zdjelicu hrane. Umjesto toga, on je naglasak stavio na prednosti jogija koji sam zarađuje za život pa nije ovisan o potpori društva koje je zaokupljeno egzistencijalnim problemima te koji meditira u miru vlastita doma. Lahiri Mahasaya taj je savjet potkrijepio vlastitim ohrabrujućim primjerom. On je bio model modernog, "ekspresnog" jogija. Njegov način života, prema Babajijevim uputama, trebao je poslužiti kao vodilja za sve one diljem svijeta koji žele postati jogiji.

Nova nada za nove ljude! „Ujedinjenje s Božanskim", objašnjavao je *Yogavatar*, „moguće je putem vlastita napora i ne ovisi o vjerskim uvjerenjima ili proizvoljnoj volji Kozmičkog Diktatora."

Koristeći se *Kriya jogom* kao ključem, osobe koje se ne mogu uvjeriti u božanskost svakoga čovjeka napokon će se u potpunosti uvjeriti u svoju vlastitu božanskost.

36. POGLAVLJE

Babajijevo zanimanje za Zapad

„Učitelju, jeste li ikad sreli Babajija?"

Bila je tiha i mirna ljetna noć u Seramporeu. Sjedio sam do Sri Yukteswara na balkonu njegove duhovne škole dok su velike zvijezde tropskog pojasa sjale nad nama.

„Jesam." Učitelj se smiješio čuvši to moje izravno pitanje, a oči su mu sjale ispunjene dubokim poštovanjem. „U tri sam navrata bio blagoslovljen susretom s tim besmrtnim guruom. Prvi put sreli smo se u Allahabadu za vrijeme vjerskog okupljanja *Kumbha Mele.*"

Vjerske proslave u Indiji od davnina se nazivaju *Kumbha Mela*. Svrha im je širokim slojevima ljudi približiti duhovne ideale. Na ta okupljanja, koja se održavaju svakih dvanaest godina, dolaze milijuni pobožnih hindusa kako bi se susreli i družili s tisućama sadhua, jogija, swamija te isposnika svih vrsta. Mnogi od njih su pustinjaci koji uopće ne izlaze iz svojih skrivenih utočišta osim za vrijeme tih *mela** kada udjeljuju svoje blagoslove muškarcima i ženama iz vanjskog svijeta.

„U vrijeme kada sam sreo Babajija, još nisam postao swami.", nastavio je Sri Yukteswar. „No već sam bio primio inicijaciju u *Kriyu* od Lahirija Mahasaye. On me je poticao na to da posjetim *melu* koja se trebala održati u siječnju 1894. u Allahabadu. Bilo je to moje prvo iskustvo boravka na *kumbhi* pa sam bio pomalo smeten našavši se usred mnoštva, u svoj toj vrevi i buci. Pogledom sam tražio lice nekog prosvijetljenog učitelja, ali nisam mogao naći nijednog. Dok sam prelazio most na obali Gangesa, uočio sam poznanika koji je stajao u blizini s ispruženom prosjačkom zdjelicom.

'Oh, ovaj praznik je u stvari samo kaos buke i prosjaka.', razočarano sam pomislio. 'Pitam se, nisu li znanstvenici sa Zapada koji marljivo skupljaju znanje što služi za dobrobit čovječanstva Bogu draži od ovih ljenivaca koji zagovaraju religiju, ali više pozornosti posvećuju traženju milostinje.'

---

* Vidi napomenu na str. 404.

Ta moja unutarnja razmišljanja o potrebi društvenih reformi prekinuo je glas visokoga *sannyasina* koji se zaustavio ispred mene.

'Gospodine,' rekao je, 'jedan svetac Vas čeka.'

'Tko je on?'

'Dođite i pogledajte sami.'

Pomalo neodlučan, poslušao sam taj šturi savjet i uskoro se našao pokraj drveta pod čijim je granama bio guru s privlačnom skupinom učenika. Učitelj, neuobičajene pojave, svijetle puti i tamnih, svjetlucavih očiju, ustao je kada sam prišao i zagrlio me.

'Dobrodošao, Swamiji.' rekao je prijateljski.

'Gospodine,' odgovorio sam naglašeno, 'ja *nisam* swami.'

'Oni kojima ja po božanskom nalogu udijelim naslov swamija, ti ga nikada ne odbacuju.' Rekao je to jednostavno, no njegove riječi ipak su zvučale istinito i duboko uvjerljivo. Istog trena obuzeo me val duhovnog blagoslova. Nasmiješio sam se zbog svojeg iznenadnog promaknuća u drevni redovnički red* i poklonio se pred stopalima tog očito izvanrednog i anđeoskog bića u ljudskom obliku koje me je počastilo na ovakav način.

Babaji mi je, jer to doista bijaše on, pokazao da sjednem pokraj njega ispod drveta. Bio je snažan, mlad i nalikovao na Lahirija Mahasayu, što me se ipak nije toliko dojmilo, iako sam često slušao o izvanrednoj sličnosti dvojice učitelja. Babaji posjeduje moć da spriječi bilo koju misao kod neke osobe. Veliki guru očito je htio da se ponašam potpuno prirodno u njegovu društvu umjesto da budem preplavljen strahopoštovanjem zbog toga što sam ga prepoznao.

'Što misliš o *Kumbha Meli*?'

'Bio sam prilično razočaran, gospodine,' rekao sam ali i brzo dodao, 'sve do trenutka kada sam Vas sreo. Čini mi se da sveci i sva ova gužva ne idu zajedno.'.

'Dijete,' rekao je Učitelj, iako sam očito bio otprilike dvostruko stariji od njega, 'zbog nedostataka mnogih, ne osuđuj sve. Sve na ovomu svijetu miješanog je značaja, kao što su izmiješani šećer i pijesak. Budi poput pametnog mrava koji dohvaća šećer, a pijesak ostavlja nedirnutim. Istina je da su mnogi ovdje prisutni sadhui i dalje pod utjecajem iluzije, ali ova je *mela* ipak blagoslovljena prisutnošću nekoliko ljudi koji su spoznali Boga.'

---

* Sri Yukteswara je kasnije službeno u Red swamija inicirao mahant (poglavar samostana) u Bodhgayi u državi Bihar.

U svjetlu susreta s ovim uzvišenim učiteljem brzo sam se s njim složio.

'Gospodine', dodao sam u vezi s tim, 'razmišljao sam o vodećim znanstvenicima na Zapadu čije intelektualne sposobnosti daleko nadmašuju one većine ovdje prisutnih. Ti znanstvenici žive u dalekoj Europi i Americi i pripadaju raznim vjeroispovijestima te su potpuno nesvjesni stvarnih vrijednosti koje nose okupljanja poput ove *mele*. Oni bi imali velike koristi kada bi se upoznali s (duhovnim) učiteljima iz Indije. Pa ipak, mnogi ljudi na Zapadu uronjeni su u materijalizam. Drugi pak poznati znanstvenici i filozofi ne uočavaju bitno jedinstvo u osnovi svih vjera. Njihova vjerovanja predstavljaju nesavladivu zapreku koja prijeti da ih zauvijek odijeli od nas.'

'Primijetio sam da te zanimaju i Zapad i Istok.' Babajijevo lice sjalo je odobravanjem. 'Osjetio sam kako je tvoje srce dovoljno veliko da suosjeća sa svim ljudima. Zato sam te i doveo ovamo.'

'Istok i Zapad moraju krenuti zlatnim srednjim putem koji uključuje i djelovanje u svijetu i duhovnost', nastavio je. 'Indija ima mnogo toga naučiti od Zapada što se materijalne znanosti i napretka tiče, a za uzvrat Indija može naučiti Zapad univerzalnim metodama pomoću kojih će zapadnjaci svoja religijska uvjerenja moći utemeljiti na neprolaznim osnovama znanosti joge.'

'Ti ćeš, Swamiji, imati ulogu u nadolazećoj skladnoj međusobnoj razmjeni između Istoka i Zapada. Za nekoliko ću ti godina poslati učenika kojeg možeš naučiti kako promicati jogu na Zapadu. Otamo mi u valovima dolaze vibracije duša koje tragaju za duhovnošću. Predviđam da u Americi i Europi postoje potencijalni sveci koji čekaju da budu probuđeni.'"

U tom trenutku svoje priče Sri Yukteswar je usmjerio svoj pogled na mene.

„Sine moj,", rekao je dok se smiješio na sjajnoj mjesečini, „ti si taj učenik kojeg mi je prije toliko godina Babaji obećao poslati."

Osjećao sam sreću što sam saznao da me je Babaji usmjerio prema Sri Yukteswaru, ali sam istodobno teško mogao zamisliti sebe na dalekom Zapadu, daleko od svojega voljenog gurua i jednostavnog, mirnog života u duhovnoj školi.

„Babaji je zatim govorio o Bhagavad-Giti.", nastavio je Sri Yukteswar. „Na moje zaprepaštenje on mi je s nekoliko pohvalnih riječi dao do znanja kako mu je poznato da sam napisao tumačenja nekoliko poglavlja iz Gite.

'Hoćeš li se na moj zahtjev, Swamiji, prihvatiti jednog drugog zadatka, a taj je pisanje kraće knjige u kojoj ćeš istaknuti temeljni sklad koji je u zajedničkoj osnovi kršćanskih i hinduističkih svetih spisa? Njihovo temeljno jedinstvo sada je skriveno iza ljudskog sektaštva i podjela. Pokaži u toj knjizi, koristeći se paralelnim navodima iz obiju religija, kako su nadahnuti sinovi Božji govorili o istim istinama.'

'Maharaj,'*, odgovorio sam sramežljivo, 'Vaš zahtjev je preopsežan! Hoću li ja biti sposoban ispuniti ga?'

Babaji se blago nasmijao. 'Sine moj, zašto dvojiš?', rekao je ohrabrujuće. 'Doista, čije je sve ovo djelo, i tko je vršitelj svih djelovanja? Sve što mi Gospod dâ u zadatak da kažem, ja kažem i to se ima ostvariti.'

Osjećajući da sam opunomoćen blagoslovom toga sveca, pristao sam napisati tu knjigu. Svjestan kako je došlo vrijeme da se rastanemo nevoljko sam ustao sa svojega sjedala od lišća.

'Poznaješ li Lahirija?', upitao me Učitelj. 'On je velika duša, zar ne? Reci mu o našem susretu.' Zatim mi je dao poruku za Lahirija Mahasayu.

Nakon što sam se ponizno poklonio u znak rastanka, svetac mi se dobrodušno nasmiješio. 'Kada tvoja knjiga bude napisana, doći ću te posjetiti', obećao je. 'Zbogom, za sada.'

Sljedeći sam dan napustio Allahabad i uputio se u Benares. Stigavši u dom svojega gurua, odmah sam mu ispričao cijelu priču o divnom svecu kojeg sam sreo na *Kumbha Meli*.

'Oh, pa zar ga nisi prepoznao?', reče Lahiri Mahasaya, a oči su mu poskakivale od smijeha. 'Sada shvaćam zašto. On se pobrinuo da tako bude. On je moj ni s kim usporedivi guru – nebeski Babaji!'

'Babaji!', ponovio sam zaprepašten. „Kristoliki jogi Babaji! Nevidljivi, a ipak vidljivi spasitelj Babaji! Oh, kada bih barem mogao vratiti vrijeme i biti ponovno s njim u društvu, da mu mogu pokazati svoju devociju i kleknuti do njegovih stopala!'

'Ne brini se.', rekao mi je Lahiri Mahasaya utješno. 'Obećao ti je da ćete se ponovno vidjeti.'

'Gurudeva, božanski Učitelj me zamolio da Vam prenesem poruku: *Reci Lahiriju da su zalihe energije njegova sadašnjeg života pri kraju, gotovo su iscrpljene.*'

Nakon što je čuo te moje zagonetne riječi tijelo Lahirija Mahasaye streslo se kao da ga je udario grom. U trenu je sve oko njega utonulo u

---

* "Veliki kralj" – titula kojom se izražava veliko poštovanje.

tišinu, a njegov nasmijani izraz lica postao je nevjerojatno ozbiljan kao da se pretvorio u drveni kip, nepomičan i tmuran, pri čemu je sva boja nestala iz njegova tijela. Uplašio sam se i uznemirio. Nikad u životu nisam vidio da ova radosna duša pokazuje tako veliku ozbiljnost. Ostali učenici promatrali su sve ovo sa strahom i zebnjom.

U tišini su prošla tri sata. Nakon toga Lahiri Mahasaya ponovno je poprimio svoje prirodno, veselo držanje i razgovarao prisno sa svakim od *chela*. Svi smo s olakšanjem odahnuli.

Iz ove učiteljeve reakcije bilo mi je jasno kako je Babajijeva poruka nedvosmisleno značila da će uskoro napustiti svoje tijelo. Ta njegova iznenadna i zaprepašćujuća tišina bila je dokaz kako se moj guru sabrao u trenu, prekinuo i posljednju vezanost za materijalni svijet i odletio prema svojem vječno živom jastvu koje prebiva u Duhu. Babaji mu je u stvari na svoj način htio reći: 'Uvijek ću biti uz tebe.'

Iako su Babaji i Lahiri Mahasaya sveznajući i nemaju potrebu komunicirati jedan s drugim koristeći mene ili bilo kojeg drugog posrednika, ipak ti velikani često pristaju sudjelovati u ljudskoj drami. Katkad oni uz pomoć posrednika prenose svoja proročanstva kako bi kasnije ispunjenje njihovih riječi potaknulo još veću vjeru u Boga kod širokog kruga ljudi koji čuje ovu priču."

„Uskoro sam otišao iz Benaresa i u Seramporeu započeo s radom na pisanju knjige o svetim spisima kako je to od mene zatražio Babaji.", nastavio je Sri Yukteswar. „Tek što sam počeo s radom, odjednom sam dobio nadahnuće da napišem pjesmu posvećenu svojemu besmrtnom guruu. Melodični stihovi izlazili su iz mojeg pera bez imalo napora, iako se nikada prije nisam okušao u pisanju poezije na sanskrtu.

U tišini noći radio sam na pisanju djela koje će dati usporedbu između Biblije i svetih spisa poznatih kao *Sanatana Dharma*.* Navodeći

---

* Pod tim se imenom (u doslovnom prijevodu: vječna religija) podrazumijeva sveukupni opus vedskih spisa. Sanatana Dharma kasnije je postala poznata kao hinduizam jer su Grci u pohodu Aleksandra Velikog na sjeverozapad Indije nazvali tamošnje stanovnike na obalama rijeke Ind: Indoos ili Hindusi. Točno govoreći, riječ hindus odnosi se samo na sljedbenike vjere hinduizma ili Sanatana Dharme. S druge strane, pojam Indijci, jednako se odnosi i na hinduse i na muslimane, kao i na ostale stanovnike Indije (te također, zahvaljujući Kolumbovoj zemljopisnoj zabuni, na mongoloidne prastanovnike Amerike – naime, u engleskom jeziku Indian se odnosi i na Indijce i na Indijance – napomena prevoditelja).

Drevno ime za Indiju je Aryavarta, što doslovno znači zemlja Arijaca. Sanskrtski korijen riječi arya znači vrijedan, plemenit, svet. Kasnije pogrešno etnološko korištenje pojma Arijac, ne za označavanje duhovnih kvaliteta već za fizičke osobine, navelo je velikoga orijentalista Maxa Müllera na ovu pomalo čudnu izjavu: "Za mene je etnolog koji govori o arijskoj rasi,

riječi blagoslovljenog Gospoda Isusa, pokazao sam kako su njegova učenja u osnovi istovjetna s otkrivenjima iz Veda. Milošću svojega paramgurua* knjiga *Sveta znanost*†, uskoro je bila dovršena.

„Jutro nakon što sam napokon završio pisanje knjige", nastavio je Učitelj, „otišao sam na Rai Ghat da se okupam u Gangesu. Na gatu nije bilo nikoga. Ostao sam tako stajati neko vrijeme, uživajući u suncu i miru. Nakon što sam se okupao krenuo sam kući. Jedini zvuk koji se mogao čuti u tišini bilo je kapanje vode s moje mokre odjeće. Dok sam prolazio kraj velikog drveta indijskog fikusa uz obalu rijeke, osjetio sam snažan poticaj da se osvrnem natrag. Tamo je u sjeni ispod drveta sjedio veliki Babaji okružen nekolicinom učenika!

'Pozdravljam te, Swamiji!' Krasan Učiteljev glas odzvanjao je kako bi me uvjerio da ne sanjam. 'Vidim da si dovršio svoju knjigu. Kao što sam obećao, došao sam ti zahvaliti.'

Ispružio sam se ispred njegovih stopala, a srce mi je lupalo od uzbuđenja. 'Paramguruji', rekao sam s dubokom molbom, 'hoćete li mi Vi i Vaši *chele* učiniti čast i posjetiti me u mom obližnjem domu?'

Nenadmašni guru se nasmiješio. 'Ne, dijete', rekao je, 'mi smo ljudi koji vole ostati u sjeni drveta, a ovo mjesto baš nam je ugodno.'

'Učitelju, molim Vas, pričekajte časak.' Gledao sam ga s usrdnom molbom. 'Začas ću se vratiti s posebnim slatkišima.'‡

„Kada sam se za nekoliko minuta vratio s poslasticama, pod drvetom više nije bilo božanskog društva. Pretražio sam cijeli gat, ali sam u srcu znao da je družba već odletjela na eteričnim krilima.

Bio sam duboko povrijeđen. 'Ako i sretnem ponovno Babajija, neću mariti za razgovor s njim', govorio sam u sebi. 'Nije lijepo što je tako iznenada otišao.' Bio je to naravno gnjev proizašao iz ljubavi, i ništa više. Nekoliko mjeseci kasnije posjetio sam Lahirija Mahasayu u Benaresu. Kada sam ušao u njegovu primaću sobu, moj me guru dočekao sa smiješkom.

'Dobro došao, Yukteswar!', rekao je. 'Jesi li sreo Babajija na ulazu u sobu?'

---

arijskoj krvi, arijskim očima i kosi, veliki grešnik kakav bi bio i lingvist koji bi govorio o dolikocefalnom rječniku ili o brahiocefalnoj gramatici."

* Riječ *paramguru* označava guruova gurua. Tako je Babaji, guru Lahirija Mahasaye, *paramguru* Sri Yukteswaru.

Mahavatar Babaji je vrhovni guru iz reda indijskih učitelja koji se brinu za duhovnu dobrobit svih članova SRF-YSS-a koji vjerno vježbaju Kriya jogu.

† Knjigu *The Holy Science* objavio je Self-Realization Fellowship u Los Angelesu, Kalifornija.

‡ U Indiji se smatra znakom nepoštovanja ako se gurua ne ponudi nekim osvježenjem.

'Nisam. Kako to mislite?', odgovorio sam iznenađen.

'Dođi ovamo.' Lahiri Mahasaya nježno mi je dotaknuo čelo, a ja sam odjednom pokraj vrata ugledao Babajijev lik koji bijaše poput savršenog lotosa u cvatu.

Sjetio sam se našeg zadnjeg susreta i svoje povrijeđenosti pa se nisam poklonio. Lahiri Mahasaya me pogledao zaprepašteno.

Božanski guru gledao je u mene nedokučiva pogleda. 'Ljut si na mene.'

'Kako i ne bih, Gospodine?', odgovorio sam. 'Vi i Vaša skupina pojavili ste se iz vedra neba i zatim isto tako naglo nestali!'

'Rekoh ti da ću te doći vidjeti, ali nisam rekao kako dugo ću ostati.' Babaji se diskretno nasmijao. 'Vjeruj mi, bio si tako pun uzbuđenja da me tvoj nemir doslovno otpuhao natrag u eter.'

Njegovo objašnjenje donijelo mi je trenutnu zadovoljštinu, ali i pokazalo kako se baš i nisam dolično ponio. Kleknuo sam pred njega, a nenadmašni guru nježno me potapšao po ramenu.

'Dijete, trebaš više meditirati.', rekao je. 'Pogled ti još nije besprijekoran pa me nisi mogao vidjeti iza sunčeve svjetlosti.' Uz te riječi koje su zvučale poput nebeske flaute, Babaji je nestao u skriveni svijet blaženstva."

„Bijaše to jedan od mojih posljednjih posjeta mom guruu u Benaresu.", završio je priču Sri Yukteswar. „Kako je na *Kumbha Meli* Babaji prorekao, utjelovljenje Lahirija Mahasaye kao kućedomaćina bližilo se kraju. U ljeto 1895. na leđima njegovog inače snažnog tijela pojavio se maleni čir. Odbio je da se čir istisne uz izgovor da na taj način odrađuje na sebi lošu karmu nekih svojih učenika. Napokon je na ustrajni nagovor nekoliko *chela* zagonetno odgovorio:

'Tijelo mora naći neki razlog da ode. Ja se slažem sa svime što želite učiniti.'

Kratko nakon toga neusporedivi je guru napustio svoje tijelo u Benaresu. Više ga nisam trebao tražiti u njegovoj maloj sobi za goste. Sada sam svakodnevno bio blagoslovljen njegovim sveprisutnim vodstvom."

Godinama kasnije doznao sam od Swamija Keshabanande*, naprednog učenika, više čudesnih pojedinosti o posljednjim danima Lahirija Mahasaye. Keshabananda mi je ispričao:

„Nekoliko dana prije nego što je moj guru napustio tijelo,

---

* Moj posjet ašramu Swamija Keshabanande opisan je na str. 408-12.

materijalizirao se ispred mene dok sam sjedio u svojemu ašramu u Hardwaru.

'Dođi smjesta u Benares.' Lahiri Mahasaya izgovorio je te riječi i nestao.

Odmah sam se uputio u Benares. U kući mojega gurua bilo je već mnogo okupljenih učenika. Tog je dana učitelj četiri sata* govorio o Giti, a zatim nam se jednostavno obratio riječima:

'Odlazim kući.'

Naši tužni jecaji provalili su iz nas poput nezaustavljive bujice.

'Ne tugujte, ja ću ponovno ustati.' Nakon tih riječi Lahiri Mahasaya podignuo se sa svoga sjedala, triput se okrenuo u krug, sjeo u položaj lotosa gledajući prema sjeveru i slavodobitno ušao u *mahasamadhi*.†"

„Krasno tijelo Lahirija Mahasaye, tako drago njegovim poklonicima, kremirano je uz dužne počasti za kućedomaćina na Manikarnika Ghatu kraj svete rijeke Ganges.", nastavio je Keshabananda. „Sutradan, u deset sati ujutro, dok sam još bio u Benaresu, moju je sobu preplavila posebna svjetlost. Gle! Ispred mene je stajao lik Lahirija Mahasaye od krvi i mesa. Izgledao je isti kao u svojemu starom tijelu osim što se doimao mlađim i isijavao je svjetlost. Moj božanski guru mi se obratio:

'Keshabananda,', rekao je, 'to sam ja. Od razgrađenih atoma svojega spaljenog tijela ja sam uskrisio ovaj ponovno stvoreni lik. Moj posao kao kućedomaćina u ovom svijetu je završen, no neću sasvim napustiti Zemlju. Odlazim na Himalaju gdje ću provesti neko vrijeme s Babajijem, a s Njim ću također boraviti i u svemiru.'.

Nakon nekoliko riječi u znak blagoslova veličanstveni učitelj je nestao. Čudesno nadahnuće ispunilo mi je srce. Bio sam uzdignut u Duhu kao što su to bili i učenici Krista i Kabira‡ kojima su se u živom

---

*   Lahiri Mahasaya napustio je tijelo 26. rujna 1895. Samo nekoliko dana dijelilo ga je od njegova šezdeset i sedmog rođendana.
†   Okretanje triput u krug te usmjeravanje pogleda prema sjeveru dio je rituala iz Veda koji izvode učitelji koji unaprijed znaju da im se bliži posljednji čas fizičkog života. Posljednja meditacija tijekom koje se učitelj stapa s Kozmičkim zvukom AUM naziva se *mahasamadhi* ili veliki *samadhi*.
‡   Kabir bijaše veliki svetac iz 16. stoljeća u čijoj su velikoj sljedbi bili i hindusi i muslimani. Kada je umro, njegovi sljedbenici prepirali su se oko toga po kojem će obredu biti pokopan. Učitelj je sav bijesan ustao iz svojega konačnog sna kako bi im dao posljednje upute. "Polovicu mojih posmrtnih ostataka pokopajte po muslimanskom obredu.", rekao je. "Drugu polovicu spalite prema hinduističkom običaju." Zatim je nestao. Kada su učenici maknuli platno koje je pokrivalo njegovo tijelo, ispod nisu našli ništa osim lijepog cvijeća. Pola toga muslimani su poslušno pokopali u Magharu, gdje i danas štuju njegov hram. Druga polovica spaljena je

Babajijevo zanimanje za Zapad

obliku ukazali njihovi gurui nakon fizičke smrti.

Kada sam se vratio u osamu svoje duhovne škole u Hardwaru,", nastavio je Keshabananda, „ponio sam sa sobom malo svetog pepela Lahirija Mahasaye. Iako sam znao da je umaknuo iz kaveza prostora i vremena i postao ptica koja slobodno leti kroz sveprisutnost, moje je srce ipak bilo utješeno činjenicom da kraj sebe imam barem djelić njegova svetog pepela."

Još jedan učenik koji je doživio blagoslov susreta sa svojim uskrslim guruom bio je blaženi Panchanon Bhattacharya.* Posjetio sam ga u njegovu domu u Kalkuti i uživao slušajući njegovu priču o višegodišnjim iskustvima iz života s učiteljem. Na kraju mi je ispričao i najčudesniju zgodu u svom životu.

„Ovdje u Kalkuti,", rekao je Panchanon, „u deset sati ujutro, nakon svojega kremiranja, Lahiri Mahasaya ukazao mi se u svojoj živućoj slavi."

Swami Pranabananda, "Svetac s dva tijela", također mi je povjerio pojedinosti o nebeskom, nadnaravnom iskustvu koje je doživio. Tijekom posjeta mojoj školi u Ranchiju ispričao mi je:

„Nekoliko dana prije nego što će napustiti svoje tijelo, Lahiri Mahasaya poslao mi je pismo u kojem traži da odmah dođem u Benares. Bio sam neodgodivo spriječen odmah krenuti i kada sam se napokon pripremio za put, oko deset sati ujutro, odjednom sam bio preplavljen radošću ugledavši u sobi svijetleći lik svojega gurua.

'Čemu žurba?' Lahiri Mahasaya rekao mi je to smiješeći se. U Benaresu me više nećeš naći.'

Napokon sam shvatio što mi govori pa sam briznuo u plač, vjerujući kako je ono što vidim samo privid.

Učitelj mi je prišao i utješno rekao: 'Evo, dotakni moje tijelo. Živ sam kao i uvijek. Ne tuguj, zar nisam s tobom zauvijek?'"

---

prema hinduističkom običaju u Benaresu. Na tome mjestu podignut je hram Kabir Cheura koji privlači velik broj hodočasnika.

U mladosti su Kabira dvojica učenika zamolila za detaljne upute koje će slijediti na duhovnom putu. Učitelj im je jednostavno odgovorio:

Put pretpostavlja udaljenost;
Ako je On u blizini, nikakva vam staza ne treba.
Zaista me nasmijava ideja
O ribi koja je u vodi žedna!

* Vidi na str. 326. Panchanon je sagradio Šivin hram unutar vrta površine 17 jutara u Deogharu, država Bihar. U hramu je pohranjen portret u ulju Lahirija Mahasaye (*bilješka izdavača*).

Iskazi ova tri velika učenika otkrivaju čudesnu istinu: U deset sati ujutro, dan nakon što je tijelo Lahirija Mahasaye bilo spaljeno u plamenu, uskrsnuli se učitelj pojavio u stvarnom ali preobraženom tijelu pred trojicom svojih učenika, od kojih je svaki bio u drugom gradu.

„A kad se ovo raspadljivo tijelo obuče neraspadljivošću i ovo smrtno tijelo besmrtnošću, tada će se ispuniti pisana riječ: 'Pobjeda proguta smrt. Gdje je, smrti, tvoja pobjeda? Gdje je, smrti, tvoj žalac?'"*

---

* 1 Kor 15:54-55. "Ima li po vašem sudu nešto nevjerojatno u tom da Bog uskrisuje mrtve?"- Dj 26:8.

37. POGLAVLJE

Idem u Ameriku

„Amerika! Ovi ljudi sigurno su Amerikanci!" Pomislio sam to dok su mi u unutarnjem viđenju dolazila lica mnogih ljudi sa Zapada.*

Sjedio sam u dubokoj meditaciji pokraj prašnjavih kutija u skladištu škole u Ranchiju.† U to je doba bilo teško naći miran kutak uza sve obveze koje je nosio rad s dječacima!

Viđenje se nastavilo. Promatralo me mnoštvo ljudi koji su prolazili ispred mene poput glumaca na pozornici moje svijesti.

Vrata skladišta odjednom su se otvorila. Jedan dječarac očito je otkrio moje sklonište.

„Dođi ovamo, Bimal!", povikao sam veselo. „Imam vijest za tebe: Gospod me zove u Ameriku!"

„U Ameriku?" Dječak je to izgovorio kao da sam rekao da odlazim na Mjesec.

„Da! Odlazim otkriti Ameriku poput Kolumba koji je mislio da je otkrio Indiju. Sigurno postoji neka karmička veza između tih dviju zemalja!"

Bimal je odjurio dalje, a uskoro je cijela škola brujala od vijesti koju su prenijele ove novine na dvije noge.

Sazvao sam zbunjeno nastavničko vijeće i obavijestio ih da im prepuštam vođenje brige o školi.

„Znam da ćete se i dalje držati ideala Lahirija Mahasaye koji se tiču obrazovanja u duhu joge.", rekao sam. „Često ću vam pisati, a ako Bog da, jednog dana ću se i vratiti."

Oči su mi se ispunile suzama dok sam bacao zadnji pogled na male dječake i sunčane njive Ranchija. Ovo je nesumnjivo bio završetak jednog mog životnog razdoblja. Od sada ću boraviti u dalekim zemljama.

---

* Mnoga od tih lica kasnije sam doista vidio na Zapadu i odmah ih prepoznao.

† Godine 1995., na sedamdeset i petu godišnjicu dolaska Paramahanse Yogananade u Ameriku, na mjestu nekadašnjeg skladišta u Ranchiju u kojem se odigralo ovo viđenje posvećen je prekrasni hram Smriti Mandir (*bilješka izdavača*).

Nekoliko sati nakon mojeg viđenja otišao sam vlakom u Kalkutu. Sutradan sam primio pismo s pozivom da kao predstavnik Indije sudjelujem na *Međunarodnom kongresu vjerskih liberala* u Americi. Kongres se trebao održati te godine u Bostonu pod pokroviteljstvom udruge *American Unitarian Association*.

Vrtjelo mi se u glavi od uzbuđenja dok sam išao Sri Yukteswaru u Serampore.

„Guruji, upravo sam primio poziv za sudjelovanje na vjerskom kongresu u Americi. Hoću li ići?"

„Sva su ti vrata otvorena.", rekao je Učitelj jednostavno. „Ovo je prilika koja se ne propušta."

„Ali, gospodine,", rekoh obuzet strahom," što ja znam o predavanju na engleskom za javnost? Jedva da sam do sada održao koji govor, a i to nikada nije bilo na engleskom."

„Na engleskom ili ne, ali tvoje riječi o jogi čut će se na Zapadu."

Nasmijao sam se. „Dakle, dragi Guruji, teško mogu zamisliti da će Amerikanci naučiti bengalski! Molim Vas za blagoslov kako bih mogao uspješno savladati prepreke engleskog jezika."*

Kada sam vijest o odlasku priopćio svojemu Ocu, ostao je bez riječi. Njemu se Amerika činila neopisivo dalekom pa je strahovao da me više nikada neće vidjeti.

„Kako možeš ići?", upitao me strogo. „Tko će ti dati novac za put?" On me je s puno ljubavi financijski uzdržavao cijelo vrijeme mojega školovanja pa je mislio kako će me ovo njegovo pitanje zaustaviti u mojoj namjeri.

„Gospod će se sigurno pobrinuti za novčanu potporu." Dok sam to izgovarao, sjetio sam se sličnog odgovora koji sam davno prije bio dao bratu Ananti u Agri. Bez puno okolišanja dodao sam: „Oče, možda će te Bog uvjeriti da mi pomogneš."

„Ne, nikada!", gledao me je sa sažaljenjem.

Ostao sam stoga zaprepašten kada mi je sutradan Otac dao ček na kojem je bio ispisan velik iznos.

„Dajem ti ovaj novac", rekao je, „ne kao Otac već kao vjeran učenik Lahirija Mahasaye. Otiđi, dakle, u te daleke zemlje i širi među ljudima na Zapadu učenja o *Kriya jogi* koja su namijenjena svim vjerama."

Neopisivo me dirnuo nesebičan duh mojega Oca i njegova

---

* Sri Yukteswar i ja obično smo razgovarali na bengalskom jeziku.

Idem u Ameriku

sposobnost da tako brzo podredi svoje osobne interese. Očito je tijekom noći ispravno zaključio kako me u Ameriku ne tjera nikakva obična ili osobna želja za putovanjem.

„Možda se više nikada nećemo vidjeti u ovom životu." Otac, kojemu je tada bilo šezdeset i sedam godina, izgovorio je to s tugom u glasu.

Intuitivno uvjerenje navelo me da mu odgovorim: „Siguran sam da će nam Gospod omogućiti ponovni susret."

Moje pripreme za odlazak od kuće i od Učitelja prema dalekim obalama Amerike nisu prošle bez prilične uznemirenosti. Već sam bio čuo mnoge priče o „materijalističkom Zapadu", zemlji toliko drukčijoj od Indije koja je obavijena stoljetnom aurom svetaca.

„Učitelj s Istoka", mislio sam, „koji ima hrabrosti otići na Zapad mora biti pripravan na kušnje koje nadilaze muke zbog izloženosti himalajskoj hladnoći!".

Jednog jutra počeo sam se moliti s čvrstom odlučnošću da ne prestanem s molitvom, makar molio do smrti, sve dok ne čujem Božji glas. Želio sam od Njega dobiti blagoslov i potvrdu da se neću izgubiti u maglama modernoga svijeta koji gleda samo na zadovoljavanje vlastitih potreba. Srce me je vuklo u Ameriku, ali više od toga, želio sam čuti utješni glas božanske potvrde.

Tako sam se molio i molio, usput stišavajući svoje jecaje, ali nikakva odgovora nije bilo. U podne moje su neuslišene molitve bile na vrhuncu, a glava mi se povijala pod pritiskom agonije kroz koju sam prolazio. Osjećao sam da će mi glava puknuti ako ispustim samo još jedan krik u toj unutarnjoj muci koja me je obuzela.

U tom trenutku začuo sam kucanje na vratima moga doma u Ulici Garpar. Otvorio sam ih i ugledao mladog čovjeka skromno odjevenog poput isposnika. Ušao je u kuću.

„To je sigurno Babaji!", pomislio sam sav zbunjen jer je čovjek ispred mene nalikovao na mladog Lahirija Mahasayu. Odgovorio je na moju misao. „Da, ja sam Babaji." Govorio je melodioznim glasom na hindskom jeziku. „Naš Nebeski Otac čuo je tvoju molitvu. Dao mi je u zadatak da ti kažem ovo: *Slijedi zapovijedi svojega gurua i pođi u Ameriku. Ne boj se, bit ćeš zaštićen.*"

Nakon napete stanke Babaji mi se ponovno obratio. "Ti si onaj kojega sam odabrao da širi poruku *Kriya joge* na Zapadu. Prije mnogo godina sreo sam tvojega gurua Yukteswara na *Kumbha Meli*. Tada sam rekao kako ću mu poslati tebe za učenika."

Ostao sam bez riječi u njegovoj prisutnosti, obuzet dubokom predanosti i strahopoštovanjem. Istodobno bio sam duboko dirnut jer sam od samog Babajija čuo kako me je upravo on odveo na put susreta sa Sri Yukteswarom. Ispružio sam se pred tim besmrtnim guruom. On me je dobrostivo podignuo. Nakon što mi je ispričao mnoge stvari o mom životu dao mi je nekoliko osobnih naputaka i izgovorio nekoliko tajnih proročanstava.

„*Kriya joga*, ta znanstvena tehnika spoznaje Boga", napokon je svečano rekao, "na posljetku će stići u sve zemlje i pripomoći većem skladu među narodima kroz čovjekovo osobnu, transcendentalnu spoznaju Beskonačnog Oca."

Njegov pogled veličanstvene snage ispunio me je snažnom strujom i omogućio mi da steknem tek blagi uvid u njegovu kozmičku svijest.

>„Da se na nebu iznenada pojavi
>Tisuću sunaca preplavljujući
>Zemlju zracima nepojmljivim
>Tek tada bismo Njegovu Svetu Veličanstvenost
>Samo nejasno nazrijeti mogli."*

Ubrzo se Babaji uputio prema vratima rekavši mi usput: „Ne trudi se slijediti me jer to nećeš moći."

„Molima Vas, Babaji, ne odlazite!", stalno sam molećivo ponavljao. „Povedite me sa sobom!" Odgovorio je: „Ne sada. Nekom drugom zgodom."

Obuzet osjećajima oglušio sam se na njegovo upozorenje. Htjedoh krenuti za njim, ali ustanovih da su mi stopala pričvršćena za pod! S vrata Babaji mi je uputio još jedan pogled pun ljubavi. Nisam odvajao svoj pogled pun čežnje od njega dok je on podigao ruku u znak blagoslova i – otišao.

Nakon nekoliko minuta stopala su mi ponovno postala slobodna. Sjeo sam i povukao se u duboku meditaciju. Pritom sam neprestano zahvaljivao Bogu što, ne samo da je uslišio moju molitvu, već me je i blagoslovio susretom s Babajijem! Cijelo moje tijelo izgledalo je posvećeno dodirom tog drevnog, vječno mladog učitelja. Oh, kako sam dugo čeznuo da ga napokon ugledam!

Nikada do sada nisam nikomu pričao o svom susretu s Babajijem. Čuvao sam to duboko u srcu kao najvrjednije i najsvetije od svih svojih

---

* Bhagavad Gita XI:12 (prevedeno s engleskog prijevoda Arnolda).

PARAMAHANSA YOGANANDA
Slika iz putovnice snimljena u Kalkuti, Indija, 1920.

Nekolicina izaslanika na Međunarodnom kongresu vjerskih liberala održanom u listopadu 1920. u Bostonu, Massachusetts, SAD na kojem je Yoganandaji održao svoj prvi govor u Americi. *(slijeva nadesno)* velečasni T.R. Williams, prof. S. Ushigasaki, vlč. Jabez T. Sunderland, Sri Yogananda i vlč. C.W. Wendte.

ljudskih iskustava. No shvatio sam kako će čitatelji ove autobiografije biti skloniji povjerovati u stvarnost postojanja inače povučenog Babajija i njegovu brigu za ovaj svijet i ljude u njemu ako im ispričam da sam ga vidio svojim očima. U ovoj knjizi nalazi se crtež toga kristolikog jogija moderne Indije što ga je umjetnik naslikao prema mojim naputcima.

Dan prije odlaska u Sjedinjene Države bio sam u svetom društvu Sri Yukteswara. „Zaboravi da si rođen u Indiji, ali nemoj prihvatiti sve navike Amerikanaca. Uzmi ono najbolje od oba naroda.", rekao je na svoj smireni i mudri način. „Budi vjeran sebi, svjestan da si Božje dijete. Tragaj i uključi u vlastito biće najbolje odlike sve svoje braće razasute diljem cijelog planeta u raznim rasama."

Zatim me je blagoslovio: „Svi oni koji dođu k tebi s vjerom, u iskrenoj potrazi za Bogom, dobit će pomoć. Dok ih budeš gledao, duhovna struja iz tvojih očiju doprijet će do njihovih umova i izmijeniti njihove materijalne navike te učiniti da budu svjesniji Boga. Dodao je uz osmijeh: „Imaš izraziti dar za privlačenje iskrenih duša. Kamo god

Idem u Ameriku

Yoganandaji u brodskoj kabini parobroda na putu za Aljasku u vrijeme svoje transkontinentalne govorničke turneje 1924. godine.

budeš odlazio, čak i u divljini pronalazit ćeš prijatelje."

Oba Sri Yukteswarova blagoslova u budućnosti su se pokazala itekako točnima. U Ameriku sam stigao sâm, bez ijednog prijatelja, ali sam tamo našao tisuće ljudi spremnih primiti bezvremena duhovna učenja.

Iz Indije sam otišao u kolovozu 1920. brodom *The City of Sparta*. Bio je to prvi putnički brod koji je otplovio prema Americi nakon Prvoga svjetskog rata. Uspio sam se ukrcati tek nakon što su, na prilično čudesan način, bile riješene mnoge birokratske zavrzlame u vezi s izdavanjem moje putovnice.

Za vrijeme dvomjesečne vožnje jedan od mojih suputnika otkrio je da sam indijski izaslanik na kongresu u Bostonu.

TIJEKOM 32 GODINE SVOJEGA BORAVKA NA ZAPADU, VELIKI GURU JE INICIRAO
U YOGU VIŠE OD 100.000 UČENIKA

Yoganandaji na pozornici tijekom predavanja u Denveru, Colorado, 1924. U stotinama gradova on je držao predavanja o jogi pred najvećim auditorijem na svijetu. Kroz svoje knjige i lekcije namijenjene učenju kod kuće te osnivanjem redovničkih centara za školovanje nastavnika Paramahansa Yogananda omogućio je nastavak poslanja širenja znanosti joge diljem svijeta, što je bio zadatak koji mu je dao Mahavatar Babaji.

PARAMAHANSA YOGANANDA, FILHARMONIJSKA DVORANA, LOS ANGELES

Los Angeles Times u broju od 28. siječnja 1925. donosi: „Filharmonijska dvorana ispunjena do zadnjeg od svojih 3.000 mjesta predstavljala je izvanredan prizor. Razlog je bio uvodno predavanje Swamija Yoganande, a još su tisuće ljudi ostale bez ulaznice pred dvoranom jedan sat prije početka predavanja. Ovaj Indijac osvaja Sjedinjene Države upoznavajući ljude s Bogom usred kršćanske zemlje, propovijedajući pritom samu bit kršćanskog nauka."

Sri Yogananda je, uz velikodušnu pomoć svojih učenika, 1925. kupio posjed na Mt. Washingtonu. I prije nego što je kupnja bila obavljena, on je tamo održao prvi skup, jutarnju službu na Uskrs. To mjesto uskoro je postalo svjetska središnjica njegova Društva.

„Swami Yogananda,", rekao je, i tada sam čuo prvi u nizu čudnih izgovora moga imena kako su ga kasnije izgovarali mnogi Amerikanci, „molim Vas, održite predavanje putnicima idući četvrtak navečer. Mislim da bismo svi imali koristi čuti govor na temu 'Životna borba i kako je voditi.'"

Jao meni! U srijedu sam postao svjestan činjenice da upravo traje bitka u mom vlastitom životu. Sav očajan pokušavao sam kako-tako pripremiti predavanje na engleskom za sutradan, ali sve je bilo uzalud. Moje su misli uporno odbijale svaku suradnju s engleskom gramatikom poput mladog ždrijepca kad vidi sedlo. Ipak sam se u četvrtak navečer pojavio pred okupljenima jer sam imao potpuno povjerenje u uvjeravanja koja mi je bio dao Učitelj. Stajao sam pred društvom u salonu parobroda bez riječi i bez ideje kako uopće započeti govor. Publika je bila pristojna i strpljivo je čekala punih deset minuta, a zatim se, shvativši u kakvoj sam neugodnoj situaciji, počela smijati.

Meni nije bilo do smijeha, već sam u sebi ljutit i ojađen uputio molitvu Učitelju.

„*Možeš* ti to! Govori!" Njegov mi se glas istog trena pojavio u svijesti.

Idem u Ameriku

Paramahansa Yogananda stavlja cvijeće na kriptu Georgea Washingtona u Mt. Vernonu, Virginija, 22. veljače 1927.

Odjednom su se moje misli uskladile s engleskim jezikom. Nakon četrdeset i pet minuta publika me je i dalje pozorno slušala. Taj mi je govor osigurao pozive za još niz predavanja u Americi.

Nikada se nisam mogao prisjetiti nijedne riječi iz tog govora! Više putnika kasnije mi je reklo kako sam održao nadahnuto predavanje na tečnom i točnom engleskom jeziku. Čuvši te pohvale, nisam mogao drugo nego ponovno ponizno zahvaliti svojemu guruu koji je doista bio uz mene u svakoj prilici, ne mareći za prostorne ni vremenske udaljenosti.

Tijekom preostalog putovanja još sam nekoliko puta doživio napade panike zbog neizvjesnosti kako ću se snaći s predavanjem na

PARAMAHANSA YOGANANDA U BIJELOJ KUĆI

Paramahansa Yogananda i g. John Balfour na odlasku iz Bijele kuće nakon posjeta predsjedniku Calvinu Coolidgeu, koji promatra kroz prozor.

The Washington Herald u broju od 25. siječnja 1927. izvijestio je: „Swamija Yoganandu je... g. Coolidge primio s očitim zadovoljstvom i rekao mu kako je o njemu puno čitao. Ovo je prvi put u povijesti Indije da je jednog Swamija službeno primio Predsjednik."

engleskom jeziku na skorom kongresu u Bostonu.

„Gospode," duboko i snažno sam se molio, „molim te da mi Ti budeš jedino nadahnuće."

Brod The City of Sparta uplovio je u Boston potkraj rujna. Svoj prvi govor u Americi održao sam 6. listopada 1920. na spomenutom kongresu. Govor je bio dobro primljen pa sam mogao odahnuti. Ljubazni i dobronamjerni tajnik udruge American Unitarian Association napisao je sljedeći osvrt u Zborniku kongresa*:

„Swami Yogananda, izaslanik iz Brahmacharya Ashrama u Ranchiju, prenio je pozdrave svog Društva ovom Kongresu. Na tečnom engleskom i snažna izričaja održao je govor o filozofskom značaju

---

* New Pilgrimages of the Spirit (Boston: Beacon Press, 1921.).

Idem u Ameriku

'Znanosti o religiji' koja je tiskana u obliku knjižice za daljnju distribuciju. Naglasio je kako postoji samo jedna i univerzalna religija. Pojedinačni običaji i konvencije ne mogu se uzdignuti na univerzalnu razinu, ali je zato moguće uočiti univerzalnost zajedničkog elementa u svim religijama kojeg bismo svi trebali zajednički slijediti i držati ga se."

Zahvaljujući Očevu velikodušnom novčanom iznosu, mogao sam ostati u Americi i nakon završetka kongresa. U Bostonu sam u skromnim uvjetima proveo tri sretne godine. Održavao sam javna predavanja, držao tečajeve i napisao knjigu pjesama *Songs of the Soul* (*Pjesme duše*), za koju je predgovor napisao dr. Frederick B. Robinson, predsjednik Sveučilišta grada New Yorka.*

Godine 1924. počeo sam transkontinentalnu turneju po Sjedinjenim Američkim Državama tijekom koje sam govorio pred tisućama ljudi u mnogim velikim gradovima. U Seattleu sam se uputio na odmor koji sam proveo u prekrasnoj Aljasci.

Uz širokogrudnu pomoć studenata potkraj 1925. osnovao sam američko sjedište u zgradi na posjedu Mount Washington kraj Los Angelesa. Tu sam zgradu bio vidio u svom viđenju još prije mnogo godina kada sam boravio u Kašmiru. Sri Yukteswaru sam odmah poslao slike koje govore o mojem djelovanju u dalekoj Americi. Odgovorio mi je razglednicom pisanom na bengalskom koja u prijevodu glasi:

11. kolovoza 1926.

Dijete srca moga, O Yogananda!

Gledajući fotografije tvoje škole i tvojih studenata, obuzima me radost koju ne mogu izraziti riječima. Topim se od sreće kada vidim tvoje učenike joge u raznim gradovima.

Slušajući o tvojim metodama primjene afirmacija, iscjeljujućih vibracija i božanskim molitvama za ozdravljenje, mogu ti samo iz dubine srca zahvaliti.

Gledajući ulazna vrata, vijugavi put uzbrdo i prekrasan krajolik koji se prostire ispod imanja na Mount Washingtonu, čeznem za tim da to sve vidim i vlastitim očima.

Ovdje je sve u redu. Neka po milosti Božjoj uvijek budeš u blaženstvu.

SRI YUKTESWAR GIRI

Godine su brzo prolazile. Držao sam predavanja diljem svoje nove domovine, govorio u mnogim klubovima, sveučilištima, crkvama i pred skupinama raznih kršćanskih crkvi. Između 1920. i 1930. moja

---

* Knjigu je objavio Self-Realization Fellowship. Dr. Robinson i njegova supruga posjetili su Indiju 1939. i bili počasni gosti na sastanku u organizaciji Yogoda Satsange.

Njegova ekscelencija Emilio Portes Gil, predsjednik Meksika, bio je domaćin Sri Yoganandi tijekom njegova posjeta Mexico Cityju, 1929.

Paramahansaji u meditaciji tijekom vožnje čamcem na jezeru Xochimilco, Meksiko, 1929.

predavanja o jogi pohađali su deseci tisuća Amerikanaca. Svima njima posvetio sam novu knjigu molitvi i duhovnih misli pod naslovom: *Whispers from Eternity* (*Šapati iz vječnosti*)*, za koju je predgovor napisala gđa Amelita Galli-Curci.

Katkad sam (pogotovo prvoga u mjesecu kada bi stizali računi za održavanje Centra u Mount Washingtonu gdje je bilo središte udruge Self-Realization Fellowship) s čežnjom pomišljao na jednostavnost i mir Indije. Ipak sam iz dana u dan vidio kako razumijevanje između Zapada i Istoka sve više raste, što je bila velika radost za moju dušu.

George Washington, „Otac nacije", koji je u mnogim prigodama izjavio kako osjeća da ga vodi Božja ruka, izrekao je (u svojemu *Oproštajnom obraćanju*) ove riječi duhovnog nadahnuća Amerikancima:

„Bit će dostojno jedne slobodne, prosvijetljene, i vrlo skoro, velike nacije, da pruži čovječanstvu velikodušan i također nov primjer ljudi koji se uvijek vode uzvišenim idealima pravednosti i dobronamjernosti. Može li itko posumnjati da u vremenu koje dolazi isplativost takva plana neće itekako nadmašiti privremene gubitke zbog ustrajanja uz takve principe? Može li biti da Providnost nije vezala trajnu sreću jednog naroda uz njegovu vrlinu?"

"HIMNA AMERICI" WALTA WHITMANA
(*Iz pjesme „Ti majko sa svojim jednakim potomstvom"†*)

Tebe u tvojoj budućnosti,
Tebe u tvojem većem, duhovno zdravijem potomstvu žena
i muškaraca - tebe u tvojim atletama, ćudoređu,
duhovnosti, Jugu, Sjeveru, Zapadu, Istoku.
Tebe u tvojem kreposnom bogatstvu i uljudbi (dotad
tvoja najponositija tvarna uljudba mora ostati uzaludna),
Tebe u tvojem svekolikom, sveobuhvatnom obožavanju
tebe ni u jednoj Bibliji, spasitelju samo,
Tvoji su spasitelji bezbrojni, skriveni u tebi, ...
jednake za sve, božanske kao svi
Njih! njih u tebi (sigurna dolaska) danas ja proričem.

---

* Objavio Self-Realization Fellowship.
† Walt Whitman: „Vlati trave", Meandar, Zagreb 2002. (prepjevao Mario Šuško)

38. POGLAVLJE

Luther Burbank – svetac među ružama

„Tajna poboljšanog uzgoja biljaka je, uz znanstvene spoznaje, ljubav." Tu sam mudru misao čuo od Luthera Burbanka dok smo obilazili njegov vrt u mjestu Santa Rosa u Kaliforniji. Zaustavili smo se pokraj mjesta gdje su bili posađeni jestivi kaktusi.

„Dok sam izvodio pokuse u svrhu dobivanja kaktusa bez bodlji,", nastavio je, „često sam razgovarao s biljkama kako bih u njima pobudio ljubav. 'Nemate se čega bojati.', govorio bih im. 'Ne trebaju vam vaše obrambene bodlje. Ja ću vas štititi.' Postupno mi je uspjelo uzgojiti korisnu podvrstu pustinjske biljke koja nema bodlje."

Bio sam očaran ovim čudom. „Molim Vas, dragi Luthere, dajte mi nekoliko listova kaktusa da ih posadim u svojem vrtu na Mount Washingtonu."

Radnik koji je stajao u blizini krenuo je otkinuti nekoliko listova, ali ga je Burbank zaustavio.

„Ja ću ih osobno ubrati za Swamija." Dao mi je tri lista koja sam kasnije posadio i koja su se na moju radost lijepo razvila.

Ovaj poznati uzgajivač vrtnih biljaka kazao mi je kako je njegov prvi veći uspjeh bio uzgoj velikog krumpira koji je sada poznat pod njegovim imenom. Neumornošću genija nastavio je svijetu predstavljati na stotine novih vrsta dobivenih križanjem. Tako su nastale poboljšane Burbankove inačice rajčice, kukuruza, tikvica, trešanja, šljiva, nektarina, malina, makova, ljiljana i ruža.

Usmjerio sam svoj fotoaparat na slavno drvo oraha kojim je Luther dokazao da se prirodna evolucija može na dalekovidan način ubrzati.

„Ovo drvo oraha", rekao je, „u samo šesnaest godina uspjelo je dati obilje svojih plodova. Da je ostavljeno na brizi Prirode, za to bi mu bilo potrebno dvostruko više vremena."

Burbankova mala posvojena kći doskakutala je u vrt sa psom.

„Ona je moja ljudska biljka." Luther joj je mahnuo s puno ljubavi. „Na čovječanstvo gledam kao na jednu golemu biljku. Da bi se najbolje razvilo, potrebna mu je samo ljubav, prirodni blagoslov otvorenog prostora te pametno križanje i odabir. Tijekom života uočio sam takav čudesan napredak u evoluciji biljaka da s optimizmom očekujem zdrav i sretan svijet koji ima doći onog časa kada njegova djeca nauče principe jednostavnog i razumnog života. Moramo se vratiti prirodi i Bogu koji je i osmislio prirodu."

„Luthere, Vi biste bili oduševljeni mojom školom u Ranchiju gdje se nastava održava na otvorenome i sve odiše veseljem i jednostavnošću."

Ove moje riječi očito su dirnule žicu blisku Burbankovu srcu, a ta je: obrazovanje djece. Zasuo me je pitanjima, a žarko zanimanje sjalo je iz dubokih, mirnih očiju.

„Swamiji,", rekao je na posljetku, „škole poput Vaših jedina su nada za postizanje skladnog i sretnog društva budućnosti. Nikako mi se ne sviđa današnji sustav obrazovanja u kojemu nema mjesta za izravan doticaj s prirodom i koji ne potiče individualnost. Ja sam uz Vas srcem i dušom po pitanju Vaših praktičnih ideala vezanih uz obrazovanje."

Kada sam se spremao pozdraviti s ovim blagim mudracem, on mi je potpisao malu knjižicu koju mi je darovao.*

„Ovo je moja knjiga *The Training of the Human Plant*† (Uzgoj ljudske biljke).", rekao je. „Potrebne su nove metode odgoja koje uključuju smione pokuse. U mnogim prilikama najizazovniji su pokušaji urodili uspjehom, izvlačeći iz voća i cvijeća njihova najbolja svojstva. Slično tome, novi pogledi na obrazovanje djece trebaju biti brojniji i hrabriji."

Te sam noći pročitao njegovu malu knjigu s velikim zanimanjem. Predviđajući veliku budućnost za svekoliko čovječanstvo, napisao je: „Najtvrdoglaviji živi stvor na ovome svijetu, onaj kojeg je najteže preusmjeriti, jest biljka koja je ukorijenjena u svojim navikama (…) Sjetimo se da je ta biljka očuvala svoju individualnost kroz vrijeme, koje seže do duboko u prošlost, možda do vremena kada je život na Zemlji tek počeo. Kroz cijelo to vrijeme ona se nije mnogo mijenjala. Ne mislite li da

---

* Burbank mi je darovao i svoju potpisanu fotografiju. Ona za mene predstavlja blago slično onome koje je jednoć za indijskog trgovca predstavljala Lincolnova slika. Taj je Indijac boravio u Americi za vrijeme Građanskoga rata i tom prilikom stekao takvo divljenje prema Lincolnu da se nije htio vratiti u Indiju sve dok ne dobije portret Velikog Osloboditelja. Trgovac se s najvećom upornošću smjestio pred stube Lincolnove kuće i nije htio otići sve dok mu zaprepašteni Predsjednik nije dopustio da unajmi poznatog slikara iz New Yorka Daniela Huntingtona. Kada je slikar dovršio Lincolnov portret, Indijac se s njim pobjedonosno vratio u Kalkutu.

† Izdavač: New York: Century Co., 1922.

je, nakon toliko vremena ponavljanja iz ciklusa u ciklus, ta biljka stekla svoju volju, da se tako izrazimo, i to volju čija se upornost ne može ni s čim usporediti? Doista, postoje neke biljke, npr. palme, koje su tako ustrajne da ih još nijedno ljudsko nastojanje nije uspjelo promijeniti. Ljudska volja čini se slabom u usporedbi s voljom biljke. Ali, pogledajte kako se ta dugotrajna tvrdoglavost biljke uspijeva slomiti tako što joj se križanjem pridaju nova svojstva koja vode do snažne promjene u njezinu životu. Kada na ovaj način postignemo bitnu promjenu te učvrstimo ta nova svojstva strpljivim nadzorom i odabirom, kao rezultat dobivamo novu biljku čija se stara svojstva više nikad ne vraćaju.

Ako se sada okrenemo biću tako osjetljive i podatne prirode kao što je to dijete, zadatak postaje znatno jednostavniji."

Osjećajući magnetsku privlačnost prema tom velikom Amerikancu, ja sam ga nastavio iznova posjećivati. Jednog sam jutra stigao istodobno kad i poštar koji je Burbanku istresao na stol oko tisuću pisama. Uzgajivači vrtnih biljaka javljali su mu se iz svih dijelova svijeta.

„Swamiji, Vaš dolazak izvrsna mi je isprika da izađem u vrt!", rekao je veselo. Otvorio je veliku ladicu stola u kojoj su bile na stotine prospekata za putovanja.

„Vidite,", rekao je, „ovako ja putujem. Kako sam stalno vezan za rad s biljkama i odgovaranje na pisma, svoju želju za posjećivanjem stranih zemalja zadovoljavam tako što povremeno bacim pogled na ove slike."

Moj automobil bio je parkiran pred njegovim dvorišnim vratima pa smo krenuli u vožnju ulicama gradića u čijim su se vrtovima mogle vidjeti ruže vrsta Santa Rosa, Peachblow i Burbank.

Veliki znanstvenik primio je inicijaciju u *Kriyu* tijekom jednog od mojih prijašnjih posjeta. Rekao mi je: „Swamiji, ustrajan sam u provođenju *Kriya* tehnike.". Nakon što mi je postavio mnoga oštroumna pitanja u vezi s jogom Luther je polagano izrekao ovu misao:

„Istok doista posjeduje golemu količinu znanja koju je Zapad tek počeo otkrivati."*

---

* Dr. Julian Huxley, slavni engleski biolog i direktor UNESCO-a, nedavno je izjavio kako bi znanstvenici na Zapadu trebali „naučiti istočnjačke tehnike" ulaska u stanje transa i kontroliranog disanja. „*Što se pritom događa? Kako* je to moguće?", rekao je. Dopisnik novinske agencije *Associated Press* iz Londona izvijestio je 21.8.1948.: „Dr. Huxley je kazao novoosnovanoj Svjetskoj organizaciji za mentalno zdravlje da itekako vrijedi upoznati se s mističnim nasljeđem Istoka. 'Ako se ovom istraživanju pristupi na znanstveni način', rekao je pred okupljenim specijalistima za duševno zdravlje, 'to bi po mom mišljenju bio važan iskorak u vašem području rada.'"

Njegova tako bliska suradnja s Prirodom, koja mu je zauzvrat otkrila mnoge svoje ljubomorno čuvane tajne, pobudila je u Burbanku duboko duhovno poštovanje.

„Katkad osjećam veliku bliskost s Beskonačnom Snagom.", povjerio mi je sramežljivo. Njegovo je osjećajno i lijepo oblikovano lice sjalo dok se prisjećao. „U takvim trenucima osjećam se sposobnim liječiti bolesne ljude u svojoj blizini kao i mnoge bolesne biljke."

Ispričao mi je nešto i o svojoj majci, inače pobožnoj kršćanki. „Više puta otkako je umrla,", rekao je Luther, „pojavila mi se u viđenju i razgovarala sa mnom, što smatram velikim blagoslovom."

Nerado smo se vratili u njegov dom gdje ga je čekalo tisuću pisama.

„Luthere," rekao sam tom prigodom, „idući mjesec počinjem s izdavanjem časopisa koji će objavljivati tekstove o mudrostima Istoka i Zapada. Molim Vas da mi pomognete izabrati prikladno ime za časopis."

Nakon kratke rasprave o mogućem imenu dogovorili smo se da to bude *East-West** (*Istok-Zapad*). Kad smo ponovno ušli u njegovu radnu sobu, Burbank mi je uručio članak koji je napisao na temu *znanost i civilizacija*.

Sa zahvalnošću sam rekao:„Ovo će biti objavljeno u prvom broju časopisa."

Kako je naše prijateljstvo postajalo sve dublje, nazvao sam Burbanka svojim "američkim svecem". „Pogledajte čovjeka bez lukavstva!"†, parafrazirao sam. Imao je stvarno veliko srce koje je odavno poznavalo poniznost, strpljenje i požrtvovnost. Njegov mali dom među ružama bio je gotovo isposnički skroman i jednostavan. Burbank je bio svjestan bezvrijednosti luksuza i znao je za radost posjedovanja tek nekoliko stvari. Skromnost kojom je primao svoju slavu na području znanosti podsjetila me na drveće koje povija svoje grane pod teretom zrelih plodova. Samo jalovo drvo uzdiže svoje grane visoko u znak isprazna hvalisanja.

U New Yorku me 1926. zatekla vijest da je moj dragi prijatelj umro. U suzama sam pomislio: „Oh kako bih rado pješačio natrag sve do Santa Rose da ga još samo jednom vidim!" Zaključavši se, da mi ne smetaju tajnici i posjetitelji, sljedeća sam dvadeset i četiri sata proveo u samoći.

Idućeg sam dana izveo vedski obred u smislu zadušnice pred velikom Lutherovom slikom. Pritom je skupina mojih američkih učenika

---

* Časopis je 1948. promijenio ime u *Self-Realization*.
† Iv 1:47.

LUTHER BURBANK
SANTA ROSA, KALIFORNIJA
SAD

22. prosinca 1924.

    Proučio sam sustav Yogoda vježbi Swamija Yoganande i prema mojem mišljenju, one su idealan način razvoja i usklađivanja čovjekovih fizičkih, misaonih i duhovnih osobina. Swamijev cilj je osnivanje škola diljem svijeta na načelima „Kako živjeti", u kojima se obrazovanje neće sastojati samo od umnog razvoja već će biti uključeni i tjelesni razvoj, razvijanje volje i uravnoteženje osjećaja.
    Sustav Yogoda omogućava fizički, misaoni i duhovni razvoj, a temelji se na jednostavnim i znanstvenim metodama koncentracije i meditacije. Primjenom tog sustava vježbi mogu se u većini riješiti složeni problemi današnjega života i omogućiti da mir i dobronamjernost zavladaju Zemljom. Swamijevi nazori o ispravnom obrazovanju temelje se na zdravom razumu i ne sadrže nikakvo mistificiranje i nepraktičnosti jer u suprotnom ne bi imali moju potporu i odobravanje.
    Sretan sam što mi se pružila prigoda da se iskreno pridružim Swamiju u njegovu pozivu za osnivanjem međunarodnih škola u kojima će se učiti umijeće življenja i koje će, ako budu osnovane, više nego išta drugo pridonijeti u velikoj mjeri ostvarenju željenog doba mira i sklada.

Luther Burbank – svetac među ružama

LUTHER BURBANK I PARAMAHANSA YOGANANDA
Santa Rosa, Kalifornija, 1924.

odjevena u indijsku svečanu odjeću pjevala drevne himne uz prinošenje obrednih darova: cvijeća, vode i vatre – simbola tjelesnih elemenata i njihova povratka u Beskonačni Izvor.

Iako su njegovi tjelesni ostatci pokopani u Santa Rosi pod libanonskim cedrom koji je on davno posadio u svom vrtu, za mene je njegova duša sačuvana u svakom cvijetu rascvjetanom pokraj puta. Povukavši se za neko vrijeme natrag u prostrani duh prirode, zar nije Luther onaj koji šapuće u njezinim vjetrovima i korača njezinim svanućima?

Njegovo ime postalo je sastavni dio svakodnevnog govora. U Websterovu rječniku *New International Dictionary* pod pojmom "burbank" nalazimo da je to prijelazni glagol sa značenjem: „Križati ili cijepiti biljku. Otuda, u prenesenom značenju, poboljšati (bilo što, neki postupak ili ustanovu) odabirom dobrih osobina i odbacivanjem loših ili dodavanjem dobrih osobina."

„Voljeni Burbank!", uzviknuo sam nakon što sam pročitao tu definiciju, „tvoje je ime sada postalo sinonim za samu dobrotu!"

39. POGLAVLJE

Katolička stigmatičarka Therese Neumann

„Vrati se u Indiju. Petnaest sam te godina strpljivo čekao. Uskoro ću napustiti zemaljsko tijelo i otploviti prema Nebeskome Domu. Yogananda, dođi!"

Sri Yukteswarov glas iznenada sam začuo u unutarnjem uhu dok sam meditirao u svojem sjedištu na Mt. Washingtonu. Njegova poruka prešla je put od šesnaest tisuća kilometra u tren oka i pogodila me poput munje.

Petnaest godina! Pa da, shvatio sam, sada je 1935., što znači da je prošlo već petnaest godina otkako širim učenja svojega gurua u Americi. Sada me on zove da dođem.

Ubrzo nakon toga opisao sam svoje iskustvo svom dragom prijatelju g. Jamesu J. Lynnu. Njegov je duhovni napredak kao posljedica svakodnevnog vježbanja *Kriya joge* bio tako izvanredan da sam ga često zvao Sveti Lynn. Sretan sam što mogu reći kako su on i nekolicina drugih zapadnjaka živi dokaz Babajijeva proročanstva o tome da će se na Zapadu također pojaviti sveci koji će, slijedeći drevni put joge, postići istinsko samoostvarenje.

G. Lynn je velikodušno ustrajao na tome da mi novčano pomogne glede putnih troškova. Budući da sam na taj način riješio pitanje financija, posvetio sam se organizaciji svojega putovanja brodom preko Europe u Indiju. U ožujku 1935. službeno sam registrirao Self-Realization Fellowship u skladu sa zakonima države Kalifornije kao neprofitno društvo koje ne pripada nijednoj sljedbi i trajnog je postojanja. Svu svoju imovinu darovao sam Self-Realization Fellowshipu, uključujući i autorska prava na sve moje knjige. Kao i većina drugih vjerskih i obrazovnih ustanova, i Self-Realization Fellowship se uzdržava iz priloga i donacija njezinih članova te javnosti.

„Vratit ću se!", rekoh svojim učenicima. „Nikada neću zaboraviti Ameriku."

Katolička stigmatičarka Therese Neumann

Na oproštajnoj svečanoj večeri koju su mi priredili dragi prijatelji u Los Angelesu dugo sam promatrao njihova lica i sa zahvalnošću govorio u sebi: „Gospode, onaj tko ne zaboravlja da si Ti Jedini Davatelj, taj nikada neće oskudijevati u prijateljima među smrtnicima.".

Iz New Yorka sam isplovio 9. lipnja 1935. na brodu *Europa*. Pratilo me je dvoje učenika: moj tajnik g. C. Richard Wright i starija dama iz Cincinatija gđica Ettie Bletsch. Uživali smo u miru plovidbe oceanom, što je bio dobrodošao odmor nakon posljednjih tjedana provedenih u žurbi. Na žalost, naši dani odmora nisu bili dugi zahvaljujući brzini modernih brodova i njihovom svladavanju udaljenosti!

Poput svih turista željnih razgledavanja i mi smo obilazili golemi, drevni grad London. Dan nakon dolaska bio sam pozvan da se obratim velikom skupu ljudi u Caxton Hallu gdje me je okupljenima predstavio Sir Francis Younghusband.

S društvom sam proveo ugodan dan u posjetu Sir Harryju Lauderu na njegovu posjedu u Škotskoj. Nekoliko dana poslije prešli smo kanal La Manche i stigli u Europu. Razlog mog boravka u Europi bilo je hodočašće u Bavarsku. To mi je bila jedinstvena prigoda da posjetim veliku katoličku mističarku Theresu Neumann iz Konnersreutha.

Prije više godina pročitao sam članak o njoj. Iz napisa sam saznao sljedeće činjenice:

(1) Therese je rođena na Veliki petak 1898. i u dobi od dvadeset godina doživjela je nesreću u kojoj je ostala slijepa i oduzeta.

(2) Vid joj se čudesno vratio 1923. na zagovor i molitvu Sv. Tereziji od Lisieuxa, poznate i kao „Mali cvijet". Kasnije su i udovi Therese Neumann iznenada ozdravili.

(3) Od 1923. nadalje Therese uopće nije ni jela ni pila, osim što jedanput na dan proguta malu svetu hostiju.

(4) Stigme, svete rane Kristove, pojavile su se 1926. na Terezinoj glavi, grudima i stopalima. Svakog petka* ona proživljava Kristovu muku, Pasiju, na vlastitu tijelu.

(5) Iako govori samo jednostavni njemački jezik svojega kraja, tijekom transa petkom Therese izgovara riječi koje znanstvenici

---

* Od završetka II. svjetskog rata Therese ne proživljava Pasiju svakog petka, već samo na određene blagdane u godini. Knjige o njezinu životu su: *Therese Neumann; A Stigmatist of Our Day* i *Further Chronicles of Therese Neumann*, Friedricha Rittera von Lame; *The Story of Therese Neumann*, A.P. Schimberga (1947.), sve u izdanju Bruce Pub. Co., Milwaukee, Wisconsin te *Therese Neumann*, Johannesa Steinera koju je objavio Alba House, Staten Island, N.Y.

poistovjećuju s drevnim aramejskim. U određenim trenucima svoga viđenja ona govori i hebrejski i grčki jezik.

(6) Uz dozvolu crkvenih vlasti Theresu su više puta proučavali na znanstvenoj osnovi. Dr. Fritz Gerlich, urednik protestantskih njemačkih novina, otišao je u Konnersreuth kako bi „razotkrio katoličku prijevaru", ali je pun poštovanja na kraju završio pišući njezin životopis.

Kao i uvijek, bez obzira na to gdje sam se nalazio, na Istoku ili Zapadu, žarko sam želio upoznati nekog sveca. Stoga sam bio ispunjen radošću kada je naše malo društvo 16. srpnja stiglo u slikovito selo Konnersreuth. Naš Ford, koji je stigao s nama iz Amerike, pobudio je veliko zanimanje bavarskih seljaka. Ništa manje zanimljiva nije im bila ni družba iz automobila: mladi Amerikanac, starija gospođa i tamnoputi istočnjak duge kose skrivene pod ovratnikom kaputa.

Dovezli smo se do Theresine uredne i čiste seoske kućice u čijem su dvorištu kraj starog bunara cvale geranije. Na naše iznenađenje nikoga nije bilo kod kuće! Ni od susjeda, ni od seoskog poštara kojeg smo susreli nismo mogli ništa doznati. Počela je padati kiša pa su mi moji suputnici predložili da se vratimo.

„Ne!", rekoh tvrdoglavo. „Ostat ću ovdje sve dok ne nađem neki trag koji vodi do Therese."

Dva sata kasnije i dalje smo sjedili u autu, a vani je kišilo bez prestanka. „Gospode,", uzdahnuo sam žaleći se, „zašto si me doveo sve dovde ako je ona nestala?"

Tada se kraj nas zaustavio čovjek koji je govorio engleski i ljubazno nam ponudio pomoć.

„Nisam siguran gdje je Therese,", rekao je, „ali ona često posjećuje dom profesora Franza Wutza koji predaje strane jezike na Sveučilištu Eichstätt koje je udaljeno 130 km."

Iduće se jutro naše društvo odvezlo u mirni grad Eichstätt. Dr. Wutz nas je srdačno primio u svojemu domu. „Da, Therese je ovdje." Poslao joj je poruku o tome da je traže posjetitelji. Glasnik se uskoro vratio s njezinim odgovorom:

„Iako me je biskup zamolio da ne primam nikoga bez njegove dozvole, ipak ću primiti Božjeg čovjeka iz Indije.".

Duboko dirnut ovim riječima, pošao sam za dr. Wutzom stubama prema dnevnoj sobi na prvome katu. Odmah zatim Therese je ušla u sobu. Zračila je aurom mira i radosti. Nosila je crnu haljinu, a na glavi je imala bijelo pokrivalo bez ukrasa. Iako joj je tada bilo trideset i sedam godina, činila se mnogo mlađom jer je posjedovala djetinju svježinu i privlačnost. Zdrava izgleda, dobro građena, rumenih obraza, vesela, nema što, baš prava slika svetice koja ništa ne jede!

Therese mi je pri pozdravu blago stisnula ruku. Sjajili smo nijemim razumijevanjem jer smo oboje prepoznali u onomu drugom osobu koja duboko voli Boga.

Dr. Wutz se ljubazno ponudio da nam bude prevoditelj. Kada smo sjeli, primijetio sam da me Therese promatra s naivnom radoznalošću. Očito, Indijci nisu bili uobičajeni gosti u Bavarskoj.

„Zar zbilja ne jedete ništa?" Htio sam se uvjeriti u to od nje same.

„Ništa osim male hostije svakog jutra u šest sati."

„Koliko je velika hostija?"

„Tanka je poput papira i veličine manjeg novčića." Dodala je: „Uzimam je kao sakrament. Ako nije posvećena, ne mogu je progutati.".

„Niste mogli živjeti od toga punih dvanaest godina?"

„Živim od Božjeg svjetla."

Kakav jednostavan odgovor, moglo bi se reći, u Einsteinovu duhu!

„Vidim da shvaćate kako energija ulazi u Vaše tijelo iz etera, sunca i zraka."

Licem joj je preletio smiješak. „Tako sam sretna što shvaćate kako živim."

„Svetim primjerom Vašeg života dokazujete svakodnevno istinitost Kristovih riječi: 'Ne živi čovjek samo o kruhu, nego o svakoj riječi koja izlazi iz usta Božjih.'"*

Ponovno se u nje mogla vidjeti radost kada je čula moje objašnjenje. „Doista je tako. Jedan od razloga zbog kojih sam ovdje na Zemlji

---

* Mt 4:4. Čovjekov tjelesni stroj ne održava na životu samo materijalna hrana (kruh) već i vibrirajuća kozmička energija (Riječ ili *AUM*). Nevidljiva snaga ulazi u ljudsko tijelo kroz medullu oblongatu. Ovo šesto središte u tijelu smješteno je sa stražnje strane vrata iznad pet *čakri* (sanskrtski izraz za „kotače" ili središta zračenja životne sile) u kralježnici.

Medulla, koja predstavlja glavni ulaz u tijelo za dovođenje univerzalne životne energije (*AUM*), vezana je principom polarnosti sa središtem Kristove Svijesti (*Kutastha*) koje se nalazi u točki između obrva (treće oko), a koje predstavlja sjedište čovjekove snage volje. Kozmička energija zatim se pohranjuje u sedmom središtu koje se nalazi u mozgu i predstavlja spremnik beskonačnih mogućnosti (koje Vede nazivaju "lotosom svjetla s tisuću latica"). U Bibliji se *Aum* naziva Duhom Svetim ili nevidljivom životnom silom koja na božanski način održava svekoliko stvaranje. „Ili zar ne znate da je vaše tijelo hram Duha Svetoga, koji stanuje u vama i koji vam je dan od Boga? Ne znate li da ne pripadate sami sebi?"- 1 Kor 6:19.

jest i to da dokažem kako čovjek može živjeti i od Božjeg nevidljivog svjetla, a ne samo od hrane."

„Možete li druge naučiti kako živjeti bez hrane?"

To ju je pitanje malo zateklo. „Ne mogu to učiniti. Bog to ne želi."

Pogled mi je pao na njezine snažne, skladne ruke. Therese mi je pokazala svježe zaraslu ranu kvadratnog oblika na svakoj ruci. Na dlanu svake ruke imale je manju, također svježe zaraslu, ranu u obliku polumjeseca. Svaka se rana protezala cijelom dubinom kroz ruku. Ovaj prizor podsjetio me na velike kvadratne željezne čavle sa završecima u obliku polumjeseca kakvi se još uvijek koriste na Istoku, ali se ne sjećam da sam ih vidio na Zapadu.

Svetica mi je tada ispričala ponešto o svojim iskustvima tijekom tjednih transeva. „Kao bespomoćnom promatraču pred očima mi promiče cijela Kristova muka." Svakog tjedna, od četvrtka u ponoć pa sve do petka u 13 sati, njezine se rane otvaraju i krvare, a ona izgubi pet kilograma od svoje uobičajene težine koja iznosi šezdeset kilograma. Tijekom transa Therese doživljava veliku patnju zbog suosjećajne ljubavi, no ona se uvijek iznova raduje tim tjednim viđenjima svojega Gospodina.

Odjednom sam shvatio da njezin neobični život Bog koristi kako bi uvjerio kršćane u povijesnu istinitost Isusova života i raspeća kako je zabilježen u Novome zavjetu te da bi na dramatičan način pokazao uvijek živu vezu između Učitelja iz Galileje i njegovih vjernika.

Profesor Wutz se osvrnuo na neka svoja iskustva sa sveticom.

„Therese i ja zajedno s grupom ljudi često idemo na izlete po Njemačkoj.", rekao mi je. „Tada više nego ikada dolazi do izražaja njezina posebnost. Therese ništa ne jede, a mi ostali jedemo tri obroka na dan. Usprkos tome, ona ostaje svježa poput ruže i uopće je ne svladava umor. Therese se veselo smije kada mi ostali ogladnimo i počnemo tražiti gostionicu pokraj puta."

Profesor je dodao i nekoliko zanimljivih pojedinosti u vezi s njezinom fiziologijom: „Budući da Therese ne uzima hranu, njezin se želudac smanjio. Također, ona nema tjelesnih izlučevina osim znoja, a koža joj je uvijek meka i čvrsta."

Kada sam odlazio, rekao sam Theresi kako bih želio biti prisutan za vrijeme njezina transa.

„Da, molim Vas dođite u Konnersreuth idućeg petka.", rekla je ljubazno. „Biskup će Vam dati dopuštenje. Jako sam sretna što ste me potražili ovdje u Eichstättu."

Katolička stigmatičarka Therese Neumann

Therese mi je pri rastanku više puta blago stisnula ruku i otpratila nas do dvorišnih vrata. G. Wright je uključio radio u automobilu. To čudo tehnike pobudilo je pozornost svetice koja ga je ispitivački gledala i pritom se simpatično smijuljila. Oko Therese se okupila velika skupina djece pa se povukla natrag u kuću. Vidjeli smo je kako viri kroz prozor i maše nam poput djeteta.

Sutradan smo razgovarali s dvojicom Theresine braće, vrlo ljubaznim i srdačnim ljudima koji su nam rekli da svetica spava samo sat ili dva noću. Bez obzira na mnoge rane koje ima po tijelu, ona je aktivna i puna energije. Voli ptice, brine se o akvariju te često radi u vrtu. Održava veliku korespondenciju jer joj katolički vjernici pišu da se moli za njih ili da im udjeli blagoslov izlječenja. Mnogi od onih koji su joj se obratili za pomoć izliječeni su od teških bolesti.

Njezin brat Ferdinand, star oko dvadeset i tri godine, objasnio mi je da Therese ima moć putem molitve na sebi odraditi tjelesne bolesti drugih. Svetica je počela izbjegavati hranu otkako se molila da bolest grla mladića iz njezine župe, koji se upravo spremao zarediti, prijeđe na njezino grlo.

U četvrtak poslijepodne naše se društvo odvezlo do biskupova doma. On je promatrao moje uvojke s određenim iznenađenjem. No spremno je potpisao dozvolu za posjet Theresi. Nismo trebali platiti nikakvu pristojbu jer su crkvene vlasti izdavanjem dozvole samo htjele zaštititi Therese od prevelike navale posjetitelja. To je i razumljivo jer se proteklih godina svakog petka u Konnersreuthu znalo okupiti i na tisuće ljudi.

U selo smo stigli u petak ujutro oko devet i trideset. Primijetio sam da Theresina mala kućica ima ostakljeni dio krova kako bi unutra bilo što više svjetlosti. Bilo nam je drago što su ovaj put vrata kuće bila širom otvorena u znak dobrodošlice. Stali smo u red zajedno s još dvadesetak posjetitelja koji su također imali dozvolu. Mnogi od njih došli su izdaleka kako bi vidjeli mistični trans.

Tijekom našeg susreta kod profesora Therese je prošla moj prvi test kada sam se uvjerio da je intuitivno znala kako je želim vidjeti zbog duhovnih razloga, a ne iz puke znatiželje.

Prije nego što sam se popeo do njezine sobe, ušao sam u posebni jogijski trans koji mi je omogućio da se telepatski usuglasim s njezinim viđenjima kako bih je drugi put testirao. Ušao sam u njezinu sobu punu posjetitelja. Ona je ležala na krevetu u bijeloj odjeći. Sa mnom je bio

THERESE NEUMANN, C. RICHARD WRIGHT, SRI YOGANANDA
Eichstätt, Bavarska, 17. srpnja 1935.

i g. Wright. Zastao sam čim sam prešao prag jer sam bio zaprepašten čudnim i zastrašujućim prizorom.

Iz Theresinih donjih kapaka neprestano je tekao tanki mlaz krvi. Njezin je pogled bio uprt prema gore u smjeru duhovnog oka u središtu čela. Tkanina omotana oko njezine glave bila je natopljena krvlju od stigmatskih rana zbog Krune od trnja. Bijelo platno njezine oprave iznad srca bilo je umrljano krvlju od rane na njezinu boku, točno na mjestu gdje je Isusa Krista nekada davno probolo koplje vojnika.

Therese je ispružila ruke u materinskoj, molećivoj gesti. Na licu joj je istodobno bio izraz bola i božanskosti. Doimala se mršavijom i na svaki način izmijenjenom, i iznutra i izvana. Usne su joj blago drhtale dok je mrmljala riječi na stranom jeziku osobama koje su joj se ukazale u viđenju.

Budući da sam bio usuglašen s njom, počeo sam gledati prizore iz njezinog viđenja. Ona je promatrala Isusa kako nosi teški križ usred gomile koja mu se izrugivala.* Odjednom je sva prestravljena podignula

---

* U satima prije mog dolaska Therese je već bila prošla u viđenjima događaje iz završnih dana Kristova života. Njezina viđenja obično počinju događajima koji su slijedili nakon Posljednje večere, a završavaju Isusovom smrću na Križu ili katkad stavljanjem njegova tijela u grob.

glavu: Gospodin je pao pod teškim teretom! Viđenje je nestalo. Iscrpljena i shrvana teškom žalošću Therese je svom težinom klonula na jastuk.

U taj čas iza sebe sam začuo mukli udarac o pod. Okrenuo sam glavu i vidio kako dvoje ljudi nekoga iznose na rukama. Taj tren sam se vratio iz dubokoga nadsvjesnog stanja pa nisam odmah prepoznao o kome je riječ. Ponovno sam usmjerio pogled prema Theresinu licu koje je bilo mrtvački blijedo i obliveno krvlju, ali sada je bilo mirno i zračilo čistoćom i svetošću. Kasnije sam se osvrnuo i ugledao g. Wrighta. Rukom se držao za obraz s kojeg mu je curila krv.

„Dick,", rekao sam zabrinuto, „ jesi li se ti maloprije srušio?"

„Da, onesvijestio sam se od ovog užasnog prizora."

„Pa", rekao sam tješeći ga, „stvarno si hrabar kada si se odlučio ponovno vratiti."

Gospodin Wright i ja sada smo se sjetili da ima još hodočasnika koji strpljivo čekaju u redu pa smo bez riječi pozdravili Theresu i napustili njezino sveto društvo.*

Idućeg se dana naše društvo odvezlo dalje na jug i svi smo bili zadovoljni što ne ovisimo o vlakovima, već se našim Fordom možemo zaustaviti gdje i kada hoćemo. Uživali smo u svakoj minuti svojega putovanja kroz Njemačku, Nizozemsku, Francusku i švicarske Alpe. U Italiji nismo propustili posjetiti Assisi kako bismo odali počast apostolu poniznosti, Sv. Franji. Naša europska turneja završila je u Grčkoj gdje smo posjetili atenske hramove i vidjeli zatvor u kojem je Sokrat† ispio

---

* U izdanju vijesti agencije INS od 26. ožujka 1948. pisalo je: „Njemačka seljanka ležala je na Veliki Petak u svojoj kolibi, a na glavi, rukama i ramenima vidjeli su se tragovi krvi na mjestima gdje je Isusovo tijelo krvarilo zbog pribijanja na Križ i Krune od trnja. Tisuće Nijemaca i Amerikanaca bez riječi su prolazile u strahopoštovanju pokraj kreveta Therese Neumann.".

Velika stigmatičarka umrla je u Konnersreuthu 18. rujna 1962. (*bilješka izdavača*)

† Euzebije u jednom svom djelu navodi zanimljivu zgodu o susretu Sokrata i jednog mudraca iz Indije. Odlomak glasi: „Glazbenik Aristoksen ispričao je sljedeću zgodu o Indijcima. Jedan Indijac u Ateni je sreo Sokrata i pitao ga o njegovoj filozofiji. 'Bavim se ispitivanjem ljudskih pojava i fenomena', odgovorio je Sokrat. Na to je Indijac prasnuo u smijeh. 'Kako se čovjek može baviti ispitivanjem pojava vezanih uz ljude, a istodobno ne znati ništa o božanskim fenomenima?'".

Grčki ideal, koji je prisutan i među filozofima Zapada, glasi: „Čovječe, upoznaj Sebe!" Descartesova izreka: „Mislim, dakle jesam." nije filozofski valjana. Ljudski razum i moć rasuđivanja ne mogu rasvijetliti pitanje čovjekova konačnog Bića. Ljudski je um, kao i pojavni svijet koji on spoznaje, u stalnoj mijeni i ne može čovjeka dovesti do odgovora na konačna pitanja. Intelektualno poimanje stvari ne može donijeti trajnu zadovoljštinu. Onaj koji traga za Bogom pravi je ljubitelj *vidye*, nepromjenljive istine. Sve ostalo predstavlja *avidyu* ili relativno znanje.

otrov. Sposobnost starih Grka da skulpturom umjetnički izraze svoju veliku maštu doista je vrijedna divljenja.

Brodom smo se uputili preko sunčana Sredozemlja i stigli do Palestine. Hodajući iz dana u dan po Svetoj zemlji, ponovno sam se uvjerio u neprocjenjivo iskustvo hodočašća. Za osobe s istančanim srcem, duh Krista je i dalje sveprisutan u Palestini. Prožet tim dubokim osjećajem Kristove prisutnosti, pun poštovanja obilazio sam Betlehem, Getsemaniju, Kalvariju, svetu Maslinsku goru te rijeku Jordan i Galilejsko jezero.

Naša mala skupina obišla je jaslice u kojima se rodio Isus, Josipovu stolarsku radnju, Lazarov grob, kuću Marte i Marije, sobu u kojoj se održala Posljednja večera. Boraveći na tim drevnim mjestima, pred očima mi je oživjela davna povijest i božanska drama Kristova života.

Nastavili smo prema Egiptu u kojem smo posjetili moderni Kairo i drevne piramide. Zatim dalje brodom po Crvenom moru pa pučinom Arapskog mora i napokon, evo je – Indija!

40. POGLAVLJE

Ponovno u Indiji

Sa zahvalnošću sam udisao blagoslovljeni zrak Indije. Naš brod *Rajputana* pristao je 22. kolovoza 1935. u golemu bombaysku luku. Već taj prvi dan nakon iskrcavanja bio je znakovit – najavio mi je sljedećih godinu dana neprestane aktivnosti. Prijatelji koji su nas dočekali u pristaništu darovali su nam u znak dobrodošlice cvjetne vijence. Ubrzo smo stigli u naš apartman u hotelu „Taj Mahal" gdje smo primili više skupina novinskih izvjestitelja i fotografa.

Prvi sam put bio u Bombayu koji me je doista iznenadio kao moderan grad pun energije i s mnogim novostima u zapadnjačkom stilu. Široke gradske ulice s drvoredima palmi, veličanstveni kipovi koji se natječu u privlačenju pozornosti s drevnim hramovima. No imali smo vrlo malo vremena za razgledavanje. Želio sam što prije vidjeti svojega voljenog gurua i svoje drage. Naš smo Ford ukrcali u teretni vagon vlaka kojim smo se uputili na istok, prema Kalkuti.*

Na željezničkoj postaju Howrah dočekala nas je tolika gomila ljudi da se isprva uopće nismo mogli iskrcati iz vlaka. Na čelu odbora za doček bili su mladi maharadža od Kasimbazara i moj brat Bishnu. Bio sam posve nespreman za toplinu i razmjere našega dočeka.

Pokriveni od glave do pete cvjetnim vijencima, gđica Bletsch, g. Wright i ja polako smo se vozili prema kući mojega Oca. Ispred nas išla je kolona automobila i motocikala, a cijelim putem pratili su nas radosni zvuci bubnjeva i zviždaljki.

Moj me stari Otac zagrlio kao nekoga tko se vratio iz mrtvih. Dugo smo gledali jedan u drugoga bez riječi, puni radosti. Okružili su me braća i sestre, ujaci, stričevi i tete, studenti i prijatelji iz davnih, prošlih godina. Uspomene su navrle i svima su nam potekle suze. Kada se sad prisjetim tih davnih prizora ponovnih susreta s dragim ljudima, sve je

---

* Na pola puta zaustavili smo se u Središnjim pokrajinama kako bismo posjetili Mahatmu Gandhija u mjestu Wardhi. Taj sam posjet opisao u 44. poglavlju.

SRI YUKTESWAR I YOGANANDAJI U KALKUTI, 1935.

„Zbog načina života u kojem nije bilo mjesta za samohvalu i vlastito isticanje, samo su malobrojni njegovi suvremenici u njemu prepoznali nadljudske osobine.", rekao je Sri Yogananda. „Iako smrtnik po rođenju kao i svi ostali, Sri Yukteswar je postigao jedinstvo s Gospodarom vremena i prostora. Za Učitelja nije bilo nepremostivih zapreka kada je u pitanju spajanje ljudskog i Božanskog. Shvatio sam kako takve zapreke ne postoje osim u ljudskoj nesklonosti prema duhovnoj pustolovini."

to u mom sjećanju i dalje živo i nezaboravno u mojem srcu. Što se pak tiče mojeg susreta sa Sri Yukteswarom, riječi me sasvim izdaju. Stoga donosim opis našega susreta iz dnevničkih zapisa mojega tajnika:

„Danas sam, ispunjen najvećim očekivanjima, odvezao Yoganandajija iz Kalkute u Serampore.", zapisao je g. Wright u svom putnom dnevniku.

„Prošli smo pokraj starinskih trgovina, od kojih je jedna nekoć bila omiljeno mjesto u koje je Yoganandaji odlazio jesti dok je studirao. Napokon smo ušli u malu ulicu sa zidovima sa strane. Nakon naglog skretanja ulijevo konačno smo se našli ispred dvokatnice od opeka u kojoj se nalazio Učiteljev ašram s rešetkastom željeznom ogradom balkona koji se isticao na drugom katu. Mjesto je pružalo dojam mirnog utočišta.

S osjećajem velikog poštovanja i poniznosti slijedio sam Yoganandajija dok smo ulazili u dvorište duhovne škole. Srca su nam ubrzano kucala dok smo se penjali starim betonskim stubama izlizanima, bez sumnje, stopalima mnogih tragalaca za istinom. Napetost u nama sve je više rasla kako smo nastavljali svoj hod. Ispred nas se na vrhu stuba tiho pojavio Veliki On, Swami Sri Yukteswarji, stojeći tamo u plemenitom stavu mudraca.

Srce mi je bilo uzbuđeno i razdragano u Njegovoj uzvišenoj prisutnosti. Pogled mi se zamutio od suza kada sam vidio kako Yoganandaji pada na koljena i spuštene glave izražava zahvalnost svoje duše i veliku radost zbog ponovnog susreta. Yoganandaji je rukom dotaknuo Guruova stopala, a zatim u znak ponizna iskazivanja poštovanja, i svoje čelo. Zatim je ustao, a Sri Yukteswarji ga je srdačno zagrlio.

Isprva nije bilo nikakve izmjene riječi, već su se snažni osjećaji očitovali u bezglasnim izrazima duše. Kako su im samo oči sjajile toplinom zbog ponovnog susreta! Tihi hodnik bio je ispunjen prisnom atmosferom, čak je i sunce odjednom izmaknulo oblacima i svojim zrakama pridonijelo sjaju ovog slavnog trenutka.

I ja sam kleknuo ispred Učitelja da mu izrazim vlastitu ljubav i zahvalnost. Dotaknuo sam mu stopala, otvrdnula od godina i služenja, i primio njegov blagoslov. Zatim sam ustao i pogledao u njegove prekrasne oči, čija je dubina odavala poniranje u vlastitu bit, a istodobno je iz njih zračilo veselje.

Ušli smo u njegovu dnevnu sobu, čija je jedna čitava strana gledala na balkon koji smo prvo ugledali s ulice. Učitelj je sjeo na prekriveni madrac položen na betonski pod i oslonio se o izlizani naslonjač.

Yoganandaji i ja sjeli smo na slamnatu prostirku do nogu Učitelja oslanjajući se na narančaste jastuke.

Uzalud sam pokušavao shvatiti temu razgovora na bengalskom jeziku između dvojice Swamijija (budući da oni, kako sam otkrio, u međusobnom razgovoru ne govore engleskim, iako Swamiji Maharaj, kako velikog gurua zovu, zna i često govori engleski jezik). No zato sam lako mogao uočiti osobine svetosti Velikog Njega koje su se očitovale u njegovu srdačnom, dobrodušnom osmijehu i očima punim sjaja. Ono što se brzo uočava u Njegovu bilo vedrom ili ozbiljnom razgovoru jest sigurnost u izričaju, što je jasna oznaka mudraca, onog koji zna da zna jer poznaje Boga. Učiteljeva velika mudrost, snaga namjere i odlučnost na svaki su način vidljivi.

Bio je jednostavno odjeven, njegov *dhoti* i košulja koji su jednom bili oker boje, sada su imali izblijedjelu narančastu boju. Promatrajući ga s velikim poštovanjem, uočio sam da je snažne, atletske građe, a njegovo tijelo je očvrsnulo od kušnji i odricanja isposničkog života. Držanje Njegova tijela je veličanstveno. Dostojanstvena je koraka i plemenita stava. Dobrodušan i veseo smijeh dolazi iz dubine njegovih prsa dok mu se čitavo tijelo trese i podrhtava.

Njegovo strogo lice ostavlja jak dojam božanske snage. Kosa mu je razdijeljena po sredini, bijele boje oko čela, drugdje prošarana srebrnozlatnom i srebrno-bijelom i završava kovrčama na njegovim ramenima. Rijetka brada i brkovi možda su podrezani i pridonose dojmljivosti Njegove pojave. Čelo mu se uspinje kao da stremi u nebo. Njegove tamne oči okružene su eterično plavim prstenom. Ima povelik i ugodan nos kojim se zabavlja u trenucima dokolice tako što ga poput djeteta miče s jedne na drugu stranu. Kada je miran, njegova su usta ozbiljna, no ipak im ne nedostaje nježnosti.

Njegova je soba poneštó trošna, iz čega bi se dalo zaključiti da njezin vlasnik nije vezan za materijalnu udobnost. Na bijelim zidovima vidljivi su tragovi vremena i blijedo-plave pruge od gipsa. Na jednom kraju sobe visi velika slika Lahirija Mahasaye, a jednostavan vijenac preko nje odaje duboko štovanje i poklonstvo. U sobi je i stara fotografija iz vremena Yoganandajijeva dolaska u Boston na kojoj on stoji s ostalim sudionicima Kongresa religija.

Primijetio sam neobičnu mješavinu starog i novog. Golemi svijećnjak prekriven je paučinom od dugog nekorištenja, a na zidu visi sasvim novi kalendar! Soba zrači atmosferom mira i sreće.

Ponovno u Indiji

Balkon za ručanje na drugom katu Sri Yukteswarove Duhovne škole u Seramporeu, 1935. Sri Yogananda (*u sredini*) sjedi blizu svojega Gurua (*stoji desno na slici*).

Ispod balkona nalaze se kokosove palme nadvijene nad duhovnom školom kao nijemi zaštitnici.

Dovoljno je da Učitelj samo pljesne rukama i već se kraj njega stvori neki mali učenik. Jedan od njegovih učenika, mršavi mladić po imenu Prafulla,* ima dugu crnu kosu, iskričave oči i nebeski osmijeh. Oči mu sjaje dok mu se kutovi usana podižu, kao što se zvijezde i mjesečev srp odjednom pojave u sumrak.

Razumljiva je snažna radost Swamija Sri Yukteswarjija zbog povratka njegova 'djela' (a čini se da mu i ja, kao 'djelo djela', pobuđujem određenu pozornost). Međutim, prevladavajuća mudrost koja je odlika prirode

---

* Prafulla je kao dječak bio uz Učitelja kada mu je prišla kobra. (Vidi na str. 112.)

PARAMAHANSA YOGANANDA
Fotografija je snimljena 18. prosinca 1935. u Damodaru, u Indiji, za vrijeme posjeta mjestu njegove prve Škole za dječake koju je osnovao u obližnjoj Dihiki 1917. godine. On meditira ispred ulaza u srušenu tvrđavu; svoje nekoć omiljeno skrovište na osami.

Velikog Njega sprječava ga u bilo kakvom vanjskom iskazivanju osjećaja.

Yoganandaji mu je donio nekoliko darova, kao što je i običaj kada se učenik vraća svojemu guruu. Kasnije smo objedovali vrlo ukusno jelo od povrća i riže. Sri Yukteswarjiju je bilo drago kada je vidio da sam usvojio niz indijskih običaja, među kojima je i jedenje prstima.

Nastavio se razgovor na bengalskom koji je trajao više sati i tijekom kojeg su se izmjenjivali topli osmijesi i radosni pogledi. Nakon toga smo se poklonili pred Učiteljevim stopalima, oprostili se od Njega uz *pranam** i otišli u Kalkutu noseći zauvijek sa sobom sjećanje na ovaj sveti susret."

---

* Doslovno, „potpuni pozdrav," od sanskrtskog korijena *nam*, pozdraviti ili pokloniti se te prefiksa *pra*, što znači potpuno. Pranam služi većinom za pozdravljanje redovnika i drugih uglednih osoba.

Povorka učitelja i učenika škole u Ranchiju u ožujku 1938. na godišnjoj svečanosti u povodu godišnjice škole.

Učenici Yogoda Satsanga Society Škole za dječake u Ranchiju 1970. godine. U skladu s Yoganandajijevim idealima koji su ga vodili pri osnivanju škole velik dio nastave izvodi se na otvorenome, dječaci uče jogu, a održava se i akademska naobrazba te školovanje za različita zanimanja.

Sri Yogananda (*u sredini*) i njegov tajnik C. Richard Wright (*sjedi zdesna*) u Ranchiju 17. srpnja 1936. Okruženi su učiteljicama i učenicama Sri Yoganandine Škole za djevojčice iz tog kraja.

Sri Yogananda s učiteljima i učenicima Yogoda Satsanga Society Škole za dječake u Ranchiju, 1936. Školu je osnovao Yoganandaji i ona je bila premještena ovamo iz Dihike 1918. godine pod pokroviteljstvom maharadže od Kasimbazara.

Iz Amerike, Europe i Palestine donio sam mnoge darove za Sri Yukteswara. Primio ih je sa smiješkom, ali ih nije komentirao. Za sebe sam u Njemačkoj kupio komplet u kojem su bili kišobran i štap za hodanje. U Indiji sam odlučio štap dati Učitelju.

„Ovo je doista dar za mene!" Moj guru me je pogledao očima u kojima se zrcalila ljubav i razumijevanje dok je izgovarao taj neželjeni komentar. Od svih darova samo je taj štap izabrao kao onaj koji će pokazivati posjetiteljima.

„Učitelju, molim Vas, dopustite mi da nabavim nov tepih za Vašu dnevnu sobu." To sam rekao jer sam primijetio da je Sri Yukteswarova tigrova koža položena preko poderana tepiha.

„Učini kako te volja!", glas moga gurua nije odavao oduševljenost mojim prijedlogom. „Pogledaj, moja prostirka od tigrove kože čista je i uredna, a ja sam vladar u svojemu malom kraljevstvu. Vani je velik svijet koji se brine samo o izvanjskim stvarima."

Dok je izgovarao te riječi, kao da sam se vratio tolike godine u prošlost. Ponovno sam bio mladi učenik koji se svakodnevno pročišćava u vatri prijekora!

Čim sam se uspio izvući od obveza i ljudi u Seramporeu i Kalkuti, uputio sam se s g. Wrightom u Ranchi. Kakav nam je samo topao doček tamo priređen! Oči su mi bile pune suza kada sam zagrlio nesebične nastavnike koji su proteklih petnaest godina održavali ugled škole na visokoj razini. Srdačna lica i veseli osmijesi, stalnih kao i dnevnih učenika, bili su jasan dokaz vrijednosti njihova brižnog rada u školi zasnovanoj na načelima joge.

Unatoč tomu škola u Ranchiju bila je u ozbiljnim financijskim teškoćama. Sir Manindra Chandra Nundy, stari maharadža, čija je palača Kasimbazar bila pretvorena u središnju zgradu škole i koji je bio glavni financijski donator, u međuvremenu je umro. Mnoge besplatne, a korisne usluge koje je škola nudila sada su bile upitne zbog nedostatnih izvora financiranja.

Tijekom godina provedenih u Americi naučio sam nešto od praktičnosti Amerikanaca i njihove nepopustljivosti pred zaprekama. Ostao sam u Ranchiju tjedan dana boreći se s rješavanjem gorućih problema. Zatim sam u Kalkuti obilazio uglednike i ljude iz obrazovnih ustanova, vodio dug razgovor s mladim maharadžom od Kasimbazara, obratio se za novčanu pomoć svojemu Ocu – i gle! – klimava osnova škole u Ranchiju počela se popravljati. Ubrzo su stigle i mnoge donacije od mojih učenika iz Amerike.

Na moju radost, nekoliko mjeseci nakon dolaska u Indiju, škola u Ranchiju postala je pravno i zakonski utemeljena organizacija. Tako je ostvaren moj životni san o obrazovnoj ustanovi utemeljenoj na jogi koja ima stalni izvor financiranja. Tomu sam težio od samog početka 1917. kada sam skromno započeo sa skupinom od šestorice dječaka.

Škola čiji je puni naziv „Yogoda Satsanga Brahmacharya Vidyalaya" izvodi program nastave za osnovnu i srednju školu. Stalni učenici, kao i oni koji samo svakodnevno dolaze na nastavu, obrazuju se i za neko od profesionalnih zanimanja.

Dječacima je ostavljeno da sami upravljaju mnogim svojim djelatnostima kroz samostalne odbore. Vrlo rano tijekom svog bavljenja obrazovanjem mladih shvatio sam da dječaci koji bi inače jogunasto uživali u suprotstavljanju učiteljima, s veseljem prihvaćaju pravila koja donose njihovi vlastiti kolege iz škole. Kako i sâm nisam bio baš neki uzorni učenik, imao sam razumijevanja za sve uobičajene dječačke vragolaste šale kao i za njihove probleme.

U školi se učenici potiču na bavljenje sportom, primjerice hokejom na travi i nogometom. Učenici iz Ranchija često osvajaju pehare na natjecanjima. Dječaci u školi uče *Yogoda* vježbe koje predstavljaju metodu punjenja mišića energijom koristeći snagu volje, pri čemu se životna energija misaono usmjerava u svaki dio tijela. Također uče *asane* (položaje tijela), kao i mačevanje i igru štapovima (*lathi*). Održavaju se i tečajevi iz prve pomoći pa su učenici iz Ranchija, ne jednom, pružili hvalevrijednu pomoć tijekom velikih poplava ili pošasti gladi. Dječaci rade u vrtu i uzgajaju vlastito povrće.

Osnovnoškolska nastava na hindskom jeziku osigurana je za pripadnike urođeničkih plemena *Kols*, *Santals* i *Mundas* koji žive na tom području. U obližnjim selima održava se i nastava za djevojčice.

Jedinstveno obilježje škole u Ranchiju jest inicijacija u *Kriya jogu*. Dječaci svakodnevno izvode duhovne vježbe, pjevaju dijelove iz Gite te se na konkretnim primjerima podučavaju vrijednostima i vrlinama kao što su jednostavnost, požrtvovnost, čast i istina. Upućuje ih se na to kako je zlo nešto što u konačnici vodi u bijedu i nevolju, a dobro predstavljaju ona djela koja vode istinskoj sreći. Zlo se može usporediti s otrovnim medom, koji je izazovan i privlačan, ali nas može odvesti u smrt.

Nadvladavanjem nemira tijela i uma s pomoću tehnika koncentracije postignuti su zadivljujući rezultati. Nije nikakvo čudo vidjeti u

YOGODA MATH, DAKSHINESWAR, INDIJA

Središte Yogoda Satsanga Society of India na obali rijeke Ganges pokraj Kalkute koje je Paramahansa Yogananda utemeljio 1939.

Ranchiju dopadljivog malog dječaka od devet ili deset godina kako sat ili više vremena sjedi u istom položaju pogleda uprtog u duhovno oko.

U voćnjaku se nalazi Šivin hram, a u njemu je kip blaženoga učitelja Lahirija Mahasaye. U vrtu, pod sjenom krošanja manga svakodnevno se održavaju molitve i nastava vjeronauka.

Bolnica „Yogoda Satsanga Sevashram" („Dom služenja") na imanju u Ranchiju nudi besplatne operacije i medicinsku pomoć za tisuće siromašnih Indijaca.

Ranchi se nalazi na nadmorskoj visini od 600 metara te ima umjerenu klimu. Na površini od dvadeset i pet jutara zemlje na kojoj je i umjetno jezerce za kupanje nalazi se jedan od najkvalitetnijih privatnih voćnjaka u

Sri Yogananda na izletu čamcem na rijeci Yamuni 1935. u Mathuri, svetom gradu koji je povezan s rođenjem i djetinjstvom Bhagavana Krišne. *Sjede, od središta nadesno:* kći Anante Lala Ghosha (Sri Yoganandina starijeg brata), Sananda Lal Ghosh (Yoganandajijev mlađi brat), C. Richard Wright.

Indiji s pet stotina stabala: manga, datulja, guave, ličija i jackfruita.

U biblioteci u Ranchiju nalaze se mnogi časopisi i tisuće knjiga na engleskom i bengalskom jeziku koje su darovane i s Istoka i sa Zapada. Postoji i zbirka svetih knjiga iz svih svjetskih religija. U sklopu škole je i muzej u kojem je izloženo drago kamenje te drugi arheološki, geološki i antropološki izlošci. Većinu sam ja donio iz različitih dijelova svijeta.*

Otvoreno je i više područnih srednjih škola s internatom koje su utemeljene na jogi po uzoru na školu u Ranchiju. To su škola „Yogoda Satsanga Vidyapith" za dječake u Lakhnapuru u Zapadnom Bengalu te srednja škola i duhovna škola u Midnaporeu u Bengalu.†

Impozantni ašram Yogoda Math u Dakshineswaru s pogledom na Ganges posvećen je 1939. godine. To duhovno utočište nalazi se tek nekoliko kilometara sjeverno od Kalkute i pruža oazu nebeskog mira gradskim stanovnicima.

U Dakshineswar Mathu je indijsko sjedište Društva „Yogoda Satsanga Society" s njegovim školama i središtima u raznim dijelovima Indije. „Yogoda Satsanga Society" pravno je i zakonski udružen s međunarodnim sjedištem „Self-Realization Fellowship" u Los Angelesu, Kalifornija, SAD. Yogoda Satsanga‡ izdaje četiri puta godišnje časopis *Yogoda Magazine* te svakih četrnaest dana šalje učenicima pismene lekcije u sve krajeve Indije. U tim lekcijama potanko su opisane SRF tehnike energetskih vježbi, koncentracije i meditacije. Redovno i predano izvođenje tih tehnika preduvjet je za višu inicijaciju u *Kriya jogu*

---

* Muzej sličan ovomu, ali na Zapadu, s izlošcima koje je prikupio Paramahansa Yogananda nalazi se u Self-Realization Fellowship Lake Shrineu na Pacific Palisades u Kaliforniji (*bilješka izdavača*).

† Iz te originalne jezgre razvile su se kasnije mnoge YSS obrazovne ustanove za dječake i djevojčice na više mjesta u Indiji koje uspješno djeluju. Njihov stupanj obrazovanja proteže se od osnovne škole pa sve do visokoškolskog stupnja.

‡ "Yogoda" je izvedenica od *yoga*, što znači jedinstvo, sklad, ravnoteža i *da*, ono što omogućava. "Satsanga" je složenica od sat, istina, i sanga, udruga, zajednica.
"Yogoda" je riječ koju je Paramahansa Yogananda skovao 1916. kada je otkrio načela punjenja ljudskog tijela kozmičkom energijom. (Vidi na str. 247-48).
Sri Yukteswar je zvao svoju duhovnu školu Satsanga (Zajednica Istine) pa je razumljivo što je Paramahansaji, kao njegov učenik, zadržao to ime.
Yogoda Satsanga Society of India neprofitna je ustanova s trajnim postojanjem. Pod tim je imenom Yoganandaji službeno utemeljio svoj rad u Indiji, a sada tu organizaciju vodi Upravno vijeće u Yogoda Mathu u Dakshineswaru u Zapadnom Bengalu. Pod okriljem YSS-a u raznim krajevima Indije uspješno djeluju mnogi centri za meditaciju.
Na Zapadu je Yoganandaji svoju organizaciji prikladno nazvao: Self-Realization Fellowship. Sri Mrinalini Mata je sadašnja predsjednica obiju organizacija: Yogoda Satsanga Society of India i Self-Realization Fellowship (*bilješka izdavača*).

koju kasnije dobivaju učenici koji su za to stekli uvjete.

Djelatnosti koje obavlja Yogoda organizacija na području obrazovanja, religije i humanitarnog rada zahtijevaju nesebičan rad i predanost mnogih učitelja i radnika. Zbog njihove brojnosti ovdje neću navoditi njihova imena, ali naglašavam kako svakog od njih nosim duboko u svom srcu.

G. Wright stekao je mnoge prijatelje među dječacima u Ranchiju dok je odjeven u jednostavni *dhoti* živio neko vrijeme među njima. Kamo god bi išao, u Bombay, Ranchi, Kalkutu, Serampore, moj bi tajnik koji ima dar slikovita opisivanja događaja i ljudi, zapisivao u svoj putni dnevnik svoje doživljaje. Jedne večeri upitao sam ga:

„Dick, kakav je tvoj dojam o Indiji?"

„Mir," odgovorio je promišljeno. „Čitava zemlja nosi auru mira."

41. POGLAVLJE

Idila u južnoj Indiji

„Dick, znaš li da si ti prvi zapadnjak koji je kročio u ovaj hram? Mnogi prije tebe to su uzalud pokušavali."

Gospodina Wrighta te su moje riječi isprva zbunile, a zatim ispunile zadovoljstvom. Upravo smo bili izašli iz prekrasnog hrama Chamundi u brdima ponad Mysorea u južnoj Indiji. U hramu smo se poklonili ispred zlatnih i srebrnih oltara Boginje Chamundi koja je božanski zaštitnik vladajuće obitelji Mysorea.

„Kao uspomenu na ovu iznimnu čast", rekao je g. Wright, pažljivo umatajući nekoliko ružinih latica, „uvijek ću čuvati ove latice koje je svećenik blagoslovio ružinom vodicom."

Moj suputnik i ja[*] provodili smo mjesec studeni 1935. kao gosti države Mysore. U to prosvijetljeno i napredno kraljevstvo moj tajnik i ja stigli smo na poziv maharadžina[†] nasljednika, Njegovog Veličanstva Yuvaraje, Sri Kantheerave Narasimharaje Wadiyara.

U protekla dva tjedna govorio sam pred građanstvom i studentima grada Mysorea, i to u gradskoj vijećnici, Maharadžinu fakultetu, Medicinskom fakultetu, a zatim i na tri masovna skupa u gradu Bangaloreu: u Narodnoj srednjoj školi, Visokom učilištu i u Gradskoj vijećnici Chetty gdje se okupilo tri tisuće ljudi.

Ne znam u kojoj su mjeri zainteresirani slušatelji povjerovali u moju sjajnu sliku o Americi, ali znam da je pljesak uvijek bio najglasniji kada sam govorio o obostranoj dobrobiti koja se može ostvariti putem razmjene najboljih obilježja između Istoka i Zapada.

Dok smo se g. Wright i ja odmarali u tropskom miru, moj tajnik je u svom putnom dnevniku zapisao sljedeće dojmove o Mysoreu:

„Mnoge smo ushićene trenutke proveli gledajući, gotovo odsutna duha, stalnu mijenu Božjeg platna razapetog preko nebeskoga svoda jer

---

[*] Gđica Bletsch ostala je u Kalkuti kod moje rodbine.
[†] maharadža Sri Krishna Rajendra Wadiyar IV.

samo Njegov kist može proizvesti takve boje koje vibriraju svježinom života. Njihova originalnost gubi se kada ih čovjek uzaludno oponaša samo pomoću pigmenata jer Gospod se oslanja na jednostavnije i učinkovitije sredstvo; nikakve uljane boje i pigmenti, već samo zrake svjetlosti. On poprska mlazom svjetlosti dio neba koji se odrazi crvenom bojom, zatim ponovno zamahne kistom i boja se postupno pretapa u narančastu i zlatnu. Tada jednim oštrim potezom probada oblake iz kojih se pojavljuju grimizne zrake koje ostavljaju crvene tragove poput rana. I tako se On beskrajno nastavlja igrati noću i jutrom, uvijek iznova, uvijek svježe, bez ponavljanja. Nijedan uzorak ili boja nisu isti. U Indiji je ljepota izmjene dana u noć te noći u dan neusporediva s bilo čim igdje drugdje viđenim. Često se čini kao da je Bog uzeo sve boje iz svoje palete i razbacao ih nebom poput kaleidoskopa.

Moram spomenuti i veličanstveni, nezaboravni izlet u sumrak tijekom kojeg smo posjetili golemu branu Krishnaraja Sagar* koja je udaljena 20 kilometara od Mysorea. Yoganandaji i ja ukrcali smo se u mali autobus što ga je pomoću 'kurble' pokrenuo dječarac koji očito služi kao živi nadomjestak za akumulator te smo krenuli blatnjavom cestom, dok je na obzoru sunce zalazilo cureći poput stiješnjene prezrele rajčice.

„Vozili smo se pokraj pačetvorina sveprisutnih polja riže, kroz šumicu indijske smokve udobno smještene između kokosovih palmi koje su je natkrivale. Gotovo posvuda raslinje je bilo gusto kao u džungli. Približavajući se vrhu brda, ugledali smo golemo umjetno jezero u kojem su se odražavale zvijezde, a na rubovima palme i drugo drveće. Oko jezera prostirali su se terasasti vrtovi s nizovima električnih svjetiljki.

Ispod ruba brane zabljesnuo nas je nezamisliv prizor: obojeni snopovi svjetla koji obigravahu oko fontana nalik na gejzire. Sve skupa sličilo je izviranju blistave tinte. Bili su to nevjerojatno lijepi vodopadi plave, crvene, zelene i žute boje, sa veličanstvenim kamenim slonovima koji su prskali vodu. Ova brana (čije su me osvijetljene fontane podsjetile na one sa Svjetske izložbe u Chicagu 1933. godine) ističe se svojom modernošću u ovoj drevnoj zemlji rižinih polja i jednostavnih ljudi. Indijci su nam priredili doček pun ljubavi tako da se bojim kako mi sva moja snaga neće biti dovoljna da vratim Yoganandajija u Ameriku.

Još jedna rijetka povlastica koju sam doživio bilo je moje prvo

---

* Brana za navodnjavanje izgrađena 1930. za potrebe okolice grada Mysorea, područja koje je poznato po izradi odjeće od svile, sapuna te ulja od sandalovine.

Idila u južnoj Indiji

jahanje na slonu. Jučer nas je Yuvaraja pozvao u svoju ljetnu palaču kako bismo uživali u vožnji na jednom od njegovih slonova koji je doista bio golem. Penjao sam se stubama do sedla u obliku kutije koje se naziva *howdah* i obloženo je svilom. Kada sam se napokon popeo, počela je nezaboravna vožnja: kotrljanje, njihanje, drmanje, naginjanje naprijed-natrag, sve zbog jurnjave po vododerini. Uglavnom, bijah previše uzbuđen da bih se bojao ili vikao, samo sam se čvrsto držao s nadom u golo preživljavanje!"

Južna Indija zemlja je bogate povijesti i arheoloških ostataka te posjeduje nedvojbenu privlačnost koju je u isto vrijeme teško točno odrediti. Sjeverno od Mysorea nalazi se područje Hyderabada, slikovita uzvisina koju presijeca moćna rijeka Godavari. Ovdje su smještene široke plodne ravnice, ljupke Nilgiris ili Plave planine te područja golih brda od vapnenca ili granita. Povijest Hyderabada duga je i zanimljiva priča koja počinje prije tri tisuće godina pod kraljevima Andhra, nastavlja se pod indijskim dinastijama sve do 1294. godine kada ovo područje dolazi pod vlast muslimanskih vladara.

Najimpresivniji primjer arhitekture, kiparstva i slikarstva u čitavoj Indiji nalazi se u Hyderabadu, i to u drevnim špiljama Ellora i Ajanta gdje su u stijenu uklesani brojni kipovi. Golemi monolitni hram Kailasa u Ellori sadrži isklesane likove bogova, ljudi i zvijeri u izvanrednim razmjerima dostojnim Michelangela. U Ajanti se nalazi dvadeset i pet samostana i pet katedrala, svi su isklesani u stijeni, a nose ih golemi potporni stupovi oslikani freskama na kojima su slikari i kipari ostavili besmrtne dokaze svoje genijalnosti.

Ukras grada Hyderabada su Sveučilište Osmania i impozantna džamija Mecca Masjid koja može primiti i do deset tisuća vjernika.

Država Mysore nalazi se na devetsto metara nadmorske visine i obiluje gustim tropskim šumama u kojima žive slonovi, bizoni, medvjedi, panteri i tigrovi. Dva najveća grada, Bangalore i Mysore, čisti su i privlačni, s mnogobrojnim parkovima i vrtovima otvorenima za javnost.

Indijska arhitektura i kiparstvo dosegnuli su svoj vrhunac u Mysoreu pod pokroviteljstvom indijskih kraljeva u razdoblju od 11. do 15. stoljeća. Hram u Beluru iz 11. stoljeća, dovršen za vladavine kralja Vishnuvardhana, predstavlja remek-djelo svjetskih razmjera i nenadmašan je po istančanosti detalja i raskoši prikaza.

Uredbe uklesane u kamenu nađene u sjevernom Mysoreu potječu

iz trećeg stoljeća pr. Kr. One nas podsjećaju na kralja Ašoku*, čije je golemo carstvo uključivalo Indiju, Afganistan i Balučistan. Ti natpisi na različitim narječjima predstavljaju Ašokine „propovjedi u kamenu" i svjedoče o zavidnom stupnju pismenosti toga doba. XIII. uredba govori o nepotrebnosti ratova: „Ništa se ne može smatrati istinskom pobjedom osim one izvojevane religijom." Deseta uredba govori o tome kako istinska slava kralja ovisi o njegovu doprinosu moralnom napretku svojih podanika. Jedanaesta uredba naznačava kako „istinski dar" ne predstavljaju materijalna dobra, već Dobro samo, a to je širenje istine. Na kamenoj VI. uredbi voljeni kralj poziva svoje podanike da mu se obrate što se tiče javnih poslova u „bilo koje doba dana ili noći" i dodaje kako se iskrenim ustupanjem svojih kraljevskih ovlasti on „rješava duga prema svojim ljudima".

Ašoka bijaše unuk moćnoga Chandragupte Mauryje koji je uništio makedonske vojne snage preostale u Indiji nakon pohoda Aleksandra Velikog i koji je 305. pr. Kr. porazio osvajačku makedonsku vojsku pod vodstvom Seleuka. Chandragupta je zatim na svom dvoru u Pataliputri† primio grčkoga veleposlanika Megastena koji nam je ostavio opise sretne i poduzetne Indije toga doba.

Godine 298. pr. Kr. pobjednik Chandragupta predao je vlast u Indiji svome sinu. Zatim je otputovao u južnu Indiju gdje je proveo preostalih dvanaest godina života kao isposnik bez ijednog novčića tragajući za samoostvarenjem u kamenoj špilji u Sravanabelagoli koja je sada hram u Mysoreu. To područje poznato je i po najvećemu monolitnom kipu koji su džainisti 983. godine isklesali iz goleme stijene u čast mudraca Gomatesware.

Grčki povjesničari i ostali koji su pratili Aleksandra u njegovu pohodu na Indiju ili su tamo stigli kasnije podrobno su zapisali mnoge

---

* Kralj Ašoka podigao je 84.000 vjerskih *stupa* (posvećenih kamenih stupova) u različitim dijelovima Indije. Do danas je sačuvano četrnaest uredbi uklesanih u kamenu i deset kamenih stupova. Svaki je stup vrhunski primjer graditeljstva, arhitekture i kiparstva. Ašoka je dao sagraditi mnoge spremnike za vodu, brane i kanale za natapanje, kvalitetne ceste i putove obrubljene drvoredima, mnoga prenoćišta za putnike, botaničke vrtove u medicinske svrhe te bolnice i za ljude i za životinje.

† Grad Pataliputra (današnja Patna) ima zanimljivu povijest. Kada ga je Gospod Buddha posjetio u 6 st. pr. Kr., to je još bila nevažna utvrda. On je tada prorekao: „Kamo god arijska plemena išla, kuda god trgovci putovali, Pataliputra će za njih postati glavni grad, središte međusobne razmjene svih vrsta roba" (*Mahaparinirbana Sutra*). Dvjesto godina poslije Pataliputra je postala glavni grad velikoga carstva Chandragupte Mauryje. Njegov unuk Ašoka još je više unaprijedio i povećao sjaj toga velegrada. (Vidi na str. xxv.)

Idila u južnoj Indiji

zanimljive priče. Pripovijesti Arijana, Diodora, Plutarha i Strabona u prijevodu dr. J. W. McCrindlea* otkrivaju nam dio slike drevne Indije. Najbitnija hvalevrijedna odlika čitavoga Aleksandrovog neuspješnog pohoda bila je njegovo duboko zanimanje za indijsku filozofiju te jogije i svete ljude koje je povremeno susretao i čije je društvo neizmjerno tražio. Ubrzo nakon što je ratnik sa Zapada stigao u Taxilu u sjevernoj Indiji poslao je Onesikritosa (učenika Diogenove filozofske škole) da mu dovede velikog *sannyasina* iz Taxile po imenu Dandamis.

„Pozdrav tebi, o učitelju *brahmana*!" Tako je Onesikritos pozdravio Dandamisa nakon što ga je pronašao u njegovu šumskom utočištu. „Zeusov moćni sin Aleksandar koji je Veliki Gospodar svih ljudi, traži od tebe da dođeš k njemu. Ako pristaneš, nagradit će te velikim darovima, a ako odbiješ, odsjeći će ti glavu!"

Jogi je mirno primio ovaj prilično zastrašujući poziv, čak „nije ni podigao glavu sa svog ležaja od lišća.".

„I ja sam Zeusov sin, ako je to Aleksandar.", bio je njegov komentar. „Ja ne želim ništa što je Aleksandrovo jer sam zadovoljan onime što imam, dok gledam kako on luta sa svojim ljudima preko mora i kopna bez neke koristi, a njegovim lutanjima nikada nema kraja.

Idi i reci Aleksandru da Bog koji je Kralj nad kraljevima nije Tvorac grubosti i štete, već je Stvoritelj svjetla, mira, života, vode, ljudskog tijela i ljudskih duša. On dočekuje sve ljude kada ih smrt oslobodi i više nisu podložni teškim bolestima. Jedini Bog kojeg ja znam i štujem je onaj koji se gnuša ubijanja i ne započinje ratove.

Nije Aleksandar nikakav bog jer je i sâm podložan smrti.", nastavio je mudrac tiho se podsmjehujući. „Kako netko poput njega može biti vladar svijeta kad ne vlada ni nad samim sobom niti poznaje svoju vlastitu bit? Ne vidim da je ikoga od živih uveo u Had niti poznaje putanju Sunca na njegovu putu čitavom zemljom. Ta postoje još toliki narodi koji nisu ni čuli za njegovo ime!"

Nakon što je ovako propisno natrljao nos „gospodaru svijeta" (a to zasigurno nije učinio još nitko prije njega) mudrac je ironično dodao: „Ako Aleksandru njegovi dosadašnji posjedi nisu dovoljno prostrani, neka slobodno priječe rijeku Ganges, tamo ga čeka zemlja dovoljno velika da *podnese* sve njegove ljude.†"

---

* Riječ je o šest svezaka djela *Ancient India* (Izdano u Kalkuti; izadavač: Chuckervertty, Chatterjee&Co., 15 College Square; 1879., ponovno izašlo 1927.)
† Ni Aleksandar ni bilo tko od njegovih generala nikada nisu prešli Ganges. Nakon što

„Darovi koje mi Aleksandar obećava za mene su bezvrijedni.", nastavio je Dandamis. „Stvari koje ja cijenim i smatram uistinu vrijednima jesu drveće koje mi je zaklon, bujno bilje koje me hrani i voda kojom gasim žeđ. Onaj tko gomila materijalna bogatstva i neprestano je u brizi da ih očuva sigurno radi na vlastitu štetu jer će zbog toga doživjeti samo jad i nemir, sudbinu svih neprosvijetljenih ljudi.

Što se pak mene tiče, ja liježem na šumsko lišće i budući da nemam ništa nad čime bih morao strahovati, mirno sklapam oči i tonem u san. Jer kada bih imao išta od materijalnih stvari, taj bi mi teret samo kvario san. Zemlja mi daje sve što mi je potrebno kao što majka daje mlijeko svojemu djetetu. Ja idem kamo me je volja i uopće me ne dotiču materijalne brige.

Ako mi Aleksandar i odsiječe glavu, on ne može uništiti moju dušu. Moja će glava tada biti nijema, a moje će tijelo, poput odbačene odjeće, ostati na zemlji odakle su i bili uzeti njegovi sastojci. Ja ću pak postati Duh i uzdignuti se k Bogu. On nas je sve obavio u tijelo i postavio na Zemlju da dokažemo hoćemo li, dok smo ovdje dolje, poslušno živjeti u skladu s Njegovim zapovijedima, a On će od nas tražiti, jednom kada se odavde vratimo, da Mu podnesemo račun svojega života. On je Sudac svih naših grijeha, a vapaji onih kojima je netko naštetio zahtijevat će kaznu za onoga tko ih je oštetio.

Neka Aleksandar samo prijeti i zastrašuje one koji žude za bogatstvom i boje se smrti. Protiv *brahmana* njegovo je oružje nemoćno jer mi, niti volimo zlato, niti se bojimo smrti. Idi sada i reci Aleksandru: Dandamis ne treba ama baš ništa od tebe i stoga Dandamis neće tebi poći, a ako ti želiš nešto od Dandamisa, izvoli ti k njemu doći."

Onesikritos je odmah otišao Aleksandru prenijeti ovu poruku. Aleksandar je pomno slušao i pritom „osjetio još snažniju želju da upozna Dandamisa koji se jedini, iako star i gol, suprotstavio njemu koji je pokorio tolike narode i u kojem je on našao više nego dostojna protivnika".

Aleksandar je pozvao u Taxilu više *brahmana* isposnika koji su bili poznati po svojoj iznimnoj mudrosti i oštroumnosti. Plutarh je zapisao jedno takvo nadmudrivanje u kojem je sâm Aleksandar postavljao pitanja.

„Koji su brojniji: živi ili mrtvi?"

„Živi jer mrtvih nema."

---

je naišla na žestok otpor na sjeverozapadu makedonska vojska se pobunila i odbila daljnje napredovanje pa je Aleksandar bio prisiljen napustiti Indiju. Svoja osvajanja htio je nastaviti u Perziji.

Idila u južnoj Indiji

„Gdje se nalaze veće životinje – u moru ili na kopnu?"
„Na kopnu jer more je samo dio kopna."
„Koja je najmudrija zvijer?"
„Ona koju čovjek još nije upoznao." (Čovjek se boji nepoznatog.)
„Što je bilo prije: dan ili noć?"
„Dan je stariji za jedan dan." Ovaj odgovor zbunio je Aleksandra pa je *brahman* dodao: „Nemoguća pitanja traže nemoguće odgovore.".
„Koji je najbolji način da čovjek postane omiljen?"
„Čovjeka će ljudi voljeti ako ga se ne budu bojali premda posjeduje veliku moć."
„Kako čovjek može postati Bog?"*
„Tako da čini ono što mu je nemoguće činiti."
„Što je snažnije: život ili smrt?"
„Život jer podnosi toliko zla."

Aleksandru je uspjelo povesti sa sobom kao svojega učitelja jednoga pravog jogija koji se zvao Kalyana (Swami Sphines), a Grci su ga zvali Kalanos. Mudrac je pratio Aleksandra u Perziju. Spominje se da je u gradu Susi u Perziji Kalanos svojevoljno legao na pogrebnu lomaču pred očima cijele makedonske vojske. Povjesničari bilježe zaprepaštenje vojnika kada su vidjeli da se jogi uopće ne boji ni bola ni smrti. On se nijedanput nije pomaknuo dok su ga gutali plamenovi. Prije nego što je otišao na vlastito spaljivanje, Kalanos se oprostio s mnogim bliskim suputnicima, ali ne i s Aleksandrom. Njemu je uputio samo ove riječi: „Vidjet ću te kasnije u Babilonu."

Aleksandar je otišao iz Perzije i godinu dana kasnije umro u Babilonu. Proročanstvo indijskog gurua značilo je kako će biti uz Aleksandra i u životu i u smrti.

Grčki povjesničari ostavili su nam mnoge izvrsne i nadahnute opise indijskog društva. Arijan nam govori kako indijski zakoni štite ljude i „zabranjuju da ijedan čovjek pod bilo kojim okolnostima bude rob, već svi imaju pravo uživati slobodu i moraju poštovati pravo na slobodu svih ostalih."†

Drugi tekst navodi kako se „Indijci ne bave posuđivanjem novca niti sami uzimaju pozajmicu. Bilo kakav pokušaj prijevare ili nekog

---

* Iz ovog pitanja može se naslutiti kako je "Zeusov sin" ipak imao sumnje u vezi svojega navodnog savršenstva.
† Svi grčki autori ističu kako je nepostojanje ropstva u Indiji nešto posve suprotno ustroju grčkoga društva.

drugog nedjela protivan je običajima Indijaca pa stoga oni i ne sklapaju ugovore niti su im potrebne jamčevine." Doznajemo dalje kako se liječenje provodi na jednostavan način pomoću prirodnih pripravaka. „Postupak liječenja postiže se prije svega posebnim načinom prehrane, a ne uzimanjem lijekova. Od ljekovitih sredstava najviše se cijene različite masti i ulja te oblozi. Sve drugo u većini slučajeva smatra se štetnim." Za ratovanje je mjerodavna isključivo kasta ratnika ili *kšatrija*. „Također pripadnici neprijateljske vojske nikada neće tijekom svojega pohoda naštetiti vlasniku imanja koji radi na polju jer se poljodjelci smatraju razredom ljudi čiji je rad od općeg dobra te su oni pošteđeni bilo kakva napada ili štete. Tako ni usjevi ne stradavaju od pljačke pa je urod obilan i svi stanovnici imaju dovoljno hrane da žive u izobilju."

Sveprisutni vjerski hramovi u Mysoreu stalni su podsjetnik na mnoge velike svece južne Indije. Jedan od tih velikih učitelja je i Thayumanavar koji nam je ostavio ovu pjesmu koja nas navodi na razmišljanje:

> Možeš ukrotiti divljeg slona;
> Možeš začepiti usta medvjedu i tigru;
> Uzjahati lava i igrati se s kobrom;
> Možeš i alkemijom zarađivati za život.
> Možeš svemirom lutati neopažen;
> Učiniti da ti bogovi budu prijatelji; vječno biti mlad;
> Možeš po vodi hodati i u vatri živjeti:
> Ali bolje i teže od svega toga je vladati svojim umom.

U divnoj i plodnoj državi Travancore na samom jugu Indije, u kojoj se prometuje rijekama i kanalima, maharadža svake godine ispunjava obvezu koja mu pripada nasljeđem, a tiče se pokajanja zbog grijeha iz prošlosti povezanih uz nasilno pripajanje više manjih državica u susjedstvu Travancorea. Svake godine tijekom pedeset i šest dana maharadža posjećuje hram triput na dan i sluša recitiranje vedskih himni. Obred traženja oprosta grijeha završava osvjetljivanjem hrama stotinama tisuća svjetiljki (*lakshadipam*).

U području Madrasa, na jugoistočnoj obali Indije, nalazi se ravni, prostrani, morem opasani grad Madras i Conjeeveram, Zlatni Grad, glavni grad dinastije Pallava čiji su kraljevi vladali u prvim stoljećima kršćanske ere. Danas je na području Madrasa vidljiv utjecaj ideala nenasilja Mahatme Gandhija. Posvuda se mogu uočiti bijele „gandijeve kape". Mahatma je diljem indijskoga juga uspio u provedbi mnogih

Idila u južnoj Indiji

važnih hramskih reformi koje se tiču „nedodirljivih" kao i reformi kastinskog sustava.

Kastinski sustav koji je uveo i osmislio veliki zakonodavac Manu u početku je bio motiviran najboljim namjerama. Manu je jasno uvidio da se ljudi po svojoj prirodi mogu svrstati u četiri glavne skupine: oni koji imaju sposobnosti služiti društvu svojim fizičkim radom – *šudre* (*sudra*), zatim oni koji po svojemu ustroju posjeduju razne vještine, primjerice: poljodjelci, obrtnici, trgovci, poslovni ljudi općenito – sve su to *vaišje* (*vaisya*). Slijede oni koji imaju dara za administraciju, rukovođenje i štićenje, to su općenito vladari i ratnici, *kšatrije* te na kraju oni skloni kontemplaciji, duhovnosti, oni koji mogu druge duhovno nadahnuti tj., *brahmani* (*brahmin*). „Ni rođenje ni posvećenje ni učenje ni podrijetlo ne mogu sami po sebi odrediti je li neka osoba dvaput rođena (tj. *brahman*),", kaže se u *Mahabharati*, „već se odluka može donijeti samo na temelju čovjekova karaktera i njegova ponašanja."* Manu je učio društvo da poštuje svoje članove prema njihovoj mudrosti, vrlini, starosti, rodbinskim vezama, i tek na kraju, prema bogatstvu. Vedska

---

* „Uključivanje u jednu od tih četiriju kasti prvobitno je ovisilo ne o čovjekovu rođenju, već o njegovim prirođenim sposobnostima koje se očituju u životnim ciljevima koje on želi postići." napisala je Tara Mata u časopisu *East-West* iz siječnja 1935. „Taj cilj može biti: 1. *kama*, žudnja, želja, usmjerenost djelovanja na osjetilna iskustva (stanje *šudre*); 2. *artha*, dobitak, ispunjenje želja, ali uz samokontrolu (stanje *vaišje*); 3. *dharma*, samodisciplina, odgovoran život s ispravnim djelovanjem (stanje *kšatrije*); 4. *mokša* (*moksha*), oslobođenje, život duhovnosti, vjerskog učenja i podučavanja (stanje *brahmana*). Te četiri kaste služe društvu pomoću: 1. tijela, 2. uma, 3. snage volje, 4. Duha.

„Ta četiri stupnja odgovaraju vječnim *gunama* ili odlikama prirode koje se nazivaju: *tamas*, *rajas* i *sattva*: ometanje, djelovanje, širenje ili drugačije: masa, energija i inteligencija. Četiri prirodne kaste obilježene su *gunama* na sljedeći način: 1. *tamas* (neznanje), 2. *tamas-rajas* (mješavina neznanja i djelovanja); 3. *rajas-sattva* (mješavina ispravnog djelovanja i prosvjetljenja); 4. *sattva* (prosvjetljenje). Vidi se da je na ovaj način priroda označila pripadnost svakog čovjeka određenoj kasti već prema tome koja *guna* ili mješavina *guna* u njemu prevladava. Naravno, u svakom ljudskom biću nalaze se sve tri *gune* u različitim omjerima. Upravo je guru onaj tko će ispravno odrediti kojoj kasti čovjek pripada, odnosno na kojem je stupnju evolucije.

„Sve rase i narodi se do neke mjere u praksi, ako već ne u teoriji, drže sustava kasta. Tamo gdje postoji prevelika nazovi sloboda, posebno očitovana u međusobnom sklapanju brakova između ekstremno različitih prirodnih kasta, takva rasa postupno degradira do konačnog izumiranja. U djelu *Purana Samhita* daje se usporedba potomka takvih spajanja s neplodnim križancima poput mule koja je nesposobna za razmnožavanje. Vrste nastale proizvoljnim križanjem u konačnici izumiru. Povijest nam nudi obilje dokaza o velikim narodima koji više nemaju živih predstavnika. Kastinski sustav Indije zagovaraju njezini najveći mislioci kao sredstvo za sprječavanje zastranjenja, kojim se čuva zdrava osnova naroda i koje je omogućilo Indijcima da se očuvaju kroz tisućljeća promjena, za razliku od nekih drugih drevnih naroda koji su u potpunosti nestali."

Indija oduvijek je prezirala isključivo zgrtanje bogatstva koje nije bilo namijenjeno dobrotvornim svrhama. Uskogrudni bogataši uvijek su u društvu uživali nizak status.

Stvari su se prilično pogoršale kada se tijekom povijesti kastinski sustav počeo isključivo vezati uz obiteljsko naslijeđe. Indija koja je 1947. vratila svoju neovisnost započinje polako ali sigurno ponovna nastojanja u smjeru obnove kastinskih vrijednosti kako su osmišljene u starini, a to znači da im temelj budu isključivo prirodne sposobnosti pojedinca, a ne prava stečena rođenjem. Svaki narod na svijetu ima vlastitu lošu karmu s kojom se mora suočiti i časno je ukloniti. Indija, sa svojim mnogobrojnim sposobnostima i neuništivim duhom, upravo dokazuje da je sposobna prihvatiti se zadaće obnove kastinskog sustava.

G. Wrightu i meni bilo je tako očaravajuće lijepo u južnoj Indiji da smo čeznuli produljiti našu idilu. No vrijeme, oduvijek poznato po svojoj neumoljivosti, nije nam izlazilo u susret. Bližio se dogovoreni termin kada sam trebao održati govor na završnoj sjednici Indijskoga filozofskog kongresa na Sveučilištu u Kalkuti. Pri kraju boravka u Mysoreu uživao sam u razgovoru sa Sir C.V. Ramanom, predsjednikom Indijske akademije znanosti. Ovaj izvanredni indijski fizičar dobio je Nobelovu nagradu za fiziku 1930. za otkriće „Ramanovog učinka" koji se tiče proučavanja raspršenja svjetlosti.

Mašući na odlasku mnoštvu učenika i prijatelja u Madrasu, g. Wright i ja smo uz oklijevanje nastavili svoje putovanje. Usput smo se zaustavili u malom hramu posvećenom uspomeni na Sadasivu Brahmana*, sveca iz osamnaestog stoljeća, čija životna priča obiluje čudesima. Veći hram posvećen Sadasivi u Neruru koji je podigao radža od Pudukkottaija mjesto je hodočašća u kojem su se dogodila mnoga božanska ozdravljenja. Svi kasniji vladari Pudukkottaija kao najveće blago cijene vjerske upute koje je Sadasiva napisao 1750. kao naputak tadašnjem kraljeviću.

Mnoge dražesne i čudnovate zgode vezane uz Sadasivu, tog vrlo dragog i omiljenog te potpuno prosvijetljenog učitelja, očuvane su među seoskim stanovništvom južne Indije. Jedna od njih govori o tome

---

* Njegov službeni naslov je bio Swami Sri Sadasivendra Saraswati i pod tim je imenom pisao svoje knjige (komentare na *Brahma Sutre* i Patanjalijeve *Yoga Sutre*). Njega visoko cijene današnji filozofi u Indiji.

Shankaracharya iz Sringeri Matha, Njegova Svetost Sri Sacchidanada Sivabhinava Narasimha Bharati napisao je nadahnutu *Odu* Sadasivi.

Idila u južnoj Indiji

kako je Sadasivu, dok je na obali rijeke Kaveri sjedio uronjen u *samadhi*, odnijela iznenadna poplava. Pronađen je tjednima kasnije pod hrpom zemlje pokraj Kodumundija u pokrajini Coimbatore. Kada su lopate seljaka udarile u njegovo tijelo, svetac je ustao i brzo otišao.

Sadasiva je postao *muni* (utihnuli svetac) nakon što ga je njegov guru prekorio zbog nedolična nadmetanja u raspravi o dijalektičkim pitanjima s jednim starijim učenjakom, pripadnikom filozofskog smjera *Vedante*. „Kada ćeš, mladiću, naučiti suspregnuti i zadržati svoj jezik za zubima?", upitao ga je guru.

„Uz Vaš blagoslov, od ovog časa nadalje.", odgovori Sadasiva.

Sadasivin guru bio je Swami Sri Paramasivendra Saraswati, autor djela *Daharavidya Prakasika* i duboko promišljenoga komentara djela *Uttara Gita*. Neki su se svjetovni ljudi našli uvrijeđenima jer je Bogom opijeni Sadasiva često viđen kako pleše ulicama „razgolićen" pa su se požalili njegovu učenom guruu. „Gospodine,", izjavili su, „Sadasiva se ponaša poput luđaka."

No Paramasivendra se samo veselo nasmiješio. „Oh!", uzviknuo je, „Kada bi samo svi ostali posjedovali takvu ludost!".

Sadasivin život bio je obilježen mnogim čudnim i divnim očitovanjima uplitanja Božanske Ruke. Naoko se čini da na svijetu ima mnogo nepravde, ali ljudi koji ljube Boga iznad svega svjedoče o bezbroj primjera Njegova trenutnog iskazivanja pravednosti. Jedne noći dok je bio u *samadhiju*, Sadasiva se zaustavio kraj spremnika za žito nekoga bogatog domaćina. Sluge koji su čuvali stražu podigli su štapove u namjeri da udare sveca. No vidi čuda! Ruke su im se skamenile kao oduzete. Ostali su tako stajati poput kipova s rukama u zraku sve dok Sadasiva u zoru nije otišao.

Jednom prilikom vođa grupe radnika koji su prenosili gorivo grubo je prisilio velikoga učitelja da im se pridruži u nošenju tereta. Nijemi svetac ponizno je nosio svoj teret do odredišta gdje ga je istovario navrh velike gomile. U tom času golema se hrpa goriva zapalila i izgorjela.

Sadasiva, poput Swamija Trailange, nije uopće nosio odjeću. Jednog je jutra goli jogi odsutna duha ušao u šator muslimanskog harambaše. Dvije su dame vrisnule od straha na što je ratnik dojurio i jednim udarcem mača odrezao Sadasivi ruku. Učitelj je otišao kao da se ništa nije dogodilo. Kada je vidio što je učinio, harambaša je svladan zaprepaštenjem i kajanjem podigao ruku s poda i pošao za Sadasivom. Jogi je

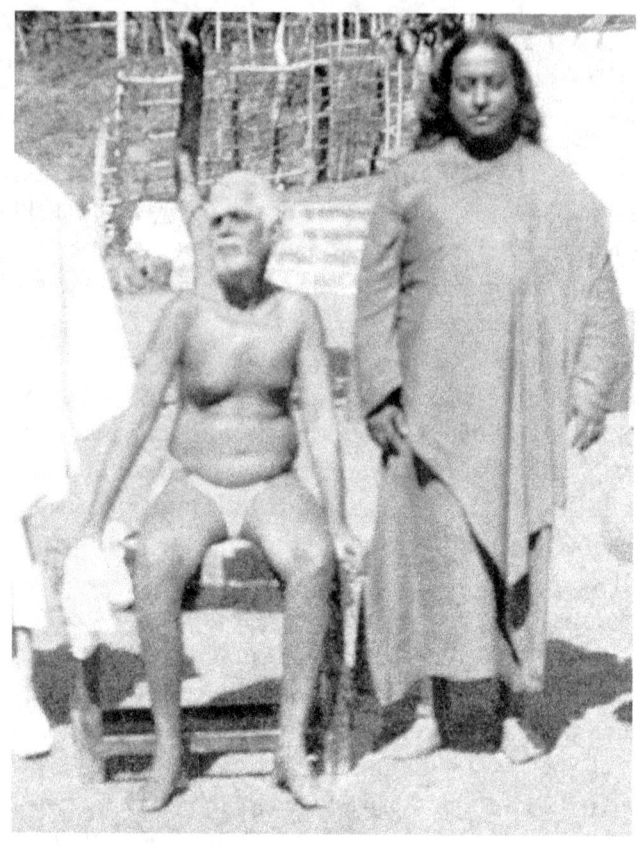

Ramana Maharshi i Paramahansa Yogananda u Sri Ramaninu ašramu „Arunachala" (vidi na str. 397).

mirno prislonio ruku na batrljak iz kojeg je tekla krv. Kada ga je zatim musliman ponizno zamolio za duhovni naputak, Sadasiva je napisao prstom u pijesku:

„Ne radi ono što želiš pa ćeš moći raditi što te je volja."

Harambašu je to duhovno uzdiglo i razbistrilo mu um te je shvatio kako ovaj paradoksalni savjet predstavlja duhovnu uputu prema kojoj se duhovna sloboda postiže uzdizanjem nad egom. Toliki je bio učinak tih riječi na muslimanskog ratnika da je on kasnije postao dostojan učenik koji je posve raščistio sa starim načinom života.

Seoska djeca jednom su pred Sadasivom izrazila želju da prisustvuju vjerskom okupljanju na festivalu u Mathuri, udaljenoj 240 kilometara. Jogi je pokazao djeci da dodirnu njegovo tijelo. I gle čuda!

Idila u južnoj Indiji

Odjednom je cijela skupina bila prenesena u Mathuru. Djeca su sva radosna lutala među tisućama hodočasnika. Jogi je za nekoliko sati na isti način svoje male „zavežljaje" vratio kući. Zaprepašteni roditelji slušali su žive opise svoje djece o procesiji u Mathuri, a uočili su i da djeca sa sobom imaju vrećice sa slatkišima iz Mathure.

Jedan nevjerni Toma među djecom pokušao se narugati svecu i njegovoj priči. U vrijeme iduće vjerske svečanosti koja se održavala u Srirangamu dječak se obratio Sadasivi.

„Učitelju," rekao je podrugljivo, „zašto mene ne odvedeš na proslavu u Srirangam kao što si onu djecu odveo u Mathuru?"

Sadasiva je pristao i dječak se istog časa našao usred gužve u dalekom gradu. Ali jao njemu! Gdje je sada bio svetac da ga ponovno vrati kući? Iscrpljeni se dječak vratio kući na sasvim običan način – pješice.

G. Wright i ja smo prije odlaska iz južne Indije otišli na hodočašće na sveto brdo Arunachala pokraj Tiruvannamalaija kako bismo se upoznali s Ramanom Maharshijem. Mudrac nas je srdačno dočekao u svojem ašramu i pokazao nam hrpu časopisa *East-West*. Tijekom nekoliko sati koliko smo proveli s njim i njegovim učenicima, on je većinu vremena proveo šuteći, a iz njegova blagoga lica zračili su božanska ljubav i mudrost.

Kako bi pomogao napaćenom čovječanstvu da se vrati u zaboravljeno stanje Savršenstva, Sri Ramana Maharshi naučava kako se čovjek mora stalno pitati: „Tko sam ja?" Veliko Pitanje, nema što! Nepopustljivo odbacujući sve druge misli, poklonik postupno ide sve dublje i dublje prema svojemu istinskom Jastvu, sve dok se ostale usputne misli ne izgube i prestanu ga ometati. Prosvijetljeni riši iz južne Indije napisao je:

> Dvojnosti i trojstva uvijek se za nešto drže,
> Čini se da nikad bez uporišta nisu;
> Kada se do uporišta stigne, olabave i otpadaju.
> Tamo se nalazi Istina. Tko to uvidi nikada ne posrće.

Swami Sri Yukteswar i Paramahansa Yogananda u vjerskoj povorci u Kalkuti, 1935. Dva stiha na sanskrtu na zastavi glase: (*gore*) „Slijedite put velikana." (*dolje, riječi Swamija Šankare*) „Boravak u društvu svete osobe, makar i na trenutak, može nas spasiti i otkupiti."

42. POGLAVLJE

Posljednji dani s mojim Guruom

„Guruji, tako sam sretan što sam Vas jutros zatekao samog." Upravo sam bio stigao u duhovnu školu u Seramporeu noseći sa sobom mirisni zavežljaj u kojem bijahu voće i ruže. Sri Yukteswar me gledao blago.

„Što me želiš pitati?" Učitelj je prelazio pogledom po sobi kao da traži izlaz.

„Guruji, došao sam k Vama kao mladi srednjoškolac, a pogledajte, sada sam odrastao muškarac s ponekom sijedom vlasi. Vi ste mi od prvoga dana uvijek iskazivali tihu privrženost, no jeste li svjesni da ste mi samo jednom, i to na dan našega prvog susreta, rekli: 'Volim te'?" Gledao sam molećivo u njega.

Učitelj je spustio pogled. „Yogananda, moram li iznositi u hladno polje govora tople osjećaje koji se najbolje čuvaju u tišini srca?"

„Guruji, znam da me volite, ali moje smrtne uši vape to i čuti."

„Neka onda bude kako želiš. Za vrijeme mog života u braku često sam čeznuo za sinom kojeg bih podučavao putu joge. Ali kada si ti ušao u moj život, ispunilo me zadovoljstvo jer sam u tebi pronašao sina." U Sri Yukteswarovim očima jasno su se mogle vidjeti dvije suze. „Yogananda, volim te uvijek."

„Vaš odgovor je moja preporuka za Nebo." Nakon što sam čuo te Učiteljeve riječi sa srca mi je pao težak kamen. Znao sam da nije sklon iskazivanju emocija i da drži svoje misli i osjećaje za sebe, no katkad sam imao dvojbe o razlozima njegove šutnje. Tada bi me ispunila bojazan da nije u potpunosti zadovoljan sa mnom. Bio je čudne prirode koju nikada nisi mogao do kraja razumjeti, prirode koja je duboka i mirna, ujedno i nepojmljiva vanjskom svijetu, čije je vrijednosti odavno nadišao.

Nekoliko dana poslije održao sam govor pred mnogobrojnom publikom u Albert Hallu u Kalkuti. Sri Yukteswar je pristao sjediti na pozornici zajedno s maharadžom od Santosha i gradonačelnikom Kalkute. Učitelj mi nije uputio nikakav komentar, no kada sam tijekom govora nekoliko puta pogledao prema njemu izgledao mi je zadovoljan.

Posljednja proslava suncostaja kojoj je prisustvovao Swami Sri Yukteswar u prosincu 1935. Pisac knjige sjedi do svojega velikog Gurua (*u sredini*) za stolom u dvorištu ašrama u Seramporeu. U toj je duhovnoj školi Paramahansa Yogananda proveo većinu od svojega desetogodišnjeg duhovnog školovanja pod vodstvom Sri Yukteswarijja.

Sri Yogananda (*u sredini, u tamnoj odjeći*) s nekolicinom studenata *Kriya joge* koji su pohađali njegovo predavanje o Yogodi (samoostvarenju) u domu njegova oca u Kalkuti, 1935. Zbog velikog broja polaznika, okupili su se na susjednom sportskom igralištu gimnazije koju je vodio Yoganandajijev mlađi brat Bishnu Ghosh, poznati učitelj tjelovježbe.

Zatim sam trebao održati govor pred nekadašnjim studentima Sveučilišta u Seramporeu. Dok sam gledao svoje stare školske drugove, a oni gledali u svojega "Ludog redovnika", svima su nam bez ustezanja potekle suze. Moj rječiti profesor iz filozofije dr. Ghoshal pozdravio me je u ime svih, a naše je nekadašnje nesporazume otpuhao alkemičar Vrijeme.

Proslava zimskog solsticija bila je održana potkraj prosinca u duhovnoj školi u Seramporeu. Sri Yukteswarovi učenici okupili su se, kao i uvijek, sa svih strana. Mnogo toga podsjetilo me na nekadašnje sretne dane: poklonstveno pjevanje svetih pjesama (*sankirtani*), slatki pjev Krišnina glasa, svečani ručak koji su priredili mladi učenici, Učiteljev dubokoumni i dirljivi govor pod zvijezdama u prepunom dvorištu ašrama. Ah, slatkih li uspomena na slične proslave iz prošlosti! No, večeras nas je čekala i jedna novost.

„Yogananda, molim te, održi govor ovdje okupljenima, i to na engleskom." Učiteljeve su oči blistale dok je izgovarao ovaj dvostruko neuobičajeni zahtjev. Je li pritom mislio na moj prvi javni govor na engleskom tijekom plovidbe u Ameriku? Ispričao sam tu priču kolegama učenicima i na kraju izrazio najdublju zahvalnost našemu Guruu.

„Njegovo nepogrešivo vodstvo pratilo me je ne samo za vrijeme putovanja oceanom", završio sam svoj govor, „već i svakodnevno tijekom svih mojih petnaest godina provedenih u golemoj i gostoljubivoj zemlji Americi."

Nakon što su gosti otišli Sri Yukteswar me pozvao u onu istu spavaću sobu gdje mi je (samo jednom prije toga, za vrijeme slične proslave) bio dopustio da spavam u njegovu krevetu. Noćas je moj guru mirno sjedio, a njegovi su učenici bili okupljeni u polukrugu oko njega.

„Yogananda, odlaziš li u Kalkutu? Molim te, dođi sutra opet ovamo. Želim ti nešto reći."

Iduće poslijepodne Sri Yukteswar je uz nekoliko jednostavnih riječi blagoslova udijelio mome redovničkom imenu naslov: *Paramahansa*.*

„Sada ovaj naslov službeno zamjenjuje tvoj prijašnji naslov swamija.", rekao mi je dok sam klečao ispred njega. U sebi sam se nasmijao

---

* Doslovno, *parama*, najviši (najveći, vrhunski) *hansa*, labud. U indijskoj mitologiji bijeli labud predstavlja prijevozno sredstvo Stvoritelja Brahme. Govori se da sveti *hansa* ima moć izdvajanja mlijeka iz mješavine mlijeka i vode pa predstavlja simbol duhovnog razlučivanja.

Ahan-sa ili *'han-sa* (izgovara se *hong-sau*) doslovno znači „Ja sam On." Vibracija ovih moćnih sanskrtskih slogova povezana je s ulaznim i izlaznim dahom čovjeka. Tako čovjek svakim svojim izdahom i udahom nesvjesno potvrđuje svoju istinsku bit: *Ja sam On!*

Posljednji dani s mojim Guruom

pri pomisli kakve će muke imati moji učenici na Zapadu s izgovorom riječi *Paramahansaji*.*

„Moja zadaća na Zemlji je završena. Ti moraš nastaviti dalje." Učitelj je govorio tiho, a oči su mu bile mirne i nježne. Moje se srce ispunilo strahom.

„Molim te, pošalji nekoga da preuzme brigu o našem ašramu u Puriju.", nastavio je Sri Yukteswar. „Sve prepuštam tebi na brigu. Ti ćeš uspješno brod svojega vlastitog života i brod organizacije dovesti do Božanske obale."

U suzama sam obgrlio njegova stopala. On me je podigao i blagoslovio s puno ljubavi.

Sutradan sam pozvao poklonika iz Ranchija Swamija Sebanandu i uputio ga u Puri da tamo preuzme vođenje duhovne škole. Kasnije sam sa svojim Guruom razgovarao o pravnim pitanjima u vezi s njegovom ostavštinom. Htio je izbjeći mogućnost da nakon njegove smrti njegova rodbina zatraži dio njegove imovine. Želio je da njegove dvije duhovne škole, kao i ostalo njegovo vlasništvo, budu u potpunosti namijenjene u dobrotvorne svrhe.

„Nedavno smo sve uredili da Učitelj posjeti Kidderpore, no on je odbio ići." To mi je jednog popodneva rekao Sri Yukteswarov učenik Amulaya Babu. Oblio me hladan znoj predviđanja. Na sva moja pitanja vezana uz to Sri Yukteswar je samo odgovorio: „Više neću ići u Kidderpore.". Na trenutak je zadrhtao kao preplašeno dijete.

(„Vezanost za boravak u tijelu koja je u samoj prirodi čovjeka†, prisutna je u određenom stupnju čak i kod velikih svetaca.", napisao je Patanjali. U nekim svojim izlaganjima na temu smrti moj mi je Guru znao reći: „I ptica koja je sav svoj život provela u krletki oklijeva izaći kada pred sobom vidi otvorena vrata.")

„Guruji,", kumio sam ga kroz jecaje, „ne govorite to! Nikad mi to nemojte govoriti!"

Sri Yukteswarovo lice opustilo se i na njemu se pojavio smireni osmijeh. Iako se bližio osamdeset i prvom rođendanu, i dalje je izgledao snažan i zdrav.

Kupajući se iz dana u dan u suncu ljubavi svojega Gurua koju sam, iako je bila neizgovorena, itekako osjećao, uspio sam iz svojega

---

* Oni su općenito izbjegavali obraćati mi se sa *sir* (gospodine).

† To jest, ona ima davno uporište u prošlim iskustvima umiranja. Ovo se spominje u Patanjalijevim *Yoga Sutrama* II:9.

svjesnog uma ukloniti razne naznake u vezi Učiteljeva skorog odlaska s ovog svijeta.

„Gospodine, ovaj mjesec održava se *Kumbha Mela* u Allahabadu." Pokazao sam Učitelju datume održavanja *Mele* na bengalskome kalendaru.*

„Zar doista želiš ići?"

Ne shvaćajući da mi želi reći kako ne bi htio da ga ostavim, ja sam nastavio: „Jednom ste tijekom *Kumbhe* u Allahabadu imali blaženi susret s Babajijem. Možda će se ovaj put meni posrećiti da ga vidim.".

„Mislim da ga nećeš tamo sresti." Nakon što je to rekao moj je guru utonuo u tišinu ne želeći dalje ometati moje planove.

Sutradan, uoči odlaska s malom skupinom u Allahabad, Učitelj me tiho blagoslovio na svoj uobičajeni način. Očito sam bio nesvjestan Sri Yukteswarova ponašanja jer me Gospodin htio poštedjeti iskustva da bespomoćno svjedočim umiranju svojega gurua. Događaji u mom životu uvijek su tekli tako da je Bog suosjećajno uredio da ne budem pokraj svojih najdražih u času njihove smrti.†

Naše je društvo stiglo na *Kumbha Melu* 23. siječnja 1936. godine. Pogled na golemu rijeku od gotovo dva milijuna vjernika bio je impresivan, ujedno je i oduzimao dah. Izvanredna osobitost Indijaca, prisutna čak i kod neukoga seljaka, jest njihov duboki osjećaj poštovanja prema vrijednostima Duha te prema redovnicima i sadhuima koji su se otisnuli s kopna svjetovnih vezanosti da bi se usidrili u okružju Božanskoga mora. Ima među njima i varalica i licemjera, ali Indija iskazuje poštovanje svima u čast nekolicine onih koji udjeljuju božanski blagoslov cijeloj zemlji. Zapadnjaci koji su prisustvovali ovom golemom

---

* Vjerske proslave, *mele*, spominju se i u drevnoj *Mahabharati*. Kineski putnik Hieuen Tsiang ostavio nam je zapis o Velikoj *Kumbha Meli* održanoj u Allahabadu godine 644. *Kumbha Mela* se održava svake tri godine u jednom od četiriju gradova: Hardwaru, Allahabadu, Nasiku i Ujjainu te zatim ponovno u Hardwaru, čime se završava jedan dvanaestogodišnji ciklus. Usto, u svakom od tih gradova održava se *Ardha* (polovična) *Kumbha*, šest godina nakon što bi se u tom gradu održala *Kumbha*. Na taj način se *Kumbha* i *Ardha Kumbha* održavaju u različitim gradovima svake tri godine.

Hieuen Tsiang kazuje nam da je Harsha, kralj u sjevernoj Indiji, u vrijeme *Kumbha Mele* podijelio redovnicima i hodočasnicima sve blago iz kraljevske riznice, koje se prikupilo u pet godina. Na povratku u Kinu Hieuen Tsiang odbio je Harshin oproštajni dar - dragulje i zlato. No zato je ponio sa sobom znatno vrjednije blago – 657 vjerskih rukopisa.

† Nisam bio prisutan kada su umrli moja majka, stariji brat Ananta, najstarija sestra Roma, Učitelj, Otac i mnogi drugi moji voljeni (Otac je umro u Kalkuti 1942. u dobi od osamdeset i devet godina).

Posljednji dani s mojim Guruom

duhovnom okupljanju imali su jedinstvenu priliku osjetiti puls naroda i njegovu duhovnu posvećenost kojoj Indija duguje svoju nesmanjenu životnost, odolijevajući naletima vremena.

Prvi smo dan samo stajali i promatrali to šareno mnoštvo. Tisuće hodočasnika koje se kupaju u svetoj rijeci Ganges kako bi u njezinim valovima sprali sa sebe grijehe; svećenike *brahmane* koji izvode svete obrede bogoštovlja; darove koje ljudi u znak vjere i štovanja ostavljaju pred stopalima nijemih *sannyasina*; povorke slonova i konja ukrašenih svečanim pokrivalima i deva sporoga hoda iz Rajputana, iza kojih je slijedila slikovita povorka nagih sadhua koji su mahali zlatnim i srebrnim žezlima ili zastavicama od najfinije svile.

Isposnici pustinjaci omotani samo platnom oko bokova sjedili su mirno u malim skupinama lica prekrivena pepelom koje ih štiti i od vrućine i od hladnoće. Na čelu su pastom od sandalovine imali vidljivo označeno mjesto duhovnog oka. Moglo se vidjeti na tisuće swamija obrijanih glava u haljama oker boje kako nose svoje štapove od bambusa i prosjačke zdjelice za hranu. Lica su im sjajila isposničkim mirom dok su hodali uokolo ili raspravljali o filozofskim temama s učenicima.

Slikoviti sadhui*, kose svezane u punđu navrh glave, okupljali su se pod drvećem uz velike kresove. Neki od njih nosili su nekoliko metara duge brade spletene u pletenicu. Meditirali bi u tišini ili pak dizali ruke u znak blagoslova prema mnoštvu u prolazu: prosjacima, maharadžama na slonovima, ženama u šarenim sarijima koje zveckaju nakitom, fakirima čije su mršave ruke groteskno ispružene uvis, *brahmacharijima* koji nose drvene naslone za laktove kako bi si olakšali položaj ruku pri meditaciji, samozatajnim mudracima koji odišu unutarnjim blaženstvom. I iznad svega toga zveketa mogli smo čuti neprestanu zvonjavu hramskih zvona.

Drugog dana boravka na *Meli* moja skupina i ja posjetili smo više ašrama i privremenih koliba u kojima smo iskazali *praname* svetim osobama. Primili smo blagoslov od vođe ogranka Giri unutar Reda swamija, mršavog redovnika isposnika čije su oči sjajile toplo poput vatre. Zatim smo posjetili duhovnu školu čiji je guru posljednjih devet godina provodio zavjet šutnje i hranio se isključivo voćem. U hodniku

---

* Stotine tisuća indijskih sadhua nadzire izvršni odbor koji čini sedam vođa tj. predstavnika sedam velikih indijskih ogranaka. Trenutačni *mahamandaleswar* ili predsjednik zove se Joyendra Puri. Taj sveti čovjek iznimno je povučen i često ne izgovara više od tri riječi: Istina, Ljubav i Rad. Sasvim dostatan razgovor, nema što!

Swami Krishnananda na *Kumbha Meli* u Allahabadu 1936. sa svojom pitomom lavicom vegetarijankom koja ispušta zvuk *Aum* u dubokom privlačnom rikanju (vidi na str. 406-407).

ašrama sjedio je slijepi sadhu Prajna Chakshu,* poznat po svojoj učenosti i poznavanju *šastri;* njega su izrazito poštovale sve vjerske skupine.

Nakon što sam održao kratko predavanje na hindskom jeziku o *Vedanti* naša je mala skupina napustila mirnu duhovnu školu i otišla pozdraviti Swamija Krishnanandu, pristala redovnika rumenih obraza i širokih ramena. Kraj njega je opušteno ležala pripitomljena lavica. Pod utjecajem redovnikova duhovnog šarma ili, prije će biti, njegove snažne fizičke pojave, ta zvijer iz džungle umjesto mesa jede rižu i mlijeko. Swami je lavicu naučio da izusti „Aum" u obliku duboka, dojmljiva

---

* Njegov naslov doslovno znači „onaj koji vidi snagom svojih misli", a ne pomoću fizičkog vida.

Posljednji dani s mojim Guruom

urlika – doista prava mačka poklonica!

Naš sljedeći susret, razgovor s učenim mladim sadhuom, dobro je opisan u zanimljivom putnom dnevniku g. Wrighta.

„U našem smo Fordu prešli Ganges na mjestu vrlo niska vodostaja preko škripava pontonskog mosta. Gmižući sporo kroz rijeku ljudi nastavili smo vijugavim puteljcima, a Yoganandaji mi je pokazao mjesto uz riječnu obalu gdje su se nekoć susreli Babaji i Sri Yukteswarji. Ubrzo nakon toga izašli smo iz auta i neko vrijeme hodali kroz gusti dim od vatri koje su uokolo palili sadhui. Zatim smo preko sipka pijeska napokon stigli do nekoliko kolibica od blata i slame. Zaustavili smo se ispred potleušice sa sićušnim ulazom bez vrata, privremenim utočištem Kare Patrija, mladoga lutajućeg sadhua iznimne pameti. Sjedio je prekriženih nogu na hrpi slame, a njegova odjeća, čini se i jedino njegovo vlasništvo, bijaše sukno oker boje prebačeno preko ramena.

Nakon što smo na sve četiri dopuzali u kolibu dočekalo nas je lice na kojem je bio osmijeh doista božanske osobe. Zaustavivši se pred stopalima toga prosvijetljenog bića, uputili smo mu *pranam* dok je titrava petrolejka bacala sablasne sjene po slamnatim zidovima. Njegovo lice, a posebno oči i savršeni zubi, sjali su i blistali. Iako nisam mogao razumjeti što govori na hindskome, njegove kretnje bile su dovoljno rječite. Odavao je osobu punu entuzijazma, ljubavi, duhovne uzvišenosti. Jednostavno, bilo je nemoguće ne uočiti njegovu veličinu.

Zamislite sretan život onoga koji nije vezan za materijalni svijet, koji nema problema s odijevanjem, ne muči ga usredotočenost na hranu, koji nikada ne prosi, a kuhanu hranu uzima tek svaki drugi dan, koji nikada ne nosi prosjačku zdjelicu za hranu, koji nema novčanih briga, nikada nije držao novac u rukama, nikada nije skupljao nikakve stvari, koji se uvijek pouzdaje u Boga, ne zabrinjavaju ga putovanja, nikad se nije vozio u nekom prijevoznom sredstvu već se uvijek šeće uz obale svetih rijeka, koji nikad ne ostaje na jednome mjestu dulje od tjedan dana kako bi izbjegao stvaranje bilo kakve vezanosti.

Kakva je to skromna duša! Neuobičajeno je učen što se tiče poznavanja Veda, ima stupanj magistra znanosti i naslov *Shastri* (magisterij iz područja svetih spisa) sa Sveučilišta u Benaresu. Osjećao sam se oplemenjen sjedeći do njegovih nogu. Činilo se da mi je napokon uslišena želja da upoznam stvarnu, drevnu Indiju jer on je doista bio istinski predstavnik duhovnih velikana ove zemlje."

Upitao sam Karu Patrija o njegovu lutalačkom životu: „Zar nemate

posebnu odjeću za zimsko vrijeme?"
„Ne, ovo mi je dovoljno."
„Nosite li sa sobom knjige?"
„Ne, ja držim predavanja ljudima koji me žele slušati na temelju vlastita sjećanja."
„Što još radite?"
„Lutam obalama Gangesa."

Čuvši te njegove skromne riječi, preplavio me osjećaj čežnje za jednostavnim životom kakav je on vodio. Sjetio sam se Amerike i svih obveza koje me tamo čekaju.

„Ne, Yoganada,", rekoh sâm sebi zamislivši se tužno na trenutak, „u ovom životu tebi nisu namijenjena lutanja uz Ganges."

Sadhu mi je zatim ispričao ponešto od svojih duhovnih spoznaja nakon čega sam mu postavio sljedeće pitanje:

„Ovo što ste mi rekli je li to plod Vaših vlastitih iskustava ili poznavanja svetih spisa?"

„Polovica toga je knjiško znanje,", odgovorio mi je uz osmijeh bez okolišanja, „a polovica je moje vlastito iskustvo.".

Sjedili smo neko vrijeme uronjeni u tišinu. Kada smo napustili njegovo sveto društvo, rekao sam g. Wrightu: „On je kralj koji sjedi na prijestolju od zlatne slame.".

Te smo noći večerali na *Meli* pod zvijezdama, a jelo je bilo posluženo na tanjurima od bananina lišća probodenog štapićima da se drže skupa. U Indiji se pranje posuđa uvijek svodi na najmanju moguću mjeru!

Proveli smo još dva dana na toj očaravajućoj *Kumbhi*, a zatim smo se uputili na sjeverozapad duž obale rijeke Yamune sve do Agre. Ponovno sam nakon tolikih godina ugledao Taj Mahal. Sjetio sam se kako sam u prošlosti ovdje bio s Jitendrom i divio se tom snu isklesanom u mramoru. Zatim smo nastavili do ašrama Swamija Keshabanande u Vrindavanu.

Razlog mog posjeta Keshabanandi bio je povezan s pisanjem ove knjige. Naime, nisam zaboravio Sri Yukteswarov zahtjev da napišem životopis Lahirija Mahasaye. Zato sam tijekom boravka u Indiji iskoristio svaku priliku kako bih posjetio neposredne učenike i rođake Yogavatara. Opširne zabilješke razgovora s njima poslužile su mi za provjeru činjenica i datuma događaja, a usput sam prikupljao i fotografije, stara pisma te različite dokumente. Moja dokumentacija o Lahiriju Mahasayi povećavala se iz dana u dan. Počeo sam shvaćati razmjere težine zadatka koji stoji preda mnom. Molio sam se da uspijem napisati dostojan životopis toga velikog gurua. Više njegovih učenika izrazilo je bojazan hoću li uspjeti dostojno u pisanom obliku predočiti veličinu njihova učitelja.

„Čovjek teško može hladnim riječima opisati život onoga tko je bio utjelovljenje Božanskog.", rekao mi je jednom prilikom Panchanon Bhattacharya.

I drugi bliski učenici Yogavatara bili su jednako suzdržani prema ideji pisanja njegove biografije jer su htjeli sačuvati uspomenu na njega u uskom krugu Lahirijevih poklonika. Unatoč tomu, imajući na umu predviđanje Lahirija Mahasaye u vezi s njegovom biografijom, potrudio sam se što sam bolje mogao doći do svih bitnih podataka o njegovu svjetovnom životu.

Swami Keshabananda srdačno nas je dočekao u svom ašramu „Katyayani Peeth" u Vrindavanu. Bila je to velika zgrada od cigle s masivnim crnim stupovima postavljenima u lijepome vrtu. Odmah nas je uveo u dnevnu sobu koju je krasila velika slika Lahirija Mahasaye. Swami se bližio dobi od devedeset godina, ali je i dalje zračio tjelesnom snagom i zdravljem. Njegova pojava s dugom kosom i snježnobijelom bradom te živahnim, radosnim očima bila je oličenje patrijarha. Rekao sam mu kako želim spomenuti njegovo ime u svojoj knjizi o učiteljima Indije.

„Molim Vas, recite mi nešto o svojem prijašnjem životu." Zamolio sam ga to uz ljubazni osmijeh jer sam znao da su veliki jogiji često nepristupačni.

Keshabananda je napravio pokret u znak ponizne skromnosti. „Malo se toga ima reći o mom izvanjskom životu. Gotovo cijeli život proveo sam u osami Himalaje, putujući od jedne do druge mirne špilje. Jedno vrijeme vodio sam maleni ašram izvan Hardwara okružen sa svih strana šumicom visokog drveća. U taj mirni kutak nije dolazilo baš puno putnika jer je posvuda bilo kobri." Keshabananda se tiho nasmijao. „Kasnije je poplava Gangesa odnijela duhovnu školu zajedno s kobrama. Nakon toga moji učenici su mi pomogli da sagradim ovaj ašram u Vrindavanu."

Netko iz moje pratnje upitao je swamija kako se štitio od himalajskih tigrova.

Keshabananda je zatresao glavom. „Na tim visinama gdje vlada duhovna atmosfera", rekao je, „divlje zvijeri rijetko ometaju jogije. Jednom sam se u džungli susreo s tigrom lice u lice. Od mog iznenadnog uzvika životinja je ostala skamenjena." Swami se ponovo smijuljio prisjećajući se toga.*

„Katkad bih izašao iz osame i odlazio posjetiti svojega gurua u Benares. On se znao šaliti na račun mojih neprestanih putovanja po himalajskim divljinama.

'Tebe stvarno ne drži mjesto.', rekao mi je jednom. 'Sretan sam što su sveta himalajska prostranstva dovoljno velika da ti budu dom.'

„Lahiri Mahasaya", nastavio je Keshabananda, "pojavio se mnogo puta preda mnom u tjelesnom obliku i prije i nakon svoje smrti. Za njega nijedna himalajska visina nije bila nedosežna!"

Dva sata poslije odveo nas je do blagovaonice. Uzdahnuo sam u sebi kada mi je pogled pao na stol i petnaest vrsta jela! Za manje od godinu dana uživanja u indijskoj gostoljubivosti udebljao sam se dvadeset i pet kilograma! Unatoč tomu, bio bi znak velike nepristojnosti kada bih odbio kušati ma i jedno od ponuđenih jela na svim tim gozbama priređenima meni u čast. Samo u Indiji (i doista nigdje drugdje!) ugodno popunjeni swami nailazi na odobravanje javnosti.

Nakon ručka Keshabananda me je odveo na skrovito mjesto.

„Tvoj dolazak nije bio neočekivan.", rekao je. „Imam poruku za tebe."

Bijah iznenađen jer nitko ne bijaše znao da namjeravam posjetiti Keshabanandu.

„Dok sam lani lutao sjevernom Himalajom pokraj Badrinatha,", nastavio je swami, "izgubio sam se. Zaklon sam našao u prostranoj špilji koja bijaše prazna iako se u rupi na kamenom tlu mogao vidjeti još vrući žar. Dok sam razmišljao o tome tko bi ovdje mogao boraviti, sjeo sam pokraj vatre, a pogled usmjerio prema suncem osvijetljenom ulazu u špilju.

'Keshabananda, drago mi je što si ovdje.' Te su riječi dolazile meni s leđa. Onako zbunjen, okrenuo sam se i zaprepastio kada sam ugledao Babajija! Veliki se guru materijalizirao u dubini špilje. Prepun radosti što ga vidim nakon toliko godina bacio sam se pred njegova stopala.

---

* Čini se da ima mnogo načina kako nadmudriti tigra. Australski istraživač Francis Birtles izvijestio je kako su indijske džungle „u svojoj raznolikosti prekrasne i sigurne". Njegovo čarobno sredstvo bio je ljepljivi papir za hvatanje muha. „Svake noći postavim određenu količinu tog papira oko svojega logora i nikad me nitko ne uznemirava.", objasnio je. „Razlog je psihološki. Tigar je životinja koja posjeduje svjesno dostojanstvo. On se šulja i izaziva čovjeka sve dok ne stigne do papira za muhe, nakon čega nestane. Nijedan tigar s imalo dostojanstva ne želi se pojaviti pred čovjekom nakon što je nagazio na ljepljivi papir za hvatanje muha!"

Posljednji dani s mojim Guruom

Swami Keshabananda (*stoji slijeva*), devedesetogodišnji učenik Lahirija Mahasaye, Yoganandaji i C. R. Wright, tajnik Sri Yoganande, u Keshabanandinu ašramu u Vrindavanu, 1936.

'Ja sam te pozvao ovamo.', nastavio je Babaji. 'To je razlog zašto si se izgubio i pronašao put do ove špilje gdje trenutno boravim. Doista, odavno se nismo vidjeli pa mi je drago što te ponovno mogu pozdraviti.'

Besmrtni učitelj najprije me blagoslovio s nekoliko riječi duhovnog savjeta, a zatim dodao: 'Imam poruku za Yoganandu. On će te posjetiti tijekom svojega boravka u Indiji. Cijelo to vrijeme bit će prilično zauzet poslovima vezanim uz svojega gurua i živim učenicima Lahirija Mahasaye. Reci mu da ga zato ovaj put neću vidjeti iako se on tome žarko nada. No, reci mu da ćemo se sresti jednom drugom prilikom.'"

Bijah duboko dirnut što sam s Keshabanandinih usana čuo to utješno Babajijevo obećanje. Osjetio sam zbog toga određeno olakšanje u srcu jer me više nije zabrinjavalo to što nisam sreo Babajija na *Kumbha Meli* iako mi je Sri Yukteswar takvo što bio natuknuo.

Nakon što smo kao gosti prenoćili u ašramu moja skupina i ja poslijepodne smo krenuli prema Kalkuti. Prelazeći preko mosta na rijeci Yamuni, uživali smo u veličanstvenom pogledu na Vrindavan; sunce je upravo zalazilo i čarobne vulkanske boje odražavahu se u mirnim vodama rijeke.

Obale rijeke Yamune nose sveta sjećanja na djetinjstvo Sri Krišne. On se ovdje na nevini dječji način ljupko prepuštao igri (*lila*) s pastiricama (*gopikama*), pokazujući svojim primjerom smisao uzvišene ljubavi koja vječno postoji između božanskog utjelovljenja i njegovih poklonika. Život Gospoda Krišne zapadnjaci su često pogrešno shvaćali. Alegorija koju sadrže sveti spisi često zbunjuje one koji sve shvaćaju suviše doslovno. To dobro ilustrira sljedeći primjer grube pogreške u prijevodu. Priča se tiče nadahnutoga srednjovjekovnog sveca, postolara Ravidasa, koji je na svoj jednostavan način skromna obrtnika pjevao u čast duhovne blaženosti koja skriveno prožima cijelo čovječanstvo:

> Pod golemim plavim svodom
> Skrivena živi božanskost.

Čovjek teško da se ne nasmije kada čuje sljedeće nepromišljeno tumačenje Ravidasove pjesme kakvo je dao jedan pisac sa Zapada:

> On je zatim izgradio kolibu, u nju stavio idol izrađen od kože i počeo se njemu moliti.

Ravidas je bio suvremenik velikoga Kabira. Jedna od Ravidasovih uzvišenih *chela* bila je i Rani od Chitora. Ona je pozvala velik broj *brahmana* na svečani objed u čast svojega učitelja, no oni su odbili jesti u društvu uboga postolara. Dok su oni tako puni dostojanstva sjeli podalje kako bi pojeli svoj neuprljani obrok, gle! kraj svakog od *brahmana* stvorio se po jedan Ravidasov lik. Ovo masovno viđenje dovelo je do velikoga duhovnog preporoda u Chitoru.

Naša skupina je za nekoliko dana stigla u Kalkutu. Jedva sam čekao vidjeti Sri Yukteswara pa sam bio razočaran kada sam čuo da je otišao iz Seramporea u Puri, petsto kilometara južnije.

„Dođi odmah u ašram u Puriju." Ovaj brzojav je 8. ožujka poslao jedan učenik iz Purija Učiteljevu *cheli* u Kalkuti Atulu Chandri Royu Chowdhryju. Kada sam doznao za sadržaj poruke, postao sam uznemiren zbog njezina mogućeg značenja. Pao sam na koljena i iz svega srca molio se Bogu da poštedi život mojemu Guruu. Upravo kada sam se spremao iz Očeva doma krenuti na vlak, čuo sam unutarnji Božji glas kako mi govori: „Ne idi večeras u Puri. Tvoja molitva ne može biti uslišena."

„Gospode,", rekao sam shrvan bolom, „Ti se ne želiš upustiti u natezanje sa mnom u Puriju, gdje bi morao odbijati moje neprestane molitve za Učiteljev život. Znači li to da on mora otići na Tvoj zahtjev zbog viših dužnosti?"

Poslušao sam unutarnji glas i te večeri nisam otputovao u Puri. Iduću večer krenuo sam prema željezničkoj postaji. Na putu do tamo u 19 sati vidio sam crni astralni oblak kako prekriva nebo.* Kasnije dok je vlak putovao prema Puriju, ugledao sam pred sobom u viđenju Sri Yukteswarov lik. Sjedio je vrlo ozbiljna držanja osvijetljen sa svih strana.

„Je li sve gotovo?" Podigao sam ruke pun molbe.

Kimnuo je glavom, a zatim polako nestao.

Dok sam iduće jutro stajao na peronu u Puriju, još uvijek se nadajući nemogućemu, prišao mi je nepoznati čovjek.

„Jesi li čuo da je tvoj Učitelj umro?" Zatim je bez riječi otišao. Nikada nisam doznao tko je on i kako je znao gdje će me naći.

Ošamućen sam se ljuljao naprijed-natrag uza zid perona, shvaćajući da mi je na razne načine moj Guru pokušavao prenijeti tragičnu vijest. Duša mi bila je poput vulkana koji prijeti erupcijom. Kada sam stigao do Duhovne škole u Puriju, samo što se nisam srušio. Unutarnji glas mi je nježno ponavljao: „Saberi se. Budi smiren.".

Ušao sam u ašramsku sobu u kojoj je Učiteljevo tijelo u položaju lotosa bilo nezamislivo životno; pravo oličenje zdravlja i miline. Kratko prije smrti Guru je imao blagu vrućicu, ali dan prije Svojega uzašašća u Beskonačno, njegovo tijelo opet je postalo potpuno zdravo. Bez obzira na to koliko sam puta gledao u njegov meni tako dragi lik, nisam mogao shvatiti da je to tijelo bez života. Koža mu je bila glatka i meka, na licu svetački izraz spokoja. On je svjesno napustio tijelo u času kada mi se tajanstveno ukazao.

„Otišao je Bengalski Lav!", zavapio sam sav ošamućen.

Ja sam predvodio svečani obred koji je održan 10. ožujka. Sri Yukteswar je pokopan† prema drevnim običajima swamija u vrtu svojega

---

* Sri Yukteswar je preminuo upravo tada - 9. ožujka 1936. u 19 sati.

† Prema indijskoj tradiciji, spaljuju se ljudi koji žive obiteljskim životom. Swamiji i redovnici iz drugih redova se ne spaljuju, već se pokapaju (Postoje i iznimke.). Razlog je to što se smatra da su tijela redovnika simbolički prošla kremiranje u vatri mudrosti u trenutku kada su oni

ašrama u Puriju. Njegovi učenici koji su kasnije stigli sa svih strana kako bi odali počast svojemu guruu, prisustvovali su obredu koji je održan na proljetnu ravnodnevicu. Vodeće novine u Kalkuti *Amrita Bazar Patrika* objavile su u povodu toga Učiteljevu sliku i sljedeći tekst:

> Pogrebni obred, *bhandara*, u povodu smrti Srimat Swamija Sri Yukteswara Giri Maharaja koji je umro u dobi od 81 godine održan je u Puriju 21. ožujka. Obredu u Puriju prisustvovali su mnogobrojni njegovi učenici.
>
> Swami Maharaj bio je jedan od najvećih tumača, stručnjaka za Bhagavad Gitu, a također jedan od najpoznatijih i najvećih učenika Yogiraja Sri Shyama Charana Lahirija Mahasaye iz Benaresa. Swami Maharaj bio je utemeljitelj više Yogoda Satsanga (Self-Realization Fellowship) središta u Indiji, a bio je i veliko nadahnuće pokretu joge koji je na Zapadu utemeljio njegov glavni učenik Swami Yogananda. Upravo su Sri Yukteswarjijeve proročanske moći kao i njegov duboki uvid presudno nadahnuli Swamija Yoganandu da krene preko oceana i pridonese širenju poruka indijskih duhovnih učitelja u Americi.
>
> Njegova tumačenja Bhagavad Gite i drugih svetih spisa svjedoče o Sri Yukteswarjijevu dubokom poznavanju filozofskih tema i Istoka i Zapada; on je među prvima upozorio na temeljno jedinstvo Istoka i Zapada. U skladu sa svojom vjerom u jedinstvo svih religija Sri Yukteswar Maharaj osnovao je Sadhu Sabha (Društvo svetaca) u suradnji s mnogim vjerskim vođama, a u svrhu uvođenja znanstvenog duha u religiju. On je prije smrti imenovao Swamija Yoganandu svojim nasljednikom na mjestu predsjednika Sadhu Sabhe.
>
> Uistinu, Indija je danas siromašnija za jednoga tako velikog čovjeka. Neka svi oni sretnici koji su mu bili bliski i dalje njeguju u sebi istinski duh kulture Indije i *sadhane* koju je on utjelovljivao.

Vratio sam se u Kalkutu. Još se nisam osjećao spreman otići u Duhovnu školu u Seramporeu zbog svih svetih uspomena koje bi mi tamo navrle. Zato sam pozvao k sebi Prafullu, Sri Yukteswarova mladog učenika u Seramporeu, i uredio da se on premjesti u školu u Ranchiju.

„Onog jutra kada ste vi otišli na *Melu* u Allahabad, Učitelj je svom težinom sjeo na kauč.", ispričao mi je Prafulla.

'Yogananda je otišao!', vikao je. 'Yogananda je otišao!' Zatim je zagonetno dodao: 'To ću mu morati reći na neki drugi način.' Ostao je tako sjediti satima u tišini."

Moji dani bili su ispunjeni predavanjima, držanjem tečajeva, davanjem intervjua i ponovnim susretima sa starim prijateljima. Ispod površine osmijeha i života u neprestanom pokretu tekao je crni potok

---

položili redovničke zavjete.

Posljednji dani s mojim Guruom

SRI YUKTESWAROV SPOMEN-HRAM
U vrtu njegova ašrama u Puriju (vidi na str. 414).

tuge i potištenosti koji je zamutio moju rijeku unutarnje radosti koja je svih ovih godina natapala pijesak svih mojih doživljaja.

„Kamo je samo otišao taj božanski mudrac?" Tako je glasio tihi vapaj iz dna moje napaćene duše.

Ali odgovora nije bilo.

„Učitelj je dovršio svoje sjedinjenje s Kozmičkim Voljenim. Tako je najbolje.", uvjeravao sam samoga sebe. „On sada vječno svijetli u Kraljevstvu besmrtnosti."

„Nikada ga više nećeš vidjeti u staroj kući u Seramporeu.", žalovalo je moje srce. „Više mu nećeš dovoditi svoje prijatelje da ga upoznaju niti s ponosom reći: 'Gledajte, tamo sjedi *Jnanavatar* Indije!'"

G. Wright je uredio da naše društvo početkom lipnja isplovi iz Bombaya prema Zapadu. Nakon što smo dva tjedna u svibnju proveli na raznim oproštajnim svečanostima i govorima u Kalkuti, gđica Bletsch, g. Wright i ja krenuli smo Fordom prema Bombayu. Kada smo stigli, doznali smo od brodskih službenika da moramo otkazati put jer na brodu nije bilo mjesta za naš automobil koji će nam ponovno trebati u Europi.

„Nema veze.", rekao sam neraspoložen g. Wrightu. „Želim se još jednom vratiti u Puri." U sebi sam dodao: „Tamo će moje suze još jednom natopiti grob mojega Gurua."

43. POGLAVLJE

Sri Yukteswarovo uskrsnuće

„Gospod Krišna!" Veličanstveni lik avatara pojavio se u blještavom sjaju dok sam sjedio u svojoj sobi u Regent Hotelu u Bombayu. Neopisivo viđenje pojavilo se iznenadnim sjajem na krovu zgrade s druge strane ulice koju sam promatrao kroz prozor hotelske sobe na trećem katu.

Nasmiješeni božanski lik mahao mi je i kimao glavom u znak pozdrava. Budući da nisam uspijevao shvatiti što mi točno Gospod Krišna želi poručiti, blagoslovio me je kretnjom i otišao. To mi je na čudesan način podiglo raspoloženje i osjećao sam to kao najavu duhovnog iskustva koje slijedi.

Moj povratak na Zapad do daljnjeg je odgođen. U međuvremenu sam u Bombayu planirao održati više javnih predavanja, a zatim otputovati do Bengala i natrag.

Dok sam sjedio na krevetu hotelske sobe u Bombayu, u tri sata popodne 19. lipnja 1936., tjedan dana nakon viđenja Krišne, iz meditacije me prenula blažena svjetlost. Pred mojim budnim i zadivljenim očima čitava je soba uronila u čudan svijet u kojem je sunčeva svjetlost poprimila nebeski sjaj.

Preplavili su me valovi ushićenja kada sam pred sobom ugledao Sri Yukteswarov lik od krvi i mesa!

„Sine moj!" Učiteljev je glas bio nježan, a na licu mu je sjao očaravajući, anđeoski osmijeh.

Prvi put u životu nisam kleknuo do njegovih stopala u znak pozdrava, već sam mu istog časa sav sretan pohrlio u zagrljaj. O kakvog li trenutka za pamćenje! Sva muka proteklih mjeseci sada mi se činila malom cijenom u usporedbi s bujicom blažene sreće u koju sam upravo uranjao.

„Učitelju moj, Voljeni srca moga, zašto ste me napustili?" Nisam se uopće mogao pribrati od radosti. „Zašto ste me pustili otići na *Kumbha Melu*? Kako sam se samo gorko kajao zbog toga što sam Vas tada napustio!"

„Nisam ti htio pokvariti užitak odlaska na mjesto hodočašća gdje sam prvi put susreo Babajija. Osim toga, ostavio sam te samo nakratko. Zar nisam ponovno s tobom?"

„Ali, jeste li to uistinu Vi, Učitelju, onaj isti Lav Božji? Je li to ono isto tijelo koje sam pokopao u okrutnom pijesku Purija?

„Da, dijete moje, to sam onaj isti ja. Ovo je doista tijelo od krvi i mesa. Iako se meni čini eteričnim, za tebe je ono pravo fizičko tijelo. Ja sam stvorio potpuno novo tijelo od kozmičkih atoma, sasvim istovjetno fizičkom tijelu kozmičkog sna koje si pokopao u snovitom pijesku Purija unutar sna tvoga svijeta. Uistinu sam uskrsnuo, ali ne na Zemlji već na jednom astralnom planetu. Kvalitete njegovih stanovnika zadovoljavaju moje visoke standarde daleko više u odnosu na ljude sa Zemlje. To je i mjesto na kojem ćete mi se ti i tvoji uzvišeni voljeni jednoga dana pridružiti."

„Besmrtni Guru, recite mi više o tome!"

Učiteljevim licem preletio je veseli osmijeh. „Molim te, dragi moj,", rekao je, „možeš li samo malo popustiti svoj stisak?"

„Ali zbilja samo malo!" Držao sam ga čvrsto poput hobotnice. Mogao sam osjetiti onaj isti ugodan, prirodan miris njegova tijela koji mu je bio svojstven i prije. I dan danas, kada god se prisjetim tog blaženog iskustva, mogu na unutarnjoj strani ruku osjetiti dodir njegova tijela i ono isto uzbuđenje.

„Kao što su proroci poslani na Zemlju kako bi pomagali ljudima odraditi fizičku karmu, tako je i mene Bog poslao da služim kao spasitelj na jednom astralnom planetu.", objasnio mi je Sri Yukteswar. „Ime mu je Hiranyaloka ili 'Uzvišeni Astralni Planet'. Tamo pomažem naprednim bićima da se riješe svoje astralne karme i tako se oslobode ponovnih rođenja u astralnom svijetu. Stanovnici Hiranyaloke su duhovno vrlo napredni. Svi su oni, za vrijeme svojega posljednjeg utjelovljenja na Zemlji pomoću meditacije postigli moć da svjesno napuste svoja tijela u času smrti. Nitko ne može doći na Hiranyaloku, a da prethodno na Zemlji nije napredovao iz stanja *sabikalpa samadhija* do višeg stanja *nirbikalpa samdahija*.*

---

* Vidi na str. 237-38. U *sabikalpa samadhiju* poklonik postiže spoznaju o svom jedinstvu s Duhom, ali ne može zadržati to stanje kozmičke svijesti izvan nepokretnog stanja transa. Ustrajnom meditacijom on postiže više stanje *nirbikalpa samadhija* koje mu omogućava da stalno ostane u jedinstvu s Bogom, čak i za vrijeme svakodnevnih aktivnosti u svijetu.

U *nirbikalpa samadhiju* jogi se rješava i posljednjih ostataka materijalne ili zemaljske karme. Usprkos tome, on može i dalje imati određenu astralnu i kauzalnu karmu koju mora odraditi.

„Stanovnici Hiranyaloke prošli su već kroz uobičajene astralne nivoe, kamo gotovo sva bića sa Zemlje moraju otići kako bi tamo uništila mnogobrojna sjemena karme povezana s njihovim prošlim djelovanjima u astralnim svjetovima. Samo su napredni poklonici sposobni za takav otkupljujući posao na učinkovit način na astralnim nivoima.*
Nakon toga, kako bi se njihove duše u potpunosti oslobodile preostalih tragova astralne karme, ti kandidati se, prema kozmičkom zakonu, ponovno rađaju u novim astralnim tijelima na Hiranyaloki, astralnom suncu ili raju, gdje ih ja čekam kako bih im pomogao. Tamo se nalaze i gotovo savršena bića pristigla iz još višeg kauzalnog svijeta."

Moj um je sada bio tako savršeno usuglašen s mislima mojega Učitelja da mi je on sve ovo objašnjavao dijelom govorom, a dijelom mislima. Na ovaj način mogao sam brzo usvajati njegovo izlaganje.

„Poznato ti je iz Svetih spisa", nastavio je Učitelj, „da je Bog ljudsku dušu omotao trima uzastopnim tijelima: idejnim ili kauzalnim tijelom; zatim finim astralnim tijelom koje je sjedište čovjekove misaone i osjećajne prirode i na kraju grubim fizičkim tijelom. Čovjeku su, dok boravi na Zemlji, na raspolaganju tjelesna osjetila. Astralno biće djeluje pomoću svoje svijesti i osjećaja te ima tijelo načinjeno od astralona.†
Biće s kauzalnim tijelom boravi u svom blaženstvu u svijetu ideja. Moj posao je rad s onim astralnim bićima koja se pripremaju za ulazak u kauzalni svijet."

„Obožavani Učitelju, molim Vas recite mi više o astralnome svemiru." Iako bijah ponešto popustio svoj stisak nakon što me je Sri Yukteswar zamolio, moje su ga ruke još držale. Držale su blago vrjednije od sveg blaga, mojega Gurua koji se nasmijao u lice Smrti kako bi došao k meni!

„Tamo postoje mnogi astralni planeti koji vrve astralnim bićima", započeo je Učitelj. „Njihovi stanovnici koriste se astralnim avionima ili nakupinama svjetla za putovanja s jednog planeta na drugi brzinom

---

Ove vrste karme on odrađuje najprije u astralnom tijelu, a zatim u kauzalnom tijelu.

* Većina osoba, uživajući u ljepoti astralnih svjetova, zaboravlja na potrebu duhovnog napora kao preduvjeta daljnjeg napretka.

† Sri Yukteswar je ovdje upotrijebio riječ *prana*, a koju sam ja preveo kao astraloni. U indijskim svetim spisima ne spominje se samo *anu*, „atom", i *paramanu*, „ono što se nalazi u atomu", suptilnije elektronske energije, već se spominje i *prana*, „stvaralačka astralna sila". Atomi i elektroni predstavljaju slijepe sile prirode, a *prana* u samoj svojoj biti posjeduje inteligenciju ili razum. Astraloni prane u spermijima i jajnim stanicama, na primjer, upravljaju razvojem zametka u skladu s karmičkim modelom.

većom od bilo koje zamislive u fizičkom svemiru.

Astralni je svemir stotinu puta veći od materijalnog svemira. Načinjen je od finih titraja svjetla i boja. Čitav se stvoreni fizički svijet može usporediti s košaricom obješenom o dno divovskog svjetlećeg balona astralnog svemira. Kao što i u fizičkom svemiru postoje mnogobrojne zvijezde poput Sunca, tako i u astralnom svemiru postoji nebrojeno mnogo astralnih zvijezda. Planeti u astralnom svemiru imaju svoja Sunca i Mjesece koji su puno ljepši od onih u fizičkom svemiru. Astralna Sunca i Mjeseci nalikuju na polarno svjetlo ili *auroru borealis*, pri čemu je aurora astralnog Sunca puno blistavija u odnosu na umjereniji sjaj aurore astralnog Mjeseca. Astralni dan i noć dulji su od onih na Zemlji.

Astralni svijet je neizmjerno lijep, čist, neiskvaren i uređen. Tamo nema mrtvih planeta ni jalove zemlje. Nema ni zemaljskih štetočina: korova, bakterija, kukaca, zmija. Za razliku od Zemlje, gdje se izmjenjuju godišnja doba i postoje razne klime, na astralnim planetima temperatura je ujednačena i stalna kao u vječnom proljeću. Povremeno padaju snijeg i kiša svjetlosti različitih boja. Astralni planeti obiluju jezerima boje opala, sjajnim morima i rijekama duginih boja.

Obični astralni svemir, za razliku od finijeg astralnog raja Hiranyaloke, nastanjen je milijunima astralnih bića koja su došla, više ili manje nedavno, sa Zemlje kao i mnoštvom vila, sirena, riba, životinja, patuljaka, goblina, polubogova i duhova; oni svi obitavaju na različitim astralnim planetima u skladu s njihovom karmom. Postoje i različita mjesta, ili vibracijska područja, namijenjena dobrim i zlim duhovima. Dobri duhovi mogu se slobodno kretati, a zlima je kretanje ograničeno na posebna mjesta. Kao što ljudska bića žive na površini zemlje, crvi u zemlji, ribe u vodi, ptice u zraku, tako su i astralna bića različitih stupnjeva razvoja smještena u odgovarajućim područjima različitih vibracija odgovarajućih svojstava.

Pali tamni anđeli, izgnani iz ostalih svjetova, vode sukobe i ratove pomoću astralnih bombi ili misaonim zrakama proizvedenima vibracijama mantri.* Oni odrađuju svoju zlu karmu u mračnim i sumornim nižim predjelima astralnog svemira.

---

* Mantra je naziv za zvučnu vibraciju duhovno moćnih glasova koji se odapinju iz oružja misaone koncentracije. *Purane* (drevne *šastre* ili rasprave) opisuju ratove mantrama između *deva* i *asura* (bogova i demona). Tako se govori o *asuri* koji je jednom pokušao ubiti *devu* moćnom izgovorenom mantrom. Zbog pogrešna izgovora mantre ta se misaona bomba poput bumeranga vratila demonu i ubila ga.

U beskrajnim prostranstvima iznad astralne tamnice vladaju sjaj i ljepota. Astralni je svemir po svojoj prirodi bolje usklađen od Zemlje s Božanskom voljom i planom postizanja savršenstva. Oblik svakog astralnog predmeta očituje volju samoga Boga, a dijelom na njih utječe i volja astralnih bića. Ona posjeduju moć mijenjanja ili isticanja dražesti i oblika bilo čega što je prethodno stvorio Gospodin. On je podario Svojoj astralnoj djeci slobodu i povlasticu mijenjanja i poboljšavanja astralnog svemira po njihovoj volji. Na Zemlji krutina prelazi u tekućinu ili neko drugo agregatno stanje isključivo prirodnim kemijskim procesima, a astralne krutine prelaze u tekuće i plinovito stanje, ili samu energiju, trenutno i to pod djelovanjem volje stanovnika astralnog svijeta.

Zemlja je opterećena ratovima i ubijanjem na moru, kopnu i u zraku", nastavio je moj Guru, „a astralnim svijetom vladaju sklad i sreća. Astralna bića mogu rastvoriti i ponovno stvoriti svoja obličja prema vlastitoj volji. Cvijeće, ribe ili životinje mogu se na neko vrijeme pretvoriti u astralne ljude. Svim astralnim bićima dopušteno je poprimiti bilo koji oblik i sva bića mogu bez problema međusobno komunicirati. Nema čvrstih prirodnih zakona kojima se ta bića moraju podvrgavati. Tako je, na primjer, moguće da na bilo kojem astralnom drvetu izraste plod manga ili nekog drugog voća po želji ili pak cvijeća ili bilo kojeg drugog predmeta. U astralnom svijetu postoje određena karmička ograničenja, ali nema nekog posebnog isticanja prednosti kada je u pitanju poželjnost oblika koje astralna bića poprimaju. Tamo sve pršti od Božjeg stvaralačkog svjetla.

Djecu ne rađaju žene, već astralna bića izravno stvaraju potomke vlastitom kozmičkom voljom, dajući im željeni oblik. Bića koja su upravo stigla sa Zemlje i odbacila fizičko tijelo stižu u određenu astralnu obitelj na njihov poziv, privučena sličnim misaonim i duhovnim sklonostima.

Astralno tijelo nije osjetljivo na hladnoću, vrućinu ni na druge prirodne elemente. Građa astralnog tijela uključuje astralni mozak, ili lotos s tisuću latica, i šest probuđenih središta u *sushumni* (astralnoj kralježnici). Srce crpi kozmičku energiju i svjetlo iz astralnog mozga i zatim ih tjera prema astralnim živcima (*nadiji*) i tjelesnim stanicama ili astralonima. Astralna bića mogu mijenjati oblik koristeći astralnu silu i svete vibracije mantri.

U većini slučajeva astralno je tijelo točna preslika posljednjega fizičkog oblika. Lice i pojava astralne osobe slični su izgledu te osobe u mladosti za vrijeme njezina boravka na Zemlji u prethodnom utjelovljenju. Katkad netko, poput mene, odluči zadržati svoj starački izgled." Učitelj, koji je bio oličenje mladosti same, smijao se veselo dok je to govorio.

„Trodimenzionalni fizički prostor upoznajemo pomoću pet osjetila. Astralni svijet se može vidjeti pomoću sveobuhvatnog šestog osjetila – intuicije", nastavio je Sri Yukteswar. „Sva astralna bića vide, čuju, mirišu, kušaju i dodiruju u potpunosti putem osjećaja intuicije. Ona imaju tri oka, od kojih su dva dijelom zaklopljena. Treće, ujedno glavno astralno oko, otvoreno je i smješteno okomito na čelu. Astralna bića imaju sve vanjske osjetilne organe: uši, oči, nos, jezik i kožu, ali se ona koriste intuicijom za primanje osjetilnih doživljaja preko bilo kojeg dijela tijela. Tako, na primjer, ona mogu čuti pomoću očiju ili jezika, a kušati pomoću ušiju ili kože, itd.*

„Čovjekovo fizičko tijelo izloženo je mnogobrojnim opasnostima i lako se može ozlijediti ili osakatiti. Eterično astralno tijelo povremeno se može porezati ili doživjeti povredu, no ono odmah ozdravlja snagom volje."

„Gurudeva, jesu li sve astralne osobe prekrasne?"

„Ljepota je u astralnom svijetu duhovna kvaliteta, a ne nešto što treba izvanjsku potvrdu.", odgovorio je Sri Yukteswar. „Astralna bića stoga posvećuju malo pozornosti vanjskom izgledu. Međutim, ona imaju povlasticu po volji mijenjati svoja astralna tijela. Kao što ljudi na Zemlji odijevaju nova svečana odijela za posebne prigode, tako se i astralna bića u određenim prigodama 'ukrašavaju' posebno oblikovanim astralnim tijelima.

Na naprednim astralnim planetima poput Hiranyaloke organiziraju se vesele proslave u čast bića koje je postiglo oslobođenje iz astralnog svijeta zahvaljujući svojemu duhovnom napretku i sprema se ući u raj kauzalnog svijeta. U takvim prigodama se Nevidljivi Nebeski Otac, i sveci koji u Njemu borave, materijaliziraju u obličju po Njihovom vlastitom izboru kako bi se pridružili astralnoj svečanosti. Gospod može poprimiti bilo koji oblik po želji svojega voljenog poklonika. Ako poklonik u svojim molitvama izražava bogoštovlje kroz predanost, tada on vidi Boga kao Božansku Majku. Isusu je obličje Beskonačnog Jednog

---

* Primjeri ovakvih moći mogu se naći i na Zemlji, o čemu svjedoči primjer Helen Keller i drugih rijetkih bića.

u obliku Oca bilo najbliže. Upravo je individualnost kojom je Stvoritelj obdario svako Svoje stvorenje razlog što ona znaju postavljati svaki mogući zahtjev prema Gospodovoj univerzalnosti!" Na ovo smo se moj Guru i ja, sretni, zajedno nasmijali.

„Prijatelji iz prošlih života bez problema se prepoznaju u astralnom svijetu", nastavio je Sri Yukteswar svojim poput flaute divnim glasom. „Radosni zbog ponovnog susreta oni shvaćaju kako su prijateljstvo i ljubav besmrtni i neuništivi, u što se često posumnja u času tuge prilikom varljiva rastanka na završetku zemaljskog života.

Intuicija omogućava astralnim bićima uvid u događaje i ljude na Zemlji dok čovjek ne može vidjeti astralni svijet ako nema bar donekle razvijeno šesto osjetilo. Na Zemlji postoji na tisuće ljudi koji su na trenutak uspjeli vidjeti neko astralno biće ili astralni svijet.*

Napredna bića Hiranyaloke tijekom dugog astralnog dana i noći provode većinu vremena budna u ekstazi, pomažući pritom u rješavanju zamršenih problema koji se tiču kozmičke vlasti i otkupljenja razmetnih sinova, duša koje su na putu za utjelovljenje na Zemlji. Kada bića s Hiranyaloke spavaju, ona znaju povremeno imati snovita astralna viđenja. Ta bića obično se nalaze u svjesnom stanju blaženstva *nirbikalpa samadhija.*

Stanovnici svih astralnih svjetova i dalje znaju trpjeti duševne boli. Osjetljive umove naprednih bića poput onih s Hiranyaloke uvijek boli kada vide da se istina ne poštuje. Ta uzvišena bića trude se uskladiti svaki svoj čin i misao sa savršenstvom duhovnog zakona.

Stanovnici astralnog svijeta međusobno komuniciraju pomoću astralne telepatije. Oni ne znaju za nesporazume i zabune koje na Zemlji izazivaju napisane i izgovorene riječi. Likovi na filmskom platnu kreću se i djeluju kao niz svjetlosnih slika i pritom u stvari ne dišu. Astralna bića, slično tome, hodaju i rade kao inteligentno vođene i upravljane slike svjetlosti koje nemaju potrebu za disanjem. Za čovjekovo održanje potrebne su mu krute, tekuće, plinovite tvari i energija, a astralnim bićima za postojanje potrebna je u osnovi samo kozmička svjetlost."

„Učitelju moj, jedu li uopće astralna bića?" Upijao sam ova čudesna objašnjenja punom pažnjom, svim svojim umom, srcem i dušom. Nadsvjesna iskustva zauvijek su stvarna i nepromjenljiva istina,

---

* Djeca neiskvarena uma katkad mogu vidjeti dražesna astralna tijela vila. Pod utjecajem droga ili drugih opojnih sredstava čije korištenje zabranjuju svi sveti spisi, čovjek može toliko poremetiti svoju svijest da mu se pred očima pojavljuju besprizorna bića iz astralnog pakla.

za razliku od prolaznih osjetilnih iskustava i dojmova koji su uvijek prolazni i predstavljaju relativnu istinu koja se gubi u sjećanju. Riječi mojega Učitelja ostale su zauvijek otisnute na pergamentu moga bića tako da, uvijek kada uđem u nadsvjesno stanje, mogu ponovno oživiti to božansko iskustvo.

„U astralnoj zemlji raste povrće iz kojeg se pružaju zrake svjetlosti", odgovorio je. „Astralna bića jedu povrće i piju nektar iz sjajnih izvora svjetlosti te iz astralnih potoka i rijeka. Kao što se nevidljive slike osoba na Zemlji mogu 'izdvojiti' iz etera i učiniti vidljivima pomoću televizijskog uređaja nakon čega se ponovno vraćaju u slobodni prostor, tako i astralna bića mogu prizvati na svoj planet snagom volje nevidljive astralne otiske povrća i voća koje je Bog stvorio, a koji plove eterom. Na isti se način iz najbujnije mašte tih bića mogu materijalizirati čitavi vrtovi mirisna cvijeća koje se kasnije vraća u nevidljivi eter. Iako stanovnici rajskih planeta poput Hiranyaloke gotovo i nemaju potrebu za jelom, postoje svjetovi još naprednijeg, neuvjetovanog postojanja. To je kauzalni svijet u kojem se gotovo potpuno oslobođene duše hrane samo *manom* blaženstva.

Astralno biće, slobodno od okova Zemlje, susreće svoju mnogobrojnu rodbinu, očeve, majke, supruge, muževe i prijatelje koje je upoznalo za vrijeme različitih utjelovljenja na Zemlji*, a koji se s vremena na vrijeme pojavljuju u različitim dijelovima astralnog svijeta. On stoga ne može odlučiti koga bi posebno volio i na taj način uči davati božansku ljubav svima podjednako jer su svi djeca Božja. Iako se vanjski izgled voljenih osoba možda promijenio u skladu s novim kvalitetama koje je pojedina duša razvila u svom prethodnom životu, astralno biće pomoću svoje nepogrešive intuicije odmah prepoznaje sve njemu drage osobe koje je nekad srelo na drugim razinama postojanja te im izražava dobrodošlicu u njihov novi astralni dom. Budući da je svaki atom stvaranja obdaren neuništivom individualnošću†, astralni se prijatelj prepoznaje bez obzira na odijelo koje nosi, slično kao što se na Zemlji, ako se pažljivo promatra, glumac može prepoznati bez obzira

---

* Gospoda Buddhu jednom su upitali zašto čovjek treba jednako voljeti sve ljude. „Zato", odgovorio je veliki učitelj, „jer kada se uzme u obzir veliki broj života kroz koje je svaki čovjek već prošao, to znači da je u nekom od tih života već bio blizak sa svakim drugim bićem."

† Osam elementarnih kvaliteta ugrađenih u čitav stvoreni život od atoma do čovjeka jesu: zemlja, voda, vatra, zrak, eter, osjetilni um (*manas*), inteligencija (*buddhi*) i individualnost ili ego (*ahamkara*) (Usporedi s Bhagavad Gita VII:4.).

na to kako se prerušio za određenu ulogu.

Životni je vijek u astralnom svijetu puno dulji nego na Zemlji. Prosječan život normalno naprednog astralnog bića je od petsto do tisuću godina, mjereno prema zemaljskim vremenskim standardima. Kao što sekvoja može živjeti tisuće godina dulje od ostalih vrsta drveća ili kao što neki jogiji žive više stotina godina, dok većina ljudi ne doživi ni šezdeset, tako i neka astralna bića žive znatno dulje od uobičajenog astralnog bića. Privremeni stanovnici astralnog svijeta ondje borave dulje ili kraće vrijeme u skladu s težinom fizičke karme koja ih vuče natrag prema Zemlji nakon određenog vremena.

Astralno biće ne proživljava bolnu smrt u času odbacivanja svojega svjetlosnog tijela. Ipak mnoga bića osjećaju malu napetost pri pomisli na napuštanje svojega astralnog tijela u korist finijega, kauzalnog tijela. U astralnom svijetu nema umiranja protiv svoje volje, nema bolesti ni starosti. Te tri strepnje prokletstvo su Zemlje na kojoj je čovjek dopustio svojoj svijesti gotovo potpuno poistovjećivanje s krhkim fizičkim tijelom koje traži stalni unos hrane i zraka te redovito spavanje da bi se uopće održalo.

Fizička smrt očituje se prestankom disanja i raspadanjem stanica materijalnog tijela. Pri astralnoj smrti rasplinjavaju se astraloni, te osnovne jedinice energije koje omogućavaju život astralnim bićima. Biće u trenutku fizičke smrti gubi svijest o svom fizičkom tijelu i postaje svjesno svojega finijeg tijela u astralnom svijetu. Nakon određenog vremena biće doživljava astralnu smrt te na taj način njegova svijest naizmjence prolazi iskustva od astralnog rođenja i smrti prema fizičkom rođenju i smrti. Ti ponavljajući ciklusi naizmjeničnog astralnog i fizičkog utjelovljenja neizbježna su sudbina svih neprosvijetljenih bića. Opisi raja i pakla koje nalazimo u svetim spisima katkad bude u čovjeku duboko potisnuta sjećanja na njegov dugi niz iskustava u vedrim astralnim i razočaravajućim zemaljskim svjetovima."

„Voljeni Učitelju," upitao sam, „hoćete li pobliže opisati razliku između ponovnog rođenja na Zemlji i rođenja u astralnim, odnosno kauzalnim svjetovima?"

„Čovjek kao individualizirana duša ima u stvari samo kauzalno tijelo.", objasnio je moj Guru. „To je tijelo Bog stvorio kao matricu od trideset i pet *ideja* koje predstavljaju temeljne ili kauzalne misaone sile iz kojih je On kasnije izveo fino astralno tijelo od devetnaest elemenata i grubo fizičko tijelo od šesnaest elemenata.

Devetnaest elemenata astralnog tijela dijele se na mentalne, emocionalne i astralonske. Tih devetnaest komponenti su: inteligencija, ego, osjećanje, um (osjetilna svijest); pet instrumenata *znanja* koji na finom nivou odgovaraju osjetima vida, sluha, njuha, okusa i opipa; pet instrumenata *djelovanja* koji na mentalnom nivou odgovaraju izvršnim sposobnostima razmnožavanja, izlučivanja, govora, hodanja i spretnosti rukovanja stvarima; te pet instrumenata *životne sile* koji imaju sposobnost izvođenja tjelesnih funkcija kristalizacije, asimilacije, uklanjanja, izmjene tvari i optoka. Taj fini astralni omotač od devetnaest elementa preživljava smrt fizičkog tijela koje je sastavljeno od šesnaest grubih kemijskih elemenata.

Bog je osmislio različite ideje u Sebi i o Sebi i zatim ih prenio u snove. Tako je nastala Gospa Kozmičkog Sna ukrašena velebnim i beskrajnim ukrasima relativnog postojanja.

Unutar trideset i pet misaonih kategorija kauzalnog tijela Bog je razradio sve složenosti čovjekovih devetnaest astralnih i šesnaest fizičkih sastavnica. Zgušnjavanjem vibrirajućih sila, najprije finijih, a zatim i grubljih, On je proizveo čovjekovo astralno tijelo te na kraju njegovo fizičko tijelo. Prema Zakonu relativnosti, prema kojem je Prvobitno Jedinstvo postalo zbunjujuća mnogostrukost, kauzalni svemir i kauzalno tijelo razlikuju se od astralnog svemira i astralnog tijela. Slično tome, fizički svemir i fizičko tijelo znatno su različiti od ostalih oblika stvaranja.

Materijalno tijelo izrađeno je od čvrstih, opredmećenih snova Stvoritelja. Na Zemlji su uvijek prisutne dvojnosti: bolest i zdravlje, bol i užitak, gubitak i dobitak. Ljudska bića suočavaju se s ograničenjem i otporom trodimenzionalnoga materijalnog svijeta. Kada čovjekovu želju za životom ozbiljno naruše bolest ili drugi uzroci, stiže smrt, a teški tjelesni kaput privremeno se skida. Duša međutim i dalje zadržava astralno i kauzalno tijelo.* Sila koja na okupu drži sva tri tijela jest želja. Snaga neispunjenih želja u korijenu je sveg ljudskog ropstva.

Želje u fizičkom svijetu ukorijenjene su u sebičnosti i osjetilnim užicima. Okovi vezanosti za osjetilna iskustva snažniji su od želja i vezanosti u astralnom svijetu ili od kauzalnih zamjećivanja.

Astralne želje usredotočene su na uživanje u vibracijama. Astralna bića uživaju u eteričnoj nebeskoj glazbi i očaravaju ih prizori stvaranja

---

* Pod „tijelom" se misli na svaki omotač duše, bilo grub ili fin. Ta tri tijela su krletke Rajske Ptice.

kao neiscrpne stvaralačke igre svjetlosti. Astralna bića također mirišu, kušaju i dodiruju svjetlost. Astralne su želje, dakle, povezane sa sposobnošću astralnog bića da u trenu stvori sve predmete i iskustva pomoću svjetlosti ili kao zgusnute slike iz svojih misli i snova.

Kauzalne želje ispunjavaju se samo zamjećivanjem. Gotovo potpuno slobodna bića koja imaju samo kauzalno tijelo vide cijeli svemir kao ostvarenje ideja, snova koje je stvorio Bog. Ta bića mogu materijalizirati bilo što i to sve pomoću same misli. Stoga se kauzalnim bićima užici fizičkih doživljaja ili astralnih užitaka čine pregrubima i prezasićenima za profinjeniji ukus osjećaja duše. Kauzalna bića ostvaruju svoje želje materijalizirajući ih u času.* Oni koji na sebi nose samo tanahni veo kauzalnog tijela mogu stvarati svemire baš poput samog Stvoritelja. Čitavo stvaranje načinjeno je od niti kozmičkog sna pa duša odjevena samo u tanak kauzalni pokrov posjeduje goleme stvaralačke moći.

Duša koja je po prirodi nevidljiva može se uočiti samo pomoću njezina jednog ili više tijela. Činjenica da posjeduje tijelo znak je njezina postojanja koje čine mogućim neispunjene želje.†

Čovjekova duša ne može uroniti u more Duha sve dok je zatvorena u jednom, dva ili tri tjelesna spremnika koji su čvrsto zapečaćeni čepovima neznanja i želja. Kada se gruba fizička posuda uništi čekićem smrti, ostala dva pokrova – astralni i kauzalni – i dalje su prisutni i sprječavaju dušu da se svjesno pridruži Sveprisutnom Životu. Kada se mudrošću svjesno postigne utrnuće svih želja, ta mudrost uništava i preostale dvije posude. Sićušna ljudska duša napokon izlazi na slobodu i postaje jedno s Beskonačnim."

Zamolio sam svojega božanskog Gurua da dodatno pojasni uzvišeni i tajanstveni kauzalni svijet.

„Kauzalni je svijet neopisivo profinjen.", odgovorio je. „Kada bi ga želio shvatiti, čovjek bi morao imati golemu moć koncentracije kojom bi sklopljenih očiju mogao sebi predočiti astralni i fizički svemir u svoj njihovoj veličini, kao svjetleći balon i njegovu košaru, koji u stvari postoje samo kao ideje. Kada bi mu takvom nadljudskom koncentracijom

---

* Onako kako je Babaji pomogao Lahiriju Mahasayi da se riješi podsvjesne želje za palačom koju je nosio još iz nekog prošlog života. To je opisano u 34. poglavlju.

† „Gdje bude strvina – odgovori im- tamo će se i orlovi skupljati."- Lk 17:37. Dokle god je duša zatvorena u fizičko, astralno, ili kauzalno tijelo, do tada će se i orlovi želja, koji vrebaju ljudske slabosti u vidu prepuštanja osjetilima ili astralnim i kauzalnim vezanostima, skupljati kako bi držali dušu u zarobljeništvu.

uspjelo pretvoriti i rastaviti ta dva svemira i sve njihove elemente na same ideje, tada bi stigao do kauzalnog svijeta i stajao na granici gdje se spajaju um i tvar. Tamo se sve stvorene stvari: krutine, tekućine, plinovi, elektricitet, energija, sva bića, bogovi, ljudi, biljke, bakterije, ukazuju u svom izvornom obliku – kao različiti oblici svijesti. Slično tome, čovjek može zatvoriti oči i biti svjestan svojega postojanja iako ne vidi tijelo fizičkim očima, već je ono prisutno u njegovom umu samo kao ideja.

Sve što ljudsko biće može napraviti samo u mašti, kauzalno biće može u stvarnosti. Najmaštovitiji i najinteligentniji ljudi mogu, samo u mislima, razmatrati svakovrsne ideje, u mislima putovati s planeta na planet, doprijeti do samih granica vječnosti ili juriti poput svemirskog broda morem galaksija ili poput svjetla svjetionika prelaziti svakim kutkom svemira. Bića u kauzalnom svijetu pak imaju puno veću slobodu i mogu bez muke svoje misli u trenutku pretvoriti u objektivnu stvarnost, a da im pritom na putu ne stoje nikakve materijalne ili astralne zapreke, odnosno karmička ograničenja.

Kauzalna bića shvaćaju da fizički svemir u svojoj osnovi nije izgrađen od elektrona niti je astralni svemir ponajprije izgrađen od astralona, nego da su oba zapravo stvorena iz neopisivo sićušnih čestica Božje Misli koje je od Njega otrgnula i rascjepkala *maya*, Zakon relativnosti koji se očito upliće kako bi odvojio stvaranje od Stvoritelja.

Duše u kauzalnom svijetu prepoznaju jedna drugu kao individualizirane točke radosnog Duha, uviđajući također da su njihove misli jedini predmeti koji ih okružuju. Kauzalna bića vide da razlika između njihovih tijela i misli postoji samo na razini ideja. Kao što čovjek kad zatvori oči može vidjeti blještavo bijelo svjetlo ili blijedoplavu maglicu, tako i kauzalna bića pomoću samih misli mogu vidjeti, čuti, mirisati, kušati, dodirivati. Ona stvaraju ili uništavaju bilo što samo pomoću kozmičkog uma.

U kauzalnom se svijetu smrt i ponovno rođenje događaju u mislima. Bića s kauzalnim tijelom hrane se samo ambrozijom vječno novog znanja. Ona piju s izvora mira, hodaju neutabanom stazom zamjećivanja, plivaju beskonačnim oceanom blaženstva. Gle! Eno njihovih sjajnih tijela načinjenih od samih misli kako jure svemirom pokraj bilijuna planeta stvorenih Duhom, mjehura novih svemira, zvijezda mudrosti, svemirskih maglica koje se prelijevaju zlatnim odsjajem na nebeskom platnu Beskonačnosti!

Mnoga bića ostaju u kauzalnom svemiru tisućama godina. U

Sri Yukteswarovo uskrsnuće

dubokim ekstazama duša se napokon oslobađa tog majušnog kauzalnog tijela da bi se odjenula u nepregledni kauzalni svemir. Tada se svi odvojeni vrutci, virovi ideja, pojedinačni valovi snage, ljubavi, volje, veselja, mira, intuicije, smirenosti, samokontrole i koncentracije stapaju u jedno uvijek vječno i radosno More Blaženstva. Duša više ne mora doživljavati svoje radosti kao individualni val svijesti, već se spaja s Jednim Kozmičkim Oceanom, sa svim njegovim valovima, njegovim vječnim smijehom, uzbuđenjima i pulsiranjem.

Kada duša izađe iz čahure triju tijela, ona se zauvijek oslobađa Zakona relativnosti i postaje neopisivo Vječno Postojanje.* Gledajte leptira Sveprisutnosti čija su krila ukrašena zvijezdama, mjesecima i suncima! Kada se duša proširi u Duh, ona ostaje sama u području neostvarena svjetla, neizražene tame, nepostojeće misli, opijena uživanjem u Božjem snu kozmičkog stvaranja."

„Slobodna duša!", izustio sam zadivljen.

„Kada duša napokon izađe iz triju oklopa tjelesnih varki,", nastavio je Učitelj, „ona postaje jedno s Beskonačnosti bez ikakva gubitka individualnosti. Krist je izvojevao ovu konačnu slobodu i prije nego što se rodio kao Isus. U tri dijela svoje prošlosti koji su u njegovu zemaljskom životu bili simbolički prikazani trodnevnim iskustvom smrti i uskrsnuća on je bio postigao moć da u potpunosti uskrsne u Duhu.

„Nerazvijeni čovjek mora proći kroz nebrojena zemaljska, astralna i kauzalna utjelovljenja kako bi izašao iz ta svoja tri tijela. Učitelj koji je postigao tu konačnu slobodu može se po izboru vratiti na Zemlju kao prorok kako bi pomogao ljudskim bićima vratiti se Bogu ili može poput mene izabrati boravak u astralnom svemiru. Takav spasitelj na sebe preuzima dio tereta karme tamošnjih stanovnika† pomažući im da završe svoj krug utjelovljenja u astralnom svemiru i da napokon odu u kauzalni svemir. Oslobođena duša isto tako može otići u kauzalni svijet kako bi pomogla tamošnjim bićima u skraćivanju njihova boravka u kauzalnom tijelu i postizanju Apsolutne Slobode."

„O Uskrsnuli, želim doznati više o karmi koja prisiljava ljude na

---

* „Pobjednika ću učiniti stupom u hramu moga Boga odakle sigurno više neće izići (tj., neće se više utjelovljivati)... Pobjedniku ću dati da sjedne sa mnom na mome prijestolju, kao što i ja pobijedih i sjedoh sa svojim Ocem na njegovu prijestolju." – Otk 3:12, 21.

† Sri Yuktesvar je htio reći da, kao što je nekada na Zemlji povremeno na sebe preuzimao teret bolesti kako bi olakšao karmu svojih učenika, tako i sada u ulozi spasitelja na Hiranyaloki on na sebe preuzima dio astralne karme njegovih stanovnika kako bi pospješio njihov napredak prema višem kauzalnom svijetu.

povratak i ponovni boravak u tri svijeta." „Mogao bih zauvijek", mislio sam, „slušati svojega sveznajućeg Učitelja." Nikada dok je boravio na Zemlji nisam mogao odjednom od njega upiti toliko mudrosti. Sada sam prvi put dobivao od Učitelja jasan i točan uvid u zagonetne međuprostore na šahovskoj ploči života i smrti.

„Čovjek mora u potpunosti odraditi svoju fizičku karmu, odnosno ispuniti svoje želje, prije nego što može neprekidno ostati u astralnim svjetovima.", pojašnjavao je Guru svojim uzbudljivim glasom. „U astralnim svjetovima žive dvije vrste bića. Za bića koja još moraju odraditi svoju zemaljsku karmu i stoga moraju ponovno ući u grubo fizičko tijelo kako bi otplatili karmičke dugove može se reći da su nakon fizičke smrti tek privremeni posjetitelji astralnog svijeta, a ne oni koji u njemu stalno borave.

Bićima s neriješenom zemaljskom karmom nakon astralne smrti nije dopušteno ući u viši kauzalni svijet kozmičkih ideja, već moraju iznova putovati između fizičkog i astralnog svijeta i biti svjesna svojega fizičkog tijela od šesnaest grubih elemenata ili pak svojega astralnog tijela od devetnaest finih elemenata. Treba reći da nerazvijeno biće nakon fizičke smrti i gubitka tijela odlazi sa Zemlje u astralni svijet u kojem većinu vremena provodi u dubokom snu i stoga je slabo svjesno ljepote toga svijeta. Nakon takva astralnog odmora čovjek se vraća u materijalni svijet gdje ga čeka daljnje učenje. Tako se postupno, kroz ponovljena putovanja, privikava na finoću astralnih svjetova.

S druge strane, uobičajeni stanovnici astralnog svijeta, odnosno oni koji u njemu stalno borave, zauvijek su se oslobodili svih materijalnih čežnji i više se ne moraju vraćati grubim vibracijama Zemlje. Takva bića imaju još samo astralnu i kauzalnu karmu koju trebaju odraditi. Nakon astralne smrti ona odlaze u neizmjerno finiji i suptilniji kauzalni svijet. Kad prođe određeno razdoblje, koje je određeno kozmičkim zakonom, takva napredna bića vraćaju se na Hiranyaloku ili njemu sličan astralni planet gdje se ponovno rađaju u novom astralnom tijelu kako bi odradili ostatak svoje astralne karme."

„Sine moj, sada ti je jasnije da sam uskrsnuo po božanskoj odluci", nastavio je Sri Yukteswar, „kako bih postao spasitelj posebno za duše koje su se nakon povratka iz kauzalnog svijeta ponovno utjelovile na astralnom nivou, a ne za astralna bića koja dolaze sa Zemlje. Bića koja dolaze sa Zemlje, ako još imaju ostataka materijalne karme, ne mogu se uzdignuti do tako visokih astralnih planeta kakav je Hiranyloka.

Kao što ljudi na Zemlji ne uspijevaju kroz naviku meditacije naučiti cijeniti profinjenije užitke i prednosti astralnog života te se nakon smrti žele vratiti ograničenim i nesavršenim zemaljskim užicima, tako i mnoga astralna bića ne mogu pojmiti napredno stanje duhovne radosti u kauzalnom svijetu pa se u mislima vraćaju grubljoj i na prvi pogled privlačnijoj astralnoj sreći, i zbog toga čeznu za ponovnim povratkom u astralni raj. Ova bića moraju odraditi tešku astralnu karmu prije nego što mogu, nakon astralne smrti, neprekidno ostati u kauzalnom svijetu misli koji je tek tankim slojem odijeljen od Stvoritelja.

Tek kada biće više nema želja za iskustvima u oku ugodnom astralnom svemiru i ne podliježe više kušnji da se tamo vrati, ono može ostati u kauzalnom svijetu. Tamo ono završava svoj put rješavajući se svoje kauzalne karme ili sjemena prošlih želja te na taj način zatočena duša skida i posljednji od triju poklopaca neznanja da bi na kraju izašla iz te krajnje posude kauzalnog tijela i stopila se s Vječnim."

„Razumiješ li sada?" Učitelj se očaravajuće smiješio!

„Da, Vašom milošću. Ostavili ste me bez riječi punog radosti i zahvalnosti."

Nikada dosad ni iz jedne pjesme ili priče ne bijah stekao takvo nadahnuto znanje. Istina je da hinduistički sveti spisi spominju kauzalne i astralne svjetove te tri čovjekova tijela, no kako su samo daleke i bez značenja te riječi kada ih se usporedi s toplinom i izvornošću ovoga što sam čuo od svojega uskrsnulog Učitelja! Za njega doista nije postojala nikakva „neotkrivena zemlja s čijih potoka se nijedan putnik ne vraća"!*

„Isprepletanje čovjekova tri tijela uvelike se očituje u njegovoj trostrukoj prirodi.", nastavio je moj guru. „Ljudsko biće u svom je budnom stanju na Zemlji više ili manje svjesno svoja tri tijela. Kada je zauzet osjetilima u činu kušanja, mirisanja, dodirivanja, slušanja ili gledanja, čovjek ponajprije djeluje kroz svoje fizičko tijelo. Kada nešto želi sebi predočiti ili kada izražava htijenje, on ponajprije djeluje kroz svoje astralno tijelo. Njegovo kauzalno biće dolazi do izražaja kada čovjek razmišlja, duboko promišlja svijet ili meditira. Genijalne zamisli javljaju se velikim umovima kada oni stupaju u dodir sa svojim kauzalnim tijelom. U tom smislu, osobu se može općenito svrstati u jednu od tri grupe: materijalist, čovjek djelovanja i energije, ili intelektualac.

„Čovjek se šesnaest sati dnevno poistovjećuje sa svojim fizičkim

---

* Hamlet (III. čin, I. prizor)

tijelom. Zatim odlazi na spavanje. Ako u snu sanja, tada on boravi u svom astralnom tijelu i bez napora može stvoriti bilo koji predmet kao što to mogu i astralna bića. Ako je čovjekov san dubok i bez snova, on na više sati može prenijeti svoju svijest, ili osjećaj Jastva, u kauzalno tijelo. U tom slučaju njegov ga san osvježava. Čovjek koji sanja u doticaju je sa svojim astralnim, a ne kauzalnim tijelom te ga njegov san ne okrepljuje."

Promatrao sam s ljubavlju Sri Yukteswara dok mi je prenosio ovo čudesno izlaganje.

„Anđeoski Guru,", rekao sam, „Vaše tijelo izgleda posve isto kao i onda kada sam posljednji put nad njim plakao u ašramu u Puriju."

„O da, moje novo tijelo je savršena kopija staroga. Ja ga mogu po volji stvoriti ili rastvoriti u bilo koje vrijeme, i to mnogo češće nego što sam to činio dok sam bio na Zemlji. Brza dematerijalizacija tijela omogućava mi da sada putujem izvanrednom brzinom s planeta na planet, ili iz astralnog svemira u kauzalni, ili pak u fizički svemir." Moj se božanski Učitelj smiješio. „Iako si ovih dana stalno u pokretu, bez problema sam te pronašao u Bombayu!"

„O Učitelju, tako sam bio žalostan kada ste umrli!"

„Hej, pa gdje ti to vidiš da sam umro? Nije li to malo proturječno?" Sri Yukteswarove oči sjajile su ljubavlju i raspoloženjem.

„Na Zemlji si samo sanjao, tamo si samo vidio moje tijelo u svom snu.", nastavio je. „Kasnije si pokopao tu sliku iz sna. Sada je moje materijalno tijelo, u koje gledaš i koje i dalje čvrsto stišćeš, uskrsnulo na jednom finijem planetu iz Božjeg sna. Jednom će i to finije tijelo, kao i taj finiji snoliki planet, također nestati jer ni oni nisu vječni. Svi mjehurići sna moraju se rasplinuti pri konačnom dodiru Budnosti. Yogananda, sine moj, moraš razlikovati san od Stvarnosti!"

Ova ideja o uskrsnuću u duhu Vedante* čudesno me iznenadila. Osjetio sam sram što sam žalio za Učiteljem u trenutku kada sam ugledao njegovo beživotno tijelo u Puriju. Napokon sam shvatio da je moj guru oduvijek bio probuđen u Bogu i da je promatrao svoj život i umiranje na Zemlji, kao i svoje sadašnje uskrsnuće, samo kao različite oblike relativnog postojanja, odnosno kao božanske ideje u kozmičkom snu.

„Evo Yogananda, ispričao sam ti istinu o mom životu, smrti i uskrsnuću. Ne tuguj za mnom, već radije kazuj posvuda priču o mom

---

* Zamisao po kojoj su život i smrt samo relativnost misli. *Vedanta* ističe kako je Bog jedina Stvarnost. Sve stvaranje ili odjelito postojanje je *maya* ili varka. Ova filozofija monizma našla je svoj najviši izraz u komentarima *Upanišada* koje je dao Šankara.

uskrsnuću sa Zemlje ljudi koja je dio Božjeg sna na jedan drugi planet gdje su duše odjenute u astralno ruho, također unutar Božjeg sna! Time ćeš udahnuti novu nadu u srca svih onih koji, potišteni i u strahu od smrti, snivaju u svijetu."

„Hoću, Učitelju!" Još kako rado ću podijeliti s drugima radosnu vijest o Vašem uskrsnuću!

„Visoka očekivanja koja sam imao na Zemlji bila su sasvim neprimjerena za većinu ljudi. Često sam te znao grditi više nego što sam trebao. No ti si položio ispit. Tvoja ljubav je uspjela prodrijeti kroz oblake svih prijekora." Nježno je dodao: „Došao sam ti također reći ovo: nikad više neću imati strog izraz lica niti te koriti!".

Kako su mi samo nedostajali prijekori mojega velikog Gurua! Svaki od njih predstavljao je anđela čuvara koji nada mnom bdije.

„Najdraži Učitelju! Prekorite me i milijun puta ako je potrebno!"

„Neću te više grditi." Njegov je božanski glas bio ozbiljan, ali se ispod toga mogao nazrijeti i smijeh. „Ti i ja odsad ćemo se smiješiti jedan drugomu dokle god budemo imali različita obličja u ovom snu *maye* koji Bog sanja. Nakon toga ćemo se konačno stopiti u jedno unutar Kozmičkog Voljenog. Naši će osmjesi tada postati Njegov osmijeh, a naša će ujedinjena pjesma radosti odzvanjati kroz vječnost kako bi je čule sve s Bogom usuglašene duše!"

Sri Yukteswar me je zatim upoznao s nekim stvarima koje ovdje ne smijem otkriti. Tijekom dva sata koje je proveo sa mnom u sobi hotela u Bombayu odgovorio je na svako moje pitanje. Mogu samo reći kako se niz proročanstava u vezi svijeta koja je izrekao toga lipanjskog dana 1936. već ostvarilo.

„Ostavljam te sada, voljeni moj!" Nakon tih riječi osjetio sam kako se Učitelj rastapa i nestaje iz mog zagrljaja.

„Dijete moje,", odzvanjao je njegov glas od kojeg je titrala svaka nit moje duše, „uvijek kada uđeš kroz vrata *nirbikalpa samadhija* i zazoveš me, ja ću ti doći u tijelu od krvi i mesa, baš kao danas."

Sri Yukteswar je uz to nebesko obećanje nestao iz mojega vidokruga. Još uvijek mi je, kao iz daljine, dopirao ponavljajući melodični glas: „Reci svima! Svatko tko u *nirbikalpa samadhiju* shvati kako je Zemlja samo Božji san, taj može doći k meni na viši snoviti planet Hiranyaloku. Tamo će me naći uskrsnuloga u tijelu potpuno istovjetnom mojemu zemaljskom. Yogananda, reci svima!"

Nestalo je tuge zbog našeg rastanka. Žalost i jad koji su mi tako dugo oduzimali mir sada su se, posramljeni, povukli. Iz svih nanovo otvorenih pora moje duše izlijevao se slap blaženstva. Začepljene od davnina pore moje duše sada su se otvarale pod naletom bujice čistog zanosa. Ispred mojega unutarnjeg oka prolazili su filmski prizori iz mojih prijašnjih utjelovljenja. Kozmička svjetlost kojom me obasjao božanski posjet mojega Učitelja rastopila je svu moju dobru i lošu karmu.

U ovom sam poglavlju svoje autobiografije poslušao Guruovu zapovijed o širenju radosnih vijesti iako će one ponovno preneraziti ravnodušni naraštaj.

Puzanje je itekako poznato čovjeku, kao i očajanje, ali to su izobličenja koja se ne ubrajaju u čovjekovo istinsko vlasništvo. Onoga dana kada to poželi, čovjek se može vratiti na stazu oslobođenja. Predugo je slušao pesimizam onih koji su mu ponavljali „od pepela pepelu" i koji su nesvjesni nepobjedivost duše.

Ja nisam bio jedini koji je imao čast ugledati Uskrsnuloga Gurua. Jedna od Sri Yukteswarovih *chela* bila je i starija žena koju su svi od milja zvali *Ma* (Majka); ona je živjela u blizini Duhovne škole u Puriju. Učitelj je tijekom svojih jutarnjih šetnji često znao stati i porazgovarati s njom. Navečer 16. ožujka 1936. Ma je došla u ašram i pitala može li vidjeti Gurua.

„Pa Učitelj je umro prije tjedan dana!" Swami Sebananda, koji je sada vodio Duhovnu školu u Puriju, gledao ju je tužno.

„To je nemoguće!", bunila se ona uz smiješak.

„Nije." Sebananda joj je zatim ispričao pojedinosti o pogrebu. „Dođite,", rekao je, „odvest ću Vas do vrta sprijeda gdje je njegov grob.

Ma je zatresla glavom. „Nema za njega groba! Jutros u deset sati prolazio je kraj moje kuće kao i obično! Razgovarala sam s njim deset minuta na dnevnoj svjetlosti.

'Dođi večeras u ašram,', rekao je.

I evo me ovdje! Blagoslovljena bila njegova sijeda glava! Sada razumijem kako je besmrtni Guru želio da shvatim u kakvom me transcendentnom tijelu jutros posjetio!"

Zaprepašteni je Sebananda kleknuo ispred nje.

„Ma,", rekao je, „kakav ste mi samo teški kamen tuge skinuli sa srca! On je uskrsnuo!"

44. POGLAVLJE

S Mahatmom Gandhijem u Wardhi

„Dobro došli u Wardhu!" Mahadev Desai, tajnik Mahatme Gandhija, ovim je srdačnim riječima pozdravio gđicu Bletsch, g. Wrighta i mene te nam darovao vijence od *khaddara* (ručno predenog pamuka). Bilo je rano jutro u kolovozu i upravo smo stigli na željezničku postaju u Wardhi, sretni što smo se riješili prašine i vrućine u vlaku. Utovarili smo prtljagu na zaprežna kola, a zatim sjeli u auto bez krova pokraj g. Desaija i njegova društva: Babasaheba Deshmukha i dr. Pingalea. Nakon kratke vožnje po blatnjavim seoskim cestama stigli smo u „Maganvadi" – ašram političkog sveca Indije.

Gospodin Desai odmah nas je odveo u radnu sobu gdje je za niskim pisaćim stolom prekriženih nogu sjedio Mahatma Gandhi. U jednoj je ruci držao pero, u drugoj komadić papira, a na licu mu je bio velik, očaravajuće srdačan osmijeh!

„Dobro došli!", napisao je na hindskom jer bijaše ponedjeljak, dan u tjednu kad provodi zavjet šutnje.

Iako je to bio naš prvi susret, gledali smo jedan drugog s puno ljubavi i razumijevanja. Mahatma Gandhi nas je 1925. počastio svojim posjetom školi u Ranchiju i u knjizi dojmova ostavio vrlo lijepu zabilješku.

Taj mršavi svetac od jedva pedeset kilograma zračio je fizičkim, mentalnim i duhovnim zdravljem. Njegove su blage smeđe oči sjale otkrivajući pametnu, iskrenu i oštroumnu osobu. Ovaj se državnik pokazao dorastao zadatku te izašao kao pobjednik iz mnogih pravnih, društvenih i političkih bitaka. Nijedan drugi svjetski vođa ne uživa takvu odanost kakvu Gandhiju iskazuju svim svojim srcem milijuni neobrazovanih diljem Indije. Oni su ga stoga neposredno nagradili prozvavši ga – Mahatmom, odnosno Velikom dušom.* Kao znak svoje iskrene privrženosti i suosjećanja s ugnjetavanim, siromašnim masama

---

* Njegovo obiteljsko ime je Mohandas Karamchand Gandhi. On sebe nikada ne zove Mahatma.

i on se odijeva poput njih - u jednostavno i skromno platno omotano oko bokova, što kod mnogih izaziva podsmijeh.

Kada nas je g. Desai poveo prema kući za goste, Mahatma mi je svojom poznatom ljubaznošću i uglađenošću uručio na brzinu napisanu cedulju ovog sadržaja: „Stanovnici ašrama stoje Vam u potpunosti na raspolaganju. Slobodno im se obratite ako Vam bilo što ustreba".

Naš vodič odveo nas je kroz voćnjake i polja puna cvijeća do crijepom pokrivene zgrade s rešetkastim prozorima. S prednje strane dvorišta nalazilo se pojilo dugo osam metara, za koje nam je g. Desai rekao da služi za napajanje stoke. U blizini se nalazio i pokretni betonski kotač za vršidbu riže. U svakoj od naših triju spavaonica bilo je doista samo ono najnužnije: krevet kućne izrade s podlogom od užadi. Vapnom okrečena kuhinja imala je tek slavinu u jednom kutu i ognjište za kuhanje u drugom. Seoskoj atmosferi pridonosili su i raznoliki zvuci: krika vrana i cvrkutanje vrabaca, mukanje stoke i udarci čekića kojim se klesao kamen.

Zamijetivši putni dnevnik g. Wrighta, g. Desai ga je otvorio i na jednoj stranici napisao popis *Zavjeta satyagrahe** kojih se drže svi najvjerniji Mahatmini poklonici (*satyagrahi*):

> „Nenasilje; istina; neotimanje; celibat; neposjedovanje; tjelesni rad; nadzor nad uzimanjem hrane, neustrašivost; jednako poštovanje svih vjera; *swadeshi* (razvoj kućnih radionica, domaće proizvodnje); ukidanje kaste nedodirljivih. Tih jedanaest zavjeta trebalo bi provoditi u duhu poniznosti."

(Gandhi se sutradan vlastoručno potpisao na tu stranicu dodajući i datum: 27. kolovoza 1935.)

Dva sata nakon našeg dolaska pozvani smo na ručak. Mahatma je već sjedio na trijemu ašrama koji se nalazio u dvorištu nasuprot njegove radne sobe. Na objedu se okupilo oko dvadeset i pet bosonogih *satyagrahija* koji su sjedili na podu ispred limenih šalica i tanjura. Nakon zajedničke molitve posluženo je jelo iz velikih limenih posuda u kojima su se nalazili: *čapatiji* (beskvasni hljepčići od integralnog brašna) poprskani *gheejem*, zatim *talsari* (kuhano povrće isjeckano na kocke) i *pickle* od limete (*pickle* je slano i ljuto jelo od povrća, začina i voća kuhano u ulju; poslužuje se kao prilog uz rižu i čapatije).

Mahatma je jeo *čapatije*, kuhanu repu s malo sirova povrća i

---

* Doslovni prijevod sa sanskrta glasi „pridržavanje istine". *Satyagraha* je naziv poznatoga pokreta koji se zauzima za nenasilje, a predvodi ga Gandhi.

naranče. Na njegovu tanjuru sa strane nalazila se i velika hrpa vrlo gorkog lišća biljke *nim* koje je poznato sredstvo za čišćenje krvi. Zagrabio je žlicom dio s te hrpe i stavio na moj tanjur. Progutao sam to zajedno s vodom prisjećajući se djetinjstva kada me je Majka tjerala da uzimam taj neugodni i gorki napitak. Gandhi je, međutim, jeo *neem* pastu zalogaj po zalogaj i to bez gađenja.

Tako sam imao priliku uvjeriti se u Mahatminu sposobnost da voljno odvoji um od osjetila. To me podsjetilo na slučaj njegove operacije slijepog crijeva od prije nekoliko godina, o kojem se dosta pisalo. Svetac je tada odbio anesteziju i tijekom cijele operacije veselo razgovarao s poklonicima. Pritom je njegov mirni osmijeh otkrivao da je potpuno nesvjestan boli.

Tog sam popodneva imao priliku razgovarati s poznatom Gandhijevom učenicom, inače kćeri engleskog admirala, gđicom Madeleine

RUČAK U AŠRAMU MAHATME GANDHIJA U WARDHI
Yogananda čita poruku koju mu je Gandhi upravo napisao (bio je ponedjeljak, dan u tjednu kada je Mahatma provodio zavjet šutnje). Idućeg dana, 27. kolovoza 1935., Sri Yogananda je Gandhijija, na njegov zahtjev, inicirao u *Kriya jogu*.

Slade koja se sada zvala Mira Behn (kasnije Meera Bai).* Njezino je snažno, mirno lice sjalo od oduševljenja dok mi je na besprijekornom hindskom opisivala svoje dnevne aktivnosti:

„Rad na poboljšanju uvjeta života na selu donosi plodove! Jedna naša skupina odlazi svaki dan u pet ujutro do seljaka u okolici kako bi ih naučila najosnovnijoj higijeni. Objašnjavamo im da je važno čistiti zahode i kolibe načinjene od blata i slame u kojima žive. Seljaci su nepismeni pa ih možemo obrazovati samo konkretnim primjerom!" Pritom se veselo smijala.

Gledao sam s divljenjem tu ženu podrijetlom iz visokog engleskog društva koja je u duhu istinske kršćanske poniznosti radila posao čistačice koji inače obavljaju isključivo „nedodirljivi".

„U Indiju sam stigla 1925.", rekla mi je. „U ovoj se zemlji osjećam kao da sam kod kuće. Ne bih se više nikada mogla vratiti svojemu starom načinu života i zanimanjima."

Razgovarali smo zatim o Americi. „Uvijek mi je jako drago, a ujedno me i iznenađuje", rekla mi je, „kada vidim kakvo duboko zanimanje za duhovnost pokazuju mnogi Amerikanci koji posjećuju Indiju."†

Mira Behn uskoro se dohvatila kolovrata (*charka*). Zahvaljujući Mahatminim naporima, *charke* su sada prisutne u gotovo svakom selu u Indiji.

Gandhi potiče oživljavanje prerade pamuka iz zdravih ekonomskih i kulturnih razloga, no on zbog toga ne zagovara slijepo odbacivanje napretka, što ga donosi moderno doba. Strojevi, vlakovi, automobili, telegraf, svi su oni odigrali važne uloge u Gandhijevu veličanstvenom životu! Pedeset godina javnog djelovanja, u zatvoru i izvan njega, hrvanje sa svakodnevnim praktičnim problemima i grubom stvarnošću

---

* Ona je objavila pisma koja joj je pisao Gandhi, a u kojima je njezin guru podučava samodisciplini (*Gandhi's Letters to a Disciple*; Harper&Bros., New York, 1950).

U svojoj kasnijoj knjizi *The Spirit's Pilgrimage* (Coward-McCann, N.Y., 1960) gđica Slade je spomenula mnoge osobe koje su posjetile Gandhija u Wardhi. Napisala je: „Ne mogu se nakon toliko vremena prisjetiti mnogih od tih ljudi, ali dvije osobe i dalje su jasno prisutne u mom sjećanju: Halide Edib Hanum, slavna turska književnica i Swami Yogananda, osnivač udruge Self-Realization Fellowship iz Amerike" (*bilješka izdavača*).

† Gđica Slade podsjetila me na još jednu izvanrednu ženu sa Zapada - gđicu Margaret Woodrow Wilson, najstariju kćer velikoga američkog predsjednika. S njom sam se sreo u New Yorku i tada je pokazala veliko zanimanje za Indiju. Kasnije je otišla u Pondicherry gdje je provela posljednjih pet godina života kao vjerna učenica svojega prosvijetljenog učitelja Sri Aurobinda Ghosha.

političkog života, sve je to samo pospješilo njegov osjećaj za uravnoteženost, otvorenost uma, zdrav razum i dozu humora kada je u pitanju ova ljudska igra zvana život.

Kao gosti Babasaheba Deshmukha nas troje smo u 18 sati uživali na večeri. U 19 sati vratili smo se u ašram Maganvadi kako bismo prisustvovali molitvi koja se održavala na krovu. Ondje se već nalazilo trideset *satyagrahija* koji su okupljeni oko Gandhija sjedili u polukrugu. On je sjedio na slamnatoj prostirci na podu, a ispred njega bio je starinski džepni sat. Zalazeće sunce bacalo je zadnje odsjaje po stablima palmi i fikusa benjamina. Stigao je šum noći, a s njom i zvuk cvrčaka. Atmosfera je odisala svečanim mirom. Bio sam potpuno očaran.

Gospodin Desai predvodio je svečanu molitvu pjevajući, a grupa okupljenih ga je slijedila. Nakon toga čitani su ulomci iz Gite. Mahatma mi je dao znak da izmolim završnu molitvu. Kakva božanska usklađenost misli i duha! Trenutak za vječno sjećanje. Meditacija na krovu u Wardhi pod večernjim zvijezdama.

Gandhi je točno u 20 sati prekinuo svoju šutnju. Divovski napori njegova života traže od njega pomnu raspodjelu vremena.

„Dobro došao, Swamiji!" Mahatmin pozdrav ovaj put nije dolazio s papira. Upravo smo se bili spustili do njegove jednostavno namještene radne sobe. Umjesto stolca ondje su bili četvrtasti jastuci-podmetači, zatim niski stol s knjigama, papirima i nekoliko ptičjih pera za pisanje. Neugledni sat otkucavao je u kutu. Sve je odisalo aurom mira i posvećenosti. Gandhi me je počastio jednim od svojih osvajajućih širokih, gotovo bezubih osmijeha.

„Prije mnogo godina", objasnio je, „počeo sam jednom tjedno provoditi zavjet šutnje kako bih našao vremena za vođenje svoje korespondencije. U međuvremenu, ta su dvadeset i četiri sata postala nasušna duhovna potreba. Povremeno nametanje tišine nije muka već blagoslov."

U potpunosti sam se složio s njim.* Mahatma me je pitao o Americi i Europi, a razgovarali smo i o Indiji te stanju u svijetu.

„Mahadev,", rekao je Gandhi g. Desaiju kada je on ušao u sobu, „molim Vas organizirajte da sutra navečer Swamiji održi govor o jogi u Gradskoj vijećnici.".

---

* Ja sam u Americi godinama provodio zavjet šutnje na zgražanje svojih tajnika i onih koji bi me tada tražili telefonom.

Dok sam mu na rastanku za taj dan zaželio laku noć, on mi je obazrivo dao bočicu ulja citronele.

„Swamiji, komarci ovdje u Wardhi pojma nemaju što je to *ahimsa!**", rekao je kroz smijeh.

Sutradan rano ujutro doručkovali smo kašu od integralnih žitarica s melasom i mlijekom. U deset i trideset pozvani smo na ručak s Gandhijem i *sathyagrahijima* na verandi ašrama. Ovaj put na jelovniku su bili smeđa riža, novi izbor povrća i zrna kardamona.

U podne sam krenuo u šetnju okolicom ašrama gdje je paslo nekoliko krava koje se nisu dale smetati. Zaštita krava nešto je čemu Gandhi pristupa s najvećim žarom.

„Krava za mene predstavlja jedan zaseban svijet koji čovjeku omogućava da proširi granice svoje ljubavi na bića izvan svoje vrste.", objašnjava Mahatma. „Čovjek na primjeru krave uči shvatiti svoje zajedništvo sa svim stvorenjima. Jasno mi je zašto su drevni rišiji uzdignuli kravu na božansku razinu. U Indiji je, naime, krava najbolji primjer onoga koji daruje izobiljem. Ona ne daje samo mlijeko već i omogućava poljodjelstvo. Krava je utjelovljenje milosrđa koje izvire iz očiju te nježne životinje. Ona je druga mati milijunima ljudi diljem svijeta. Štititi kravu znači štititi i sva nijema Božja stvorenja. Ta stvorenja nas trebaju, to više što nemaju dar govora."†

Dužnost je svakoga pravovjernog hindusa izvoditi određene dnevne obrede. Jedan od njih je *Bhuta yajna*; darovanje hrane životinjskom svijetu. Tim obredom čovjek simbolično pokazuje kako je svjestan svojih obveza prema manje razvijenim oblicima života koji su nagonski vezani za poistovjećivanje s tijelom (što je zabluda na koju nije imun ni čovjek), ali koji, za razliku od čovjeka, ne posjeduju oslobađajuću moć razuma.

Bhuta yajna tako učvršćuje čovjekovu spremnost da pomaže slabijima od sebe kao što i nad čovjekom bdiju i čuvaju ga mnoga viša

---

* Svjesnost da se nikomu ne naudi, nenasilje, temelj je cjelokupnoga Gandhijevog svjetonazora. Na njega su jako utjecali *džainisti* koji su cijenili *ahimsu* kao temeljnu vrlinu. Džainizam je ogranak hinduizma i bio je jako raširen u šestom stoljeću pr. Kr. pod vodstvom Mahavire, Buddhina suvremenika. Neka Mahavira („veliki junak") s ponosom gleda kroz stoljeća na svojega junačkog sina Gandhija!

† Gandhi je prekrasno pisao o mnogim stvarima. O molitvi je rekao: „Ona nam je podsjetnik da smo nemoćni bez Božje podrške. Nijedno nastojanje nije potpuno bez molitve, bez jasnog uočavanja kako i najbolja ljudska namjera nije učinkovita ako u podlozi nema Božji blagoslov. Molitva je poziv na poniznost. Ona je poziv na vlastito pročišćenje, na unutarnje traganje."

nevidljiva bića. Čovječanstvo također ima obvezu zahvaliti Prirodi na svim darovima kojima ga hrani, a koji se u obilju nalaze na kopnu, u vodi i zraku. Evolucijska prepreka u komunikaciji između Prirode, životinja, čovjeka i astralnih anđela svladava se u dnevnim obredima (*yajnama*) tihe ljubavi.

Još dvije dnevne *yajne* su *Pitri* i *Nri yajna*. *Pitri yajna* odnosi se na prinošenje obrednih darova precima. Time čovjek, simbolično, odaje dužno poštovanje i zahvalnost prošlim naraštajima, čija mudrost služi čovječanstvu danas. *Nri yajna* vezana je uz davanje hrane strancima i siromašnima, čime se iskazuje čovjekova odgovornost i dužnost prema ljudima s kojima živi.

Ja sam svoju *Nri Yajnu* prema bližnjima ispunio rano poslijepodne posjetom Gandhijevu ašramu za djevojčice do kojeg se stiže desetminutnom vožnjom. Sa mnom je u posjet krenuo i g. Wright. Tamo su nas dočekala mlada lica svježa poput cvijeća koja su izvirivala iz sarija šarenih boja! Pri kraju kratkoga govora na hindskom* iznenada se prolomio pljusak. G. Wright i ja ušli smo u auto i kroz najžešći tropski pljusak požurili se natrag u Maganvadi!

Kada sam se vratio u kuću za goste, ponovno me zadivila ta jednostavnost i dokazi požrtvovnosti koji su posvuda bili prisutni. Gandhijev zavjet neposjedovanja imovine seže još u rane dane njegova bračnog života. Tada se bio odrekao unosnog odvjetničkog posla koji mu je donosio godišnju zaradu veću od 20.000 dolara i podijelio svu svoju imovinu siromašnima.

Sri Yukteswar je znao izražavati blagu ironiju u vezi s pogrešnom predrasudom o tome što u stvari znači odricanje.

„Prosjak se ne može odreći bogatstva.", govorio bi Učitelj. „Što znači ako čovjek zdvaja: 'Propao mi je posao, a žena me ostavila. Odričem se svega i odlazim u samostan'. O kakvom to odricanju od svijeta on govori? Ne odriče se on bogatstva i ljubavi, već se to dvoje odreklo njega!"

S druge strane, sveci poput Gandhija odrekli su se ne samo opipljivog materijalnog bogatstva već su podnijeli i puno veću žrtvu odričući se sebičnog motiva i privatnog interesa kako bi cijelo svoje biće

---

* Hindski je indoarijski jezik s riječima pretežno sanskrtskih korijena. To je glavni jezik naroda sjeverne Indije.
  Glavno narječje zapadnoga hindskog jezika je hindustanski, koji se piše podjednako i sanskrtskim pismom (devanagari) i arapskim slovima. Jedno od njegovih narječja je urdu, jezik kojim govore muslimani i hindusi u sjevernoj Indiji.

ponudili kao pomoć cjelokupnom čovječanstvu.

Mahatmina supruga Kasturbai, i sama izvanredna duša, nije se žalila kada njezin suprug nije ostavio ništa od svojega bogatstva za nju i djecu. Gandhi i Kasturbai oženili su se vrlo mladi i nakon što su dobili četiri sina* zavjetovali su se na celibat. Kasturbai, ta tiha heroina u napetoj drami njihova zajedničkog života, slijedila je svojega muža u zatvor, pridružila mu se u trotjednim gladovanjima i na svojim plećima iznijela svoj dio tereta njegovih bezbrojnih odgovornosti. Svoje poštovanje Gandhiju ona je odala ovim tekstom odanosti i zahvalnosti:

> Hvala ti na povlastici da budem tvoja životna družica i pomagačica. Hvala ti na najsavršenijem braku na svijetu koji se temelji na principu samokontrole (*brahmacharya*) umjesto na spolnosti. Hvala ti što me smatraš sebi ravnom kada je u pitanju tvoj život posvećen radu za dobrobit Indije. Hvala ti što nisi poput onih muževa koji troše novac na kocku, klađenje, žene i provod i koji se zasite svoje žene i djece kao što malom dječaku brzo dosade njegove igračke. Kako sam ti samo zahvalna što nisi jedan od onih muževa koji život posvećuju zgrtanju bogatstva, izrabljujući pritom rad drugih.
>
> Kako sam ti zahvalna što stavljaš Boga i domovinu na prvo mjesto i što nisi podmitljiv, što imaš hrabrosti držati se svojih uvjerenja jer je u sve to ugrađena potpuna vjera u Boga. Kako sam ti zahvalna što stavljaš Boga ispred domovine i mene. Zahvalna sam ti za snošljivost koju si pokazao kada sam u mladosti znala prigovarati i buniti se zbog promjene načina života, kada smo izobilje pretpostavili skromnosti.
>
> Kao djevojčica živjela sam u domu tvojih roditelja. Tvoja me majka, velika i dobra žena, naučila što znači biti hrabra, neustrašiva supruga i kako očuvati ljubav i poštovanje prema njezinu sinu, mom budućem suprugu. Tijekom svih ovih godina otkada si postao omiljeni vođa Indije, ja nikada nisam osjećala strah koji obuzima mnoge žene čiji se muževi penju ljestvicom uspjeha, a što je čest slučaj u drugim zemljama. Znam da ćemo i u smrti biti muž i žena.

---

* Gandhi je svoj život opisao s nevjerojatnom iskrenošću u knjizi *The Story of My Experimets with Truth* (Ahmedabad: Navajivan Press, 1927-28, u dva sveska. Hrvatsko izdanje: „*Moja traganja za istinom*", izdavač Sarasan, Zagreb 2009. Sažeti oblik te njegove autobiografije nalazi se u knjizi *Mahatma Gandhi, His Own Story*, urednik C. F. Andrews, s uvodom koji je napisao John Haynes Holmes (New York, McMillan Co., 1930).

Mnoge autobiografije obiluju slavnim imenima i slikovitim opisima događaja, a s druge strane potpuno su 'nijeme' što se tiče uvida u unutarnji svijet autora ili njegovo vlastito preispitivanje. Nakon čitanja takvih knjiga ostajemo pomalo razočarani i kao da želimo reći: „To je bio čovjek koji je poznavao mnoge slavne osobe, ali koji nikada nije upoznao samoga sebe." Ovakav osjećaj nikako ne možemo imati nakon čitanja Gandhijeve autobiografije. On izlaže svoje pogreške i slabosti ostajući vjeran istini, što je rijedak slučaj u bilo kojem vremenu ljudske povijesti.

Kasturbai je godinama obavljala dužnost rizničara javnih fondova u koje se slijevao novac milijuna ljudi koji obožavaju Mahatmu. Postoje mnoge anegdote koje se prepričavaju u indijskim domovima o nervoznim muževima čije žene odlaze na Gandhijeve skupove noseći skupi nakit. Naime, pod utjecajem 'čarobnih' Mahatminih molbi za pomoć potlačenima, zlatne narukvice i dijamantne ogrlice same bi se skidale s ruku i vratova bogatašica te uskakale u košaru za prikupljanje darova!

Jednog dana javna rizničarka Kasturbai nije mogla opravdati trošak od četiri rupije. Gandhi je na to bez ustezanja naručio reviziju kojom je na vidjelo izašao manjak od četiri rupije u knjigovodstvu njegove žene.

Često sam tu zgodu znao pričati na svojim predavanjima u Americi. Jedne večeri iz publike se začuo ljutit uzdah jedne žene.

„Bio on Mahatma ili ne,", povikala je, „da je moj muž, od mene bi dobio masnicu na oku za ovakvu nepotrebnu javnu uvredu!".

Uslijedila je šaljiva prepirka o američkim i indijskim ženama nakon koje sam ja dao potpunije objašnjenje:

„Gđa Gandhi smatra Mahatmu ne svojim suprugom već svojim guruom, dakle onim koji ima pravo prekoriti je i za najmanju pogrešku.", istaknuo sam. „Ubrzo nakon ovog javnog prijekora Gandhi je bio osuđen na zatvor zbog neke političke optužbe. Dok se mirno opraštao od svoje žene, ona mu je pala pred noge i ponizno rekla: 'Učitelju, ako sam Vas ikada uvrijedila, molim Vas da mi oprostite.'"

U 15 sati sam prema prethodnom dogovoru došao u radnu sobu sveca koji je od vlastite žene uspio napraviti najvjernijeg učenika – što je doista pravo čudo! Gandhi mi je uputio jedan od svojih nezaboravnih osmijeha.

„Mahatmaji,", rekao sam i sjeo do njega na nepodstavljenu prostirku, „recite mi, molim Vas, svoju definiciju *ahimse*."

„Izbjegavanje ozljeđivanja i povređivanja bilo kojega živog bića mišlju ili djelom."

„To je prekrasan ideal! Ali ljudi će uvijek pitati: Zar ne smijemo ubiti kobru da zaštitimo dijete ili sebe?"

„Nikada ne bih mogao ubiti kobru, a da prethodno ne prekršim jedan od svoja dva zavjeta: neustrašivost i neubijanje. Umjesto toga pokušao bih iznutra umiriti zmiju šaljući joj vibracije ljubavi. Ne mogu se odreći svojih principa kako bih se prilagodio situaciji." U skladu sa svojom očaravajućom iskrenošću dodao je: „Moram priznati da ne bih mogao mirno nastaviti ovaj razgovor da se iznenada pojavi kobra!"

Osvrnuo sam se na nekoliko novih knjiga sa Zapada o prehrani koje su ležale na njegovu stolu.

„Da, prehrana je važna u pokretu *Satyagraha* kao i svugdje drugdje.", rekao je uz smiljenje. „Budući da od *satyagrahija* tražim potpuno suzdržavanje, uvijek nastojim pronaći način prehrane koji najbolje odgovara čovjeku koji živi u celibatu. Prije nego što postane sposoban nadzirati nagon za produljenje vrste, čovjek mora naučiti nadzirati svoje nepce. Neuravnotežena prehrana ili poluizgladnjivanje nisu rješenje. Nakon što svlada unutarnju *pohlepu* za hranom, *satyagrahi* mora nastaviti s razumnom vegetarijanskom prehranom koja uključuje sve potrebne vitamine, minerale, dovoljno kalorija, i tako dalje. S pomoću unutarnje i vanjske mudrosti što se tiče prehrane *satyagrahijeva* spolna tekućina lako se pretvara u vitalnu energiju cijelog tijela."

Mahatma i ja usporedili smo svoja znanja o hrani koja je dobar nadomjestak za meso. „Avokado je odličan.", rekao sam. „Pokraj mog centra u Kaliforniji postoje mnogi nasadi avokada."

Na Gandhijevu licu vidjelo se veliko zanimanje. „Zanima me bi li avokado mogao uspijevati u Wardhi? *Satyagrahijima* bi dobro došla nova hrana."

„Svakako ću Vam u Wardhu poslati nekoliko sadnica avokada iz Los Angelesa." Dodao sam i ovo: „Jaja su hrana s visokim udjelom proteina. Jesu li ona zabranjena *satyagrahijima*?"

„Neoplođena jaja su dopuštena." Mahatma se nasmijao prisjetivši se nečega: „Godinama nisam odobravao korištenje jaja u prehrani, a sâm ih ni dan danas ne jedem. Jedna od mojih snaha jednom je umirala od neuhranjenosti. Liječnik je uporno zahtijevao da joj dopustim jesti jaja. Nisam na to pristajao i tražio sam da mi preporuči neki nadomjestak za jaja.

'Gandhiji', rekao je liječnik, 'neoplođena jaja ne sadrže zametak života pa time ne uključuju nikakvo ubijanje.'

Tada sam radosno dopustio da moja snaha počne jesti jaja i ona se uskoro posve oporavila."

Sinoć mi je Gandhi izrazio želju da ga iniciram u *Kriya jogu* Lahirija Mahasaye. Dirnuli su me njegova otvorenost uma i istraživački, radoznali duh. Ima nečega djetinje čistog u Gandhijevoj potrazi za Božanskim, osjeti se nepomućena otvorenost kakvu je Isus hvalio u dječice „jer takvih je Kraljevstvo nebesko".

U dogovoreni je sat na inicijaciju došlo više *satyagrahija*: g. Desai,

S Mahatmom Gandhijem u Wardhi

dr. Pingale i još nekolicina onih koji su željeli primiti tehniku *Kriye*. Svom malom razredu pokazao sam najprije energetske vježbe Yogoda, tj., fizičke vježbe punjenja tijela energijom. U tim vježbama tijelo se vizualizacijom podijeli na dvadeset dijelova, u koje se onda snagom volje redom usmjerava energija. Uskoro su svi ispred mene vibrirali poput ljudskog motora. Bilo je lako pratiti napinjanje Gandhijevih dvadeset dijelova tijela jer su gotovo stalno bili vidljivi! Iako je bio prilično mršav, to mu nije stvaralo neugodu jer mu je koža po tijelu bila mekana i bez bora.*

Kasnije sam svoju malu skupinu inicirao u oslobađajuću tehniku *Kriya joge*.

Mahatma je s dubokim poštovanjem proučavao sve svjetske religije. Gandhijeva uvjerenja o nenasilju dolaze iz tri glavna izvora: svetih spisa džainizma, kršćanskog Novog zavjeta i Tolstojevih socioloških tekstova.† Svoj svjetonazor Gandhi je ovako izrazio:

> Vjerujem da su Biblija, Kuran, i Zend-Avesta‡ jednako nadahnuti Bogom kao i Vede. Vjerujem u instituciju Gurua, no u današnje doba milijunima ljudi Guru je nedostupan jer se rijetko može naći potreban spoj savršene čistoće i savršena znanja. No čovjek ne treba zdvajati misleći kako mu je time nedostupno znanje o Božanskom jer su temelji hinduizma kao i svake druge religije nepromjenjivi i lako razumljivi.
>
> Vjerujem, kao i svaki hindus, u Boga i Njegovu univerzalnost, u ponovno rođenje i spasenje... Ne mogu na bolji način opisati svoje osjećaje prema hinduizmu nego tako da ih usporedim s onim što osjećam za svoju ženu. Ona u meni izaziva ljubav i nadahnuće kao nijedna druga žena. To ne znači da ona nema mana. Usudio bih se reći da ih ima i više nego što ih i sâm vidim. No osjećaj neraskidive veze među nama uvijek je prisutan. Slični osjećaji vežu me i uz hinduizam, sa svim njegovim nedostacima i ograničenjima. Ništa me više ne ushićuje od milozvučnosti Gite ili Tulsidasove Ramayane. U trenucima kada sam pomišljao kako mi se bliži posljednji čas, Gita mi je bila utjeha.
>
> Hinduizam nije isključiva religija. U njemu ima mjesta za slavljenje svih proroka svijeta.§ On nije misionarska religija u uobičajenom smislu te

---

* Gandhi provodi mnoga kraća ili dulja gladovanja i izvrsna je zdravlja. Njegove knjige *Diet and Diet Reform*, *Nature Cure* i *Key to Health* mogu se nabaviti kod izdavačke kuće Navajivan, Ahmedabad, Indija.

† Još su tri pisca sa Zapada čija je sociološka stajališta Gandhi pomno proučavao: Thoreau, Ruskin i Mazzini.

‡ Sveta knjiga iz Irana čiji je autor Zaratustra, nastala je približno 1000 godina pr. Kr.

§ Jedinstveno obilježje hinduizma u odnosu na druge svjetske religije jest u tome što se on ne vezuje uz neku veliku ličnost kao utemeljitelja, već se temelji na neosobnim svetim spisima riječi. On je nesumnjivo u sebe upio utjecaje mnogih raznorodnih zajednica, ali to upijanje dio je njegova prirodnog razvoja, bez bitnog utjecaja na njegovu osnovu. Hinduizam poručuje svakom čovjeku da se moli Bogu u skladu s vlastitom vjerom (*dharma**) i na taj način živi u miru sa svim religijama.

O Kristu je Gandhi napisao: „Siguran sam kako bi On, kada bi danas živio među ljudima, udijelio blagoslov mnogima koji možda nikada nisu ni čuli za Njegovo ime... baš kao što je zapisano: 'Neće svaki koji mi govori: Gospodine, Gospodine! ući u Kraljevstvo nebesko, nego onaj koji vrši volju moga nebeskog Oca.'† Isus je na primjeru vlastita života pokazao čovječanstvu kojoj veličanstvenoj svrsi i kojem jednom jedinom cilju svi trebamo težiti. Vjerujem kako On pripada ne samo kršćanstvu već cijelom svijetu, svim zemljama i rasama."

Posljednje večeri svojega boravka u Wardhi obratio sam se prisutnima u Gradskoj vijećnici na okupljanju koje je organizirao g. Desai. U prepunoj dvorani, neki su sjedili i po prozorima, okupilo se oko 400 ljudi koji su došli čuti predavanje o jogi. Najprije sam govorio na hindskom, a zatim na engleskom jeziku. Naša mala skupina vratila se u ašram upravo na vrijeme da Mahatmi zaželi laku noć. Zatekli smo ga kako u miru sređuje svoju korespondenciju.

Kada sam se probudio u pet ujutro, još se nije razdanilo. Seoski život već je bio u punom zamahu. Upravo su prošla volovska zaprežna kola, a za njima i seljak s golemim teretom pažljivo raspoređenim na glavi. Nakon doručka nas troje pošli smo Gandhiju uputiti oproštajni pozdrav (*pranam*). Svetac inače ustaje u četiri sata ujutro na jutarnju molitvu.

„Zbogom, Mahatmaji!" Kleknuo sam i dotaknuo mu stopala. „Indija je sigurna u Vašim rukama."

Mnoge su godine prošle od te idile u Wardhi. U međuvremenu je još jedan svjetski rat ponovno zatamnio kopno, more i nebo. Gandhi je

---

- Vedama. U hinduizmu stoga ima mjesta za mnogobrojne proroke iz svakog doba i iz svih zemalja. Vede ne sadržavaju samo vjerske upute vezane uz molitvu i pobožnost već razmatraju i sve značajke društvenog života ljudi s namjerom usklađivanja svake čovjekove aktivnosti s božanskim zakonom.

* Sveobuhvatna sanskrtska riječ za zakon, pravdu, ispravnost; 2. usklađenost sa zakonom ili prirodnom ispravnosti/pravednosti; 3. dužnost koju čovjek ima u danim okolnostima i danom trenutku. Sveti spisi definiraju pojam *dharme* kao „skup univerzalnih zakona kojih se treba pridržavati kako bi se izbjeglo propadanje i patnja."

† Mt 7:21.

bio jedini od velikih vođa koji je zagovarao nenasilnu alternativu oružanoj sili. Mahatma se za uklanjanje nedaća i ispravljanje nepravdi služio nenasilnim metodama koje su se uvijek iznova pokazale učinkovitima. Svoj pogled na svijet izrazio je ovim riječima:

> Otkrio sam da se život uspijeva održati usred uništavanja. Iz toga slijedi da mora postojati zakon koji nadilazi uništavanje. Samo ono društvo koje slijedi takav zakon može se smatrati razumnim, a život u njemu vrijedan je življenja.
>
> Ako je to zakon života, moramo ga se držati u svakodnevnim prilikama. Gdje god bjesne ratovi, treba osvajati pomoću ljubavi. Iskustvo vlastita života naučilo me je da prianjanje uza zakon ljubavi daje prave odgovore do kakvih se nikada ne može stići slijedi li se zakon uništavanja.
>
> U Indiji smo se mogli svojim očima uvjeriti u djelovanje tog zakon ljubavi i to u najširem mogućem opsegu. Ne tvrdim da je ideja nenasilnosti doprla do svih 360 milijuna ljudi u Indiji, ali sam siguran da je prodrla dublje nego ijedan drugi pokret u tako kratkom roku.
>
> Potrebno je itekako puno energije i napora da se usvoji nenasilni stav. Za to je potreban discipliniran život, poput života vojnika. Savršeno stanje postiže se samo ako su um, tijelo i govor ispravno usklađeni. Svaki bismo problem uspješno riješili kada bismo odlučili zakon istine i nenasilja prihvatiti kao zakon života.

Strašan tijek događaja u svjetskoj politici neumoljivo potvrđuje istinitost tvrdnje kako bez duhovne vizije ljudi srljaju u propast. Znanost je, kad to već nije učinila religija, probudila kod ljudi nejasan osjećaj nesigurnosti pa čak i nestvarnosti svih materijalnih stvari. Komu doista sada čovjek može uteći ako ne svom Izvoru i Ishodištu, a to je Duh koji u njemu boravi.

Uzme li povijest za učiteljicu života, čovjek jasno može uvidjeti kako se problemi nikada ne mogu riješiti upotrebom grube sile. Već je Prvi svjetski rat zakotrljao zastrašujuću snježnu grudu grozne karme koja je narasla i pretvorila se u Drugi svjetski rat. Samo toplina ljudskog bratstva može otopiti sadašnju golemu snježnu grudu krvožedne karme; u suprotnom ona može prerasti u Treći svjetski rat. Kakvo bi to samo sablasno trojstvo dvadesetog stoljeća bilo! Primjena zakona džungle umjesto ljudskog razuma pri rješavanju sporova pretvorila bi cijelu Zemlju u džunglu. Bili bismo tada braća u nasilnoj smrti, umjesto braća u životu. Bog je zasigurno imao plemenitiju namjeru od ovakve moguće bruke kada je čovjeku dopustio otkriće atomske energije!

Rat i zločin nikada se ne isplate. Milijarde dolara koje su otišle u dim silnih eksplozija bombi koje samo donose uništavanje mogle su biti dostatne da se sagradi novi svijet u kojem će gotovo posve nestati bolesti i siromaštva. Ovaj planet Zemlja trebao bi biti ne planet straha, kaosa, gladi, pošasti, života u stalnoj sjeni smrti, već planet mira, napretka i stjecanja znanja.

Gandhijev glas nenasilja obraća se čovjekovoj najvišoj savjesti. Vrijeme je da narodi ne stupaju u savez sa smrću, već sa životom; ne sa razaranjem, već sa stvaranjem; ne s mržnjom, već sa stvaralačkim čudom ljubavi.

„Čovjek treba oprostiti ma kakva mu nepravda bila nanesena.", kaže se u *Mahabharati*. „Kazano je kako produljenje vrsta ovisi o čovjekovu opraštanju. Opraštanje je svetost. Činom opraštanja održava se svemir. Opraštanje je moć iznad svake druge moći. Opraštanje je žrtva. Opraštanje je mir uma. Opraštanje i nježnost osobine su onih koji vladaju sobom. One predstavljaju vječnu vrlinu."

Nenasilje je prirodni izdanak zakona opraštanja i ljubavi. „Ako je oduzimanje života nužno u pravednoj borbi,", govori Gandhi, „čovjek mora biti pripravan, poput Isusa, proliti vlastitu, a ne tuđu krv. Zauzme li se takvo stajalište, u konačnici će biti manje krvoprolića u svijetu."

Jednog dana pisat će se junački spjevovi o *satyagrahijima* Indije koji su se oduprli mržnji pomoću ljubavi, nasilju putem nenasilja, koji su radije dopustili da ih se nemilosrdno pokosi nego da uzmu oružje u ruke. U određenim povijesnim trenucima tada se događa da protivnici odbacuju svoje puške i bježe, posramljeni i potreseni do srži prizorom ljudi kojima su životi drugih bili vredniji od njihovih vlastitih.

„Ja ću radije čekati, ako treba i stoljećima,", kaže Gandhi, „nego da tražim slobodu svoje zemlje krvavim sredstvima.". Biblija nas upozorava: "Svi koji se mača hvataju od mača ginu."* Mahatma je napisao:

> Ja sebe nazivam nacionalistom, ali moj nacionalizam ima granice u svemiru. On uključuje sve narode svijeta.† Moj nacionalizam uključuje brigu o dobrobiti cijelog svijeta. Ne želim da se moja Indija uzdigne na pepelu drugih zemalja. Želim da Indija bude snažna kako bi mogla potaknuti snagu i kod drugih zemalja. Takvo što danas ne nalazimo ni u jednoj zemlji Europe. One ne daju snagu jedna drugoj.

---

* Mt 26:52. Ovo je jedno od brojnih mjesta u Bibliji koje nužno pretpostavlja reinkarnaciju čovjeka. (Vidi napomenu na str. 169-70.) Mnoge složenosti života moguće je objasniti jedino razumijevanjem karmičkog zakona pravde.

† „Neka se čovjek ne hvali time što voli svoju zemlju,
  neka se hvali time što voli svoju vrstu."
  (Perzijska izreka)

S Mahatmom Gandhijem u Wardhi

Predsjednik Wilson iznio je svojih krasnih četrnaest točaka, ali je ipak dodao: „Nakon svega, ako naša nastojanja da postignemo mir propadnu, ostaje nam naše oružje."". Ja bih preokrenuo tu izjavu i rekao: „Naše naoružanje već nas je izdalo. Potražimo zato sada nešto novo. Pokušajmo upotrijebiti silu ljubavi i Boga koji je Istina." Kada budemo to postigli, nećemo htjeti ništa drugo.

Gandhi je podučavanjem tisuća *satyagrahija* (onih koji su prihvatili jedanaest strogih zavjeta navedenih na početku ovog poglavlja) koji prenose dalje njegovu poruku, strpljivim obrazovanjem širokih narodnih masa u Indiji o razumijevanju i duhovnih i materijalnih dobrobiti nenasilja, 'naoružavanjem' svog naroda nenasilnim oružjem – odbijanjem nepravde, spremnošću podnošenja poniženja, zatvora pa i smrti umjesto prihvaćanja oružja, stjecanjem simpatija diljem svijeta bezbrojnim primjerima junačkog mučeništva među *satyagrahijima* – svime time je na dramatičan način Mahatma Gandhi pokazao praktičnu prirodu nenasilja, njezinu uzvišenu snagu da se riješi sukob bez rata.

Gandhi je već sada nenasilnim metodama izvojevao više političkih ustupaka za svoju zemlju nego što je to ijedan drugi vođa bilo koje države uspio osim pomoću metaka. Nenasilne metode iskorjenjivanja svih nepravdi i zala nisu na izvanredan način primijenjene samo na političkom planu već i na osjetljivom i složenom području društvenih reformi u Indiji. Gandhi i njegovi sljedbenici uklonili su mnoge tvrdokorne zavade između hindusa i muslimana tako da i stotine tisuća muslimana smatraju Gandhija svojim vođom. *Nedodirljivi* su u njemu našli neustrašivog i pobjedonosnog zagovornika i zaštitnika. „Ako me čeka ponovno rođenje,", napisao je Gandhi, "želim se roditi kao parija među parijama jer ću im na taj način moći još učinkovitije služiti.".

Mahatma je uistinu Velika duša, ali taj su mu naslov oštroumno dodijelili baš milijuni nepismenih. Ovaj dragi prorok je poštovan i priznat u vlastitoj zemlji. Ubogi seljak pokazao se doraslim Gandhijevim izazovima. Mahatma svim srcem vjeruje u urođeno dostojanstvo svakoga čovjeka. Neizbježni porazi nisu ga nikada razočarali. „Makar ga protivnik prevari dvadeset puta,", piše on, „*satyagrahi* je spreman povjerovati mu i dvadeset i prvi put jer je urođena vjera u ljudsku prirodu u samoj osnovi njegova svjetonazora."*.

---

* „Tada mu pristupi Petar i zapita ga: 'Gospodine, ako brat moj pogriješi protiv mene, koliko puta da mu oprostim? Do sedam puta?' Isus mu odgovori: 'Ne kažem ti do sedam puta, nego do sedamdeset i sedam puta.'"- Mt 18:21-22. Duboko sam se molio kako bih shvatio

> RUKOPIS MAHATME GANDHIJA NA HINDSKOME
>
> [rukopis na hindskome]
>
> Mahatma Gandhi posjetio je srednju školu „Yogoda Satsanga Brahmacharya Vidyalaya", koja uključuje i učenje joge, a nalazi se u Ranchiju u Indiji. On je ljubazno zapisao sljedeće retke u knjigu gostiju:.
> „Ova me se ustanova duboko dojmila. Nadam se da će ova škola i dalje poticati uporabu kolovrata."
> 17. rujna 1925. [potpis] Mohandas Gandhi

„Mahatmaji, Vi ste izniman čovjek. No ne možete očekivati da Vas svijet slijedi.", napomenuo mu je jedan kritičar.

„Zanimljivo je kako sami sebe zavaravamo misleći da se tijelo može ojačati dok istodobno smatramo nemogućim probuditi skrivene moći duše.", odgovorio je Gandhi i nastavio: „Ono što želim istaknuti jest da ako i posjedujem nešto od tih moći, ja sam istodobno kao i svi samo krhko, smrtno, ljudsko biće i ni po čemu se ne smatram izvanrednim u odnosu na druge. Ja sam običan pojedinac sklon pogreškama kao i svaki drugi smrtnik. Međutim, držim da imam dovoljno poniznosti priznati svoje pogreške i pokušam se popraviti. Vjerujem da posjedujem nepoljuljanu vjeru u Boga i Njegovu dobrotu kao i neutaživu strast za istinom i ljubavi. Ali, zar sve to ne posjeduje skriveno u sebi i svaki drugi čovjek?" Dodao je i ovo: „Ako smo sposobni za nova otkrića u pojavnom svijetu, zar ćemo stoga odustati od napretka na duhovnom području? Zar je nemoguće nizati iznimke sve dok one ne postanu pravilo. Mora li čovjek

---

ovoj beskompromisni naputak. „Gospode,", bunio sam se, „kako je to moguće?" Kada mi je Božanski glas napokon odgovorio, prosvijetlio me i učinio poniznim:
„O čovječe, koliko puta Ja tebi svakodnevno opraštam?"

uvijek najprije biti grubijan pa tek onda, ako i uopće, čovjek?"*

Amerikanci se s ponosom mogu sjećati uspješna pokusa s nenasiljem što ga je u 17. stoljeću provodio William Penn koji je osnovao koloniju u Pennsylvaniji. U toj koloniji nije bilo „ni utvrda, ni vojnika, ni policije, čak ni oružja". Usred nemilosrdnih pograničnih ratova i krvavih borbi između bijelih doseljenika i američkih starosjedilaca jedino su kvekeri iz Pennsylavnije ostali pošteđeni. „Drugi su ubijani, drugi su masakrirani, ali oni bijahu sigurni. Nijedna kvekerska žena nije napadnuta, nijedno kvekersko dijete nije ubijeno, nijedan kvekerski muškarac nije izložen mučenju." Kada su kvekere na kraju prisilili da se pokore državnoj vlasti, „izbio je rat i među stanovnicima Pennsylvanije bilo je ubijenih. No ubijena su samo trojica kvekera, i to ona trojica koji su se odrekli svoje vjere i prihvatili oružje kao sredstvo obrane."

„Primjena oružja u Prvom svjetskom ratu nije donijela mir.", istaknuo je Franklin D. Roosevelt. „I pobjeda i poraz bili su jednako neplodni. To je lekcija iz koje svijet mora izvući pouku."

„Što je više oružja za nasilje, to je više nesreće za čovječanstvo.", učio je Lao-Tse. „Pobjeda nasilja završava krvavim pirom."

„Cilj moje borbe je postizanje svjetskog mira.", izjavio je Gandhi. „Ako ovaj pokret u Indiji, temeljen na načelu *satyagrahe* (nenasilnog otpora), postigne uspjeh, to će dati novo značenje domoljublju i, ako smijem ponizno reći, životu samom."

Prije nego što Zapad odmahne rukom i odbaci Gandhijev program kao program nepraktičnog sanjara, sjetimo se kako je *satyagrahu* definirao Učitelj iz Galileje:

„Čuli ste da je rečeno: 'Oko za oko, zub za zub.'. A ja vam kažem: Ne opirite se zlotvoru! Naprotiv, udari li te tko po desnom obrazu, okreni mu i drugi!"†

Gandhijevo doba se dogodilo, prekrasnom podudarnošću

---

* Charlesu P. Steinmetzu, znamenitom elektroinženjeru, jednom je Roger W. Babson postavio sljedeće pitanje: „Koje će područje istraživanja u idućih pedeset godina doživjeti najveći razvoj?" „Mislim da će se najveća otkrića dogoditi na području duhovnosti.", odgovorio je Steinmetz. „Kako nam povijest jasno pokazuje, u tom području leži presudna snaga bitna za razvoj ljudi. Pa ipak, mi smo se dosad samo poigravali njome umjesto da je ozbiljno proučavamo kao što smo to učinili s fizikom. Doći će dan kada će ljudi naučiti da materijalne stvari same po sebi ne donose sreću te da nisu izvor kreativnosti i snage muškaraca i žena. Tada će znanstvenici svijeta naprave svojih laboratorija usmjeriti na proučavanje Boga, molitve i duhovnih sila koje dosad nismo niti zagrebli po površini. Kada dođe taj dan, svijet će u jednom naraštaju doživjeti veći napredak nego u prethodna četiri."

† Mt 5:38-39.

kozmičkih ritmova, u stoljeću u kojem su svijet već poharala dva svjetska rata. Na granitnoj stijeni njegova života možemo vidjeti božanski rukopis koji upozorava braću diljem svijeta da prestanu međusobno prolijevati krv.

MAHATMA GANDHI
IN MEMORIAM

„Uistinu je bio otac nacije, a ubio ga je luđak. Sada žaluju milijuni ljudi jer se svjetiljka ugasila… Svjetlo koje je sjalo u ovoj zemlji odista ne bijaše obično. Ono će sjajiti tisuću godina u ovoj zemlji, a vidjet će ga i posvuda u svijetu." Te je riječi predsjednik indijske vlade Jawaharlal Nehru izgovorio ubrzo nakon što je Mahatma Gandhi ubijen u New Delhiju 30. siječnja 1948. godine.

Indija je samo pet mjeseci prije toga ostvarila neovisnost. Posao 78-godišnjeg Gandhija bio je obavljen. On sâm slutio je da mu se bliži kraj. „Abha, donesi mi sve važne dokumente.", rekao je svom pranećaku toga tragičnog jutra. „Moram na njih odgovoriti još danas. Sutra možda neću stići." U brojnim dijelovima Gandhijevih pisanih djela nalazimo nagovještaje o njegovoj konačnoj sudbini.

Dok je Mahatma polako padao na zemlju s tri metka u svojemu krhkom tijelu, smogao je snage podignuti ruke u znak tradicionalnog indijskog pozdrava (namaste/namaskaar) kojim je bez riječi dao svoj oprost. Gandhi, za kojega se može reći da je čitav život bio samouki umjetnik, postao je vrhunski umjetnik u času svoje smrti. Sva nesebična žrtvovanja koja je podnosio cijeloga života učinila su mogućim taj posljednji čin izražavanja ljubavi.

„Idući naraštaji možda neće povjerovati", napisao je Albert Einstein u počast Mahatmi, „da je netko poput njega ikada hodao Zemljom.". U dnevnom izvješću iz Vatikana stajalo je: „Ovo ubojstvo sve nas je ispunilo tugom. Gandhija oplakujemo kao apostola kršćanskih vrlina.".

Životi velikih ljudi koji su došli na Zemlju s velikom i plemenitom zadaćom obiluju simboličkim značenjem. Gandhijeva dramatična smrt kao završetak života posvećenog ujedinjenju Indije još je više naglasila njegovu poruku svijetu koji je u svakom svom kutku razdiran nejedinstvom. Ta poruka je sadržana u ovim njegovim proročanskim riječima:

„Nenasilje je stiglo među ljude i ono će zaživjeti kao glasnik mira u svijetu."

45. POGLAVLJE

Bengalska „Majka prožeta radošću"

„Gospodine, molim Vas, nemojte otići iz Indije prije nego što posjetite Nirmalu Devi. Njezina svetost tako je izražena da je svi nadaleko znaju kao Anandu Moyi Ma (Majku prožetu radošću)." Rekla mi je to, gledajući me usrdno, moja nećakinja Amiyo Bose.

„Naravno! Itekako želim vidjeti tu svetu ženu." Dodao sam i ovo: „Čitao sam o njoj i saznao da je postigla visok stupanj spoznaje Boga. Njoj je bio posvećen mali članak koji je prije više godina objavljen u časopisu *East-West*."

„Ja sam je vidjela u gradiću Jamshedpuru u kojem živim.", nastavila je Amiyo. „Ananda Moyi Ma nedavno je tamo boravila na usrdnu molbu i zagovor jednoga svojeg učenika kako bi posjetila dom čovjeka koji je bio na samrti. Stajala je kraj njegova kreveta i kada mu je rukom dotaknula čelo, njegova je smrtna agonija prestala. Na čovjekovo zaprepaštenje bolest je iznenada nestala, a on se osjećao dobro."

Nekoliko dana poslije doznao sam kako je Blažena Majka odsjela kod svojega učenika u dijelu Kalkute zvanom Bhowanipur. G. Wright i ja odmah smo se uputili tamo iz doma mojega Oca. Dok smo se u Fordu približavali rečenoj kući u Bhowanipuru, ugledali smo neobičan prizor na ulici.

Ananda Moyi Ma stajala je u autu sa spuštenim krovom udjeljujući blagoslov mnoštvu od oko stotinjak učenika. Očito se upravo spremala otići. G. Wright je parkirao automobil malo dalje od njih, a zatim smo obojica pješke krenuli prema tihoj i mirnoj skupini. Sveta žena pogledala je u našem smjeru, izašla iz automobila i krenula nam u susret.

„Oče, došli ste!" Izgovorivši na bengalskom te tople riječi koje su dolazile iz duše, stavila mi je ruku oko vrata, a glavu položila na rame. G. Wrightu je bilo jako drago vidjeti ovu nesvakidašnju dobrodošlicu jer sam mu baš maloprije govorio kako ne poznajem sveticu. Oči stotinjak pomalo iznenađenih *chela* također su bile uprte u nas.

Ja sam odmah shvatio da se svetica nalazi u uzvišenom stanju *samadhija*. U tom stanju ona je bila posve nesvjesna činjenice da je žena, već je sebe gledala i doživljavala kao nepromjenljivu dušu. Na toj razini svijesti ona je zapravo radosno pozdravila još jednog štovatelja i poklonika Božjeg. Uzela me je za ruku i odvela u svoj automobil.

„Ananda Moyi Ma, ja Vas zadržavam!", usprotivio sam se.

„Oče, prvi put Vas srećem u ovom životu*, nakon toliko stoljeća!", rekla je. „Molim Vas, nemojte još otići."

Sjeli smo na stražnje sjedalo automobila. Blažena Majka uskoro je ušla u nepomično stanje ekstaze. Umirila je svoje prekrasne oči koje su bile napola otvorene i uprte prema nebesima, očito prelazeći pogledom po unutarnjim Elizejskim poljima. Njezini su učenici tiho pjevali i molili: „Pobjeda i slava Božanskoj Majci!"

U Indiji sam bio upoznao mnoge muškarce koji su spoznali Boga, ali nikada dosad nisam sreo tako uzvišenu svetu ženu. Njezino nježno lice sjajilo je neizrecivom radošću zbog čega je nazvana Blaženom Majkom. Dugi uvojci crne kose padali su joj niz lice koje nije bilo prekriveno velom. Crveni znak od sandalove paste na čelu simbolizirao je njezino unutarnje duhovno oko koje je uvijek otvoreno. Njezina sitna građa, malo lice, nježne ruke, sitna stopala, sve je to bilo u suprotnosti s njezinom duhovnom veličinom!

Dok je Ananda Moyi Ma bila u transu, razgovarao sam s jednom njezinom *chelom*.

„Blažena Majka jako puno putuje po Indiji tako da u mnogim krajevima ima na stotine učenika." rekla mi je *chela*. „Svojim hrabrim naporima uspjela se izboriti za mnoge društvene reforme. Iako pripada kasti *brahmana*, svetica ne priznaje podjelu na kaste. Na putovanjima uvijek je prati grupa nas učenika kako bismo joj stalno bili na usluzi. Mi se brinemo za nju poput majke jer ona sama uopće ne mari za potrebe tijela. Da joj se ne ponudi hrana, ona ne bi nikada jela niti bi tražila hranu. Čak i kada se pred nju stavi jelo, ona ne poseže za njim. Zato je mi učenici hranimo jer bi u suprotnom otišla s ovog svijeta. Zna ostati danima u neprestanom božanskom transu i tada jedva diše, a oči joj ne trepću. Jedan od njezinih glavnih učenika je njezin suprug Bholanath. On se već na početku braka, prije mnogo godina, zavjetovao na šutnju."

Chela mi je pokazala na muškarca širokih ramena, ugodna izgleda, duge kose i guste brade. Stajao je tiho i mirno usred okupljenog društva

---

* Ananda Moyi Ma rođena je 1896. u selu Kheora u istočnom dijelu Bengala zvanom Tripura.

Susret Ananda Moyi Ma i njezina supruga Bholanatha s Paramahansom Yoganandom u Kalkuti.

Bengalska „Majka prožeta radošću"

sa sklopljenim rukama u stavu učenika koji iskazuje duboko poštovanje.

Nakon što se osvježila uranjanjem u Beskonačno, Ananda Moyi Ma ponovno je postala svjesna materijalnog svijeta.

„Oče, recite mi, molim Vas, gdje živite." Glas joj bijaše jasan, čist i melodičan.

„Trenutno u Kalkuti ili Ranchiju, no uskoro ću se vratiti u Ameriku."

„Ameriku?"

„Da. Duhovni tragaoci u Americi zasigurno bi iskreno cijenili svetu ženu iz Indije. Biste li željeli poći onamo?"

„Hoću, ako me Otac povede sa sobom."

Njezin je odgovor odmah digao na noge njezine bliske učenike.

„Dvadesetero nas uvijek putuje s Blaženom Majkom.", rekao mi je odlučno jedan od njih. „Ne bismo mogli živjeti bez Majke. Kamo god ona pošla, i mi idemo tamo."

Morao sam na žalost odustati od tog plana jer se pokazao prilično nepraktičnim s obzirom na izgledno povećanje broja ljudi koje bih morao povesti sa sobom!

„Molim Vas, dođite onda barem u Ranchi, zajedno sa svojim poklonicima.", rekao sam na odlasku. „Vi ste i sami božansko dijete pa ćete zasigurno uživati u društvu dječice iz moje škole."

„Kamo god me Otac povede, ja ću rado poći."

Ubrzo nakon toga škola „Vidyalaya" u Ranchiju bila je svečano uređena i okićena, spremna za doček svete Majke. Djeca su se uvijek radovala svakoj proslavi jer je to značilo dan bez nastave, priliku za pjesmu i, kao vrhunac, gozbu za sve!

„Pobjeda i slava! Ananda Moyi Ma, ki jai!" Ta je neprestano ponavljajuća pozdravna pjesma odjekivala iz grla oduševljenih mališana na dočeku svete Majke i njezine pratnje na ulazu u školsko dvorište. Goste su zasuli cvjetovima nevena dok su odzvanjali cimbali, glasni zvukovi od puhanja u školjke i udaranje o *mridanga* bubnjeve! Blažena Majka hodala je po sunčanom dvorištu Vidyalaye smiješeći se, noseći uvijek sa sobom u svom srcu prijenosni raj.

„Prekrasno je ovdje.", rekla je draženo Ananda Moyi Ma dok sam je vodio prema glavnoj zgradi. Sjela je do mene s djetinjim osmijehom na licu. Kraj nje ste se osjećali kao pokraj najboljeg prijatelja, a istodobno je stalno bila obavijena aurom odvojenosti, što je proturječnost koja prati Sveprisutnost.

„Molim Vas, recite mi nešto o svom životu."

„Otac zna sve o tome, čemu ponavljati?" Očito je smatrala kako su činjenice jednog kratkog utjelovljenja nevrijedne spomena.

Blago sam se nasmijao i ponovio zahtjev.

„Oče, nema se puno toga reći." Raširila je svoje ljupke ruke u znak isprike. „Moja svijest nikada se nije poistovjetila s ovim privremenim tijelom. Prije nego što sam* došla na ovu Zemlju, Oče, Ja sam bila ista. Kao mala djevojčica, Ja sam bila ista. I kada sam odrasla u ženu, Ja sam i dalje bila ista. Kada je obitelj u kojoj sam se rodila dogovorila vjenčanje za ovo tijelo, Ja sam bila ista. I sada, Oče, dok pred Vama stojim, Ja sam ista. I od sada na dalje, zauvijek, iako će se ples stvaranja oko mene mijenjati u dvorani vječnosti, Ja ću biti ista."

Ananda Moyi Ma utonula je u duboku meditaciju. Tijelo joj je bilo nepomično poput kipa, a ona je otplovila u kraljevstvo koje je vječno doziva. Tamni bunari njezinih očiju postali su beživotni i staklasti. Ovo je stanje u koje sveci često ulaze kada svoju svijest odvoje od fizičkog tijela koje onda nije ništa više doli komad beživotne gline. Sjedili smo tako jedan sat u zanosu meditacije. Nakon toga ona se vratila u ovaj svijet uz veseli smijeh.

„Molim Vas, Ananda Moyi Ma," rekao sam, „dođite sa mnom u vrt. G. Wright će nas fotografirati."

Napokon, došlo je vrijeme za gozbu! Ananda Moyi Ma sjela je na pokrivač, a kraj nje je bio učenik koji će je nahraniti. Svetica je poput malog djeteta poslušno gutala hranu koju joj je *chela* prinosio ustima. Moglo se lako vidjeti kako Blažena Majka uopće ne razlikuje curry od slatkiša!

Svetica je u sumrak, obasuta laticama ruža, zajedno sa svojom pratnjom otišla iz škole. Na odlasku je podignula ruke blagosiljajući okupljene dječake. Njihova su lica sjala od privrženosti i ljubavi koju je ona bez napora pobudila u njima.

„Ljubi Gospodina Boga svoga svim srcem svojim, svom dušom svojom, svom pameti svojom i svom snagom svojom!"† To je prva od svih zapovijedi koju nam je Krist ostavio.

Odbacujući svaku manju vezanost, Ananda Moyi Ma utječe se isključivo Gospodu. Za razliku od učenjaka koji se gube u ispraznom

---

* Kada govori o sebi, Ananda Moyi Ma nikada se ne koristi zamjenicom *ja*, već rabi zaobilazne izraze kao „ovo tijelo" ili „ova mala djevojčica" ili „Tvoja kći". Ona također nikoga ne naziva svojim „učenikom". Takvom neosobnom mudrošću ona sve ljude jednako obasipa božanskom ljubavlju Univerzalne Majke.

† Mk 12:30.

Bengalska „Majka prožeta radošću"

Paramahansa Yogananda s društvom u posjetu Taj Mahalu („Snu u mramoru") u Agri, 1936.

cjepidlačenju, ona je prateći sigurnu i ispravnu logiku vjere, uspjela riješiti jedini istinski problem koji se postavlja pred ljudski život – onaj sjedinjenja s Bogom.

Čovjek je zaboravio ovu golu istinu koja je danas zamagljena milijunima drugih stvari kojima se ljudi radije bave. Umjesto da se usmjere na monoteističku ljubav prema Stvoritelju, narodi svijeta pokušavaju prikriti svoje nevjerništvo tako što pokazuju sitničavo štovanje pred izvanjskim hramovima dobročinstva. Hvale vrijedno dobrotvorno pomaganje jest vrlina jer barem na čas odvraća čovjekovu pozornost od njega samog, ali takva djela ne oslobađaju ga od njegove temeljne odgovornosti u životu, one koju je u Evanđelju Isus istaknuo kao Prvu zapovijed. Ovu svetu obvezu da ljubi Boga čovjek prima na sebe sa svojim prvih dahom kada dolazi na svijet. Taj dah mu je velikodušno darovao njegov jedini Dobročinitelj.*

Nekoliko mjeseci nakon njezina posjeta Ranchiju ponovno sam

---

* „Mnogi osjećaju potrebu da sagrade novi i bolji svijet. Neka vaše misli u kontemplaciji radije budu usmjerene na Ono koje nas može odvesti do savršenog mira. Čovjekova je dužnost tražiti Boga ili Istinu."*(Ananda Moyi Ma)*.

vidio Anandu Moyi Ma. Bijaše to na peronu željezničkog kolodvora u Seramporeu gdje je čekala vlak.

„Oče, odlazim u Himalaju.", rekla mi je. „Neki dobri ljudi sagradili su nam duhovnu školu u Dehra Dunu."

Promatrajući je kako se ukrcava na vlak, bio sam očaran činjenicom da su njezine oči uvijek usmjerene na Boga, bez obzira na to nalazi li se usred gomile ljudi, u vlaku, pri jelu ili jednostavno sjedi u tišini.

U sebi još uvijek mogu čuti njezin glas koji odjekuje nevjerojatnom dragošću:

„Gledajte, sada i uvijek, ja sam jedno s Vječnim, Ja sam uvijek ista.".

46. POGLAVLJE

Jogini koja nikada ne jede

„Gospodine, kamo idemo jutros?", upitao me je radoznalo g. Wright dok je vozio Ford. Želio je doznati koji će dio Bengala danas upoznati.

„Uz Božju pomoć", odgovorio sam pobožno i od srca, "danas ćemo upoznati osmo svjetsko čudo – sveticu kojoj je zrak jedina hrana!"

„Znači ponovno nas očekuju čudesa, baš kao kad smo posjetili Theresu Neumann!", g. Wright se raspoloženo smijao, čak je i ubrzao vožnju. Znao je da će dobiti još uzbudljiva sadržaja za svoj putni dnevnik. Dnevnik kakav zasigurno ne posjeduje nijedan obični turist!

Upravo smo krenuli iz škole u Ranchiju i to ranom zorom, prije izlaska sunca. Uz mene i mog tajnika s nama su na put krenula i trojica mojih bengalskih prijatelja. Žudno smo upijali svježi zrak u kojem smo uživali kao u osvježavajućem jutarnjem vinu. Naš je vozač vozio oprezno između seljaka ranoranilaca i zaprega na dva kotača koje su vukli snažni volovi spremni izazvati svakoga tko im stane na put.

„Gospodine, htjeli bismo čuti nešto više o toj svetoj ženi koja ne jede."

„Ime joj je Giri Bala.", rekao sam svojim suputnicima. „O njoj sam prvi put čuo prije puno godina od učenoga gospodina Sthitija Lala Nundyja koji je često dolazio u naš dom u Ulici Garpar kako bi podučavao mojega brata Bishnua.

'Znam Giri Balu vrlo dobro.', rekao mi je Sthiti Babu. 'Ona se koristi jednom jogijskom tehnikom pomoću koje može živjeti bez hrane. Stanovao sam blizu nje u mjestu Nawabganj blizu Ichapura.* Tako sam imao priliku svakodnevno je pomno pratiti i mogu reći da nikada nisam primijetio da uzima bilo hranu, bilo vodu. Toliko me je sve to počelo zanimati da sam se obratio maharadži od Burdwana† i zamolio

---

* U sjevernom Bengalu.
† Njegovo Veličanstvo Bijay Chand Mahtab koji je sada pokojni. Njegova obitelj bez sumnje posjeduje pisane dokaze o tri maharadžine istrage u vezi s Giri Balom.

ga da provede istragu. I sâm zaprepašten ovom pričom maharadža ju je pozvao na svoj dvor. Ona je pristala na ispitivanje i dva mjeseca živjela zatvorena u jednoj prostoriji na maharadžinu dvoru. Poslije se opet vratila u palaču na još dvadeset dana i na kraju, na još jednu provjeru, ovaj put u trajanju od petnaest dana. Maharadža mi je osobno rekao kako su ga te tri stroge provjere uvjerile da ona doista živi bez hrane.'

Od ove priče Sthitija Babua prošlo je više od dvadeset i pet godina.", rekao sam na kraju. „Katkad sam u Americi razmišljao o tome hoće li rijeka vremena odnijeti ovu jogini* prije nego što je uspijem upoznati. Mora da je sada već jako stara. Ne znam ni gdje živi, ako je još uopće živa. No za nekoliko sati stići ćemo u Puruliju, u kojoj živi njezin brat."

U deset i trideset već smo razgovarali s Girinim bratom Lambodarom Deyom, odvjetnikom u Puruliji.

„Da, moja je sestra živa. Ponekad boravi kod mene, ali trenutačno je u našem obiteljskom domu u Biuru." Lambodar Babu sumnjičavo je pogledavao u naš Ford. „Sumnjam, Swamiji, da se ikada dosad ijedan automobil uspio probiti tako daleko u unutrašnjost sve do Biura. Možda bi bilo najbolje da se pomirite s truckanjem na volovskoj zaprezi kao jedinom prikladnom prijevoznom sredstvu."

No naša skupina jednoglasno je odlučila da ćemo ipak svoje povjerenje dati „Ponosu Detroita".

„Ford je došao iz Amerike.", rekao sam odvjetniku. „Bila bi šteta da mu uskratimo mogućnost upoznavanja sa samim srcem Bengala!"

„Neka vas Ganesha† prati!" Tim nam je riječima kroz smijeh Lambodar Babu zaželio sretan put. Još je dodao ljubazno: „Ako ikada uspijete stići do tamo, siguran sam da će Giri Bala biti sretna da Vas upozna. Ona se približava sedamdesetoj godini, no i dalje je izvrsna zdravlja.".

„Gospodine, recite mi, molim Vas, je li stvarno istina da ona ništa ne jede?" Gledao sam ga ravno u oči, u te prozore koji otkrivaju iskrenost.

„Da, istina je." Nije skrenuo pogled i vidjelo se da govori iskreno. „U više od pedeset godina nisam nikada vidio da je uzela makar i zalogaj. Da sada nastupi kraj svijeta, to me ne bi toliko iznenadilo kao kada bih vidio svoju sestru da uzima hranu!"

Smijuljili smo se pri pomisli o nevjerojatnosti ta dva kozmička događaja.

---

* Žena-jogi.

† „Onaj koji uklanja prepreke", bog dobre sreće.

Jogini koja nikada ne jede

„Giri Bala nikada nije trebala nedostupnost samotnih predjela kako bi se bavila jogom.", nastavio je Lambodar Babu. „Cijeli život provela je okružena obitelji i prijateljima. Svi oni znaju za njezinu neobičnu naviku tako da bi se doista zaprepastili kada bi je kojim slučajem vidjeli da uzima hranu! Ona živi povučeno, kako i dolikuje indijskoj udovici, no svi mi iz naše male zajednice u Puruliji i u Biuru znamo da je ona doslovno 'iznimna' žena."

Bratova iskrenost bila je očita. Naše malo društvo toplo mu je zahvalilo i zaputilo se prema Biuru. Zaustavili smo se pokraj trgovine na ulici da kupimo curry i *luchije*. Ovo je privuklo pozornost gomile djece koja su se okupila oko g. Wrighta i gledala ga kako jede rukama poput pravog Indijca.* Svi smo bili dobrog teka, što nam je pomoglo da se dobro pripremimo za neočekivane poslijepodnevne napore.

Put nas je vodio na istok, kroz suncem sprženja polja riže, prema dijelu Bengala zvanom Burdwan. Uz ceste kojima smo prolazili rasla je bujna vegetacija puna ptica poput čvoraka ili vrabaca s prugama ispod kljuna koje su pjevale na velikim granama nalik na kišobrane. Povremeno bi pokraj nas prošla volovska zaprega na dva kotača čiji je zvuk *rini, rini, manju, manju* dolazio od škripanja osovine kotača i metalnog obruba. Taj je zvuk bio u potpunoj suprotnosti sa zvukom koji proizvode automobilske gume dok se okreću po gospodskom asfaltu gradova.

„Dick, stani!" Ford se ljutito stresao na ovu moju iznenadnu naredbu. „Vidi, tamo je drvo manga prepuno plodova koji jedva čekaju da ih uberemo!"

Svi smo poput djece pojurili prema tlu prepunom zrelih plodova.

„Šteta bi bila da ovoliki plodovi manga ostanu neopaženi,", parafrazirao sam stih jedne pjesme, „i da njihova slast propadne na zemlji.".

„Swamiji, ovoga nema u Americi, zar ne?" govorio je kroz smijeh Sailesh Mazumdar, jedan od mojih bengalskih učenika.

„Nema.", priznao sam, uživajući nakon što sam se do mile volje najeo manga. „Kako mi je samo nedostajao mango na Zapadu! Za Indijca je raj nezamisliv bez manga!"

Dohvatio sam kamen i njime pogodio zreli plod s najviše grane.

„Dick,", upitao sam između dva zalogaja voća slatkog poput

---

* Sri Yukteswar je znao reći: „Gospodin nas je obilato darovao plodovima zemlje. Mi želimo uživati u hrani gledajući je, mirišući je, kušajući je - a Indijci je vole i dodirivati!" Čovjeku nije strano ni *čuti* je, samo ako nema nikoga u blizini za vrijeme jela!

ambrozije u kojem je bila toplina tropskog sunca, „jesmo li ponijeli fotoaparate?".

„Jesmo, gospodine. Nalaze se u prtljažniku."

„Ako se pokaže da je Giri Bala istinski sveta žena, želio bih pisati o njoj na Zapadu. Jogini iz Indije koja posjeduje takve izvanredne moći ne smije ostati nepoznata – kao i većina ovih manga."

Idućih pola sata i dalje sam uživao šetajući ovim šumskim rajem.

„Gospodine," primijetio je g. Wright, „trebali bismo stići do Giri Bale prije zalaska sunca. U suprotnom nećemo imati dovoljno svjetla za fotografiranje." Zatim je dodao uz smiješak: „Zapadnjaci su vam skeptični ljudi, ne možete očekivati da povjeruju u postojanje ovakve gospođe bez fotografija!"

Ovoj mudrosti nije bilo prigovora pa sam odolio daljnjoj kušnji i uputio se prema autu.

„Imaš pravo, Dick.", uzdahnuo sam dok smo nastavljali put. „Žrtvujem ovaj mangovski raj na oltar zapadnjačkog realizma. Moramo snimiti fotografije!"

Cesta je postajala sve lošija, s dubokim tragovima kola i grudama stvrdnute gline. Povremeno smo izlazili iz auta kako bismo ga pogurali i olakšali g. Wrightu nastavak vožnje.

„Lambodar Babu imao je pravo.", priznao je Sailesh. „Ne pokreće auto nas, već mi njega!"

Naše mukotrpno ulaženje i izlaženje iz auta prestalo bi tek kada bismo ušli u neko selo, a svako je predstavljalo oličenje mira i jednostavnosti.

„Naš nas je krivudavi put vodio kroz šumarke palmi, kroz starinska nedirnuta sela smještena u hladu šume.", ovako je naše putovanje opisao g. Wright u svom putnom dnevniku s datumom 5. svibnja 1936. „Doista su dojmljive te nastambe od blata i slame čija su ulazna vrata ukrašena jednim od imena Boga. Tu je bilo mnoštvo male, nage djece koja su se nevino igrala uokolo, zastajući tek kako bi se zagledala ili pak plaho pobjegla od ove crne zaprege bez konja koja juriša kroz njihovo selo. Žene proviruju iz sjene dok se muškarci lijeno izležavaju ispod drveća uz cestu, prikrivajući svoju radoznalost izvanjskom nezainteresiranošću. U jednom selu svi su se veselo kupali u velikom spremniku za vodu (i to odjeveni, a presvlačili su se tako što bi suhu odjeću omatali preko mokre i zatim skidali mokru). Žene su nosile vodu u svoje domove u golemim mjedenim vrčevima.

Jogini koja nikada ne jede

Put nas je dalje vodio preko brežuljkastog kraja. Bilo je i prelaženja malih potoka, zaobilazne vožnje kada bismo naišli na nasip te vožnje po isušenim, pjeskovitim, riječnim koritima. Oko 17 sati napokon smo stigli u blizinu svojega odredišta Biura. To maleno selo u unutrašnjosti okruga Bankura skriveno je pod zaštitom guste vegetacije. Rekli su nam da se tijekom kišne sezone do njega nemoguće probiti jer se tada potoci pretvaraju u podivljale bujice, a ceste u vijugave zmije koje umjesto otrova štrcaju blato.

Dok smo se raspitivali za put među skupinom ljudi koja se vraćala kući nakon molitve u hramu usred polja, zaskočilo nas je desetak polugolih dječaka koji su se uzverali na auto sa strane i rekli nam kako će nam oni bez problema pokazati put do Giri Bale.

Cesta je vodila prema gaju palmi datulja u čijem se zaklonu nalazilo nekoliko koliba od blata. Ipak, prije nego što smo se uspjeli do tamo probiti, Ford se iznenada opasno nagnuo da bi zatim poskočio i onda tresnuo dolje. Uska staza prolazila je između drveća i spremnika za vodu, preko izbočina u zemlji i zatim upadala u rupe ili duboke tragove od kola. Auto je najprije zapeo u grmlju, a poslije nam se ispriječio humak zemlje pa je trebalo uklanjati grumene zemlje kako bismo mogli nastaviti dalje. Kada smo napokon nastavili put, polagano i oprezno, naišli smo na gomilu šipražja u rupi koju su izdubila zaprežna kola. Nije bilo druge nego krenuti zaobilazno po opasno strmom grebenu. Završili smo u praznom spremniku za vodu. Spas iz njega zahtijevao je puno otkopavanja i struganja. Put je postajao sve neprohodniji, ali o odustajanju od hodočašća nije bilo ni govora. Dečki koji su krenuli s nama dohvatili su se lopata i uspjeli njima raskrčiti put (O blagoslov, Ganeshi!). Sve ovo promatralo je otprilike stotinu djece i odraslih.

Uskoro smo se vukli po kolotragu stvorenom od tko zna kada, žene su iz koliba zurile u nas, a muškarci pratili sa strane i iza nas dok su djeca trčkarala posvuda kako bi gužva bila potpuna. Ovo je sigurno bio prvi automobil koji je ovuda prošao. Nema sumnje kako je 'sindikat volovskih kola' ovdje jako dobro organiziran! Kakvu smo samo senzaciju izazvali – mi skupina predvođena vozačem iz Amerike koji se usudio tim bučnim autom poremetiti mir njihova seoca!

Zaustavili smo se pokraj uskog puteljka, na samo dvadesetak metara od obiteljske kuće Giri Bale. Osjećali smo uzbuđenje što smo nakon svega uspjeli stići do odredišta, unatoč tolikim mukama tijekom putovanja. Došli smo do velike ožbukane dvokatnice od cigle koja se isticala u odnosu na okolne kolibe od nepečene opeke. Kuća se očito renovirala jer su oko nje postavljene bambusove skele.

Gorjeli smo od želje da upoznamo onu koju je Gospod blagoslovio životom koji ne poznaje glad. Seljani, staro i mlado, odjeveni i bosi, i dalje su otvorenih usta zurili u nas. Žene su se doduše držale malo po strani, ali su i one pokazivale zanimanje, a bosonogi dječarci bez ustezanja motali su nam se oko nogu iznenađeno gledajući ovaj nesvakidašnji prizor.

Uskoro se na vratima pojavio lik niske žene – bila je to Giri Bala! Nosila je sari od tamne pozlaćene svile. U skladu s indijskim običajem kretala se sramežljivo i oklijevajući, vireći prema nama ispod nabora svoje *swadeshi* nošnje. Oči su joj se sjajile poput tinjajuće žeravice skrivene pod sjenkom sarija kojim je omotala glavu. Očaralo nas je to lice na kojem se iščitavala dobrohotnost i samoostvarenje, lice koje je lišeno bilo kakve vezanosti za zemaljske stvari.

Krotko nam je prišla i bez riječi pristala na snimanje fotografskom i filmskom kamerom.* Strpljivo je i sramežljivo izdržala poziranje i naše namještanje kamera. Napokon smo za buduće naraštaje snimili mnoge fotografije jedine žene na svijetu za koju se zna da je živjela više od pedeset godina bez hrane i vode (Naravno, Therese Neumann ne uzima hranu od 1923. g.). Bila je oličenje majčinske ljubavi dok je stajala pred nama sva umotana u lepršavi sari koji je prekrivao njezino čitavo tijelo, osim lica i očiju spuštenog pogleda, ruku i malih stopala. Na licu joj se blistao rijetko viđeni mir. Držanje joj je bilo nedužno – široka, drhtava usna poput one u djeteta, ženstveni nos, uske, iskričave oči i zamišljen osmijeh."

Moji dojmovi o Giri Bali podudarali su se s onima g. Wrighta. Duhovnost ju je obavijala poput nježna, sjajna vela. Udijelila mi je *pranam* u skladu s običajem kojim domaćin želi dobrodošlicu redovniku. Njezina očaravajuća jednostavnost i blagi osmijeh bili su nam dobrodošlica kojoj nije ravna nikakva slatkorječivost, tako da smo u trenu zaboravili sve teškoće tijekom putovanja.

Sitna, sveta žena sjela je na verandu prekriženih nogu. Iako su se na njoj vidjeli tragovi godina, nije bila sama kost i koža, a njezina maslinasta koža ostala je čista i zdrava tena.

---

* G. Wright je filmskom kamerom snimio i Sri Yukteswara za vrijeme njegove posljednje proslave zimskog suncostaja u Seramporeu.

„Majko,", obratio sam joj se na bengalskom, „više od dvadeset i pet godina željno sam iščekivao ovo hodočašće! O Vašem sam svetom životu čuo od Sthitija Lal Nundyja Babua."

Potvrdno je kimnula glavom. „Da, od moga dobrog susjeda u Nawabganju."

„Svih ovih godina, čak i kada sam bio preko oceana, nikada nisam smetnuo s uma želju da Vas posjetim. Uzvišenoj drami Vašeg života koju živite tako nenametljivo treba pružiti dostojnu pažnju i ispričati je svijetu koji je odavna zaboravio što znači božanska hrana."

Sveta žena na čas je podigla pogled i nasmiješila se, pokazujući tako nenametljivo zanimanje.

„Baba (Poštovani Otac) zna najbolje.", odgovorila je krotko.

Bio sam sretan što se nije uvrijedila jer čovjek nikad nije siguran kako će jogiji i jogine prihvatiti prijedlog da ih se izloži oku javnosti. Oni se u pravilu klone publiciteta i žele u tišini nastaviti svoje duboko duhovno traganje. Oni radije osluškuju unutarnji glas koji će im reći kada je pravo vrijeme da otvoreno progovore o svojim životima za dobrobit ljudi koji žele napredovati na duhovnom putu.

„Majko,", nastavio sam, "oprostite mi stoga što ću Vas opteretiti mnogim pitanjima. Ljubazno Vas molim da odgovorite samo na ona koja Vam odgovaraju. Potpuno ću Vas razumjeti ako i odbijete odgovarati na njih."

Raširila je ruke u znak ljubaznog prihvaćanja. „Rado pristajem na razgovor, ako osoba ovako neznatna poput mene može dati odgovore koji će nekoga zanimati."

„Oh ne, niste Vi ni izdaleka beznačajni!" Iskreno sam se usprotivio. "Vi ste velika duša."

„Ja sam ponizni sluga svima." Dodala je još nešto tako očaravajuće: „Volim kuhati i hraniti ljude."

Doista neobična razonoda, pomislio sam, za svetu osobu koja sama ništa ne jede!

„Majko, htio bih od Vas čuti, živite li Vi stvarno bez hrane?"

„To je istina." Utihnula je za nekoliko časaka, za vrijeme kojih je bilo očito da u sebi nešto računa. „Od svoje dvanaeste godine pa sve do danas kada mi je šezdeset i osam godina, dakle punih pedeset i šest godina, ja nisam uzimala ni hranu ni piće."

„Zar nikad ne dođete u kušnju uzeti hranu?"

„Kada bih osjetila žudnju za hranom, morala bih jesti." Ovim jednostavnim riječima koje istodobno pogađaju samu bit stvari izrekla je duboku istinu koja je itekako poznata svijetu koji ne može bez tri obroka dnevno!

„Ali nešto ipak morate jesti!" U mom je glasu bilo malo prigovora.

„Naravno!" nasmijala se pokazujući time da je odmah shvatila na što mislim.

„Vi se krijepite finijom energijom koju crpite iz zraka i sunčeva svjetla,* kao i iz kozmičke energije koja obnavlja Vaše tijelo preko medulle oblongate."

„Baba zna." Ponovno se smjerno složila na svoj smireni i nenametljivi način.

„Majko, recite mi, molim Vas, nešto o svojoj mladosti. To će itekako zanimati ne samo ljude u Indiji već i našu braću i sestre u dalekim zemljama preko oceana."

Giri Bala prestala je biti suzdržana i počela opuštenije govoriti.

„Pa dobro onda..." Njezin je glas bio dubok i odlučan. „Rođena sam u ovom šumskom području. Moje djetinjstvo je bilo sasvim obično, osim što sam imala nezasitan apetit.

U dobi od devet godina bila sam zaručena.

Moja majka mi je znala govoriti: 'Dijete, pokušaj obuzdati svoju proždrljivost. Jednom kada odeš u obiteljski dom svojega muža, što misliš kako će oni gledati na tebe ako ne budeš radila ništa drugo osim stalno jela?'

Nevolja koju je majka predviđala ostvarila se. Bilo mi je samo dvanaest godina kada sam otišla živjeti k mužu u Nawabganj. Moja

---

* „Ono što jedemo je u stvari zračenje, a naša hrana predstavlja kvante energije.", riječi su koje je dr. Geo. W Crile iz Clevelanda uputio okupljenom skupu liječnika u Memphisu 17. svibnja 1933. Ovo su izvaci iz njegova govora:

„Ovo nasušno zračenje čija energija je izvor električne struje za strujne krugove tijela, čovjekov živčani sustav, u hranu ugrađuju sunčeve zrake. Atomi su poput minijaturnih sunčevih sustava. Oni su spremnici sunčeve energije kao što su u strujnim krugovima zavojnice izvori električne energije. Te bezbrojne zavežljaje atoma i njihove energije unosimo u sebe kao hranu. Unutar ljudskog tijela ti spremnici energije predaju stanicama tijela svoju energiju koja se zatim pretvara u kemijsku i električnu energiju potrebnu za održavanje života organizma. Vaše tijelo je načinjeno od takvih atoma", rekao je dr. Crile. „Oni su vaši mišići, mozak i osjetilni organi poput očiju i ušiju."

Jednog će dana znanstvenici otkriti način kako čovjek može živjeti izravno od sunčeve energije. „Klorofil je jedina poznata tvar u prirodi koja na neki način ima svojstvo djelovanja poput 'zamke za sunčeve zrake'.", piše William L. Laurence u *The New York Timesu*. „Klorofil 'hvata' sunčevu energiju i pohranjuje ju u biljci. Bez ovoga život ne bi bio moguć. Mi dobivamo energiju potrebnu za život iz sunčeve energije pohranjene u biljkama koje jedemo ili, posredno, hraneći se mesom životinja čija su hrana biljke. Energija koju crpimo iz ugljena ili nafte isto je sunčeva energija koju je klorofil zarobio u biljkama prije mnogo milijuna godina."

Jogini koja nikada ne jede

GIRI BALA, SVETICA KOJA NE JEDE
Ona se služi određenim jogijskim tehnikama za obnavljanje tijela kozmičkom energijom iz etera, sunca i zraka. „Nikada nisam bila bolesna", rekla je ta sveta žena. „Spavam vrlo malo jer su mi spavanje i budno stanje jedno te isto."

svekrva me je danonoćno ismijavala zbog moje nezasitnosti. No njezina prigovaranja i prijekori bili su zapravo blagoslov jer su u meni probudili skrivene duhovne težnje. Jednog jutra njezino je ismijavanje bilo posebno grubo.

'Uskoro ću Vam dokazati', rekla sam pogođena kritikom, 'da više nikada neću dotaknuti hranu dok god budem živa.'

Moja se svekrva počela glasno smijati u znak ruganja. 'Tako dakle!', rekla je. 'Kako misliš da ćeš moći živjeti bez jela, kada sada ne možeš živjeti bez prejedanja?'

Na to joj nisam mogla odgovoriti. Pa ipak, u mojemu srcu rađala se čelična odlučnost. Na jednome mirnom mjestu zamolila sam za pomoć svojega Nebeskog Oca.

'Gospode', neprestano sam se molila, 'molim Te pošalji mi gurua, onoga tko će me naučiti kako da živim od Tvoga svjetla, a ne od hrane.'

Odjednom me obuzelo ushićenje. Krenula sam prema gatu u Nawabganju na obali Gangesa, sva opijena tim blaženstvom. Putem sam srela svećenika obitelji mojega muža.

'Velečasni gospodine', rekla sam puna povjerenja, 'ljubazno Vas molim, recite mi kako mogu živjeti bez hrane.'

„Gledao je u mene bez odgovora. Napokon mi se obratio utješnim glasom. 'Dijete', rekao je, 'dođi večeras u hram. Tamo ću izvesti poseban obred za tebe.'

Njegov nejasni odgovor nije me zadovoljio. Nastavila sam prema gatu. Jutarnje sunce odražavalo se na vodi. Ušla sam u Ganges kako bih obavila obredno kupanje i svojevrsnu svetu inicijaciju. Dok sam odlazila s rijeke, odjeće još mokre od kupanja, moj se učitelj usred bijela dana materijalizirao ispred mene!

'Draga moja malena', rekao mi je glasom punim ljubavi i suosjećanja, 'ja sam tvoj guru kojeg ti Bog šalje kako bi uslišao tvoju žarku molitvu. On je bio duboko ganut takvim neobičnim zahtjevom! Od danas ćeš živjeti od astralnog svjetla, a tvoji tjelesni atomi napajat će se energijom iz beskonačnog izvora struje.'"

Giri Bala je utonula u tišinu. Ja sam ovo iskoristio da bih od g. Wrighta uzeo olovku i zapisao na engleskom nekoliko stvari kako bi i on znao o čemu se radi.

Sveta žena nastavila je priču jedva čujnim glasom. „Na gatu nije bilo nikoga, ali nas je moj guru ipak obavio zaštitnim velom svjetlosti kako nas nikakav zalutali kupač ne bi ometao. Zatim me je inicirao u *kria* tehniku koja oslobađa tijelo ovisnosti o materijalnoj hrani nužnoj smrtnicima. U ovoj tehnici koristi se jedna mantra* i posebno teška vježba disanja koju obična osoba ne može izvesti. Ne radi se ni o kakvom lijeku ili čaroliji, već isključivo o *kria* tehnici."

---

* Moćna vibrirajuća molitva. Doslovni prijevod sanskrtske riječi *mantra* bio bi „sredstvo misli". Ona označava „idealne, nečujne zvukove koji su jedan vid stvaranja a koji, kada se izgovaraju u obliku slogova, postaju *mantra* i poprimaju sveobuhvatno značenje." (definicija iz Websterova *New International Dictionary*, 2. izdanje). Zvuk svoju beskrajnu snagu crpi iz *Auma* koji se u Evanđelju naziva *Riječ*, iz stvaralačkog Svemirskog Motora.

Poput nekog američkog novinskog izvjestitelja koji me je i ne znajući naučio kako se to radi, postavljao sam Giri Bali mnoga pitanja o stvarima koje će zanimati svjetsku javnost. Malo po malo, dobio sam od nje sljedeće informacije:

„Nikada nisam imala djece, a prije mnogo godina ostala sam udovica. Spavam vrlo malo jer su mi spavanje i budno stanje isti. Noću meditiram, a tijekom dana obavljam kućanske poslove. Jedva da osjećam promjene godišnjih doba i nikada nisam bila bolesna. Kada se slučajno ozlijedim, osjećam samo malu bol. Nemam tjelesnih izlučevina. Mogu upravljati svojim srčanim pulsom i disanjem. U svojim viđenjima često vidim svojega gurua i ostale velike duše."

„Majko," upitao sam, „zašto druge ne naučite ovu metodu života bez hrane?"

Moje nadobudne ideje o spasu milijuna gladnih u svijetu brzo su spuštene na zemlju.

„Ne." Zatresla je glavom. „Moj guru mi je izričito zabranio otkrivanje ove tajne. On se ne želi uplitati u Božju predstavu stvaranja. Osim toga, poljodjelci mi baš ne bi bili naklonjeni kada bih počela ljude podučavati kako živjeti bez hrane! Slatki plodovi voća ostali bi beskorisni na zemlji. Čini se da su bijeda, gladovanje i bolest udarci bičem naše karme koji nas prisiljavaju da na posljetku počnemo tragati za istinskim smislom života."

„Majko," rekoh polagano, „koja je svrha toga što ste izabrani da živite bez jela?"

„Da dokažem kako čovjek potječe od Duha." Njezino je lice sjalo mudrošću. „Kako bih pokazala da čovjek božanskim napretkom može postupno naučiti živjeti od Vječnog Svjetla, a ne od hrane."*

---

* Ovo stanje življenja bez jela koje je postigla Giri Bala predstavlja jogijsku moć koja se spominje u Patanjalijevim *Yoga Sutrama* III:31. Ona se koristi određenom vježbom disanja koja djeluje na *vishuddha čakru*, peti po redu centar finih energija smješten u kralježnici. *Vishuddha čakra*, koja se nalazi nasuprot grlu, nadzire peti element: *akash* ili eter koji prožima prostor unutar atoma bioloških stanica. Poklonik koji usmjerava pozornost na tu *čakru* („kotač") može živjeti od energije etera.

Therese Neumann ne živi od fizičke hrane, niti provodi znanstvenu jogijsku tehniku života bez hrane. Objašnjenje za ovo nalazi se u složenosti osobne karme. Iza Therese Neumann i Giri Bale mnogi su životi ispunjeni posvećenosti Bogu, iako su vanjski izražaji njihovih života različiti. Od kršćanskih svetaca koji su živjeli bez hrane (a ujedno su bili i stigmatici) mogu se spomenuti: Sv. Lidvina iz Schiedama, Blažena Elizabeta iz Renta, Sv. Katarina Sienska, Dominica Lazarri, Blažena Angela iz Foligna, i Louise Lateau iz 19. stoljeća. Sv. Nikola iz Flüe (Brat Klaus, pustinjak iz 15. stoljeća, čije je zdušno zauzimanje za jedinstvo spasilo švicarsku konfederaciju) dvadeset godina nije uzimao hranu.

Svetica je zatim utonula u stanje duboke meditacije. Usmjerila je pogled prema unutra. Njezine nježne duboke oči postale su bez izražaja. Ispustila je uzdah prije nego što je ušla u stanje ekstaze bez disanja. Otplovila je na neko vrijeme u nedokučivo područje nebesa unutarnje radosti.

Pala je tropska noć. Svjetlo male kerozinske svjetiljke nepostojano je treperilo iznad glava mnoštva seljana koji su tiho sjedili u sjeni. Svjetlucanje krijesnica i udaljenih uljanica iz koliba isplelo je pomalo sablasne uzorke na baršunastoj podlozi noći. Ma koliko htjeli ostati, bilo je vrijeme za rastanak jer nas je čekala polagana, mukotrpna vožnja kući.

„Giri Bala,", rekoh kada je sveta žena otvorila oči, „molim Vas, darujte mi za uspomenu komadić tkanine s jednog od svojih sarija."

Uskoro se vratila s komadićem svile iz Benaresa. Pružila mi ga je i istodobno se prostrla na tlo ispred mene.

„Majko,", rekoh pun dubokog poštovanja, „dopustite da radije ja dotaknem Vaša blagoslovljena stopala!"

47. POGLAVLJE

Povratak na Zapad

„Održao sam mnoga predavanja o jogi u Indiji i Americi, ali moram priznati da mi je kao Indijcu neobično drago držati predavanje studentima iz Engleske."

Moji učenici u Londonu nasmijali su se na te moje riječi u znak odobravanja jer nikakvi politički sukobi nisu mogli pomutiti mir koji donosi joga.

Bio je rujan 1936. i Indija je sada bila samo posvećena uspomena. U Englesku sam došao kako bih ispunio obećanje koje sam dao prije šesnaest mjeseci – da ću ponovno održati predavanja u Londonu.

I u Engleskoj postoje ljudi koji prihvaćaju bezvremensku poruku joge. Oko mog boravišta u Grosvenor Houseu okupljali su se novinari i filmski snimatelji. Britansko nacionalno vijeće, u sklopu Svjetske udruge vjera, organiziralo je 29. rujna sastanak u protestantskoj crkvi Whitefield gdje sam okupljenima održao govor o ozbiljnoj i važnoj temi: „Kako vjera u ljudsko bratstvo može spasiti civilizaciju?" Moja predavanja u 20 sati u Caxton Hallu privukla su toliko ljudi da su dvije večeri zaredom oni koji nisu mogli ući čekali u dvorani Windsor House moje drugo predavanje koje počinje u 21 sat i 30 minuta. Idućih su tjedana moji razredi postali tako veliki da je g. Wright morao organizirati premještaj u drugu dvoranu.

Poznata engleska upornost očitovala se na divan način u duhovnom smislu. Studenti joge nakon moga odlaska osnovali su Self-Realization Felowship centar u Londonu i uspjeli su održavati redovite tjedne sastanke tijekom svih teških ratnih godina.

U Engleskoj sam proveo nezaboravne tjedne razgledajući London i ostale prekrasne krajeve. Gospodin Wright i ja u našemu dobrom, starom Fordu posjetili smo rodna mjesta i grobove velikih pjesnika i junaka iz britanske povijesti.

Naše malo društvo isplovilo je potkraj listopada brodom *Bremen* iz Southamptona u Ameriku. Dolazak u newyoršku luku i pogled na Kip slobode uzburkao nam je osjećaje.

Pred Fordom, koji je doduše bio malo izgreban od svega što je prošao na dva kontinenta, ali se inače dobro držao, sada je bila još vožnja preko cijelog američkog kontinenta sve do Kalifornije. Potkraj 1936. napokon smo stigli u svoje središte na Mount Washingtonu!

Božićni blagdani svake se godine slave u našem centru u Los Angelesu održavanjem osmosatne grupne meditacije, 24. prosinca (Duhovni Božić)*, nakon koje sutradan slijedi svečano primanje (Društveni Božić). Godine 1936. bilo je posebno svečano jer su nam u posjet došli dragi prijatelji i učenici iz dalekih gradova kako bi zaželjeli dobrodošlicu kući trojima svjetskim putnicima!

Za božićni svečani objed na stolu su se našle brojne poslastice koje smo donijeli posebno za ovo radosno okupljanje iz dvadeset tisuća kilometara udaljenih krajeva svijeta: gljive *gucchi* iz Kašmira, limenke s kompotom od *rasagulle* i manga, kolače *papar* i ulje indijskog cvijeta *keora* koje se dodaje u sladoled radi posebnog okusa. Navečer smo se okupili oko golema bora dok su u kaminu pucketale cjepanice čempresa šireći ugodan miris.

Vrijeme je za darove! Darovi iz svih dijelova svijeta: Palestine, Egipta, Indije, Engleske, Francuske, Italije... Koliko je samo truda uložio g. Wright kada je pri svakom prekrcaju naše prtljage pazio da se nijedan paket ne zagubi kako bi sve to blago stiglo našima voljenima u Americi! Pločice od svetoga maslinova drva iz Svete zemlje, fina čipka i vezovi iz Belgije i Nizozemske, perzijski tepisi, profinjeni šalovi iz Kašmira, mirisni podlošci od sandalovine iz Mysorea, šivino kamenje iz središnje Indije, indijski novčići iz razdoblja davnih dinastija, vaze i šalice optočene draguljima, minijature, tapiserije, mirisni štapići iz hramova i parfemi, pamučna tkanina s uzorcima *swadeshi*, čipke, lakirani ukrasni predmeti, izrezbareni predmeti od bjelokosti iz Mysorea, perzijske papuče sa zavijutkom na vrhu, oslikani drevni rukopisi, baršun,

---

* Od 1950. ova se cjelodnevna meditacija održava 23.prosinca. Članovi Self-Realization Fellowshipa u cijelom svijetu također obilježavaju i slave Božić tako što u svojim domovima ili SRF hramovima i centrima odvajaju jedan dan u vrijeme božićnih blagdana za duboku meditaciju i molitvu. Postoje svjedočenja mnogih koji su doživjeli veliku duhovnu pomoć i blagoslov tijekom toga godišnjeg običaja i duhovnog obreda koji je uveo Paramahansa Yogananda.

Paramahansaji je osnovao i Molitveno vijeće u Centru Mt. Washington (koji je bio jezgra Self-Realization Fellowship Svjetskoga molitvenog kruga). To vijeće održava dnevne molitve za sve one koji traže pomoć u rješavanju ili razrješavanju svojih posebnih teškoća (*bilješka izdavača*).

brokati, Gandijeve kape, keramika, lončarija, predmeti od mjedi, tepisi za molitvu – bio je to 'plijen' s triju kontinenata!

Dijelio sam te lijepo umotane darove jedan po jedan s goleme hrpe ispod bora.

„Sestra Gyanamata!" Predao sam dugu kutiju svetačkoj američkoj gospođi ugodne vanjštine koju je pratila i duboka samospoznaja, a koja je za vrijeme moga izbivanja vodila Centar na Mt. Washingtonu. Kada je odmotala dar, ugledala je sari od zlatne svile iz Benaresa.

„Hvala vam, Gospodine. Ovaj sari oživljava preda mnom slike Indije."

„G. Dickinson!" Ovaj dar kupio sam na tržnici u Kalkuti. „Ovo bi se moglo svidjeti g. Dickinsonu!", pomislio sam tada. Dragi učenik g. E.E. Dickinson bio je prisutan na svakoj proslavi Božića još od osnivanja Centra na Mt. Washingtonu 1925. godine.

Na ovoj jedanaestoj proslavi on je upravo stajao pokraj mene i odmatao kutiju s darom.

„Srebrna čaša!", gledao je visoku čašu za piće, boreći se s osjećajima. Zatim je sjeo malo podalje, očito pomalo zbunjen. Nasmiješio sam mu se s puno ljubavi, prije nego što sam nastavio sa svojom ulogom Djeda Mraza.

Večer podjele darova završila bi molitvom Darivatelju svih darova i zajedničkim pjevanjem božićnih pjesama.

Nakon nekog vremena razgovarao sam s g. Dickinsonom.

„Gospodine, dopustite mi da Vam sada zahvalim za srebrnu čašu. One večeri na Božić nisam mogao naći riječi kojima bih Vam izrazio svoju zahvalnost."

„Taj sam dar donio posebno za tebe."

„Ovu srebrnu čašu čekao sam četrdeset i tri godine! Uz nju je vezana duga priča koju sam dugo čuvao u sebi." G. Dickinson me je gledao sramežljivo. „Priča počinje vrlo ozbiljno: mojim utapanjem. Bilo je to u jednom gradiću u Nebraski. Tijekom igre sa starijim bratom, on me je slučajno gurnuo u malo jezerce duboko četiri metra. Bilo mi je tada samo pet godina. Kada sam drugi put potonuo, oko mene se pojavila zasljepljujuća svjetlost raznih boja. Usred nje nalazio se lik čovjeka mirnih očiju i umirujućeg osmijeha. Tijelo mi je tonulo već treći put kada je jedan od bratovih prijatelja uspio dovoljno nisko saviti visoko tanko stablo vrbe i uroniti ga u vodu kako bih se uhvatio za njega. Dječaci su me zatim izvukli iz jezera i uspješno mi pružili prvu pomoć.

Dvanaest godina kasnije, dakle u dobi od sedamnaest godina, bio sam u posjetu Chicagu zajedno s majkom. Bilo je to u rujnu 1893. kada se tamo održavala Svjetska skupština religija. Dok smo majka i ja šetali glavnom ulicom, ponovno sam ugledao snažan bljesak svjetlosti. Na nekoliko koraka od mene opušteno je hodao onaj isti čovjek kojeg sam vidio u viđenju prije mnogo godina. Došao je do velike dvorane i ušao kroz vrata.

'Majko!', povikao sam, 'Eno čovjeka kojeg sam vidio dok sam se utapao!'

Skupa smo žurno ušli u zgradu i vidjeli tog čovjeka kako sjedi na pozornici. Uskoro smo doznali da je on Swami Vivekananda iz Indije.* Nakon što je održao vrlo nadahnjujući duhovni govor pošao sam naprijed kako bih se upoznao s njim. Ljubazno mi se nasmiješio kao da smo stari prijatelji. Onako mlad nisam znao kako izraziti svoje osjećaje, ali u svom srcu nadao sam se da će mi se on ponuditi za učitelja. On mi je pročitao misli.

'Ne, sine moj, ja nisam tvoj guru.', Vivekanandine prekrasne oči gledale su me dubokim pogledom. 'Tvoj će učitelj doći poslije. On će ti dati srebrnu čašu.' Nakon kratke stanke dodao je smiješeći se: 'On će u tebe uliti više blagoslova nego što si sada spreman primiti.'"

„Za nekoliko dana otišao sam iz Chicaga", nastavio je g. Dickinson, „i nikada više nisam vidio velikoga Vivekanandu. No svaka riječ koju je izgovorio ostala mi je u sjećanju. Godine su prolazile, a ja nikako da upoznam svojega gurua. Jedne noći tijekom 1925. duboko sam se molio Gospodinu da mi pošalje gurua. Nekoliko sati poslije iz sna su me probudili zvuci nježne melodije. Ugledao sam skupinu nebeskih bića s flautama i drugim instrumentima. Nakon što su ispunili prostor božanskom glazbom anđeli su polako nestali.

Iduće sam večeri prvi put otišao na jedno od Vaših predavanja ovdje u Los Angelesu i shvatio kako je moja molitva uslišana."

Smiješili smo se jedan drugomu u tišini.

„I evo, već sam jedanaest godina Vaš *Kriya joga* učenik", nastavio je g. Dickinson. „Razmišljajući katkad o obećanoj srebrnoj čaši, već sam gotovo bio uvjerio samog sebe da su te Vivekanandine riječi bile samo metafora.

Ali kada ste mi ovog Božića navečer dali malu kutiju ispod bora,

---

* Glavni učenik kristolikog učitelja Ramakrishne Paramahanse.

ja sam po treći put u životu vidio isto zasljepljujuće svjetlo. Već minutu kasnije u ruci mi je bio guruov dar koji je predvidio Vivekananda prije četrdeset i tri godine*- srebrna čaša!"

---

*   G. Dickinson sreo je Swamija Vivekanandu u rujnu 1893., u godini rođenja Paramahanse Yoganande koji se rodio 5.siječnja. Vivekananda je očito znao kako se Yogananda upravo ponovno utjelovio i da će otići u Ameriku podučavati indijsku filozofiju.
Godine 1965., u dobi od 89 godina, još uvijek aktivan i dobrog zdravlja, g. Dickinsonu je uručen naziv Yogacharya (učitelj joge) na svečanosti održanoj u središnjici Self-Realization Fellowshipa u Los Angelesu.
On je često znao dugo meditirati zajedno s Paramahansajijem i nikada nije propustio vježbanje *Kriya joge* triput dnevno. Dvije godine prije smrti, 30. lipnja 1967. Yogacharya Dickinson održao je govor redovnicima SRF-a. Ispričao im je zanimljivu pojedinost koju je bio zaboravio spomenuti Paramahansajiju. Yogacharya Dickinson tom je prigodom rekao: „Kada sam otišao na pozornicu dvorane u Chicagu kako bih se upoznao sa Swamijem Vivekanandom, prije nego što sam ga stigao i pozdraviti, on mi je rekao:
'Mladiću, držite se dalje od vode!' (*bilješka izdavača*).

48. POGLAVLJE

U Encinitasu, Kalifornija

„Iznenađenje, gospodine! Dok ste bili u inozemstvu, mi smo dali sagraditi ovu duhovnu školu u Encinitasu. Ovo vam je dar za dobrodošlicu na povratku kući!" To su mi sa smiješkom rekli g. Lynn, sestra Gyanamata, Durga Ma i još nekoliko poklonika dok smo ulazili kroz dvorišna vrata i nastavljali stazom u sjeni drveća.

Ispred mene je izronila zgrada poput velikog prekooceanskog broda na pučini. Najprije sam ostao bez riječi, zatim sam ispuštao samo uzdahe „Oh" i „Ah", a na kraju sam pokušao nedostatnim riječima izraziti svoju radost i zahvalnost. Razgledavao sam ašram koji se sastojao od šesnaest neuobičajeno velikih soba od kojih je svaka bila pomno odabrana za određenu namjenu.

Iz veličanstvene središnje dvorane s golemim prozorima do stropa pruža se pogled na oltar od trave, oceana i neba, svojevrsnu simfoniju smaragda, opala i safira. Iznad velikoga kamina nalaze se uokvirene slike Krista, Babajija, Lahirija Mahasaye i Sri Yukteswara koji, osjećam to, udjeljuju blagoslove ovom mirnom i tihom ašramu na Zapadu.

Točno ispod dvorane, ukopane u samu strmu obalu, smještene su dvije prostorije za meditaciju iz kojih se pruža pogled na beskonačno plavetnilo neba i mora. Uokolo zgrade nalaze se mirni kutci okupani suncem, kamenom popločene staze kojima se stiže do tihih šumovitih parkova, ružičnjaka, šumice eukaliptusa i voćnjaka.

Na ulazu jedne od soba duhovne škole nalazi se sljedeći ulomak 'Molitve za ukućane' iz Zend-Aveste: „Neka dobre i junačke duše svetaca dođu ovamo i idu ruku pod ruku s nama, udjeljujući nam svoje ozdravljujuće vrline kao blagoslovljene darove, obilate poput darova zemlje i uzvišene poput nebesa!"

Ovaj veliki posjed u Encinitasu u Kaliforniji darovao je Self-Realization Fellowshipu g. James J. Lynn, vjerni poklonik *Kriya joge* još od svoje inicijacije u siječnju 1932. On je američki poslovni čovjek s nebrojenim dužnostima (predvodi veliku naftnu kompaniju i predsjednik

Paramahansa Yogananda i James J. Lynn, kasnije Sri Rajarsi Janakananda (vidi fotografiju na str. 199). Guru i učenik meditiraju u SRF-YSS međunarodnoj središnjici u Los Angelesu 1933. godine. "Neki kažu kako zapadnjaci ne mogu meditirati. To nije istina.", rekao je Yoganandaji. "Otkako je g. Lynn iniciran u *Kriya jogu*, nikada ga nisam vidio, a da iznutra nije bio u jedinstvu s Bogom."

Paramahansaji i Faye Wright, kasnije Sri Daya Mata (vidi fotografiju na str. 199) u Duhovnoj školi SRF-a u Encinitasu 1939. godine. Ubrzo nakon što se 1931. pridružila ašramu SRF-a Guru joj je rekao: "Ti si jaje iz mog gnijezda. Kada si ti stigla, shvatio sam da će mnogi istinski poklonici biti privučeni na ovaj put." Jednom je s puno ljubavi rekao o njoj: "Moja Fay, koliko li će samo dobra ona učiniti! ... Znam da mogu djelovati kroz nju jer je tako senzibilna."

je najvećega svjetskog osiguravajućeg društva za naknadu šteta od požara). Unatoč tomu g. Lynn svakodnevno nalazi vremena za dugu i duboku *Kriya joga* meditaciju. Takav uravnoteženi život donio mu je blagoslov *samadhija* i nepomućena mira.

Za vrijeme mog boravka u Indiji i Europi (od lipnja 1935. do listopada 1936.) g. Lynn* je s puno ljubavi radio na izgradnji ašrama u Encinitasu. Pritom se pobrinuo da nijedna riječ o tome ne stigne do mene! Neopisivo iznenađenje i oduševljenje!

Prijašnjih godina 'pročešljao' sam kalifornijsku obalu u potrazi za mjestom na kojem bih podigao maleni ašram uz more. Uvijek kada bih pronašao prikladno mjesto, ispriječila bi se neka zapreka i omela me. Dok sam sada promatrao sunčani posjed u Encinitasu, s poniznom zahvalnošću shvatio sam da se ostvarilo davno Sri Yukteswarovo proročanstvo o „utočištu kraj oceana."†

Nekoliko mjeseci kasnije, u zoru na Uskrs 1937., na travnjaku novog ašrama predvodio sam prvu od mnogih uskrsnih molitvi. Više stotina učenika s divljenjem i devocijom promatralo je, kao što su to nekad davno činila biblijska tri kralja, dnevni obred koji izvodi sunce na istočnom nebu. Na zapadu je ležao Tihi ocean čija je huka valova izražavala slavu dok je morem prolazila poneka jedrilica ili proletio usamljeni galeb. „Kriste, ti si uskrsnuo!" Ne s proljetnim suncem, već u vječnoj zori Duha.

Uslijedili su mnogi sretni mjeseci. Okružen savršenstvom ljepote Encinitasa dovršio sam dugo pripremano djelo *Cosmic Chants*‡. U njemu sam prepjevao na engleski mnoge indijske pjesme zajedno s notnim zapisom u tradiciji zapadnjačke glazbe. Zbirka uključuje Šankarinu molitvu „Ni rođenje, ni smrt", sanskrtsku „Himnu Brahmi", Tagorcovu „Tko je u mom hramu?", kao i niz mojih skladbi: „Uvijek bit ću Tvoj", „U zemlji od mojih snova ljepšoj", „Upućujem Ti zov duše svoje", „Dođi čuti pjesmu duše moje" i „U hramu tišine".

---

* Nakon Paramahansajijeve smrti g. Lynn (Rajarsi Janakananda) preuzeo je dužnost predsjednika Self-Realization Fellowshipa i Yogoda Satsanga Society of India. G. Lynn o svom je guruu rekao: „Kako je božanstveno biti u društvu sveca! Od svega što mi je život dao, kao najveće i najdragocjenije blago držim blagoslove koje mi je udijelio Paramahansaji."

G. Lynn je ušao u *mahasamadhi* 1955. godine (*bilješka izdavača*).

† Vidi na str. 115-116.

‡ Objavio Self-Realization Fellowship. Također postoje snimke Paramahanse Yoganande koji izvodi neke od pjesama iz te knjige. Snimke se također mogu nabaviti kod Self-Realization Fellowshipa (*bilješka izdavača*).

Pogled iz zraka na Duhovnu školu Self-Realization Fellowshipa, smještenu na obali Tihog oceana u Encinitasu u Kaliforniji. U sklopu prostrana kompleksa, izvan slike nalazi se ašram te Self-Realization odmorište. U blizini je i hram SRF-a.

Paramahansa Yogananda na području Duhovne škole SRF-a u Encinitasu 1940. godine; škola je smještena na stijeni s koje se pruža pogled na Tihi ocean.

U predgovoru te pjesmarice osvrnuo sam se na svoje posebno i izvanredno prvo iskustvo s reakcijom ljudi na Zapadu kada su čuli istočnjačke napjeve ovih molitvi. To se dogodilo na mom javnom predavanju održanom 18. travnja 1926. u dvorani Carnegie Hall u New Yorku.

Dan prije, 17. travnja, povjerio sam američkom učeniku g. Alvinu Hunsickeru: „Sutra kanim zamoliti slušateljstvo da mi se pridruži u pjevanju jedne stare indijske molitve 'O Bože krasni!'('O God Beautiful')".*

G. Hunsicker se s tim nije složio govoreći kako ljudi na Zapadu ne mogu lako razumjeti istočnjačke pjesme.

„Glazba je univerzalni jezik", odgovorio sam. „Amerikancima neće promaknuti čežnja duše koja se osjeća u ovoj uzvišenoj molitvi."

---

* Stihovi ove pjesme Gurua Nanaka glase:
O Bože krasni! O Bože krasni!
U šumi Ti si zelenilo,
U planini Ti si vis,
U rijeci Ti si neumorni tok,
U oceanu Ti si grob.
Za onog tko Ti služi, Ti si služba,
Ljubavniku Ti si ljubav,
Tugujućem Ti si utjeha,
Jogiju Ti si Blaženstvo.
O Bože krasni, o Bože krasni,
Pred Tvojim stopalima se klanjam!

U Encinitasu, Kalifornija

Iduće večeri iz tri tisuće grla moglo se čuti predano zborno pjevanje „O, Bože krasni!" i to više od jednog sata. Dragi Njujorčani, nitko više ne može reći da ste nezainteresirani! Vaša srca glasno su iskazala radosni hvalospjev. Te su se večeri dogodila božanska ozdravljenja među poklonicima koji su s ljubavlju pjevali u molitvi blagoslovljeno ime Gospodnje.

Godine 1941. posjetio sam centar Self-Realization Fellowshipa u Bostonu. Njegov voditelj dr. M. W. Lewis smjestio me u luksuzni hotelski apartman s više soba. „Gospodine," rekao je dr. Lewis smiješeći se, „u počecima Vašega boravka u Americi stanovali ste ovdje u Bostonu u sobici bez kupaonice. Ovime sam Vam htio pokazati kako u Bostonu postoje i otmjeniji stanovi!".

Sretne godine u Kaliforniji brzo su prolazile ispunjene stalnim radom. Centar Self-Realization Fellowshipa* u Encinitasu osnovan je 1937. godine. Mnogobrojne aktivnosti tog centra pružaju raznovrsnu edukaciju novim učenicima u skladu s učenjima i ciljevima Self-Realization Fellowshipa. Ovdje se uzgaja voće i povrće za sve koji borave u centrima u Encinitasu i Los Angelesu.

„On je izveo sav ljudski rod od jednoga čovjeka."† Svjetsko bratstvo širok je pojam, ali čovjek mora proširiti svoju ljubav na sve kako bi se mogao nazvati građaninom svijeta. Onaj tko istinski shvaća da je sve to „moja Amerika, moja Indija, moji Filipini, moja Europa, moja Afrika" i tako dalje, taj može živjeti sretnim i korisno ispunjenim životom.

Sri Yukteswar nije nikada nogom kročio izvan Indije, no ipak je znao za istinsko bratstvo:

„Svijet je moj dom."

---

* To je sada bogato opremljeni ašram čije zgrade osim prvotne glavne duhovne škole ili duhovnog utočišta sada uključuju ašrame za redovnike i redovnice, kuhinju te privlačno odmorište za članove i prijatelje. Na vrhovima niza bijelih stupova, što ograđuju prostrano zemljište sa strane koja gleda prema glavnoj cesti, nalaze se pozlaćeni metalni lotosi. U indijskoj umjetnosti lotos je simbol središta Kozmičke Svijesti (sahasrara) u mozgu, tzv. „lotosa svjetla s tisuću latica."

† Dj 17:26.

49. POGLAVLJE
Godine: 1940. - 1951.

„Uistinu smo naučili cijeniti vrijednost meditacije i spoznali da ništa ne može narušiti naš unutarnji mir. U posljednjih nekoliko tjedana za vrijeme naših sastanaka oko nas se čuju sirene za označavanje zračne opasnosti i eksplozije bombi s odgođenim djelovanjem. Usprkos tome naši se studenti redovito okupljaju i istinski uživaju u prekrasnoj službi."

Ove dokaze hrabrosti uputio mi je u svom pismu voditelj centra Self-Realization Fellowship iz Londona. Mnoga sam takva pisma dobivao iz ratom opustošene Engleske i Europe tijekom prvih godina Drugoga svjetskog rata kada je SAD još bio neutralan.

Dr. L. Cranmer-Byng, ugledni urednik knjiga *The Wisdom of East*, napisao mi je 1942. sljedeće:

„Čitajući časopis *East-West**, uvidio sam koliko su udaljeni i različiti svjetovi u kojima trenutno živimo. Čini mi se tada kako do nas iz Los Angelesa stižu ljepota, red, smirenost i mir na brodu koji uplovljava u luku natovaren blagoslovima i utjehom Svetog Grala za ovaj napaćeni grad pod opsadnim stanjem.

Kao u snu vidim Vaš gaj palmi i hram u Encinitasu s pogledom na ocean i planinske lance, a iznad svega, vidim udrugu duhovno nadahnutih muškaraca i žena, tu zajednicu koju odlikuje jedinstvo i razumijevanje, koja je uronjena u stvaralački rad i koja svoje nadahnuće uvijek iznova obnavlja u kontemplaciji... Pozdrav svima u SRF-u od običnog vojnika koji vam piše sa svoje promatračnice iščekujući zoru."

Crkva Svih religija u Hollywoodu, Kalifornija, koju su sagradili članovi Self-Realization Fellowshipa, posvećena je 1942. Godinu dana poslije osnovan je hram u San Diegu, Kalifornija, a 1947. još jedan u Long Beachu, Kalifornija.†

Self-Realization Fellowship je 1949. dobio na dar jedan od najljepših

---

* Časopis se sada zove *Self-Realization*.

† Kapela u Long Beachu postala je pretijesna pa se 1967. zajednica preselila u veći Self-Realization Fellowship hram u Fullertonu, Kalifornija (*bilješka izdavača*).

PARAMAHANSA YOGANANDA
Fotografiran 20. kolovoza 1950. tijekom posvećenja kompleksa Self-Realization Fellowship Lake Shrine, Pacific Palisades, Kalifornija.

SELF-REALIZATION FELLOWSHIP 'LAKE SHRINE' I 'GANDHI WORLD PEACE MEMORIAL'

Smješten na području Pacific Palisades u Los Angelesu u Kaliforniji kompleks Lake Shrine prostire se na površini od deset jutara. Paramahansa Yogananda posvetio ga je 20. kolovoza 1950. Tijekom nadziranja gradnje i hortikulturnih radova 1949. Paramahansaji je katkad boravio u kući na vodi koja je vidljiva na slici lijevo. Između središnjih stupova na drugoj slici vidi se izrezbareni sarkofag u kojem je položen dio pepela Mahatme Gandhija. Na suprotnoj strani jezera je Windmill Chapel koja se može vidjeti na slici lijevo. U Lake Shrineu koji je otvoren za javnost održavaju se svaki tjedan službe Self-Realization Fellowshipa, meditacije i predavanja.

Godine: 1940. - 1951.

posjeda na svijetu, prekrasni cvjetni park u dijelu Los Angelesa zvanom Pacific Palisades. To imanje površine deset jutara prirodni je amfiteatar okružen šumovitim brdima. Cijeli posjed dobio je ime Lake Shrine po velikom prirodnom jezeru koje je pravi plavi dragulj u planinskoj dijademi. Starinska vjetrenjača u nizozemskom stilu na njegovoj obali pretvorena je u mirnu kapelicu. Pokraj potopljenog vrta okreće se vodenica, a zvuk vode djeluje poput opuštajuće glazbe. Cijelo mjesto ukrašavaju i dva mramorna kipa iz Kine, jedan prikazuje Gospoda Buddhu, a drugi Kwan Yin (kinesku inačicu Božanske Majke). Na brdašcu ponad vodopada nalazi se kip Krista u prirodnoj veličini koji, osvijetljen noću, pruža izvanredan prizor s njegovim uzvišenim licem i lepršavim haljama.

Posebni dio Lake Shrinea je „Mahatma Gandhi World Peace Memorial", posvećen 1950., u godini kada je obilježena tridesetogodišnjica osnivanja Self-Realization Fellowshipa u Americi*. Ovdje je u tisuću godina starom sarkofagu pohranjen dio Mahatmina pepela koji je stigao iz Indije.

U Hollywoodu je 1951. osnovan „India Center"† (Indijski centar) u sklopu Self-Realization Fellowshipa. U svečanom posvećivanju tog objekta pridružili su mi se g. Goodwin J. Knight, zamjenik guvernera države Kalifornije i g. M.R. Ahuja, generalni konzul Indije. U sklopu centra je i „India Hall", dvorana s 250 sjedećih mjesta.

Ljudi koji prvi put dođu u neki od naših centara često traže podrobnija objašnjenja o jogi. Katkad čujem pitanje poput ovog: „Je li istina, kako tvrde neke organizacije, da se joga ne može uspješno proučavati iz pisanih izvora, već se mora učiti samo pod neposrednim vodstvom učitelja?"

U današnje atomsko doba joga se treba učiti iz prikladno pisanih tekstova s uputama o radu kakve su *Self-Realization Fellowship Lessons (lekcije)*,‡ jer će u protivnom oslobađajuće znanje duhovne znanosti

---

* U Los Angelesu 27. kolovoza 1950. tijekom proslave ove obljetnice predvodio sam obred u sklopu kojeg sam u *Kriya jogu* inicirao 500 učenika.

† Ovo je, zajedno sa susjednim hramom, bio zametak velikog ašrama za koji se brinu i održavaju ga poklonici koji su svoj život posvetili služenju čovječanstvu i primjerom vlastitih života ostvaruju ideal Paramahanse Yogananda (*bilješka izdavača*).

‡ To je niz sveobuhvatnih predavanja namijenjenih učenju kod kuće, a mogu se dobiti na zahtjev od Međunarodnog sjedišta Self-Realization Fellowshipa, udruge koju je osnovao Paramahansa Yogananda u svrhu širenja znanosti *Kriya joge*, znanstvene tehnike meditacije i duhovnog življenja. (Vidi podrobnije na str. 507.) (*bilješka izdavača*)

G. Goodwin J Knight, zamjenik guvernera Kalifornije (*u sredini*), s Yoganandajijem i g. A.B. Roseom tijekom posvećenja Self-Realization Fellowship India Center (Indijskog centra) koji se nalazi u blizini SRF hrama (prikazan na slici ispod) u Hollywoodu, Kalifornija, 8. travnja 1951.

Self-Realization Temple (Church of All Religions – Crkva svih religija), Hollywood

Godine: 1940. - 1951.

joge ponovno biti dostupno samo nekolicini odabranih. Naravno da bi neprocjenjiv blagoslov bila mogućnost da svaki učenik uza se ima gurua usavršenog u božanskoj mudrosti, ali u svijetu je mnoštvo 'grešnika' i tek poneki svetac. Mnoštvu onih koji tragaju za duhovnošću joga tako može pomoći jedino ako im se pruži mogućnost učenja kod kuće iz uputa koje su napisali pravi i istinski jogiji.

Jedina zamjena ovome je da se „prosječnom čovjeku" uskrati znanje joge. No to nije Božji plan za novo doba. Babaji je obećao skrb i vodstvo svim iskrenim *Kriya jogijima* na njihovu putu prema Cilju.* Potrebne su na stotine tisuća *Kriya jogija*, a ne samo maleni broj kako bi se ostvario svijet mira i blagostanja koji čovječanstvo može ostvariti ako i kada uloži potreban napor kako bi ponovno steklo status sinova Božanskog Oca.

Osnivanjem udruge Self-Realization Fellowship na Zapadu, te „košnice duhovnog meda", ispunio sam zadatak koji su mi dali Sri Yukteswar i Mahavatar Babaji. Ispunjenje ove svete zadaće nije išlo bez teškoća.

„Paramahansaji, recite mi iskreno, je li vrijedilo truda?" Ovo izravno pitanje postavio mi je jedne večeri dr. Lloyd Kennell, voditelj hrama u San Diegu. Shvatio sam da me želi pitati: „Jeste li sretni u Americi? Kako se nosite s lažima koje šire zavedeni ljudi kako bi spriječili širenje joge? Što je s razočaranjima, tugom, voditeljima centara koji nisu dorasli zadatku, učenicima koji ne mogu usvojiti znanje?"

„Blagoslovljen je onaj kojega Bog podvrgava kušnji!", odgovorio sam. „Bog me se sjeti i povremeno mi stavi poneki teret na leđa." Pomislio sam tada na sve one vjerne ljude i na svu ljubav, posvećenost i razumijevanje koje nadahnjuje i sjaji iz srca Amerike. Pomno promislivši, nastavio sam: „Moj odgovor je 'Da', tisuću puta 'Da'! *Vrijedilo* je, i to više nego što sam ikada mogao sanjati sada kada vidim približavanje Istoka i Zapada preko jedine trajne poveznice, a to je ona duhovna."

Veliki učitelji Indije koji su pokazali iskreno zanimanje za Zapad itekako su dobro shvaćali što znače moderni uvjeti života. Oni su znali kako je bolje prožimanje svih naroda i međusobna razmjena dobrih

---

* Paramahansa Yogananda također je govorio svojim učenicima i na Istoku i na Zapadu da će se nakon ovog života nastaviti brinuti o duhovnom napretku svih *Kriyabana* (učenika *Self-Realization Fellowship Lessons* koji su primili inicijaciju u *Kriyu*; vidjeti napomenu na str. 313-14). Istinitost ovoga divnog obećanja potvrđena je otkako, nakon njegova *mahasamadhija*, stižu pisma mnogih *Kriya jogija* koji pišu o iskustvu njegova sveprisutnog duhovnog vodstva. (*bilješka izdavača*)

strana Istoka i Zapada preduvjet za poboljšanje stanja u svijetu. Svakom dijelu svijeta potrebno je ono najbolje što nudi druga strana.

Tijekom svojih putovanja itekako sam imao prilike uvjeriti se u patnju prisutnu u svijetu*: na Istoku ona je vezana ponajprije uz probleme na materijalnom planu, a na Zapadu jad i nesreća nastaju uglavnom zbog uzroka na mentalnom ili duhovnom planu. Svi narodi osjećaju bolne učinke neuravnoteženosti prisutne u svojim društvima. Indija i mnoge duge zemlje Istoka mogu imati velike koristi od usvajanja učinkovitosti i praktičnih sposobnosti u rješavanju svakodnevnih problema življenja kakve nalazimo kod naroda na Zapadu, primjerice u Amerikanaca. Ljudi na Zapadu pak trebaju postići dublje razumijevanje duhovne osnove života, posebno kada je riječ o znanstvenim tehnikama za čovjekovo svjesno povezivanje i ujedinjenje s Bogom kakve su od davnina poznate i prisutne u Indiji.

Ideal dobro uravnotežene civilizacije nije samo puko maštanje. Tisućljećima je Indija bila ne samo duhovno usmjerena već je istodobno uživala i materijalno blagostanje. Siromaštvo koje prati Indiju posljednjih 200 godina predstavlja, u sklopu duge povijesti Indije, tek prolaznu karmičku fazu. U prošlosti je kroz mnoga stoljeća bio uobičajen izraz „bogatstva Indije."† Izobilje, i materijalno i duhovno, u stvari je izraz onoga

---

* „Taj glas poput uskovitlana mora čujem:
    'Nije li ti zemlja uništena,
    Zar razbijena u krhotinama ne leži?
    Gle, sve ti stvari bježe, jer ti od Mene bježiš!...
    Sve što uzeh, ne uzeh da te kaznim
    Već da sve te stvari tražiš u rukama Mojim.
    Sve što ti, poput djeteta neuk, misliš da izgubljeno je,
    Ja za te u kući čuvam.
    Ustani, ruku Mi čvrsto daj i - dođi!'"
    -Francis Thompson, „The Hound of Heaven"

† Pogleda li se u prošlost, može se vidjeti da postoje dokazi kako je, sve do 18. stoljeća, Indija bila najbogatija nacija svijeta. Osim toga, nigdje u indijskim knjigama ili tradiciji ne postoji ništa što bi potkrijepilo vrijeduću teoriju povjesničara sa Zapada kako je u dalekoj prošlosti došlo do „invazije" Arijaca na Indiju iz nekog drugog dijela Azije ili iz Europe. Stručnjaci, razumljivo, nisu u stanju utvrditi početak tog navodnog pohoda. S druge strane, unutarnji dokazi iz Veda, o Indiji kao domu Indijaca od pradavnih vremena, mogu se naći u neuobičajenom ali vrlo čitljivom djelu *Rig-Vedic India* koje je napisao Abinas Chandra Das, profesor sa Sveučilišta u Kalkuti, objavljenom 1921. Profesor Das smatra kako su se iseljenici iz Indije naselili u raznim krajevima Europe i Azije, šireći pritom arijski jezik i običaje. Litavski jezik, na primjer, ima mnoge izrazite sličnosti sa sanskrtom. Poznati filozof Kant, koji nije nikada čuo za sanskrt, bio je zadivljen znanstvenom strukturom litavskoga jezika. „Taj jezik", govori Kant, „sadrži ključ rješenja za sve zagonetke, ne samo filologije već i povijesti".

U Bibliji se spominju bogatstva Indije (2 Ljet 9:21,10) posebice „lađe iz Taršiša" koje su

Godine: 1940. - 1951.

što se naziva *rita*, kozmički zakon ili prirodna pravednost. Božansko ne

donijele kralju Solomonu „zlato i srebro, bjelokost, majmune i paune", i opet na drugom mjestu „sandalovinu i dragulje" iz Ofira (Sopara na obali Bombaya). Grčki izaslanik iz 4. stoljeća pr. Kr., Megasten, ostavio nam je potanki opis napretka koji je vidio u Indiji. Plinije (1. stoljeće) nam govori kako Rimljani godišnje troše pedeset milijuna sestercija (5.000.000 am. dolara) na uvoz dobara iz Indije koja je tada bila moćna pomorska sila.

Putnici iz Kine vrlo su slikovito pisali o raskoši i bogatstvu indijske civilizacije, visokom stupnju obrazovanosti i izvrsnoj organizaciji vlasti. Kineski svećenik Fa-Hsien (5. stoljeće) govori nam kako su ljudi Indije sretni, pošteni i napredni. Vidjeti djela: Samuel Beal, „Buddhist Records of the Western World" (Indija je za Kineze bila „zapadni svijet"!), Trubner, London; Thomas Watters; „On Yuan Chwang's Travels in India, A.D. 629-45", Royal Asiatic Society.

Kolumbo je u 15. stoljeću otkrio Novi svijet tragajući u stvari za kraćim putem do Indije. Stoljećima je u Europi bila vrlo tražena izvozna roba iz Indije: svila, otmjena odjeća (takve finoće da su bili skovani posebni izrazi poput „istkanog zraka" i „nevidljive magle"), tkanine s uzorcima, brokati, vezovi, tepisi, jedaći pribor, oklopi i ratna oprema, bjelokost i predmeti od nje, parfemi, mirisni štapići, sandalovina, lončarija, lijekovi i masti, indigo, riža, začini, koralji, zlato, srebro, biseri, rubini, smaragdi i dijamanti.

Postoje zapisi portugalskih i talijanskih trgovaca koji su izražavali svoje divljenje pred slavnim i veličanstvenim kraljevstvom Vijayanagar (1336.-1565.). Veličanstvenost njegova glavnog grada opisao je arapski veleposlanik Razzak riječima:„takvo mjesto na Zemlji oči još nisu vidjele niti uši o njemu čule".

U 16. stoljeću Indija je, prvi put u svojoj dugoj povijesti, u potpunosti potpala pod tuđinsku vlast. Mogulski vojskovođa Baber osvojio je 1524. čitavu zemlju i uspostavio vladavinu muslimanskih kraljeva. Naselivši se u toj drevnoj zemlji, novi vladari nisu je osiromašili. Međutim, oslabljena unutarnjim razmiricama, bogata Indija je u 17. stoljeću postala plijen više europskih nacija da bi na kraju Engleska izašla kao vladajuća sila. Indija je na miran način stekla neovisnost 15. kolovoza 1947.

Poput tolikih Indijaca i ja imam svoju tajnu priču. Skupina mladih ljudi, koje sam bio poznavao sa studija, došla mi je tijekom Prvoga svjetskog rata s prijedlogom da vodim revolucionarni pokret. Odbio sam to uz obrazloženje: „Ubijanjem naše engleske braće nećemo postići nikakvo dobro za Indiju. Do slobode nećemo doći oružjem, već putem duhovne snage." Zatim sam upozorio prijatelje da će njemačke brodove natovarene oružjem presresti Britanci kod Diamond Harboura u Bengalu. Spomenuti mladići ipak su nastavili sa svojim planovima koji su se kasnije izjalovili upravo onako kako bijah predvidio. Moji su prijatelji oslobođeni iz zatvora nekoliko godina kasnije. Neki od njih napustili su ideju o nasilnoj borbi i pridružili se Gandhijevom primjerenom političkom pokretu. Na kraju su tako ipak postigli pobjedu Indije u „ratu" izvojevanom mirnim sredstvima.

Žalosna podjela zemlje na Indiju i Pakistan i kratak ali krvav uvod u to koji se dogodio u nekim dijelovima zemlje imali su svoje uzroke u ekonomskim čimbenicima i nisu u svojoj osnovi bili temeljeni na vjerskom fanatizmu (primjer kada se sporedni razlog pogrešno želi prikazati kao presudan). Velika većina hindusa i muslimana živjela je, sada kao i u prošlosti, mirno i u slozi jedni kraj drugih. Ljudi obiju vjera u velikom su broju postali učenici učitelja Kabira (1450.-1518.) koji nije pristajao ni uz jednu vjeru. On i danas ima milijune sljedbenika (Kabir-panthija) Za vrijeme vladavine Akbara Velikog postojala je najveća moguća sloboda vjeroispovijesti u cijeloj Indiji. Isto tako, ni danas nema ozbiljnijeg prijepora na vjerskoj osnovi između 95% običnih ljudi. Stvarna Indija, Indija koja je bila sposobna shvatiti i slijediti Mahatmu Gandhija, nije ona iz golemih nemirnih gradova, već se nalazi u mirnih 700.000 sela u kojima je od pamtivijeka postojao jednostavan i pravedan oblik lokalne samouprave u vidu mjesnih vijeća (panchayata). Problemi s kojima se danas tek oslobođena Indija suočava zasigurno će s vremenom biti riješeni uz pomoć velikih ljudi koje je Indija uvijek imala.

poznaje škrtost, kao ni Njegova pojavna boginja, izdašna Priroda.

Indijski sveti spisi govore o tome da je čovjek privučen na ovaj naš planet kako bi naučio, sve potpunije u svakom uzastopnom životu, bezbrojne načine na koje se Duh može izraziti i kako je taj Duh u stvari gospodar materijalne prirode. Istok i Zapad uče ovu veliku istinu na različite načine i stoga bi trebali drage volje dijeliti međusobno svoja otkrića. Bez ikakve sumnje, Gospodu je drago kada vidi kako se njegova zemaljska djeca trude ostvariti svjetsku civilizaciju bez siromaštva, bolesti i duhovnog neznanja. Čovjekov zaborav svojega božanskog podrijetla (koji je posljedica zloporabe vlastite slobodne volje*) temeljni je uzrok svih vrsta patnje.

Nevolje koje se pripisuju antropomorfnoj apstrakciji zvanoj „društvo" prije bi trebalo uputiti na adresu Običnog Čovjeka.† Pojedinac utopiju najprije mora zasaditi u svojim grudima prije nego što ona procvate u javnom vrtu vrline jer unutarnje promjene prirodno vode do onih vanjskih. Samo čovjek koji je promijenio sebe, može preobraziti tisuće.

Svi sveti spisi svijeta koji su izdržali test vremena u suštini govore o jednoj jedinoj bitnoj stvari: kako nadahnuti čovjeka da krene stazom duhovnog uzdizanja. Jedno od najsretnijih razdoblja mojega života bilo je ono kada sam za *Self-Realization Magazine* diktirao svoje tumačenje dijela Novog zavjeta.‡ Duboko sam se molio milostivom Kristu za božansko vodstvo kako bih kroz meditaciju uspješno dao istinsko značenje njegovih riječi, od kojih su mnoge bile grubo iskrivljene i pogrešno shvaćene tijekom dvadeset stoljeća.

Jedne noći dok sam se tiho molio u svojoj dnevnoj sobi duhovne

---

* „Slobodno služimo,
Jer slobodno volimo, kao što svojom voljom
Volimo ili ne volimo i tako se dižemo ili padamo.
I neki su pali, pod neposluh pali,
Iz nebesa u najdublji pakao. Pali
Iz kakvog blaženstva u kakav jad!"
- Milton, „Izgubljeni Raj"

† Božanska *lila* ili „igra za razonodu", putem koje su stvoreni svi pojavni svjetovi, zamišljena je na načelu *recipročnosti* između stvorenja i Stvoritelja. Jedini dar koji čovjek ima ponuditi Bogu jest ljubav. Ona je dovoljna da nam prizove Njegovu neodoljivu darežljivost i velikodušnost. „Udareni ste prokletstvom jer me prikraćujete vi, sav narod! Donesite čitavu desetinu u riznicu da u mojoj kući bude hrane. Tada me iskušajte - govori Jahve nad Vojskama - neću li vam otvoriti ustave nebeske i neću li izliti na vas punom mjerom blagoslov." – Mal 3:9-10.

‡ Sveobuhvatno i iscrpno tumačenje četiriju Evanđelja koje je dao Paramahansa Yogananda objavljeno je u knjizi *The Second Coming of Christ: The Resurection of Christ Within You*, u izdanju Self-Realization Fellowshipa. (*bilješka izdavača*)

Paramahansa Yogananda u Duhovnoj školi SRF-a u Encinitasu, Kalifornija, srpanj 1950.

škole u Encinitasu, sobu je ispunilo svjetlo plave boje opala. Ugledao sam sjajni lik blaženoga Gospoda Isusa. Izgledao je kao mladić od dvadeset i pet godina, rijetke brade i brkova. Njegova duga crna kosa bila je razdvojena po sredini i blistala je zlatnim sjajem.

Oči su mu bile čudesne. Dok sam gledao u njih, neprestano su se mijenjale. Sa svakom njihovom božanskom promjenom ja sam intuitivno razumijevao mudrost koju su mi prenosile. U njegovom veličanstvenom pogledu osjetio sam snagu koja održava bezbrojne svjetove. Na ustima mu se pojavio Sveti Gral koji se zatim spustio do mojih usana, a zatim vratio k Isusu. Nakon nekoliko časaka uputio mi je tako predivne riječi osobne prirode koje i danas čuvam u svome srcu.

Većinu vremena tijekom 1950. i 1951. proveo sam u mirnom utočištu pokraj pustinje Mojave u Kaliforniji. Tamo sam preveo Bhagavad Gitu i napisao opsežan komentar* koji objašnjava razne putove joge.

U Bhagavad Giti se na dva mjesta† izravno spominje jogijska tehnika (i to ista ona koju je Babaji jednostavno nazvao *Kriya joga*) pa tako taj najuzvišeniji i najslavniji indijski sveti spis u sebi sadrži, uz moralno, i praktično učenje. U oceanu ovoga našeg svijeta snova dah je ona posebna oluja prijevare koja uzburkava pojedinačne valove svijesti, u obliku ljudi i svih materijalnih predmeta. Gospod Krišna je znao da čisto filozofsko i moralno znanje nije dovoljno kako bi čovjeka prenulo iz njegova bolnog košmara o odvojenom postojanju pa je stoga u Giti iznio sveto znanje pomoću kojeg jogi može ovladati svojim tijelom i vlastitom voljom pretvoriti ga u čistu energiju. Takav jogijski pothvat ne bi trebao biti potpuno izvan dosega shvaćanja modernih znanstvenika koji upravo utiru put u novo, atomsko doba, svojim spoznajama o istovjetnosti materije i energije.

Indijski sveti spisi veličaju znanost joge upravo zbog njezine primjenjivosti na sveukupno čovječanstvo. Istina je kako su tajnom daha ovladali u pojedinačnim slučajevima i neki mistici izvan indijskog kruga koji su posjedovali uzvišenu moć predanosti prema Gospodu. Ti

---

* *God Talks With Arjuna: The Bhagavad Gita - Royal Science of God-Realization*, izdavač: Self-Realization Fellowship. Bhagavad Gita je najomiljeniji duhovni tekst u Indiji. U tom djelu opisan je dijalog između Gospoda Krišne (koji simbolizira Duh) i njegova učenika Arđune (koji simbolizira dušu idealnog poklonika). Duhovno vodstvo koje je dano na stranicama Bhagavad Gite predstavlja neprolazno blago za sve koji su u potrazi za istinom. Središnja poruka Gite jest kako čovjek može postići oslobođenje kroz ljubav prema Bogu, mudrost i ispravno djelovanje u duhu nevezanosti za plodove svojih djela.

† Bhagavad Gita IV:29 i V:27-28.

Godine: 1940. - 1951.

kršćanski, muslimanski i drugi sveci doista su postigli posebno stanje bez disanja i potpunog mirovanja (*sabikalpa samadhi**), bez kojeg nijedan čovjek ne može ostvariti spoznaju Božje prisutnosti (Nakon što svetac postigne *nirbikalpa* ili najviši oblik *samadhija*, on je tada neopozivo utvrđen u Gospodu, bez obzira na to je li u stanju bez disanja ili diše, je li nepokretan ili u djelovanju.).

Brat Lovro, kršćanski mistik iz 17. stoljeća, govori nam kako je prve nagovještaje o spoznaji Boga dobio promatrajući drvo. Gotovo da ne postoji ljudsko biće koje nije vidjelo drvo, ali zato jedva da ima onih koji su uspjeli vidjeti Stvoritelja tog drveta. Većina ljudi posve je nesposobna prizvati te neodoljive sile predanosti koje bez napora posjeduju samo rijetki *ekantini*, „iskreno posvećeni" sveci kakve nalazimo u svim vjerama na Istoku i na Zapadu. Ipak, običnom čovjeku† nije uskraćena mogućnost božanske spoznaje. Za ponovno buđenje svijesti duše potrebni su mu samo: tehnika *Kriya joge*, svakodnevno pridržavanje moralnih načela i sposobnost da iskreno kaže: „Gospode, ja čeznem upoznati Te!"

Univerzalnost joge ogleda se u njezinu pristupu Bogu putem svakodnevnog korištenja provjerene znanstvene metode, a ne gorljive predanosti koja je izvan emocionalnog dosega prosječnog čovjeka.

Velike učitelje džainizma iz Indije zvali su *tirthakare*, odnosno „oni koji nalaze gaz za prijelaz rijeke" jer su otkrili plitak prijelaz kojim napaćeno čovječanstvo može prijeći uzburkano more *samsare* (kotača karme čije okretanje uzrokuje uvijek nova rađanja i umiranja). *Samsara* (doslovno znači biti "nošen strujom pojavnog toka") navodi čovjeka na kretanje linijom manjeg otpora. „Dakle, tko god hoće biti prijatelj svijetu, postaje neprijatelj Bogu".‡ Kako bi postao Bogu prijatelj, čovjek mora prevladati đavole ili zla vlastite karme, odnosno djela koja ga uvijek ponovno navode i tjeraju na pomirljivo prepuštanje prijevarnom utjecaju *maye* u svijetu. Spoznaja o neumoljivosti zakona

---

* Vidi 26. poglavlje. Među kršćanskim svecima koji su postigli stanje *sabiklapa samadhija* može se spomenuti Sv. Terezija Avilska, čije je tijelo znalo postati tako nepomično da je zaprepaštene časne sestre u samostanu nisu bile u stanju pomaknuti ili vratiti u normalno stanje budnosti.

† Taj „obični čovjek" mora jednom i negdje započeti svoj duhovni put. „Put od tisuću milja počinje prvim korakom.", govorio je Lao Tse. Slično govori i Gospod Buddha:" Neka nitko ne bude lakomislen kada je u pitanju dobrota, misleći u svom srcu 'Nikada je neću ostvariti'. Posuda se puni kap po kap, a čovjek se puni mudrošću makar je skupljao malo po malo."

‡ Jak 4:4.

karme istinskog tragaoca potiče na traženje konačnog oslobođenja iz okova tog zakona. Budući da je ljudsko robovanje karmi ukorijenjeno u željama uma pod utjecajem *maye*, jogi se usredotočuje na ovladavanje umom.* Kada se skinu mnogi velovi neznanja uzrokovani karmom, čovjek napokon vidi svoju istinsku bit.

Otkrivanje tajne života i smrti jedini je razlog čovjekova privremenog boravka na Zemlji i usko je povezano s disanjem. Stanje bez daha jednako je što i besmrtnost. Davni indijski rišiji shvatili su tu istinu i usmjerili se na otkrivanje tajne disanja i razvijanja točne, praktične i svrhovite znanosti o postizanju stanja bez daha.

Kada Indija i ne bi imala ništa drugo ponuditi svijetu, *Kriya joga* bi sama predstavljala dar dostojan kralja.

U Bibliji imamo jasne dokaze o tome kako su hebrejski proroci bili itekako svjesni činjenice da je Bog učinio dah tanahnom vezom između tijela i duše. U knjizi Postanka stoji: „Jahve, Bog napravi čovjeka od praha zemaljskog i u nosnice mu udahne dah života. Tako postane čovjek živa duša."† Ljudsko tijelo načinjeno je od istih kemijskih sastojaka koji se nalaze i u „prahu zemaljskom". Ljudsko materijalno tijelo stoga se ne bi nikada moglo pokrenuti niti posjedovati energiju da nema životnih struja koje duša prenosi tijelu neprosvijetljenih ljudi preko daha (plinovite energije). Te životne struje koje u ljudskom tijelu djeluju kao peterostruka *prana* ili tanahne životne energije, izraz su *AUM-a*, vibracije sveprisutne duše.

Odraz, ili prividna stvarnost života koju stanicama tijela udahnjuje izvor duše, jedini je uzrok čovjekove vezanosti za tijelo jer on očito ne bi pridavao pozornost komadu gline. Ljudsko biće pogrešno

---

* „Poput mirnog plamena svijeće zaklonjene od vjetra,
 Takav je i um jogija
 Odvojen od osjetilnih oluja blistavo sjaji u Nebesima
 Kada je um uronjen u mir, utišan nasušnom svetom potrebom;
 Kada Jastvo razmišlja o sebi, i u sebi osjeća utočište;
 Kad se upozna ta neopisiva radost
 Koju osjetila nikad ne mogu pružiti
 Ono što samo duša može otkriti duši!
 I upoznavši to ne drhti vjeran istini samoj;
 Kada stekao je blago vrjednije od svih blaga
 Usidren je u miru kojeg ništa narušiti ne može.
 U toj sretnoj odvojenosti Joge
 Takav se čovjek savršenim jogijem zove!"
     - Bhagavad Gita VI:19-23 (prevedeno s engleskog prijevoda E. Arnolda)

† Post 2:7.

Godine: 1940. - 1951.

se poistovjećuje s fizičkim tijelom jer se životne sile koje izlaze iz duše putem daha prenose u tijelo takvom snagom da čovjek pogrešno zamjenjuje uzrok i posljedicu, pritom se idolopoklonički odnoseći prema tijelu kao nečemu što ima vlastiti život.

Čovjekova svijest predstavlja njegovu povezanost sa svjesnosti o postojanja tijela i disanja. Čovjek se za vrijeme sna nalazi u podsvjesnom stanju u kojem se privremeno misaono odvaja od svijesti o tijelu i dahu. Nadsvjesno stanje pak znači biti svjestan zablude prema kojoj „postojanje" ovisi o tijelu i dahu.* Bog živi bez disanja, pa duša načinjena na njegovu sliku prvi put postaje svjesna sebe samo tijekom stanja bez daha.

Kada se zbog karme na danom stupnju razvoja prekine veza između tijela i duše održavana disanjem, dolazi do naglog prijelaza zvanog „smrt". Stanice tijela se vraćaju u prirodno stanje nemoći. *Kriya jogi* pak zaustavlja dah vlastitom voljom koristeći se mudrošću koja je znanstveno utemeljena, a ne zbog grubog uplitanja karmičke nužnosti. Jogi na temelju vlastitog iskustva postaje svjestan kako je u biti bestjelesan i ne povodi se za smrću koja želi nametnuti mišljenje kako je čovjek ovisan o fizičkom tijelu.

Svaki čovjek napreduje iz života u život (brzinom koja ovisi o pogreškama koje usput čini) prema Cilju: vlastitom uzdizanju do Božanskog izvora. Smrt pritom ne predstavlja zapreku na tom uzlaznom putu, već čovjeku omogućava dolazak u podesnije okružje astralnog svijeta gdje može pročistiti svoje biće. „Neka se ne uznemiruje vaše srce… U kući Oca moga ima mnogo stanova."† Doista bi bilo nevjerojatno kada bi Bog iscrpio svoju domišljatost u osmišljavanu ovog svijeta ili kada na drugom svijetu On ne bi imao ponuditi ništa više od sviranja na harfi.

Smrt ne predstavlja potpuno brisanje iz postojanja, nekakav konačni bijeg iz života, jednako kao što ne predstavlja ni vrata koja vode do besmrtnosti. Onaj tko je zbog zemaljskih užitaka propustio spoznati

---

* Nikada nećete na pravi način uživati u svijetu ako ne uronite u more koje teče vašim venama, ako se ne odjenete nebesima i ne okrunite zvijezdama te shvatite da ste vi jedini nasljednici čitavoga svijeta, i još važnije, morate shvatiti da na svijetu postoje i drugi ljudi koji su jednako kao i vi jedini baštinici svijeta; dok ne budete pjevali i radovali se Bogu, kao što se bijednici raduju zlatu, a kraljevi uživaju u svom žezlu… dok se ne sprijateljite s Bogom u svakom razdoblju svoga života i On vam bude blizak kao što su vam to hod i stol; dok u sebi samima ne upoznate tu sjenu ničega od koje je načinjen svijet." (*Thomas Traherne*, „Stoljeća meditacija").

† Iv 14:1-2.

Indijski veleposlanik u Sjedinjenim Državama g. Binay Ranjan Sen sa Sri Yoganandom u međunarodnoj središnjici Self-Realization Fellowshipa u Los Angelesu, 4. ožujka 1952. – tri dana prije smrti velikoga jogija.

U govoru na pogrebu 11. ožujka veleposlanik Sen je rekao: „Kada bismo danas u Ujedinjenim narodima imali čovjeka poput Paramahanse Yogananande, svijet bi bio puno bolje mjesto nego što je sada. Koliko mi je poznato, nitko nije više radio, više uložio sebe u međusobno povezivanje ljudi Indije i Amerike–od Paramahanse Yogananande."

svoje pravo Jastvo, taj to neće uspjeti ni u okružju profinjene privlačnosti astralnog svijeta. On je tamo samo okružen prizorima suptilnije ljepote i dobrote koji su u osnovi jedno. Samo na nakovnju ove tvrde Zemlje čovjek može vlastitim naporom iskovati neuništivo zlato duhovnog identiteta. Iznoseći pred Smrt to teškom mukom zarađeno blago, kao jedini dar koji može zadovoljiti ovu pohlepnicu, ljudsko biće osvaja konačnu slobodu napuštajući zatvoreni krug uvijek novih fizičkih utjelovljenja.

U Encinitasu i Los Angelesu više sam godina održavao predavanja o Patanjalijevim *Yoga Sutrama* i drugim temeljnim djelima indijske filozofije.

Godine: 1940. - 1951.

„Zašto je Bog uopće spojio dušu s tijelom?" Ovo je pitanje jedne večeri postavio jedan učenik. „Koja je bila Njegova namjera kada je započeo ovu dramu evolucije i stvaranja?" Oduvijek su ljudi postavljali ovakva pitanja, a filozofi uzalud pokušavali dati potpuni odgovor.

Na ovakvo bi pitanje Sri Yukteswar uz osmijeh znao reći: „Neke tajne treba ostaviti za otkrivanje u okrilju Vječnosti. Kako bi ograničena moć rasuđivanja mogla pojmiti nedokučive motive Nestvorenog Apsoluta?* Snagu čovjekova razuma sputava načelo uzroka i posljedice prisutno u pojavnome svijetu i to je razlog zašto mu izmiče rješenje zagonetke Boga, Onoga koji je bez početka i bez uzroka. Unatoč tome što čovjekova moć rasuđivanja ne može pojmiti zagonetku Stvaranja, svaku tajnu vezanu uz to Bog će sam otkriti svojemu pokloniku."

Onaj tko iskreno čezne za mudrošću mora skromno početi svoju potragu u svladavanju 'abecede' božanskog plana, a ne odmah tražiti da mu se objasni složena „Einsteinova teorija" života.

„*Boga nikada nitko nije vidio* (nijedan smrtnik podložan relativnom 'vremenu' u domeni *maye*† ne može shvatiti Beskonačno); *Jedinorođenac-Bog koji je u krilu Očevu* (odražena Kristova Svijest ili prema van usmjerena Savršena Inteligencija koja vodi sve strukturne pojave pomoću vibracije *Auma* proizašla je iz 'krila' ili dubina Nestvorenog Božanskoga kako bi izrazila mnogostrukost Jedinstva), *on ga je objavio* (uobličio ili očitovao)."‡

„Isus im tada reče: 'Zaista, zaista kažem vam, Sin ne može ništa

---

* „Jer misli vaše nisu moje misli, i putovi moji nisu vaši puti, riječ je Jahvina. Visoko je iznad zemlje nebo, tako su i puti moji iznad vaših putova, i misli moje iznad vaših misli." – Iz 55:8-9. Dante svjedoči u *Božanstvenoj komediji*:

> Bio sam na nebu koje sjaji
> Svjetlom sjajnim Njegovim, i tamo sam vidio stvari
> Koje opisati ne može nitko tko od tamo se vrati;
> Jer kada približi se onome za čime čezne
> Naš razum je tako opčinjen da nikada ne može
> Pronaći stazu kojom kročio je.
> Ali sve što mi je u sjećanju od tog
> Svetog kraljevstva ostalo da kao blago čuvam
> Bit će tema moje pjesme sve dok pjev ne utihne.

† Zemaljski 24- satni ciklus u kojem se neprestano izmjenjuju dan i noć stalni je podsjetnik čovjeku kako se stvaranje, zbog utjecaja *maye*, očituje u stalnim izmjenama suprotnosti (stoga se prijelazna ili uravnotežena doba dana, zora i sumrak, smatraju posebno pogodnima za meditaciju). Parajući dvojnu tkaninu vela *maye*, jogi postaje svjestan Jedinstva koje nadilazi sve stvari.

‡ Iv 1:18.

sam od sebe činiti, nego samo ono što vidi da čini Otac. Što ovaj čini, to jednako čini i Sin."*

Trostruku prirodu Boga, na način kako se On očituje u pojavnim svjetovima u svetim spisima hinduizma simboliziraju: Brahma (Stvoritelj), Višnu (Održavatelj) i Šiva (Razararatelj-Obnovitelj). Njihovo trojedno djelovanje na bezbroj se načina očituje u cjelokupnoj vibrirajućoj stvarnosti. Kako je Apsolut izvan čovjekova shvaćanja, pobožni hindus Ga slavi i moli Mu se u vidu veličanstvenoga Trojstva.†

Univerzalno obličje Boga kao stvaratelja-održavatelja-razoritelja međutim nije Njegova krajnja niti čak Njegova bitna priroda (jer stvaranje svemira samo je njegova *lila*, igra za razonodu.)‡ Njegova se bit ne može dokučiti čak ni ako se uspiju pojmiti sve tajne Trojstva jer Njegova Ga vanjska priroda, očitovana u atomima i njihovim zakonima gibanja, samo izražava, a pritom Ga ne otkriva. Krajnja priroda Boga može se spoznati samo kada „Sin ide k Ocu."§ Tada oslobođeni čovjek nadilazi područja vibracije i ulazi u Bestitrajni Izvor.

Svi su veliki proroci šutjeli kada su bili upitani o konačnim tajnama. Kada je Pilat upitao: „Što je istina?"¶, Krist nije ništa odgovorio. Navodno dubokoumna pitanja koja postavljaju razmetljivci poput Pilata rijetko su potaknuta gorućom željom za duhovnom spoznajom. Iz takvih ljudi prije progovara oholost i stajalište kako je nedostatak uvjerenja o duhovnim vrijednostima** znak „otvorena uma."

„Ja sam se zato rodio i zato došao na svijet da svjedočim za istinu.

---

* Iv 5:19.

† Ovo je koncept različit od onog Svetog trojstva: *Sat, Tat, Aum*; ili: Otac, Sin, Duh Sveti. Brahma-Višnu-Šiva predstavljaju trojedan izražaj Boga u obliku Tat ili Sina, Kristove Svijesti koja je imanentno prisutna u vibrirajućem stvaranju. *Shakti* predstavljaju energije ili „supruge" Trojstva i one su simbol *Auma* ili Duha Svetoga, jedine uzročne sile koja održava svemir putem vibracije. (Vidi napomene na str. 144 i 192.)

‡ „Dostojan si naš Gospodine… jer ti si stvorio sve: sve Tvojoj volji duguje postojanje i stvaranje."- Otk 4:11.

§ Iv 14:12.

¶ Iv 18:38.

** „Ljubav Vrlina; jedina ona slobodna je;
Ona te može naučit kako popeti se
Više čak i od zvijezda;
Ili, kad bi Vrlina nejaka bila,
Nebo bi je samo pogrbilo."
-Milton, „*Comus*"

Godine: 1940. - 1951.

Svatko tko je prijatelj istine sluša moj glas."* U ovih nekoliko riječi Krist je rekao mnogo toga. Dijete Boga „svjedoči" *svojim vlastitim životom*. On utjelovljuje samu istinu, a to što je još i kazuje ljudima predstavlja velikodušno izlaženje u susret.

Istina nije nikakva teorija, nikakav spekulativni filozofski sustav ni intelektualni uvid. Istina predstavlja izravan dodir sa stvarnošću. Istina za čovjeka znači neupitno znanje o njegovoj stvarnoj prirodi, o njegovu Jastvu koje je duša. Isus je svakom riječju i djelom svojega života dokazao kako je znao *istinu* o izvoru svojega bića, a to je Bog. Potpuno poistovjećen sa sveprisutnom Kristovom Sviješću mogao je reći jednostavnom konačnošću: „Svatko tko je prijatelj istine sluša moj glas.".

Buddha je također odbijao rasvijetliti konačne metafizičke istine, suho ističući da čovjekovi dragocjeni trenuci na Zemlji trebaju biti iskorišteni za usavršavanje moralne prirode. Kineski mistik Lao-Tse ispravno je govorio: „Onaj tko zna, taj ne govori; onaj tko govori, taj ne zna." Konačne istine glede Boga nisu „otvorene za raspravu". Odgonetavanje Njegova tajnog koda umijeće je koje ne može prenijeti čovjek čovjeku, već je Gospod ovdje jedini Učitelj.

„Prestanite i znajte da sam ja Bog."† Gospod se nikada ne razmeće Svojom sveprisutnošću i može Ga se čuti samo u nepomućenoj tišini. Stvaralačka vibracija *Auma* koja odjekuje svemirom je prvotni Zvuk koji se u tren prevodi u razgovijetne riječi pokloniku koji je u suglasju s Njim.

U Vedama je objašnjena božanska svrha stvaranja u onolikoj mjeri u kojoj to čovjekov razum može pojmiti. Rišiji su naučavali kako je Bog stvorio svako ljudsko biće kao dušu koja će na jedinstven način očitovati neki poseban sadržaj Beskonačnog, prije nego što se ponovno vrati u okrilje Apsolutnog Jedinstva. Svi ljudi su obdareni jednim djelićem Božanske Individualnosti i kao takvi svi su Bogu jednako dragi.

Mudrost Indije, najstarijeg brata među narodima svijeta, predstavlja naslijeđe čitavog čovječanstva. Znanje iz Veda, kao i svaka istina, pripada Bogu, a ne Indiji. Rišiji su bili ti koji su bili savršeno podatni za prenošenje božanskih istina izloženih u Vedama i kao takvi pripadaju cjelokupnom čovječanstvu jer su se rodili baš na ovoj Zemlji, a ne negdje drugdje, kako bi služili svim ljudima. Razlike u rasi i nacionalnosti

---

* Iv 18:37.

† Ps 46:11. Cilj znanosti joge je postići nužni unutarnji mir u kojem se može istinski „spoznati Boga".

PARAMAHANSA YOGANANDA – „POSLJEDNJI OSMIJEH"

Fotografija je snimljena jedan sat prije njegova *mahasamadhija* (jogijeva konačnog, svjesnog odlaska iz tijela) 7. ožujka 1952. tijekom svečanog prijma u čast indijskoga veleposlanika u SAD-u Binaya R. Sene u Los Angelesu u Kaliforniji.

Fotograf je uspio uhvatiti njegov osmijeh pun ljubavi koji predstavlja blagoslov prilikom oproštaja sa svakim od Učiteljevih milijuna prijatelja, studenata i učenika. Te oči koje su već uperene prema Vječnosti ipak su pune ljudske topline i razumijevanja.

Smrt nije mogla naštetiti ovom božjem pokloniku bez premca. Njegovo tijelo nakon smrti pokazalo je nevjerojatno stanje neraspadanja. (Vidi na str. 504.)

Godine: 1940. - 1951.

besmislene su kada je u pitanju potraga za istinom gdje se jedino cijeni sposobnost duhovne spremnosti za prihvaćanje te istine.

Bog je Ljubav i Njegov plan stvaranja može imati uporište jedino u ljubavi. Ta jednostavna misao prava je utjeha svakom ljudskom srcu, a ne učena promišljanja. Svaki svetac koji je došao do srži Stvarnosti svjedočio je o postojanju univerzalnog božanskog plana i kako je taj plan divan i pun radosti.

Proroku Izaiji Bog je na ovaj način otkrio Svoje namjere:

> Tako se riječ koja iz mojih usta izlazi (stvaralački *Aum*) ne vraća k meni bez ploda, nego čini ono što sam htio i obistinjuje ono zbog čega je poslah. Da, s radošću ćete otići, i u miru ćete biti vođeni. Gore će i brda klicati od radosti pred vama, i sva će stabla u polju pljeskati (Iz 55:11-12).

„S radošću ćete otići i u miru ćete biti vođeni". Ljudi napaćenog dvadesetog stoljeća s velikim iščekivanjem osluškuju ovo čudesno obećanje. Puni smisao ovih riječi može shvatiti svaki Božji poklonik koji hrabro nastoji ponovno steći svoje božansko nasliječe.

Blagoslovljena uloga *Kriya joge* na Istoku i na Zapadu tek je počela. Neka svi ljudi spoznaju kako postoji jasna znanstvena tehnika samospoznaje koja je istinski lijek za prevladavanje sve ljudske patnje i nevolje!

Dok šaljem vibrirajuće misli ljubavi tisućama *Kriya jogija* razasutih poput sjajnih dragulja preko čitave zemaljske kugle, često sa zahvalnošću pomislim:

„Gospode, ovom si redovniku Ti podario doista veliku obitelj!"

PARAMAHANSA YOGANANDA
JOGI U ŽIVOTU I SMRTI

Paramahansa Yogananda ušao je u *mahasamadhi* (jogijevo konačno svjesno napuštanje tijela) u Los Angelesu, Kalifornija, 7. ožujka 1952. nakon što je održao govor na prijmu u čast indijskoga veleposlanika u SAD-u H. E. Binaya R. Sena..

Taj veliki svjetski učitelj time je pokazao vrijednost joge (znanstvene tehnike spoznaje Boga) ne samo u životu nego i u smrti. Tjednima nakon smrti njegovo nepromijenjeno lice sjalo je božanskim sjajem neprolaznosti.

Gospodin Harry T. Rowe, upravitelj mrtvačnice u Forrest Lawn Memorial Parku u Los Angelesu (u kojoj je tijelo velikog učitelja privremeno bilo smješteno), poslao je službeni dopis Self-Realization Fellowshipu u kojem među ostalim stoji:

„Odsutnost bilo kakvih vidljivih tragova raspadanja ne mrtvom tijelu Paramahanse Yogananade predstavlja sasvim poseban slučaj u našem iskustvu… Ni dvadeset dana nakon smrti na tijelu nije bilo moguće vidjeti tragove fizičkog raspadanja… Na koži nije bilo vidljivih tragova plijesni ni pojave sušenja tjelesnih tkiva. Ovakva potpuna očuvanost tijela je, koliko nam je poznato iz arhiva mrtvačnice, nešto još nezabilježeno… Kada je stigao lijes s Yoganandinim tijelom, osoblje mrtvačnice očekivalo je kako će kroz stakleni pokrov vidjeti uobičajene znakove tjelesnoga raspadanja. Naše zaprepaštenje je samo raslo kada iz dana u dan nismo mogli vidjeti nikakve promjene na tijelu. Yoganandino mrtvo tijelo očito je bilo u stanju nevjerojatne nepromjenljivosti…

Iz njegova tijela nije bilo moguće ni u jednom trenutku oćutiti zadah raspadanja… Yoganandin je fizički izgled 27. ožujka, kada je na lijes stavljen brončani poklopac, bio u potpunosti jednak kao i 7. ožujka. To znači da je 27. ožujka izgledao jednako svjež i neoštećen kao što je izgledao u noći kada je umro. Na dan 27. ožujka nije bilo moguće reći da je njegovo tijelo doživjelo ikakve vidljive tragove raspadanja. Stoga ponovno ističemo kako je slučaj Paramahanse Yogananade jedinstven u našem iskustvu."

Godine 1977., na dvadeset i petu godišnjicu *mahasamadhija* Paramahanse Yoganande, indijska vlada izdala je počasnu poštansku marku njemu u čast. Vlada je uz marku izdala i prigodni listić u kojemu među ostalim piše:

> Ideal ljubavi prema Bogu i služenja čovječanstvu našao je svoj puni izražaj u životu Paramahanse Yoganande… Iako je veći dio života proveo izvan Indije, on se s pravom svrstava među naše velike svece. Njegov rad nastavlja rasti i sjati sve jasnije privlačeći ljude odasvud na stazu hodočašća Duha.

DODATNI IZVORI INFORMACIJA O UČENJU KRIYA JOGE PARAMAHANSE YOGANANDE

Self-Realitazion Fellowship posvećen je zadaći pomaganja tragaocima širom svijeta. Za informacije o godišnjem rasporedu javnih predavanja i tečajeva, službama meditacije i nadahnuća u našim hramovima i centrima diljem svijeta, rasporedu rada duhovnih utočišta i drugim djelatnostima pozivamo vas da posjetite internetsku stranicu našega Međunarodnog središta:

www.yogananda-srf.org

Self-Realization Fellowship
3880 San Rafael Avenue
Los Angeles, CA 90065
(323) 225-2471

SELF-REALIZATION FELLOWSHIP LEKCIJE

Osobno vodstvo i upute Paramahanse Yoganande o tehnikama joga meditacije i načelima duhovnog života

Ako vas zanimaju duhovne istine opisane u *Autobiografiji jednog jogija*, pozivamo vas da se pretplatite na *Self-Realization Fellowship Lekcije* koje su dostupne na engleskom, španjolskom i njemačkom jeziku.

Paramahansa Yogananda osmislio je taj skup lekcija za učenje kod kuće kako bi iskrenim tragaocima pružio mogućnost da nauče i vježbaju drevne tehnike joga meditacije koje se spominju u ovoj knjizi – uključujući i znanost *Kriya joge*. Unutar tih lekcija sadržane su i njegove praktične upute glede postizanja uravnotežena fizičkog, misaonog i duhovnog života.

Self-Realization Fellowship lekcije moguće je nabaviti po cijeni koja pokriva troškove tiskanja i slanja poštom. Svim studentima na raspolaganju je besplatno osobno vodstvo redovnika i redovnica iz Self-Realization Fellowshipa u izvođenju tih tehnika.

Dodatne informacije...

Sve potankosti u vezi sa *Self-Realization Fellowship lekcijama* nalaze se u besplatnoj knjižici *Undreamed of Possibilities* („Neslućene mogućnosti") koju je moguće dobiti na zahtjev zajedno s formularom za prijavu. Više o tome doznajte na našoj internetskoj stranici ili se obratite našem Međunarodnom središtu.

KNJIGE NA ENGLESKOM PARAMAHANSE YOGANANDE

Dostupne u knjižarama ili izravno od izdavača:
Self-Realization Fellowship
3880 San Rafael Avenue • Los Angeles, California 90065-3219
Tel (323) 225-2471 • Fax (323) 225-5088
www.yogananda-srf.org

Autobiography of a Yogi

The Second Coming of Christ: *The Resurrection of the Christ Within You*
Nadahnuti duhovni komentar izvornoga Isusovog učenja.

God Talks with Arjuna; *The Bhagavad Gita*
Novi prijevod i komentar.

Man's Eternal Quest
Prvi svezak predavanja i neslužbenih govora Paramahanse Yoganande.

The Divine Romance
Drugi svezak predavanja, neslužbenih govora i eseja Paramahanse Yoganande.

Journey to Self-Realization
Treći svezak predavanja i neslužbenih govora Paramahanse Yoganande.

Wine of the Mystic: *The Rubaiyat of Omar Khayyam — A Spiritual Interpretation*
Nadahnuti komentar pjesničkog djela „Rubaije" Omara Hajjama koji nam otkriva skrivenu znanost o spoznaji Boga unutar ovih zagonetnih pjesničkih slika.

Where There Is Light: *Insight and Inspiration for Meeting Life's Challenges*

Whispers from Eternity
Zbirka molitvi i iskustava Božanskog Paramahanse Yogananda doživljenih tijekom uzvišenih stanja u meditaciji.

The Science of Religion

The Yoga of the Bhagavad Gita: *An Introduction to India's Universal Science of God-Realization*

The Yoga of Jesus: *Understanding the Hidden Teachings of the Gospels*

In the Sanctuary of the Soul: *A Guide to Effective Prayer*

Inner Peace: *How to Be Calmly Active and Actively Calm*

To Be Victorious in Life

Why God Permits Evil and How to Rise Above It

Living Fearlessly: *Bringing Out Your Inner Soul Strength*

How You Can Talk With God

Metaphysical Meditations
Više od 300 meditacija, molitvi i afirmacija za duhovno uzdizanje.

Scientific Healing Affirmations
Paramahansa Yogananda ovdje predstavlja duhovno objašnjenje temelja znanosti o afirmaciji.

Sayings of Paramahansa Yogananda
Zbirka izreka i mudrih savjeta koji predstavljaju odgovore dane s puno ljubavi i iskrenosti što ih je Paramahansa Yogananda davao onima koji su k njemu došli po vodstvo.

Songs of the Soul
Mistična poezija Paramahanse Yogande.

The Law of Success
Objašnjenje dinamičkih načela na kojima se temelji čovjekov uspjeh u ostvarenju životnih ciljeva.

Cosmic Chants
Tekstovi (na engleskom) i glazba (notni zapis) 60 devocijskih pjesama s uvodom u kojemu je objašnjeno kako duhovno pjevanje može voditi do spoznaje Boga.

ZVUČNI ZAPISI PARAMAHANSE YOGANANDE

- Beholding the One in All
- The Great Light of God
- Songs of My Heart
- To Make Heaven on Earth
- Removing All Sorrow and Suffering
- Follow the Path of Christ, Krishna, and the Masters
- Awake in the Cosmic Dream
- Be a Smile Millionaire
- One Life Versus Reincarnation
- In the Glory of the Spirit
- Self-Realization: The Inner and the Outer Path

OSTALA Self-Realization Fellowship IZDANJA

Na zahtjev se može dobiti cijeli katalog izdanja te audio/video zapisa Self-Realization Fellowshipa.

Swami Sri Yukteswar: **The Holy Science**

Sri Daya Mata: **Only Love: Living the Spiritual Life in a Changing World**

Sri Daya Mata: **Finding the Joy Within You:** *Personal Counsel for God-Centered Living*

Sri Gyanamata: **God Alone:** *The Life and Letters of a Saint*

Sananda Lal Ghosh: **"Mejda":** *The Family and the Early Life of Paramahansa Yogananda*

Self-Realization (časopis koji izlazi četiri puta godišnje; pokrenuo ga je Paramahansa Yogananda 1925. godine).

SLIJED GURUA

Mahavatar Babaji je Vrhovni Guru iz niza indijskih učitelja koji vode brigu o duhovnom napretku svih članova Self-Realization Fellowshipa i Yogoda Satsanga Society of India koji vjerno vježbaju *Kriya jogu*. „Ostat ću utjelovljen na Zemlji", obećao je, „sve do svršetka ovog svjetskog ciklusa" (Vidi 33. i 37. poglavlje).

Mahavatar Babaji je 1920. rekao Paramahansi Yoganandi: „Tebe sam izabrao kao onog koji će širiti poruku *Kriya joge* na Zapadu... Znanstvena tehnika spoznaje Boga s vremenom će stići do svih zemalja i pripomoći većem skladu i razumijevanju među narodima kroz čovjekovo osobno, transcendentalno poimanje Beskonačnoga Oca."

Mahavatar znači „Veliko utjelovljenje" ili „Božansko utjelovljenje"; *Yogavatar* znači „Utjelovljenje joge"; *Jnanavatar* znači „Utjelovljenje mudrosti."

Premavatar znači „Utjelovljenje ljubavi", što je naslov koji je 1953. Paramahansi Yoganandi dodijelio njegov veliki učenik Rajarsi Janakananda (James J. Lynn). (Vidi napomenu na str. 329.)

CILJEVI I IDEALI
Udruge SELF-REALIZATION FELLOWSHIP

Kako su ih iznijeli Paramahansa Yogananda, utemeljitelj
Sri Mrinalini Mata, predsjednica

1. Širiti među narodima znanje o točno definiranim znanstvenim tehnikama za postizanje izravnog osobnog iskustva Boga.
2. Naučavati kako je svrha čovjekova života evolucija putem vlastita napora kako bi ograničena ljudska svijest napredovala do Božanske Svijesti. U skladu s tim, osnivati diljem svijeta Self-Realization Fellowship hramove za stupanje u dodir s Bogom te poticati uspostavljanje pojedinačnih Božjih hramova u domovima i srcima ljudi.
3. Otkriti potpun sklad i temeljno jedinstvo izvornog kršćanstva kako ga je naučavao Isus Krist i originalne joge kako ju je naučavao Bhagavan Krišna. Pokazati kako su ta načela istine zajednički znanstveni temelj svih istinskih religija.
4. Isticati jedan božanski put do kojeg u konačnici vode staze svih istinskih vjerskih uvjerenja, a to je put svakodnevne posvećene meditacije o Bogu.
5. Oslobađanje čovjeka od trostruke patnje: fizičke bolesti, misaonog nesklada i duhovnog neznanja.
6. Poticati „jednostavno življenje i uzvišeno razmišljanje". Širenje duha bratstva među svim ljudima učenjem o vječnom temelju njihova jedinstva – srodstvu s Bogom.
7. Pokazati nadmoć uma nad tijelom i duše nad umom.
8. Pobijediti zlo dobrim, tugu radošću, grubost nježnošću, neznanje mudrošću.
9. Ujediniti znanost i religiju kroz shvaćanje jedinstva njihovih zajedničkih temeljnih načela.
10. Zagovarati kulturno i duhovno razumijevanje Istoka i Zapada i razmjenu njihovih najistaknutijih obilježja.
11. Služiti Čovječanstvu kao vlastitom Većem Jastvu.

INDEKS (KAZALO POJMOVA)

Imena ljudi s Istoka uglavnom su navedena abecednim redom prema osobnom imenu, a ne prezimenu (npr., Bhagabati Charan Ghosh je naveden pod slovom B). Imena ljudi sa Zapada navedena su uobičajeno, prema prezimenu.

Abanindra, Tagoreov nećak, 263
Abdul Gufoor Khan, muslimanski učenik Lahirija Mahasaye, 321
Abhoya, molitva Lahiriju Mahasayi da zaustavi vlak, 280; da njezino deveto dijete preživi, 280
Abinas Chandra Das, prof., 490 nap.
Abinash, 6; ukazanje Lahirija Mahasaye u polju, 7
Abu Said, perzijski mistik, citat, 48
Adam i Eva, priča o, 167 i dalje
Afzal Khan, muslimanski čudotvorac, 178 i dalje
Agastya, avatar iz južne Indije, 297
ahamkara, ego-princip, 40 nap., 48 nap., 218 nap., 224 nap., 424 nap. *Vidjeti također* Ego.
ahimsa, nenasilje, 48 nap., 111, 440, 443
Akbar Veliki, 157, 203 nap., 491 nap.
Akvinski, Sv. Toma, citat, 187 nap.
Alakananda, 47
Aleksandar Veliki, 121, 335 nap., 388 i dalje; Dandamlsovo očitanje bukvice, 389-90; postavlja pitanja *brahmanima*, 390-91; proricanje njegove smrti, 391
Amar Mitter, moj prijatelj iz srednje škole, zajednički bijeg u Himalaju, 29 i dalje, 42
American Unitarian Association, 342, 352
Amiyo Bose, moja nećakinja, 454
Amulaya, Sri Yukteswarov učenik, 403
amulet(talisman), majčina ogrlica, 20 i dalje, 29, 90; pojavljivanje, 20, nestanak, 87, 181 nap.
Ananda Mohan Lahiri, citat, 327 i dalje

Ananda Moyi Ma, „Majka prožeta radošću", 454 i dalje; posjećuje školu u Ranchiju, 457 i dalje
Ananta Lal Ghosh, moj stariji brat, 15, 17 i dalje, 29, 32, 34 i dalje, 90, 95-7, 99-100, 102-3, 164, 342, 404 nap.; zaruke, 15; hvata me pri bijegu u Himalaju, 17; predaje mi Majčinu poruku pisanu na samrti, 18; sprječava me u drugom bijegu u Himalaju, 32; odvodi me u Benares k panditu i njegovu sinu, 34-35; ugošćuje me u Agri, 95; njegova smrt, 95, 228-29; predlaže mi odlazak u Vrindavan bez ijednog novčića, 96 i dalje; traži inicijaciju u *Kriya jogu*, 103
Ancient India (knjiga), 389 nap.
Andrews, C. F., 261 nap., 442 nap.
Angela, Blažena od Foligna, suzdržavanje od hrane, 471 nap.
Asiški, Sv. Franjo, 202, 295 nap.; moje hodočašće u svetište, 369
Arjuna, učenik Sri Krišne, 49 nap., 236, 243, 316 nap., 494 nap.
Arnold, Sir Edwin, prevoditelj *Bhagavad Gite*, citat, 40 nap., 49 nap., 344 nap., 496 nap.
Arijan, grčki povjesničar, 389, 391
Arijevci, 388 nap., 490 nap.; drevno značenje pojma, 335 nap.
Aryavarta, staro ime Indije, 335 nap.
asana, položaj u jogi, 158 nap., 224, 248, 380
„astraloni" (*prana*), fine energije suptilnije od atomskih, 47, 275, 419, 421, 425, 427

Indeks

Associated Press, članak o radiovalovima, 152 nap., citiranje dr. Huxleyja, 358 nap.
astralno tijelo, 238, 258 nap., 419, 421 i dalje, 423 i dalje, 430 i dalje
astralni svjetovi, 181, 258 nap., 418 i dalje, 497
astrologija, 160 i dalje, 238; Sri Yukteswarovi pogledi na, 160 i dalje, 232
astronomija, stari spisi o, 160 nap.
ašram, duhovna škola, 63 nap.
Ašoka, car, idealni vladar, xxv; natpisi, 388
ateizam, 177 nap.; pogrešno shvaćanje filozofije *Sankhya*, 166
Atlantski mjesečnik, 26 nap., 81 nap.
Atlantida, 236-37 nap.
Atma, Vidjeti Duša.
atom, „anu", i atomska teorija, 68 nap., 81, 226, 269, 271, 308-309, 419 nap., 468 nap.
atomsko doba, 226, 265, 270, 487, 494
Aulukya (Kanada, „gutač atoma"), 68 nap.
Aum (Om), kozmička stvaralačka vibracija, 13 nap., 21 nap., 143, 144 nap., 146 nap., 156, 237, 267, 338 nap., 365 nap., 470 nap., 496, 499, 500 nap., 501
Aurobindo Ghosh, Sri, 438 nap.
avatar, 64 nap., 296 i dalje
avidya, neznanje, 177 nap., 267
Ayurveda, 326 nap.

Babaji, guru Lahirija Mahasaye, 139, 235-36, 237 nap., 241nap., 252, 286, 294, 296 i dalje, 299 nap., 319, 329 i dalje, 362, 404, 407, 418, 427 nap., 494; avatar, 296 i dalje,; nevidljivi utjecaj, 298; izgled, 298; spašava učenika od smrti u vatri, 299; uskrisuje mrtvog poklonika, 300; obećava da će uvijek zadržati fizičko tijelo, 302; prvi susret s Lahirijem Mahasayom, 305 i dalje; sređuje premještaj Lahirija Mahasaye u Ranikhet, 306; materijalizira palaču u Himalaji, 308 i dalje; inicira Lahirija Mahasayu u *Kriya jogu*, 311; olakšava drevne propise vezane uz *Kriyu*, 313; citira Gitu glede učinkovitosti *Kriye*, 314; pojavljuje se pred skupinom u Moradabadu, 316; pere sadhuova stopala na *Kumbha Meli*, 317; susreće Sri Yukteswara u Allahabadu, 332 i dalje; u Seramporeu, 336, u Benaresu, 337; pokazuje duboko zanimanje za Zapad, 333; obećava Sri Yukteswaru poslati učenika na školovanje, 333, 343; predviđa da se životni vijek Lahirija Mahasaye približava kraju, 334; vrhovni guru svih članova Self-Realization Fellowshipa, 336 nap.; pojavljuje se preda mnom dok se spremam u Ameriku, 343-44; šalje poruku preko Keshabanande, 410-11; vodstvo svim iskrenim *Kriya jogijima*, 489
Baber, kralj, 491 nap.; povijesni slučaj izlječenja, 203
Babu, „gospodin", 6 nap., 180 nap.
Balananda Brahmachari, primio *Kriya joga* inicijaciju, 325
Barach, dr. Alvan L., pokusi o blagotvornom učinku stanja bez disanja, 243 nap.
Behari, sluga u Seramporeu, 189
Behari Pandit, moj profesor na Sveučilištu Škotske crkve, 133, 136
Benares, duhovna škola u Benaresu, 84 i dalje, 91, 94, 316 nap.; moje rano školovanje tamo, 84 i dalje
bengalski jezik, 118, 216-17, 326
bezgrešno stvaranje, 168
Bhaduri Mahasaya, blaženi „lebdeći svetac", 58 i dalje
Bhagabati Charan Ghosh, moj Otac, 4 i dalje, 15 i dalje, 22, 24, 28, 36, 82, 83, 84, 95, 96, 107, 119, 121, 179 nap., 188, 213, 217, 342; spartanske navike, 6; ukazanje Lahirija Mahasaye u polju, 7; Očeva inicijacija u *Kriya jogu*, 8; doživotna predanost mojoj Majci, 17; posjet školi u Ranchiju, 248-49; novčano potpomaže moj put u Ameriku, 342-43, 353; dočekuje me na po-

Autobiografija jednog jogija

vratku u Indiju, 371; pomaže školi u Ranchiju, 379; njegova smrt, 404 nap.
Bhagavad Gita, „Pjesma o Božanskom", 6, 28 nap., 29, 30, 34, 40 nap., 49 nap., 80, 129, 166, 203 nap., 225, 236, 243, 316 nap., 323, 326-27, 333, 344, 414, 424 nap., 445, 494, 496 nap.; Babijevo citiranje, 314; moj prijevod, 494
bhakti, predanost, 80, 123, 145, 323
Bharata, utemeljitelj indijske glazbe, 157
Bhola Nath, student koji pjeva u Ranchiju, 260, 261
Bhupendra Nath Sanyal, 324
Biblija, citati, 21 nap., 84 nap., 114 nap., 115 nap., 116 nap., 127, 128, 132, 143 nap., 144 nap., 154 nap., 155 nap., 158 nap., 167, 168, 169 nap., 177 nap., 202 nap., 213, 219, 248, 253 nap., 265 nap., 267, 270, 271, 272, 275 nap., 284, 285 nap., 287, 291, 297, 301, 303 nap., 306 nap., 317 nap., 318 i dalje, 340, 365, 427 nap., 429 nap., 445, 446, 448, 449 nap., 451, 458, 483, 490 nap., 492 nap., 495, 496, 497, 499, 500, 501, 503
Bimal, učenik u Ranchiju, 341
Birtles, Francis, iskustvo s tigrovima, 410 nap.
Bishnu Charan Ghosh, moj najmlađi brat, 6, 84, 209, 228, 248, 371, 461
Bletsch, Ettie, 363, 371, 385 nap., 416, 435
Bog, imena i objave/ukazanja, 12 nap., 14 nap., 26 nap., 42 nap., 72 nap, 76, 78-80, 100 nap., 105 nap., 142, 144 nap., 146-49, 158 nap., 192, nap., 206, 237, 271, 290, 293 nap., 422, 500; sveprisutnost, 48 nap., 136; istinski čovjekov podržavatelj, 63, 86, 96-97; izvor obilja na mojoj „provjeri bez novčića", 95 i dalje; odgovara na molitve, 35, 100, 155, 207, 274; moguće Ga je spoznati, 167; u hramu Dakshineswaru, 207-208
bolest, 112 i dalje; metafizičko prenošenje, 201 i dalje, 337, 367, 429 nap.
Bose, *Vidjeti* Jagadis Chandra Bose

Bose, dr. P., suprug moje sestre Nalini, 229, 230, 231
Božanstvena komedija, citat, 499 nap.
Božanska Majka, očitovanje Boga, 14, 73 i dalje, 80, 105 nap., 192 nap., 422
B. R. Sen, indijski veleposlanik, xvii, 504
Brahma, očitovanje Božanskoga, 26, 64 nap., 72 nap., 144 nap., 156, 158 nap., 220, 293 nap., 500
brahmachari, student u celibatu, 247 nap., 405
brahmacharini, studentica u celibatu, 286
brahman, „poznavatelj Boga", jedna od četiriju kasti, 38 nap., 321, 390, 393, 455
Brat Lovro, kršćanski mistik, 495
bratstvo, 290, 447, 482, 503, 513
brzina disanja, veza s dugovječnošću, 239
Brinda Bhagat, poštar iz Benaresa, 324
Brown, W. Norman, prof., njegov citat o Indiji, 67 nap., 327 nap.
Browning, Robert, citat, 132
Buddha, 91, 297, 388 nap., 424 nap., 440 nap., 487, 495 nap., 501
Bulletin of the American Council of Learned Societies, 67 nap., 327 nap.
Burbank, Luther, vii, 356 i dalje

Calligaris, Giuseppe, prof, 25 nap.
Carlyle, citat, 329 nap.
Carnegie Hall, publika pjeva staru indijsku pjesmu, 482
celibat, 219, 247 nap., 436, 442, 444
car Chandragupta, suvremenik Aleksandra Velikog, 388
Centar, SRF, u Encinitasu, 483
chela, učenik, 117
Child Harold, (Pjesma o C.H, djelo iz engleske književnosti) zgoda vezana uz polaganje ispita, 215
ciljevi i ideali SRF-a, 513
Comus, citat, 500 nap.
Cooch Behar, princ od Cooch Behara, izazov "Tigru Swamiju", 54
Cosmic Chants, 480

Indeks

Couéizam, 13 nap., 58 nap.
Cousin, Victor, citat o istočnjačkoj filozofiji, 72 nap.
Cranmer-Byng, dr. L., pismo iz Engleske, 484
Crile, dr. Geo W., citat, 468 nap.
Crkva svih religija Self-Realization Fellowshipa u Hollywoodu, 484; u San Diegu, 484; u Pacific Palisades, 487

čakre. *Vidjeti* Središta u kralješnici.
čirevi, neugodno iskustvo moje sestre Ume, 12
čovjek, razvoj, 101, 168, 238, 239 i dalje, 497; stvaranje: (iz Knjige Postanka) 167 i dalje, 496; (prema hinduizmu), 169 nap.; stvoren na sliku Božju, 168 nap., 177 nap., 218 nap., 272; njegova priroda, 177 nap., 431
čuda, zakonitost, 47 i dalje, 114-15, 218 nap., 265 i dalje, 310 nap., 328, 329

Dabru Ballav, učitelj Gite, 129
dah, 402 nap.; kontroliranje, 58, 110, 120, 142, 144, 203, 236 i dalje, 494 i dalje
Dakshineswar, hram božice Kali, 75, 205 i dalje; Yogoda Math, 383
danda, bambusov štap, 281 nap., 299
Dandamis, indijski mudrac, prigovor Aleksandru Velikom, 389 i dalje
Dante, citat iz pjesme, 499 nap.
darshan (pogled svete osobe), 163, 326
Dasgupta, prof. S., 218 nap., 224 nap.
Daya Mata, bivša predsjedinica SRF-YSS-a, xviii, 221 nap.
Desai, M., Gandhijev tajnik, 435, 436, 439, 444, 446
Descartes, citat, 369 nap.
Devendranath Tagore, Rabindranathov otac, 263
dharma, ispravnost, pravednost, dužnost, xxv, 49 nap., 393 nap., 446 nap., 447
dhoti, odjeća Indijaca, 97 nap., 261, 374, 384
dijabetes, 172 i dalje, Božje izlječenje sveca od dijabetesa 203
Dickinson, E. E., zgoda sa srebrnom čašom, 475 i dalje
Diet and Diet Reform, 445 nap.
Dijen, moj kolega iz studentskog doma, 184 i dalje
diksha, duhovna inicijacija, 103, 324
disciplina (stega), moga oca, 5; Dayanande, 85 i dalje; Sri Yukteswara, 94, 117, 119 i dalje; podlijeganje čak i prosvijetljenih učitelja, 316 nap.
djelovanje, nužnost za, 49 nap., 120, 246
Dnevnik, Emersonov, 38 nap.
doba (ciklusi) svijeta, 165, 236 nap.
Dostojevski, citat, 136 nap.
dragulji, blagotvorni učinci, 162, 173, 232; materijalizacija, 308 i dalje
droge i opojna sredstva, štetnost, 423 nap.
Ducouri Lahiri, sin Lahirija Mahasaye, 279, 294
Duh, 220 nap., 321, 428-29
duhovno ili jedno oko, 39 nap., 154 nap., 166, 169 nap., 207, 238, 253, 257, 267, 271, 278, 365 nap., 367, 382, 405, 422, 455
duhovna škola, u Puriju, Sri Yukteswarovu obitavalištu na moru, xv, 150, 412, 416; opis škole u Benaresu, mjesto mog ranog duhovnog školovanja, 84; u Seramporeu, ašramu Sri Yukteswara, 91, 105, 373, 374; u Vrindavanu, mjestu mojeg ugošćavanja u „provjeri bez novčića", 98; pokraj Rishikesha, poprišta Pranabanandina odlaska sa Zemlje, 252 i dalje; u Dakshineswaru, Yogoda Math, 383; u Vrindavanu, koju je sagradio Keshabananda, 409; u Encinitasu, Self-Realization Fellowship 478-80, 483 nap.
Duh Sveti, 144 nap., 365 nap., 500 nap.
Vidjeti također Aum
Durga, očitavanje Boga kao Božanske Majke, 105 nap., 192 nap.
Durga Ma, (Majka Durga) 478
duša (Jastvo), individualizirani Duh, 72 nap., 126, 152, 161, 165, 166 nap.,

517

168, 184, 203, 220 nap., 240 i dalje, 256-57, 263 nap., 425 i dalje, 495, 496-97, 501
Dwapara yuga, sadašnji precesijski svjetski ciklus, 165, 236 nap.
Dwarka Prasad, moj prijatelj iz djetinjstva iz Bareillyja, 17, 32, 36
Dwarkanath Tagore, Rabindranathov djed, 263
Dwijendra Tagore, Rabindranathov brat, 263

džainizam, ogranak hinduizma, 440 nap., 445

Eddington, Sir Arthur S., citat o svijetu kao „tvorevini uma", 269
ego, 40, 43, 44, 48 nap., 101, 120 i dalje, 153, 182, 193 nap., 218 nap., 241 i dalje, 284, 318 nap., 396, 426
Egipat, moj posjet, 370
Einstein, Teorija relativnosti, 268 i dalje; odavanje počasti Gandhiju, 453
elektronski mikroskop, 269
Elizej, 284 nap., 318 i dalje
Elizabeta, blažena od Renta, suzdržavanje od hrane, 471 nap.
Emerson, citat, 26 nap., 38 nap., 48 nap., 58 nap., 64 nap., 177 nap., 218 nap., 259 nap., 263 nap.; pjesma o *Mayi*, 43 nap.
Encinitas, duhovna škola i zajednica, 478 i dalje, 484
Encyclopedia Americana, 21 nap.
Europa, moje putovanje, po Engleskoj i Škotskoj, 363; po Njemačkoj, Nizozemskoj, Francuskoj, Švicarskoj, Italiji, i Grčkoj, 369
Evans-Wentz, dr. W. Y., viii, xv-xvi

Fa-Hsien, kineski svećenik iz 5. stoljeća u posjetu Indiji, 204 nap., 491 nap.
fakir, muslimanski isposnik, 48, 178, 405
Fakultet Škotske crkve, u Kalkuti, 107, 133; moje diplomiranje, 175
Fedar, citat, 187 nap.
festivali u Indiji, 105 nap., 150 nap.; *Vi-*

djeti Kumbha Mela; proslave, Sri Yukteswara, 105, 154 i dalje, 402
fizičko tijelo, 111, 118, 138, 168, 232 nap., 237 i dalje, 242, 243 nap., 247, 365 nap., 425 i dalje, 496, 497
Forest-Lawn Memorial Park, svjedočenje mrtvozornika, 504
Freud, S., 58 nap.

Galli-Curci, Amelia, 355
Gandha Baba, „Miomirisni svetac", čudesa, 45 i dalje
Gandhi, M.K. („Mahatma"), 6 nap., 231 nap., 265 nap., 371 nap., 392, 435 i dalje; religijski pogledi, 231 nap., 445 i dalje; stajalište o nenasilju, 436, 443 i dalje, 451, 487; o zavjetu šutnje 439; o zaštiti krava, 440; o celibatu, 442, 444; o prehrani, 444; posjet YSS školi u Ranchiju, 435; jedanaest zavjeta, 436; inicijacija u *Kriya jogu*, 444-45; *In Memoriam*, 453
Gandhi's Letters to a Disciple, 438 nap.
Gandhi World Peace Memorial, u SRF Lake Shrineu, 487
Ganga Dhar, fotograf Lahirija Mahasaye, 10
Ganges, rijeka, legenda o, 192 nap.; čistoća, 295 nap.
gat, kamena obala uz rijeku, mjesto za obredno kupanje, 24, 82, 282, 301, 336
Gaudapada, *paramguru* Adija („prvoga") Shankaracharye, 91 nap.
Gauri Ma, domaćica iz duhovnog utočišta u Vrindavanu, 98
Gerlich, dr. Fritz, 364
Ghosh, moje prezime, 4
Ghoshal, D. C., moj profesor na fakultetu u Serampore, 211-12, 402
Ghoshal S. N., rektor Tagoreova sveučilišta Visva-Bharati, 264 nap.
Giri („planina"), oznaka jednog od deset ogranaka Reda swamija, 106, 220, 405
Giri Bala, sveta žena koja ne jede, 461 i dalje; njezina jogijska tehnika, 461, 470

Indeks

Gita ("pjesma"). *Vidjeti* Bhagavad Gita.
Gitanjali, 261; pjesma iz zbirke, 264
glazba, indijska, 155i dalje, 482-83
Gogonendra, Tagoreov nećak, 263
Govinda Jati, Šankarin guru, 91 nap.
grčki povjesničari o Indiji, 388 i dalje
gune, odlike Prirode, 21 nap., 393 nap.
guru (*gurudeva*), duhovni učitelj, 3 nap., 26, 78 nap., 88, 104-105, 138, 203, 235, 247 nap., 336 nap., 445; Šankarino odavanje počasti, 91 nap.
Gyanamata, sestra (u duhovnom smislu), 475, 478

Habu, svećenik iz duhovne škole u Benaresu, 87
Hanum, Halide, Edib, 438 nap.
Harsha, kralj, 404 nap.
Hatha Yoga, znanost o ovladavanju nad tijelom, 158 nap., 226 nap.
Hazrat, astralno biće pod nadzorom Afzala Khana, 179 i dalje
Hiuen Tsiang, *Vidjeti* Yuan Chwang
Himalaja, 137, 194 i dalje, 198, 295 nap.; moje rodno mjestu u blizini, 4; moj prvi bijeg u H., 17, drugi bijeg, 29 i dalje, 42, treći bijeg, 133 i dalje, 140
Hindski jezik 326, 441 nap.
hinduizam, 335 nap., 445; dnevni obredi, 440
Hipokrat, 326 nap.
Hiranyaloka, astralni planet, 418-19, 422 i dalje, 429 nap., 430, 433.
History of Indian Philosophy, 224 nap.
hodočašće, moje, Theresi Neumann u Bavarsku, 363 i dalje; u crkvu Sv. Franje u Assisiju, 369; u Palestinu, 370; Giri Bali u Bengal, 461 i dalje
Holy Science, The, 165 nap., 336
Hound of Heaven, The, citat, 490 nap.
Howells, prof. George, predsjednik fakulteta u Seramporeu, 176, 177
hram, mjesto ozdravljenja, u Španjolskoj, 63 nap.; u Tarakeswaru, 134; u Neruru, 394
Humayun, kraljević, 203 nap.; povijesni slučaj izlječenja 203

Hunsicker, Alvin 482
Huxley, dr. Julian, citiran glede istočnjačkih tehnika, 358 nap.
„Himna Americi", 355
hipnotizam, 316; štetni učinci, 48

igra zmajevima, zgoda s mojom sestrom Umom, 14
istina, 21 nap., 153, 224, 231 nap., 315, 436, 442 nap., 450, 500 i dalje
Istok-Zapad, časopis, V*idjeti Self-Realization magazine*
Ikshwaku, otac indijske dinastije sunčanih ratnika, 236
Sv. Ilija, 235, 275-76, 318 i dalje
India Center, SRF, u Hollywodu, 487
Indija, drevne i suvremene civilizacije, xxv, 21 nap., 291, 387 i dalje, 391 i dalje, 404 nap., 490 i dalje, 501; doprinosi civilizaciji, 64, 66 i dalje, 160 nap., 291, 326 nap.; neovisnost, 491 nap,; zastava, xxv
Indijska srednja škola u Calcutti, 82; moja matura, 83
indijski sveti spisi, 84 nap., 86 nap., 231 nap., 241 nap., 303 nap., 334, 492, 494
indijski običaji, bogoštovlja, 8-9; natjecanja zmajeva, 14; bračni, 13; 18 nap., 29, 229; davanje milodara 20, 441; poštovanje prema starijem bratu, 36 nap., 97; darivanje gurua, 62, 379; dodirivanje guruovih stopala, 117, 321; pogrebni, 127, 338 nap., 413-14 nap.; „gost je Bog", 138; suzdržavanja od pušenja u prisutnosti starijih, 195 nap.; izuvanja pri ulasku u duhovnu školu, 212 nap.; primanje inicijacije u Red swamija, 220-21; jedenja prstima, 376, 463; dnevne *yajne*, izvršavanje dužnosti, 441
Institut indijske misije, 326
introspekcija, 43, 65, 241, 431
intuicija, 152, 154 nap., 226, 422, 423
Išvara, Bog kao vladar Svemira, 12 nap.
Ivan Krstitelj, povezanost s Isusom, 318 i dalje
Sv. Ivan od Križa, 80 nap.

519

izlječenje, sadhuovo, 33; Sri Yukteswarovi pogledi, 112, 118, 191; pomoću narukvica i dragulja, 162, 232 nap.; učiteljevo izlječenje drugih preuzimanjem na sebe njihove karme, 201 i dalje; pogledi Lahirija Mahasaye, 113 i dalje, 289, 326; u drevnoj Indiji, 392

Izgubljeni raj, citat, 492 nap.

Jagadguru Sri Shankaracharya, vjerski naslov, 221

J. Auddy, suputnik na izletu u Kašmir, 188, 191, 195, 201

Jagadis Chandra Bose, slavni botaničar, 64 i dalje, 101

Janaka, kralj, 218 nap.

Japan, moj posjet, 228; Lahiri Mahasayino viđenje događaja na obali, 323

Jatinda (Jotin Ghosh), bijeg u Himalaju, 29, 36

jelen, uginuće, u Ranchiju, 249

Jeans, Sir James, citiat o svemiru kao misli, 269

Jehangir, car, kašmirski vrtovi, 198

Jeronim, Sv., naučavanje o reinkarnaciji, 170 nap.

ji, sufiks za označavanje poštovanja, 286 nap.

Jitendra Mazumdar, moj kolega iz duhovne škole u Benaresu, 84, 85, 94; u Agri, 95, 96, 97, 103, 408; u Vrindavanu, 98 i dalje

jnana, mudrost, 80, 123, 243, 323

Jnanavatar, „Utjelovljenje Mudrosti", naslov Sri Yukteswara, 103, 329, 415

joga, „spajanje", znanost ujedinjenja pojedinačne duše i Kozmičkog Duha, 48 nap., 60, 137, 153, 220, 222 i dalje, 235 i dalje, 291, 327 nap., 330, 487, 494 i dalje, 496 nap.; univerzalna primjenjivost, 222, 225, 494-95; nepromišljeno kritiziranje joge onih koji je ne poznaju, 222, 225, 227 nap.; Patanjalijeva definicija, 224; Jungovo iskazivanje pohvala, 226; četiri dijela, 227 nap.

jogi, onaj koji se bavi jogom, 3 nap., 111, 240 i dalje, 252, 253 nap., 271 i dalje, 496 nap., 497; razlika između jogija i swamija, 222 i dalje. *Vidjeti također* Joga.

jogini, žena-jogi, 286, 462

Jones, Sir William, pohvala sanskrtu, 21 nap.

Sv. Josip iz Cupertina, lebdeći svetac, 63 nap.

Joyendra Puri, predsjednik sadhua Indije, 405 nap.

Jules-Bois, M., sa Sorbonne, citat o nadsvjesnom umu, 58 nap.

Jung., C. G., pohvala jogi, 226

Kabir, veliki srednjovjekovni duhovni učitelj, 235, 338, 412, 491 nap.; uskrsnuće, 338 nap.

Kalanos, indijski učitelj Aleksandra Velikog, 391

Kali Kumar Roy, učenik Lahirija Mahasaye, 10, 281

Kali yuga, željezno doba, 165, 166 nap., 236 nap.

Kali, očitovanje Boga kao Majke Prirode, 14, 42, 75, 192 nap., 205 i dalje

Kalidasa, „indijski Shakespeare", citat, 192 nap.

Kanai, mladi učenik Sri Yukteswara, 131, 132, 184, 188, 189, 190, 191, 194, 200

Kant, E., citat, 490 nap.

Kara Patri, sadhu na *Kumbha Meli*, 407-408

karma, univerzalni zakon uzroka i posljedice, 34, 161-62, 164, 169 nap., 202, 204, 218 nap., 227 nap., 235, 239, 242, 252, 258 nap., 299, 303 nap., 307, 308, 337, 418, 419, 425, 430 i dalje, 448 nap., 471 nap., 495, 497

Karma Yoga, put k Bogu putem djelovanja, 243, 323

Kashi, mladi učenik u Ranchiju, ponovno rođen i pronađen, 255 i dalje

Kashi Moni, supruga Lahirija Mahasaye, 277 i dalje, 294; susret s anđelima koji okružuju njezina supruga, 278; svje-

doći o njegovu čudesnom nestajanju, 279
kastinski sustav Indije, 4, 321, 393
Kasturbai, Gandhijeva supruga, 442 i dalje
sv. Katarina Sienska, suzdržavanje od hrane, 471 nap.
kauzalno tijelo, 419, 425 i dalje, 431
kauzalni svijet, 419, 422, 424, 427 i dalje
Kedar Nath, 22 i dalje; vidi Pranabanandino „drugo tijelo" na *gatu* u Benaresu, 24
Keller, Helen, 422 nap.
Kellog, Charles, pokusi sa zvučnim vibracijama, 156 nap.
Kennel, dr. Lloyd, 489
Key to Health, 445 nap.
kineski zapisi o Indiji, 404 nap., 491 nap.
Kip slobode, 473-74
Knight, Goodwin J., zamjenik guvernera Kalifornije, 487
Knjiga Postanka, tumačenje, 167 i dalje
kobra, 409, 443; susret s kobrom pokraj duhovne škole u Puriju, 112
Kolumbo, C., 60, 335 nap., 341, 491 nap.
komarci, nevolje s njima u duhovoj školi u Seramporeu, 110 i dalje
komentari svetih spisa, Pranabanandini, 28 nap.; Lahirija Mahasaye, 38, 327; Šankarina učenika Sanandane, 91 nap.; Šankarini, 91 nap., 125 nap., Sri Yukteswarovi, 166 i dalje; Sadasivendrini, 227 nap., 394 nap.; moji, o Novom zavjetu, 492; moji o Bhagavad Giti, 494.
Kompenzacija, citat, 48 nap., 259 nap.
kozmička svijest, 8 nap., 30, 238, 240, 483 nap.; rana iskustva s, 78-79, 141 i dalje, 207 i dalje; pjesma o, 145
kozmičke pokretne slike, 273 i dalje
Kongres vjerskih liberala, u Bostonu, 342, 352, 374
Kristova Svijest, 144 nap., 167 nap., 169 nap., 237, 276 nap., 287, 303 nap., 323, 365 nap., 499, 500 nap., 501
Krist, Isus, 84 nap., 115, 127, 158 nap., 167, 169 nap., 186, 202, 206, 235, 237,

265, 282, 284, 287, 297, 301, 303 nap., 306, 336, 338, 363, 365 i dalje, 368, 370, 422, 429, 444, 446, 448, 451, 458, 487, 499, 501; odnos s Ivanom Krstiteljem, 318-19; moje viđenje u Encinitasu, 494.
kršćanstvo, rano, naučavanje o reinkarnaciji, 169 nap.
Krišna, božanski avatar, 98, 100, 102, 150 nap., 156, 206, 236, 243, 297, 298, 316 nap., 494; rani život, u Vrindavanu, 412; moje viđenje, 417
Kriya joga, tehnika spoznaje Boga, 8, 17, 37, 38, 100-101, 107, 117, 131, 134, 148, 158, 184, 192 nap., 205, 235 i dalje, 251, 294, 312, 313, 320-21, 324 i dalje, 342, 358, 362, 380, 444, 487 nap., 494-45, 496, 503; inicijacija, mojih roditelja, 8, Pratapa Chatterjija, 100, Anantina, 103, moja vlastita, 107, Kashi Monina, 278, Lahirija Mahasaye, 311; definicija, 235, druga tehnika, 252; Babajijevo olakšanje drevnih pravila, 313; četiri stupnja, 324 nap.; vječni temelj, 329; Babajijevo proročanstvo u vezi *Kriya joge*, 344
Kriya jogi (Kriyaban), onaj koji izvodi drevnu jogijsku tehniku koju je Babaji dao Lahiriju Mahasayi, 235, 238 i dalje, 489, 497, 503
Kumar, član duhovne škole u Seramporeu, 124 i dalje
Kumbha Mela, velika vjerska proslava, 286, 317, 331; mjesto prvog susreta Babajija i Sri Yukteswara, 331 i dalje; kineski zapisi o, 404; moj prvi posjet, 404 i dalje
kutastha chaitanya, 9, 144 nap., 323, 365 nap. *Vidjeti također* Kristova svijest.
Kvekeri, Pennsylvania, pokus s nenasiljem, 451
Kwan Yin, kineska personifikacija Božanske Majke, 487

Lahiri Mahasaya, Babajijev učenik i guru Sri Yukteswara, 6 i dalje, 25, 28,

29, 37 i dalje, 39, 91, 107, 117, 119, 131, 133, 137, 139, 219, 235, 251, 265, 275 nap., 277 i dalje, 292, 296, 297, 298, 301, 316 nap., 319 i dalje, 331, 334, 336 i dalje, 341, 342, 374, 408, 410, 414, 427 nap., 478; ukazuje se u seoskom polju, 7; inicira moje roditelje, u *Kriya jogu*, 8; ozdravlja me od azijske kolere, 10; čudesno podrijetlo njegove fotografije, 10-11, njegov izgled, 11; krsti me, 18; zauzima se kod Brahme za Pranabanandu, 26 i dalje; Kebalanandin guru, 37 i dalje; njegovi komentari svetih spisa, 38, 326 i dalje; liječi Ramuovu sljepoću, 39; Sri Yukteswarov guru; 105, 106; liječi Sri Yukteswarovu mršavost, 113-14; okružuju ga anđeli, 277-78; inicira u *Kriyu* svoju suprugu, 278; nestaje pred njezinim očima, 279; štiti poklonike od munje, 280; zaustavlja vlak na molitvu svoje učenice, 280; spašava život Abhoyinu djetetu, 280-81; „prizor sa slikom" iz života poslodavca Kali Kumara Roya, 281-82; pohvala Trailange Swamija, 286; uskrisuje Ramu iz mrtvih, 287 i dalje; proriče pisanje svoje biografije na Zapadu, 290; izbjegava publicitet, 290, 325; rani život, 293 i dalje; zapošljavanje u državnoj službi, 294, 305, 325 nap.; istodobno pojavljivanje kod kuće u Benaresu i na gatu u Dasaswamedhu, 301 i dalje; premještaj u Ranikhet, 305; susret s Babajijem, 306 i dalje; prima inicijaciju u *Kriya jogu* u palači u Himalaji, 311 i dalje; životno poslanje kao idealnog jogija-kućedomaćina, 312-13, 330; molba Babajiju da ublaži stroge zahtjeve glede dobivanja *Kriye*, 313; priziva Babajija pred prijateljima u Moradabadu, 315-16; gleda kako Babaji pere sadhuova stopala, 317; ozdravljuje suprugu svojega poslodavca koja je u Londonu, 320; daje inicijaciju u *Kriyu* pripadnicima svih vjera, 321, 323; viđenje brodoloma u blizini Japana, 323; naslov *Yogavatar*, 325 nap., 329; njegov rukopis, 330; napuštanje zemaljskog postojanja, 337 i dalje; ukazuje se u uskrsnulom tijelu pred svojim učenicima, 338 i dalje

Lake Shrine, SRF, Los Angeles, 487
Lal Dhari, sluga, 180-90
Lalla Yogiswari, 'u nebo odjevena' poklonica Šive, 192 nap.
Lama, F. R. von, 363 nap.
Lambodar Dey, brat Giri Bale 462-63, 464
Lao-Tse, citat, 451, 495 nap., 501
Lateau, Louise, suzdržavanje od hrane, 471 nap.
Lauder, Sir Harry, 363
Laurence, William L., citat o sunčevoj energiji, 468 nap.
Lazarri, Dominica, suzdržavanje od hrane, 471 nap.
Legacy of India, The, citat, 192 nap.
Lekcije, SRF, za članove, 235 nap., 487, 489 nap., 507
Levinthal, Rabbi I. H., citat o nadsvjesnom umu, 123 nap.
Lewis, dr. M. W., 483
Sv. Lidvina od Schiedama, suzdržavanje od hrane, 471 nap.
Lincoln, Abraham, njegova slika u Kalkuti, 357 nap.
litavski jezik 490 nap.
London, predavanja, 363, 473; tečaj joge, 473; pismo pristiglo tijekom rata, 484
lotos(i), simbolično značenje, 65 nap., 483 nap.; Šankara ih materijalizira kako bi prenio učenika preko rijeke, 91 nap.; u cerebrospinalnim središtima, 158 nap.
„lotos s tisuću latica", 158 nap., 421, 483 nap.
Lourdes, svetište, 134
Luther, Martin, citat, 321 nap.,
Lynn, James J. (Rajarsi Janakananda), 329 nap., 362, 478, 480

Indeks

ljubav, 141, 219, 243, 423, 448, 458, 459, 492 nap., 503; Sri Yukteswarovo verbalno iskazivanje ljubavi prema meni, 90, 399; učinak na biljke, 356

Ma, učenica iz Purija susreće uskrsnuloga Sri Yukteswara, 434
Mahabharata, drevni indijski ep, 4, 6 nap., 49 nap., 86 nap., 327, 393, 448
Mahamandal, duhovna škola u Benaresu, 84, 316 nap.
Maharaj, „veliki kralj", počasni naslov, izraz štovanja, 334, 374, 414
maharadža od Kasimbazara, Sir Manindra Chandra Nundy, prvi pokrovitelj škole u Ranchiju, 247, 379; njegov sin Sir Srish Chandra Nundy, 371, 379; od Benaresa, 325; njegov sin, 325; Jotindra Mohan Thakur, 325; od Mysorea, 385; njegov sin, moj domaćin, 385; od Travancorea, 392; od Burdwana, ispitivanje Giri Balina života bez hrane, 461-62
mahasamadhi, konačno napuštanje fizičkog tijela i zemaljske egzistencije velikog jogija, 338, 480 nap., 489 nap., 504
Mahasaya, vjerski naslov, 23 nap., 75, 294 nap.
Mahatma, „Velika Duša", *Vidjeti* Gandhi
Mahavatar, „Božansko Utjelovljenje", Babajijev naslov, 297, 329
Mahavira, džainski prorok, 440 nap.
Mahendra Nath Gupta, („M"). *Vidjeti* Učitelj Mahasaya
Maitra Mahasaya, svjedoči ukazanju Babajija u Moradabadu, 316
mantra, molitva složena od slogova visokih vibracija, 21 nap., 156-57, 420 nap., 421, 470 nap.
Manu, veliki drevni zakonodavac, 236, 393
Marconi, 64; citat, 267 nap.
Marshall, Sir John, citat, 21 nap.
Masson-Oursel, P., citat o kralju Ašoki, xxv
Mataji, Babajijeva sestra, 301-303

math, samostan, 63 nap., 91 nap., 221 nap., 383
mauna, duhovna šutnja, 283 nap.
maya, kozmički veo iluzije, privid, 40 nap., 43, 94, 101, 108, 117, 126, 156, 166, 169, 203, 237, 266 i dalje, 303 nap., 428, 432 nap., 499; Emersonova pjesma, 43 nap.
McCrindle, dr. J. W., prevoditelj grčkih tekstova o Indiji, 389
Megasten, citat o razvijenosti drevnog indijskog društva, 491 nap.
Međunarodni kongres vjerskih liberala, u Bostonu, moje prvo predavanje u Americi, 342, 352
metafizika, 58, 119 nap., 203
Milton, citat, 278 nap., 492 nap., 500 nap.
„Miomirisni svetac", (Gandha Baba), 42 i dalje
Mirabai, srednjovjekovna mističarka, 61; njezina pjesma, 62
Mira Behn, Gandhijeva učenica, 438
Misra, dr., brodski liječnik, 228; njegova nevjerica u Šangaju, 229
moći, čudesne, 28 nap., 146, 218 nap., 227 nap., 232 nap., 309-310; zloporaba, 48, 116, 181-82
Mohenjo-Daro and the Indus Civilization, 21 nap.
molitva, uslišena, 14, 35, 99-100, 155, 207, 274, 343, 351
Molitva Božanskoj Majci za oprost grijeha, 91 nap.
Molitveno vijeće, 474 nap.
moralne zapovijedi, 495; nužnost pridržavanja radi uspjeha u jogi, 224
muslimani, (muhamedanci), 178, 237 nap., 335 nap., 449, 491 nap.; bogoštovlje, 323; džamija Mecca Masjid u Hyderabadu, 387
Majka, moja, 4-6, 10, 12, 15, 16, 17, 18, 73, 74, 87, 229, 404 nap., 437; moje viđenje, u Bareillyju, 15; smrt, 16; poruka i ogrlica, 18; Sri Yukteswarova Majka, 91, 106, 114, 127; Majka Lahirija Mahasaye, 293

523

Moja traganja za istinom, 442 nap
Mount Washington, središte, 196, 353, 355, 474. *Vidjeti također* Self-Realization Fellowship
M. R. Ahuja, generalni konzul Indije, 487
Mrinalini Mata, sadašnja predsjednica SRF-YSS-a, 383 nap.
mudra, pokreti rukom puni duhovnog značenja, obredna gesta, 326 nap.
Mukunda Lal Ghosh, moje rođeno ime, 4; promjena imena u Yogananda tijekom primanja u Red swamija, 220
Müller, Max, citat o pogrešnom korištenju pojma *arijski*, 335 nap.
Muzej, YSS, 383; SRF, 383 nap.
Myers, F. W .H., citat, 123 nap.
Mysore, poziv u posjet, 385; moja putovanja, 385 i dalje
The Mysterious Universe, citat, 269-70

Nadduša (*The Over-Soul*), 58 nap.
nadiji, živčani kanali, 326 nap., 421
nadsvjesni um, 58 nap., 111, 123 nap., 139, 202, 424, 497
Nalanda, drevno sveučilište, 67
Nalini, moja mlađa sestra, iskustva iz djetinjstva, 229; njezina udaja, 229; liječenje, mršavosti, 230-31; od trbušnog tifusa, 231; oduzetosti nogu, 232; njezine kćeri, 233
Nanak Guru, njegova pobožna pjesma, pjevanje u Carnegie Hallu, 482
Nantu, pomaže mi u polaganju mature, 82-83
dr. N. C. Roy, veterinar, 171 i dalje; Sri Yukteswar liječi njegov dijabetes, 172
Naren, Sri Yukteswarow učenik, 173
narukvica, astrološka, 160, 162 i dalje, 171, 172, 174, 232 nap.
Nature Cure, 445 nap.
Nature of the Physical World, 268-69
nim, drvo margosa, 12, 326, 437
Nehru, Jawaharlal, citat, 453
nenasilje, 111 i dalje, 265 nap., 436, 440 nap.; Gandhijevi pogledi, 443 i dalje, 447 i dalje; pokušaji provedbe Williama Penna, 451

neraspadnutost tijela, 241 nap., 504; Sv. Tereze Avilske, 63 nap., Sv. Ivana od Križa, 80 nap.
Neumann, Therese, iz Konnersreutha, 28 nap., 201 nap., 461, 466, 471 nap.; moje hodočašće i susret s njom, 363 i dalje
Newton, Zakon gibanja, 266
New York Times, citat, 71, 243 nap., 269, 468 nap.
Sv. Nikola od Flüe, suzdržavanje od hrane, 471 nap.
Noćna razmišljanja, 310 nap.
nirbikalpa samadhi, stanje postojane svjesnosti Boga, 28 nap., 203, 238, 267, 312, 418, 423, 433, 495. *Vidjeti također Samadhi*.
niyama, vjerske zapovijedi, 224
Northrop, dr. John Howard, citat o čistoći vode rijeke Ganges, 295 nap.

obrazovanje, nužnost za ispravno o., 177 nap., 247; Tagoreovi pogledi na o., 262 i dalje; Luther Burbankovi pogledi na o., 357 i dalje
obredi, dnevni obredi pravovjernih hindusa, 440-41
odricanje, 34 nap., 62, 246, 248, 313, 441
Om. Vidjeti Aum.
Omar Hajjam, perzijski mistik, 296-97
Onesikritos, glasnik Aleksandra Velikog, u posjetu indijskom mudracu, 389 i dalje
Oprost, opraštanje, 448, 449
Origen, gledište o reinkarnaciji, 169 nap.
osjetila, pet ljudskih, 47, 111, 125, 126, 168, 224 nap.
Osmerostruki plemeniti put u budizmu, 224 nap.
Osmerostruki put joge, Patanjalijevo izlaganje, 224-25
Otac, moj. *Vidjeti* Bhagabati; Sri Yukteswarov, 106; Lahiri Mahasayin, 293, 294 Otkrivenje (iz Biblije), citat, 158 nap., 177 nap., 237 nap., 500 nap.

Indeks

padmasana, položaj lotosa, 158 nap.
Pakistan, 491 nap.
Panchanon Bhattacharya, 326, 339, 409; susret s uskrsnulim tijelom Lahirija Mahasaye, 339
pandit, učenjak, u Benaresu, 34-35, 95; u duhovnoj školi u Seramporeu, 129
Panini, drevni gramatičar, njegova pohvala sanskrtu, 83 nap.
Panthi, moj studentski dom u Seramporeu, 178, 184, 212, 213, 216; poprište četiriju čudesnih djela Afzala Kahna, 179 i dalje; prizor čudesna ukazanja Sri Yukteswara, 185
paramahansa(ji), vjerski naslov, 4 nap., 75, 403
paramguru, guru (nečijeg) gurua, 336 nap.
Parvati, Boginja, 192
Patanjali, drevni pisac o jogi, 58, 111, 224, 227 nap., 236, 237, 297, 403, 498; *Osmerostruki put joge*, opis, 224-25
patnja, njezina svrha, 44, 274, 471
Sv. Pavao, citat, 237
Penn, William, pokušaj provedbe nenasilja, 451
perzijska izreka, 323 nap., 448 nap.
Poncije Pilat, citat, 500
Pingale, dr., Gandhijev učenik, 435, 445
Platon, 187 nap.
Plinije, citat o naprednom društvu stare Indije, 491 nap.
Plutarh, 389, 390
pjesme, Emersonova, 43 nap.; Mirabaina, 62; Tagoreova o J.C. Boseu, 71, iz zbirke *Gitanjali*, 264; Šankarine, 91 nap., 221; moja, „Samadhi", 145-46; Lalla Yogiswarina, 192 nap; Shakespeareova, 241; o Šivi, 293 nap.; Omar Hajjamova, 296-97; Kabirova, 339 nap; Walta Whitmana, 355; Thayumanavarova, 392; Ravidasova, 412; Nanakova, 482 nap.; Francisa Thompsona, 490 nap,; Miltonove, 492 nap., 500 nap.; Danteova, 499 nap.
„pokretne slike", iskustvo kozmičke svijesti, 78-79

Polo, Marko, citat, 231 nap.
podsvjesni um, 48 nap., 123 nap., 138, 497
položaj lotosa (*padmasana*), 158 nap., 325
poniznost, 44, 75, 80, 136 nap., 317
Positive Sciences of the Ancient Hindus, 160 nap.
Prabhas Chandra Ghosh, potpredsjednik YSS-a, 164 nap., 212
Prafulla, iskustvo s kobrom, 112; Sri Yukteswarov učenik, 375, 414
Prajna Chakshu, slijepi sadhu, 406
prana, životna energija, 47, 58 nap., 158 nap., 225, 226, 236, 419 nap., 496
Swami Pranabananda, „Svetac s dva tijela", 22 i dalje, 82, 250 i dalje, 303 nap.; djelo *Pranab Gita*, 28 nap.; posjet školi u Ranchiju, 250; moj otac i ja u posjetu k njemu, 250-51; dramatičan odlazak s ovog svijeta, 252 i dalje; iskustvo viđenja uskrsnuloga Lahirija Mahasaye, 339
pranam, 376, 405, 407, 446, 466
pranayama, tehnika nadzora životne sile, 58, 225, 226, 237
Pratap Chatterji, pomaže dvojici dječaka bez novčića u Vrindavanu, 100
Premavatar, „Utjelovljenje Ljubavi", 329 nap.
Priroda, svijet relativnosti. *Vidjeti* Durga, Kali *i* Maya.
Prokash Das, 257
psihoanaliza, 48 nap.
putni dnevnik C. R. Wrighta, ulomci, o prvom susretu sa Sri Yukteswarom u Seramporeu, 373 i dalje; o putovanjima Mysoreom, 385-87; o Kari Patriju na *Kumbha Meli*, 407-408; o Giri Bali, 464 i dalje

Rabindranath Tagore, 260 i dalje, 480; njegova pjesma o J.C. Boseu, 71, iz zbirke *Gitanjali*, 264; moj prvi susret s njim, 260-61; poziv u posjet njegovoj školi u Santiniketanu,261; njegova obitelj, 263

radio, analogija glede razumijevanja „krađe cvjetače", 151 i dalje; mikroskop, 152 nap.; um ugođen poput radioprijamnika, 152, 257 nap.
raga, melodijska ljestvica u indijskoj klasičnoj glazbi, 156-57
„Raja Begum", tigar iz Cooch Behara, 54 i dalje
Raja Yoga, „kraljevska joga" ili potpuna jogijska znanost, 323
Rajarsi Janakananda, *Vidjeti* Lynn, J. J.
Rajendra Nath Mitra, suputnik na izletu u Kašmir, 188 i dalje, 196, 198
Ram Gopal Muzumdar, „Svetac koji ne spava", 133, 136 i dalje; prijekor zbog mojega propusta klanjanja u hramu Tarakeswaru,136; liječi moja leđa, 139; njegov prvi susret s Babajijem i Mataji, 301-302
Rama, drevni avatar, 39, 297
Rama, učenik Lahirija Mahasaye koji je uskrišen iz mrtvih, 253 i dalje
Ramakrishna Paramahansa, 75, 206, 476 nap.
Raman, Sir C. V., 394
Ramana Maharshi, 397
Ramayana, drevni ep, 4, 39 nap., 86 nap., 445
Ramu, učenik Lahirija Mahasaye, izliječen od sljepoće, 39
Ranchi, škola u Ranchiju (Yogoda Satsanga Brahmacharya Vidyalaya), osnivanje, 247 i dalje; ogranci, 250, 383; obrazovne, medicinske, dobrotvorne aktivnosti, 247-48, 382 i dalje; Pranabanandin posjet, 250; posjet Mahatme Gandhija, 435; posjet Anande Moyi Ma, 457 i dalje; razgovor o školi s Rabindranathom Tagoreom, 262; posjet članova Tagoreove Santiniketan škole, 264 nap.; moje viđenje Amerike u školskom skladištu, 341; zanimanje Luthera Burbanka za školu, 357; novčane teškoće škole, 379; stalno ustrojavanje, 380; inicijacija dječaka iz škole u *Kriya jogu*, 380
Ravidas, srednjovjekovni svetac, čudo vezano uz njega u Chitoru, 412; njegova pjesma, 412
Rawlinson, H. G., citat, xxv
Razzak, citat o bogatstvu drevne Indije, 491 nap.
reinkarnacija, 169 nap., 258 nap., 308 nap., 318 nap., 424, 429, 448 nap., 497
Richet, Charles Robert, slavni fiziolog, citat, o metafizici, 119 nap.; o otkrićima budućnosti, 153
Rig-Vedic India, 490 nap.
riši, prosvijetljeni mudrac, 37, 44, 60, 72 nap.
rita, univerzalni zakon, 218 nap., 227 nap., 491
Robinson, dr. Frederick B., 353
Roerich, prof. Nicholas, 265
Roma, moja najstarija sestra, 6, 15, 18, 205, 209, 404 nap.; njezina smrt, 209
Romesh Chandra Dutt, pomaže mi u polaganju diplomskih ispita, 213 i dalje
Roosevelt, Franklin D., citat, 451
Rowe, Harry T., direktor mrtvačnice Forest Lawn, citat, 504
Rubaije, stihovi, tumačenje, 296-97
Ruskin, citat, 219 nap.

Sadasiva Brahman, 227 nap.; njegova čuda, 394 i dalje
sadhana, put duhovne stege, 84, 107, 414
sadhu (isposnik), 20, 405; u Lahoreu, daje ogrlicu mojoj majci, 20; u Hardwaru iscjeljuje svoju vlastitu ruku koju je ozlijedio policajac, 33; u Benaresu prisluškuje razgovor između panditova sina i mene, 35; u hramu Kalighat, 42 i dalje, 49
Sailesh Mazumdar, suputnik u posjetu Giri Bali, 463
Saleški, Sv. Franjo, citat, 204
samadhi, stanje jedinstva s Bogom, 28 nap., 108, 120 nap., 138, 158 nap., 203, 225, 237, 267, 312, 338, 418, 433, 455, 480, 495; pjesma tog naslova, 145-46
Sambhabi Mudra, 326 nap.

Indeks

Sananda Lal Ghosh, moj mlađi brat, 84
Sanandan, Pranabanandin učenik, 252 i dalje
Sanandana, Šankarin učenik, 91 nap.
Sanatana Dharma (univerzalni zakon u hinduizmu), 335 nap.
Sankhya Aforizmi, 48 nap., 166
sankirtan, grupno pjevanje svetih pjesama, 155, 158, 402
sannyasi, isposnik, redovnik, 34, 247 nap.
sanskrt, 21 nap., 441 nap., 490 nap.; Sir William Jones iskazuje divljenje tom jeziku, 21 nap., Paninijeva pohvala, 83 nap.
Santosh Roy, 171 i dalje
Sanyal Mahasaya. *Vidjeti* Bhupendra
Sarada Ghosh, moj ujak, 189, 212, 215; njegovo izlječenje ljekovitim biljkama materijaliziranim u hramu Tarakeswar, 134-35
sari, tradicionalna odjeća Indijki, 229, 441, 472
Sartor Resartus, citat, 329 nap.
Sestra Yogmata, ispunjava proročanstvo u vezi jagoda, 194
Sir S. Radhakrishnan, 264 nap.
Sasi, Sri Yukteswar ga izlječuje od tuberkuloze, 173 i dalje
Sat, Tat, Aum (Otac, Sin, Duh Sveti) 144 nap., 500 nap.
Sotona („neprijatelj, suparnik"), 276 nap. *Vidjeti također* Maya.
Satish Chandra Bose, suprug moje sestre Rome, 205 i dalje; njegova smrt, 210
Satsanga, „udruga istine, 154, 383 nap. *Vidjeti* Yogoda Satsanga.
Satyagraha, pokret nenasilja koji je osnovao M. Gandhi, 436, 451; jedanaest zavjeta, 436
satyagrahi, „onaj koji se zavjetovao na istinu", 436, 444, 448, 449, 451
Seal, dr. B. N., 160 nap.
seks, 125-26, 167; Gandhijevi pogledi o utjecaj prehrane na nadzor spolnog nagona, 444

Self-Realization Fellowship, Međunardona središnjica, Los Angeles, Kalifornija, 196, 353, 383, 474; sponzorstvo Shankaracharyina posjeta Americi, 221 nap; SRF *Lekcije*, 235 nap., 487, 507; službena registracija društva, 362; naziv Yogoda Satsanga Society u Indiji, 383, 414; centar u Londonu, 473, 484; godišnje proslave Božića, 474; kompleks u Encinitasu, 483
Self-realization magazine, (prije *East-West*), 397, 454, 484, 492; utemeljenje 1925., 359; citat, 68 nap., 160 nap., 393 nap.
Slade, Madeleine, Gandhijeva *Satyagraha* učenica, 437-38
snaga volje, 131, 153, 247, 257 nap., 365 nap., 379, 445
snaga riječi, 12, 21 nap., 231 nap.
„snalaženje bez novčića", 96 i dalje
snovi, pojava, 272, 309
srebrna čaša, proročanstvo Swamija Vivekanande, 475 i dalje
Sokrat, 369; citat, 187 nap.; susret s indijskim mudracem, 369 nap.
Solomon, 42, 491 nap.
Songs of the Soul, 353
smrt, 4, 250, 258 nap., 273, 302 nap., 303 nap., 321, 340, 403, 425, 427, 430 i dalje, 432 i dalje, 497-98
središta u kralježnici, 27 nap., 111, 158, 168, 235, 238, 240, 242, 281 nap., 365 nap, 421, 471 nap.
Stoljeća meditacija, citat, 497 nap.
Stoljeće stihova, citat, 91 nap., 242
Spirit's Pilgrimage, The, 438 nap.
SRF. *Vidjeti* Self-Realization Fellowship
Sri, „svet", naslov iz poštovanja svetim osobama, 106 nap.
Srimad Bhagavata, 169 nap.
Sri Yukteswar, moj guru, učenik Lahirija Mahasaye, 25, 42, 75, 87 i dalje, 95, 96-97, 103, 137, 138, 140, 141 i dalje, 158 i dalje, 184 i dalje, 212 i dalje, 232-33, 238, 246, 248, 265, 277, 287 i dalje, 296, 305, 317, 324, 329, 343,

Autobiografija jednog jogija

353, 399 i dalje, 407, 412 i dalje, 441, 463 nap., 466 nap., 483, 489, 499; posjet dr. W. Y. Wentza, xv-xvi; njegov izgled, xvi, 88, 89, 374; moj prvi susret s njim, 88 i dalje; njegovo obećanje bezuvjetne ljubavi, 90, 399; njegov zahtjev da upišem koledž, 104; njegovo rođenje i djetinjstvo, 106; značenje njegova imena, 106; inicira me u znanost *Kriya joge*, 107; njegova vegetarijanska prehrana, 108; njegovo liječenje moje mršavosti, 112-13; Lahiri Mahasaya liječi njegovu mršavost, 113-14; Yukteswarova strogost, 119 i dalje; iskustvo iz života u duhovnoj školi, s Kumarom, 124 i dalje; njegovo vlasništvo, 131, 403; omogućava mi iskustvo kozmičke svijesti, 142 i dalje; usmjerava seljaka da uzme cvjetaču, 151 i dalje; ne želi otkriti izgubljenu svjetiljku, 154; priziva „kišobran" od oblaka, 154; objašnjenje, pravog značenje astrologije, 160 i dalje, citata iz svetih spisa, 167 i dalje; liječi moja jetra, 163; liječi dr. Roya od dijabetesa, 171 i dalje; liječi Sasija od tuberkuloze, 173 i dalje; uređuje da mogu nastaviti studij u Serampore, 176; priča o čudesima Afzala Khana, 178 i dalje; pojavljuje se istodobno u Kalkuti i Seramporeu, 185; liječi me od kolere, 190-91; proročanstvo o jagodama, 194; u Kašmiru preuzima na sebe bolest iz metafizičkih razloga, 201 i dalje; upućuje me na Romesha koji mi pomaže u polaganju ispita, 213 i dalje; zaređuje me u Red swamija kao Yoganandu, 220; ozdravlja Nalinine oduzete noge, 232; svjedoči uskrsnuću svojega prijatelja Rame, 287 i dalje; traži od mene da pišem o životu Lahirija Mahasaye, 290, 408; naslov *Jnanavatar*, 329, 415; susreće Babajija u tri navrata, 331 i dalje; piše knjigu na Babajijev zahtjev, 334 i dalje, udjeljuje mi blagoslov uoči mojega odlaska u Ameriku, 346; uslišuje moju molitvu tijekom putovanja brodom, 350-51; zove me da ponovno dođem u Indiju, 362; predviđa svoju smrt, 362, 403; dočekuje mene i g. Wrighta u Serampore, 373; dodjeljuje mi naslov *Paramahansa*, 402; njegov odlazak s ovoga svijeta, 412-13; njegov pokop, 413-14; njegovo uskrsnuće, 417 i dalje; njegov opis, astralnoga svijeta, 420 i dalje

stanja nakon smrti, 256, 258 nap., 418 i dalje, 497

stanje bez daha, 203, 496; ozdravljujući učinci na fizičkom i mentalnom planu, 243 nap.

Steinmetz, Charles P., citat o potrebi duhovnih istraživanja, 451 nap.

Sthiti Lal Nundy, Giri Balin susjed, 461-62, 467

Story of Therese Neumann, The, 28 nap., 363 nap.

stvaranje, univerzalno, proizlazi iz Brahme, 72 nap.; proizlazi iz *Auma*, 144 nap., 146 nap., 237 nap.; ciklusi, 166 nap.; preneseno na Božje "družice", 192 nap.; njegove suprotnosti, 266, 267; njegova istinska priroda, 266 i dalje, 283, 310 i dalje, 427 i dalje, 432

sunčeva energija, 468 nap.

Sveti Gral, moje viđenje, 494

Sveta zemlja (Palestina), moj posjet, 370

svijest, 123 nap., proučavanje stanja, 48 nap.

svjetiljka, zgoda s njezinim nestankom, u duhovnoj školi u Puriju, 154

svjetlost, kao pojava, 267 i dalje

svjetski ciklusi, 165, 236 nap.

Sveučilište u Kalkuti, 78, 177, 211-12, 215, 394; dobivanje sveučilišne diplome, 217

Sveučilište u Serampore, 176, 178, 184, 211, 212; podružnica Sveučilišta u Kalkuti, 177; moji diplomski ispiti, 211 i dalje; moj govor pred mojom generacijom diplomaca, 402

swadeshi, uporaba predmeta iz domaće radinosti, 436, 466

Indeks

swami, pripadnik drevnog redovničkog Reda, 17 nap., 127, 131, 219 i dalje; Šankarino obnavljanje Reda, 91 nap.; moja inicijacija u Red, 220-21; Shankaracharya zaređuje dvojicu redovnika YSS-a u Puriju, 221 nap.; razlika između swamija i jogija, 222 i dalje; Sri Yukteswarovo zaređenje, 332

Swami Dayananda, upravitelj duhovne škole u Benaresu, 84 i dalje, 94

Swami Kebalananda, moj učitelj sanskrta, 36 i dalje, 107, 305, 317; druženje s Babajijem u Himalaji, 299 i dalje

Swami Keshabananda, 254; vidi uskrsnulo tijelo Lahirija Mahasaye, 337 i dalje; ugošćuje me u duhovnoj školi u Vrindavanu, 409 i dalje; predaje mi Babajijevu poruku, 411

Swami Krishnananda, krotitelj lavice na *Kumbha Meli*, 406

Swami Sebananda, 403, 434

Swami Trailanga njegova čudesa, 282 i dalje; ozdravlja mojeg ujaka, 285; njegovo izražavanje poštovanja prema Lahiriju Mahasayi, 286

Swami Vivekananda, 476, 477

Swami Vishuddhananda („Gandha Baba"), 46

Swami Bhaskarananda Saraswati, 325

Schimberg, A. P., 28 nap., 363 nap.

Schlegel, Friedrich von, citat, 72 nap.

Schopenhauer A, pohvala *Upanišada*, 128 nap.

Shakespeare, pjesma, o prevladavanju smrti, 241

shakti, „družica" ili božanska djelatna snaga, 192 nap., 500 nap.

Shankaracharya (Šankara), Adi, obnovitelj Reda swamija, 91 nap., 125 nap., 127, 128, 196, 203, 221, 242, 297, 432 nap., *mathovi* koje je utemeljio, 91 nap.; moje viđenje tijekom boravka u njegovu hramu u Srinagaru, 196; njegova pjesma, 221; povijesno razdoblje u kojem je živio, 221 nap.

Shankari Mai Jiew, učenica Trailange Swamija, njezin razgovor s Babajijem, 286

šastre (svete knjige), 37, 86 nap.

Shaw, George Benard, citat, 21 nap.

Šiva, očitovanje Božanskoga, 42 nap., 75, 154 nap., 156, 192 nap., 293 nap., 298, 382, 500; sljedba „odjevena u nebo", 192 nap.; pjesma o Šivi, 293 nap.

Tagore, *Vidjeti* Rabindranath.

Taj Mahal, poznati mauzolej, 95, 97, 103, 408

Tales, citat o razlici između života i smrti, 302 nap.

Tan Sen, njegove glazbene moći, 156-57

Tarakeswar, hram, 133 i dalje; moj prvi posjet, 134; drugi posjet, 140; mjesto čudesne materijalizacije ljekovita bilja kojim je izliječen ujak Sarada, 134-35

Taxila, drevno sveučilište, 67; posjeta Aleksandra Velikog, 389, 390

tehnike koncentracije, u školi u Ranchiju, 380

teizam, 80

telepatija, 153, 184, 228-29, 257 nap., 423

Terezija, Sv. Avilska, 218 nap., 495 nap.; stanje lebđenja, 63 nap.

Sv. Terezija, „Mali cvijet", 363

Thamu, moja najmlađa sestra, 84

Thayumanavar, njegova pjesma o nadziranju uma, 392

Thomas, F. W., citat, 192 nap.

Thompson, Francis, citat, 490 nap.

Tibet, 46, 137

Tibetanska joga i tajne doktrine, xv; Sri Yukteswarova slika u knjizi, xv

tigar (tigrovi), 30, 34, 36, 50 i dalje, 410; „Raja Begum" u Cooch Beharu, 54 i dalje

„Tigar Swami" (Swami Sohong), 50 i dalje

Tijelo, *Vidjeti* fizičko tijelo, astralno tijelo *i* kauzalno tijelo.

Tincouri Lahiri, sin Lahirija Mahasaye, 279, 294

Tolstoj, 265, 445

Toynbee, Arnold J., 221 nap.

529

Traherne, Thomas, citat, 497 nap.
Training of the Human Plant, The, 357
tri čovjekova tijela, 419, 425 i dalje, 429-30
Trojica pustinjaka, 265
Troland, dr. L. T., citat o svjetlosti, 271

učitelj, 78 nap., 108, 127, 201 i dalje, 218 nap., 232 nap., 283, 303 nap.; ispitivanje vjerodostojnosti, 203. *Vidjeti također* Guru i Jogi
Učitelj Mahasaya (Mahendra Nath Gupta), svetac poniznosti, 73 i dalje; iskustvo „pokretnih slika" koje mi je omogućio, 78-80
um, 48 nap., 51, 114, 118, 123 nap., 125, 146-47, 152, 202, 240-41, 243 nap., 257 nap., 423; pjesma o njegovu nadziranju, 392, 496 nap.
Uma, moja starija sestra, 15, 47; nezgoda s čirom, 12; zgoda s puštanjem zmajeva, 14; ime boginje, 192 nap.
Upanišade, sažeci vedske misli, 146, 224, 296, 432 nap.; Schopenhauerovo poštovanje i divljenje, 128 nap. *Vidjeti također Vedanta*.
Upendra Mohun Chowdhury, govori o lebđenju Bhadurija Mahasaye, 58
uskrsnuće iz mrtvih, 303 nap.; Ramino, 289; čovjeka koji je skočio s litice u Himalaji, 300; Lahirija Mahasaye, 338 i dalje; Kabirovo, 338; Sri Yukteswarovo, 417 i dalje; Kristovo, 429

Vatikan, izjava u povodu Gandhijeve smrti, 453
Vedanta, „završetak Veda", 75 nap., 91 nap., 128 nap., 220 nap., 395, 432 nap.
Vede, indijski sveti spisi, 38 nap., 44 nap., 72 nap., 80, 86 nap., 128 nap., 131, 224 nap., 270, 295 nap., 336, 338 nap., 365 nap., 490 nap., 501; Emersonovo izražavanje divljenja, 38 nap; četverostruki plan čovjekova razvoja tijekom života, 48 nap., 247 nap.
Vidyalaya, *Vidjeti* Ranchi (škola u Ranchiju)

Vidyasagar, filantrop, 216
viđenja, moja, prethodnoga utjelovljenja, 3; Lahirija Mahasaye kako oživljava iz slike, 9; himalajskih jogija i Velikoga Svjetla, 11; u Bareilyju, moje majke, 15; lica mojega Gurua, 29, 88; Božanske Majke, 74; svijeta kao filma bez zvuka, 78-79; munje, 139; nebeskih svjetova, u hramu Tarakeswaru, 140; kozmičke svijesti, 142-43; zgrade u Kaliforniji, za vrijeme posjeta Kašmiru, 196; žive boginje iz lika u kamenu, u Dakshineswaru, 207-208; laneta u snu, 249; zapovjednika bojnog broda, 272-73; europskih bojišnica, 274; tijela kao svjetla, 275; lica ljudi u Americi, 341; umiranja mojega Gurua, 413; Gospoda Krišne, 417; mojih prijašnjih utjelovljenja, 434; Krista i Svetog Grala, u Encinitasu, 494
Višnu, jedno od očitovanja Božanskoga, 156, 293 nap., 500
Visva-Bharati, sveučilište koje je osnovao Tagore, 264; *Quarterly*, 72 nap.
Vivasvat, drevni mudrac, 236
voda, meditacija o, 78; legenda o Gangesu, 192 nap., pohvala vodi Sv. Franje, 295 nap.
vrijeme i prostor, njihova relativnost, 268, 270
vrag, 276 nap. *Vidjeti također* Maya.

Washington, George, citat, 355
Whispers from Eternity, 355
Whitman, Walt, izvadak iz njegove pjesme, 355
Wilson, Margaret Woodrow, njezino učeništvo u Indiji, 438 nap.
Wilson, Woodrow, 438 nap.; citat, 449
Wright, C. Richard, moj tajnik, 363, 367, 368, 369, 371, 379, 384, 385, 394, 397, 407, 416, 435, 436, 441, 454, 458, 461, 463, 464, 466, 473-74, *Vidjeti također* Putni dnevnik
Wutz, prof. Franz, iz Eichstätta, 364, 365, 366

yajne, obredi prinošenja darova Bogu, 440-41
yama, moralne zapovijedi, 224, 227 nap.
Yama, bog smrti, 289
Yoga Sutre (Patanjalijevi *Aforizmi*), 28 nap., 111 nap., 128 nap., 218 nap., 224-25, 227 nap., 231 nap., 237 nap., 403, nap., 471 nap., 498
Yogavatar, „Utjelovljenje joge", naslov Lahirija Mahasaye, 325 nap., 329, 330
Yogoda, SRF energetske vježbe, 247-48, 262, 380, 383 nap., 445
Yogoda Math, Duhovna škola YSS-a u Dakshineswaru, 383
Yogoda Satsanga Society (YSS), škole i djelatnosti, u Indiji, 221 nap., 380 i dalje, 414
Young, Edward, citat o čudesima, 310 nap.
Younghusband, Sir Francis, 363; citat o kozmičkoj radosti, 81 nap.
YSS. *Vidjeti* Yogoda Satsanga Society.
Yuan Chwang (Hieuen Tsiang), 404 nap., 491 nap.
yuge, svjetski ciklusi, 166, 236 nap.

zakon, po kojem se ravna svemir, 114-15, 125, 161 i dalje, 275 nap., 284, 291, 446 nap.
Zend-Avesta, 445; citat, 478
zgoda s jagodama u Kašmiru, 194
znanje, intelektualno, u usporedbi s ostvarenom samospoznajom, 38 i dalje, 129-30, 186, 242-43, 323, 369 nap.

Željeznica Bengal - Nagpur, 4, 6, 179 nap., 219, 248; služba mojega oca u Željeznici, 4, 22
želja, čovjekov okov, 126, 147, 243, 308 nap., 426-27, 430, 496
životna sila, 47, 58 nap., 112, 236, 237, 240, 247, 365 nap., 426, 496

www.ingramcontent.com/pod-product-compliance
Lightning Source LLC
Chambersburg PA
CBHW071933220426
43662CB00009B/903